信息组织及可视化

赵正旭　郭　阳　王　威
赵卫华　钟　谦　彭育贵　著

科 学 出 版 社
北　京

内 容 简 介

本书从数据处理和软件工程两个方面介绍了信息组织及可视化的相关技术、方法及常用的系统和工具。通过地形和云层所涉及的海量数据处理、三维模型的设计与创建、信息传承与保存、工业设计方法等方面的具体应用需求，对信息组织及可视化进行了较全面的阐述。

本书可作为研究生和高年级本科生的教材，也可作为自然科学、工程技术科学和社会科学领域的研究人员以及学生的参考用书。

图书在版编目（CIP）数据

信息组织及可视化/赵正旭等著．—北京：科学出版社，2019.6

ISBN 978-7-03-057569-2

Ⅰ．①信…　Ⅱ．①赵…　Ⅲ．①信息组织-研究　Ⅳ．①G254

中国版本图书馆 CIP 数据核字（2018）第 112495 号

责任编辑：赵丽欣　王会明 / 责任校对：王　颖

责任印制：吕春珉 / 封面设计：耕　者

科学出版社出版

北京东黄城根北街 16 号

邮政编码：100717

http://www.sciencep.com

三河市骏杰印刷有限公司印刷

科学出版社发行　各地新华书店经销

*

2019 年 6 月第　一　版　开本：787×1092　1/16

2019 年 6 月第一次印刷　印张：22 3/4

字数：522 000

定价：168.00 元

（如有印装质量问题，我社负责调换〈骏杰〉）

销售部电话 010-62136230　编辑部电话 010-62134021

前　言

信息组织即信息的有序化与优质化，也就是利用一定的科学规则和方法，通过对信息外在特征和内容特征的表征和排序，实现无序信息流向有序信息流的转换，从而使信息集合能科学组合，实现有效流通，促进用户对信息的有效获取和利用。信息可视化是一个跨学科的领域，旨在研究大规模非数值型信息资源的视觉呈现。利用图形图像方面的技术与方法可帮助人们理解和分析数据。本书在介绍信息组织及可视化方面的理论和概念、技术和方法及常用系统和工具的同时，结合工程实际的具体应用实例，对信息组织及可视化进行了较全面的阐述。

本书的主要内容如下：

第 1 章　从形式化规约和形式化验证两个方面为读者介绍形式化方法，首次系统地将 Z 语言应用到包括可行性分析、形式需求规格说明、系统验收及系统测试在内的软件生命周期的各个阶段。

第 2 章　针对多源点云地形数据使用过程中高精度地形数据需求与低处理速度的不匹配问题，从数据融合角度提出多分辨率点云地形融合算法，并进行验证。

第 3 章　在对比分析多种虚拟云层生成方法的基础上，提出一种基于粒子系统的海量云层数据可视化方法，通过对海量云层的细节数据进行解析并还原，得到具有较强真实感的可视化云层并构建云层数据可视化系统。

第 4 章　在分析建模工具对航天三维实时可视化技术实用性的基础上，将分类编码的概念首次应用到三维模型的管理领域中，使用 BNF 规范化地描述 3DS 文件的数据格式，设计并实现三维模型分类编码系统。

第 5 章　针对信息传承与长期保存问题，提出了基于三维地图的可视化大数据解决方案。该方案通过制作专题地图可视化数据，对数据的规律性进行研究。采用 Cartogram 方法提出针对多源统计数据的可视化方法，为信息传承提供新的建设性思路。

第 6 章　在深入了解几何建模系统和计算机触觉系统现状和发展的基础上，研究力反馈系统和力反馈设备 PHANTOM Desktop 的结构和工作原理，提出 3 种基于 FreeForm 的建模方法。

第 7 章　基于 FreeForm 系统，提出平面分块法、平面等分法和经纬线法等切割模型的方法，建立月球浮雕模型；并使用自动和手动两种添加支撑的方法为月球模型添加打印支撑，实现月球模型的三维打印。

第 8 章　在研究三维场景中云台监控方法的基础上，实现三维场景中观测位置与二自由度云台俯仰角度的转换，并将云台预置命令由串口调试程序持续读取并发送至云台控制器，建立双向通信机制，完成了软件部分与硬件的数据传递。

第 9 章　在对个人计算机历史进行分析和梳理的基础上，通过虚拟现实技术表现个人计算机文化，运用 3ds Max 软件制作三维模型，结合 Unity3D 打造个人计算机虚拟博物馆。

第 10 章　通过 HTML5 的 Canvas 和 WebGL 结合，实现无插件网页 Web3D 的展示。WebGL 通过增加 OpenGLES 2.0 和 JavaScript 的绑定，保证了 Web3D 的渲染速度。通过

HTML5 的 WebSocket 通信能力和 WebGL 的结合实现了远程交互，最终实现了交互式 Web3D 原型系统。

在本书即将付印之际，作者向国家自然科学基金项目“工程信息中小世界效应研究”（项目编号：60873208）、河北省首批百人计划项目（项目编号：410003）、河北省高等学校高层次人才科学研究项目（项目编号：GCC2014010）、河北省国防科技工业局军民融合产业专项“河北省国家重大国防可视化系列系统及软件产品的研发与实际推广应用”（冀财预复〔2016〕300 号）、石家庄铁道大学与钱学森空间技术实验室联合实验室建设项目（项目编号：Z67802）的资助和支持致以诚挚的谢意。

特别感谢北京航天飞行控制中心的领导和专家及同行在过去十几年中，在载人航天和深空探测实战工程任务中所给予的合作与关怀，特别是在信息组织及可视化在航天工程信息化建设的应用及相关科研合作过程中所给予的支持和帮助。另外，还要感谢石家庄铁道大学复杂网络与可视化研究所的所有研究生和北斗卫星导航科技邢台有限公司石家庄铁道大学可视化技术研究院的全体员工。自 2009 年以来，他们怀着对信息组织及可视化方面技术的渴求，积极参与了研究所的各项科研和实践活动，参加并见证了研究所承担的十几次国家载人航天工程、探月工程、深空探测工程的三维可视化任务中信息组织及可视化的应用，其中包括 2009 年 10 月至 2010 年 8 月火星探测可视化、2010 年 9 月至 11 月嫦娥二号绕月探测飞行控制指挥任务、2011 年 6 月 9 日嫦娥二号驶向拉格朗日 L2 点的可视化飞行控制指挥任务、2011 年 9 月 29 日天宫一号的发射飞行控制指挥任务、2011 年 11 月 3 日天宫一号和神舟八号的首次交会对接指挥任务、2011 年 11 月 14 日至 15 日天宫一号和神舟八号的分离和第二次交会对接指挥任务、2011 年 11 月 16 日至 17 日神舟八号飞船返回指挥任务、2012 年 6 月 16 日至 29 日神舟九号载人航天可视化飞行控制与指挥任务、2012 年 12 月 13 日至 16 日嫦娥二号对 4179 小行星的探测过程的实时可视化、2013 年 6 月 11 日神舟十号载人航天飞船发射可视化飞行控制与指挥任务、2013 年 6 月 13 日天宫一号和神舟十号飞船的自动交会对接可视化飞行控制与指挥任务、2013 年 6 月 23 日天宫一号和神舟十号飞船的手动交会对接可视化飞行控制与指挥任务、2013 年 6 月 24 日神舟十号飞船对天宫一号的绕飞可视化飞行控制与指挥任务、2013 年 6 月 26 日神舟十号飞船返回过程的可视化飞行控制与指挥任务、2013 年 12 月 2 日至 15 日嫦娥三号发射-绕月-落月着陆互拍可视化飞行控制指挥任务、2013 年 12 月 15 日以后嫦娥三号和玉兔月面巡视遥操作信息服务可视化控制指挥任务、2017 年 4 月 20 日至 9 月 22 日天舟一号货运飞船发射与飞行任务可视化控制指挥任务、2018 年 12 月 8 日嫦娥四号月球背面软着陆可视化飞行控制指挥任务。正是这些工程实战使师生们深刻体会和清醒地认识到信息组织及可视化在信息时代和重大工程中的需求，同时也使他们积累了相关学科领域的宝贵实战经验。没有这些工程的实战经验，也就没有这本书的真正意义和实际价值。

在本书撰写之前，温晋杰、刘世洋、卢石磊、陈蕾、任利敬、刘莉、张廷廷、王石奇、刘聪敏、钱鑫博对本书的内容做了初步的调研和试验，并对相关内容提供了优异的素材，提出了许多有价值的观点。在本书的校稿过程中，白英杰、左宗成、申跃杰和石家庄铁道大学复杂网络与可视化研究所的全体师生对字里行间的数百处勘误付出了辛勤的劳动，北斗卫星导航科技邢台有限公司石家庄铁道大学可视化技术研究院的领导和专家对本书的终稿内容和出版准备工作提出了宝贵的意见。在此对他们一并表示真挚的感谢。

目　　录

第1章　Z规格对国产化软件工程实践的探讨

1.1　绪　　论

1.1.1　课题研究的背景和意义

自“棱镜门”事件曝光后，信息安全问题引起全球范围内的担忧。《华盛顿邮报》和《卫报》对外披露，两家媒体获取了与棱镜计划有关的秘密文档。根据文档显示，数家科技公司参与了棱镜计划，包括微软（2007年）、雅虎（2008年）、谷歌（2009年）、Facebook（2009年）、Paltalk（2009年）、YouTube（2010年）、Skype（2011年）、美国在线（2011年）及苹果公司（2012年）。此外，Dropbox也被指控“即将加入”这项计划。棱镜计划让情报机构能对实时通信和存储在服务器上的信息进行深度监视。美国国家安全局经由棱镜计划获得的数据包括电子邮件、视频、音频、照片、网络电话（voice over internet protocol，VoIP）通话、文件传输及社交网络上的详细资讯。其中98%的棱镜结果基于雅虎、谷歌和微软提供的数据。

操作系统是信息系统的奠基石，其自主能力事关国家信息安全。操作系统厂商很容易获取用户的各种敏感信息，如果用大数据分析，一个国家经济社会的各种活动情况其实都可以了解，这种担心并不是杞人忧天。由于操作系统关系到国家的信息安全，目前俄罗斯、德国等国家已经推行在政府部门的计算机中采用本国的操作系统软件。我国也采取了相应的措施，中央国家机关采购中心发布《关于进行信息类协议供货强制节能产品补充招标的通知》，其中第五条规定“所有计算机类产品不允许安装Windows 8操作系统”。

“棱镜门”事件、中央网络安全与信息化领导小组的成立及政府机关禁止采购Windows 8操作系统等一系列事件引发了我国两亿计算机用户的思考，让尚处懵懂之中的国人幡然醒悟，“没有信息化，就没有现代化；没有信息安全，就没有国家安全”。实现信息安全的必要条件就是实现关键性软硬件产品的国产化。一个民族、一个国家如果没有一套真正自主知识产权的操作系统、中间件、应用程序软件是一件十分可怕的事情；打造属于自己的技术创新体系，对于国家安全建设至关重要。软件产业已经成为衡量一个国家综合国力的标志之一，软件产业的快速发展对国家经济稳定、可持续发展起到了关键作用。而在我国信息产业中，软件市场尚不及硬件市场的20%，软件产业发展的滞后已经引起我国政府的高度重视。随着全球化的发展趋势和全球化市场竞争压力的增加，软件质量已经成为软件产业走向世界的成功因素之一。

我国目前的软件产业还没有走上规范化发展的道路，仍处于发展阶段，主要体现在缺乏软件工程系统化的管理，缺乏对软件过程的控制，所有的行为基本是反应式的，对进度、经费的估计无实际依据等。当软件研发进度滞后时，就以减少或取消评审、测试等保证质量的关键活动为代价，致使有些软件开发效能得不到保障，导致最终软件产品的可靠性难以得到权威认证，难以得到国际市场的认同，严重制约着我国软件行业的发展。

国产化软件工程需要一套紧跟国际潮流的软件生产流程。形式化方法就是一种行之有效的研究成果，而且在工业界和学术界已经被一些成功的软件开发案例和监理实践验证。例如，20 世纪 80 年代，牛津大学和 Hursley 实验室合作使用 Z 语言描述了 IBM 商用信息控制系统，并对其进行了重写。IBM 对整个开发进行的测试表明，形式化 Z 语言明显地改善了产品质量，减少了大量早期诊断错误，IBM 估计 Z 语言可使总体成本降低 9%，这一成果获得了英国皇家技术成就奖；1992 年，Praxis 公司交付给英国民航局的信息显示系统是伦敦机场新空中交通管理系统的一部分。在该系统的需求分析阶段采用了形式化规格和非形式化需求概念相结合的方式，项目开发的生产效率和采用非形式化技术相当，但是，软件故障率仅为 0.75‰（每一千行代码出现的故障数为 0.75），大大低于采用非形式化技术所提供的软件的故障率（2‰～20‰）。长期的实践与研究证明，形式化方法针对项目开发的常见问题是行之有效的。它使得各个阶段的软件质量控制有章可循，对软件质量的保证具有重大意义[1]。

形式化方法的使用非常复杂，需要投入大量的财力和人力，一般适用于高安全性的极重大项目。航空航天领域一直是形式化方法的用武之地。航空航天技术是一个国家综合实力的一个重要体现，当然航空航天技术同时也以高风险著称，一个毫不起眼的错误或者故障就有可能造成灾难性的后果。正因为其风险如此之高，所以加大投入以提高 1%的安全性也是值得的。

自 2008 年起，石家庄铁道大学复杂网络与可视化研究所在教学和科研工作中，对 Z 语言的用途和使用积累了一定的经验。Z 语言是设计和研制航天测控实时三维可视化平台——太空电子沙盘（total discovery of space，TDS）系统（也称太空时况三维可视化系统）的理论基础和数学描述方法。也正是由于 Z 规格所提供的精确无误的描述方法，才使得 TDS 系统在我国载人航天工程、探月工程、深空探测工程的实时可视化飞行控制过程中发挥了举世瞩目的重要作用，既可靠而又精确地为嫦娥二号、嫦娥三号、天宫一号、天宫二号、神舟八号、神舟九号、神舟十号、神舟十一号等航天工程的全程实时可视化控制提供了关键性技术保障。航天可视化操控系统由任务可视化操控软件和遥操作操控软件两个部分组成，遥操作子系统主要完成地形建立、路径规划等配置项的信息显示与业务操控，遥操作软件供各配置项人员使用，各配置项间紧密合作、有序调度，共同完成航天遥操控任务[2]。航天可视化操控系统是完全原创的系统，而且是极重大安全性系统，必须确保没有丝毫的差错。在航天可视化操控系统开发的整个生命周期中，包括可行性分析、规格说明描述、系统设计及调试与测试都严格遵循了形式化的开发方法，按部就班，逐步推进，保证了航天可视化操控系统在实施过程中的准确性、严谨性。也正是因为形式化 Z 语言在描述计算机系统时具有的强大优势，才保证了 TDS 系统在上述诸多重大实战工程中的非凡表现。

结合在我国载人航天和深空探测工程中三维可视化系统的设计、研发、使用体会，作者在学习过程中深刻认识到 Z 规格对保障大型复杂计算机软件系统的可靠性、准确性、精确度所起的关键作用。

1.1.2　形式化软件工程概述

20 世纪 60 年代，针对“软件危机”，人们主要提出了两种解决方案：一是采用工程方法来管理软件开发过程；二是为软件开发过程建立严谨的理论体系，以指导软件开发实践。前者促成了软件工程的出现和发展，后者则推动了形式化方法的研究[3]。

形式化方法是基于严格的数学模型，对计算机软件和硬件的设计进行描述、分析、开发、验证的一种数学方法。它也是计算机科学领域和软件工程领域中确保系统的精确度、可靠性、安全性的理论依据。

随着网络信息和数字化技术的快速发展，软件系统变得越来越智能化和复杂化。因此，用户对软件的可靠性和安全性要求也变得越来越严格。同时，软件开发过程中各个层次的需求（如使用操作、系统功能、技术性能、安全维护等）也就随之变得越来越动态化和多样性，对这些需求的规格进行正确的描述（即需求规格说明）在软件设计、开发、测试、精化等工程环节中显得越来越重要。在计算机科学领域中，开发人员利用形式化方法为计算方法和相关技术进行数学描述而建立严格的理论模型，从而为解决计算机科学的理论问题提供数学依据。形式化方法是借助于严谨的数学方法并遵循一定的规范对系统的各种需求进行描述，形成所谓的形式化需求规格说明。这种形式化需求规格说明实际上是一种严格的理论设计模型，它用来解决软件工程中的技术问题，主要包括对软件系统的描述和建立精确的数学模型及对模型的分析和验证。

美国国家航空航天局（National Aeronautics and Space Administration，NASA）的朗言形式化方法（Langley formal methods，LFM）网站是这样定义形式化方法的：形式化方法以严格的数学理论为基础，对软件系统和硬件系统进行描述、设计及验证。这里所说的严格的数学理论意味着形式化描述遵循数学逻辑规则，而形式化验证是根据这些数学逻辑规则的严格演绎（即每一个验证步骤都按照一定的逻辑进行推理，从而使每一个步骤通过固定的演绎过程得到检验）。形式化方法的价值在于它对数字化（软件和硬件）设计的全域状态提供了一种符号标注式的检验方法，并且为所有可能的输入确立设计的正确性或安全性。然而，由于实际系统是极端复杂的，因此在如今的实际应用中很少使用形式化方法来描述，除非是对那些安全性要求非常高的软件系统或硬件系统的关键部分。实际软件系统或硬件系统的状态域是极其庞大的，利用形式化方法进行描述时，人们通过以下几种途径来解决因系统庞大而导致系统质量难以控制的问题。

1）将形式化方法应用到系统需求分析或细节已经被抽象化的高层设计。

2）将形式化方法应用到系统的关键部分。

3）利用形式化方法来分析具有离散型变量并且变量的取值范围可以简化的软件和硬件系统模型。

4）利用形式化方法以“分治法”的层次模式来分析系统模型。

5）利用形式化方法尽可能地对系统进行自动化验证。

尽管数学逻辑是统一形式化方法各类技术的一个主题，但是还没有哪一种方法算得上是最佳的形式化方法。每一个应用领域需要各自不同的建模方法和不同的验证手段。更具体地说，即使在同一个应用领域，一个系统的生命周期中的不同阶段可能需要不同的工具和技术来维护和支持。例如，一个定理验证工具可能最适合于分析傅里叶变换电路的寄存器传输级描述的正确性，而代数派生方法可能最适合于分析逻辑门级精细设计的正确性。

1. 形式化方法的分类

为了满足不同的软件需求，已经有多种侧重点不同的形式化语言，以此可以形成各种形式化需求规格说明。由于各种形式化语言所依据的数学基础不同，因此衍化成几种不同的形式化方法。但是，根据对软件系统的描述方式的不同，可以把这些形式化方法大致分为面向模型和面向属性两个类型[4]。

面向模型的形式化方法通过构造一个数学模型来说明系统的行为，也就是说，这类形式化方法通过对系统的状态和操作进行明确的定义来为系统建立一个数学模型。基于面向模型的形式化方法的形式化语言有多种，如 Z 语言、VDM（Vienna development method，维也纳开发方法）语言[5]、B 语言等。

面向属性的形式化方法通过描述软件系统的各种属性来间接定义系统的行为。采用面向属性的形式化方法的形式化语言包括区间时序逻辑（interval temporal logic，ITL）、区段演算（duration calculus，DC）、Floyd-Hoare 逻辑、最弱前置条件（weakest precondition，WP）演算等。

2. 形式化方法的必要性

美国国家航空航天局的朗雷形式化方法认为数字化系统可能会出现灾难性的错误而导致生命和财产的巨大损失。尽管导致系统事故的潜在原因可能包括物理故障、人为错误、环境因素等，但是设计错误越来越成为严重的罪魁祸首。下面这些曾发生的事故证明了因潜在设计错误所导致的灾难性后果。

1）1999 年 12 月，火星登陆者号的着陆臂剧烈摇动而导致引擎关闭，该故障是由不完整的软件需求所致的。

2）美国丹佛机场的行李运送处理系统软件故障使得系统延迟交付长达 16 个月之久，导致该机场的成本比预算额多出 32 亿美元。

3）美国爱国者导弹防御系统首次应用在海湾战争对抗伊拉克飞毛腿导弹时，由于防御系统问题导致在沙特阿拉伯的多哈战中有 28 名美国士兵被击毙了。

软件程序设计的一些细微错误常常会导致严重的后果。软件正确性验证对于保障程序运行正确、安全有着极其重要的意义。

1998 年 12 月 21 日，大卫·休斯在《航空周刊与空间技术》中发表撰文：在 1995 年，我在洛克希德·马丁公司发现洛克希德·马丁/波音 F-22 是一台真正配有翅膀的计算机。如果软件开发成本不超出预算并按时交付且符合需求，F-22 将会非常成功，否则，就是一个巨大的麻烦。可见，软件成了所有航天航空国防项目中的重要环节。软件出了问题便意味着整个项目将会付诸东流。

1999 年 2 月 24 日，美国总统信息技术顾问委员会（President's Information Technology Advisory Committee，PITAC）给当时的美国总统克林顿提交的一份题为《信息技术研究：为我们的未来而投资》的报告中强调：依据 PITAC 的裁判，计算机软件的研究应该置于国家最高优先级的基础研究领域内。从台式计算机到手机系统再到股票市场，美国的经济和社会体系已经变得越发依赖软件。PITAC 的结论是："我国对软件的需求不仅超出了我国的软件生产能力，而且我国现在生产的软件是脆弱的、不可靠的，并且它们的设计、测试、维护、升级是困难的。"

PITAC 指出，软件需求的增长远快于软件的生产能力的增长。此外，美国所需求的软件比美国现在实际生产出来的软件要更加有用、更加可靠、更加强大。PITAC 警示地指出，美国越来越依赖大型的软件，但并不理解这些软件的行为。这种软件会经常以出乎意料的方式崩溃，这是十分危险的。所以，应该把增加对软件研究的投入置于重中之重，这些研究包括对海量信息进行管理的软件、使计算机更便于使用和容易操作的软件、使软件本身更容易制作和维护的生产软件、能够改善人与计算机的交互方式的软件。

人们非常热衷构建能在 95%以上的时间正常工作的复杂软件系统，但是并不知道如何构建高度可靠和极其安全的复杂软件系统。因此，构建高度安全系统的工业界不得不依靠相对简单的系统设计并且把对安全性高的软件需求降到最低限度，它们还依赖应急备份系统，但这类系统不是计算机软件。无论怎样，即使采用这种依赖非软件的策略，对于该类系统的检验和审核也是非常昂贵的。例如，一个航空用的电子设备箱的成本的 60%甚至 70%是用于检查和审核的，这个成本绝对不是危言耸听。

验证软件系统的传统方法是人工排查、模拟及测试。但是，通过这种人工方式进行的软件验证难以确保软件的质量。人工测试的局限性在于测试者的能力有限，人工模拟和测试只可能测试到一个实际软件系统的极小部分的状态域。此外，用来获得硬件容错功能的冗余技术已经不能解决设计错误的问题。

计算机系统可能会由于物理部件的故障或者是未知的设计错误而失灵。对于一个可靠性和安全性要求极高的系统来说，无论是物理部件故障还是设计错误，这些导致系统失败的潜在因素必须要得到充分的考虑和妥善处理。

应对和解决物理部件故障的成熟技术已经存在，这些技术使用冗余和表决机理。物理故障的可靠性问题是基于马尔科夫建模技术的，这类技术已经非常成熟。不过，设计错误具有更大的威胁性。到目前为止，还没有任何一种方法从理论上和技术上得到确认能够在实际的应用中解决设计错误的问题。下面罗列了目前工业界所倡导的解决设计错误问题的 3 种基本策略。

1）采用大量的排查式测试。

2）采取设计的多样性，即软件的容错设计，如 N-版本编程和恢复模块等。

3）错误规避，即形式化描述和形式化验证、自动程序合成、模块回收再利用等。

测试寿命期是为了度量超级可靠性，测试者必须用大量时间进行过度测试。例如，为了测试为期 1h 的运行间隔内出现低于 10^{-9} 的故障概率，测试时间将超过 114000 年，很显然这是不现实的。

许多人提倡采用设计的多样性来作为克服软件测试局限性的一种途径。设计的多样性的基本思想就是使用多个相互独立的设计和制作团队，按照同一个规范来产生多个系统版本。然后，通过非精确阈值表决法在其中的一个版本中虚拟某一设计误差所造成的影响。这样做的目的是希望独立地或接近独立地体现出设计错误。

此外，由于需要相当漫长的测试时间，上述的独立性假设在设计高可靠性软件时永远不可能得到认可。如果进行独立性假设，那么必须要测试相关性。测试相关性同样是不可行的，因为要保证系统的高度可靠性，相关性也必须具有特定的高度可靠性。所以，它所需要的测试时间和寿命测试所耗费的时间一样多。所以，在可行的测试时间内，确保设计的多样性达到极其高的可靠度是不可能的。因此，所谓的设计多样性策略能产生极端可靠系统设计似乎是一个“幻想”，从来没有在实践中得到过证实。

综上所述，可以得出这样的结论，形式化方法是目前解决设计错误问题的最有效的方法。因为当故障概率低于 10^{-9} 时，系统可靠度便已经超出了目前软件工程的正常量化范围，所以只能以最严谨的方式和尽最大的可能性去构建高度安全的系统，这就是形式化方法的价值所在。

1.2 理论研究

1.2.1 Z 语言概述

Z 语言是一种用“数学文字”或“数学符号”来描述计算机系统的规范化语言，它不但能应用于计算机硬件系统，也特别适用于计算机软件系统，Z 语言描述“做什么”而不涉及“怎么做”。实际上，Z 语言仅仅是一套规定的数学符号，使用 Z 语言所写的“程序”是对计算机软件或硬件系统的一种抽象化设计。所以，利用 Z 语言写出来的内容不是计算机程序，更不是可以编译而生成能够在计算机上运行的代码。利用 Z 语言写出来的内容不是让计算机运行的，而是供人理解和分析的。用户可以通过这些内容去理解计算机系统的模块、数据类型、过程、函数、对象、类等，进而对计算机系统的行为、结构、逻辑进行分析、验证、改进、测试等。

通俗地讲，Z 语言用数学逻辑和理论模型对计算机系统进行严格的描述，形成一种抽象的设计。通常把这种设计的内容称为计算机系统的需求规格说明，即形式化描述。

1. Z 语言的简史

法国计算机科学家吉-瑞蒙德·阿伯雷欧（Jean-Raymond Abrial）是国际著名的软件专家，软件形式化领域的主要奠基人之一。阿伯雷欧创建了 Z 语言和 B 方法，参与并指导了许多重要企业和部门（如欧洲航天局、西门子公司、阿尔斯通公司等）的关键性软件开发项目，用于轨道交通、高铁、航空、电站等重要领域的信号、控制、调度、自动驾驶等各种关键性系统的建模、验证和系统开发。目前，阿伯雷欧是瑞士苏黎世联邦理工学院的教授。2011 年 11 月，他应邀访问中国，参加了西安电子科技大学的形式化方法学术研讨交流会并做了题为 *Software and System developments using Formal Models, Refinements, and Proofs with Event-B* 的学术报告。

早在 1974 年，阿伯雷欧发表了一篇题为《数据语义》的论文。之后，阿伯雷欧在法国格勒诺伯大学任教期间，在课堂上使用了他自创的一种数学表示法。1977 年，当阿伯雷欧在法国电气公司任职时，他又发明了一套仅供内部使用的数学符号表示法，称为 Z 符号。在 1980 年，阿伯雷欧与麦叶和舒曼合作在剑桥大学出版的《关于程序的创建》上发表了《一种语言规范》的论文；同年麦叶和鲍顿撰写的《编程方法》中便使用了阿伯雷欧发明的 Z 符号。

在 1979 年，阿伯雷欧加盟了英国牛津大学计算实验室（Oxford University Computing Laboratory），也就是现在的牛津大学计算机科学系（Oxford University Department of Computer Science），成为当时牛津大学计算机程序研究小组的成员之一。阿伯雷欧发明的基于 Z 符号的语言规范在牛津大学得到了进一步的研究和发展。不久之后，英国牛津大学便正式提出了形式化描述语言 Z，简称 Z 语言。

当 Z 语言作为一种正式的形式化描述语言被提出来以后，学术界和工业界便意识到它特别适合于撰写计算机软件和硬件系统的规格说明。截至 1989 年，Z 语言在工业界得到了广泛的使用并且涌现出许多成功的应用案例。因此，国际标准化组织（International

Organization for Standardization，ISO）便开始了针对 Z 语言来制定相关技术规范的筹备工作。

经过十几年的努力，ISO 终于在 2002 年正式颁布了 Z 规格 ISO/IEC 13568:2002 标准的基础。Z 规格 ISO/IEC 13568:2002 标准作为一个信息技术的国际标准，为计算机科学与技术领域和软件工程领域制定了国际统一的形式化描述 Z 规格。在 2007 年，ISO 对 ISO/IEC 13568:2002 标准进行了修订，形成了 Z 规格 ISO/IEC 13568:2002/Cor.1:2007 标准。2013 年，ISO 对这个标准又进行了技术审核。

2. Z 语言的特点

利用 Z 语言并且遵循 Z 规格就能够对计算机系统（特别是软件系统）的需求、功能、规格等进行精确无误的形式化描述，从而形成系统的形式化规格说明。在软件工程中，基于这种形式化规格说明对软件工程的子过程进行严格的逻辑推理和数学证明，并且可以对软件的设计进行验证和精确细化。之所以将 Z 语言用于软件工程的实践中，是期望它能够像在计算机科学和其他工程实践中一样，通过使用严密的数学分析来提高软件设计的可靠性和鲁棒性。因此，Z 语言是目前使用较为广泛的形式化描述语言之一，它有以下几个主要特点。首先，Z 语言不是计算机程序编制工具或编程系统，Z 语言是设计规范，采用了包括集合（set）、序列（sequence）、包（bag）、关系（relation）、函数（function）、类型（type）、对象（object）等抽象的数学理论。所以，Z 语言是一种数学语言。其次，Z 语言形成的规格说明的形式不是完全类似于 ASCII 码的文字和字符串，而是包括了规范化的数学符号和演算图形。Z 语言形成的规格说明的内容不是能编译和运行的程序源码，而是用来进行逻辑推理和数学演算的。再次，Z 语言没有完全使用数学符号来形成规格说明，它也使用了自然语言来定义变量和添加批注。所以，由 Z 语言生成的规格说明易于读写和解析。最后，由 Z 语言所形成的规格说明不仅严谨、清晰、无二义，而且可以通过形式化方法软件（如类似于 Z/EVES 的辅助工具）对其进行验证和推理。

3. Z 语言的数学基础

Z 语言的数学基础是谓词逻辑[6,7]（predicate logic）和集合论[8]（set theory）。谓词逻辑是应用于哲学、语言学、数学、计算机科学的一种形式系统，它还有其他名称，如一阶逻辑、一阶谓词演算、低阶谓词演算或量化理论等。集合论是研究由抽象对象构成的整体的数学理论，这个整体包含集合、元素（element）、关系等基本数学概念。谓词逻辑和集合论以定义的集合和集合中的元素等术语来形式化地构建数学对象，从而形成公理化的数学基础。它将事物的状态和行为用数学符号来进行形式化表达，从而为编写正确的计算机程序和验证计算机软件系统的可靠性提供了严格的数学模型和理论依据。在软件工程领域中，Z 语言为软件系统的规格说明提供了一种严密的数学描述方法，它的主要用途是利用形式化方法对计算机软件系统的需求、功能、规格等进行正确的描述和验证及细化。这种规格说明为软件的设计、编程、测试等提供了理论依据，从而可以确保软件的正确性、可靠性以及精细化描述。

在数理逻辑中，谓词逻辑是形式系统（formal system）的通用术语，泛指诸如一阶谓词逻辑、二阶谓词逻辑、多类逻辑或无穷逻辑等。一个形式系统可能是抽象设定的或者是为描述客观现实而设计的，它是由一个形式语言（formal language）和一个推理规则组成的集合。形式语言是用精确的数学或机器可处理的公式来定义的语言。形式语言和语言学中的语言一样，一般有语法和语义两个方面。专门研究语言语法的数学和计算机科学分支叫作形式语言，它只研究语言的语法而不致力于它的语义。

Z 语言通过谓词逻辑和集合论，利用一些抽象的已知特性来为软件系统的状态特征和行为（操作）特征建立数学逻辑模型，即明确地定义软件系统的状态和从一个状态转换到另一个状态的操作。Z 语言通过状态转换的前置条件和后置条件及输入变量（input variable）和输出变量（output variable）之间应该满足的关系来描述操作。所以，Z 语言有状态和操作两种架构模式，分别对应于数据和过程两种抽象，同时也分别表示状态空间和状态空间上的操作。Z 语言架构模式由 3 个部分来组成，即架构模式名、变量的声明部分及限制这些声明的谓词部分。也就是说架构模式等于声明加谓词。一个基本的 Z 语言架构模式如图 1.1 所示。

图 1.1　基本的 Z 语言架构模式

1.2.2　Z 语言的使用

在软件工程中，软件系统的形式描述是设计和开发具有高的可靠性、安全性、鲁棒性软件的必要环节。利用 Z 语言对软件系统进行形式描述生成的用户需求规格说明简称为 Z 规格说明。软件系统的 Z 规格说明实质上是该软件的数学模型，所以它是确保软件开发过程精确无误的重要理论依据。因为 Z 语言是一种数学推理和逻辑演算的表示语言，所以 Z 规格说明包含了大量的数学符号和逻辑操作。对大多数软件工程技术人员和系统设计人员来说，使用 Z 语言直接撰写 Z 规格说明无疑是一个挑战[9,10]。

几十年来，为了提高撰写 Z 规格说明的效率和质量，人们尝试创建各种 Z 语言的辅助描述工具来帮助软件工程师撰写 Z 规格说明[11]。但是，这些工具大多是和某种自然语言（如英语）绑定，有些工具的使用和操作依赖于特定的文字编辑环境或者需要烦琐的计算机支持环境的配置。到目前为止，我国软件工程领域还没有出现适合我国软件产业的类似 Z 语言的描述工具[11]。

1. 常用的 Z 辅助工具

（1）Z 独立系统

为完成对 Z 语言形式描述的规格说明进行撰写、编辑、检查、验证等任务，用户可以利用专用的 Z 语言形式化描述工具，如 CZT 和 Z/EVES 等软件系统。这些系统是针对 Z 语言形式描述而创建的独立运行系统。一般地说，独立系统需要提供完整而又全面的 Z 语言形式描述功能，并且这些功能和其他软件系统缺乏兼容性。因此，利用独立系统进行 Z 语言形式描述所获得的规格说明很难在其他不同系统上进行处理。例如，使用 Z/EVES 软件系统所生成的 Z 语言形式描述的规格说明难以在微软 Office Word 2007 和 Z Word Tools 插件集成的系统上进行编辑和处理。

Z/EVES 是可以运行在多种操作系统上的 Z 规格说明分析工具，它提供了语法检查、类型检查、前置条件计算及定理证明机制。Z/EVES 系统涵盖了全部 Z 规格及其 Z 语言的使用范围，并且提供了自动化程度很高的演算和逻辑推理及其验证过程。Z/EVES 系统可以在 Linux、Windows 及 Solaris 操作系统上运行。用户可以通过系统提供的交互式图形界面模式来操作 Z/EVES 系统，用户也可以采用命令输入模式。另外，可以把各种操作命令写入文件中，Z/EVES 系统可以加载这个文件来完成所期望的操作。值得注意的是，因为 Z 语言的标识符是非 ASCII 码符号，所以 Z/EVES 系统的操作命令及其命令结构是基于类似 LaTex 语法结构。

CZT 的全称为 Community Z Tools，CZT 是在 2001 年由牛津大学的安竺·马丁设计并发起的一个软件工程框架系统。之后 CZT 作为一个 Java 开源项目，发展成一个基于互联网平台和 Z 语言的软件工程形式描述系统。CZT 系统的主要功能包括对 Z 语言的编辑和拼写检查及对 Z 语言描述的动画模拟等。同样，CZT 也包含一系列的语义分析、类型错误检查、类型转换及标准输出，输出格式可以是 LaTeX、Unicode 或者是 XML。

（2）Z 集成插件

众所周知，微软 Office Word 是微软公司在 Windows 操作系统下的一个文字编辑和处理软件，它在世界各个国家及各行各业的日常工作与生活中得到了广泛的应用。微软 Office Word 并不是为 Z 语言形式描述而设计的，它的诸多功能大多不能使用户完成 Z 语言的任何编制任务。但是，微软 Office Word 系统的框架和结构却完美地接纳和支持专门为 Z 语言形式描述所设计的软件工具，即 Z Word Tools。这些类似于 Z Word Tools 的软件就是通常所说的插件。这种由微软 Office Word 系统和 Z Word Tools 插件的结合而形成了一个完整的软件系统，称为集成系统。通常把这种在非 Z 语言处理系统（如微软 Office Word 2007）中集成的一个或几个不同的 Z 语言处理软件（如 Z Word Tools）称为集成插件。

Z Word Tools 是由 Praxis 公司与约克大学的 Stuart Bass 一起研发完成的。Z Word Tools 是基于微软 Office Word 的 Z 语言的插件，在计算机上安装 Z Word Tools 后，可以在微软 Office Word 中进行 Z 语言的编辑、类型检查、文档结构检查等，并输出 Word 文档。只有自己的计算机上装有 Z Word Tools 才可以正确地查看该 Word 文档。其具体功能如下。

1）向微软 Office Word 提供了一个 Z 语言的 Unicode（统一码或万国码或单一码）字形库。

2）具有 Z 语言的“所见即所得”风格的人机交互编辑界面。这个界面完全集成在微软 Office Word 系统中。

3）拼写检查使用了模糊的 Spivey Z 和 ISO 标准 Z 及 CZT 功能。

4）可以在 Z 语言规格说明中设置索引和交叉索引。

5）为 Z 语言规格说明绘制与显示结构示意图。

通过集成插件系统来实现 Z 语言形式描述，克服了上述独立系统的困难，因此提高了 Z 语言形式描述的规格说明的兼容性，从而扩展了 Z 语言的应用范围。图 1.2 显示了在 Office Word 系统中 Z Word Tools 的菜单栏。

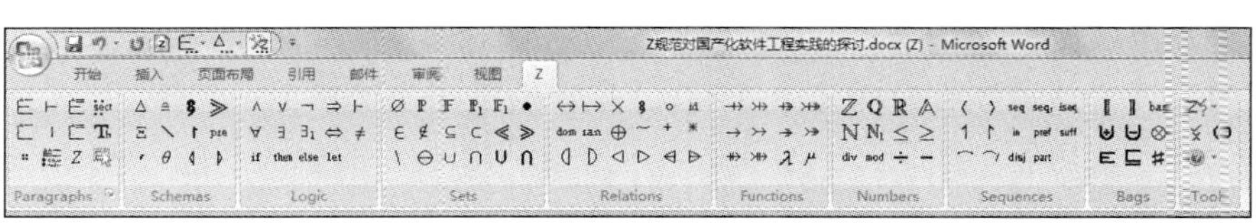

图 1.2　Z Word Tools 菜单栏

图 1.3 显示了在 Office Word 系统中 Z Word Tools 的浮动工具栏与格式检查工具栏。

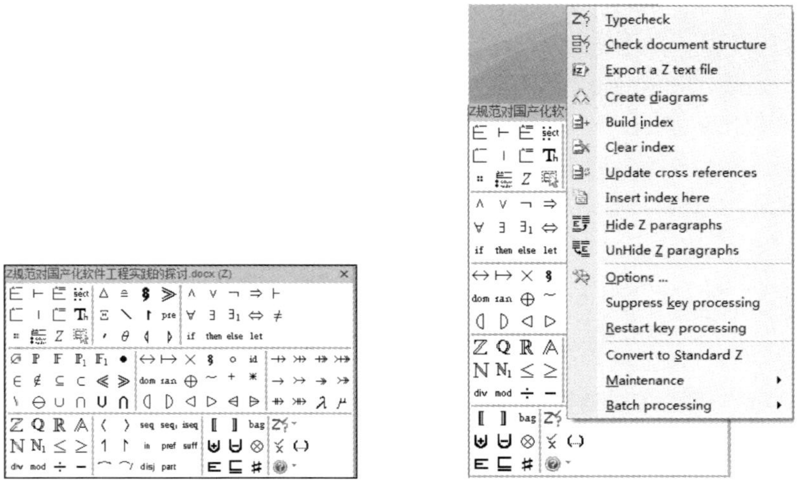

图 1.3　Z Word Tools 浮动工具栏

（3）Z 接口模块

Z 接口模块类似于 CZT 和 Z/EVES 等独立系统，具有特定的输入和输出格式，即特定的数据格式。例如，假设用户要把由 CZT 系统撰写的 Z 语言形式描述的规格说明在 Z/EVES 系统上进行修改或编辑，那么 CZT 和 Z/EVES 两个系统必须具有可以共享的数据格式，以保证 CZT 系统输出的规格说明能够作为 Z/EVES 系统的输入而被读入 Z/EVES 系统进行编辑。一般地说，这种系统之间输出和输入数据共享是通过接口模块来实现的。如果两个系统可以共享输出和输入数据，那么称这两个系统是相互兼容的，或更确切地说，这两个系统的数据是可交换的。要使得两个系统的数据是可交换的，必须有一个共同的数据格式标准。

1）Z-Vimes 有时简称为 Vimes。是用来检查 Z 语言拼写和语句并且可以验证 Z 语言演算的一个软件工具，它采用了 LaTex 格式的命令行输入模式，支持 ISO-13568:2002 标准的 Z 语言，是一个开源软件。

2）Z2HTML 工具是一个翻译器，它将 LaTex 格式指令翻译成 HTML 格式的 Z 语言。实际上，Z2HTML 工具把表示 Z 语言的 LaTex 指令翻译成 Z 语言标识符号，然后把这些标识符号用内联图形（GIF 格式）显示在 HTML 网页中。内联图形是 Z2HTML 工具为所有网页浏览器提供的显示图形，它对不同的浏览器是通用的。所以，内联图形不需要像一般的字形那样要求对不同的浏览器进行不同的预处理。另外，在 Z2HTML 工具生成的网页中，各种 Z 语言标识符号、语句、逻辑演算、表达式等都可设置相应的链接。Z2HTML 工具是跨平台的开源系统。

2. Z 规格说明的 LaTex 表示

LaTeX 是由美国计算机学家 Leslie Lamport 于 1985 年研发成功的。它是当今世界上最流行和使用最为广泛的高质量格式化排版系统。它构筑在 TeX 的基础之上，以 TeX 为引擎，并且加进了很多新功能，使得用户可以更为方便地利用 TeX 的强大功能。使用 LaTeX 基本上不需要用户自己设计命令和宏包等，因为 LaTeX 已经准备好了。因此，即使用户并不是很了解 TeX，也可以在很短的时间内完成高质量的文件。对于排版复杂的数学公式，LaTeX

表现得更为出色。TeX 是 LaTeX 的基石，LaTeX 建立在 TeX 之上；各种宏包和类型文件是 LaTeX 的装饰材料，LaTeX 是特殊版本的 TeX，如图 1.4 所示。

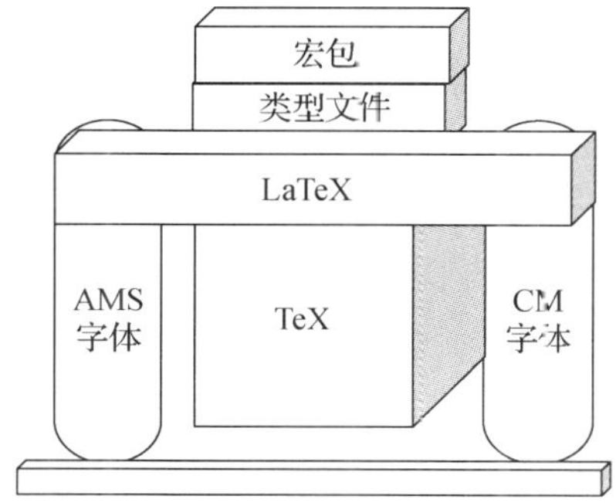

图 1.4　LaTeX 框架结构示意图

LaTeX 与 Word 是两种风格截然不同的文字编辑排版系统，各有千秋。如果要从文字编辑性能和使用便捷程度等角度做比较，Word 略胜一筹，仅“所见即所得”一项，就会赢得绝大多数用户的青睐；但要将范围仅限定在学术报告和科技论文方面，LaTeX 则明显优于 Word。前面已经讲到过如何在 Word 中编辑 Z 规格说明书，同样，作为排版系统中的翘楚，LaTeX 以另一种方式使得 Z 规格说明展现在作者面前。

接下来，利用 LaTeX 编辑一个简单的案例相对应的操作模式来说明 LaTeX 与 Word 的不同之处。在宾馆住宿的时候，当客人到达宾馆时，要想成功入住，必须存在一间客房是没有被预订的，客人预订成功之后，未预订客房集合中会减少该入住的客房，已预订集合会增加客房，最后给出提示信息。在 WinEdt 中 LaTeX 命令如下所示，具体界面如图 1.5 所示。

```
\documentclass{article
\usepackage{ltcadiz}
\begin{document}
\begin{schema}{ArriveGuest}\\
\Delta  Hotel\\
room!:HOTELROOM\\
reply!:RESPONSE\\
\where
\exists room:HOTELROOM @ room \notin unoccupied\_room\\
room = room!\\
unoccupied\_room'= unoccupied\_room\{room!\}\\
occupied\_room'= occupied_room \cup\{room!\}\\
reply!=success
\end{schema}
\end{document}
```

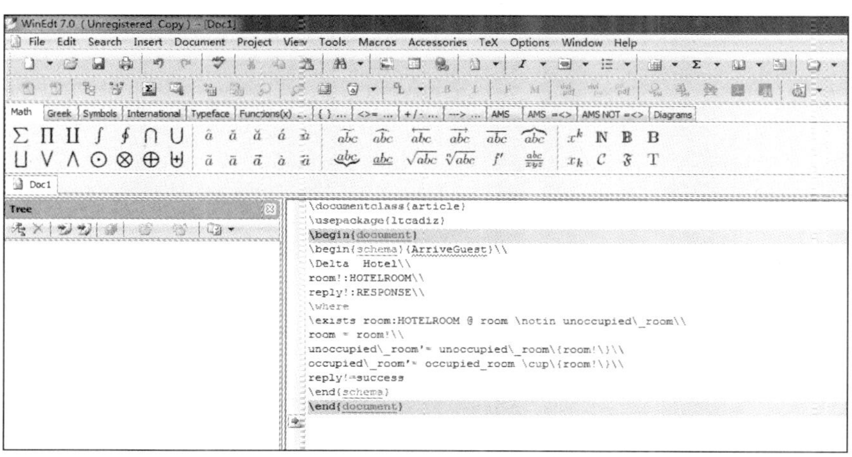

图 1.5　LaTeX 命令示意图

编辑完 LaTeX 源文件之后，单击“保存”按钮后，会弹出“另存为”对话框，如图 1.6 所示。保存类型一定要选择“UTF-8”。

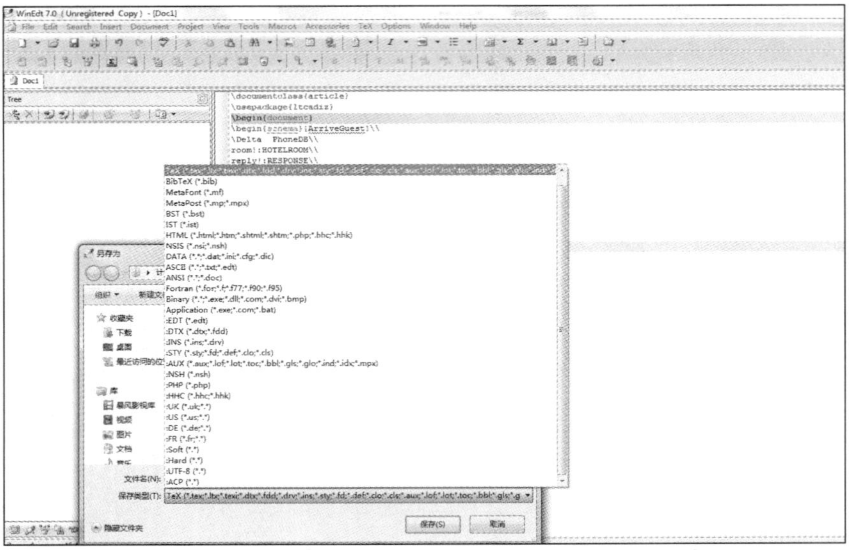

图 1.6　LaTeX 保存示意图

然后单击“XeLaTeX”按钮，编译通过之后，单击“PDF Preview”按钮生成相应的 PDF 文档。

相对应的 Z 规格说明如图 1.7 所示。

ArriveGuest

$\Delta Hotel$

$room!: HOTELROOM$

$reply!: RESPONSE$

$\exists\, room: HOTELROOM \bullet room \in unoccupied\_room$

$room = room!$

$unoccupied\_room' = unoccupied\_room \setminus \{room!\}$

$occupied\_room' = occupied\_room \cup \{room!\}$

$reply! = success$

图 1.7　ArriveGuest 操作模式

上述介绍了 Z 规格说明不同的撰写方法，每一种撰写方法均有各自的优势与劣势，从经验来看，LaTeX 更加适合于 Z 语言的描述。表 1.1 给出了部分 LaTeX 命令与 Z 符号的对照表。

表 1.1　LaTeX 命令与 Z 符号对照表

LaTeX 命令	Z 符号	LaTeX 命令	Z 符号
\begin{axdef} D \where P \end{axdef}	D P	\begin{schema}{S} D \where P \end{schema}	S D P

续表

LaTeX 命令	Z 符号	LaTeX 命令	Z 符号
\begin{gendef}[X] D \where P \end{gendef}	[X] D P	T ::= A | B\ldata E\rdata	T ::= A | B《E》
S \defs T	S ≙ T	[X]	[X]
(a, b)	(a,b)	(\mu ST @ E)	(μST•E)
\{a,b\}	{a,b}	(\LET V==E1@ E2)	(let V==E1• E2)
\power X	ℙ X	E1~E2	E1 E2
X \cross Y	X×Y	a.b	a.b
\{~D | P @ E~\}	{D|P•E}	\theta S	θS
(\lambda ST @ E)	(λST•E)	\IF P\THEN E1\ELSE E2	if P then E1 else E2
\langle E \rangle	⟨E⟩	x = y	x = y
\lbag E \rbag	⟦E⟧	x \in S	x∈S
\neg n	¬n	\lnot P	¬P
\lblot D \rblot	⦇D⦈	P \land Q	P∧Q
x!	x!	P \lor Q	P∨Q
X?	x?	P \implies Q	P⇒Q
X'	x'	P \iff Q	P⇔Q
LaTeX 命令	Z 符号	LaTeX 命令	Z 符号
x_n	x_n	\forall ST @ P	∀ST•P
_	_	\exists ST @ P	∃ST•P
\Delta S	ΔS	\exists_1 ST @ P	$\exists_1$ ST•P
\Xi S	ΞS	\LET V==E@ P	let V==E•P
\lnot S	¬S	\pre S	pre S
x \neq y	x ≠ y	a \inrel{R} b	aRb
x \notin S	x∉S	\IF P\THEN Q\ELSE R	if P then Q else R
Q \oplus R	Q⊕R	X \rel Y	X↔Y
S \subseteq T	S⊆T	x \mapsto y	x↦y
S \subset T	S⊂T	\dom X	dom X
\power_1 X	$\mathbb{P}_1$X	\ran X	ran X
S \cup T	S∪T	\id X	id X
S \cap T	S∩T	Q \comp R	Q⨾R
S \setminus T	S∖T	R \circ Q	R∘Q
\bigcup S	⋃S	S \dres R	S◁R
\bigcap S	⋂S	R \rres T	R▷T
first~x	first x	S \ndres R	S⩤R
second~x	second x	R \nrres T	R⩥T
R \star	R^*	R \inv	R~
R \plus	R^+	R \limg S \rimg	R⦇S⦈

Z 语言实际上是一种数学表达规范，基于 Z 语言的形式化描述是提高和保证软件系统及其相关的软件工程可靠性和鲁棒性的一个重要方法。而 Z 规格中的基础理论和概念对于软件工程领域的技术人员来说，是极其陌生和难以理解的。在前两节中详细介绍了学习 Z

语言所遇到的困难及使用 Z 语言进行形式化描述所面临的挑战，这可能就是 Z 语言没有得到广泛使用和如期发挥它的作用的主要原因。1.2 节中介绍了与 Z 语言相关的一些常用辅助工具，从这些系统的结构方面论述了 Z 语言的使用方法。这些使用方法无疑是今后研究和探讨如何进一步推广和使用 Z 语言的关键和焦点。

目前，几乎所有与 Z 语言相关的形式化描述系统都注重于 Z 语言的撰写、编辑、检查、验证等过程。这些系统并没有使软件工程和技术人员从 Z 语言的基础概念和数学理论中完全解脱出来。如何使软件工程技术人员从 Z 语言的基础概念和数学理论中解脱出来，一直是 Z 语言使用方法的一个研究重点。在今后的实际应用中，Z 语言应该侧重于成为易于学习和操作简单的形式化方法的辅助软件。任何一门技术的推广都离不开辅助工具的支持。在本节中，将介绍一个作者自己编码完成的 Z 规格说明自动生成器，希望这个自动生成器能够为软件工程和技术人员屏蔽 Z 语言的一些基础概念和数学理论，帮助他们顺利完成 Z 语言形式化描述的规格说明的撰写任务。这对促进 Z 语言的应用推广有着重要的意义。

相对于在微软 Office Word 中集成 Z 语言插件 Z Word Tools，该 Z 规格说明自动生成器具有以下 5 个特点。

1）Z Word Tools 是国外研发的插件，而 Z 规格说明自动生成器完全是我国自主研发的。Z 规格说明自动生成器的菜单栏、提示信息、工具栏均为汉语，它们通俗易懂，便于软件工程和技术人员学习和使用 Z 语言。

2）Z 规格说明自动生成器是一个独立系统，它不需要与任何其他应用程序集成使用。

3）Z 规格说明自动生成器的每一步输入过程都非常简单。它通过人机交互的图形界面并且按有序的步骤进行选项式输入。所以，Z 规格说明自动生成器操作方便并且 Z 语言形式化的描述过程容易被软件工程和技术人员所理解。

4）Z 规格说明自动生成器改变了 Z 语言的使用方法。它不需要软件工程和技术人员熟悉和理解 Z 语言的抽象演算、基础概念及数学理论，它只需要软件工程技术人员理解状态变量的类型，如哪个属于全局变量，哪个属于输出变量，哪个属于输入变量。

5）由 Z 规格说明自动生成器定义的 Z 模式与标准的 Z 模式一致，并且以图像文件存储，便于交流传播。

1.2.3　设计实现

1. 问题分析

Z 规格说明自动生成器的设计宗旨是要面向所有软件过程参与者的，并不只是面向 Z 语言的学习者。每一名用户利用该自动生成器都可以很方便地生成一份合格的 Z 规格说明书。在 Z 规格说明自动生成器的帮助下，很多有关 Z 语言的工作将会变得容易很多。但是，在 Z 规格说明生成器的设计编码过程中，有以下几个方面需要考虑。

（1）Z 模式框的显示

Z 垂直模式框是 Z 规格说明中的最基本的结构，正常显示 Z 规格说明首先面临的问题就是如何以图形化的方式显示 BOX 风格的 Z 垂直模式框。在显示区域显示 Z 模式框的时候，可以事先将 Z 模式框定义，设置其可见性 Visible=“false”，单击“确定”按钮之后，改变其可见性 Visible=“true”。Z 垂直模式框是由水平线与竖直线组成的，Z 垂直模式框可以利用水平线和垂直线构造而成。显示 Z 模式框水平线和垂直线的主要代码如下：

```
p.ZSchTop
    {margin-top:
    margin-right:
    margin-bottom:
    margin-left:
    margin-bottom:.
    line-height:
    page-break-after:
    font-size:
    font-family:
    }
p.ZBoxBody
    {border-style:
            border-color:
            border-width:
            margin-top:
            margin-right:
            margin-bottom:
            margin-left:
            page-break-after:
            padding:
            font-size:
            font-family:
    }
p.ZMid
    {border-style:
            border-color:
            border-width:
            margin-top:
            margin-right:
    margin-bottom:
            margin-left:
            margin-bottom:
            page-break-after:
            padding:
            font-size:
            font-family:
    }
p.ZSchBottom
    {border-style:
            border-color:
            border-width:
            margin-top:
            margin-right:
            margin-bottom:
            margin-left:
            padding:
            font-size:
```

```
            font-family:
        }
    <p class="ZSchTop">
            <u><spanlang="EN-US"><span
    style="mso-tab-count:1">    </span></span></u><I
    style="mso-bidi-font-style:normal"><span lang="EN-US">
        SchemaName</span></i><u><span lang="EN-US"><span
    style="mso-tab-count:1">     </span><o:p>
        </o:p></span></u>
    </p>
    <div
    style="mso-element:para-border-div;border:none;border-left:solid
        windowtext 1.0pt;
    mso-border-left-alt:solid windowtext .5pt;
    padding:0cm 0cm 0cm 4.0pt;margin-left:
    36.0pt;margin-right:-144.0pt">
    <p class="ZMid">
    <span lang="EN-US"><o:p> </o:p></span></p>
    </div>
    <div
    style="mso-element:para-border-div;border:none;border-left:solid
        windowtext 1.0pt;
    mso-border-left-alt:solid windowtext .5pt;padding:0cm 0cm 0cm 4.0pt;
    margin-left:
    36.0pt;margin-right:-144.0pt">
      <p class="ZSchBottom">
      <span lang="EN-US"><o:p> </o:p></span></p>
    </div>
```

（2）显示区域的保存

显示区域显示最终生成的 Z 规格说明，为了降低保存的难度，采取的方案是将输出结果显示在 Panel 控件上。Panel 控件主要作为其他控件的容器，可以根据需求设置其可见性。将 Panel 区域的内容保存为图片时，需要获取 Panel 控件的原点坐标及 Panel 区域的长宽，通过屏幕捕捉函数截取屏幕，然后按照指定的文件路径保存到相应的文件夹当中。核心代码如下：

```
private void button1_Click(object sender,EventArgs e)
{
        Rectangle rect=new Rectangle(0,0,panel1.Width,panel1.Height);
        using(Bitmap bmp=new Bitmap(rect.Width,rect.Height))
        {
            this.panel1.DrawToBitmap(bmp,rect);
            bmp.Save(@"c:\temp.jpg");
        }
}
```

（3）用户界面更加友好

在软件工程实践环节中，并不是所有的参与人员都精通 Z 形式化语言，为了增强 Z 规格说明自动生成器的交互性，更加顺利地帮助他们完成 Z 语言形式化描述的规格说明的撰写任务，在 Z 规格说明自动生成器的主界面只出现汉语而不出现其他字符，最终选择了下面这种方案。

在操作关系选择下拉框的时候，只出现 Z 符号对应的汉语意思，所以编写代码时设置 ListItem Value= “Z 符号”，Text= “语义”。例如：

```
<asp:ListItem Value="∧">合取</asp:ListItem>
<asp:ListItem Value="∨">析取</asp:ListItem>
```

（4）特殊符号的显示

Z 语言中包含为数众多的特殊符号，经过仔细的考查，至今没有任何一种字体能够将 Z 语言中的特殊符号全部包含其中，所以，采用 Unicode 编码来实现。Unicode 编码是一种国际标准编码，扩展自 ASCII 字元集。

为了简化该生成器的使用，在前台界面不会出现 Z 语言中繁杂的特殊符号，出现的均为特殊符号对应的具体含义。例如，“∧”对应为“合取”，“∅”对应为“空集”等。用户选择特殊符号对应的含义后，Z 规格说明生成器就可以自动判断用户选择的是哪个特殊符号，然后在 Z 规格说明中的相应位置插入该符号对应的 Unicode 编码，最后根据 Unicode 编码将该特殊符号的形状显示在 Panel 区域的相应位置，如图 1.8 所示。

图 1.8　显示原理示意图

表 1.2 是 Z 符号与对应 Unicode 编码及其具体含义三者的相互映射关系。由于篇幅有限，没有将所有特殊符号与 Unicode 编码的映射给出。

表 1.2　Z 符号与对应 Unicode 编码及其含义

Z 符号	Unicode 编码	含义
∧	\u2227	合取
∨	\u2228	析取
¬	\u00AC	否定
∈	\u2208	属于
∪	\u222A	并集
∩	\u2229	交集
⇔	\u21D4	等价
⇒	\u21D2	蕴含
⊂	\u2282	真包含
:	\u003A	类属于
ℤ	\u2124	整数集
∼	\u223C	关系逆
→	\u2192	全函数
≠	\u2260	不等于
∖	\u2216	差集

续表

Z 符号	Unicode 编码	含义
↿	\u21BF	抽取
↾	\u21BE	过滤
∅	\u2205	空集
ℕ	\u2115	自然数集
⁀	\u2040	队列级联
◁	\u25C1	定义域限定
↣	\u21A3	全入射函数
↠	\u21A0	全满射函数

另外，为了规范 Z 规格说明的生成，还需要定义以下两个基本规则。

1）在模式类型下拉列表框中，用户选择初始化模式时，不包含任何已定义的状态模式与操作模式，所以涉及模式为空。用户选择模式类型为错误模式时，此模式描述的是操作错误时状态量的变化及其对应关系，该模式本身不引起状态量的变化，对其所涉及模式进行修饰时，选择符号“Ξ”描述；其余情况均会引起状态量的变化，选择符号“Δ”来描述，其中，ΔSys≙ [Sys, Sys′]，ΞSys≙ [ΔSys|θSys=θSys′]。

2）用户在变量种类下拉列表框中选择输入变量时，在显示区域后面紧跟“?”进行修饰；当选择输出变量时，在显示区域后面紧跟“!”进行修饰；选择全局变量时，若该全局变量表示一个集合，则其所属类型前面加“ℙ”，表示该集合幂集的一个子集；若该状态变量表示一个有限集合，则其所属类型前面加“𝔽”，表示该集合幂集的一个有限子集；否则不进行修饰。

2. 设计与实现

Z 规格说明自动生成器的界面有两个区域，即输入区域和显示区域，其中输入区域又分为状态变量的输入区域和变量之间操作关系的输入区域，如图 1.9 所示。

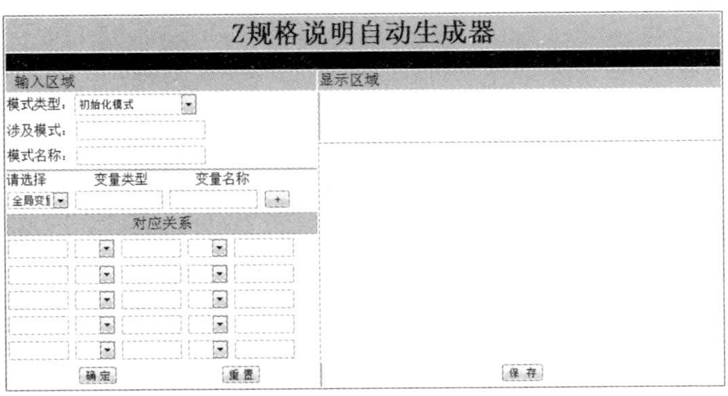

图 1.9　Z 规格说明自动生成器首页

输入区域包括状态变量的输入和变量之间操作关系的输入。在状态变量的输入区域内可以输入的内容有以下几个类型。

模式类型：按照 Z 规格的规定，Z 语言的模式一共有 4 种类型。它们分别为初始化模式、状态模式、操作模式、报错模式。如图 1.10 所示，当用户单击下拉按钮时，下拉列表框里便会显示出这 4 种模式类型，以供用户选择。

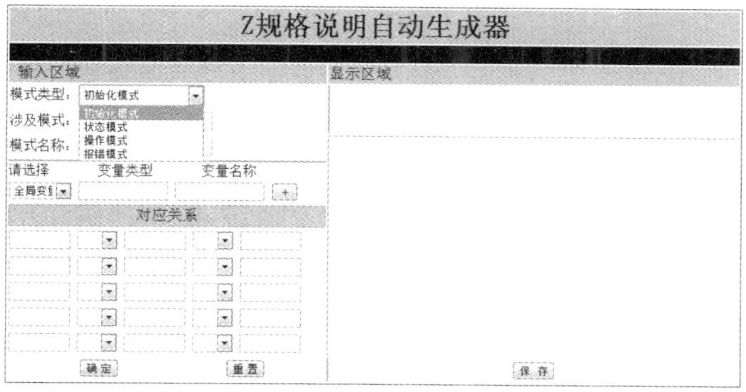

图 1.10　模式类型下拉列表框

涉及模式：也称为关联模式，它表示的是当前模式中所要包含的模式。假如使用者要描述一个软件系统的密码修改操作，则必须要求该用户成功登录该系统，所以描述修改密码的 Z 模式中就要包含描述成功登录系统的 Z 模式。描述成功登录系统的 Z 模式就是描述修改密码的 Z 模式的涉及模式。

模式名称：用于输入用户自行定义的模式名称。

变量种类：主要是为了区分所定义的变量属于哪一种变量。Z 语言中一共可分为 3 种变量，即全局变量、输出变量、输入变量，如图 1.11 所示。

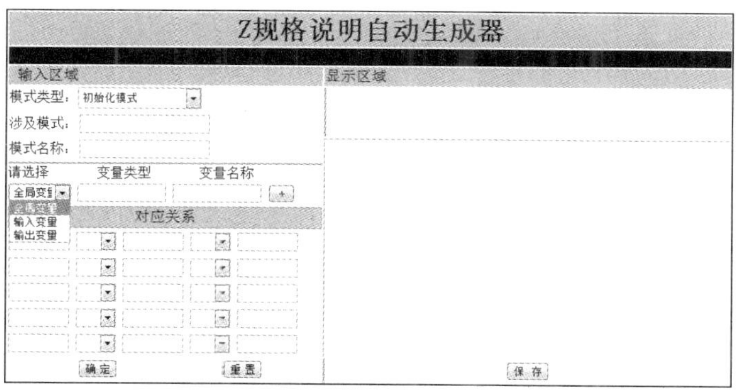

图 1.11　变量种类下拉列表框

变量名称：选择变量种类之后，用户在可编辑输入框中输入相应的自定义变量名称。

变量类型：输入变量名称所属于的类型。例如，数字 2 属于自然数。

在变量类型一栏的后面有一个“+”按钮，用户可以根据模式中变量的数目动态地添加“变量种类”“变量名称”“变量类型”。

操作关系就是上面所输入的状态变量之间的对应关系。因为 Z 语言采用了非 ASCII 符号来表示变量之间关系，所以自动生成器采用了 Unicode 编码符号来处理和显示这些特殊的 Z 语言符号。用户单击输入区域的下拉列表框右侧的下拉按钮之后，自动生成器就会显示出一系列的表示集合与集合或变量与变量之间关系的特殊符号，以供用户选择，如图 1.12 所示。

自动生成器的显示区域可获取输入区域输入的数据并将其解析并显示出来。图 1.13 是自动生成器的显示区域的使用效果图。

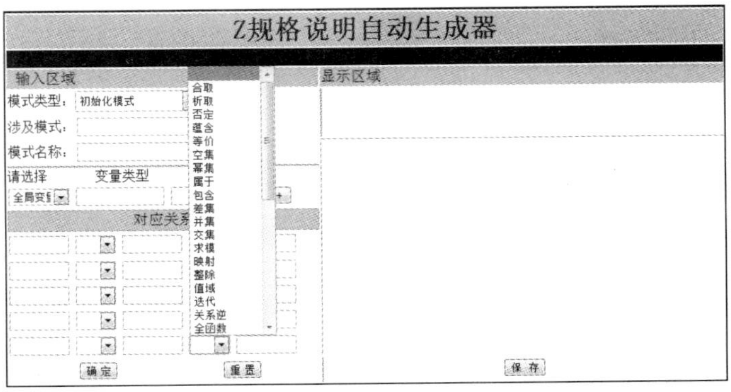

图 1.12　操作关系下拉列表框

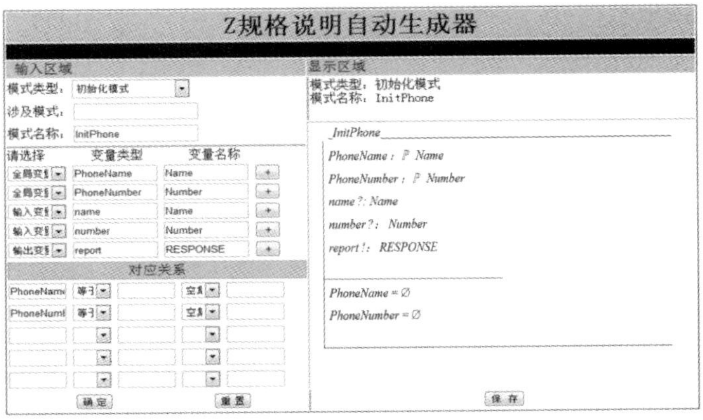

图 1.13　Z 规格说明自动生成器使用效果图

如图 1.13 所示，用户可以单击“保存”按钮把相应的 Z 模式保存到磁盘文件中。自动生成器以 JPG 图像格式文件存储。自动生成器的输出采用 JPG 图像文件来保存是因为 3 个方面的因素。首先是为了避免对 Z 语言的特殊符号和非 ASCII 符号的预处理；其次是因为 JPG 图像文件的读取和显示不需要在计算机上安装专用 Z 语言形式描述软件工具，如 CZT 或微软 Office Word 与 Z Word Tools 的集成辅助工具；最后是考虑 JPG 图像文件便于网络传输并且可以方便地嵌入网页和常用的文字文档之中。

1.2.4　自动生成 Z 规格说明

在前面的叙述中，详细介绍了 3 种 Z 规格说明的撰写方式，分别为 LaTeX、微软 Office Word 与 Z Word Tools 的集成辅助工具及提出的 Z 规格说明自动生成的方案。在本节中，尝试利用自主开发的 Z 规格说明自动生成器为一个手机通讯录应用程序撰写 Z 规格说明。

首先要确定这个应用程序要涉及的状态变量并且对其进行命名。在这个程序中，需要定义的变量包括联系人姓名（PhoneName）和联系人电话号码（PhoneNumber）。其次，定义联系人姓名和联系人电话号码的类型分别为姓名（Name）与号码（Number）。接下来，要定义操作之后系统必须给出的提示信息。通过枚举法枚举如下：

```
RESPONSE::= Success|Error
```

利用 Z 语言对一个客观事物进行形式化描述的第一步就是对事物进行初始化，当然也包括对涉及的状态变量和集合的初始化。利用 Z 规格说明自动生成器来生成 InitPhone 模式，用户所做的选择及输入的数据如图 1.14 所示。

图 1.14　用户所做的选择及输入的数据

单击“确定”按钮之后，显示区域就会出现如图 1.15 所示的 InitPhone 模式的生成内容。当单击“保存”按钮时，所生成的 InitPhone 模式将以图像格式保存，如图 1.16 所示。

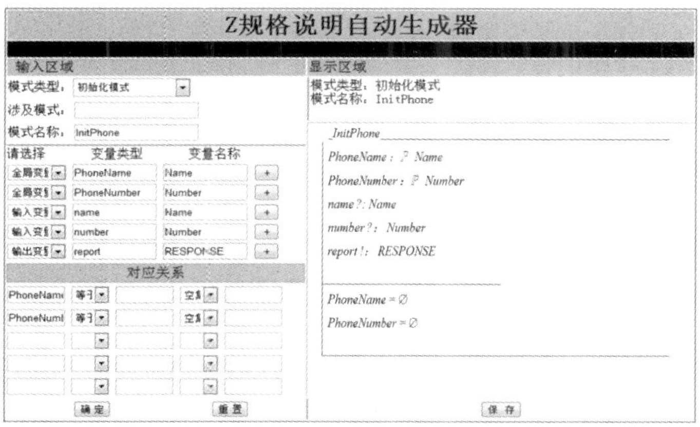

图 1.15　InitPhone 模式的生成内容

InitPhone

$PhoneName : \mathbb{P}\ Name$

$PhoneNumber : \mathbb{P}\ Number$

$name? : Name$

$number? : Number$

$report! : RESPONSE$

$PhoneName = \varnothing$

$PhoneNumber = \varnothing$

图 1.16　初始化模式

初始化以后，需要描述增加、删除、修改 3 个操作模式。首先利用 Z 规格说明自动生成器来生成这些操作模式，然后在 1.4 节推理验证中利用微软 Office Word 2007 支持的 Z Word Tools 工具再来编写这 3 个操作模式，这样就可以比较和验证 Z 规格说明自动生成器的功能是否正确可靠。

1. 新建联系人

新建联系人操作涉及初始化变量，所以它的描述中将含有初始化模式 InitPhone。当新建联系人操作成功之后，通讯录中的联系人姓名 PhoneName 的值将发生变化，通讯录中联系人电话 PhoneNumber 的值也会由原有的号码集合变为原集合加上新输入的号码集合。

图 1.17 显示了利用 Z 规格说明自动生成器生成 Z 模式所做的选择及输入的数据。图 1.18 显示了 Z 规格说明自动生成器的显示区域所显示的即时结果。最后，当单击“保存”按钮时，Z 规格说明自动生成器把所生成的增加联系人操作模式 Addsuccess 保存成图像文件。

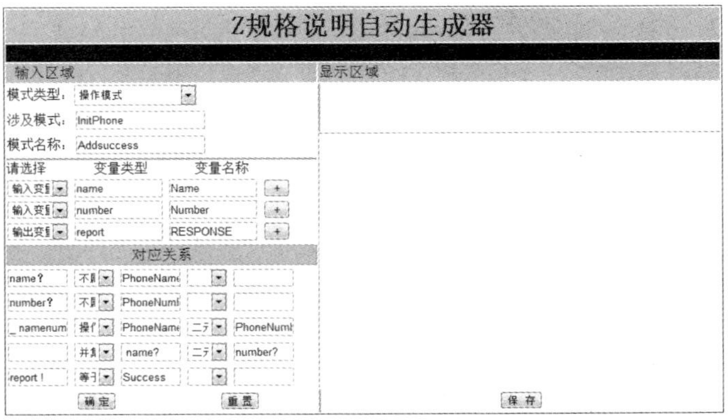

图 1.17　增加联系人输入

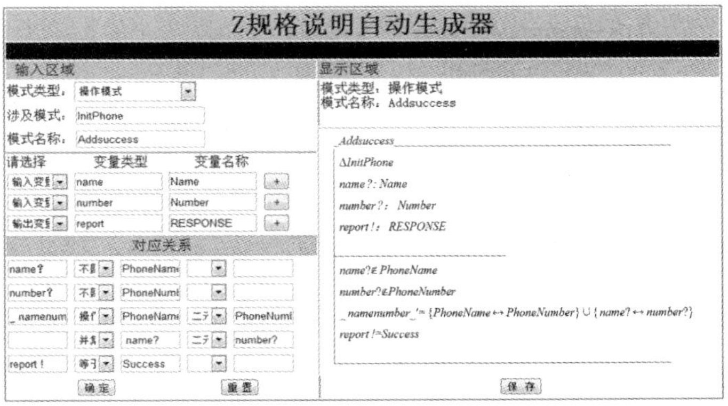

图 1.18　增加联系人显示

2. 删除联系人

在删除操作中，姓名与电话号码满足二元对应关系，用户可以方便地通过所输入的姓名来找到相对应的电话号码。利用 Z 规格说明自动生成器所生成的 Z 模式 Deletesuccess 及所做的选择和输入的数据如图 1.19 所示。Z 规格说明自动生成器的显示区域所显示的即时输出结果如图 1.20 所示。单击“保存”按钮，模式 Deletesuccess 以 JPG 格式保存为磁盘文件。

图 1.19　删除联系人输入

图 1.20　删除联系人显示

3. 修改联系人电话

修改联系人的操作一般是针对该联系人的电话号码的修改。修改操作与前面描述的删除联系人的操作类似，可以通过输入联系人的姓名来找到相对应的电话号码，然后来进行修改操作。图 1.21 所示是利用 Z 规格说明自动生成器生成的描述修改联系人的操作的 Z 模式“Modifysuccess”的选择及输入的数据。图 1.22 显示了 Z 规格说明自动生成器显示区域显示的即时结果。

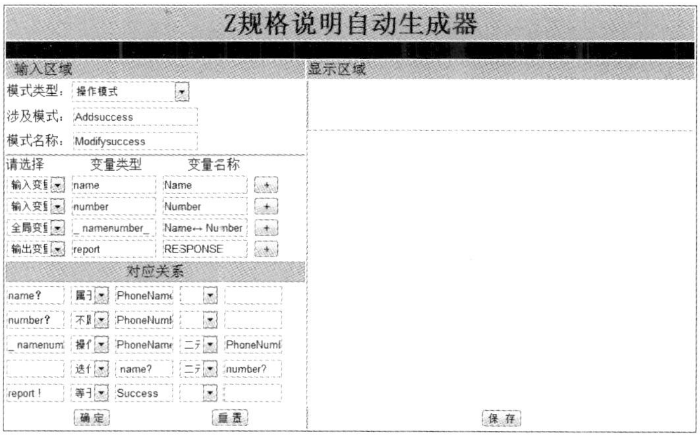

图 1.21　修改联系人输入

图 1.22　修改联系人显示

至此，使用 Z 规格说明自动生成器对手机通讯录应用程序进行了 Z 语言描述。描述的过程和结果可以表明 Z 规格说明自动生成器具有的功能性和准确性。

上述实例介绍和验证了 Z 规格说明自动生成器的功能性和可用性，通过对一个实际应用程序的 Z 语言描述，叙述了 Z 语言的一种新的使用方法。借助于形式化描述的辅助工具，软件工程和技术人员能够在不熟悉 Z 语言的基础概念和数学理论的情况下使用 Z 语言来撰写正确的 Z 规格说明书。

Z 规格说明自动生成器可以成功生成小规模系统的 Z 规格说明书。为了今后在大规模系统中实现和推广，该 Z 规格说明自动生成器还需要做以下改进。

1）Z 规格说明自动生成器最终输出的为 JPG 图像文件，不支持 Z 语言规格说明的自动检查、自动检验和验证，而且每个模式就是一个单独的图像文件，如果是一个大型系统的 Z 规格说明的话，就会产生大量的单独的文件，查看起来耗费时间。所以，需要改进输出格式为 PDF 文件，这样查看方便，而且便于读取其中的内容并进行形式化自动检查。

2）在输入区域，变量之间对应关系的输入框数量难以满足大型系统的需求，下一步应该实现输入变量的大规模添加。

实践证明，该规格说明自动生成器可以有效地生成 BOX 风格的 Z 规格说明，而且具有很好的可行性。本章研究是对于 Z 规格说明的自动生成的一次有效尝试，为 Z 规格说明自动生成器的研究起了带头作用。

1.3　Z 规格的推理与测试

在软件研发的过程中，面对需求越来越多、系统越来越复杂的现状，软件需求规格说明书在软件生命周期中占有举足轻重的地位，是所有软件研发参与人员的一个可靠参照物。如何确保撰写的规格说明满足客户的要求？如何确保参照该规格说明编写出的软件与规格说明书所描述的相吻合？如何保证研发人员编写出的程序的可靠性、功能性、效率性等各项质量指标呢[12]？形式化推理是验证软件正确性的重要方法之一，它通过严格的数学方法来评价一个程序是否达到了需求规格说明书所描述的功能。一份合格的 Z 规格说明需要清晰、准确地描述“做什么”，还必须要保证参照该规格说明编写出的软件与规格说明书所描述的各项特性相匹配。Z 规格说明一个主要的特点就是可以进行形式推理，这一属性对于那些高安全性和可靠性的系统来说是相当有吸引力的。

1.3.1　形式化推理

Z 语言所形成的规格说明具有非形式规约不可比拟的严谨性、清晰性，这种描述对于系统对象的状态描述、行为描述无疑是非常有用的原始参照物。但是，形式化描述也不可避免地会含有错误或矛盾，也有不满足前置条件的操作行为，这些问题在后期必定会导致前期的形式化设计不能付诸实践。另外，在操作构型内，可能有隐含的假设会导致那些不能解释操作效果的情况，也可能会出现死锁等不能容忍的状态。因此，有必要做一些形式化的推理与验证，对 Z 规格说明进一步的分析研究。

1. 操作模式推理

形式化推理主要是对前置条件的证明，即证明操作能够成功执行的必要条件。一个操作可以成功执行的起始状态由该操作的前置条件给出。Z 语言形式化推理可分为以下 3 步。

1）从描述操作模式的说明部分中删除操作后的状态变量和输出变量。

2）在谓词部分中对这些变量用存在量词进行约束。

3）应用点规则对前置条件进行化简。

形式化推理与验证基于形式化规格说明。在 1.2 节中，利用 Z 规格说明自动生成器撰写了手机通讯录的增、删、改操作，图 1.23～图 1.26 是使用微软 Office Word 2007 支持的 Z Word Tools 工具编写的对应的操作模式。

```
_InitPhone______________________________
| PhoneName : ℙ Name
| PhoneNumber : ℙ Number
| name?: Name
| number?: Number
| report!: RESPONSE
|_____________________
| PhoneName = ∅
| PhoneNumber = ∅
|________________________________________
```

图 1.23　InitPhone 初始化模式

```
_Addsuccess_____________________________
| ΔInitPhone
| name?: Name
| number?: Number
| report!: RESPONSE
|_____________________
| name?∉PhoneName
| number?∉PhoneNumber
| _name number_'= {PhoneName ↔ PhoneNumber} ∪ {name? ↔ number?}
| report!=Success
|________________________________________
```

图 1.24　Addsuccess 操作模式

```
_Deletesuccess______________________________________
| ΔAddsuccess
| name ?: Name
| _name number_: Name↔ Number
| report !:  RESPONSE
|______________________
| name?∈PhoneName
| _name number_'= {PhoneName↔ PhoneNumber}∖{ name? ↔ number?}
| report !=Success
|____________________________________________________
```

图 1.25　Deletesuccess 操作模式

```
_Modifysuccess______________________________________
| ΔAddsuccess
| name?:Name
| number?:Number
| _name number_: Name↔ Number
| report !:  RESPONSE
|______________________
| name?∈ PhoneName
| number?∉PhoneNumber
| _name number_'= {PhoneName↔ PhoneNumber} ⊕ { name? ↔ number?}
| report !=Success
|____________________________________________________
```

图 1.26　Modifysuccess 操作模式

如果一个操作是有效的，那么必定存在一个正确的初始化模式。首先，对初始化模式进行推理，观察上述初始化模式，证明过程如下：

```
∃InitPhone' • InitPhone
    ⇔∃InitPhone' •
    [InitPhone'|
Phonename=∅∧Phonenumber=∅]          //前提引入规则，InitPhone 的定义
⇔∃InitPhone' •
    Phonename=∅∧Phonenumber=∅       //模式量化规则
⇔∃name ?: Name •
    ∃number ?:Number •
    Phonename=∅∧Phonenumber=∅       //前提引入规则，InitPhone 的定义
⇔∅∈ Name∧∅∈Number                  //两次应用点规则
```

则该初始化模式称为该操作模式的前置条件，如果 Operation 是一个操作模式，则对应的前置条件可写为

```
pre Operation
```

按照上述求前置条件的步骤可得：

```
pre Operation = ∃State' Operation∖outputs
```

下面给出操作模式 Addsuccess 的前置条件求解过程为

```
pre Addsuccess
```

```
= ∃ InitPhone' • Addsuccess
=[InitPhone; name ?: Name;number ?:Number;report!:RESPONE •
            name?∉ PhoneName
            number?∉ PhoneNumber
_ namenumber_'={PhoneName ↔ PhoneNumber}∪{ name? ↔ number?}]
                                                    //前提引入规则
= [InitPhone;name ?: Name;number ?:Number•
           name?∉ PhoneName
           number?∉ PhoneNumber]                     //点规则
```

可得 pre Addsuccess= name?∉ PhoneName∧ number?∉ PhoneNumber，当且仅当 name?∉ PhoneName∧ number?∉ PhoneNumber 时，操作模式 Addsuccess 可以被定义且成功执行。

求解前置条件的一般过程如上，重复上述过程可以得到删除联系人与修改联系人信息的前置条件，如表 1.3 所示。

表 1.3　删除联系人与修改联系人信息的前置条件表

操作模式	前置条件
InitPhone	true
Addsuccess	name?∉ PhoneName∧ number?∉ PhoneNumber
Addfail	name?∈ PhoneName∧ number?∈PhoneNumber
Add	True
Deletesuccess	name?∈ PhoneName
Deletefail	name?∉ PhoneName
Delete	true
Modifysuccess	name?∈ PhoneName∧ number?∉ PhoneNumber
Modifyfail	name?∉ PhoneName
Modify	true

2. 操作模式验证

基于 Z 规格说明的形式化验证主要是对操作模式后置条件的验证，即从集合的角度出发，验证操作成功执行之后各状态变量是否正确，如图 1.27 所示。

```
_Addsuccess_______________________________
ΔInitPhone
name ?: Name
number ?:  Number
report !:  RESPONSE
____________________
name?∉ PhoneName
number?∉PhoneNumber
_ namenumber_'= {PhoneName↔PhoneNumber} ∪ {name?↔number?}
report !=Success
__________________________________________
```

图 1.27　Addsuccess 操作模式

操作模式 Addsuccess 执行成功之后会导致电话簿中增加一位联系人，即电话簿联系人姓名集合变为原集合加上用户输入的联系人姓名，联系人电话号码集合变为原集合加上用户输入的联系人电话，利用逻辑表达式可表示如下：

```
dom _namenumber_'=(dom_namenumber_)∪{name?}
ran _namenumber_'=(ran _namenumber_)∪{number?}
♯ namenumber_' = ♯ _namenumber_+1
```

对操作模式 Addsuccess 验证就是利用操作模式中声明的状态变量和操作关系推导出上述 3 条结论。

首先证明：

```
dom _namenumber_'=(dom  _namenumber_)∪{name?}
dom _namenumber_'
= dom (_namenumber_∪{name?↔number?})          //前提引入规则
= dom _namenumber_∪dom {name?↔number?}
//dom (f ∪g)=(dom f)∪ (dom g)
= dom _namenumber_∪{name?}                    //dom {a↔b}={a}
```

由于

```
name? ∉ dom _namenumber_
```

所以有

```
dom _namenumber_' = (dom _namenumber_')∪{name?}
```

然后证明：

```
ran _name numbe_' = (ran _namenumber_)∪{number?}
ran _namenumber_'
= ran (_namenumber_∪{name?↔number?})    //前提引入规则
= ran _namenumber_∪ran {name?↔number?}  //ran (f∪g)=(ran f)∪(ran g )
= ran _namenumber_∪number?              //ran { a ↔ b}= {a}
```

又因为操作模式 Addsuccess 中有

```
{name?↔number?}∈{Name↔Number}           //前提引入规则
```

而且

```
name? ∉ dom _namenumber_
```

可得到结论：

```
number? ∉ ran _namenumber_
```

所以有

```
ran _namenumber_' = (ran_namenumber_)∪{number?}
```

最后利用上述已证明的结论证明：

```
♯ _namenumber_' =♯_namenumber_ + 1
♯ _namenumber_'
= ♯ (_namenumber_∪{name?↔number?})
= ♯ _namenumber_ + ♯ {name?↔number?}
```

由于

```
name? ∉ dom _namenumber_∧number?∉ran _namenumber_∧
{name?↔number?}∈{Name↔Number}
```

所以可得

```
♯ _namenumber_' = ♯ _namenumber_ + 1
```

具体如图 1.28 所示。

```
_Deletesuccess________________________________
| ΔAddsuccess
| name ?: Name
| _name number_: Name↔ Number
| report !: RESPONSE
|______________________
| name?∈ PhoneName
| _name number_'= {PhoneName↔ PhoneNumber}\{ name? ↔ number?}
| report !=Success
|_____________________________________________
```

图 1.28　Deletesuccess 操作模式

操作模式 Deletesuccess 执行成功之后会导致电话簿中减少一位联系人，即电话簿联系人姓名集合变为原集合减去用户输入的联系人姓名，联系人电话号码集合变为原集合减去用户输入的联系人电话，利用逻辑表达式可表示如下：

```
dom _namenumber_' = (dom _namenumber_)\{name?}
ran _namenumber_' = (ran _namenumber_)\{number?}
♯ _namenumber_' = ♯ _namenumber_ - 1
```

对操作模式 Deletesuccess 验证就是利用操作模式中声明的状态变量和操作关系推导出上述两条结论。首先证明：

```
dom _namenumber_'=(dom _namenumber_)\{name?}
dom _namenumber_'
= dom (_namenumber_\{name? ↔number?})     //前提引入规则
= dom _namenumber_\dom { name? ↔number?}
                                          //dom(f∪g =(dom f)∪(dom g )
= dom _namenumber_\name?                  //dom {a↔b}={a}
```

由于

```
name? ∉ dom _namenumber_
```

所以有

```
dom _namenumber_' =(dom _namenumber_')\{name?}
```

然后证明：

```
ran _namenumber_' = (ran _namenumber_)\{number?}
ran _namenumber_'
= ran (_namenumber_\{name?↔number?})     //前提引入规则
```

```
= ran _namenumber_\ran { name?↔number?}
 //ran (f ∪g)=(ran f)∪(ran g)
= ran _namenumber_\number?                //ran {a↔b}={b}
```

又因为操作模式 Deletesuccess 中有

```
{name?↔number?}∈{Name↔Number}             //前提引入规则
```

而且

```
name?∉dom _namenumber_
```

可得到结论：

```
number? ∉ ran _namenumber_
```

所以有

```
ran  _namenumber_'=(ran  _namenumber_)\{number?}
```

最后利用上述已证明的结论证明：

```
♯ _namenumber_' = ♯ _namenumber_ - 1
♯ _namenumber_'
= ♯ (_namenumber_\{name?↔number?})
= ♯ _namenumber_\ ≠ {name?↔number?}
```

由于

```
name? ∉ dom _namenumber_∧number? ∉ ran _namenumber_∧
{name?↔number?}∈{Name↔Number}
```

所以可得图 1.29 所示的程序。

```
_Modifysuccess____________________________
ΔAddsuccess
name?:Name
number?:Number
_name number_: Name↔ Number
report !:  RESPONSE
__________________________
name?∈PhoneName
number?∉PhoneNumber
_name number_'= {PhoneName↔ PhoneNumber} ⊕ {name? ↔ number?}
report !=Success
__________________________________________
```

图 1.29　Modifysuccess 操作模式

操作模式 Modifysuccess 执行成功之后，电话簿中联系人数量不会发生变化，但是，对电话簿联系人电话号码集合进行了更新，利用逻辑表达式可表示如下：

```
dom _namenumber_' = dom _namenumber_
ran _namenumber_' = ran {name?◁_namenumber_}∪{number?}
♯ _namenumber_'=♯ _namenumber_
```

对操作模式 Modifysuccess 验证就是利用操作模式中声明的状态变量和操作关系推导

出上述 3 条结论。首先证明：

```
dom _namenumber_'=dom _namenumber_
dom _namenumber_'
= dom ({PhoneName↔ PhoneNumber}⊕{name?↔number?})    //前提引入规则
= dom {PhoneName↔ PhoneNumber}∪dom  { name?↔number?}
                                       //dom (f ⊕ g )= (dom f )∪ (dom g)
= dom _namenumber_\name?               //dom {a ↔ b}={a}
```

由于

```
name?∈ dom _namenumber_
```

所以有

```
dom _namenumber_' = dom _namenumber_
```

然后证明：

```
ran _namenumber_'=ran {name?⩤_namenumber_}∪{number?}
ran _namenumber_'
= ran ({PhoneName↔ PhoneNumber}⊕{name? ↔ number?}) //前提引入规则
= ran (((dom {name?↔number?})⩤{PhoneName↔PhoneNumber})∪{name?↔
  number?})                                  //Q⊕R=((dom R)⩤Q)∪R
= ran ((name?⩤{PhoneName↔ PhoneNumber})∪{name? ↔ number?})
                                             //ran (f ∪g)=(ran f)∪(ran g)
=ran (name?⩤ {PhoneName↔ PhoneNumber})∪ran {name?↔number?}
=ran {name?⩤(PhoneName↔PhoneNumber)}∪{number?}      //ran{a↔b}={a}
=ran {name?⩤ _namenumber_}∪{number?}               //前提引入规则
```

最后利用上述已证明的结论证明：

```
# _namenumber_'=# _namenumber_
# _namenumber_'
= # (dom _namenumber_')
= # (dom _namenumber_)
= # _namenumber_
```

所以可得

```
# _namenumber_' = # _namenumber_
```

1.3.2　Z 规格的测试

软件测试贯穿于软件开发过程的每一个阶段，是度量和提升软件质量的一个不可或缺的手段，担任着“质量监督”的重要角色。良好的软件测试用例可以给软件测试带来事半功倍的效果。但是在实际应用中，测试用例的生成仍然是以代码为核心，采取手动的、主观的方式来进行，不仅导致了软件开发效率低下、成本昂贵，而且不能保证软件测试的全方位性和多角度性。

1. 测试用例

从国内的研究现状来看，基于 Z 规格说明生成测试用例的研究主要还是依靠语义、语法分析来得到测试用例，但是并没有充分认识并且利用 Z 语言是一种逻辑性很强的数学语言这一特点。人工测试不仅需要投入大量的人力、物力，还不能保证测试用例用例集的覆盖程度，所以必须有一种策略来生成严谨的、具有代表性的测试用例用例集。

根据测试用例产生的角度来说，测试用例可以分为两大类：基于规格说明的测试用例和基于可执行代码的测试用例。在 Z 规格说明中，用户可以通过输入与输出之间的约束关系及操作过程中前后状态变化来对目标系统的程序接口进行形式化描述。所以依据 Z 规格说明对软件进行测试时，软件测试者可以把软件看作一个只有外部接口却不允许打开的黑盒子，在完全不考虑软件内部结构和内部特性的情况下，测试者在软件外部接口进行测试，它只检查软件功能是否与需求规格说明书相符，程序是否能适当地接收输入数据而产生准确的输出信息，并且保持外部信息的完整性。

2. 测试用例集的生成策略

（1）约束条件转换成逻辑命题公式

主析取范式是离散数学中的一个概念。在数理逻辑中，利用等值演算法可以化简或推证一些命题，但是当命题的变元的数目较多时，等值演算法就显得不太方便，所以需要给出命题公式规范化的方法，即把命题公式化成主合取范式或主析取范式的方法。根据离散数学中范式存在定理来讲，只要不是永假的命题公式，就存在对应的析取范式。且非永假式的主析取范式是唯一的，接下来引入析取范式和主析取范式的概念。

析取范式：对于含有 n 个命题变元 p_1，p_2，…，p_n 的简单合取式，如果每个命题变元与它的否定不同时出现且二者之一恰好出现一次且仅一次，则该简单合取式称为关于命题变元 $p_1, p_2, \cdots, p_n$ 的极小项。由有限个简单合取式的析取得到的命题公式称为析取范式[12]。

主析取范式：如果上述定义的析取范式中的每一个简单合取式都是该 n 个命题变元的极小项，则该析取范式称为主析取范式[13]。

由于主析取范式是极小项的析取，所以为了使主析取范式的真值为真，至少应该有一个极小项的真值为真。根据极小项的定义，极小项角标的二进制数是该极小项的唯一成真赋值，从而主析取范式的所有成真赋值就是其中极小项角标的二进制数所对应的赋值，但是在面对一个复杂的公式时，如果单纯地通过逻辑演算推导该公式对应的主析取范式，则演算量是以指数增长的，所以必须有一个简单有效的方法——真值表方法。

（2）真值表方法

由于主析取范式的所有成真赋值都是其中极小项角标的二进制数所对应的赋值，所以可以通过列出真值表的方法，从真值表中找出各成真赋值对应的极小项，并将这些极小项析取，就可以求得命题公式的主析取范式。利用真值表得到的主析取范式按照是否包含所有的极小项可以分为两类：主析取范式中含有所有的极小项，即为永真式；不包含所有极小项的主析取范式，即一般式[14,15]。

例如，利用真值表方法求命题公式 $(p\wedge\neg q)\vee\neg r$ 的主析取范式，如表 1.4 所示。

表 1.4　命题公式 $(p\wedge\neg q)\vee\neg r$ 真值表及各成真赋值对应的极小项

p	q	r	$(p\wedge\neg q)$	$(p\wedge\neg q)\vee\neg r$	m	极小项
0	0	0	0	1	m_{000}	√
0	0	1	0	0	m_{001}	×
0	1	0	0	1	m_{010}	√
0	1	1	0	0	m_{011}	×
1	0	0	1	1	m_{100}	√
1	0	1	1	1	m_{101}	√
1	1	0	0	1	m_{110}	√
1	1	1	0	0	m_{111}	×

由表 1.4 中各极小项，即可得该命题公式的主析取范式如下：

$(p\wedge\neg q)\vee\neg r$

$\Leftrightarrow m_{000}\vee m_{010}\vee m_{100}\vee m_{101}\vee m_{110}$

$\Leftrightarrow (\neg p\wedge\neg q\wedge\neg r)\vee(\neg p\wedge q\wedge\neg r)\vee(p\wedge\neg q\wedge\neg r)\vee(p\wedge\neg q\wedge r)\vee(p\wedge q\wedge\neg r)$

所以可以做出如下假设，如果 $(p\wedge\neg q)\vee\neg r$ 是 Z 规格说明中的一个描述操作的复合命题，那么 p、q、r 就是构成这个复合命题的原子命题，求出 $(p\wedge\neg q)\vee\neg r$ 的主析取范式就是求出其所有成真的取值情况，组成该主析取范式的极小项的个数也就对应生成的测试用例的数目。分别对 p、q、r 赋予相应的现实意义之后，就会生成命题 $(p\wedge\neg q)\vee\neg r$ 的测试用例集。

1.3.3　举例说明

对应于手机通讯录中新建联系人成功操作，新建联系人失败操作的 Z 语言描述如图 1.30 所示。

```
_Addfail_______________________________________
| ΔInitPhone
| name ?: Name
| number ?:  Number
| report !:  RESPONSE
|
|______________________
| (name?∈ dom _ name number_∧r!= Already exists)∨
| (name?∉ dom _ name number_∧
| number?∈ran _ name number_∧r!= Already exists)
|______________________________________________
```

图 1.30　Addfail 错误模式

下面给出验证新建联系人操作的测试用例集的具体步骤。

1）演算前置、后置条件，求解操作对应的逻辑命题公式。

设条件 name?∈ dom _name number_=p，则 name?∉ dom _ name number_=$\neg p$；number?∈ran _ name number_=q，错误提示信息可统一设为 No exists = Already exists=r。所以上述操作对应的逻辑命题公式就可以写为 $(p\wedge r)\vee(\neg p\wedge q\wedge r)$，只要求出公式 $(p\wedge r)\vee(\neg p\wedge q\wedge r)$ 的主析取范式即可。

2）列真值表，求对应的主析取范式。

公式$(p\wedge\neg q)\vee\neg r$是Z规格说明中的一个描述操作的复合命题，那么$p$、$q$、$r$就是构成这个复合命题的原子命题，求出$(p\wedge\neg q)\vee\neg r$的主析取范式就是求出其所有成真的取值情况，组成该主析取范式的极小项的个数也就对应生成的测试用例的数目。

由表1.5中的极小项，可得该命题公式的主析取范式如下：

$(p\wedge r)\vee(\neg p\wedge q\wedge r)$

$\Leftrightarrow m_{011}\vee m_{101}\vee m_{111}$

$\Leftrightarrow(\neg p\wedge q\wedge r)\vee(p\wedge\neg q\wedge r)\vee(p\wedge q\wedge r)$

表1.5　命题公式$(p\wedge r)\vee(\neg p\wedge q\wedge r)$的真值表

$p\wedge r$	$\neg p\wedge q\wedge r$	$(p\wedge r)\vee(\neg p\wedge q\wedge r)$	m	极小项
0	0	0	m_{000}	×
0	0	0	m_{001}	×
0	0	0	m_{010}	×
0	1	1	m_{011}	√
0	0	0	m_{100}	×
1	0	1	m_{101}	√
0	0	0	m_{110}	×
1	0	1	m_{111}	√

3）赋予命题变元实际的意义，得到测试用例集。

步骤2）得到的主析取范式为$(\neg p\wedge q\wedge r)\vee(p\wedge\neg q\wedge r)\vee(p\wedge q\wedge r)$，然后，对应代入name?∈ dom _name number_=p，name?∉ dom _ name number_=$\neg p$；number?∈ran _ name number_=q；错误提示信息No exists = Already exists=r，并对其赋予实际意义，可得测试用例集有以下3类。

① $(\neg p\wedge q\wedge r)$=(name?∉dom_namenumber_)∧(number?∈ran_name number_)∧(Already exists)

实际意义：新建联系人时，输入的联系人姓名不属于联系人姓名和联系人电话对应关系的定义域，即通讯录中没有该联系人的信息；输入的联系人电话属于联系人姓名和联系人电话对应关系的值域，即通讯录中已经保存着该电话号码。此时，给出错误提示信息"Already exists"，表示已经存在该电话号码。

② $(p\wedge\neg q\wedge r)$=(name?∈ dom _name number_=p)∧(number?∉ran _ name number_)∧(Already exists)

实际意义：新建联系人时，输入的联系人姓名属于联系人姓名和联系人电话对应关系的定义域，即通讯录中存在该联系人的信息；输入的联系人电话不属于联系人姓名和联系人电话对应关系的值域，即通讯录中没有保存着该电话号码。此时，给出错误提示信息"Already exists"，表示已经存在该联系人。

③ $(p\wedge q\wedge r)$=(name?∈dom _name number_)∧(number?∈ran _ name number_)∧(Already exists)

实际意义：新建联系人时，输入的联系人姓名属于联系人姓名和联系人电话对应关系的定义域，即通讯录中存在该联系人的信息；输入的联系人电话属于联系人姓名和联系人电话对应关系的值域，即通讯录中保存着该电话号码。此时，给出错误提示信息"Already exists”，表示已存在该联系人与该电话号码。Z 语言描述如图 1.31 所示。

Deletefail

$\Delta Addsuccess$
$name?: Name$
$report!: RESPONSE$

$(name? \notin \mathrm{dom}\ \_name\ number\_) \vee$
$(r! = No\ exists)$

图 1.31　Deletefail 错误模式

下面给出验证删除联系人操作的测试用例集的具体步骤：

设条件 name?∉dom _name number_=p，错误提示信息设为 Already exists=r。所以上述操作对应的逻辑命题公式就可以写为 $p\vee r$，只要求出公式 $p\vee r$ 的主析取范式即可。由于公式 $p\vee r$ 仅有两个元素，所以通过演算直接就可以得到其对应的主析取范式。

该命题公式的主析取范式如下：

$p\vee r$

$\Leftrightarrow(p\wedge r)\vee(\neg p\wedge r)\vee(p\wedge\neg r)\vee(\neg p\wedge\neg r)$

$\Leftrightarrow p\wedge r$

得到的主析取范式为 $p\wedge r$，然后对应代入 name?∉ dom _name number_=p；错误提示信息 No exists = Already exists=r，并对其赋予实际意义可得测试用例集：

```
p∧r=(name?∉ dom _name number_)∧(No exists)
```

实际意义：删除联系人时，输入的联系人姓名不属于联系人姓名和联系人电话对应关系的定义域，即通讯录中没有该联系人的信息；给出错误提示信息“No exists”，表示不存在该联系人信息。Z 语言描述如图 1.32 所示。

Modifyfail

$\Delta Addsuccess$
$name?: Name$
$number?: Number$
$report!: RESPONSE$

$(name? \notin \mathrm{dom}\ \_name\ number\_ \wedge r! = No\ exists) \vee$
$(name? \in \mathrm{dom}\ \_name\ number\_ \wedge$
$number? = \mathrm{ran}\ (\{name?\} \lhd \_name\ number\_) \wedge r! = Already\ exists)$

图 1.32　Modifyfail 错误模式

下面给出验证修改联系人操作的测试用例集的具体步骤。

1）演算前置、后置条件，求解操作对应的逻辑命题公式。

设条件 name?∉ dom _name number_=p，则 name?∈dom _ name number_=$\neg p$；number?= ran ({name?}◁_name number_)=q，错误提示信息可统一设为 No exists = Already exists=r。所以上述操作对应的逻辑命题公式就可以写为$(p\wedge r)\vee(\neg p\wedge q\wedge r)$，只要求出公式$(p\wedge r)\vee(\neg p$

$\wedge q \wedge r$)的主析取范式即可。

2）列真值表，求对应的主析取范式，如表 1.6 所示。

表 1.6　命题公式$(p \wedge r) \vee (\neg p \wedge q \wedge r)$的真值表

p	q	$p \wedge r$	$\neg p \wedge q \wedge r$	$(p \wedge r) \vee (\neg p \wedge q \wedge r)$	m	极小项
0	0	0	0	0	m_{000}	×
0	0	0	0	0	m_{001}	×
0	1	0	0	0	m_{010}	×
0	1	0	1	1	m_{011}	√
1	0	0	0	0	m_{100}	×
1	0	1	0	1	m_{101}	√
1	1	0	0	0	m_{110}	×
1	1	1	0	1	m_{111}	√

由表 1.6 中的极小项，可得该命题公式的主析取范式如下：

$(p \wedge r) \vee (\neg p \wedge q \wedge r)$

$\Leftrightarrow m_{011} \vee m_{101} \vee m_{111}$

$\Leftrightarrow (\neg p \wedge q \wedge r) \vee (p \wedge \neg q \wedge r) \vee (p \wedge q \wedge r)$

3）赋予命题变元实际的意义，得到测试用例集。

步骤 2）中得到的主析取范式为$(\neg p \wedge q \wedge r) \vee (p \wedge \neg q \wedge r) \vee (p \wedge q \wedge r)$，然后，对应代入 name?∉ dom _name number_=p，name?∈dom _ name number_=$\neg p$；number?=ran ({name?}◁ _ name number_)=q，错误提示信息 No exists = Already exists=r，并对其赋予实际意义可得测试用例集有以下 3 类。

① $(\neg p \wedge q \wedge r)$= (name?∈dom _ name number_)∧(number?=ran ({name?}◁_ name number_)=q)∧(Already exists)

实际意义：修改联系人信息时，输入的联系人姓名属于联系人姓名和联系人电话对应关系的定义域，即通讯录中存在该联系人的信息；输入的联系人电话等于该联系人姓名对应关系的电话号码，即输入的新电话号码与通讯录中原有的电话号码重复。此时，给出错误提示信息“Already exists”，表示已经存在该电话号码。

② $(p \wedge \neg q \wedge r)$=(name?∉dom _name number_=p)∧(number?≠ran ({name?}◁_ name number_)=q)∧(No exists)

实际意义：修改联系人信息时，输入的联系人姓名不属于联系人姓名和联系人电话对应关系的定义域，即通讯录中不存在该联系人的信息；输入的联系人电话不等于该联系人姓名对应关系的电话号码，即输入的新电话号码与通讯录中原有的电话号码不重复。此时，给出错误提示信息“No exists”，表示不存在该联系人。

③ $(p \wedge q \wedge r)$= (name?∉dom _name number_)∧(number?=ran ({name?}◁_name number_)=q)∧(No exists)

实际意义：修改联系人信息封，输入的联系人姓名不属于联系人姓名和联系人电话对应关系的定义域，即通讯录中不存在该联系人的信息；输入的联系人电话等于该联系人姓名对应关系的电话号码，即输入的新电话号码与通讯录中原有的电话号码重复。此时，给出错误提示信息“No exists”，表示不存在该联系人。

至此，得到了测试新建联系人、删除联系人、修改联系人信息操作的测试用例集，在软件测试时，就可以按照上述方法得到测试用例类别，在类别内部随机选择测试用例。基于 Z

规格说明产生测试用例的方法结合了离散数学中主析取范式的概念，符合测试用例充分性的原则，既保证了软件测试的全方位性，又避免了盲目的测试。该测试用例集既包含测试的输入信息又包含测试的输出信息，是一组有效的测试用例集，也证明了提出的方法的可行性。

综上所述，可以得到完整的手机通讯录操作如下：

新建联系人：Addfail∨Addsuccess；

删除联系人：Deletefail∨Deletesuccess；

修改联系人：Modifyfail∨Modifysuccess。

1.4　总结和展望

1.4.1　研究总结

在当今的大数据环境下，对数据的开发与应用离不开软件工程的支撑。虽然我国的软件工程取得了一些令人瞩目的成就，但是与国外软件工程发展水平相比，国内软件工程形式化实践仍任重而道远。

形式化方法主要分为形式化规约和形式化验证两个方面。形式化规约是通过具有明确数学定义的语法和语义或者语言对软件的期望特性及行为进行的精确描述。形式化验证是基于已建立的形式化规约对软件的相关特性进行评价的数学分析和证明。本章主要的研究内容也可概括为形式化规约和形式化验证两个方面。

1. 形式化规约

形式化规约立足于怎样描述软件系统及其行为模式、更好地刻画软件系统的性质、语言与语言之间的转换、开发相应的软件工具。本章首先阐述了近代人类史上由于潜在的设计错误所导致的灾难性后果，说明形式化方法的必要性，回答了“为什么要选择形式化 Z 语言”这个问题；其次在理论研究方面，介绍了 Z 语言的历史、特点及 Z 语言所依赖的数学基础，并且对常见的 Z 语言辅助工具进行了分类介绍，说明了“Z 语言到底是什么”；最后，在 Z 规格说明自动生成器的设计与实现及使用中，通过软件系统中的一般性操作——增、删、改验证了 Z 规格说明自动生成器的可行性，同时也说明了 Z 规格的使用方法，解释了“怎么使用 Z 语言”。

2. 形式化验证

形式化验证的主要研究内容是验证软件系统是否符合给定的行为模式，为软件系统的各项质量指标提供保障。形式化推理是基于 Z 规格说明对一个操作模式求其前置条件，即求一个操作成功执行的必要条件，然后对比客观条件与必要条件；形式化验证是对一个操作模式求其后置条件，验证一个操作成功执行之后所导致的状态量变化是否与操作模式描述一致。由于 Z 语言基于严格的集合论和谓词逻辑，因此可以与离散数学中的理论相结合，首先将操作模式中的约束条件转换成相应的逻辑表达式，然后利用真值表求其主析取范式，并对其赋予命题变元实际的意义，即可得到测试用例集。

3. 创新点

要总结吸取国外软件工程发展的经验，生产出高可用性、高可靠性的软件，必须走形式化描述的道路。没有形式化描述，就建不成系统规范的软件产业。总体来说，创新有以下 3 点。

1）首次系统地将 Z 语言应用到软件生命周期的各个阶段，包括可行性分析、形式需求规格说明、系统验收及系统测试。

2）1.3 节介绍了一个作者编码完成的 Z 规格说明自动生成器，形式化描述支撑工具的开发一直是形式化软件工程方面研究的重点。目前，多数对于 Z 语言的研究集中在理论阶段，还没有相应的工具支持 Z 规格说明的自动生成。Z 规格说明自动生成器的研究有助于降低 Z 规格说明书的编写难度，降低了形式化开发的难度及成本，对于形式化 Z 语言的推广具有重要的意义。

3）提出了一种依据 Z 规格说明来产生黑盒测试用例集的方法。通过对操作模式的前置、后置条件的演算将该操作转化成对应的主析取范式，然后对主析取范式中的极小项赋予实际意义，从而得到了测试用例集。该方法在满足软件测试充分性原则的同时，提高了软件测试用例的生成效率，为软件工程形式化奠定了基础。

1.4.2 研究展望

基于形式化方法的软件工程是软件工程学科的大趋势，随着形式化方法研究的不断深入，形式化规格说明技术将会得到更加广泛的应用。加速形式化 Z 语言的使用，推进形式化软件工程的落实还有以下几点需要努力。

1. Z 辅助工具的研发

任何一种方法的推广应用都必须有一套非常优秀的辅助工具作为支撑，一套具有良好用户界面、易于学习和操作简单的 Z 语言支撑工具，对于形式化 Z 语言的推广应用是大有裨益的。现有的 Z 辅助工具均为 Z 规格说明编辑器或者验证器，本章介绍的 Z 规格说明自动生成器弥补了自动生成 Z 规格说明这一研究的空白，但是该自动生成器还比较粗糙，还需要不断地完善。精化 Z 规格生成规则、改变保存类型，使之便于浏览，以及验证、增加可容纳的状态量，使之适用于大规模系统的 Z 规格说明的自动生成需要进一步研究。

2. 程序求精

程序求精是将自动推理和形式化方法相结合而形成的一门新技术，它研究从抽象的形式规格推演出具体的面向计算机程序代码的全过程，即用一个抽象程度低、过程性强的程序去代替一个抽象程度高、过程性弱的程序，并保持它们之间功能的一致。目前，主要的策略是按照抽象程度划分层次结构，最高层为抽象程度最高的 Z 规格，最底层为抽象程度最低的可执行代码，中间为一系列的过渡程序。对 Z 规格的求精或转换是推广形式化 Z 语言的必由环节，也是今后的一个研究重点与热点。

参考文献

[1] 古天龙．软件开发的形式化方法[M]．北京：高等教育出版社，2005．

[2] 张登辉．航天遥操作可视化子系统设计模式与重构的研究及应用[D]．石家庄：石家庄铁道大学，2014．

[3] 赵晓峰．虚拟制造环境的信息规范及其 Z 描述研究[D]．济南：山东大学，2010．
[4] 赵正旭，温晋杰，赵卫华．Z 规范及其使用方法[M]．北京：科学出版社，2015．
[5] DINES B, JONES C B. The vienna development method: the meta-language[C]//LectureNotes in Computer Science. Berlin: Heidelberg, 1978.
[6] HAMILTON A G. Logic for mathematicians[M]. Cambridge: Cambridge University Press, 1978.
[7] STOLYAR A A. Introduction to elementary mathematical logic[M]. New York: Dover Publications, 1970.
[8] JECH T. Springer monographs in mathematics[M]. Berlin: Springer-Verlag, 2003.
[9] 赵正旭，温晋杰，赵卫华．Z 规格的推理与验证[J]．微型电脑应用，2016，32（11）：12-16．
[10] 赵晓峰，赵正旭，周以齐．生产型虚拟制造系统过程模型的 Z 规范技术研究[J]．计算机集成制造系统，2010，15（8）：1634-1642．
[11] 赵晓峰，赵正旭，周以齐．基于 Z 的虚拟加工仿真环境规范技术研究[J]．系统仿真学报，2009，21（22）：7143-7146．
[12] 赵正旭，温晋杰，徐骞．一种测试用例生成策略[J]．计算机应用研究，2015，12（6）：357-363．
[13] 古天龙，常亮．离散数学[M]．北京：清华大学出版社，2012．
[14] BOWEN J P. Z glossary[J]. Information and Software Technology, 1995, 37(5): 333-334.
[15] 左孝凌，李为鉴，刘永才．离散数学[M]．上海：上海科学技术文献出版社，1982．

第 2 章　点云的高精度地形融合算法研究

2.1　绪　　论

2.1.1　研究背景和意义

1. 研究背景

多源数据融合自 20 世纪 70 年代诞生到现在已经获得飞速发展。它将生物通过听觉、触觉、视觉、味觉等感觉器官接收信息后，对收集到的信息加工、组合、关联、判断和决策等处理的机制进行模仿[1]。它将不同传感器、不同设备所采集的相同或不同数据，通过多种不同层次的融合，综合利用所有设备信息，得到更为精确的数据结果。这不仅仅是多个设备信息的简单叠加，而是所有信息的有机结合，通过综合不同设备的各种信息，利用冗余数据减小误差，然后去除冗余信息，对信息进行多方面、多角度的分析、组合与处理，分别从不同层面上进行融合、判断和决策[2]。

随着技术的进步，点云地形数据也逐步走进了人们的视野，数字高程模型（digital elevation model，DEM）、数字地形模型（digital terrain model，DTM）、数字表面模型（digital surface model，DSM）的采集，点云数字扫描仪器的广泛应用，以及通过卫星或航天器拍摄图像、提取点云数据[3]进而拼接得到完整的 3D 点云地形模型等方式也日益改变着人们生产生活的方方面面。

多源点云地形数据融合技术从地形矿产勘探[4]到智能交通系统，从文物古迹维护到虚拟城市的数字化，在地理地貌和地形信息显示与分析、地理信息系统（geographic information system，GIS）、公共基础设施设计、全球定位系统、谷歌地球、遥感、精准农林业、智能交通系统、先进驾驶辅助系统、城市洪涝管理区[5]测绘和预警[6,7]、地貌与森林的资源调研[8]、军事地形分析、土木工程、城市规划、景观生态、检测识别地表建筑或物体变化[9]等方面都发挥着举足轻重的作用。

点云地形数据融合作为多源点云融合的一个分支，重点关注点云地形数据的相关处理，作为一个新兴技术，在 GIS 中得到了普遍应用，展现了蓬勃的生命力。这是一门综合了传感器、信息提取与处理、模式识别、计算机技术、数据库、神经网络、人工智能等多门类的交叉学科，具有非常广泛的应用前景。

2. 研究意义

随着地形数据的逐渐增多，获取的方法和技术逐步多样化，获取成本也越来越低。但由于采集设备的误差、噪声、采集对象特征、格式转化和数据处理、存储处理计算精度等问题的存在，直接采集获得的点云地形数据不可避免地会存在误差，不能满足人们对于某些地形数据的精度要求。为了获得高质量地形数据信息，就需要通过点云地形融合操作来实现去粗取精、去伪存真，提高点云地形数据中每个点所存储的信息量，在当前设备处理速度的限制和高精度地形数据实时显示与处理等需求日益迫切的情况下，要使用尽可能少的点，在精度尽可能高的前提下表征尽可能多的地表地貌特征。这些说明了点云地形融合的必要性。

本章的多分辨率点云地形数据融合作为多源地形数据融合的一个分支部分，将采集自不同设备不同格式的地形数据信息，通过一定的融合算法进行多种综合分析，将待融合数据有机整合，最终提高低分辨率点云地形数据的准确性。对于多分辨率点云地形显示的相关技术，如在距离较远处，使用较低分辨率点云地形数据进行显示的细节层次模型（levels of detail，LOD）技术来说，在减少点个数的同时，也最大限度地保留了地形相关信息；同时，对于低配置的硬件显示设备来说，点个数较少的地形数据显示更加快捷、方便，在尽量保证地表地貌特征的同时也提高了显示、处理效率。对于某些实时显示系统来说，该融合算法的结果可以作为静态低分辨率地形数据预先存储于设备中。

总而言之，本章的多分辨率点云地形数据的融合算法，通过综合使用高低分辨率地形数据的高程信息和低分辨率地形数据的坡度信息，最终可得到低分辨率高精度的点云地形，提高平均每个点所代表的地形信息量，使用更少的点表征更多的地形信息，在显示精度和处理性能上做了很好的平衡。

2.1.2　国内外研究现状

1. 地形数据融合方面

多分辨率点云地形数据融合隶属于多源数据融合范畴，旨在融合不同相关技术指标或不同格式的点云地形数据。地形数据融合是随着点云地形数据的逐渐增多，对数据质量要求逐步提高而产生的，通过对多个低成本设备采集的数据进行融合操作，得到高质量点云地形数据，以此减少高质量地形数据的获取代价。

但由于点云地形融合是一门新兴技术，目前，其算法和处理方式相对较缺乏。

对地形融合相关技术的研究，国外研究相对较好，远超国内相关融合理论和算法的研究与发展速度。

瑞士联邦科技学院的 Papasaika1 团队在地形数据融合算法研究上硕果累累，先在 2008 年提出点云地形数据融合框架来改善地形数据精度和质量[10]，然后于 2009 年研究将多种采集自不同设备不同格式的多源地形数据融合的方法，扩展了地形融合数据的适用范围[11]，在 2011 年又提出基于稀疏矩阵图像去噪理论的适用于任何点云地形数据融合操作的通用算法框架[12]，将新的图形处理理论用于地形数据融合，具有很高的学术价值。

苏黎世联邦理工学院对使用地形数据融合来提高点云地形数据质量进行了深入研究，系统总结和归纳了对于各种不同地形数据所采用的相应地形融合算法的类型。

将点云地形数据看作三维曲面，可以通过面匹配方法更好地找出误差数据，并单独处理，从而完成地形融合操作。澳大利亚的纽卡斯尔大学[13]使用基于面的融合方式，先去除地表数据，然后将两个数据进行比较，识别出差别较大的部分，通过基于表面匹配原则进行点云地形数据的融合，再验证数据的正确性，得到准确曲面点云地形，具有不错的效果。

对于某些特定地形数据，将地形的高程数据转换为颜色来表示，由此将其看作二维图像，采用二维图形处理融合方式来融合点云地形数据，也是近年来的一个研究热点[14,15]。

其中，美国爱荷华州立大学的 Karkee 等[10]提出地形模型通过空间域变换为频域，融合操作后还原为空间域的融合方法来改善点云地形数据的精度质量；中国科学院[16]使用快速傅里叶变换把地形数据用频率处理实现地形融合的目的。

以色列理工学院借鉴三维点云配准思想[17]采用不规则三角网（triangulated irregular network，TIN）模型，通过尺度不变性变换先得到两个待融合点云地形数据中的同质点对应序列，然后依据该点对应序列集合将重叠区域内的地形数据有效融合，有效地保持了地形的连续拓扑结构和连续高程描述。

雅典国立技术大学[18]通过融合方法，依照高度精确度为指标，使用平均加权方法，处理干涉的点云地形数据得到镶嵌的地形。

中国公路工程咨询集团有限公司[19]使用 TIN 数据结构，联合金字塔模型存储格式和四叉树管理方式，将激光雷达点云地形数据、航天飞机雷达地形测绘任务点云数据和地球观测系统影像数据有效融合为一体，基于地形约束完成点云融合生成算法，在融合点云地形生成和可视化显示方面树立了很好的榜样。

2. 多分辨率地形融合

对于多分辨率点云地形融合来说，国内主要基于规则网格模型数据，例如，中国科学院[20]基于多分辨率规则网格地形模型，使用平均加权和反向距离插值算法插值为高分辨率数据后，对插值和原始数据采用不同权值融合，对某些高程差较大部分采用最小二乘线性插值拟合，达到地形融合的目的。

在不规则三角网的多分辨率融合方面，相比国内，国外发展较为成熟。例如，Wehr 等[21]使用 TIN 存储结构，基于最小二乘算法和移动平面算法，将机载激光扫描数据和其他相关数据融合，借以提高山脊、断裂线等复杂地形区域的精度。

3. 当前融合算法所存在的问题

1）到目前为止，还没有一个完善的多分辨率点云地形融合算法来提高低分辨率地形精度，一般点云地形融合算法均为提高高点密度的点云地形数据，而通过高分辨率，大数据量的高精度数据和低分辨率点数较少的地形数据融合，提高低分辨率地形数据精度的算法几乎没有。

2）点云地形融合很多算法只是使用了高程数据，还有其他很多额外信息数据，如坡度、坡向、粗糙度等地形地貌特征未得到完全有效利用，如果这些信息能够合理采用，一定能够得到更高精度的点云地形数据。

2.1.3 研究目标和问题描述

1. 研究目标

伴随着 DEM 数据的广泛应用和点云技术的蓬勃发展，地形融合越来越成为国内外研究学者们研究的重点。通过地形融合得到高精度点云数据，可以更好地指导人们的生产生活。

本章以点云地形数据融合为探讨对象，通过将同一区域不同分辨率的点云数据融合，在粗粒度、低分辨率下得到高精度的点云地形数据。其目的就是在使用低分辨率的前提下，尽可能多地显示指定区域的特征，删除某些误差点，同时插入某些表征新的特征的点。该算法可用于 LOD 技术中，对远处的地形数据使用低分辨率但高精度的数据点来表示，用更少的细节来展示更多的地形特征，提高地形数据信息表示质量。

2. 问题描述

对于同一地形区域扫描得到的不同分辨率的点云地形数据，可通过地形融合算法来实现它们之间的有效融合。

图 2.1 为某一地区地形点云采集数据，其分辨率较低，图 2.2 为该地区中某一部分点云采集数据，其数据分辨率较高（该部分与图 2.1 中心框图区域相对应），通过点云融合算法，将两个重叠区域点云数据进行融合比较，验证正确数据，去除错误数据，减少误差，最终得到融合点云的低分辨率数据作为结果。

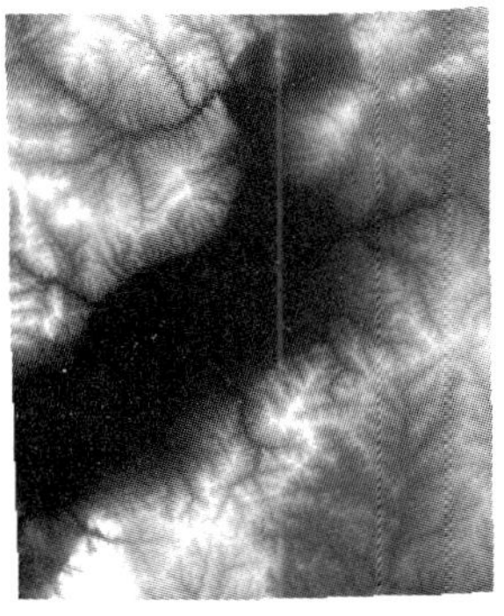

图 2.1　90m 分辨率地形

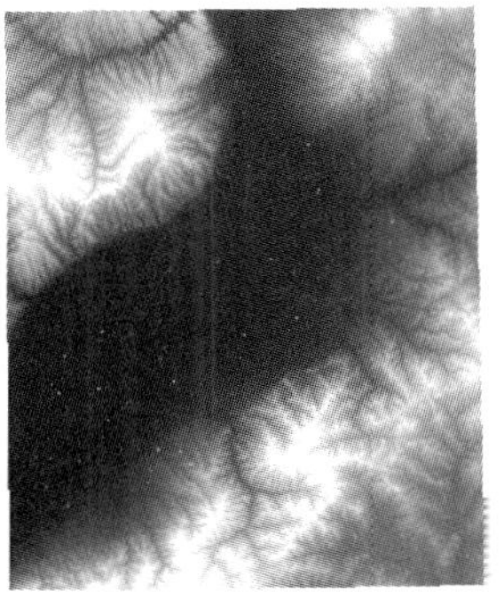

图 2.2　30m 分辨率地形

基于地形数据规模巨大的考虑，在计算上具有一定的复杂性。

3. 研究方法和研究内容

通过对上述研究现状及现有地形融合方法的介绍，作者提出新的适合于研究目标的融合算法，主要完成以下内容。

1）对地形融合相关背景、数据、算法进行阐述。

2）使用 ArcGIS 和 ERDAS IMAGE 进行点云地形数据的裁剪和配准工作。

3）通过手动编程实现 MATLAB 下 ASC 格式地形数据的导入/导出功能。使用该功能将步骤 2）导出的配准后的地形数据导入 MATLAB 中。

4）使用 MATLAB 对导入的高低分辨率地形数据，根据低分辨率地形数据的坡度进行融合处理。然后，从 MATLAB 中导出融合处理后的低分辨率地形数据，即得到融合后的地形数据，便于后续点云三维重构建模、贴图纹理等的应用。

5）将融合后的结果和融合前低分辨率地形数据均加载到 ArcGIS 和 ERDAS IMAGE 中进行精度评价，证明该算法的正确性和有效性，将各种地形数据在计算机屏幕上进行对比，突出融合后结果的直观精确性。

2.2　点云地形数据及融合算法概述

随着数字地球的推进，传感器的发展，信息处理理论的逐步成熟和计算机硬件、软件、算法等相关技术的不断进步，人们对地球地理信息等信息的使用也变得日益迫切。点云地形数据逐步充斥在人们生活的方方面面。

2.2.1 点云地形数据概述

1. 点云地形数据类型

ASTER（advanced spaceborne thermal emission and reflection radiometer，星载热量散发和反辐射仪）：1999 年到 2009 年获取的图像数据，使用了可见光到红外光范围内的立体匹配技术，采用规则网格格式，网格间隔 30m，跨越了从北纬 83° 到南纬 83° 区域，精度为 20m（95%可信）[22]。

Reference3D：该数据是法国 SPOT-5 卫星从 2002 年至今获得的光学图像，通过立体匹配得出的数据，采用规则网格结构，网格间隔 30m[23]。

LAS（激光雷达数据格式）：该格式由美国摄影测量与遥感学会（American Society for Photogrammetry and Remote Sensing，ASPRS）下属的激光雷达（Light Detection and Ranging，LIDAR）委员会发布。版本有 1.0、1.1、1.2、2.0，包含三维点的坐标 x，y，z 和其他附属属性，如光照强度等。该数据使用 LIDAR 技术采集得到，分为地面和机载两种。机载类型是将设备置于飞机上，通过扫描地形范围，融合计算机、传感器、MUI/DGPS 等多种技术手段，对地形数据信息进行采集。该方式所生成的 LAS 点云地形数据精度高，分辨率可选，比例尺变换范围大。该数据具有高点密度、高垂直精确度和有利于波形分析等特点。

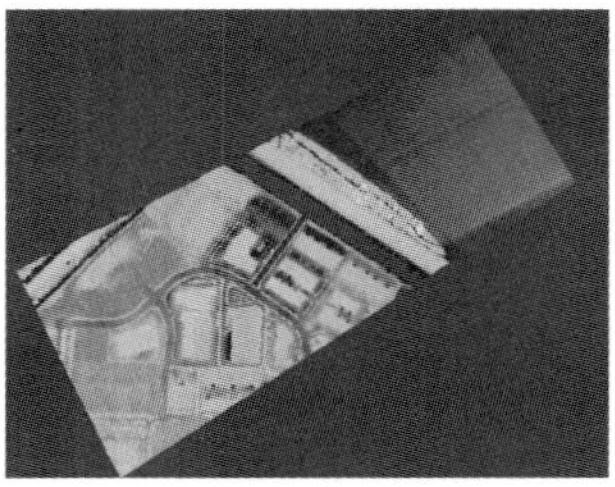

图 2.3 LAS 点云地形数据显示

图 2.3 为使用开源软件 LASUtility，根据高程显示的地面扫描点云地形数据。

SRTM（shuttle radar topography mission，航天飞机雷达地形测绘任务）：奋进号航天飞机于 2000 年 2 月使用干涉雷达（synthetic aperture radar interferometry，InSAR）技术采集，跨度从北纬 60° 到南纬 56°，采集坡段分别是 C 坡段和 X 坡段，最终由于 X 坡段因限制带状宽度而导致过多裂缝，而选择 C 坡段进行处理。采用 grid 规则网格结构，网格间隔为 30m 和 90m，90%的置信区间内高程绝对误差为 16m，相对误差为 10m。本章使用该种数据进行实现。SRTM 高程影像数据如图 2.4 所示。

NEXTMap：采集于 2004 年，由 Intermap 公司提供，通过飞机合成孔径雷达/合成孔径雷达干涉（synthetic aperture rada/interferometry synthetic aperture radar，SAR/InSAR）干涉技术得到，是一种扫描范围为从美国到西欧的 DEM 数据。其网格间隔为 5m，标称精度为 2m，高程精度为 1m。

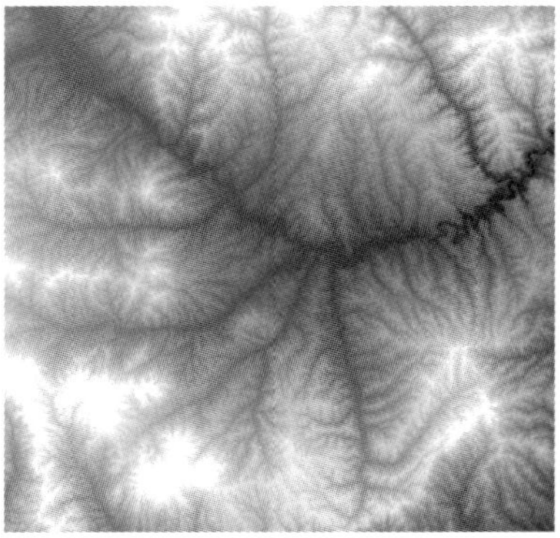

图 2.4 SRTM 高程影像数据图

GTOPO30：一种全球性的数据高程模型，水平网格间隔为 30rad/s（约为 1km）。该数据由美国地质调查局地球资源观测卫星（earth resources observation satellite，EROS）数据中心于 1996 年开始发行，将来源于世界各地的地形数据统一处理后生成。为了方便使用，对覆盖区域实行分块存放和管理，数据名称格式与其经纬度数相对应。

2. 点云数据模型划分

DEM 地形数据（数字高程模型）是现在 GIS 信息技术领域使用非常广泛的一种地形数据，在地形地貌数据分析、矿产勘探、地质灾害估计、水文测量、铁路桥梁隧道建设、城市规划等方面使用较多。

点云地形数据的主要存储形式有 3 种：TIN 不规则三角网模型、grid 网格模型和等高线模型。

（1）TIN 不规则三角网模型

该模型将三维空间中所有采集到的离散地形数据点通过三角形连接，一般使用 Delaunay 三角形表示。该种表示形式满足使用最少的点来表征最多的地形数据的要求，同时也有利于不同分辨率数据的表示，在地形平坦区域使用尽可能少的点云数据，在地形曲折复杂区域可以使用尽可能多的点云数据来表示，使用存储空间小，表示地形信息多，从整体来说该种表示形式是表征点云地形数据冗余最少的格式，是点云地形数据可视化的最理想方式。但是由于该模型使用三角形网络保存，故在地形数据处理方面具有一定难度。除了保存点的三维坐标数据外，该模型还可保存有关三角网络边的数据，但在查询、遍历、点云地形数据增减等方面具有较大计算量。Delaunay 三角形网络理论和 Voronoi 图为 TIN 三角形网络模型结果的使用奠定了理论基础。但该模型计算量依然较大。

优点：不同区域可以使用不同分辨率的点云地形数据来表示，复杂地貌区域使用高分辨率地形，平缓区域使用低分辨率地形；在点云地形融合算法中，易于实现识别重复区域后，用高分辨率地形数据替代低分辨率地形数据，从而提高地形质量；用相同的点数据量可以表示更为精准的地形数据，每个点所表示的地形信息量大；地形拓扑关系特性保持最好；除存储点三维坐标数据外，还需要保存三角网的边信息，故占用存储空间大，可以表示任意复杂地形。

缺点：数据存储和处理比较复杂；地形点数据的增减可能会破坏原有地形的拓扑结构，拓扑重建计算量较大；两个地形数据拼接或者融合后，边界区域容易出现裂缝，影响显示效果。

（2）grid 网格模型

该模型使用类似于扫描线法的方式来表示数据，每隔相同间距采集一次数据，但在地形平坦区域较 TIN 数据格式使用了较多点来表示，且复杂地形区域由于采用等间隔采样存储特征，不能完全表征复杂地形所有特征，故容易造成地形特征信息的缺失，一般通过原始采集数据插值得到。该模型适用于表示简单、地形变化不太复杂的区域。

优点：采用等间隔存储点数据信息，容易使用数据或者矩阵来存储点云地形数据，易于将点云数据的二维坐标(x, y)和存储高程 Z 的二维数组或矩阵对应的行列号映射起来。通过左下角的参考点和高程矩阵数据，可以确定该高程矩阵数据中任意位置高程点对应的三维点云数据坐标；通过左下角的参考点和高程矩阵数据中对应的一个地形点数据二维坐标(x, y)，可以找到该数据对应的矩阵高程存储位置（行列号）。相对于 TIN 模型来说，该模型占用存储空间较小，该存储方式有利于对数据进行处理，便于数据点查找、遍历，修改高程值很方便，拓扑关系较好。

缺点：只能表示固定间隔的点云地形数据，在该间隔距离之间的地形信息缺失，对相同分辨率地形数据存储操作方便；但当两个不同分辨率数据叠加或者拼接时，必须通过重采样等手段，才能将它们转换为相同分辨率数据，以该种形式继续存储。对于不同区域采用不同分辨率的点云地形数据，该模型不适合存储。

（3）等高线模型

该模型将点云地形数据中具有相同指定高程值的点通过线连接起来，就是我们通常所说的等高线模型数据。等高线模型由有限等高线组成，一般使用地形图数字化获得。该模型需要通过两条等高线之间，选用指定插值算法插值，才能还原出其他高程的地形数据。

优点：等高线数据模型简单，不同高程值之间变换平缓，占用空间小。

缺点：拓扑关系不够明确，仨意点内插所需时间长。

3. 点云地形数据分析指标

坡度、坡向和粗糙度是 DEM 地形地貌分析中很重要的指标。

坡度是 DEM 地形数据中最陡峭的地段增高或降低的最大高程增量，定义为水平面与局部地表之间的正切值。坡度函数定义为 DEM 函数中一阶导数最大的幅度。

坡度、坡向是 DEM 拓扑结构分析中最重要的两项，坡向定义了一个沿着最大坡度的方向。DEM 上每一个目标点都有 8 个方向，通过这 8 个方向可以计算坡度的大小，即

$$S(x,y)=\frac{360^\circ}{2\pi}\arctan\left[\sqrt{\left(\frac{\partial T}{\partial x}\right)^2+\left(\frac{\partial T}{\partial y}\right)^2}\right] \tag{2.1}$$

式中，$S(x,y)$ 为二维坐标 (x,y) 处的坡度；$\frac{\partial T}{\partial x}$ 为对应 x 点的偏导；$\frac{\partial T}{\partial y}$ 为对应 y 点的偏导。

坡向表征的是每个点上最陡峭坡度的方向，它的方向垂直于表面上的轮廓线，与梯度方向正好相反。类似于坡度，坡向通过偏导数来计算为

$$A(x,y)=270^\circ-\frac{360^\circ}{2\pi}\arctan 2\left(\frac{\partial T}{\partial x},\frac{\partial T}{\partial y}\right) \tag{2.2}$$

式中，$A(x,y)$ 为二维坐标 (x,y) 的处的坡向；$\frac{\partial T}{\partial x}$ 为对应 x 点的偏导；$\frac{\partial T}{\partial y}$ 为对应 y 点的偏导。

粗糙度对源数据中的高程变化异常敏感，有很多种方法可以用来计算地形的粗糙度，如偏导、方差、分型几何等。如果用表示随机性质的熵来求粗糙度，则

$$E(x,y)=-\text{sum}(p\cdot\log(p)) \tag{2.3}$$

式中，$E(x,y)$ 为熵；p 为概率。

2.2.2　多源数据融合分类

作为一个较新的技术理论，多源数据融合是将来自多种不同设备的所有数据中各种有效信息融合为一个有机整体，在很多方面具有很高的应用价值。按照所处理信息类型和抽象层次，多源数据融合具体可分为信号级融合、像素级融合、特征级融合和决策级融合 4 种。

信号级融合直接处理最基础的来自不同传感器的声、光、电等信号，通过时域、频域变换等操作得到具有更优信噪比的信号，保证信号质量。

像素级融合重点关注最基本的信息单元，是基于像素点或单个点级别的数据融合，使用该融合可提高图像或者数据精度或质量。其处理数据细节层次较为具体，缺点是处理时间长、代价高、运算效率低，鉴于采集设备误差等因素，要求该级别融合应具有较强容忍误差和纠正错误的能力。该级别融合处理信息种类比较相似，但数据吞吐量较大。

特征级融合的处理对象是从像素级数据中所提取的具有统计性质的特征数据，基于从物体中抽取的特征的数据融合。相对于前两级数据融合来说，处理代价较低，抗干扰能力较强，但可预处理代价高，处理信息量的减少也导致了信息损失较大。

决策级融合包括从一个更高的抽象层次来融合信息，结合多种算法的结果，对每一个单独部件进行的决策进行统一融合处理，得到一个最终的融合决策，从而对整个数据进行综合评价，其处理层次最为抽象，对前几级融合与决策策略机制依赖度较高。

多源数据融合的优势主要有以下几点。

1）多种格式，采集自不同设备的相同区域地形数据之间一定存在着冗余信息，通过该冗余信息的相互验证，可以增强数据可靠性，使融合结果更为精确。

2）成本代价降低，性价比较高。通过使用不同低成本设备采集数据，然后使用融合算法得到较高精度数据，相比于直接使用高精度设备的昂贵代价而言，性价比提高了很多。

3）没有一种设备可以将被扫描物体的所有信息种类全部采集下来，而通过多个异构设备，可以同时采集该物体的多种不同信息，将各种不同信息数据整合到同一个体系下进行处理，通过对多种信息的分析、综合、估计和评价，有利于做出比单一设备采集更加优越的决策。

多分辨率点云地形数据融合隶属于像素级和特征级具体的融合算法。

地形融合是使用不同设备采集生成的多种格式地形数据文件，使用融合算法对数据文件进行分析，通过它们之间的冗余信息来确定重叠区域，然后对重叠区域中不同数据文件验证正确地形信息，识别错误数据，最后通过某种机制将错误值控制在最小，有效利用冗余数据使所有参与融合操作的数据文件有机地进行综合，最终得到比任何源数据均精确、质量精度更高的数据文件信息。

多源数据融合类型层次结构如图 2.5 所示。

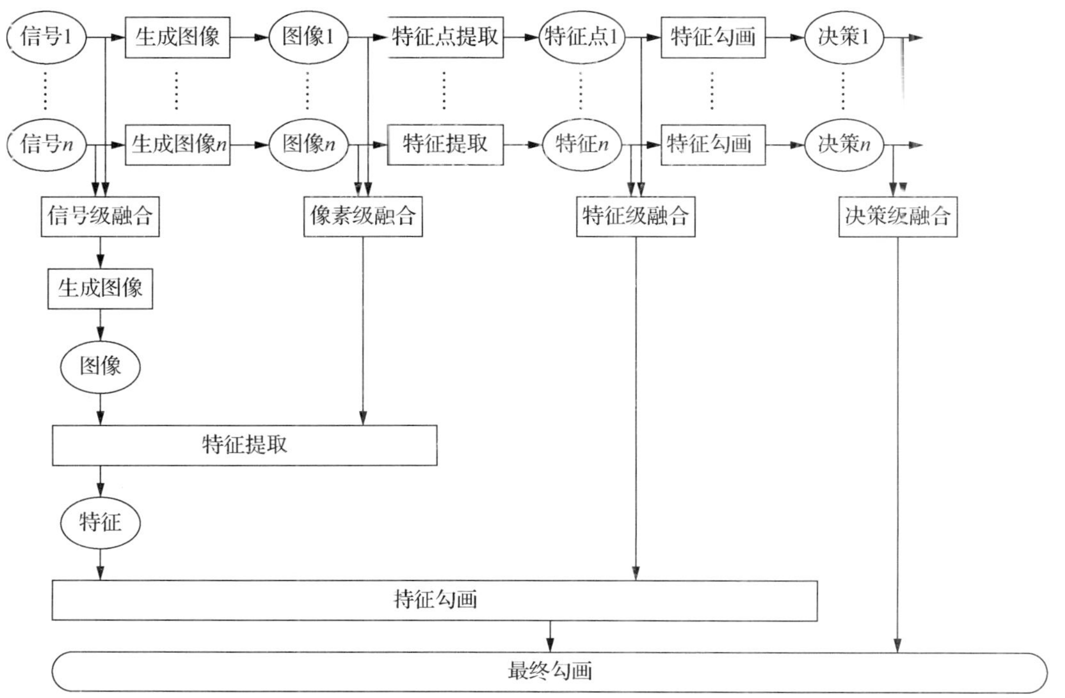

图 2.5　多源数据融合类型层次结构

2.2.3 点云地形融合算法概述

21 世纪伴随着工业信息化的进程，点云地形融合技术也在人们生产生活中发挥越来越重要的作用。

点云地形融合可以将多次采集下的数据融合为一个整体，便于从所采集事物的整体进行分析处理，如三维地图中地表植被、建筑、公路交通网与地形数据的融合，可提高地形表面的综合信息量。同时点云地形融合也可以使用不同分辨率的点云地形数据融合，提高原有地形数据的精度，得到更高质量的地形数据。

虽然现在计算机硬件的处理速度相比之前有了很大的提高，软件效率也有了一定程度的提高，算法上也有了一定的改进，但是由于大规模地形可视化的数据量很大，如果将所有的点全部进行显示，则出于现实条件考虑还做不到实时显示，因而，有人提出了 LOD 细节层次模型，它是在显示效率和显示效果上的一个折中权衡，在视点附近的点采用高精度、大分辨率的细节模型来表示；距离视点越远的点，采用较为简化的网络；反之亦然。在一定程度上，该方法可以使用现有设备达到实时显示效果，但是以牺牲显示精度和细节，简化网络为代价的。在某些高精度实时三维地形显示的应用中，该种做法具有很大的缺陷。例如，简化细节的地形显示效果不好，在不同分辨率的交界处容易产生断裂线等问题。因而，点云地形融合侧重于研究在分辨率较低的情况下，通过数据融合方法，将低分辨率的点云地形数据和高分辨率的点云地形文件进行融合。对于低分辨率点云地形来说，通过和高分辨率文件的对比，排除其中的错误点，对于某些重要的特征点进行校正、匹配或者添加，尽可能多地展现点云数据所表征的地形地貌特征。

LOD 的研究大多是在精简细节，以牺牲精确度来提高实时渲染速度，并重点关注于在尽量不增加点云数据的分辨率或者密度的前提下，使每个点代表尽可能多的地形信息，或者说提高平均每个点所代表的信息量大小。

随着 DEM 数据采集设备的更新，采集精度的提高，软硬件处理技术的发展和点云地形数据采集成本的降低，逐步出现了许许多多的 DEM、DTM、DSM 等数据，出现在人们的生产与生活的方方面面，而且，这类数据的细节特征和精度问题也逐步得到改善。

地形融合的数据处理已经逐渐取代地形数据的采集，成为地形数据处理领域的研究热点。然而，点云地形数据的排列如果不恰当，或者它们之间的错误、跳变等信息，可能会降低直接合并之后的数据精确度，数据精度不同，可能会导致对同一个地形点、多个地形数据的表示结果不同等诸多问题。而随着科技的进步，人们对精确度更高的点云地形的需求变得越来越迫切，而越精确的点云数据，所使用的地形采集设备和相关技术的成本代价也就越高。为了解决高成本和低精度二者之间的冲突，越来越多的人们想要通过利用多个 DEM 数据的冗余信息来融合多个 DEM 数据，去除错误数据，得到一个比所有输入精度更高的数据。人们对点云数据的精度要求逐渐提高，也就衍生出了利用现有的低成本设备采集到多种点云数据和有效信息，通过融合来获得更为精确的数据信息。

由于处理扫描特定地形获取点云数据的设备产生的误差、噪声影响，以及点云处理过程中采用算法所引入误差或数据不一致等因素，点云数据不可避免地会包含某些误差。为了得到更为精确的点云数据，作者又可以通过多个 DEM 数据的融合来产生更高精度的数据，但每一个 DEM 数据都会在某些特征或方面或多或少地引入一些误差，而融合算法的任务就是“去粗取精”“去伪存真”，在将它们进行融合的过程中，有必要对这些误差进行识别，并尽可能地排除，同时将验证的正确地形信息予以保留。多种误差数据的集合势必导致融合结果精度的降低，这本身也是融合算法的任务之一[24]。

以下将对现今的点云地形融合算法进行介绍。

1. “复制粘贴”多分辨率点云融合算法

该融合算法是对于某个地形数据的不同区域采用不同分辨率的地形数据表示，故不符合规则网格模型必须为相同分辨率的前提，因此该方法只适用于 TIN 不规则三角网模型的多分辨率点云地形数据的融合。

具体做法如下：先将两个待融合点云地形数据配准，统一到相同坐标系中，然后确定重叠区域边界，再使用高分辨率点云地形数据替代重叠区域内低分辨率点云地形数据，最后对融合后的边界进行三角化插值处理，达到平缓过渡的效果。

该种方法是高分辨率点云地形高程数据直接替代低分辨率数据，融合结果一般是两个数据的硬性拼接，既不连续也不完整。若二者相差较大，极易造成融合边界出现裂缝。

2. 加权平均融合算法

重叠区域融合地形数据的高程值作为将两个不同精度或分辨率的数据高程值按照一定权重计算的加权和结果，而加权系数又和融合操作的两个源地形数据的精度或分辨率、采样时间、采集时刻、处理方法等因素息息相关。一般来说，精度越高，权重越大。其实质是对两个进行融合的源地形数据按照精确性进行折中运算，但折中也不能保证避免地形不连续情况的出现[25]。

$$H_{\text{DEM}} = \frac{\sum_{i=1}^{n} w_i H_i}{\sum_{i=1}^{n} w_i} = \frac{w_1 H_1 + \cdots + w_n H_n}{w_1 + \cdots + w_n} \tag{2.4}$$

式中，$w_i (i=1,\cdots,n)$ 为第 i 个高程对应的权重；$H_i (i=1,\cdots,n)$ 为第 i 个点对应的高程值；H_{DEM} 为融合后该点的高程值。

每个高程值的权重使用 $w_i = \dfrac{1}{\delta_i^2}$，权重与标准差成反比。

3. 基于高斯建模的融合方法

高斯过程又称正态随机过程，它是一种普遍存在和重要的随机过程。在任意时刻去观察随机过程，若其随机变量的概率分布都满足高斯分布，这个随机过程就是高斯过程。高斯过程中任何随机变量的有限子集符合联合高斯分布。它是非参数化的贝叶斯方法，为相关且不确定数据的空间建模提供了一个有利的理论工具。高斯分布通过一个均值函数 $m(x)$ 和协方差函数 $k(x,x')$ 共同来确定。

Vasudevan 等提出使用高斯过程建模的方法，有效地解决了大规模点云地形数据的建模问题。文献[26]使用 KD（K-dimension）数据结构存储，使用基于神经网络的高斯过程，通过随机抽样点云数据训练数据来处理大规模复杂地形的高斯建模问题；文献[27]和文献[28]均提出使用高斯处理过程来进行大规模点云数据的融合，通过基于高斯过程的神经网络融合，使用 KD 树数据结构来训练数据，最终将相同区域的点云模型通过训练机制融合起来，这对于三维点云数据的建模有重要意义。此外，对点云数据融合的实现提出了 3 种方法，第一种是将数据添加到现存的高斯模型中；第二种是将来源于不同采集设备的数据通过异方差高斯过程进行融合；第三种是将每一个数据看作是一个独立的高斯过程模型，通过自动和交叉协方差来计算它们之间的空间拓扑关系。

高斯训练过程如图 2.6 所示。

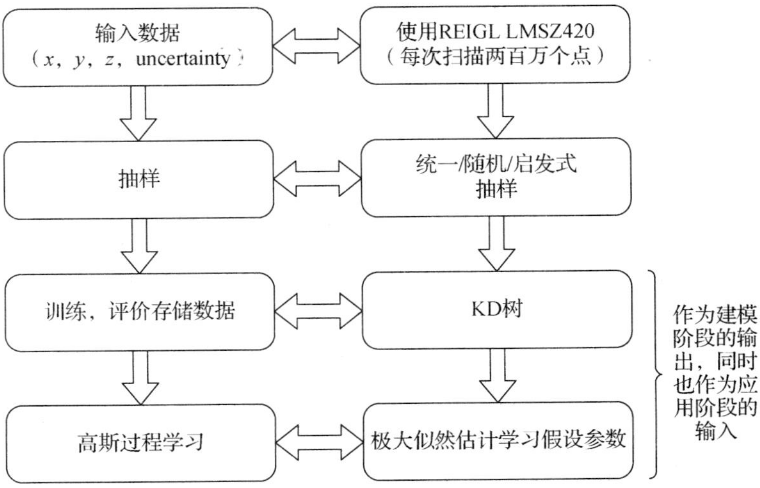

图 2.6　高斯训练过程

优点：该方法回避掉了大规模地形三维点云数据融合的隐式曲面的计算，以及点与点或点与曲面的融合，直接使用高斯过程来解决大规模点云数据融合的非线性问题。

缺点：训练数据只是所有数据中随机选中的，并非完全使用所有数据，通过训练学习过程所得，对于建模方面足够，不过在精确度方面，略显不足，而且需要预先通过很长时间的训练来存储该种点云数据的非线性特征，耗时长，性能较低，且每次随机抽样，所需要的训练数据较多，计算量偏大。

高斯过程需要提前选定大量数据进行训练，然后才能得到所求结果，如果只是两个相同分辨率或者分辨率相近的数据，通过该方法也能够近似达到所求结果；可如果是分辨率相差很大的两个点云数据，由于训练过程中每次都是随机选择数据抽样训练，因此不好对抽样到的低分辨率数据赋予更大的权值，无法体现低分辨率每个点云代表更多信息的情况，且随机抽样训练时间长，而结果在短时间内不大确定，不过作为地形建模不失为一种较好的方法。

高斯融合方法可以做到地形数据的融合，并且可以将多分辨率这一特性直接忽略掉，完全当作训练数据即可。为了用尽可能少的点来表示尽可能多的地形数据，可通过高斯融合，通过给定(x, y)坐标值的方法，可以得到融合以后的曲面，但无法保证用最少的点代表最多的信息量，故不符合要求。

4. 利用稀疏矩阵进行地形融合的方法

由于数据采集技术、处理机制和地形特征等原因，每个 DEM 地形数据都有很多错误。DEM 地形融合旨在通过一种智能方式融合不同 DEM 数据来克服这种限制。基于稀疏矩阵的 DEM 地形融合方法是能够融合任意形状的 DEM 数据的通用方法。

稀疏矩阵[12]在图像降噪和超高分辨率中表现出众。可以把使用两个 DEM 点云地形数据来验证正确信息、消除错误看作是降噪的一种方式。

稀疏矩阵可以使用来自字典元素的稀疏线性组合来表示。字典是一个横跨信号空间的无偏子集，通常也是完备的，也就是说，字典包含比信号空间所在维度更多的元素个数。字典的每一个元素称为原子。

若 $\boldsymbol{x}=\boldsymbol{D}\boldsymbol{a}_0$，则 $\boldsymbol{x}$ 可以通过 $\boldsymbol{D}$ 来进行稀疏表示，其中 $\boldsymbol{a}_0\in\mathbf{R}^N$，称为稀疏矩阵矢量，该矩阵大多元素为 0，只有少数非零。$\boldsymbol{a}_0$ 的稀疏度表示由于字典的超完备性，很少的原子就可以获得高程 $\boldsymbol{x}$ 较好的近似值。

$$\boldsymbol{y}_{\mathrm{h}}=\boldsymbol{D}\boldsymbol{a}_0+\boldsymbol{\varepsilon}_{\mathrm{h}} \tag{2.5}$$

$$\boldsymbol{y}_{\mathrm{l}}=\boldsymbol{L}\boldsymbol{D}\boldsymbol{a}_0+\boldsymbol{\varepsilon}_{\mathrm{l}} \tag{2.6}$$

$$\boldsymbol{D}=\boldsymbol{D}_{\mathrm{h}} \tag{2.7}$$

$$\boldsymbol{L}\boldsymbol{D}=\boldsymbol{D}_{\mathrm{l}} \tag{2.8}$$

式中，$\boldsymbol{\varepsilon}_{\mathrm{h}}$ 表示对应的高分辨率噪声矢量；$\boldsymbol{\varepsilon}_{\mathrm{l}}$ 表示对应的低分辨率噪声矢量；$\boldsymbol{L}$ 表示未知的下采样标志符；$\boldsymbol{D}_{\mathrm{l}}=\boldsymbol{L}\boldsymbol{D}_{\mathrm{h}}$，即 $\boldsymbol{D}_{\mathrm{l}}$ 是 $\boldsymbol{D}_{\mathrm{h}}$ 的向下采样。并且它们均具有相同的稀疏矩阵矢量。当已经给定了 $\boldsymbol{y}_{\mathrm{l}}$、$\boldsymbol{y}_{\mathrm{h}}$、$\boldsymbol{D}_{\mathrm{l}}$ 和 $\boldsymbol{D}_{\mathrm{h}}$ 之后，就可以恢复求出稀疏矩阵系数矢量 $\boldsymbol{a}_0$。一旦求出 $\boldsymbol{a}_0$，就可以通过 $\boldsymbol{D}_{\mathrm{h}}\boldsymbol{a}_0$ 求出高程值 $\boldsymbol{x}$。在计算误差的过程中，由于不同分辨率对每个点的采样精度均不同，故引入了不同分辨率下的权重函数。

将地形进行分块，使用本地 DEM 分块来达到计算高效性和确保有合适的字典规模来捕捉地形形状中的变量，然后对应块之间进行融合，为了避免块边界之间的配合效果不好产生裂缝，要同时考虑包含块之间边界的过渡块进行融合。

该方法需要预先使用数据进行训练，从而构建字典。同时，在融合前，也需要通过坡度、粗糙度、曲率和坡向等指标来计算待融合 DEM 地形数据各自所占权值。

使用稀疏矩阵进行点云地形数据的融合，因使用矩阵高程表示，故适用于规则网格模型的点云地形数据，同时又由于它本身对地形数据类型没有要求，因此可以用于融合任何符合网格模型的点云数据，如 SRTM、ASTER 等类型。总体而言，使用稀疏矩阵进行点云数据融合具有普遍适用性。而将图像去噪的稀疏矩阵方法用于地形融合，可进一步扩展地形融合方法的外延范围，相信该技术方向在以后会有更进一步的发展。

5. 变换域 DEM 数据融合方法

因为 ASTER 地形数据误差主要分布于低频，而 SRTM 地形数据则主要误差分布于高频，所以将两个地形数据均变换到频域内，然后分别通过高通、低通滤波器，将它们所对应的误差主要分布区间滤掉，然后融合，再逆变换返回到空间域中，即该方法将 ASTER 和 SRTM 地形数据的优势互补。

文献[15-17]均是通过变换域方法将 ASTER DEM 和 SRTM DEM 地形数据融合起来，以得到更高精度的点云地形数据。具体过程如图 2.7 所示。

在地形融合领域上，变换域方法具有不错的实用价值。但其需要以误差主要分布区域相对集中于高频或低频为前提条件，故只能适用于 ASTER 和 SRTM 两个地形格式数据融合操作，适用范围较窄。

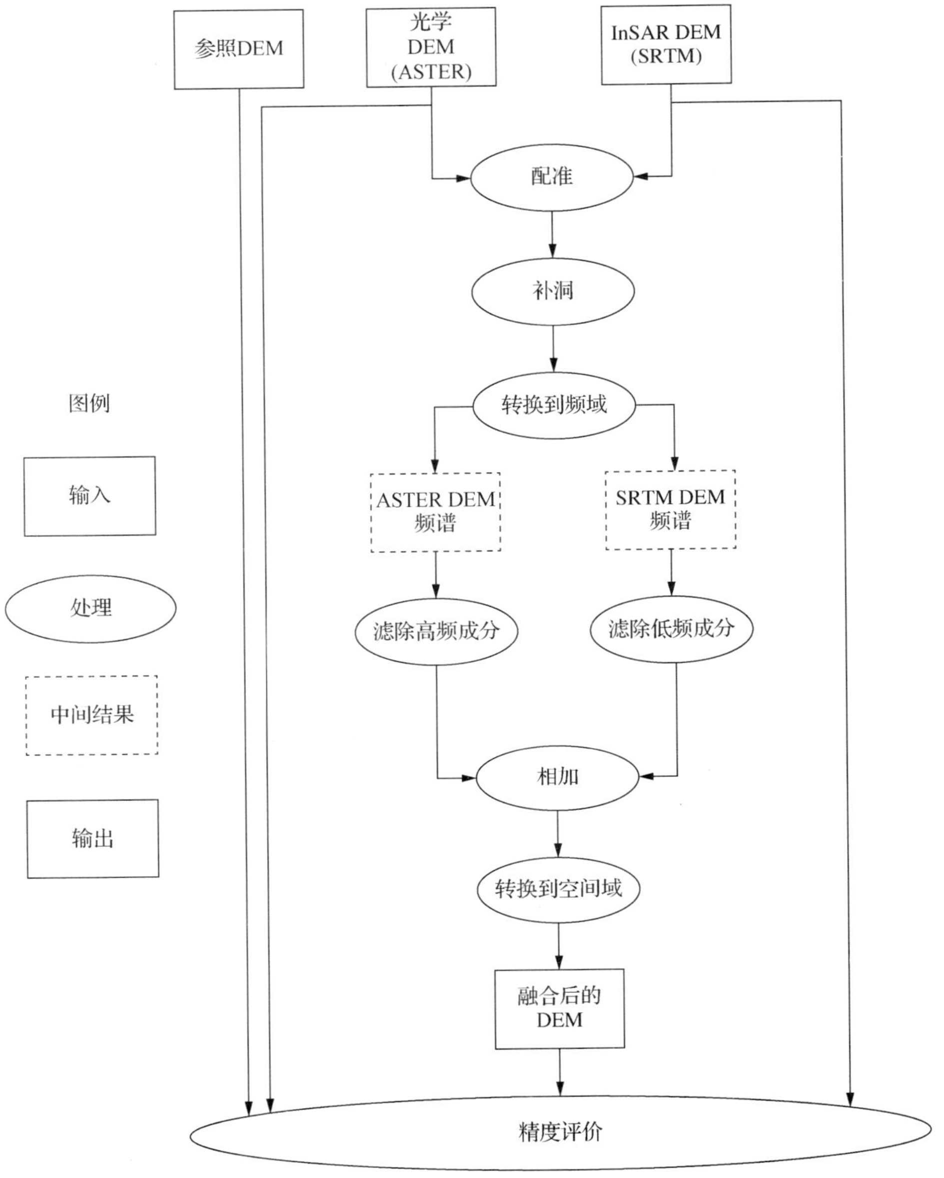

图 2.7　变换域 DEM 数据融合方法流程图

6. 基于地形地貌特征和误差的数据融合方法

随着地形数据采集和处理技术的发展，地形文件生成速度越来越快，文献[25]讲述了一种自动建立的新的 DEM 表面，该表面可以通过比较不同原始数据，验证正确信息，排除失误和错误，从而精确表示重叠区域中点云数据的高度信息，清除存在于初始数据中的失误和错误，且使用现有的最高分辨率来表示重叠区域。

DEM 融合前需要衡量不同 DEM 数据所应该具有的权重。

1）输入表面所存在的系统误差，以本地分块之间误差的形式存在于输入 DEM 中（依赖于 DEM 所具有的精度和地貌特征来计算）。

2）在每个表面的同一个平面测量点上找出矛盾的两个高度值（该种情况下，最终的高度选择两者之中最高精度的高程值，或者选择最近拍摄数据的高程值，即以高分辨率或最新信息为准）。

3）错误和噪声影响（如果有可能，尽量在融合操作之前将其检测出来并去除，否则该错误和噪声将影响到融合结果）。

先将它们配准到相同坐标系，然后对不同 DEM 数据的高度值使用不同的权重，平均化以达到融合效果。对于权重的设置，它们将产生的每个 DEM 产生的 3D 误差图纳入它们的理论标称精度和地貌的融合中。

最终融合结果中的点云对应(x, y)坐标下的高程值采用如下公式求得：

$$H_3=\frac{w_1H_1+w_2H_2}{w_1+w_2} \tag{2.9}$$

式中，w_1 和 w_2 分别为两个 DEM 数据的误差图所对应的权重；H_1 和 H_2 分别为 DEM 在该 (x, y) 坐标下所具有的高程值。

该方法融合的具体步骤：①DEM 数据配准；②残差图生成；③分析残差和地貌特征与覆盖范围；④计算误差图；⑤依据误差图确定两个 DEM 图的权重比例，并依照权重融合 DEM 得到结果。

7. 基于迭代的融合算法

基于迭代的融合算法[28]介绍了一种特定的融合方法，通过迭代，从各种不同数据库中产生高质量的地形数据，同时消除可能的严重错误。该方法基于带有地貌增强的源数据的权重累加和，在生成高质量地形数据文件的同时，也能够增强其细节特征的显示特征。

DEM_i 和 DEM_j 为两个地形数据的高程值，权重和方差分别为 $H_i,H_j,\omega_i,\omega_j,\delta_i,\delta_j$，则它们两个融合之后的 DEM 地形数据 DEM_{i+j} 的高度应该为

$$H_{i+j}=\frac{w_iH_i+w_jH_j}{w_i+w_j}=\frac{\delta_j^2}{\delta_i^2+\delta_j^2}H_i+\frac{\delta_i^2}{\delta_i^2+\delta_j^2}H_j \tag{2.10}$$

式中，w_i,w_j 为分别对应于 H_i,H_j 的权重；δ_i^2,δ_j^2 为分别对应于 H_i,H_j 的方差。

通过向先前的结果中增加独立的数据用以迭代计算出准确度更高的地形数据。每一次迭代都会使计算所得的 DEM 地形数据的随机误差逐步减少。

新生成 DEM 地形的标准差公式为

$$\delta_{i+j}=\sqrt{\left(\frac{\delta_j^2}{\delta_i^2+\delta_j^2}\right)^2\delta_i^2+\left(\frac{\delta_j^2}{\delta_i^2+\delta_j^2}\right)^2\delta_j^2}=\frac{\delta_i\delta_j}{\sqrt{\delta_i^2+\delta_j^2}}=\frac{1}{\sqrt{w_i+w_j}}\leqslant\min(\delta_i,\delta_j) \tag{2.11}$$

式中，$\delta_i,\delta_j,w_i,w_j$ 分别为 $\text{DEM}_i,\text{DEM}_j$ 的标准差和权重。

8. 基于自相关的 DEM 数据融合算法

基于自相关的融合算法[27]可以从立体图像中使用自相关技术高效准确地恢复出三维地形文件。通过对比相同区域的两个地形数据，使用自相关理论依照设定阈值的手段，迅速检测出潜在的不可靠高程数据并加以标识，对经过验证的可靠点云地形数据则直接融合。该种方法可完成快速、有效的增量式融合操作。

9. 基于反向距离加权和与最小二乘插值的融合算法

该方法[20]使用规则网格模型将两个不同分辨率的点云地形数据融合到一起，事先假定低分辨率所有点云数据在高分辨率中均存在对应的点，然后通过距离反向插值算法将低分辨率点云地形数据插值为和高分辨率地形数据相同的分辨率。然后判断对应点之间高程值之差是否在误差阈值之内，若在，则直接加权求均值，作为新的高程值；若不在，则标记出该点。所有点均遍历结束后，开始对每个标记出的不确定高程点采用如下方式处理。

首先在该点某个邻域范围内找出 N 个最近的确定高程的新的融合后高程点，其次以该点距离新融合点的距离为 x，以新融合点高程值为 y，在二维平面中描点，然后使用最小二乘法从这些点中确定一个最接近这些点的拟合直线，最后将该直线与 y 轴交点（即距离为 0 的点）的纵坐标作为该点新的高程值。

该方法有效利用了待求点和邻域内其他确定点之间的距离和高程值之间的关系，创造性地从各种参数中将距离和高程值抽取出来，组成二维平面，从而从各种数据因素中直接抽取邻域范围内的距离与高程值之间的关系，然后采用最小二乘法拟合直线，通过求出距离点为 0 的点的纵坐标值（即该坐标的高程值）的方式确定待求点高程数据，即对有误差冲突的点，采用其周围邻域内的其他确定点来确定该点高程值。该方法具有一定的合理性，且思路新颖、计算快速、准确有效。

2.2.4　小结

本节首先对多种不同格式的地形数据进行简要描述，然后对地形文件所采用的存储模型进行介绍，并分析、评价了各种模型的优缺点和适用类型；介绍了地形数据的分析指标及数据融合的概念、分类和多源地形融合的特点，并对目前现有的点云地形融合算法进行了归纳和总结。

2.3　点云地形融合算法

融合算法的目的是通过高分辨率地形数据来校正低分辨率地形信息的高程值。

文献[29]中将地物和地形放到统一坐标系下，然后采样成网格模型，通过遍历网格模型中的点来实现地物和地形数据的有效融合，从而防止地物陷入地面下或悬浮于地面上。本节借鉴其使用算法的思路，采用类似思想，也对重叠区域内的不同分辨率地形数据通过遍历、比较来完成融合处理。

2.3.1　点云地形融合算法程序

点云地形融合算法处理流程表述如下：

```
将 ASC 文件导入 MATLAB 中，使用矩阵数据进行存储;
同时建立一个状态信息矩阵,大小和低分辨率点云数据行列值相同,初始化所有值均为 0;
指针指向低分辨率数据点第一个数据之前的一个位置;
状态指针指向状态信息点云的第一个数据之前的一个位置;
while(点云地形数据未遍历结束)
```

```
{
    指针指向下一个数据点;
    状态指针指向下一个点;
    if(该点高程值无效)
{
    置该状态矩阵对应点的值为 NAN;
    continue;
}
    else %该点高程值有效
    {
        if(不在重叠区域内)
            continue;
                else%在重叠区域内
        {
            获取该点 x,y 坐标;
            通过 x,y 计算其在高分辨率地形上对应栅格块,确定其左上角行 i, 列 j 号;
            计算该点所在栅格内 4 个角到该点的反向距离加权值;
            比较其和低分辨率高程值, 若差在误差阈值内, 则直接求平均值作为新高程值,
continue;
            若不在, 查看低分辨率地形点坡度信息;
            按照坡度越小, 邻域范围也就越大的原则, 根据坡度信息所在区间, 选择对应的邻
域范围进行反向距离加权求该点高程值;
            if(新的高程值和低分辨率高程值的偏差在误差阈值范围内)
            {
            将新的高程值和低分辨率高程值的均值作为新的地形高程值
            }
            else
            %  错误数据部分
            {
                将状态信息矩阵对应点的置为 1,%表示该点为错误点
            }
        }
    }
} ;

%%错误处理阶段
指针指向低分辨率数据点第一个数据之前的一个位置;
状态指针指向状态信息点云的第一个数据之前的一个位置;
While(状态信息矩阵未遍历结束)
{
指针指向下一个数据点;
    状态指针指向下一个点;
if(状态指针指向的值为 NAN 或 0)
{
指针指向下一个数据点;
    状态指针指向下一个点;
}
else  %状态指针指向的值为 1, 即为错误数据
```

```
{
    找到指针指向点在高分辨率点云中对应点位置及所在栅格；
    从该点附近邻域内选择 N 个有效点，按照最小二乘法处理，求出该点高程值，并将其作为低分辨率对应点的新的高程值；
    状态信息指针指向目标置 0；
}
}
```

2.3.2　融合算法流程图

融合算法主要分为两个阶段：预处理阶段和错误数据处理阶段，如图 2.8 和图 2.9 所示。

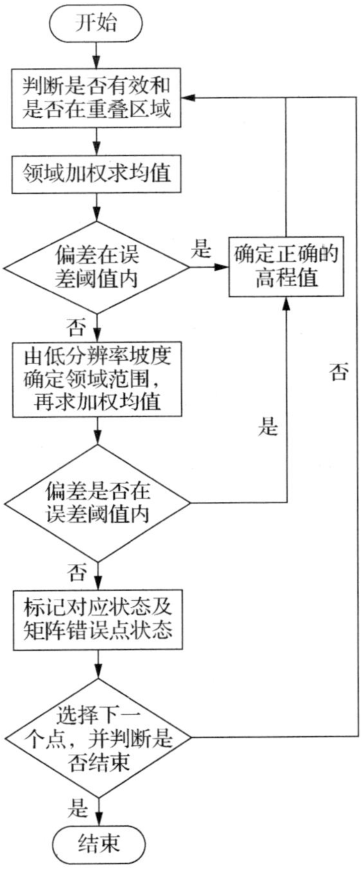

图 2.8　预处理阶段

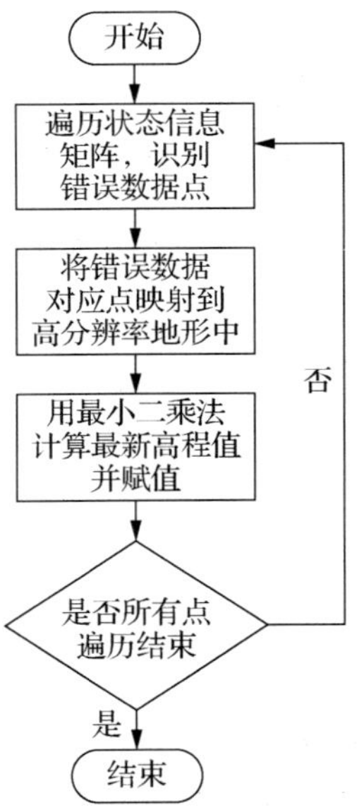

图 2.9　错误数据处理阶段

2.3.3　算法说明

1. 基于距离的反向加权问题

点云地形数据由于真正地质情况的制约，某点的高程值均受邻域范围内点数据高程值的制约，类似于紧支撑性质，距离该点的距离越远，对该点高程值的影响也就越小；反之，距离越近，影响也就越大。故在邻域范围较大情况下，对距离内外圈不同的邻域内数据点，需要选用不同的权值。总的策略：在保证归一性的前提下，依照距离越远，占用权重越小为原则，选择对应权值[30,31]。

$$Z = \left[\sum_{i=1}^{n}\frac{Z_i}{d_i^2}\right] \Big/ \left[\sum_{i=1}^{n}\frac{1}{d_i^2}\right] \tag{2.12}$$

$$d^2 = (X - X_i)^2 + (Y - Y_i)^2 \tag{2.13}$$

式中，Z 为根据反距离权重加权和之后求出的高程值；Z_i 为邻域内每个点的高程值；d_i^2 为 X_i 与该点之间距离的方法。

2. 坡度问题

如果坡度大于某个边界值，则表示地形较平坦，选择高分辨率对应点的较大范围的高分辨率地形数据，根据距离远近进行加权平均（加权原则：距离越远，权重越小；距离越近，权重越大）作为高分辨率地形数据点的高程值，然后和低分辨率地形数据求平均值作为新的地形数据的结果高程值，遍历下一个数据点。

如果坡度小于某个边界值，表示地形较陡峭，选择高分辨率对应点的较小范围进行加权求平均值，得到高程值作为高分辨率高程数据，然后将它和低分辨率高程值求平均值，作为结果高程值，遍历下一个数据点。

其中，坡度值可以设置多个边界值，以充分区分平原、丘陵、山岭、盆地、高原等特殊地形，通过不同边界值选择不同邻域范围，求取反向距离加权平均高程值，有效利用了高分辨率点云地形数据的密集性；而邻域范围的选择是以低分辨率所在点对应的高分辨率地形栅格数据块为中心，进行反向距离加权平均，也充分利用了周围地形对该对应点高程的影响因素。但由于高、低分辨率像元大小的差异，为了防止因邻域范围交叉重复引入新的误差，导致“削高填低”的效果，在此建议，最大邻域范围应该不大于低分辨率地形数据的像元大小。

对低分辨率地形数据所属栅格的 4 个顶点中，若有一个存在，且高程值和低分辨率点的高程值之差在容差阈值内，则直接求平均值，这样既确认了两个地形数据点的一致性，又有效地减少了地形数据的计算量，在验证正确地形高程信息和尽可能减少计算量上进行了很好的折中。

3. 邻域范围问题

此处采用的是 30m 地形数据和 90m 地形数据，因为 90m 数据相当于 3×3 的 30m 地形数据组成的单元，所以为了避免因邻域范围过大而导致过大的重叠区域对分块和其相邻范围的重复影响，同时为了达到与紧支撑性质类似的效果，防止造成过于重视加权导致的填高补低效果，本节使用一个坡度界限值，加权邻域范围选择，如图 2.10 所示。

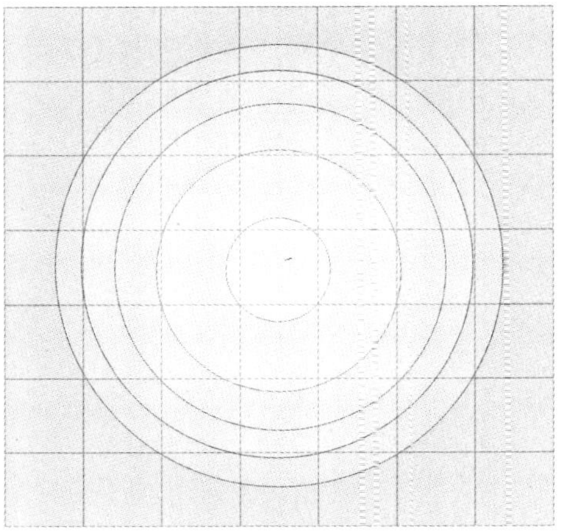

图 2.10　邻域求取范围图

假设整个图片为低分辨率一个栅格大小，而高分辨率栅格大小为该图中的单个栅格大小，每一个圆和栅格的交点及其内部区域栅格点，均作为该圆所代表的邻域范围内的有效点。

若高分辨率高程值和低分辨率高程值相差大于误差阈值，则查看低分辨率点云地形数据的坡度，根据坡度所位于的坡度区间，选择对应的邻域范围。若坡度较大，则表示地形较为平缓，应选择较大邻域范围求取反向距离加权高程值，作为高分辨率对应点高程；若坡度较小，则表示地形较为陡峭，应选择相对较小的邻域范围求取反向距离加权值，作为高分辨率对应点高程值。

如果分辨率相差较大，可以使用更多的坡度临界值和多种邻域范围进行加权值求和，充分利用高分辨率的密集点云数据和距离反向加权方法来得到更为精确的高程值，以增强融合效果。

4. 错误数据处理

在导入低分辨率地形数据时，新建了一个状态信息矩阵数据。该矩阵数据具有如下性质。

1）该状态信息矩阵和低分辨率点云地形数据的行列数相同。

2）状态信息矩阵的每个点只能有 3 种状态：NAN（无效点）、0（正确数据）和 1（错误数据）。

3）初始时刻，低分辨率地形数据中的所有有效点均设置为 0。

状态信息矩阵存储了低分辨率点云地形数据中所有点对应的状态信息，融合过程中，在遍历低分辨率点云的每个点时，也同步更新了其状态信息矩阵对应点的状态信息。若低分辨率地形数据点为 NAN（无效值），则设状态信息矩阵对应点为无效点 NAN；若通过邻域和坡度求出的高分辨率平均高程值和低分辨率对应点高程值之间偏差在误差阈值内，则设状态信息矩阵对应点为 0。

若高分辨率地形点的小范围邻域内求得的均值和对应的低分辨率点高程值之间的偏差在误差阈值内，则将对应状态矩阵设置为 0；若超过误差阈值，则根据低分辨率对应点坡度来选择对应的邻域范围重新求得平均高程值；若该值与低分辨率点高程值的偏差在阈值内，则将对应状态矩阵设置为 0；若依然超过阈值，则状态信息矩阵的对应点的状态改为 1，然后继续进行下一个低分辨率点的遍历。

当所有点均遍历结束之后，状态信息矩阵中所有 1 的对应点均为错误点。从最初位置同步遍历状态信息矩阵和低分辨率点云地形数据。当该点状态为 NAN 或 0 时，不做处理，继续处理下一个点；当该点状态为 1 时，表示该点的高程值有错误，在高分辨率点云地形数据所对应的该点二维坐标 (x, y) 栅格附近找寻 N 个最近的有效点，然后将它们的二维坐标与该二维坐标 (x, y) 之间的距离作为 X 轴的值，将这些点的高程值作为 Y 轴上的取值。最后，通过这些点对应的 X、Y 轴坐标，使用最小二乘法拟合一条直线，该直线和 Y 轴交点（即 X=0 的点）的纵坐标值即为该点最终的高程值，如图 2.11 所示。

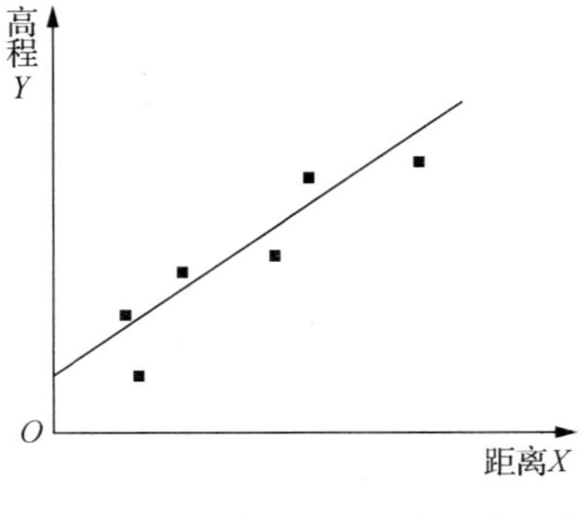

图 2.11　最小二乘法拟合求高程值示意图

将得到的最终高程值设置为低分辨率点云地形数据对应位置的高程值，然后将状态信息矩阵中对应点的状态改为 0。

继续遍历下一个点，直到状态信息矩阵中所有点均遍历结束。

其中，N 的取值不能过大，否则会因考虑过多其他低分辨率相邻点的数据信息而影响该点的高程值判别，但也不能过小，否则不能充分利用高分辨率点云数据信息。该值的选取与高低分辨率点云地形数据的分辨率比值有关，也与低分辨率数据中该点邻域内其他确定点的个数有关。

设最小二乘拟合得到的直线表达式为

$$y = a_0 + a_1 x \tag{2.14}$$

设 x_i 为将高分辨率地形数据对应位置邻域内 N 个点排序后的距离对应点的距离，y_i 为上述点排序后对应的第 i 个点的高程值。

根据最小二乘法得到公式为

$$\begin{bmatrix} \sum_{i=1}^{n} 1 & \sum_{i=1}^{n} x_i \\ \sum_{i=1}^{n} x_i & \sum_{i=1}^{n} x_i^2 \end{bmatrix} \begin{bmatrix} a_0 \\ a_1 \end{bmatrix} = \begin{bmatrix} \sum_{i=1}^{n} y_i \\ \sum_{i=1}^{n} x_i y_i \end{bmatrix} \tag{2.15}$$

解式（2.15），得所求高程值为

$$a_0 = \frac{\left(\sum_{i=1}^{n} x_i^2\right)\left(\sum_{i=1}^{n} y_i\right) - \left(\sum_{i=1}^{n} x_i\right)\left(\sum_{i=1}^{n} x_i y_i\right)}{\left(\sum_{i=1}^{n} 1\right)\left(\sum_{i=1}^{n} x_i^2\right) - \left(\sum_{i=1}^{n} x_i\right)^2} \tag{2.16}$$

2.3.4　主要架构

1. 架构图

该融合算法的仿真程序的具体实现过程对应的主要架构图如图 2.12 所示。

2. 架构说明

该仿真实验由 4 个主要模块组成，分别是预处理模块、导入/导出模块、MATLAB 点云地形融合处理模块和地形精度评价模块。这 4 个模块以融合算法为核心有机统一在一起。各个模块解释说明如下。

（1）预处理模块

很多算法均将地形数据的配准融合作为算法的第一步，处理的是多分辨率地形数据，两个待融合地形一般采用不同坐标系或者地形文件格式，故必须先将它们统一到相同坐标系中，由此才能通过坐标来将相同位置的点云地形对应起来，以方便找寻地形点在两个数据中的对应区域，同时也有利于直接辨识重叠地形区域。

点云地形数据配准，一般使用软件操作，通过选取两个地形中相同的地面控制点（ground control points，GCP）定位来完成配准操作。故采用 ArcGIS 和 ERDAS IMAGE 两个地形处理软件共同完成格式转换处理，坐标系统一通过 GCP 进行点云地形配准操作。

（2）导入/导出模块

地形文件中保存点云数据量很大，且点的三维坐标点有效数字很多，直接通过软件或一般程序进行自定义融合算法的操作比较困难。采用规则网格模型地形数据，则所有点的高程值是通过高程矩阵来存储的，为了保证精度要求，为海量数据的操作提供便利，且充分利用高程矩阵这一存储格式，使用 MATLAB 作为融合算法处理软件。而将配准后的地形文件导入 MATLAB 中，并在融合处理结束后，将结果重新导出为地形文件，就要使用导入/导出模块，手动编写脚本程序，用于解析 ASC 格式的地形文件数据和将处理后的数据导出为 ASC 地形文件格式。

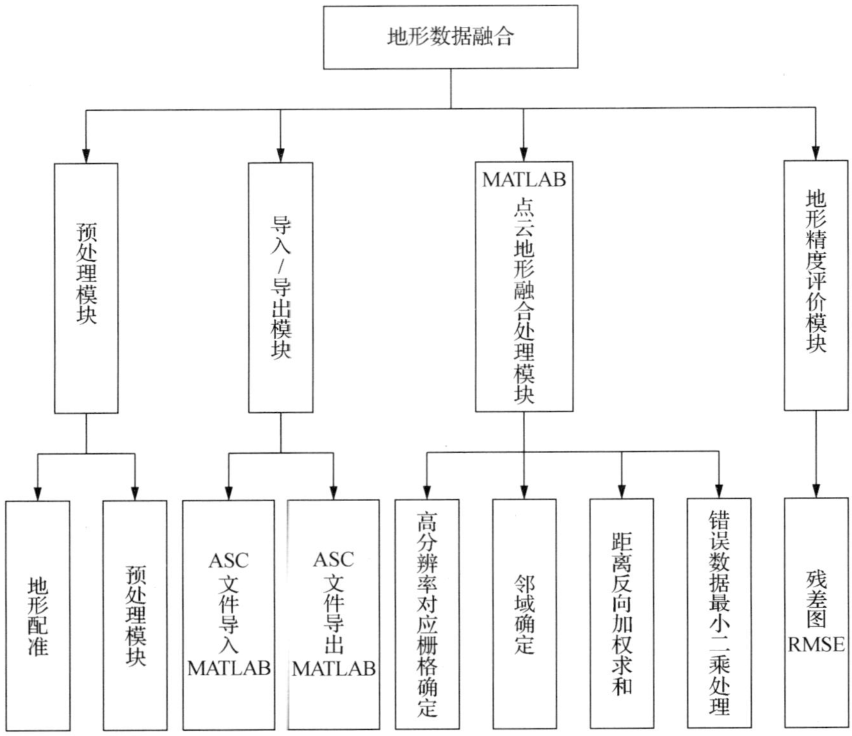

图 2.12　融合架构图

（3）MATLAB 点云地形融合处理模块

该模块主要分为高分辨率对应栅格确定、邻域确定、距离反向加权算法和错误数据最小二乘处理 4 个部分。具体内容如下。

1）高分辨率对应栅格确定：即确定低分辨率点在高分辨率点云数据中的对应栅格，将地形高程数据导入 MATLAB 中，以矩阵形式存储，同时保存了地形左下角参考点坐标和栅格间隔，故每个高程点对应的三维坐标均可通过行列号、栅格间隔和左下角参考点坐标计算求出。通过这种方式可以将点云地形数据中的每个点与另一地形数据中的栅格对应起来，从而可以从低分辨率地形点的三维坐标确定其所在的高分辨率地形数据对应的栅格位置。

2）邻域确定：先根据对应高分辨率栅格所在 4 个顶点求出高程值后，计算其和低分辨率点高程值之差，若在误差阈值内，则遍历下一个点，该点邻域范围为所在栅格；若不在误差阈值内，则根据低分辨率点坡度所在区间，确定相应的邻域范围重新求解。

3）距离反向加权求和：通过三维点坐标和每个邻域内点之间的距离，依照距离越远，对该点的影响也就越小的原则，使用 MATLAB 进行加权计算。因为 MATLAB 本身就是数值分析软件，所以在大数据量、高精度计算上，具有其他软件不可比拟的优势。

4）错误数据最小二乘处理：识别出错误数据后，由该位置对应高分辨率点云地形数据附近的多个有效点，通过最小二乘法拟合出的直线求取新高程值，作为融合后该点的高程值。

（4）地形精度评价模块

点云地形数据的误差来源有多种，主要有设备采样时由于设备因素引入的误差、使用内插方法产生的误差、数据地形噪声导致的误差、设备处理过程中算法带来的误差、地形数据表面复杂程度和采样间隔之间的误差等。地形数据精度是由采集地形的表面特点、建模方法、粗糙度及采样间隔、密度和分布等多种因素共同决定的[32-36]。下面具体介绍点云地形数据的精度评定指标。

1）残差和残差图。残差[37,38]可以表示相同(x, y)二维坐标下，实际高程值和理论高程值之间的差值，其定义式如下：

$$R_e = Z_i^{grd} - Z_i^{dat} \tag{2.17}$$

式中，Z_i^{grd}为地面实际高程值；Z_i^{dat}为地面理论高程值。此处我们使用30m点云地形数据来评价融合前后90m点云地形数据的精度，故表达式如下：

$$R_e = Z_i^{high} - Z_i^{low} \tag{2.18}$$

式中，Z_i^{high}为高分辨率高程值；Z_i^{low}为对应的低分辨率地形高程值。

残差作为点云地形数据进行精度评价的有效指标之一，描述了测量点和实际点之间，以及低分辨率地形高程和对应高分辨率地形高程之间误差大小的程度。

残差越大，代表观测值和理论值之间的高程差距越大。

针对残差的统计分析就是通过统计不同残差值区间内的个数来观察地形文件的理论值偏离实际地形数据大小的偏差分布情况。

残差图是将两个地形数据直接相减，得到每个点的残差值，然后将残差值和颜色进行映射，使用不同颜色代表不同残差值大小，从而对地形数据的残差统计有一个直观的理解，进而可以方便地识别不同区域所具有的不同残差值。

2）均方根误差。均方根误差（root mean square error，RMSE）是评价地形精度的一个统计性标准指标，它是指在相同观测条件下的一组真误差平方中数的平方根。因真误差不易求得，所以通常用最小二乘法求得的观测值改正数来代替真误差。该数值是观测值与真值偏差的平方和与观测次数n的比值的平方根。

该值的大小代表了测量值和真实地形值的接近程度，即表征了该地形数据的精度高低，RMSE误差的值越小，表示该地形数据越接近实际地形特征，则精度也就越高。

RMSE误差的计算公式如下：

$$\text{RMSE} = \sqrt{\sum_{i=1}^{n} \varepsilon_i^2 / n} \tag{2.19}$$

式中，ε_i为第i个观测值与对应真实值之间的偏差；n为总体测量个数。

2.3.5 小结

本章的核心问题是点云地形融合算法。首先对融合算法的伪代码进行阐述，然后使用流程图给出更清晰的思路，紧接着对本算法中的某些关键问题进行了说明，最后提出本章仿真的整体架构。

2.4 算法仿真及评价

本节首先介绍仿真所使用的各种软件，然后详细阐述对 2.3 节提出的算法进行的仿真实验过程，最后得到融合后的 90m 地形数据，并在仿真结束后，使用 30m 高精度地形将源数据的 90m 地形数据和融合后的 90m 数据进行精度评价对比，从而证明该方法的正确性。本节主要由仿真软件介绍、地形数据预处理、MATLAB 导入/导出及融合处理、融合算法精度评价 4 部分组成。

2.4.1 仿真软件介绍

1. MATLAB

MATLAB 是一个高效的科学计算和数值分析软件，凭借其独特的矩阵运算能力和绘图能力，在计算机仿真、科学计算、图形图像处理等诸多领域发挥着很大作用。

MATLAB 本身作为一个数据计算软件，在软件内部实现了很多知名算法，而且其语言定义使用方便，数值计算能力强，计算精度高，图形显示处理能力卓越。它还可以通过软件提供的接口和其他编程语言进行有机结合使用，极大扩展了其使用范围。该软件又通过采用不同模块工具箱的方式，将它的使用范围扩展到很多工程项目领域，使得其在很多方面都具有广泛应用。

矩阵运算是 MATLAB 的显著特点之一，由于本节选择的是规则网格来进行地形数据的处理，核心处理环节也就是对地形高程信息的处理，规则网格的地形高程值可以看作以矩阵形式存储，故使用 MATLAB 来进行核心算法操作。

使用 MATLAB 进行点云地形融合操作，主要基于以下几点考虑。

1）对于处理有效数字较多的数据，MATLAB 默认内部存储有效位是 15 位，可以满足此算法的精度要求。

2）处理大规模点云地形数据时数据量很大，为了方便进行存取和处理，使算法不受地形大小的限制，使用 MATLAB 处理大文件数据，但时间可能会长一点，这为一般配置的机器处理大数据文件提供了一种可行方案。

3）为了增加灵活性，直接从底层对点云地形数据进行操作，可以选择使用 MATLAB。而且，MATLAB 程序语言的简便性也为手动编写融合算法代码提供了方便，同时还可以有效利用原来地形文件的规则网格模型数据进行存取访问，使用 MATLAB 软件均可以满足上述要求。

4）将点云数据导入 MATLAB 中，使用矩阵进行存储，既方便两个地形高程值的访问，也有利于通过三维坐标的计算，在两个地形文件的点之间建立三维点映射机制。

5）MATLAB 卓越的图形显示功能有利于进行某些数据的统计，生成直方图。导入地形高程矩阵后，可直接生成地形影像图形等数据信息，为精度评价提供依据。

2. ArcGIS

ArcGIS 是由 GIS 行业的国际知名公司美国环境系统研究所公司（Environmental Systems

Research Institute,Inc.，ESRI）发布的强大的 GIS 相关处理操作商业软件套装。在地形数据制作、空间数据统计分析、空间数据可视化、空间信息的处理与管理等方面具有强大优势。

该套装包括桌面平台 ArcGIS Desktop、服务器平台 ArcGIS for Server、网页平台 ArcGIS online、移动平台 ArcGIS for Mobile 及用于二次开发的应用开发包。本章使用的是桌面平台。

ArcGIS Desktop 是广泛应用于 Windows 操作系统平台下的 GIS 的专业地形地图数据处理软件。该软件作用范围涵盖了地形数据可视化、创建、处理、管理、统计分析等多个方面。该软件包含 ArcMap、ArcCatalog、ArcGlobe、ArcScene、AtcToolbox 和模型构建器。

桌面版的 ArcGIS 套装的各个应用程序各司其职，侧重点不同，从各个方面有机整合成一个完整的地形处理软件。其中，ArcMap 主要关注空间数据的相关处理，如查找、操作、统计等功能；ArcCatalog 则侧重于空间数据库的组织和处理，如规则定义、查询、空间数据的输入/输出、浏览等功能；ArcToolbox 作为该软件进行处理的通用工具箱，包含了很多处理功能接口。这些部件都只重点针对同一种数据的不同方面进行相应处理。

3. ERDAS IMAGE

创立于 1987 年的 ERDAS 公司，目前其所发行软件在全球 Remote Sense 类市场中位列前茅。其业务范围包括图像导入/导出、处理和融合、空间统计分析、3D 地形显示、矢量数据操作与分析综合等方面，该软件支持的操作平台非常广泛，应用场合也很广阔。

由 ERDAS 公司出品的遥感图像处理的工程类 GIS 软件套装，凭借界面友好、操作简单及高度的 Remote Sence/Global Information System 集成，在世界遥感图像处理领域占有很大市场。凭借出色的图像处理功能，在科学研究、地质勘探、地形信息处理、地质灾害评估、通信、城市规划等领域使用广泛。

ERDAS IMAGE 包含产品套件、扩展模块和 ArcGIS 扩展模块，三者有机结合，既可以满足用户处理需求，也能根据具体要求通过扩展模块来进行动态裁剪，合理配置软硬件资源，通过 ArcGIS 扩展模块也可以将两个国际知名的遥感图像处理软件更加有机地结合使用，取长补短，以达到更好的使用效果。

2.4.2　地形数据预处理

1. 地形数据下载

从 http://datamirror.csdb.cn/index.htm 国际科学数据服务平台上下载对应的 dem 数据，分别是 90m 的和 30m 的数据。其中，90m 分辨率的 dem 数据的数据名为 srtm_59_05.asc，列号为 59，行号为 5，最小经度为 110，最大经度为 115，中心点经度为 112.5，最小纬度为 35，最大纬度为 40，中心点纬度为 37.5。30m 的 dem 数据的数据名为 ASTGTM_N37E112K_DEM_UTM.img，最小经度为 112，最大经度为 113，中心点经度为 112.5，最小纬度为 37，最大纬度为 38，中心点纬度为 37.5。

在此将把 90m 和 30m 数据当作初始数据，由于只是对重叠区域的点云地形数据进行融合处理，因此为了减少处理数据量，降低计算量，应该先找出重叠区域，然后进行融合处理。同时，由于是对重叠区域进行融合处理，重叠区域边界的融合也就不得不考虑在内，为了更好地进行边界融合，此处通过裁剪操作选出比 30m 的高分辨率点云地形数据略大的地形区域进行融合处理。

2. 地形裁剪

先在 ArcGIS 中进行地形数据裁剪，从 90m 地形数据中裁剪出稍微大于 30m 数据的区域，取精度区域为 111.80～113.20，纬度区域为 36.80～38.20。具体裁剪步骤：依次选择“数据管理工具”|“栅格”|“栅格数据处理”|“裁剪”选项，在“裁剪”窗口中选中 D:\90mi DEM\srtm_59_05.ascii，输入想要裁剪的矩形区域度数，单击“确定”按钮，得到 srtmclip 要素文件，如图 2.13 所示。

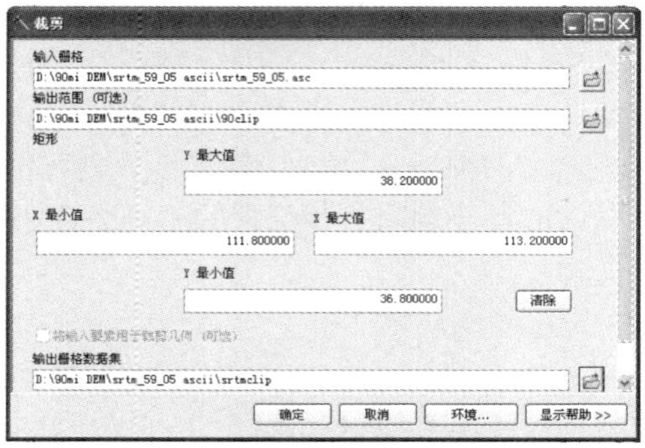

图 2.13　地形裁剪操作

3. 投影变换

经过查看发现 srtmclip 文件和 30m 的数据文件坐标系不统一。srtmclip 坐标系为 GCS_WGS_1984，以度为单位，而 30m 的文件 ASTGTM_N37E112K_DEM_UTM.img 坐标系为 WGS_1984_UTM_Zone_49N，以米为单位。因为要对两个地形数据文件进行融合操作，而当前两个文件分别使用了不同的坐标系和不同的测量单位，所以为了更好地将两个数据进行对比、分析、综合，就有必要将它们统一到相同的坐标系下，统一坐标系的操作，此处称为投影变换，即将其中一个文件所使用的坐标系下的数据，投影到另一个文件对应的坐标系下。在此，选择使用米为测量单位，故将 srtmclip 变换为和 30m 地形文件相同的坐标系 WGS_1984_UTM_Zone_49N 下。定义投影步骤：依次选择“数据管理工具”|“投影和变换”|“定义投影”选项。

选择投影文件 90mcaijian，选择投影坐标系 Projected Coordinate Systems/UTM/WGS 1984/Northern Hemisphere/WGS 1984 UTM Zone 49N.prj。投影变换步骤：依次选择“数据管理工具→投影和变换→投影栅格”选项，在“投影栅格”窗口中选定新生成的裁剪数据，然后选择坐标系时，选择投影坐标系中的 world84 里的 UTM 49N，注意此处应该设置它的输出像元大小为 90，即得到以 90m 为单位的地形数据 strm90utmz49，导出为 strm90utmz491.img 文件。

投影栅格和导出栅格数据设置界面如图 2.14 和图 2.15 所示。

此时通过属性查看两个地形 IMG 文件的范围，可知 90m 分辨率的地形文件略大于 30m 分辨率的地形文件，符合要求。

注意：用 ArcGIS 载入地形文件时，如果载入以后显示的是完全黑色，则只需要选择“Arctools”|“数据管理器”|“栅格”|“栅格属性”|“计算统计数据”命令，即可显示正常。

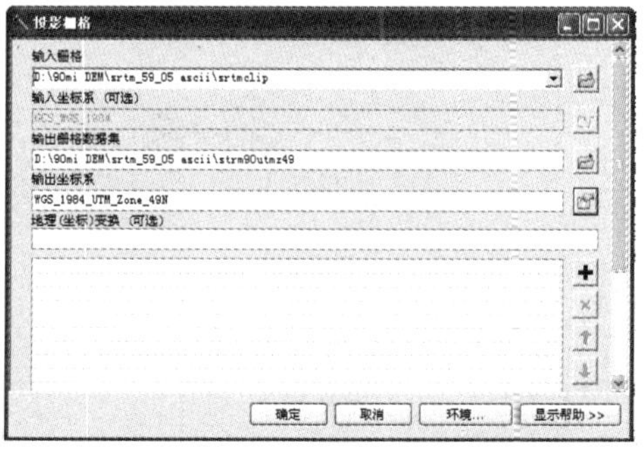

图 2.14　投影栅格数据设置界面

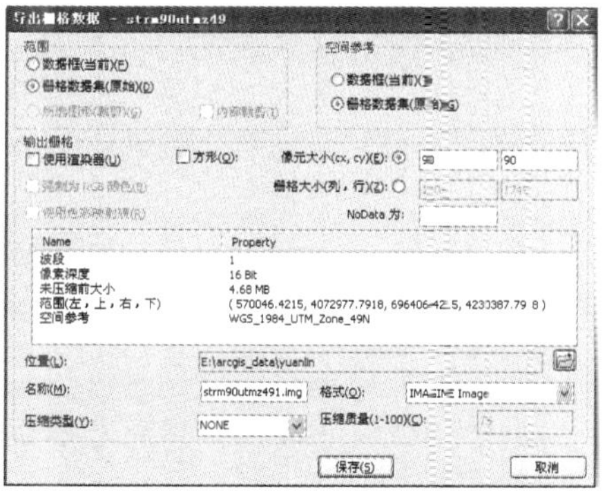

图 2.15　导出栅格数据设置界面

4. 地形文件配准

统一到相同坐标系下的两个点云地形数据文件，虽然使用了相同单位，但也可能由于采集数据时，采集设备本身所处的错误参考点，导致地形文件数据与实际有轻微的偏差或有水平移动误差。为了纠正这种情况，就需要进行地形文件的配准操作[39-42]。配准操作又分为自动配准和人工配准。自动配准通过识别两个待配准数据的相同或相似特征，作为参照系进行配准，但对于大数据量的点云地形文件，该种方法目前发展尚未成熟。故此处采用人工配准，通过人工在两个地形文件中选择出特征明显的多对 GCP，将这些点作为参考系，通过 GCP 点之间的对应关系，将它们配准到一起，从而消除平移误差。为了保证配准的准确性和有效性，一般在整个地形文件上平均选择 GCP，尽量将文件外围都覆盖到，GCP 点的选择越离散，得到的配准结果也就越精确。

将 strm90utmz491.img 和 ASTGTM_N37E112K_DEM_UTM.img 两个文件导入 ERDAS IMAGE 中，进行地形文件的配准操作。

配准步骤：依次选择“dataprep” | “image Geometric Correction” | “from viewer”选项，选定 strm90utmz491.img 对应的视图文件，在设置几何模型中选择“polynomial”，在“polynomial order”中选择“2”，在“projection”中选择对应的投影坐标系，并设置映射单元为米，单击“应用”按钮，关闭。然后选择配准参考文件，单击 ASTGTM_N37E112K_DEM_UTM.img 所对应的视图。

通过几何配准视图来添加控制点，同时查看它 GCP 地面控制点工具中的各项参数，发现添加了 7 个 GCP（地面控制点）进行配准。配准后 GCP 的 RMSE 统计表如表 2.1 所示。它的均方根总误差不超过像元大小 90 的一半 45，故配准结果有效。

表 2.1　配准后 GCP 的 RMSE 统计表

GCP 编号	X 向残差	Y 向残差	RMSE	贡献率
1	2.364	−0.107	2.367	1.505
2	1.841	−0.083	1.843	1.172
3	−0.601	0.027	0.602	0.383
4	0.938	0.042	0.938	0.597
5	0.806	−0.036	0.807	0.513
6	−2.168	0.098	2.171	1.381
7	−1.304	0.059	1.305	0.830

对配准结果进行重采样，然后输出，如图 2.16 所示。

配准后的两个地形文件同时显示的效果如图 2.17 所示。

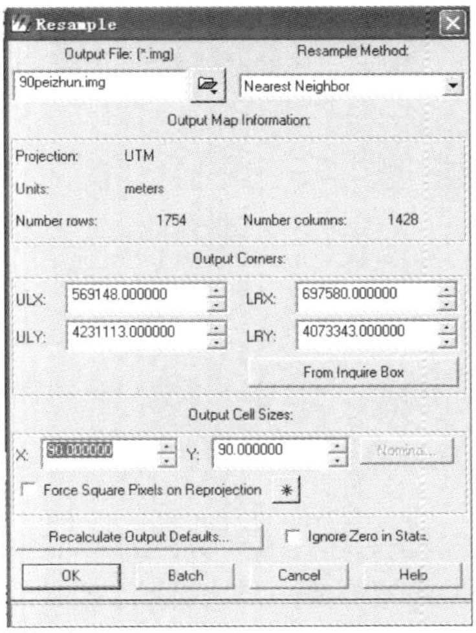

图 2.16　配准结果重采样

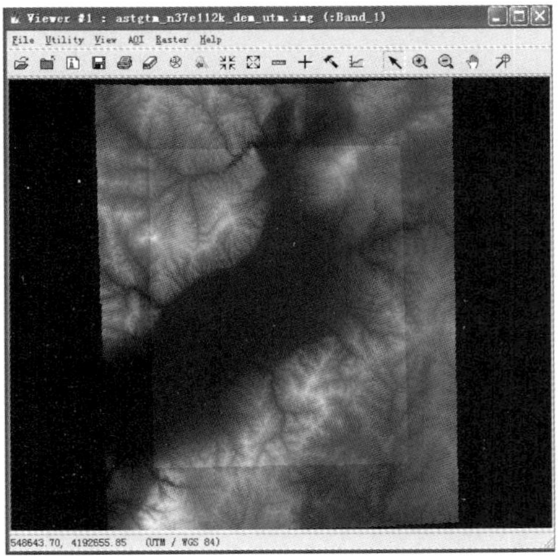

图 2.17　配准后两个地形文件同时显示的效果

其中，清晰部分为高分辨率地形数据，模糊部分为低分辨率地形数据（注：在重叠区域，高分辨率数据置顶显示，覆盖掉低分辨率地形数据）。

格式转换：将两个文件导入 ArcGIS 中，然后导出为 ASC 格式，分别为 90peizhun.asc、30peizhun.asc。转换步骤：依次选择“转换工具”|“由栅格转出”|“栅格转 ascii”选项。

2.4.3　MATLAB 导入/导出及融合处理

将两个结果文件导入 ArcGIS 中，转换格式为 ASC 文件。它们分别为 90mi.asc、30mi.asc。

MATLAB 数据处理部分主要由 raster30ReadSave2xyz.m、Raster90ReadSave2XYZ.m、raster90SReadSave2xyz.m、fusion_algorithm_process.m 和 writeGrid2Arc.m 文件组成。前 3 个文件主要负责分别导入 30m 地形数据、90m 地形数据和 90m 地形对应的坡度数据；fusion_algorithm_process.m 是融合算法所在部分；writeGrid2Arc.m 是将处理之后生成的地形数据矩阵导出成 ASC 文件，便于重新加载到 ArcGIS 中进行后序处理。

1. ASC 文件格式概述

ASC 是一种点云地形文件存储格式，广泛用于 GIS 的地形信息处理中，可通过 ArcGIS 对地形文件直接转换后导出。

该文件具体格式如下：

```
ncols        3 007
nrows        3 747
xllcorner     587 786.057 721 71
yllcorner     4 095 308.041 991 3
cellsize      30
NODATA_value  -9999
-9999   -9999  -9999  ......
```

其中，ncols 代表该 ASC 文件代表的数据列数；nrows 代表数据行数；xllcorner 和 yllcorner 分别表示该文件所表示的地形数据左下角的参考点坐标；cellsize 代表每个相邻点（行或列）之间的间隔距离；NODATA_value 代表文件中无效数据的表征值；接下来是 ncols*nrows 的数据部分。

2. ASC 文件导入及显示

导入数据时，需要特别注意的是 xllcorner、yllcorner 和第一个有效点之间的关系。

通过查看导出的 ASC 格式地形文件，和将其加载到 ArcGIS 后右键属性范围上的对比，显示 xllcorner、yllcorner 只是点云地形数据的一个参考坐标系，其文件左下角第一个点是（xllcorner+0.5*cellsize,yllcorner+0.5*cellsize）。

第一个有效点的 x 坐标是 xllcorner+0.5*cellsize。如果是在相同分辨率下处理，可以直接执行，处理完以后可以直接还原回 ASC 文件，两个融合文件不会出现错位。但在不同分辨率下处理，就可能会由于第一个点的位置确定不当，从而还没处理就在配准后的两个地形数据中引入了不同分辨率之差一半的平移，进而因数据分辨率不同，且起始参考点坐标选择不当导致数据没有真正实现配准，最终导致结果不准确。

根据文件格式，将文件导入 MATLAB 中，使用 3 个 nrows、ncols 的矩阵来分别保存点的 x、y、z 坐标。又因为 MATLAB 的数组读取列比行要快，所以在进行遍历时直接按列进行存取，高程矩阵读取时，按照列为主次序，将数据读取到 MATLAB 中，最终存储时，可以看作将源 ASC 文件的高程数据矩阵进行转置，然后存储在 MATLAB 的矩阵中，从而源数据矩阵自左向右的 x 值递增变为在 MATLAB 中高程矩阵从上到下的 x 递增，源数据矩阵的自上而下的 y 值递减变为 MATLAB 矩阵存储数组的从左向右逐步递减。

为了计算方便，将地形数据存放数组做如下规定：

该种数组第一个位置存放整个地形数据的左上角元素，然后沿着竖直向下的方向，x 逐渐增大；沿着水平向右方向，y 逐渐减小。

保存数据时，同时也将无效值替换成 MATLAB 所特有的 NAN。

MATLAB 导入 ASC 文件的部分代码如下：

```
xleft30 = xll30 + (0.5*lx30);                  %最左端位置
ytop30 =  yll30 + (ny30*lx30)- (0.5*lx30);    %最上端位置
xPos30 = xleft30;    yPos30 = ytop30;  nodata1=NAN;
for i=1:ny30;                                   %开始行遍历
   for j=1:nx30;                                %开始列遍历
         if ((Z30(j,i)== nodata)| (Z30(j,i)== 0));
           X30(j,i)= nodata1;
            Y30(j,i)= nodata1;
             Z30(j,i)=nodata1;
          else
           X30(j,i)= xPos30;
           Y30(j,i)= yPos30;
           end                      % 开始遍历下一列坐标，xPos30 加一个网格间隔
        xPos30 = xPos30 + lx30;
           end                      % 结束该列遍历
          % 重置 xPos30 为最小值
```

```
            xPos30 = xleft30;       % 跳到下一行，列坐标减一个网格间隔
            yPos30 = yPos30 - lx30;
    end
```

使用该种方法，将 90m 点云地形数据、90m 点云地形数据对应的坡度数据、30m 地形数据 3 个文件分别导入 MATLAB 中。

导入 MATLAB 的 90m 点云地形数据和对应的坡度图及 30m 地形数据图，分别如图 2.18～图 2.20 所示。

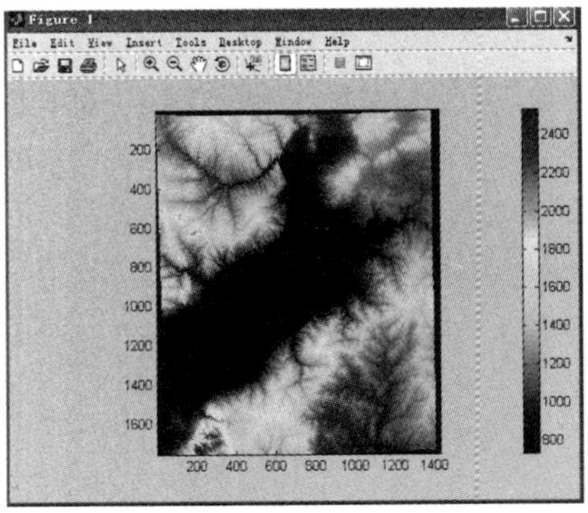

图 2.18　90m 地形图

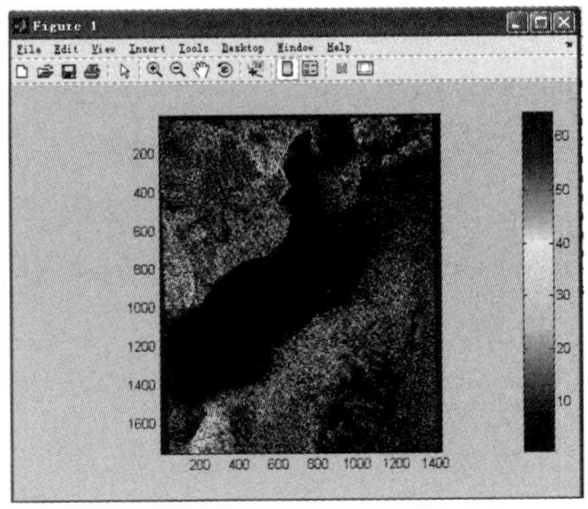

图 2.19　90m 地形数据对应坡度图

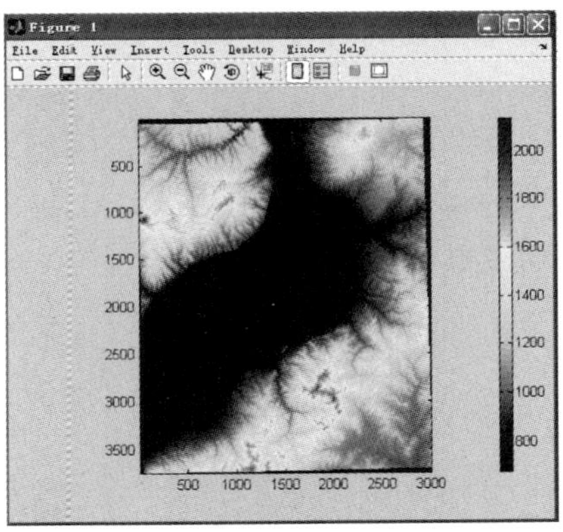

图 2.20　30m 对应的高程数据图

3. 三维坐标导出

点的三维坐标可以在处理前后使用如下代码，将每个点的横坐标、纵坐标与高程值输出到文本文件中：

```
        i=1;
        j=1;
        fidtest2= fopen('lsyoriginal.txt', 'w');
    % fidtest2 以写入方式打开文件 lsyoriginal.txt,若原来不存在,则新建
        for i=1:ny90;                          %开始遍历行
            for j=1:nx90;                      % 开始遍历列
                if (~isnan(Z90(j,i)));         %若该点高程值有效
```

```
                fprintf(fidtest2,'%5d %5d %5d\n',X90(j,i),Y90(j,i),Z90(j,i));
                                                   %输出三维坐标
            end
        end
    end
    fclose(fidtest2);
```

通过这种方式导出的是点云地形数据中的所有点的三维坐标。对三维坐标既可以使用 PCL 点云库进行可视化处理，也可以直接导入 ArcGIS 中生成 TIN 模型的点云地形文件，进行可视化显示和三维地形数据的分析综合与统计。

该种方式存储的优点是每个点的三维坐标都可以很直观地显示出来。缺点是：因为每个点的三维坐标都要进行存储，且每个横纵坐标（此处以米为单位）的数值均较大，所以和使用 ASC 文件进行存储相比较而言，占用空间很大，且导入/导出处理耗时长，性能较低。

4. 融合处理结果

使用 2.3 节提出的融合算法，使用 MATLAB[43,44]实现用代码对数据进行处理，因为两个数据分别是 30m 和 90m 的分辨率，故一个 90m 地形数据栅格就相当于 9 个（3×3）的 30m 地形栅格数据。为了防止地形数据融合过程中重叠区域过大，导致其他栅格高程数据出现“削高填低”现象，设置内圈和外圈两个融合区域，如图 2.21 所示。

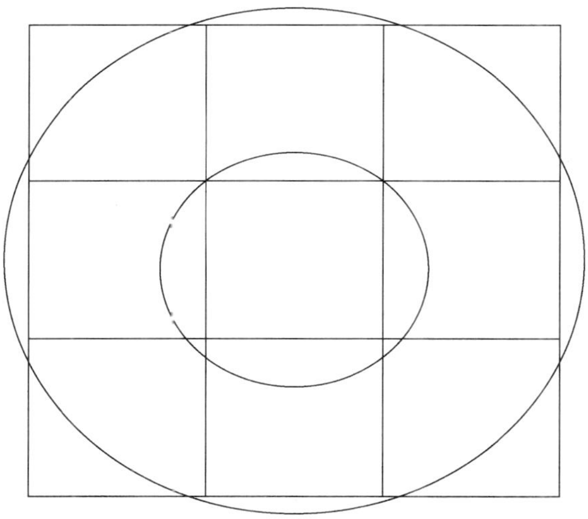

图 2.21　邻域融合范围

其中，内圈设为 1，外圈设为 2，中心正方形设为低分辨率地形对应的高分辨率栅格，当选择邻域范围小时，直接对内圈中的高程值（若存在的话）进行加权求值作为高分辨率高程值；当选择邻域范围大时，对内外圈中的数据，要依照距离越远，权重越小的原则来选择不同的权重，根据权重求得加权值作为高分辨率对应点的高程值。

处理结果如图 2.22 和图 2.23 所示。

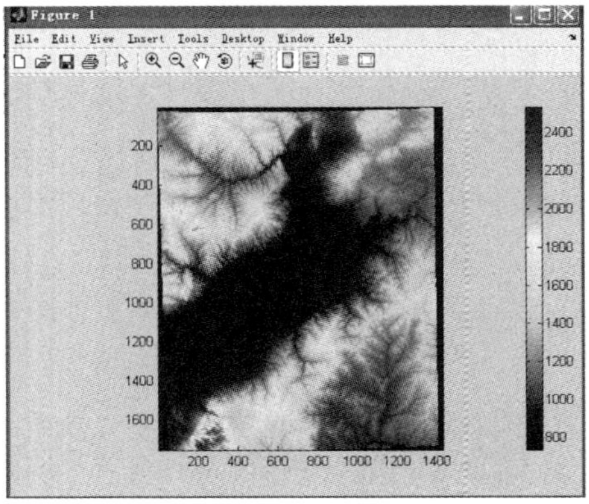

图 2.22　融合前

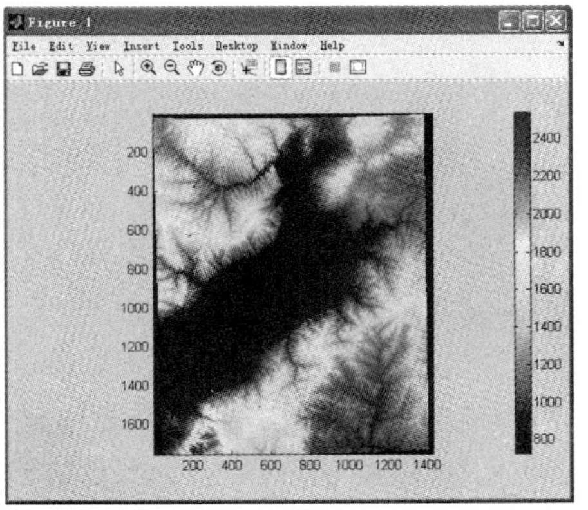

图 2.23　融合后

5. ASC 文件导出

通过 MATLAB 处理结束后，得到的新的用矩阵表示的点云地形数据，然后通过 MATLAB 代码导出对应的 ASC 点云地形文件。

将点云地形数据导出为 ASC 文件的主要代码如下：

```
function writeGrid2Arc(fileName,nz,mz,xllcorner,yllcorner,cellsize,Z)
%以写入方式打开文件，传给句柄 fidwrite;
%读取函数中的各种形参，分别对应 ASC 文件头上的各类参数，如行数、列数、左下角横纵坐标、像元大小和无效值等;
Ztrans=Z';          %将高程矩阵进行转置，得到输出时，直接使用的矩阵数据 Ztrans;
Ztrans(find(isnan(Ztrans)))= nodata;
%找寻 Ztrans 中所有无效值(在 MATLAB 中用 NAN 来表示)，全部替换为函数形参所指定的无效值
for i=1:mz
     for j=1:nz
           if j==nz
             fprintf(fidwrite,[dc,'\n'],Ztrans(i,j));%当位于行结尾的时候输出数据和回车符，不是行结尾的话，直接输出数据和 tab 符
        else          fprintf(fidwrite,[dc,'\t'],Ztrans(i,j));
           end
     end
end                 %关闭文件句柄 fidwrite
```

把通过 MATLAB 导出的地形数据重新导入 ArcGIS 中，注意此时只有 ASC 地形文件的高程值和左下角坐标值，还没有它所对应的坐标系，通过定义投影指定该地形数据的坐标系为 project /UTM/wgs_1984/wgs_utm_49N_zone，从而得到融合处理后的文件。

使用掩膜提取出最初 90m 地形中起初裁剪所剩下的地形数据部分，然后将融合处理后的地形数据文件镶嵌到里面，最后对地形重新采样，使用相同的栅格像元大小，即可得到原始 90m 数据经过融合处理后的结果。

2.4.4　融合算法精度评价

为了更好地对融合以后的数据进行精度评价，以证明该算法的正确性和有效性，在融合之前，有必要进行分析，然后和融合以后的数据进行对比。

1. 残差图

具体操作：将两个 90m 点云地形数据分别导入 ArcGIS 中，然后使用 Arctools 中的栅格计算器分别将两个 90m 地形数据和 30m 地形数据相减，得到残差图，如图 2.24 和图 2.25 所示。

图 2.24　融合前残差图

图 2.25　融合后残差图

从融合前后的图和图例表示范围中可以看到，融合结果相对于融合前和 30m 地形图采样到 90m 数据之间的高程差显著性减小，换言之，融合结果更加接近于该地形数据本身的地形信息。而且，通过图 2.24 和图 2.25 可以看到，在地势起伏变化大的区域，残差较大，在地势平坦区域相对来说残差较小。高程误差和坡度大小有关。

点云地形数据的误差会随着分辨率由高到低而逐渐增大，故采用 30m 的源数据来对融合前后两个 90m 数据进行精度评价。

2. 残差数据直方图统计分析

将残差数据转成 ASC 文件，然后导入 MATLAB 中进行分组统计，以 m 为单位，分成 15 组，分别为残差值<-200、-200～-110、-110～-90、-90～-70、-70～-50、-50～-30、-30～-10、-10～10、10～30、30～50、50～70、70～90、90～110、110～200、>200 对分别落入该区间内的残差值个数进行统计[45]，融合前和融合后残差值所在区间内的个数统计如图 2.26 和图 2.27 所示。

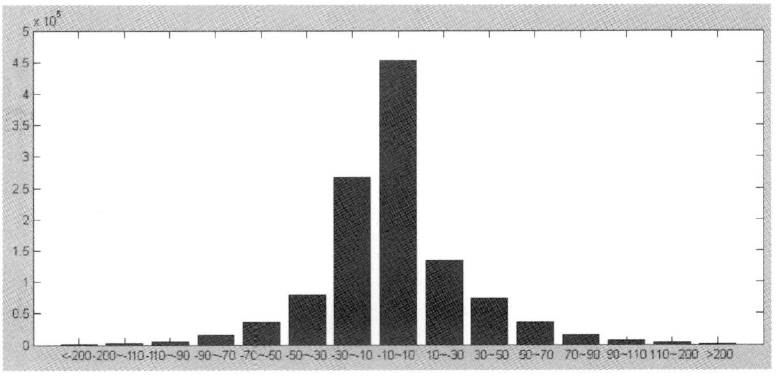

图 2.26　融合前残差值所在区间内的个数统计

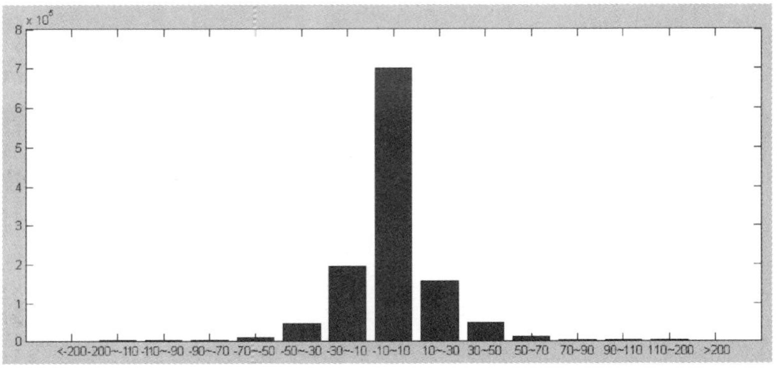

图 2.27　融合后残差值所在区间内的个数统计

由图 2.26 和图 2.27 可知，融合前后两个点云地形数据的残差均近似符合正态分布，而融合操作使得位于-10～+10 区间内的地形数据点数量显著增多，其他区间内点云高程残差值区间内点数量均显著减小，由此证明该融合地形数据较之融合前更加接近于 30m 分辨率的地形数据，故具有更高的精度。

3. 融合前后数据对比

表 2.2 为融合前后数据对比。

表 2.2　融合前后数据对比

数据类型	最小值/m	最大值/m	平均值/m	标准差
原始 90m 数据	721	2551	1158.2261153165	297.64500635808
融合后 90m 数据	710.5	2551	1157.4611611613	291.3206787408
原始 30m 数据	666	2152	1049.508263874	269.9439280885

4. 融合前后等高线对比

图 2.28 是融合前两个等高线的对比，图 2.29 是融合后两个等高线的对比。

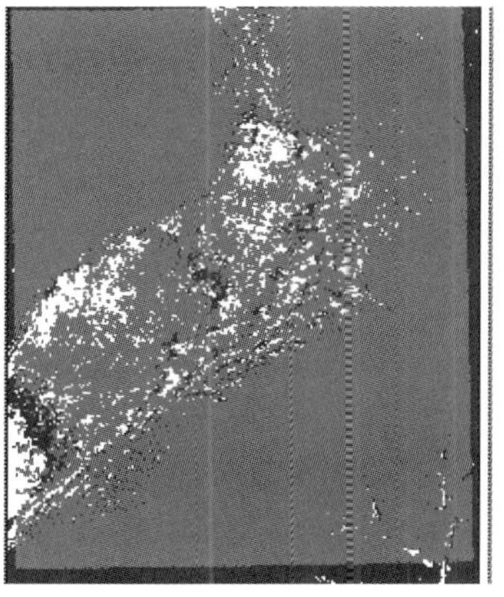

图 2.28　融合前

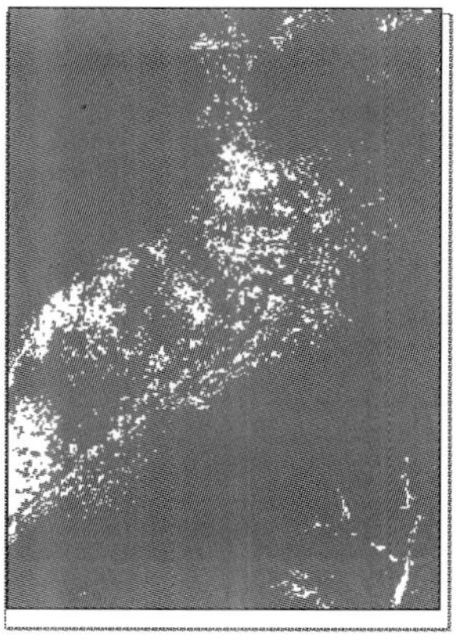

图 2.29　融合后

5. RMSE 精度评价

与文献[35]中的方法进行对比，文献[35]通过首先找出错误数据所在的坐标，然后在高分辨率数据中确定该点对应的位置，接着直接通过内插法得到错误点对应的高程值，最后替换错误高程值。这种对比方法也适用于距离加权的内插算法。因为其数据的导入/导出和融合算法实现过程均可通过该算法实现，所以只需要直接实现距离加权内插算法即可。

将融合前后的两个 90m 地形数据分别和 30m 点云地形数据做 RMSE 统计分析比较，从图像中选取 20 个点作为参考点。经计算得到，源 90m 地形数据的 RMSE 是 8m，采用文献[35]融合得到 90m 数据的 RMSE 是 7.2m，而采用融合算法得到数据的 RMSE 是 6.9m，故证明该算法正确、有效且具有一定优越性。

2.4.5 小结

使用 2.2 节阐述的规则网格模型数据文件，采用 2.3 节提出的点云规则网格多分辨率地形融合算法进行处理，首先使用 ArcGIS 和 ERDAS 两个软件进行地形数据的裁剪和配准等预处理操作，在统一到相同坐标系 WCG_1984_Zone_49N 下后，导出为 ASC 地形文件；其次执行手动编写的对应加载 ASC 地形文件的脚本程序，将两个地形文件和低分辨率点云地形数据对应的坡度文件载入 MATLAB 中，然后使用 2.3 节所述的融合算法，对导入数据进行融合处理；最后将处理后的地形数据文件导出为 ASC 地形文件，再将该文件和处理前低分辨率地形数据文件、相对于 30m 高分辨率地形数据从多个不同角度进行精度对比、分析和评价，以证明该融合算法的正确性。

2.5　总结与展望

点云地形融合算法是地形信息系统数据分析和处理的重要组成部分，而多分辨率的点云地形融合算法通过高分辨率点云地形数据提高低分辨率点云数据精度，用较少点表示更多的地形数据信息，对于提高实时地形显示和低配置设备上的地形可视化操作具有重要意义，具有一定的应用价值。

本章通过对当前各种点云地形数据融合方法的介绍，以及多分辨率点云融合的阐述，提出了使用多分辨率点云地形数据通过融合来提高低分辨率点云数据的精度，在不改变数据点数量的前提下，增加每个点所代表的地形特征信息，用尽可能少的点云地形数据来表征尽可能多的地形地貌特征信息。从关注点云数据越多表征地形信息越多，到开始关注在特定点云数量情况下，尽可能多地表示更多的地形地貌特征，从注重数量到关注质量。

本章使用 ArcGIS 和 MATLAB 软件对从中国科学院的国际科学数据服务平台上下载的 30m 和 90m 地形数据进行融合处理，通过 30m 数据和原始 90m 数据重叠区域的融合，来提高重叠区域内低分辨率地形中的每个点所代表的地形信息量，即通过多分辨率点云地形数据融合来提高低分辨率点云数据精度。

2.5.1 研究总结

1）介绍了点云地形数据的类型和点云地形数据的相关融合算法。

2）提出了一种多分辨率点云地形融合算法，将多分辨率点云地形数据在重叠区域进行融合，综合使用了点云坡度信息、距离反向加权等因素，借鉴并使用了求加权和与最小二乘结合的思路完成点云地形数据的融合操作。

3）通过 ArcGIS、ERDAS IMAGE 软件对地形数据进行裁剪、配准，并导入 MATLAB 中，通过存储点云地形文件的高程值矩阵和坡度矩阵，使用代码实现上述算法，并进行融合处理，随后导出融合处理之后的地形数据文件。

4）使用多种指标，通过使用 30m 高精度点云地形数据作为参照系，来对处理前和处理后低分辨率地形文件精度进行评价。

2.5.2 研究展望

1）增加考虑因素。该算法考虑因素范围只有多分辨率地形高程数据及低分辨率地形坡度。今后应该思考，如何将坡向、等高线等地形地貌特征数据综合使用，以更好地提高融合后低分辨率点云地形的精度。

2）融合算法适用模型结构单一。该融合算法只适用于规则网格结构的点云地形数据。虽然可以通过 ArcGIS 将等高线数据或者 TIN 数据转换为 GRID 规则网格格式，但格式转换过程中，可能会由于插值或者其他方法而引入新误差，以后应该致力于改进该算法，使之适用于 TIN 不规则三角网和等高线模型的融合情况。

3）边界问题。若地形数据边界不规则或边界不是直线，可能会由于处理算法只针对规则网格对应的矩形数据进行融合，使得边界的融合中可能出现极个别的有效数据点变为无效数据的情况。对于不规则边界的地形数据融合还有待进一步研究。

4）该算法处理性能较低，应该查找其他方式来提高其性能。

参考文献

[1] WECKENMANN A, XJIANG K D. Sommer, et al. Multisensor data fusion in dimensional metrology[J]. Annals of the CIRP, 2009, 58(2): 701-721.

[2] 韩崇昭，朱洪艳，段战胜，等. 多源信息融合[M]. 北京：清华大学出版社，2006：1-3.

[3] FRANCIS I O. InSAR operational and processing steps for DEM generation [C]//Accra, Ghana, Promoting Land Administration and Good Governance 5th FIG Regional Conference, 2006.

[4] 丁建华，李长江. 多源数据融合技术在矿产开发动态监测中的应: 以天津北部山区为例[J]. 地质调查与研究，2006，29（2）:

155-160.

[5] LI J, CANDIDATE, BIAN F. 4D data fusion technique in urban waterlog-draining decision support system[J]. Geo-spatial Information Science, 2000, 3(3): 42-46.

[6] LI G. Wide area grid tested for flood monitoring using spaceborne SAR and optical data[R/OL].[2010.10.15]. http://unpan1.un.org/intradoc/groups/public/documents/apcity/unpan031116.pdf.

[7] COVENEY S, FOTHERINGHAM A S. The impact of dem data source on prediction of flooding and erosion risk due to sea-level rise[J]. International Journal of Geographical Information Science, 2011, 25(7): 1191-1211.

[8] REINARTZ P, MÜLLER R, HOJA D, et al. Comparison and fusion of DEM derived from SPOT HRS stereo data and SRTM data and estimation of forest heights[C]//Porto, Portugal: Proceedings on Earsel Worksho: 3D Remote Sensing, 2005: 6-11.

[9] Li D R. Remotely sensed images and gis data fusion for automatic change detection[J]. International Journal of Image and Data Fusion, 2010, 1(1): 99-108.

[10] KARKEE M, STEWARD B L, AZIZ S A. Improving quality of public domain digital elevation models through data fusion[J]. Biosystems Engineering, 2008, 101(3): 293-305.

[11] PAPASAIKA H, POLI D, BALTSAVIAS E. Fusion of digital elevation models from various data sources[C]//The International Conference on Advanced Geographic Information Systems & Web Services,Cancun,Mexico, 2009.

[12] PAPASAIKA H, KOKIOPOULOU E, BALTSAVIAS E, et al. Fusion of digital elevation models using sparse representations[C]// Proceedings Photogrammetric Image Analysis, Munich, Germany, 2011: 126-130.

[13] BUCKLEY S J, MITCHELL H L. Integration, validation and point pacing optimisation of digital elevation models[J]. The Photogrammetric Record, 2004, 19(108): 277-295.

[14] PAPASAIKA H, BALTSAVIAS E. Fusion of LiDAR and photogrammetric generated digital elevation Models[C]//Proceedings ISPRS Hannover Workshop on High-Resolution Earth Imaging for Geospatial Information, Hannover, Germany, 2009.

[15] KARKEE M, KUSANAGI M, BORNE F, et al. Fusion of optical and InSAR DEMs: improving the quality of free data[J/OL]. http://www.gisdevelopment.net/techn--ology/tm/mi0524.htm.

[16] 陈传法，郑作亚，岳天祥．基于快速傅里叶变换的 ASTER 与 SRTM 有效融合研究[J]．国土资源遥感，2010，87（4）：19-22.

[17] KATZIL Y, DOYTSHER Y. Piecewise spatial conflation and merging of DTMs: continuous transition of overlapping zones[C]// Proceedings of the ASPRS 2006 Annual Conference, Reno, USA, 2006: 122-125.

[18] Mosaic Methods for Improving the Accuracy of Interferometric Based Digital Elevation Models. [R/OL]. [2010-10-15]. http://www.conferences.earsel.org/system/uploads/asset/fil- -e /230/fusion_insar_dem_chousiafis_posterpresentation.pdf.

[19] 费昀，杜迎春，刘俊杰，等．LIDAR 数据与多源数据融合的方法[J]．地理空间信息．2012，10（1）：79-81.

[20] YIN H F, LV P, ZHENG C W, et al. A multi-source spatial data fusion method used for terrain simulation[J].Lecture Notes in Electrical Engineering, 2012, 124: 333 -338.

[21] WEHR A, DUZELOVIC H, PUNZ C. Fusion of als point cloud data with high precision surveying data[J]. SPRS TC VII Symposium 100 Years ISPRS, Vienna, Austria. 2010(1118): 639-643.

[22] 吕一峰．基于 ASTER 影像的 DEM 与数字地貌制图研究——以福州盆地为例[D]．福州：福建师范大学，2008.

[23] 张霄，陈楚江，余绍淮．Reference 3D ASTER DEM 精度检测与对比分析[J]．中外公路，2011，31（1）：9-12.

[24] PODOBNIKAR T. DEM from various data sources and geomorphic details enhancement[C]//5th ICA Mountain Cartography Workshop, Bohinj, 2007: 189-199.

[25] PAPASAIKA H, POLI D, BALTSAVIAS E. A framework for the fusion of digital elevation models[C]//Proceedings XXI ISPRS Congress, Beijing, China, July, 2008: 811-818

[26] PAPASAIKA H, BALTSAVIAS E P. Investigations on the relation of geomorphological parameters to DEM accuracy[C]// Proceedings Geomorphometry Conference, 2009: 162-168.

[27] PAPASAIKA H, KOKIOPOULOU E, BALTSAVIAS E, et al. Accuracy estimation and fusion of digital elevation models[C]// Proceedings. 32nd Asian Conference on Remote Sensing ,Asian Conference on Remote Sensing, Taiwan, 2011: 110-116.

[28] VASUDEVAN S, RAMOS F, NETTLETON S. Gaussian process modeling of large scale terrain[J]. Journal of Field Robotics, 2009,26(10): 812-840.

[29] 罗德安，廖丽琼．一种适用于铁路仿真的 DEM 数据融合方案[J]．测绘与空间地理信息，2004，6（3）：72-74.

[30] 李梅香，许捍卫．基于 SRTM DEM 的 ASTER GDEM 异常区域插补方法研究[C]//Proceedings of 2010 International Conference on Remote Sensing（ICRS 2010），2010（4）：132-168.

[31] 郑团结，郭敏，于燕青．基于多源数据的海岸带 DEM 数据融合[J]．海洋测绘．2008，28（1）：28-31.

[32] 张云端，禄丰年．数字高程模型 DEM 精度研究[J]．测绘与空间地理息，2007，30（3）：120-123.

[33] 胡鹏，吴艳兰，胡海．数字高程模型精度评定的基本理论[J]．地球信息科学，2003，5（3）：64-70.

[34] 宋国民．数据融合技术在 DEM 数据修正中的应用[C]//全国第 20 届计算机技术与应用学术会议（CACIS • 2009）暨全国第

1 届安全关键技术与应用学术会议论文集（下册），2009.
[35] 刘少毅．1∶5 万 DEM 质量评估方法研究[D]．郑州：解放军信息工程大学，2007.
[36] PAPASAIKA H, BALTSAVIAS E. Quality evaluation of DEMs[C]//Proceedings of the Ninth International Symposium on Spatial Accuracy Assessment in Natural Resources and Environmental Sciences, 2010.
[37] 韩奎峰，侯飞．多分辨率 DEM 的插值残差计算及精度评价模型[J]．工程勘察，2010，38（1）：77-79.
[38] 杨晓云，岑敏仪，梁鑫．适用于不规则 DEM 数据的粗差探测算法[J]．测绘科学，2007，32（3）：556-560.
[39] 肖提荣，杨景，孟鸣．基于 ArcGIS 与 ERDAS 相结合的遥感影像快速精确配准研究——以云南思茅市主城区 QUICKBIRD 影像精配准为例[J]．云南地理环境研究．2007，19（2）：103-106.
[40] 刘磊，周军，田勤虎，等．基于 ERDAS IMAGINE 进行 ETM 影像几何精校正研究——以新疆阿热勒托别地区为例[J]．遥感技术与应用，2007，22（1）：55-58.
[41] 赖震刚，王继．利用 ERDAS IMAGINE 进行影像的几何精校正[J]．现代测绘，2003，26（2）：38-40.
[42] 徐仕琪，张晓帆，周可法．基于 ERDAS IMAGINE 软件的 CCD 影像几何精校正方法初探——以哈密地区为例[J]．新疆地质，2007，25（2）：216-220.
[43] SCHWANGHART W, KUHN N J, et al. 2010. TopoToolbox: a Set of Matlab Functions for Topographic Analysis[P/OL]. [2010-10-15]. http://www.geomorphometry.org/content/ topotoolbox-set-matlab- functions-topographic-analysis.
[44] OKSANENE J. Digital Elevation Model Error in Terrain Analysis[D]. Helsinki: University of Helsinki, 2006.
[45] 孙茜．SRTM 数据精度检测[D]．西安：长安大学，2010.

第3章　基于粒子系统的海量云层数据的可视化研究

3.1　绪　　论

可视化（visualization）技术是近年来迅速发展起来的一门学科，虚拟仿真、数据融合、图形图像处理及信息处理等多项技术的快速发展为可视化技术的出现奠定了基础，加快了可视化技术的发展步伐，并催生了虚拟可视化、多媒体仿真和分布交互式仿真等新型技术。随着可视化理论、方法及应用领域的不断深入，基于其逼真的仿真效果及广阔的市场前景，可视化技术受到人们的高度重视。

可视化技术具有真实可靠、安全经济和不受场地、天气条件限制等特点，在多个领域得到快速应用。与多种仿真类技术的结合更加完善了可视化技术的理论基础，经过多年的发展，与之相关的系统可视化软、硬件技术与平台也在快速成长，但是传统的可视化技术存在界面不友好、接口不完善、可视化效果不够真实等缺点，极大地束缚了可视化技术的应用。

随着可视化技术的快速应用，航空航天、气象预报、军事及电子等行业一直也希望能够将可视化技术在本领域内得以广泛应用。采用可视化技术实现产品建模、功能构建及性能测试等，可降低研发费用，改善产品测试方法，提高产品性能。因此，在功能上能提供集成的可视化环境，完成对产品的细节可视化，在性能上能提供友好的人机交互界面，实现对产品的全方位可视化测试的人机交互可视化系统的出现具有重要的现实意义。

对于航空航天可视化领域，可视化技术已经得到了较多应用，但是系统化的大气云层可视化还处于发展阶段，本章将在粒子系统的基础上，提出一种对海量云层数据进行可视化的方法，并使用 LOD 技术将云层数据简化，减少云层细节表现数据，提高可视化云层的适应性和可移植性[1]。

3.1.1　研究背景和意义

1. 研究背景

自然景物的可视化一直以来都是虚拟现实领域的研究热点，特别是像火、雨、雪、云等动态自然景物的可视化一直受到研究者的广泛关注。因为利用常规的建模方法很难对其形状和运动特性进行描述，而且难以得到真实感强的可视化效果，尤其是对于海量云层数据的可视化。大气云层的动态特性使其具有不规则的几何形状，并且伴随着细微的颜色、浓度和形态变化，这种动态变化极其复杂和不确定，受到周围大气环境参数的影响。当光线穿透云层时，光线会发生复杂的折射、反射和散射等现象；当受到风力的影响时，云层随风飘移，形态和浓度发生变化；环境因素的影响，会形成像层云、卷云、高积云等不同类型的云层，其动态性和随机性很难使用常规的三维建模方法进行可视化。但是大气云层作为较常见的复杂自然景观之一，无论是对虚拟游戏场景还是对真实环境可视化，对提高虚拟场景的真实感和逼真度都有重要作用，所以尽管云层数据可视化难度很大，但还是受到研究者们的广泛重视，被应用在很多领域，如航空航天可视化、气象环境可视化、战场环境可视化及三维游戏场景可视化等[2]。

（1）航空航天可视化

我国航天事业快速发展，早在嫦娥二号及神舟八号就已经实现可视化航天，地面操控人员可根据飞行器反馈回来的数据实时监测飞行器的飞行状态，确保飞行器的无故障飞行，但是飞行器的近地飞行环境十分复杂，受到云层、大气、雨、雪等自然环境的影响，是影响飞行器安全飞行的不稳定因素[3]。将云层数据可视化，对飞行器飞行的真实环境进行实时仿真，有助于飞行器飞行状态的真实反馈，帮助地面控制人员了解和掌握飞行器的飞行状态，以及时进行调整，确保飞行器安全飞行[4]。

（2）气象环境可视化

气象预报现在已经成为人们生活中重要的一部分，小到日常出行，大到商业决策，都要看“天色”行事，因此准确的气象预报信息对于人们的日常生活具有重要意义。但是目前的气象观测数据还是通过气象观测点进行采集，数据分布不均匀，缺少代表性，特别是沙漠、山地等特殊地貌的气象数据有效性不高，直接影响气象预报的准确性。将云层数据可视化，直观地将气象信息进行展示，可帮助气象分析人员分析云层数据，进而更好地掌握天气变化的数据。

（3）战场环境可视化

计算机技术的快速发展及现代科技化军事训练要求的不断提高，使可视化技术在战场环境可视化中得以广泛应用[5]。为了减少军事演练的人员伤亡，增加实际战争中的取胜把握，需要对战场气象环境及战地实际环境进行可视化，使士兵能够身临其境，熟悉战场环境，增加作战的机动灵活性，方便决策者进行战略指挥，而逼真的云层数据可视化可以增强战场环境的真实性，对于了解熟悉战场环境具有重要作用[6]。

（4）三维游戏场景可视化

目前大型的三维场景游戏深受玩家欢迎，像魔兽争霸、战地游戏等，吸引众多玩家的不仅仅是游戏情节，还有漂亮真实的游戏环境。缭绕的云雾效果、逼真的战火燃烧和硝烟弥漫等三维可视化效果可以烘托整个游戏世界的气氛，增强游戏场景的真实性，给游戏玩家以身临其境的感觉，使其能够融入游戏剧情中，感受到游戏的内涵和潜在文化，增加游戏的趣味性[7]。

2. 研究意义

（1）市场需求

随着经济全球化的步伐加快及计算机可视化技术的快速发展，可视化技术被广泛应用于各个行业，而且用户对于虚拟场景可视化的真实度要求越来越高。心理学及医学研究表明，眼睛是人接收外部信息最广泛的渠道，日常生活中大约 80%的信息源于眼睛，图形、图像是最容易被人类接受的信息形式，所以将抽象数据可视化必然有广阔的市场前景。云层数据可视化技术也不例外，例如，由于环境、场景、情节或费用的限制，不能对场景进行真实构建，如天气环境的仿真，现实的条件下无法对整个大气环境进行整体掌控，此时就需要利用计算机技术将收集到的大量气象环境参数进行可视化，因此一种数据量小而效果逼真的三维云层可视化方法的出现就显得尤为必要[8]。

（2）成本节约

可视化技术的快速发展正在迅速改变着传统的经营模式，例如，航空航天、军事战争、天气预报及三维场景游戏等行业无一不在承受着可视化技术的冲击。在航空航天领域中，因为条件的限制，在航天器性能测试的过程中不可能使用真实的航天器进行测试，因此需要对航天器的飞行环境进行真实再现。根据观测到的大气云层数据，将航天器飞行环境进行可视化，利用计算机对航天器进行性能测试，方便安全而且可以大量节约成本。另外对于一些商业产品，利用真实的环境和产品作用进行测试，虽然可以得到非常真实客观的测试数据，但是可能会存在安全性和可行性的问题，关键是商业模式中成本与产出的比例约束，使得行业的决策者不得不考虑利用可视化技术在不影响实际测试效果的情况下减少成本预算，而真实感强的云层数据可视化技术可以很好地解决这个问题[9]。

（3）效果逼真

在航空航天、气象预报、军事战场及三维游戏等领域的可视化中，很难实现大气云层的可视化，影响场景的真实性，因为云层作为场景的重要组成部分，云层数据可视化效果直接影响到虚拟场景的真实存在感[10]。三维可视化云层是根据实际观测到的海量云层细节数据，利用特殊的可视化技术将其可视化，效果逼真，应用在虚拟场景中，可极大地提高场景的真实感，给用户很好的现场体验，因此受到广大虚拟场景用户的喜爱[11]。

基于上述 3 点，真实感强的三维可视化云层是虚拟场景中的重要组成部分，可以很好地提高虚拟场景的真实度，因此对于数据量小、容易实现并且效果逼真的三维可视化云层效果研究具有重要的现实意义。

3.1.2　研究目标和问题描述

1. 研究目标

本章的主要目标是研究海量云层数据的可视化，即在粒子系统的基础上，结合粒子系统三维图形制作原理，开发一个实时云层可视化系统，以外部推送和系统实时自动加载的方式将云层细节数据嵌入云层可视化系统，根据云层细节数据形成相应的真实感强的三维可视化云层。运用 LOD 技术简化云层表现数据，即在不影响仿真云层表现效果的情况下用较少的数据量进行效果展示，增强云层可视化的表现效果，增加可视化云层的适应性。

2. 问题描述

海量云层数据的可视化可以有效地提高三维虚拟场景的表现效果，增强场景的沉浸感与真实性，利用粒子系统将海量云层数据进行虚拟可视化，以外部推送和主动加载云层细节数据的方式可实现系统对虚拟云层的相关属性调节，使其更具真实性。为减少云层细节表现数据量，使用 LOD 技术简化云层模型，删除数据冗余，精简云层表现数据，提高可视化云层的适应性和可移植性。

3. 研究方法和研究内容

结合上述研究背景和意义的介绍，通过对研究内容的详细阐述，下面提出适合研究目标的研究方法。

1）对海量云层数据进行筛选，提取其中于云层虚拟仿真有效、代表性强的特征表现数据，对其进行分析比较。

2）基于粒子系统的三维图形表现原理，利用开放图形库（open graphics library，OpenGL）图形库及 Qt 库进行云层数据可视化系统构建。

3）采用外部推送的方式将第一步筛选所得数据传递给系统，生成相应的可视化云层，根据实际云层效果对其进行微调，增强其表现效果。

4）对系统进行功能添加，实现外部数据自动读取，使其能够实现云层数据实时加载，对云层表现情况进行实时展示。

5）使用 LOD 技术简化云层模型，减少云层细节表现数据量，提高虚拟云层的系统适应性和可移植性。

6）将生成的虚拟云层进行保存，选定一个常用文件格式，将虚拟云层进行导出，方便后续系统加载使用。

3.2　相关理论技术介绍

3.2.1　计算机可视化技术

可视化技术作为一门新兴学科，是以大量抽象数据作为转换对象，利用计算机图形学和图像处理技术，将抽象数据转换成直观的图像或图形，在屏幕上进行呈现，进行交互处理的理论、方法和技术。该学科作为研究数据表示、数据处理和决策分析等一系列问题的综合性引导技术，涉及计算机图形学、图像处理及计算机辅助设计（computer aided design，CAD）等多个领域，通过将复杂抽象的数据进行简化，使其变得直观，有利于研究者对抽象数据的整体分析和全局把握。

依托计算机可视化技术可以将现实世界中的物体通过物理建模的方式在计算机屏幕上真实再现，并且能够表现复杂的物理信息，包括真实存在的、虚构的或是理想状态下的物理信息。可视化技术最早在计算机科学中得以应用，在后续的广泛应用中由于市场的需要，产生了许多重要的分支，其中应用最广泛的即为数据可视化。

数据可视化是关于数据视觉表现形式的技术研究，包括相应信息单位的各种变量和性质[12]。其基本思想是将数据库中每一个数据项作为单个图元元素，将大量的图元元素进行有序堆积，构成数据图像，使用户可以从不同的维度观察数据，进而对数据进行更加深入的观察和分析。数据可视化的方法允许利用图形图像处理、计算机视觉及用户界面，通过物理建模对立体特征、表面细节、整体属性的显示，对抽象数据进行可视化展示[13]。为了更加有效地表现可视化效果，需要借助友好的用户界面及强大的功能，直观地表现事物的关键方面和特征，从而帮助用户对抽象而复杂的数据集进行深入的观察。

3.2.2　粒子系统

粒子系统方法的提出，是为了实现对一些模糊的、形状不规则的自然现象、景物或者空间扭曲的仿真，如火花、烟、云、雾、雪和爆炸等抽象景物。早期的粒子系统中各个粒子之间不存在相互作用力，只是保持各自的不断运动和形态改变，适合对于非整体的物体描述，如烟雾、云及烟花的描述。粒子系统根据模糊景物不规则的形态特点采用了一套不同于传统造型、绘制系统的方法构造和绘制景物，使用过程计算模型代替简单的静态模型，是不规则模糊景物进行仿真较成功的图形生成算法之一[14]。其基本思想是构建一个不规则的密闭区域，将众多简单形状的细小粒子作为基本单元聚集起来，根据仿真对象的外形细节形成一个不规则的模糊物体，从而构成一个密闭区域，即粒子系统。

粒子系统采用最接近目标的方式进行物体的可视化，对模拟的对象没有限制，但是运算量和存储量都比较大，在实时性方面受到限制，并且从微观的角度进行自然景物的模拟，会增加仿真复杂度[15]。粒子系统本身作为一个动态系统，内部粒子是动态的．每一个粒子都在不断改变运动状态，因为粒子系统的仿真需要有粒子的产生和消逝、粒子的更新、粒子的排序及粒子的绘制，粒子系统的时间控制机制控制着粒子的产生、消逝及动态行为，对于不同的应用，只要相应地改变粒子的属性即可。图 3.1 是粒子系统流程图。

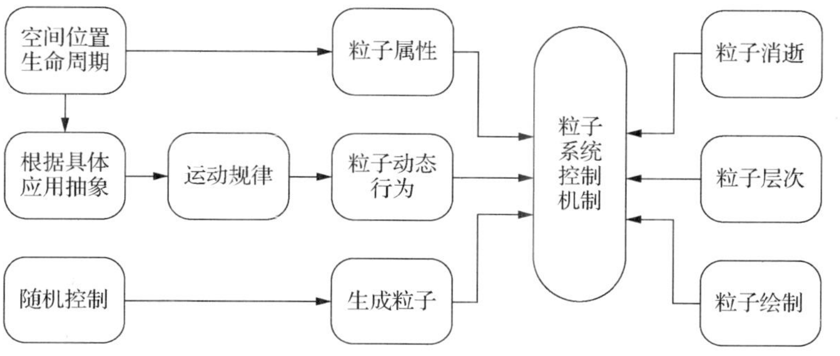

图 3.1　粒子系统流程图

1. 粒子系统的更新周期

粒子系统将多个不规则的微小粒子聚合在一定区域内，使其随机分布，进行物体的仿真，每个粒子都具有一定的行为参数，包括位置、透明度、颜色、运动速度和生命周期等属性，所有粒子属性都依靠时间函数进行控制，而粒子究竟具有什么样的属性，主要取决于其具体的应用[16]。

通常粒子系统中的粒子在三维空间中的位置和运动属性是由粒子发射器控制的，发射器主要由一组粒子行为参数及粒子在三维空间中的空间位置坐标表示。例如，粒子的更新变化就是依靠时间函数进行控制的．当粒子的生命时长超过了系统预设的时间周期后，系统会将粒子做湮灭处理，并且多数的粒子系统在粒子生命周期中会对粒子的 Alpha 值进行插值，直到粒子湮灭，即以逐渐消失的方式结束粒子的生命。

粒子系统更新循环分为两个不同的阶段：模拟阶段和渲染阶段，每一帧动画就是一个循环周期。

在模拟阶段，系统根据粒子的生成速度及更新时间计算新生粒子的数目，每个粒子根据发射器的位置及设定的生成区域在特定的三维空间位置生成，并且根据发射器的参数对粒子的属性参数进行初始化。粒子的生成是随机的，但是整体位置要满足一个约束方程：设粒子的生成坐标为(x, y, z)，其约束方程为$f(x, y, z)=0$，(x, y, z)要服从概率分布 $P(x, y, z)$，粒子系统常用的几种概率分布有均匀分布、t 分布及高斯分布。粒子系统除了可以对粒子的时间函数进行定义以外，还可以根据粒子系统的物理模拟改变粒子的位置、运动速度等属性，这些物理模拟有简单的也有复杂的：简单到调整速度使粒子运动到当前位置或者将摩擦抵消；复杂到要考虑在外力的作用下计算粒子的物理抛射轨迹[17]。

粒子系统在应用的过程中会涉及粒子的渲染，渲染作为粒子进行表现的主要方式是粒子更新循环的第二个阶段。粒子系统更新完成后，每个粒子都会经过四边形纹理映射进行渲染。对于一些低分辨率的物理模拟或设备处理能力有限的情况，粒子仅仅被渲染成一个像素；简单的渲染方式是将粒子渲染成一个像素或是元球，根据粒子元球计算出的等值面可以得到效果相当好的圆滑表面[18]。

2. 粒子系统的 3 个重要指标

粒子的数量、生命周期及空间位置是粒子系统的 3 个重要指标：在模拟过程中，粒子生成的数量决定被仿真的模糊物体的密度[19]；生命周期将影响模糊物体的动态特征；空间位置将影响模糊物体的整体特征。

粒子的生成可以分为两个部分：一是粒子系统最初进行物理模拟时生成的初始粒子，为粒子系统生成的初始粒子设定数量，此时粒子系统表现出来的整体特征则是被仿真物体的初始特征；另一个是系统中湮灭粒子的补充粒子，因为系统中的粒子都被赋予了生命周期，当粒子的生命周期已到或者由于粒子的某些性质不满足系统的要求或其他原因，生命周期虽然未结束，但是被系统废弃，粒子也会做湮灭处理[20]。粒子被湮灭之后会立刻有新的粒子补充，但是这类粒子的数量一般较少。粒子的生命周期即粒子在系统中存在的时间长短，可以通过系统设定，描述生命周期的单位可以是帧数或者通过系统初始化设定时间单位。使用帧数作为生命周期的计量单位，特点是简单明了，但是需要考虑模拟物体的复杂度；使用系统设定时间单位，特点是消除了系统对于模拟物体复杂度的依赖，可以有效提高模拟物体的真实感，但是在每一次时间更替时需要修改粒子的时间参数，增加系统负担，对于系统的实时性有一定的影响。所以采用哪种时间单位要看具体的应用，采用并行存储技术可以有效缓解系统开销的问题。

生成粒子的数量取决于被模拟物体在计算机屏幕上所占区域的大小，系统预先设置的只是物体显示区域单位体积内粒子的数量，因此在系统生成粒子前，需要根据透视投影参数计算出被模拟物体在屏幕上所占区域大小，然后依据既得尺寸生成相应数量的粒子[21]。粒子系统依靠大量的粒子完成对于模糊物体的仿真，每一个粒子都拥有各自的属性，要支持上万个粒子的各自运动系统需要承受庞大的计算量。设定粒子数量过大，可以得到较好的仿真效果，但是将影响系统生成的实时性；设定较少的粒子，则将影响仿真效果。因此三者之间存在一种平衡关系，在实际操作中只需要找到其中的一个平衡范围就可以得到较好的模拟效果[22]。图 3.2 为粒子数量、模拟对象真实度及系统实时性存在关系图。

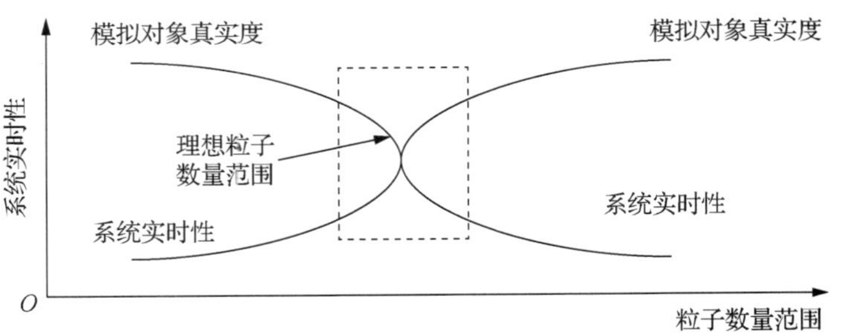

图 3.2　粒子数量范围、模拟对象真实度及系统实时性存在关系图

由图 3.2 可以看出，理想的粒子数量范围很小，因此粒子数量是粒子系统的重要参数之一。粒子数量严重影响被仿真物体的仿真效果及系统的实时性，因此在实际操作的过程中设定适当范围的粒子数量具有重要意义，一般需要在实际的仿真中根据图形的仿真效果、

计算机的计算能力及用户对于系统的实时性要求进行调节，确定粒子的实际数量。

粒子的空间位置包括空间坐标及矢量方向。首先利用 x, y, z 这 3 个空间坐标对粒子进行三维空间定位，确定粒子在系统中的空间位置；然后确定粒子在三维空间中的矢量方向，该矢量方向是相对于粒子系统的三维空间来讲的，可以使用一个二维向量(a, b)进行表示，粒子系统本身有一个本地坐标系，这两个方向分别表示粒子围绕坐标系的 x 轴和 y 轴旋转的角度[23]。粒子系统中依靠空间位置坐标和矢量方向可以轻松确定粒子的具体位置和状态，但是粒子的初始空间位置则由粒子的生成区域确定。

3. 粒子系统中的粒子属性

粒子系统中的粒子可以分为动态和静态两种，动态粒子的运动状态非常复杂，因此粒子除了数量、生命周期和空间位置之外还有很多其他的属性，如颜色、透明度、形状、尺寸、速度及重力等。

粒子的初始颜色是由三原色值（R，G，B）即红、黄、蓝 3 种颜色确定的，系统根据被仿真物体的颜色特性确定粒子的三原色值，通过调节三原色值实现粒子颜色的变化，进而改变被仿真物体的颜色。

粒子系统中的粒子同样具有透明度，即 Alpha 值，值域从 0 到 100，系统通过调节粒子的 Alpha 值可以改变粒子的灰度或者亮度，实现对模拟物体颜色和透明度特征的调节。

粒子系统中的粒子体积虽然很小，但是仍具有形状特性，大多数粒子系统中的粒子为点状，用一个像素点表示，简单方便而且单个粒子的时间复杂度小，可以有效减少设备的运算量。对于比较复杂的粒子系统，为了得到较真实的模拟效果，粒子的形状可以设定成线段、圆形甚至多边形等具有一定复杂结构的体素，但是这样操作会增加系统对于粒子显示的计算量，影响粒子系统的实时性[24]。

粒子一般以像素点的形式出现，虽然具有一定的形状，体积非常小，可以提高图形分辨率，增加仿真物体的真实感，但是会相应地增加系统负担，影响实时性。如果将粒子的尺寸增大，被仿真物体会缺乏细腻感，降低真实感。因此在实际操作中需要根据用户要求和系统实时性寻找良好的结合点。

粒子的速度是指初始粒子的运动速度大小和方向。这两个因素都需要根据仿真物体的动态特征确定，因为粒子可以在一个固定区域内随机运动或者沿着某一固定方向进行运动。粒子在运动过程中会受到外力作用，从而产生加速度，此时粒子的运动方向可能会发生改变，粒子的状态会相应地变化。

由于粒子系统仿真的物体或现象必然要受到重力的影响，因此给粒子加上重力效果，会增加系统对物体或者现象仿真的真实度，如烟花或雨、雪等自然现象的仿真。重力是粒子的一个重要属性。

4. 粒子系统的基本结构

前面部分对粒子系统的更新过程及粒子的主要属性做了详细介绍，可以看出粒子系统具有比较复杂的运行机制，其基本结构可以分为以下 3 个主要部分。

1）粒子管理：主要用于对系统中各个粒子的产生、湮灭及在外力的作用下运动与碰撞等生命活动的管理和控制。

2）粒子存储：主要用于对粒子颜色、透明度、生命周期及速度等各个属性参数的存储。

3）粒子渲染：主要用于对粒子的绘制表现的管理[25]。

粒子系统各个部分的结构关系如图 3.3 所示。

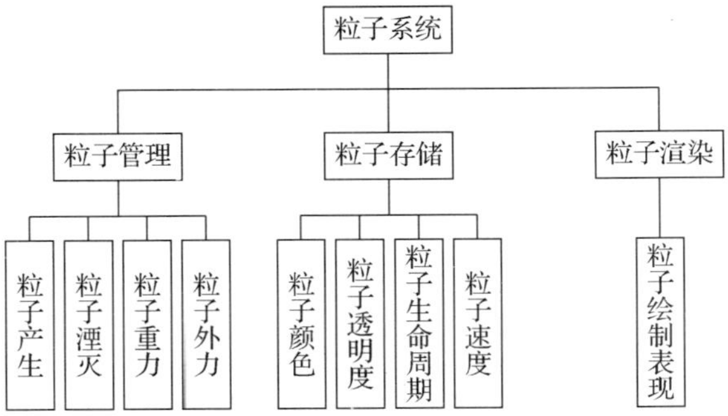

图 3.3　粒子系统结构关系图

3.2.3　LOD 技术

1. LOD 技术原理

LOD 的概念是指利用不同细节层次的模型对场景中的物体进行简化，即根据物体模型在显示环境中所处的位置和用户对于场景细节表现的精度要求，决定场景景物渲染的资源分配，适当降低不重要或者观察精度比较低的物体的面数和细节度，从而获得较高的渲染效率。

当观察者视点距离被观察物体较近时，根据物体成像原理，物体看起来比较大，在屏幕上占据较多的像素点，即物体细节表现明显[26]；相反，当视点距离被观察物体较远时，物体看起来较小，在屏幕上占据较少的像素点，物体细节表现相对较模糊。LOD 技术采用可见面判定算法的几何层次模型，对复杂场景进行快速绘制[27]，其理论根据是由于视觉距离的原因或者观察精度要求不同，用户可以观察到物体细致或粗糙的物理细节，因此使用不同表现细节的物体模型来表示：距离较远或者观察精度要求较低时使用比较粗糙的物体模型表示，距离较近或者观察精度要求较高时使用比较细致的物体模型表示,即根据观察距离的不同采用不同表现精度的物体模型，在不影响场景画面显示效果的情况下通过减少物体的物理细节，减少场景的几何复杂度，从而减少随机存取存储器的负荷，提高计算机的处理速度，增强三维场景表现的实时性[28]。

LOD 技术通常对场景中的复杂多面体模型建立数个不同表现精度的物理模型，并且都具有一定的物理细节。在场景表现的过程中根据不同的表现要求可对不同层次的物理模型进行合理调度，从而简化场景描述数据。该方法有效性高、操作性强，因此 LOD 技术具有广泛的应用领域，最早用于飞行器飞行模拟仿真中，目前被广泛应用于实时图像通信、虚拟现实、飞行模拟、地形建立及交互式可视化等领域，并已经成为一项关键技术。

2. LOD 技术的兴起

20 世纪 90 年代初，图形学领域得到了快速发展，衍生出了虚拟现实和科学计算可视化等全新研究领域。虚拟现实和交互式可视化等图形应用系统对于系统的实时性提出了很高要求，但是由于计算机技术的局限性，现有的图形数据处理设备根本无法支持复杂图形的实时生成，因此研究人员纷纷投入到图形加速生成方法的研究当中，并提出了多种图形生成方法，LOD 技术就是其中一种主要的简化方法。

LOD 技术虽然在 20 世纪 70 年代就已经被提出，但是得到广泛应用还是在计算机可视化技术快速发展的时期，LOD 技术以其良好的模型简化性能成为一种主要的模型简化方法[29]。

3.2.4 微软 Visual Studio 2008 开发环境

微软 Visual Studio 是美国微软公司的开发工具包系列产品，包括整个软件生命周期中所需要的标准建模语言（unified modeling language，UML）工具、代码管控工具、集成开发环境（integrated development environment，IDE）等大部分工具，是一个接近完整的开发工具集。微软 Visual Studio 2008 引入了 250 多个新特性，是对微软 Visual Studio 2005 的一次及时、全面的升级，整合了对象、关系型数据及可扩展标记语言（extensible markup language，XML）的访问方式，语言更加简洁，开发 Windows 应用更加高效。

3.2.5 OpenGL 图形库

OpenGL 是一个同时适用于三维和二维的功能强大、调用方便的底层图形库，也是一个跨编程语言、跨平台的专业图形程序接口[30]。OpenGL 是行业领域中应用最为广泛的 2D/3D 图形应用程序接口（application programming interface，API），独立于窗口系统和操作系统，因此以 OpenGL 为基础开发的应用程序具有很好的可移植性，是一个与硬件无关的软件接口，可以在多种操作系统下进行移植。无论是在建模、颜色模式设置还是光照和材质设置等方面，OpenGL 都具有很高的效率，可以帮助程序员在个人计算机、工作站和超级计算机等硬件设备上实现高性能的图形处理软件的开发[31]，因此在娱乐、游戏开发及虚拟现实等行业领域中得到了广泛应用，并成为高端专业绘图领域不可代替的技术主角。通过一些转换程序可以方便地将 3ds Max 等三维图形设计软件制作的模型文件转换为 OpenGL 的顶点数组，被 OpenGL 所解析。

3.2.6 Qt 库

Qt 是由奇趣科技公司开发的一款跨平台的 C++图形用户界面（graphical user interface，GUI）应用程序开发框架，主要用于 GUI 和非 GUI 程序的开发。Qt 具有很好的跨平台特性，支持多种操作系统下进行功能开发，如 Windows、Linux 及 Solaris 等操作系统。Qt 良好的封装机制使得其自身模块化程度非常高，具有良好的重用性，可以使应用程序开发者建立起优质的 GUI，极大地方便开发用户，并且提供了一种称为信号/槽的安全类型来代替回调函数，将各个元件之间的协同工作变得更加简单，加上 Qt 库拥有丰富的 API、与 OpenGL 有很好的兼容性及大量的开发文档等一系列方便而人性化的功能设计，使得 Qt 很快被广大程序开发爱好者所接受。

3.2.7 开发环境

该课题项目开发使用的设备环境和工具如下。

硬件配置：处理器为 AMD Athlon64 X2 Dual Core Processor 5200+2.70GHz；安装内存为 4GB。

软件环境：操作系统为 Windows 7 64 位操作系统；编辑环境为微软 Visual Studio 2008。

3.2.8 小结

云层数据可视化系统是一个实时的云层数据可视化系统，构建过程中涉及多个专业概念及系统开发技术，主要针对云层可视化系统对其开发过程中涉及的可视化概念、粒子系统技术、LOD 技术及 OpenGL 库等相关技术概念和环境进行介绍，为后续工作的开展奠定理论基础。

3.3 云层特征分析及生成算法研究

本节的主要研究内容是基于粒子系统的海量云层数据的可视化，即在粒子系统的基础上，结合粒子系统图像生成原理，模拟开发一个实时云层可视化系统，根据外推数据或实时数据加载形成相应的真实感强的可视化云层。根据研究内容，首先需要对海量云层数据进行分析比较，提取云层细节表现的代表性数据；然后根据粒子系统的图像生成原理，对云层模型构建方法进行详细介绍。

3.3.1 云层分类

云层作为自然界较普遍的复杂自然景观之一，由无数细小的水滴和冰晶混合而成，当水滴和冰晶逐渐堆积增多以致人眼能够辨认时就形成了云层。由于云层构成的特殊性，因而不具有规则的形状，往往奇形怪状、千姿百态，另外还要受到温度及风力等环境因素的影响，云层会发生整体移动、形态改变或浓度厚度的改变等变化[32]。日常生活中，可以看到如片状云、团状云及鱼鳞状等多种形状的云层，气象学从形状、颜色、暗影、厚度及范围 5 个方面对其进行分类，整体上云层可以分为以下两大类：

1. *积云*

积云表示云的形状是块状，呈蓬松状态，像棉絮一样在天空中飘浮，厚度较薄，但是积云在范围上没有限制，一般在上午出现，傍晚消散。积云又可分为卷积云、高积云、积雨云和积云 4 种。

1）卷积云：卷积云为小块儿积云，呈圆形，成群成行的卷云，即日常生活中出现的“鱼鳞天”，云层很薄，通常出现在 5000～8000m 高空，如图 3.4 所示。

2）高积云：与卷积云类似，但是覆盖范围更广、云层更厚、白中有暗，通常出现在 5000～6000m 高空，表现为带状、涡旋状等。

3）积雨云：积雨云为低层雷云，预示着强风暴雨、雷鸣和闪电的到来。顶部平层云被称为砧顶，上层云类似假卷云，顶层云类似假雨云，如图 3.5 所示。

4）积云：积云是比较典型的云层，比较容易识别，呈蓬松状，一般出现在陆地上空，高度不会超过 2500m。

图 3.4　卷积云

图 3.5　积雨云

2. *层云*

层云表示云的形状是层状，连绵不断，表现为比较阴沉的云层，厚度较厚，高度较低。层云又可分为卷层云、高层云、雨层云、层积云和层云 5 种。

1）卷层云：卷层云由冰晶颗粒组成，具有明显的云层纹理，卷云聚集，向前推进，高度较高，像是一层白绸幕布。卷层云是唯一可能出现在太阳或者月亮周围的云层，伴随着奇特的光晕效果。

2）高层云：高层云在阳光或者月光照耀下像是灰色的幕幔，会越变越厚，通常出现在 2500～6000m 高空，和高积云类似，表现为带状、涡旋状等。

3）雨层云：雨层云为低层乌云，即夹杂着雨水的云层，呈暗黑色，厚度较大，预示 4h 之内会有降雨，而且雨量较大，因为承载着大量雨水，所以存在高度较低。

4）层积云：层积云为低层瓦状云层，通常覆盖整个天空，且云层较薄，阳光可以轻易穿透，但是一般会带来小量降雨，在午后消失，高度一般低于 2500m，如图 3.6 所示。

图 3.6　层积云

5）层云：层云高度最低，一般不超过 2500m，密度较小，如浓雾般，经常被误认为高山浓雾。层云并非实际的雨水云，但通常可以带来蒙蒙细雨。

由以上分析可以看出不同类别的大气云层具有不同的细节特征，无论是从颜色、形状、范围还是所处高度上，都可以对其进行区分，而且不同云层的纹理、厚度及基本组成单元也不一样，所预示的气象信息也有所不同。

3.3.2　云层可视化方法分析

云层是一种常见的自然景观，在场景表现中具有重要修饰作用，因此在飞行仿真、游戏场景、军事战场及气象场景构建等领域也是非常重要的组成部分。随着计算机图形仿真技术的不断更新，云层可视化取得了很大进展，目前云层数据的可视化方法主要有以下 5 类。

1. *光线跟踪法*

光线跟踪（ray tracing）法又被称为光迹追踪法或光线追迹法，是指沿着到达视点的光线的反方向跟踪，记录光线与物体表现的每一个相交点，通过对光线发生的吸收、反射及折射进行分析，从而根据所得参数对被测物体进行模型构建。通过分析光学传感器对光线在云层中的传播路径、时间及光线的衰减程度，利用光线直线传播及反射与折射的原理，计算分析得到被测云层的相关形态参数，进而将被测云层形态进行建模还原[33]。

此方法的优点是可以很容易地实现云层细节构建及云层阴影的表现，得到非常接近真实的可视化云层；缺点是需要对光线的每一次状态变化进行计算分析，因此计算量比较大，对可视化设备的硬件配置要求较高，影响云层可视化系统的实时性。

2. 体绘制方法

体绘制方法是将三维数据场生成二维图像的技术。在 OpenGL 中，按照一个方向，将需要进行可视化的云层进行切片，切割成具有相似物理结构的片元，然后对这些片元按照位置和角度信息进行规则化处理，形成一个三维空间中由均匀网格组成的规则的数据场，网格上的每个节点为一个体素，以体素为基本操作单位，进行渲染、组合，得到可视化云层[34]。

此方法的优点是可以探索云层的内部结构，可以得到较好的云层可视化效果；缺点是数据存储量大，需要设备具有较大的缓存，设备运算时间长，影响云层可视化系统的实时性。

3. 基于三维映射的绘制方法

三维映射即在传统的二维纹理映射的基础上，将二维纹理扩展至三维，得到三维立体云层。纹理映射是将纹理空间中的纹理像素映射到屏幕空间中的像素的过程，就是将图像贴到模型的表面，增强物体模型的真实感，与光照计算、图像混合等技术的结合可以得到绚丽真实的可视化效果。

此方法允许设备内存中保存多个纹理，无须每次进行加载，以减少系统运算量，提高云层可视化系统的实时性，尤其是对于纹理图像比较大时，系统运算对于系统实时性的影响尤为明显。但是如何科学地管理纹理图像，减少存储开销，是系统优化时必须考虑的一个问题[35]。

4. 基于粒子系统的动态可视化

基于粒子系统的动态仿真方法是指根据云层独特的形态特征，即由大量微小水滴和冰晶组成，不具有固定的形态，无论是形状、薄厚还是颜色都需要海量的细节参数对其进行描述，结合粒子系统的图像绘制原理，利用大量微小粒子模拟云层的组成单元，从而实现云层数据的可视化[36]。

此方法具有很好的可操作性、效果逼真、效率较高，可以得到非常真实的可视化云层。由于粒子系统独特的图形表现原理，要实现良好的可视化效果，需要以海量的云层数据作为基础，对于云层可视化系统的实时性影响很大，如何简化云层细节表现数据，提高系统实时性是基于粒子系统的可视化方法的技术要点[37]。

5. 基于分型技术的绘制方法

利用卫星云图作为数据驱动，通过提取二维云图信息的方式将二维云图进行立体扩展至三维，将云层的细节特征进行立体再现，并对其进行填充，进而生成可视化云层[38]。

该方法具有很好的可操作性，可以得到数据量小的可视化云层，但是由于是在二维云图像基础上对其进行扩展的，二维卫星云图本身已经失去了三维云层的立体化因素，利用其进行云层细节的可视化，缺少真实的数据依据，所以得到的可视化云层效果有待进一步提高和优化。

以上是在云层可视化领域应用比较广泛的 5 种可视化方法，除此之外还有研究人员利用 Perlin 噪声及随机纹理映射等方法绘制静态云层[39]。单独利用每一种方法都可以得到效果比较好的可视化云层，每一种方法都有各自的优点，同时又都具有一定的局限性。因为大气云层作为一种非常复杂的自然景观，本身具有不规则的形态特征，还要受到大气环境参数的影响，使其无论是在形状、颜色还是密度上都具有强烈的不稳定性。因此尽管计算机技术得到了快速发展，在气象研究领域得到了很好应用，但是利用计算机技术对海量云层数据进行可视化，得到真实感强的可视化云层，尤其是对于以实时数据为驱动的动态云层可视化还存在一定困难：对于云层细节的描述过于细致，则增加设备的运算量，影响系统的实时性；描述过于粗糙，则影响云层的可视化效果，因此需要在兼顾良好的可视化效果及系统实时性的同时，寻找一个切合点，增加云层数据可视化的可操作性。

3.3.3　云层可视化算法研究

目前计算机图形学领域对于云层可视化方面的研究主要局限于静态云层的可视化，因为以实时数据为驱动的动态云层可视化难度要大很多，因为要涉及云层内部基本组成单元的不规则运动、云层形态变换及云层整体的位移等，相关的研究成果较少，对于动态云层的可视化研究具有非常重要的现实意义。

1. 云层特征分析

云层作为常见的复杂自然景观，对于场景的构建及效果表现具有重要作用，因此大气云层的可视化受到了众多研究者的广泛关注。但是由于大气云层是大量微小粒子的集合体，其基本组成单元是微小水滴和冰晶，而且组成单元散乱分布，形成大气云层独特的形态特点。

1）形状不规则性：云层是大量细小组成粒子聚集并散乱分布形成，没有固定的边界，肉眼观察到的云层边界是由于大量粒子堆积，密度达到一定程度，人们才可以在非常远的距离观察到云层。看不到的地方同样有粒子分布，只是密度很低，肉眼无法识别而已，所以随着组成粒子密度的变化，观察者看到的云层边缘会有虚无缥缈的存在感，因而云层不具有规则的形状。

2）形态复杂性：云层处在几千米的高空，受到周围大气环境（如风、自身静电及温度）的影响，使云层发生包括纹理、浓度、厚度及范围等形态变化。

3）颜色多变性：大量小水滴和冰晶的聚集形成云层，受到云层密度、厚度及光线的影响，其颜色变化也是多种多样的，通常会出现白云、乌云及火烧云等不同颜色的云层。

云层本身就是一个结构非常复杂而又形态多变的微小粒子群体，处于几千米的高空，受到大气环境因素的影响，无论是形状、形态还是颜色都在时刻发生变化，处于动态变化中，因此对于云层细节的数据描述非常复杂，要将云层的形态特征进行细致的可视化，需要以大量的描述数据为基础，因此需要从气象观测部门获取云层细节相关数据。

图 3.7　我国上空实时云图

2. 云层特征数据获取

从中国气象科学数据共享服务网上可得到我国上空实时云图。如图 3.7 所示是 2015 年 6 月 1 日 14 点 45 分由风云二号气象卫星拍摄的实时云图，该云图每 15min 会更新一次，由图 3.7 中可以看出我国上空大部分地区被云层所覆盖。

在气象学上，通过对云图上的云层细节，包括云层的结构形式、范围大小、边界、色调、暗影及纹理 6 个方面进行分析，可以确定云层的相关性质及天气系统的位置并对其强度和未来发展趋势进行预测，为气象分析和天气预报提供事实依据[40]。

由于云层可视化系统实时性及可视化精度的限制，这里选取如图 3.8 所示的河北省上空部分区域进行云层数据可视化。由图 3.8 可以看出，该区域云层覆盖率较高，而且稀疏和稠密的云层在此区域都有分布，因此比较具有代表性。

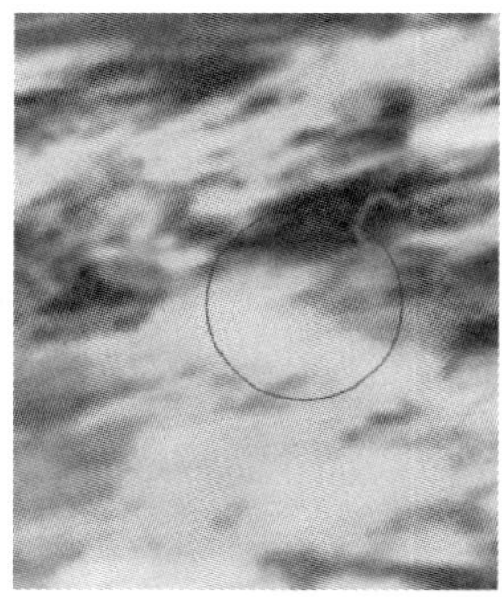

图 3.8　河北省上空彩色云图

河北省地处东经 113°27′～119°50′、北纬 36°05′～42°40′之间，总面积 18.85 万 km^2，地理位置非常特殊，紧邻渤海，西北高、东南低，由西北向东南倾斜，有坝上草原、燕山和太行山山地及河北平原三大地貌单元。河北省属于温带大陆性季风气候，大部分地区四季分明，其独特的地貌特征对陆地上空的气象变化产生了重要影响，使其上空云层变幻更加复杂。

从中国气象科学数据共享服务网上查找河北省区域上空云层数据并进行下载处理。由于河北省区域形状不规则，选取东经 115°～120°、北纬 35°～40°的区域，获取该区域的云层细节参数。所得云层细节参数是气象观测部门通过地基遥感的方式，利用红外云分析仪及红外云成像仪实现天空区域红外线测云，通过系统拼图、温度定标、大气修正及云识别等技术处理，实现云层辐射测量，辐射定标处理及云类型识别并且对所测数据进行分析记录，从而实现对于云层细节数据的获取收集[41]。通过设置主要关键细节节点的方式，提取云层细节三维信息，将得到的波段信息和红外云细节信息转化为可以供云层可视化系统分析使用的十六进制数组。所得十六进制数组信息如图 3.9 所示。

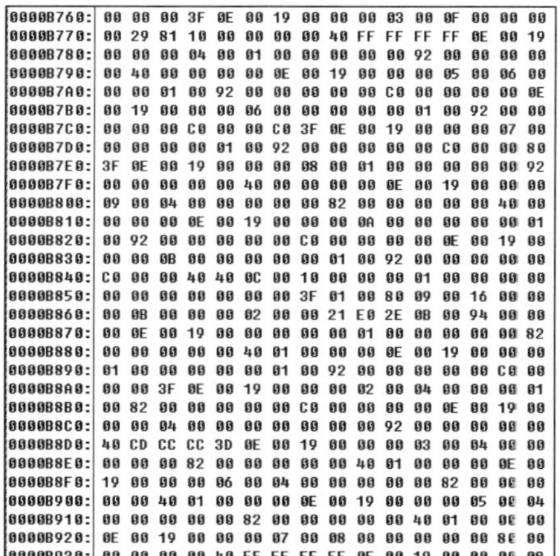

```
0000B760: 00 00 00 3F 0E 00 19 00 00 00 03 00 0F 00 00 00
0000B770: 00 29 81 10 00 00 00 00 40 FF FF FF FF 0E 00 19
0000B780: 00 00 00 04 00 01 00 00 00 00 00 92 00 00 00 00
0000B790: 00 40 00 00 00 00 0E 00 19 00 00 00 05 00 06 00
0000B7A0: 00 00 01 00 92 00 00 00 00 00 C0 00 00 00 00 0E
0000B7B0: 00 19 00 00 00 06 00 00 00 00 00 01 00 92 00 00
0000B7C0: 00 00 00 C0 00 00 C0 3F 0E 00 19 00 00 00 07 00
0000B7D0: 00 00 00 00 01 00 92 00 00 00 00 00 C0 00 00 80
0000B7E0: 3F 0E 00 19 00 00 00 08 00 01 00 00 00 00 00 92
0000B7F0: 00 00 00 00 00 40 00 00 00 00 0E 00 19 00 00 00
0000B800: 09 00 04 00 00 00 00 00 82 00 00 00 00 00 40 00
0000B810: 00 00 00 0E 00 19 00 00 00 0A 00 00 00 00 00 01
0000B820: 00 92 00 00 00 00 00 C0 00 00 00 00 0E 00 19 00
0000B830: 00 00 0B 00 00 00 00 00 01 00 92 00 00 00 00 00
0000B840: C0 00 00 40 40 0C 00 10 00 00 00 01 00 00 00 00
0000B850: 00 00 00 00 00 00 00 3F 01 00 80 09 00 16 00 00
0000B860: 00 0B 00 00 00 02 00 00 21 E0 2E 0B 00 94 00 00
0000B870: 00 0E 00 19 00 00 00 00 00 01 00 00 00 00 00 82
0000B880: 00 00 00 00 00 40 01 00 00 00 0E 00 19 00 00 00
0000B890: 01 00 00 00 00 00 01 00 92 00 00 00 00 00 C0 00
0000B8A0: 00 00 3F 0E 00 19 00 00 00 02 00 04 00 00 00 01
0000B8B0: 00 82 00 00 00 00 00 C0 00 00 00 00 0E 00 19 00
0000B8C0: 00 00 04 00 00 00 00 00 00 00 92 00 00 00 00 00
0000B8D0: 40 CD CC CC 3D 0E 00 19 00 00 00 03 00 04 00 00
0000B8E0: 00 00 00 82 00 00 00 00 00 40 01 00 00 00 0E 00
0000B8F0: 19 00 00 00 06 00 04 00 00 00 00 00 82 00 0E 00
0000B900: 00 00 40 01 00 00 00 0E 00 19 00 00 00 05 0E 04
0000B910: 00 00 00 00 00 82 00 00 00 00 00 40 01 00 0E 00
0000B920: 0E 00 19 00 00 00 07 00 08 00 00 00 00 00 8E 00
0000B930: 00 00 00 00 40 FF FF FF FF 0E 00 19 00 00 0E 08
0000B940: 00 00 00 00 00 00 00 92 00 00 00 00 00 40 0E 00
```

图 3.9　云层细节十六进制数组

图 3.9 中每一个十六进制数据都代表着不同云层实测细节的不同含义，包括云层形状、外形细节参数、云层颜色、浓度等，利用这些细节数据进行云层可视化，首先需要将其加载至云层可视化系统中，由系统对其进行解析，根据每一个数据代表的不同含义，在系统中生成相应的可视化云层。

3. 云层数据可视化算法研究

在云层数据可视化领域应用最广泛的有光线追踪法、体绘制方法及基于粒子系统的动态可视化等 5

种可视化方法，通过这些方法都可以得到良好的可视化效果，但是无论是在实时性上还是对于硬件设备的要求上都具有各自的局限性，因此，根据云层不具有规则形状及形态、颜色变幻无常的特性，在总结多种云层模型绘制方法的基础上，吸取 5 种绘制方法的优点，提出一种利用粒子系统进行云层数据可视化的方法。

通过粒子系统对云层细节进行建模的方法，其基本思想就是通过构造一个比较大的三维几何空间表示整个云团范围，并在空间内进行粒子填充，利用遵从高斯分布或者均匀分布的方式来限制云层粒子的位置偏移，因此，云层的填充粒子在空间内是随机分布的，并且通过层次递减的方式，将云层三维空间进行层次划分，利用粒子系统时间函数对粒子密度进行控制，使其由中间向四周边缘扩展，密度依次降低，模拟云层絮状边缘，获得比较真实的可视化效果[42]。这是粒子系统进行云层可视化的基本思想，这种方法可以得到良好的可视化效果，但是失去了可视化云层的真实性，即参考数据基础较薄弱，与云层的真实细节表现存在差距。

对基于粒子系统的云层可视化方法进行改进，强化云层细节数据成分，根据大气云层不规则、变幻莫测的形态特征，结合粒子系统图像生成原理，通过将获得的云层细节数据还原，分析得到云层细节结点数据，构造云层不规则外形，利用微小粒子模拟大气云层的独立组成单元，将其填充至云层模型中，根据随机函数对其进行不规则分布，实现大气云层不规则细节特征的可视化，并利用粒子系统中粒子的生成、湮灭及被赋予初速度来实现云层的翻滚涌动效果。

（1）云层数据可视化方案

大量水汽上升，气温降低凝结成小水滴和冰晶，在天空中大量聚集，当浓度和范围达到一定程度可以被肉眼所识别，形成云层。根据粒子系统图像生成原理，利用 OpenGL 技术生成多个细小的点，模拟云层的基本组成单位——小水滴和冰晶，通过对生成点赋予生命周期、颜色、透明度、速度及大小等属性，实现对云层复杂形态变化的可视化。

首先需要建立粒子系统，利用粒子系统图像生成原理，根据获得的云层细节数据将被可视化的云层不规则外形进行建模还原，通过设置关键节点的方法将云层外形的不规则细节进行再现，得到一个封闭的云层模型；然后在封闭区域内填充粒子，即云层的基本组成单元，并将粒子随机分布，生成粒子的同时，对每个粒子进行属性赋值，即赋予粒子生命周期、颜色、透明度、初速度及大小等属性，使粒子处于动态中，此时便可得到根据实际云测数据生成的可视化云层。该云层是对于气象情况的真实反映，在气象领域及航天飞行器仿真等领域具有重要意义[38]。

（2）云层外形细节的建立

实现云层数据的可视化首先需要根据云层细节数据进行云层外形细节构建，也是云层可视化的技术难点，因为云层具有形状不规则性，没有明显的边界，而且处于动态变化中，对于云层细节可视化提出了更高要求。

基于粒子系统的云层数据的可视化的基础是云层数据，在计算机上对云层数据进行可视化，首先需要建立所描述区域云层的外形，借鉴 Dobashi 查找表的方法，建立一个精度比较高的三维网络，即在系统显示的三维空间内，选定一个点作为原点，以此原点为标准，向 X、Y、Z 这 3 个垂直方向进行延伸，使其呈指数增长，直到其最小表示单位达到像素级别为止[43]。系统坐标图如图 3.10 所示。

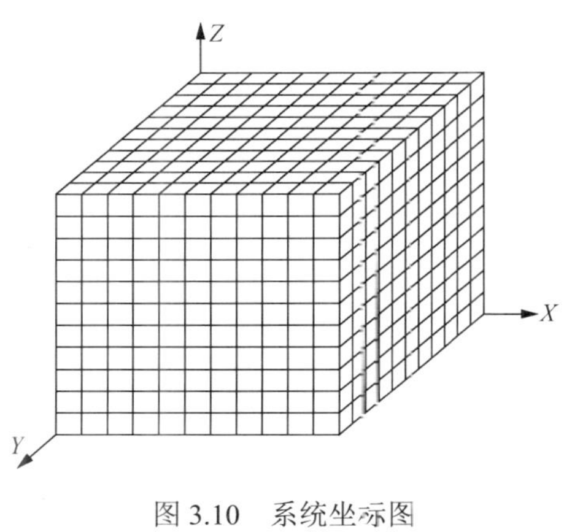

图 3.10　系统坐标图

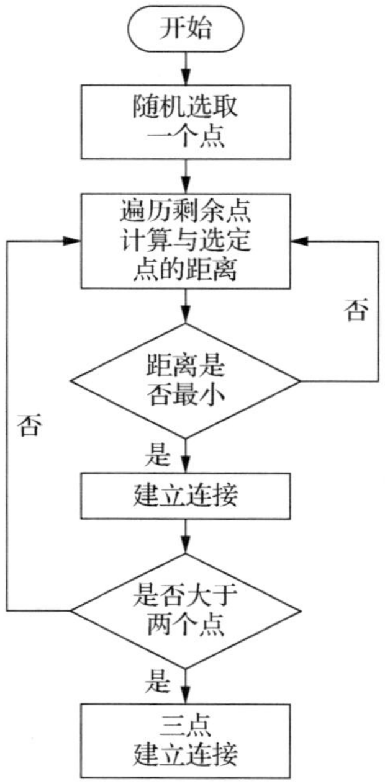

图 3.11　节点的遍历流程图

接着根据云层细节数据在生成坐标范围内构建云层外形细节：首先按照获得的云层细节数据生成云层所有外形细节节点，然后系统遍历所有节点，实现最优连接，即将任意一个点与距其最近的两个点进行三角面片连接，如果 3 个点已经建立连接，则跳过该点，寻找下一个最近的点，利用三角面片将所有云层细节节点连接成整体，形成一个密闭空间，即可视化云层的整体轮廓。节点的遍历流程图如图 3.11 所示。

（3）云层粒子的设计

得到云层的整体轮廓之后，需要对其进行粒子填充，模拟云层的基本组成单元，但是云层具有形状的不规则性，即没有固定的边界，只是云层的基本组成单元的分布密度降低至肉眼无法识别的程度，从地面上观察到的云层边界呈棉絮状。粒子系统中填充空间区域的方式有很多种，比较常用的是随机填充的方式，即使填充粒子服从高斯分布，云层粒子分布密度由云层中心向边缘递减，以获得更加真实的云层可视化效果，或者直接通过调节可视化云层的 Alpha 值的方式使可视化云层边缘的透明度高于中心的透明度，在云层中心粒子比较集中的地方会呈现亮白色，云层边缘粒子比较少的地方与天空背景很好地融合。

高斯分布又名正态分布，是一个在数学、物理及工程等领域都十分重要的概率分布，高斯分布函数的二维空间定义为

$$G(u,v)=\frac{1}{2\pi\sigma^2}\mathrm{e}^{-(u^2+v^2)/(2\sigma^2)} \tag{3.1}$$

高斯分布的二维空间定义是由一维高斯函数推导得到的，式（3.1）中的 u、v 是粒子的二维坐标，σ 是高斯分布的标准偏差。从理论上讲，高斯分布函数中每个点的分布都不为零，即每个像素的计算都需要包含整个图像，但在实际应用中，计算高斯函数的离散近似时，约 3σ 距离之外的像素都不起作用，这些像素的计算也就可以忽略[44]。因此，只需要计算（$6\sigma+1$）×（$6\sigma+1$）的矩阵就可以体现相关像素的影响。

可视化云层轮廓中填充的粒子初始位置以随机形式生成，为了模拟云层的动态效果，在粒子生成时对其赋予初速度，使粒子在云层区域内进行随机运动，得到比较随意的云层内部变换效果，但是需要将粒子的随机运动范围限定在云层外形轮廓之内，保证粒子运动尊重可视化云层的细节特征。

在生成可视化云层区域填充粒子时，生成粒子的三维空间位置采用高斯随机函数进行描述，粒子的空间位置不可复制，有助于增加可视化云层内部粒子运动的随机性，则第 i 个组成粒子的空间位置(X, Y, Z)由下式确定：

$$\begin{cases} X_i=X_0+R*\mathrm{GaussRandom}(\,)_x \\ Y_i=Y_0+R*\mathrm{GaussRandom}(\,)_y \\ Z_i=Z_0+R*\mathrm{GaussRandom}(\,)_z \end{cases} \tag{3.2}$$

式中，(X_0, Y_0, Z_0)为可视化云层中心坐标，利用随机函数得到，可以增加云层的随意性；R 为可视化云层半径；GaussRandom( )是生成服从高斯分布的随机数的函数，变量的取值区间为[0,1]。

利用生成粒子模拟可视化云层的基本组成单元，需要确定云层粒子的基本属性，因为可视化云层的形态、颜色及浓度的变化都需要依靠组成粒子的属性变化调节，因此在生成组成粒子之前需要对粒子的大小、形状、颜色、初速度及生命周期等属性进行初始化。通常情况下对于粒子基本属性的初始化方式需要根据粒子系统不同的应用要求，采用结构体的形式对组成粒子的各个属性进行存储，即设定一个结构体，将生成粒子的各个属性进行集中存储，通过多个独立的属性参数索引结构体中的数据，解决了使用三维或者二维纹理查找表的形式存储数据在渲染时需要进行多次查找的问题。

其中，生成粒子的位置属性和颜色属性与粒子的纹理属性相关联，因为粒子纹理的坐标实际是一个三维数集，是一个数集的索引，而生成粒子的位置和颜色属性的设置同样采用和粒子纹理坐标形式一样的方式进行表示。例如，生成粒子的空间位置坐标(X, Y, Z)，实际上是一个三维数组；生成粒子的颜色属性，是依靠红、绿、蓝（R，G，B）三原色的分量设置表示的，因此粒子的个别属性和纹理具有相同的数集表示形式。所以实现粒子属性的初始化，需要使生成粒子的纹理坐标和属性坐标按照开发环境的要求保持一致，即支持生成粒子的纹理数据与属性值之间的转换。

可视化云层的组成粒子同粒子系统其他应用中粒子的属性一样，包括粒子的空间位置、生命周期、透明度、大小、形状、颜色及初速度等共同属性，其基本属性参数被存放至一个结构体中：

```
struct Cloud Particle{
float particleposition;                //粒子空间位置
float particleage;                     //粒子生命周期
float particlealpha;                   //粒子透明度
float particlesize;                    //粒子大小
float particleshape;                   //粒子形状
float particlecolor;                   //粒子颜色
float particlevelocity;                //粒子初速度
float particleacceleration;            //粒子加速度
};
```

通过对于可视化云层组成粒子属性的初始化，可以实现对于云层颜色、纹理及浓度等物理属性的控制和仿真，并且云层粒子初速度及加速度的属性赋予使可视化云层具有动态特性，模拟云层的内部粒子运动及在外界环境因素作用下整体形态的改变。

（4）云层粒子渲染的方法

利用大量细小粒子模拟组成可视化云层的小水滴和冰晶粒子，可以增加可视化云层的随意性和真实性，但是大量粒子的生成、湮灭及对于粒子其他属性的更新渲染需要耗费大量的 CPU 资源，影响云层可视化系统的实时性，为了减少云层粒子渲染时的 CPU 消耗，在进行粒子的属性初始化时，使用渲染到顶点缓冲区（render to vertex buffer）的方法，减少系统对于粒子属性计算的压力，可以一定程度上提高云层数据可视化系统的实时性。

常用的粒子属性值存储方法有显示列表和顶点数组两种方法，但是两种方法在绘制立方体时各有利弊。正常情况下，显示列表的命令编译后放在图形硬件中，以减少传输的带宽或者将命令编译后存放至命令缓冲区中，然后发送给图形硬件。显示列表可以快速简单地优化立即模式的代码，但是其优化根据实现的不同而有所不同，而且显示列表一旦被创建就不可以再修改，灵活性差；顶点数组可以减少硬件传输的顶点数据量，减少变换的开销，改善存储的灵活性，最差不过是把数据块复制给硬件，但是也要比立即模式快许多。那么想要改善系统的数据处理能力及实时性就需要一种方法能够集中二者的优点，既能修改列表数据又具有很高的效率。

顶点缓冲区对象概念的提出可以很好地解决这个问题，即利用 OpenGL 可以对图形的吞吐量进行终极控制的特性，采取将数据存放在服务端的方式，同时也允许客户端灵活地进行修改，当使用顶点数组时，把单个数组从客户内存（CPU 可以访问）传输至图形硬件，提高了程序的运行效率和灵活性。

GL_ARB_vertex_buffer_object 简称为 VBO，是 OpenGL 的一个扩展，利用这个扩展可以根据实际情况将顶点数据放至显卡、AGP 内存或者系统内存中。即系统会在内存中自动开辟一块区域作为 AGP 内存，显卡利用硬盘不通过 CPU 控制读写的方式，直接访问 AGP 内存，把数据传到显卡，在数据传输时不需要 CPU 干涉，显卡可以和 CPU 并行运算。

顶点缓冲区对象跟纹理对象十分相似。首先，创建顶点缓冲区对象，并为其分配一个缓冲区编号。

使用函数如下：

```
void glGenBuffers(GLsizei n, GLuint *buffers);       //创建顶点缓冲区对象
void glBindBuffer(GLenum target, GLuint buffer);     //分配缓冲区编号
```

然后为对应编号的缓冲区对象指定顶点数据，方便系统后续对缓冲区数据的修改。

使用函数如下：

```
void glBufferData(GLenum target, GLsizeptr size,
GLvoid *data, GLenum usage);
```

其中，target 可以是 GL_ELEMENT_ARRAY_BUFFER 或者 GL_ARRAY_BUFFER 等。需要注意的是，最后一个参数 usage 的用法：在指定缓冲区数据时，usage 是关于性能的提示，提示一共有 GL_STREAM_DRAW、GL_STREAM_READ、GL_STREAM_COPY、GL_STATIC_DRAW、GL_STATIC_READ、GL_STATIC_COPY、GL_DYNAMIC_DRAW、GL_DYNAMIC_READ、GL_DYNAMIC_COPY 九种。每种提示都代表了使用频率和用途，OpenGL 根据这些提示进行一定程度的性能优化，但是目前只有 DRAW 有意义，而且这些提示也仅仅是提示，不同于硬性的规定，缓冲区的数据还是可以进行修改的，只不过会影响程序的性能。usage 的部分提示用法如表 3.1 所示。

表 3.1　usage 的部分提示用法

提示用法	描述
GL_DYNAMIC_DRAW	存储在缓冲区对象中的顶点数组经常要更新，并且可能多次作为绘图的来源。提示 OpenGL 把数据放置在更新开销不大的地方
GL_STATIC_DRAW	数组很少更新，但可能多次作为绘图的来源。提示 OpenGL 把数据放置在能够快速渲染但不需要快速更新的地方
GL_STREAM_DRAW	数据极少变化，并且最多只有几次作为绘图的源数据。提示 OpenGL 有一些时间敏感的数据（如动画）将只使用一次，并会被替换

过程中驱动程序会以 usage 为参考，根据多种条件决定是否将数据放在显存、AGP 内存还是系统内存中。如果有足够的空余显存，usage 指定为 GL_STATIC_DRAW_ARB 时，数据会被放在显存中，而如果空间不够，就会被放到 AGP 或系统内存中。

前两步的过程指令如表 3.2 所示。

表 3.2　过程指令关系表

过程指令	纹理对象	顶点缓冲区对象
分配编号	glGenTextures	glGenBuffersARB
绑定（指定为当前对象）	glBindTexture	glBindBufferARB
指定数据	glTexImage*	glBufferDataARB
修改数据	glTexSubImage*	glBufferSubDataARB

由表 3.2 可以看出顶点数据和编号被放在不同的缓冲区。具体就是将编号数据放在 GL_ELEMENT_ARRAY_BUFFER_ARB 类型的缓冲区中，顶点数据放在 GL_ARRAY_BUFFER_ARB 类型的缓冲区中，实现代码如下所示：

```
static GLuint vertex_buffer;
static GLuint index_buffer;
//分配一个缓冲区，指定存储顶点数据
glGenBuffersARB(1, &vertex_buffer);
glBindBufferARB(GL_ARRAY_BUFFER_ARB, vertex_buffer);
glBufferDataARB(GL_ARRAY_BUFFER_ARB,
sizeof(vertex_list), vertex_list, GL_STATIC_DRAW_ARB);
// 分配一个缓冲区，指定存储序号数据
glGenBuffersARB(1, &index_buffer);
glBindBufferARB(GL_ELEMENT_ARRAY_BUFFER_ARB, index_buffer);
glBufferDataARB(GL_ELEMENT_ARRAY_BUFFER_ARB,
sizeof(index_list), index_list, GL_STATIC_DRAW_ARB);
```

值得注意的是，当使用 glBindBufferARB 后，以指针为参数的 OpenGL 函数的行为会发生变化。

最后是从顶点缓冲区渲染，此时有两个地方需要改动。首先，在调用 glVertexPointer 之前绑定缓冲区对象，然后将真实的数组指针改成顶点缓冲区对象的偏移值。例如，之前是：

```
glVertexPointer(3, GL_FLOAT, 0, pVerts);
```

渲染之前需要对其进行修改：

```
glBindBuffer(GL_ARRAY_BUFFER, bufferObjects[0]);
glVertexPointer(3, GL_FLOAT, 0, 0);
```

渲染之后就会变成：

```
glBindBuffer(GL_ELEMENT_ARRAY_BUFFER, bufferObjects[3]);
glDrawElements(GL_TRIANGLES, nNumIdexes, GL_UNSIGNED_SHORT, 0);
```

渲染结束后，如果缓冲区不再被使用了，利用 glDeleteBuffersARB( )函数可以删除一个或者多个 VBO，缓冲区对象删除后，其中的数据内容也会相应地被删除。

在云粒子进行渲染时，利用渲染至顶点缓冲区的方法，可以有效地减少云粒子渲染时对于 CPU 的消耗，提高可视化系统云层显示的实时性。

3.3.4　海量云层数据可视化效果分析

云层数据可视化系统的技术核心就是海量云层数据的可视化，即以大量的云层实测数

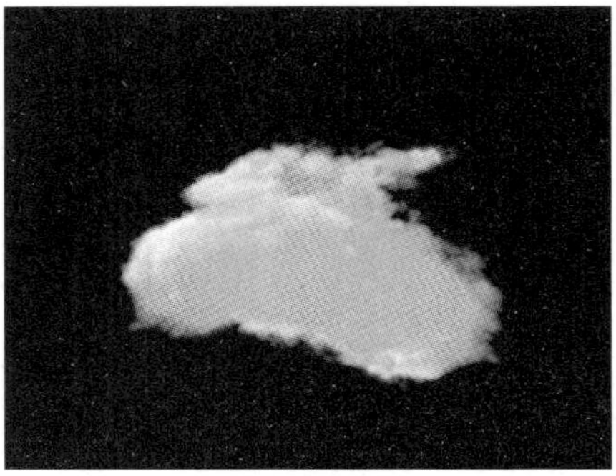

图 3.12　可视化云层效果图

据为基础，结合粒子系统图像生成原理，将云层数据进行三维可视化，得到效果逼真的可视化云层，根据描述的可视化云层生成方法，将指定区域的云层细节数据进行解析、还原，得到具有较强真实感的可视化云层，如图 3.12 所示。

由图3.12可以看出，可视化云层具有明显的颜色、形状、纹理及浓度变化等细节属性，可视化云层的部分边缘颜色稍亮，说明是云层厚度比较薄的区域；中间颜色较深的区域则是云层厚度较厚的区域；可视化云层上半部分可以看到比较细致的云层纹理和厚度变化；整个可视化云层的边缘比较随意，不具有规则性，则是对于云层细节的真实再现，是少量水滴和冰晶粒子飘逸形成的边缘效果。

将得到的可视化云层效果与真实云图效果进行对比，如图 3.13 所示。

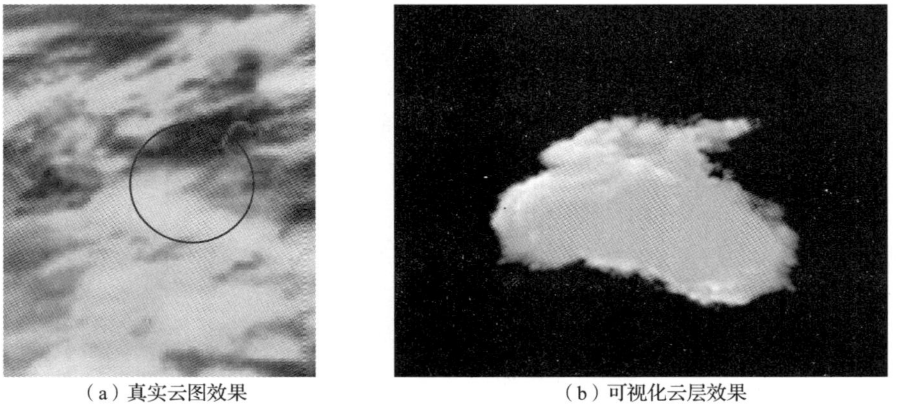

（a）真实云图效果　（b）可视化云层效果

图 3.13　可视化云层与真实云图效果对比

图 3.13（a）是 2015 年 6 月 1 日 14 点 45 分由风云二号气象卫星拍摄的实时云图，圈中是选取的河北省上空的实际云图；图 3.13（b）则是根据实际的云测数据利用云层数据可视化系统生成的可视化云层。首先在范围上，卫星云图是按照 1∶25000000 的比例进行缩放的，所以看到的只是云层的大致轮廓和细节；其次，真实的云图效果是二维的，无法观察出云层的三维效果，生成的可视化云层是三维的，可以 360 度观察，所以在细节上会存在差别。

观察图 3.13（a）可以看到圆圈的中心部位突出的一个白色尖角，图 3.13（b）中则对应云层右上角的尖角突出；图 3.13（a）云层的主体部分，和可视化云层效果进行对比可以发现云层的边缘基本吻合；图 3.13（a）中圆圈的右上部分虽然也有部分云层，但是由于云量较小，在云层可视化系统中没有生成相应的云层。

由图 3.13 真实云图效果和可视化云层效果的对比分析，可以发现由云层数据可视化系统生成的云层与真实的云图效果比较接近，云层数据可视化系统具有良好的云层可视化效果。

3.3.5　小结

首先根据云层细节信息对自然界中普遍存在的云层进行分类对比，比较各种云层类别的不同细节特征，从形状、颜色、暗影、厚度及范围 5 个方面加以区分；接着对目前应用最为广泛的几种云层可视化方法进行分析，比较各种可视化方法的优缺点，进而提出使用的云层数据可视化方法；最后根据云层的组成特点，从形状的不规则性、形态的不稳定性及颜色的多变性 3 个方面对各种云层细节进行分析，根据分析结果对云层数据可视化方法进行详细介绍，包括云层细节的构建、云层外形区域填充及云层粒子渲染方法等内容。

3.4　海量云层数据可视化系统设计

基于粒子系统的海量云层数据可视化系统主要功能是在以上各章节研究及理论阐述的基础上，以海量云层细节数据为基础，结合粒子系统图像生成原理，采用 OpenGL 三维图形库、Qt 库及其他相关软件库，实现三维实时云层细节数据的可视化表达与解析，对前面所提及的相关技术及可视化方法的可行性进行进一步验证。

3.4.1　系统体系结构

基于粒子系统的海量云层数据可视化系统是一个功能比较简单的小型系统，主要功能就是利用粒子系统图像生成原理将海量抽象云层数据进行可视化，生成形象可见的三维可视化云层，系统支持云层数据的实时自动读取及外推云层数据获取，并且支持三维可视化云层进行自定义格式 LSL 文件导出，方便后续可视化系统对于可视化云层的加载、数据分析和还原，支持系统对于云层可视化效果的预览、二次修改及微调。该可视化系统自上而下主要由数据模块、渲染实现模块及应用展示模块三部分组成，其总体框架如图 3.14 所示。

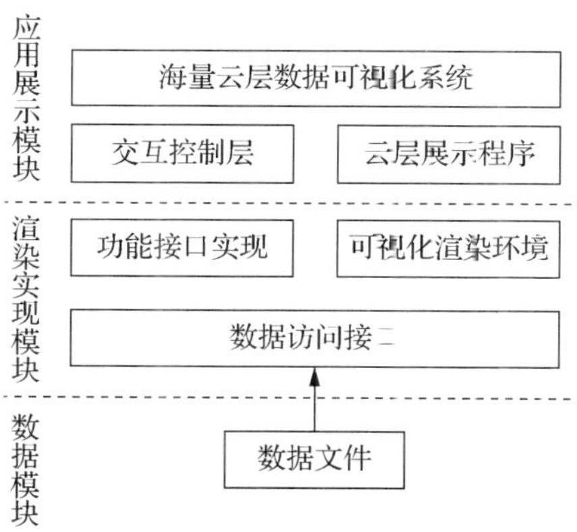

图 3.14　系统总体框架图

1. 数据模块

数据模块即海量云层数据可视化系统的数据基础，主要是指可视化系统可以直接加载的云层数据，包括云层外形细节节点数据、云层颜色数据、密度数据等一系列云层细节数据。这些数据以文件形式集中管理，可以被系统渲染实现模块直接调用分析。

2. 渲染实现模块

渲染实现模块主要用于可视化云层粒子的渲染，即云层数据的可视化及交互环境的设置，包括功能接口实现及可视化渲染环境两部分，其中功能接口实现是根据系统具体的功能需求对其需要执行的操作设置接口及接口函数，按照接口参数的类型不同，将文件的数据信息进行交换并传入接口，使系统可以根据实际云层数据完成可视化云层粒子的绘制和渲染；可视化渲染环境是系统根据用户渲染要求提供相应的渲染环境，完成相应的可视化云层粒子渲染任务。

3. 应用展示模块

应用展示模块即系统客户端，是云层可视化系统的云层渲染和显示的载体，包括交互控制层及云层展示程序两部分，其中交互控制层是系统与用户进行交互的媒介，用户根据个人要求通过系统功能按钮进行数据输入和接受反馈，实现用户与客户端的自由交互；云层展示程序则是系统对于用户操作进行反馈的主要通道，也是用户进行效果预览的唯一方式，该部分可以通过独立应用程序及内嵌网页的形式对海量云层数据信息进行展示，是用户与系统进行交互的方便友好平台。

将云层数据可视化系统整体框架分成 3 个自下而上的部分，具有良好的灵活性和易维护性，可以使用统一的维护标准进行服务调用，有利于实现海量云层细节数据的三维动态可视化展示[45]。

3.4.2　云层数据可视化系统功能分析

云层数据可视化系统是一个基于海量云层实测数据的三维可视化系统，数据获取方式包括系统自动读取及外推两种方式。根据海量云层细节数据，利用 OpenGL 三维图形绘制技术，得到可视化云层的外形细节轮廓，通过构建粒子系统生成大量微小粒子，将粒子填充至可视化云层外形轮廓中，对粒子属性进行赋值初始化，实现对于可视化云层各个属性的调节，得到效果真实的可视化效果，并且系统以滑块、输入框及下拉菜单等方式支持用户对于可视化云层的属性调节，使用户可以根据实际需求对云层进行效果微调，增强系统的交互性。图 3.15 为云层可视化系统数据处理流程图。

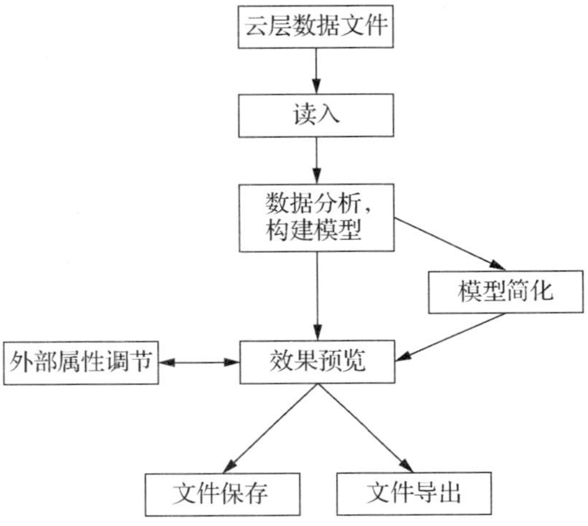

图 3.15　云层可视化系统数据处理流程图

云层数据可视化系统的功能部分比较单一，主要分为外部数据读取、外部数据推送、云层数据可视化及可视化云层导出 4 个功能。

云层可视化系统功能框架如图 3.16 所示。

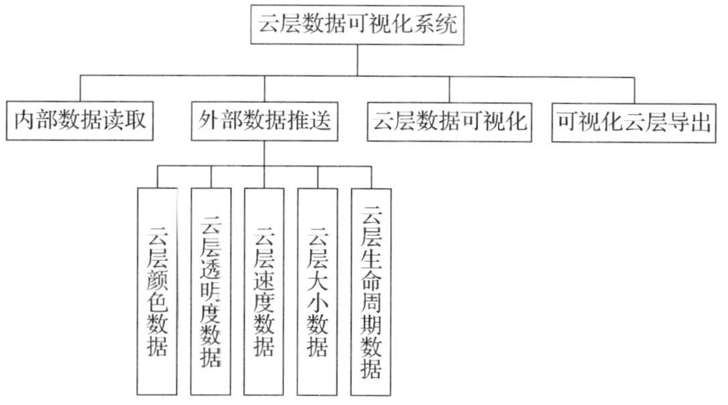

图 3.16　云层可视化系统功能框架图

1. 内部数据读取

云层数据可视化系统的数据基础是以文件形式进行集中管理的云层细节数据，所以系统要对云层细节数据进行解析首先需要将其进行加载读取，即获取数据。

加载的云层细节数据是以十六进制形式存在的，每一个数据都代表着不同云层实测细节的不同含义，包括云层形状、外形细节参数、云层颜色、浓度等属性，可视化系统将全部数据加载读取进行解析。

2. 外部数据推送

外部数据推送即云层可视化系统可以接受用户外部调节云层细节参数，改变可视化云层细节，即系统的应用展示模块不仅仅用于可视化云层的展示，同时作为客户端允许用户与可视化系统进行交互，对可视化云层细节进行调节，得到更好的模拟效果。

在客户端上，支持用户与系统的交互，即用户可以对可视化云层的各个细节进行微调，包括大小及形状等，通过调节云层组成粒子的空间位置、生命周期、透明度、大小、形状、颜色、初速度及加速度等属性值实现对于可视化云层的细节调节。

3. 云层数据可视化

云层数据可视化是可视化系统的核心功能，系统通过对于云层细节数据的加载解析，利用可视化系统的可视化云层生成方法，首先通过三维坐标建立可视化云层红节点坐标，并用一维三角面片进行连接的方式构建可视化云层的外形轮廓，将云层的形状及外形细节构造出来，再利用粒子系统生成大量粒子，填充至得到的可视化云层外形轮廓中，模拟组成云层的小水滴和冰晶粒子，最后通过对组成粒子进行属性初始化的方式，实现对于云层各个细节属性的调节，得到具有真实感的可视化云层。

4. 可视化云层导出

为了提高系统的实用性，要求云层数据可视化系统支持可视化云层文件的导出。根据可视化云层是由大量粒子组成的特点，以三维模型 OBJ 格式文件为参考，自定义一种文件格式 LSL，可视化系统将可视化云层细节数据进行文件封装，存储在 LSL 格式文件中，并可以进行导出和保存，方便系统后期对于可视化云层文件的加载、分析及还原，支持对云层可视化效果的二次修改和微调，增加系统的可用性。

3.4.3 外部数据读取

云层数据可视化系统的外部数据读取即云层细节数据文件的读取，即将云层数据文件加载至系统。

1. 打开文件

在 fstream 类中，利用成员函数 open( )将数据流和文件进行关联，打开文件，然后利用 ofstream、ifstream、fstream 对象实现文件读写操作。

具体应用方法如下所示：

```
void open(const char * filename,
ios_base::openmode mode=ios_base::in | ios_base::out);
void open(const wchar_t *_filename,
ios_base::openmode mode=ios_base::in | ios_base::out,
int prot=ios_base::Openprot);
```

其中，参数 filename 为接受文件操作的文件名；mode 为打开文件的方式；prot 为打开文件的属性。

打开文件的方式在 ios 类中的定义有如表 3.3 所示的几种方式。

表 3.3　ios 类中文件打开方式定义表

定义方式	意义
ios::in	为输入（读）而打开文件
ios::out	为输出（写）而打开文件
ios::ate	初始位置：文件尾
ios::app	所有输出附加在文件末尾
ios::trunc	如果文件已存在，则先删除该文件
ios::binary	二进制方式

2. 关闭文件

完成文件的读写操作之后，必须将文件关闭，使文件重新恢复可访问状态，即可以被其他进程访问。其中成员函数 close( )负责将缓存中的数据释放出来并关闭文件，该函数一旦被调用，标志“打开/关闭”文件操作便结束，之前的流对象已经可以被用来打开其他文件了。为防止流对象在操作结束时，还没有和已经打开的文件解除关系，析构函数将会自动调用关闭函数 close( )，结束对该文件的操作进程。

3. 十六进制文件读写

在十六进制文件中，使用“<<”和“>>”及输入/输出函数进行文件的输入和输出操作，有两个成员函数：write( )和 read( )，其中 write( )是 ostream 的一个成员函数，被 ofstream 所继承；read( )是 istream 的一个成员函数，被 ifstream 所继承。而类 fstream 的对象同时拥有这两个函数，它们的原型分别如下：

```
write(char * buffer,streamsize size);
read(char * buffer,streamsize size);
```

这里的 buffer 是一块内存空间，用来存储或读出数据，是流对象和物理文件的媒介。参数 size 是一个整数值，表示从缓存中读出或写入的字符数，具体应用如下所示：

```
ifstream in(filename,ios::in|ios::binary|ios::ate);
size=in.tellg();
in.seekg(0,ios::beg);
buffer=new char[size];
in.read(buffer,size);
in.close();
```

4. *缓存与同步*

对于输出流，每次成员函数 put 被调用时，该输出流不是被直接写入对应的物理文件中，而是首先被插入输出流的缓存，即 buffer 中，此过程称为缓存。当缓存里的数据被释放出来时，如果是输出流数据，系统会将其写入物理媒质中；如果是输入流，系统会直接将其清空，此过程称为同步。

在以下 4 种任一情况下都会发生同步。

1）文件被关闭：文件被关闭之前，所有还没有被完全写出或读取的缓存都将被同步。

2）缓存 buffer 已满：当缓存达到空间限制时，会被自动同步。

3）控制符明确指明：当遇到流对象中的 flush 和 endl 控制符时，会发生同步。

4）明确调用函数 sync( )：调用成员函数 sync( )可以引发立即同步。

3.4.4　外推数据获取

外推数据的获取主要依靠用户与云层数据可视化系统的交互操作，在云层数据可视化系统界面中设置有按钮、滑块、输入框及下拉菜单，用户通过按钮、滑块和输入框调节可视化云层细节参数进而达到对可视化云层实现微调，得到预期的可视化效果。

云层数据可视化系统具体功能实现如下所示。

1. *云层颜色调节*

用户根据实际需求通过如图 3.17 所示的按钮可以实现组成可视化云层的云团颜色的调节，改变文本框数值或者滑块位置，云团颜色的 RGB 分量值改变，云团颜色的改变进而使云层颜色发生变化。

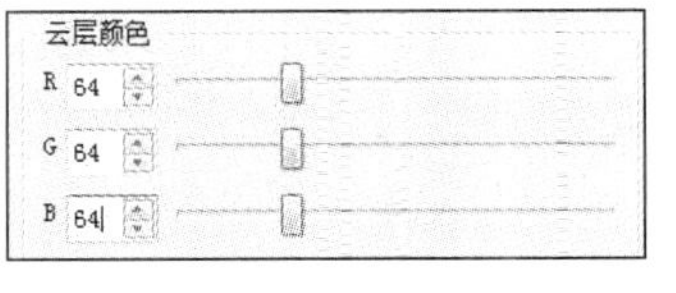

图 3.17　云层颜色调节按钮

2. *云层透明度调节*

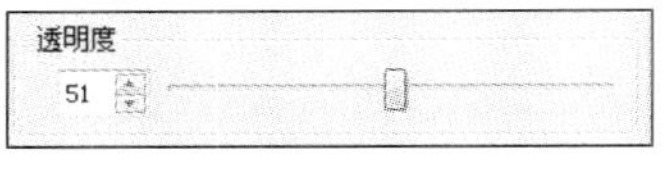

图 3.18　云层透明度调节按钮

用户根据实际需求通过如图 3.18 所示按钮可以实现组成可视化云层的云团透明度的调节，改变文本框数值或者滑块位置，表示云团透明度的 Alpha 值改变，进而使云层透明度发生改变。

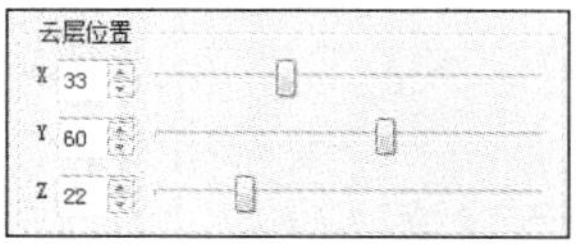

图 3.19　云层位置调节按钮

3. 云层位置调节

用户根据实际需求通过如图3.19所示按钮可以实现组成可视化云层的云团位置的调节，改变文本框数值或者滑块位置，表示云团位置的 *X*、*Y*、*Z* 三维坐标分量值改变，云团位置的改变进而改变整个云层的位置。

4. 云团生命值调节

根据云层形状或者纹理的变化，用户通过如图 3.20 所示按钮可以实现组成可视化云层的部分云团生命值的调节，改变文本框数值或者滑块的位置，进而改变云团生命值，实现云层形状或者纹理的变化。

5. 云层厚度调节

用户根据云层实际厚度或者浓度变化，通过如图 3.21 所示按钮可以实现组成云层的云团数量调节，改变输入框数值或者滑块的位置，增加或者减少组成可视化云层的云团数量，进而改变云层厚度或者浓度。

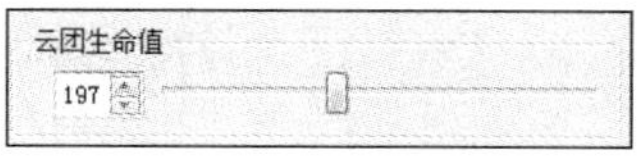

图 3.20　云层生命值调节按钮

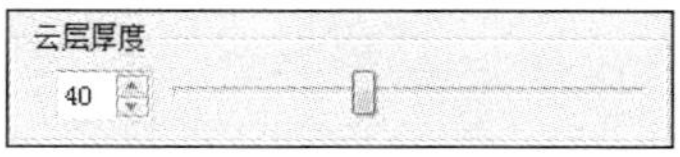

图 3.21　云层厚度调节按钮

6. 云团大小调节

该部分包括两个功能按钮，“P”表示云团初始的大小，“F”表示云团最终的大小，用户根据实际需求通过如图 3.22 所示的按钮，改变文本框数值或者滑块位置，改变云团的初始和最终大小，使云团发生动态改变，进而使可视化云层发生动态变化。

7. 云团运动调节

如图 3.23 所示按钮是用于控制云团的扩散运动，改变输入框数值或者滑块位置，在 *X* 轴或者 *Y* 轴上给予初速度，云团会在 *X* 方向或者 *Y* 方向受到外部驱动力而发生扩散，用户通过调节 *X* 轴或者 *Y* 轴上的数值，实现可视化云层动态扩散效果的调节。

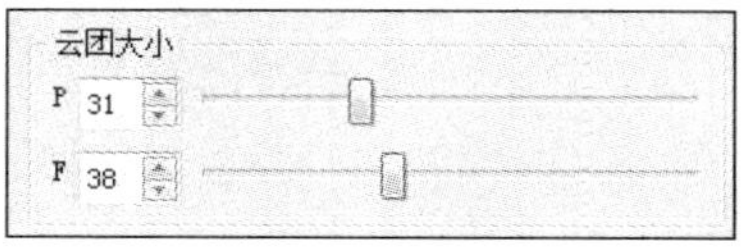

图 3.22　云团大小调节按钮

图 3.23　云团运动调节按钮

以上是云层可视化系统获得外推数据的主要方法，根据实际需要对可视化云层各个属性进行调节，实现对于可视化效果的微调，增加云层可视化系统与用户的交互性及可视化云层的实用性。

3.4.5　可视化云层文件导出

利用云层可视化系统生成可视化云层的直接目的是将海量抽象的云层细节实测数据转化为形象的可视化云层，可以被导出为独立的文件进行保存，支持云层可视化系统对于导出文件的反复加载、解析和还原，方便系统对于可视化云层细节的修改和完善。因此需要选择一种合适的文件格式，能够将可视化云层的所有细节数据进行存储，以保证可视化云层具有较高的可用性。

1. 三维模型文件格式的对比分析

文件格式是指计算机为了存储信息而使用的对于信息的特殊编码方式，每一种文件格式代表一种不同的编码方式。三维模型的文件格式多达上百种，下面就几种常用的文件格式进行简单介绍。

（1）3DS（3D studio）文件格式

3DS 文件格式是最早的三维模型文件格式，基本组成单位是“块”，每一个块都包含一个块头：块 ID 及块长度 size 两项，共占据 6 位，其中 size 指的是整个块的长度而不是数据的长度。这些块集中描述了场景信息、每个编辑窗口的状态、材质信息及网格对象等数据。

3DS 文件是一个复杂有序的层级结构，不同类型的块，其层次结构也有所区别，按照 3DS 文件的划分方式，处于顶级的是基本块，是文件的必备块，其次是版本信息块、编辑信息块和关键帧信息块。其中编辑信息块中的一级块包括材质信息块、对象信息块等，包含了场景中使用的材质、配置、视口的定义方式、背景颜色及模型的信息等当前编辑场景的状况和当前窗口的配置数据。编辑信息块的子块的存放虽然有一定次序，但是有些块并不是必须的，如材质块，材质块对模型上的材质属性进行定义，包括材质名称、环境色、漫反射色、反射色、亮度、材质的纹理及纹理的存放路径等信息。

对象信息块中的二级块包括网格对象信息块、灯光信息块、照相机信息等；网格对象信息块中的三级信息块包括顶点信息、面信息、材质名称、映射坐标及灯光、照相机等相关信息。

（2）STL（stereo lithographic）文件格式

STL 文件格式是计算机图形应用系统中用于表示三角形网络的一种文件格式，是快速原型系统所应用的标准文件类型，其文件形式简单、便捷，因此应用广泛。

STL 文件格式可以分为两种：一种是 ASCII 明码格式，另一种是二进制格式，主要用来表示封闭的面或者体。其中 ASCII 明码格式的 STL 文件的第一行表示文件路径及文件名，由于 STL 三维模型是由一系列三维面片组成，主要包含三角面片的几何信息，其信息单元 facet 是一个个带有法线方向的三角面片。

对于二进制格式的 STL 文件，使用固定的字节数表示三角面片的几何信息，起始的 80 个字节表示文件名，接着用 4 个字节表示组成模型的三角面片数目，之后依次给出每个三角面片的几何信息，每个三角面片占用 50 个字节，依次是 3 个 4 字节浮点数（三角面片的法矢量）、3 个 4 字节浮点数（1 个顶点的坐标）、3 个 4 字节浮点数（2 个顶点的坐标）、3 个 4 字节浮点数（3 个顶点的坐标），最后两个字节描述三角面片的属性信息。

二进制的 STL 文件结构如下所示：

```
UINT8                          //文件头
```

```
UINT32                  //三角面片数量
REAL32[3]               //法线矢量
REAL32[3]               //顶点 1 坐标
REAL32[3]               //顶点 2 坐标
REAL32[3]               //顶点 3 坐标
UINT16                  //文件属性统计
```

STL 文件格式简单，主要用于三维物体的几何信息描述，不支持颜色、材质等信息的描述，是计算机图形学处理、数字几何处理及工业应用的较常见文件格式之一。

（3）OBJ 文件格式

OBJ 文件格式是 Alias|Wavefront 公司为 3D 建模和动画软件 Advanced Visualizer 开发的一种标准三维模型文件格式，支持 3D 模型之间的格式互导，也可以通过 Maya 直接进行读写，是一种比较常见的文本格式。选择合适的插件可以实现大多数三维建模软件对于 OBJ 文件的读写。

通过描述直线和多边形的关键点、曲线和表面的控制点及依附于曲线类型的额外信息，OBJ 文件可以支持直线、多边形、表面及自由形态曲线的描述定义，其中包括贝塞尔曲线、B 样条和勒泰方程的曲线等规则或不规则的曲线。

OBJ 文件具有以下特点。

1）OBJ 文件只是一种 3D 模型文件，不支持动画、材质特性、贴图路径及模型的动力学信息的显示。

2）OBJ 文件虽然也可以支持曲线和表面信息的描述，但是更多的还是应用于对多边形模型的描述。

3）可以支持包含 3 个点以上的面片显示，打破了其他模型文件格式只支持包含 3 个点的面的局限性。

4）支持法线和贴图坐标信息的存储。模型的贴图坐标信息可以在 OBJ 文件中进行存储，因此当文件被其他三维建模软件进行导入时只需修改贴图文件的路径即可，无须调整贴图坐标。

OBJ 文件使用几行文件信息的注释作为文件的开头，因此其无须任何头文件，正文部分由多行文本组成，每一行由一两个关键字开头，表明该行数据的性质。为增加文件的可读性，文件允许空格和空行在文本中的随意添加，并且可以通过添加连接符（\）的方式将多行文本逻辑性地连接成一行，避免关键字的使用出现冗余。

OBJ 文件的关键字可以直接在文件中使用，按照数据类型分为以下几种。

顶点数据（vertex data）：

v：几何体顶点（geometric vertices）；

vt：纹理坐标点（texture vertices）；

vn：顶点法向量（vertex normals）；

vp：空间参数点（parameter space vertices）。

自由形态曲线属性（free-form curve）/表面属性（surface attributes）：

deg：度（degree）；

bmat：基础矩阵（basis matrix）；

step：步尺寸（step size）；

cstype：曲线和表面类型（curve or surface type）。

元素（elements）：

p：点（point）；

l：线（line）；

f：面（face）；

curv：曲线（curve）；

curv2：2D 曲线（2D curve）；

surf：表面（surface）。

自由形态曲线（free-form curve）/表面主体陈述（surface body statements）：

parm：参数值（parameter values）；

trim：外部修剪循环（outer trimming loop）；

hole：内部整修循环（inner trimming loop）；

scrv：特殊曲线（special curve）；

sp：特殊的点（special point）；

end：结束陈述（end statement）。

自由形态表面之间的连接（connectivity between free-form surfaces）：

con：连接（connect）。

成组（grouping）：

g：组名称（group name）；

s：光滑组（smoothing group）；

mg：合并组（merging group）；

o：对象名称（object name）。

显示（display）/渲染属性（render attributes）：

bevel：导角插值（bevel interpolation）；

c_interp：颜色插值（color interpolation）；

d_interp：溶解插值（dissolve interpolation）；

lod：细节层次（level of detail）；

usemtl：材质名称（material name）；

mtllib：材质库（material library）；

shadow_obj：投射阴影（shadow casting）；

trace_obj：光线跟踪（ray tracing）；

ctech：曲线近似技术（curve approximation technique）；

stech：表面近似技术（surface approximation technique）。

在 OBJ 文件中，使用右手坐标系进行点的坐标确定[47]。

虽然 OBJ 文件不支持面的颜色信息显示，但是可以通过引用材质库的方式进行面的颜色显示。材质库中包括材质的漫射、环境及光泽的 RGB 三原色分量的定义值，以及反射、折射和透明度等其他特征[46]。

2. 自定义文件格式

通过对 3 种文件格式的详细描述，可以看出 3 种文件格式具有各自的优点和局限性，结合可视化云层的构成和细节表现特点，选用 OBJ 文件格式作为参考，重新自定义一种 LSL

文件格式作为云层数据可视化系统的文件导出格式。因为 OBJ 文件格式支持点、线及包含 3 个点以上的面片信息显示，并且文件结构简单，容易理解，参考 OBJ 文件对于点及面的细节数据存储方式进行新的文件格式的自定义有助于实现可视化云层细节数据的存储。

定义一种新的文件格式，首先需要在 Windows 注册表中注册自定义的文件类型，自定义文件将得到一个默认文件图标或使用指定的文件图标，然后在注册表中将自定义文件和指定的程序相关联，使其在双击后能够被指定的应用程序打开。具体为首先在注册表里的“HKEY_CLASSES_ROOT”中新建为自定义类型，然后新建一个项，在此项下新建一个“shell”项，在下一级再新建项“open”，在“open”项的下一级再新建项“command”，最后将“command”里的默认值改为指定打开程序的全路径。利用程序完成上述功能，在后续的应用程序安装时自动注册自定义文件类型。注册表结构如下：

```
[HKEY_CLASSES_ROOT/.myfile]                          //文件类型
@= "ft000003 "
[HKEY_CLASSES_ROOT/ft000003]                         //关联方式
"EditFlags "=dword:00000000
"BrowserFlags "=dword:00000008
@= " "
[HKEY_CLASSES_ROOT/ft000003/DefaultIcon]             //默认图标
@= "shell32.dll,44 "
[HKEY_CLASSES_ROOT/ft000003/shell]                   //打开方式
@= "open "
[HKEY_CLASSES_ROOT/ft000003/shell/open]
[HKEY_CLASSES_ROOT/ft000003/shell/open/command] //关联程序
@= "程序全路径 %1"
```

接着是对于新定义文件格式的数据存储规则的确立。定义一种数据存储规则，用于系统对于文件中的存储、读取与解析。

云层数据可视化系统生成的可视化云层是以海量云层细节数据为基础的，通过对于 3 种常用三维模型文件格式的详细分析，了解到 OBJ 文件是通过对点、线及面等基本元素的定义来实现对于多边形模型的定义，而实现可视化云层细节数据的存储同样也是对于点、面信息的存储，因此参考 OBJ 文件格式的数据存储规则实现新的文件格式数据存储规则的确立需要了解 OBJ 文件格式的数据存储规则。按照 OBJ 文件的数据存储规则，以一个立方体为例，其数据存储结构如下所示：

```
# object Box01
v  -19.6850 0.0000 19.6850
v  -19.6850 0.0000 -19.6850
v  19.6850 0.0000 -19.6850
v  19.6850 0.0000 19.6850
v  -19.6850 39.3701 19.6850
v  19.6850 39.3701 19.6850
v  19.6850 39.3701 -19.6850
v  -19.6850 39.3701 -19.6850
# 8 vertices
vn 0.0000 -1.0000 -0.0000
vn 0.0000 1.0000 -0.0000
```

```
vn 0.0000 0.0000 1.0000
vn 1.0000 0.0000 -0.0000
vn 0.0000 0.0000 -1.0000
vn -1.0000 0.0000 -0.0000
# 6 vertex normals
vt 1.0000 0.0000 0.0000
vt 1.0000 1.0000 0.0000
vt 0.0000 1.0000 0.0000
vt 0.0000 0.0000 0.0000
# 4 texture coords
g cube
usemtl wire_026177026
s 2
f 1/1/1 2/2/1 3/3/1
f 3/3/1 4/4/1 1/1/1
s 4
f 5/4/2 6/1/2 7/2/2
f 7/2/2 8/3/2 5/4/2
s 8
f 1/4/3 4/1/3 6/2/3
f 6/2/3 5/3/3 1/4/3
s 16
f 4/4/4 3/1/4 7/2/4
f 7/2/4 6/3/4 4/4/4
s 32
f 3/4/5 2/1/5 8/2/5
f 8/2/5 7/3/5 3/4/5
s 64
f 2/4/6 1/1/6 5/2/6
f 5/2/6 8/3/6 2/4/6
# 12 faces
```

以上为对于一个立方体的数据描述，包括 8 个顶点的三维坐标、6 个顶点法线及 4 个贴图坐标点。其中，“#”表示注释，每一行开端的字母是 OBJ 文件的关键字。

新定义的文件格式 LSL 的数据存储规则参考 OBJ 文件的存储规则，首先设置关键字，由于 LSL 文件只是对于点、面信息的存储，因此关键字的设置要简单许多，按照数据类型可以分为以下几种：

顶点数据（vertex data）：

v：几何体顶点（geometric vertices）；

vt：纹理坐标点（texture vertices）；

vn：顶点法向量（vertex normals）；

vp：空间参数点（parameter space vertices）。

元素（elements）：

p：点（point）；

l：线（line）；

f：面（face）；

surf：表面（surface）。

自由形态表面之间的连接（connectivity between free-form surfaces）：

con：连接（connect）。

成组（grouping）：

g：组名称（group name）；

s：光滑组（smoothing group）；

mg：合并组（merging group）；

o：对象名称（object name）。

显示（display）/渲染属性（render attributes）：

bevel：导角插值（bevel interpolation）；

c_interp：颜色插值（color interpolation）；

d_interp：溶解插值（dissolve interpolation）；

lod：细节层次（level of detail）；

usemtl：材质名称（material name）；

mtllib：材质库（material library）；

shadow_obj：投射阴影（shadow casting）；

trace_obj：光线跟踪（ray tracing）；

stech：表面近似技术（surface approximation technique）。

以上关键字的设置，在文件中可以直接使用，同样使用“/”符号将每个坐标元素隔开，如果只有顶点坐标和顶点法向量，则使用“//”符号将坐标隔开。面的连接点按照顺时针或逆时针进行排列，决定面的法线方向不同。

了解了 LSL 文件格式的关键字定义及使用方法后，结合 OBJ 文件的数据存储结构，可以得到顶点数据类型的主要存储模型，具体如下。

1）顶点几何坐标(v, x, y, z)。

2）顶点纹理坐标(vt, u, v, w)。

3）顶点法向量(vn, i, j, k)。

4）空间参数点坐标(vp, u, v, w)。

可视化云层主要是由大量点组成，因此 LSL 文件主要用于点的坐标数据存储，顶点坐标的确定同样采用右手坐标系[47]。

根据文件数据写入方式，按照制订的数据存储规则将可视化云层细节数据写入 LSL 格式文件中，并将其导出，文件中包含了可视化云层所有的细节数据，标志着可视化云层成功导出。

3. 自定义文件格式的输入与处理

云层可视化系统不仅可以将可视化云层进行 LSL 文件格式导出，还需要能够对导出文件进行加载、解析，并根据文件数据生成相应的可视化云层，保证导出文件具有较高的可修改性及可用性。

通过对于 LSL 文件格式的自定义及数据存储处理，已经清晰了解了 LSL 文件格式的数据存储结构，系统要将导入文件的云层数据进行解析、还原，根据 LSL 文件的数据存储结构建立相应的数据结构。如下所示：

```
//顶点结构体
struct Vertex{
int draw;
GLfloat x;
GLfloat y;
GLfloat z;
GLfloat nx;
GLfloat ny;
GLfloat nz;
int color Index;                              //颜色索引
int vertex Index;                             //顶点索引
int facets Num;                               //面片数
int edgesNum;                                 //定点数
};
```

模型描述结构体：

```
struct Model Context
{
int vertexCount;                              //顶点数量
int edgeCount;                                //边界数
int faceCount;                                //面的数量
int triangleFlag;                             //三角形标注
int colorCount;                               //颜色数
int ovCount;                                  //顶点序数
int onCount;                                  //法向量序数
Vertex vertex List[VERTEX_MAX] ;              //模型中的顶点列表
Vertex line List[LINE_MAX] ;                  //线中的顶点列表
Vertex edge List[EDGE_MAX] ;                  //边界列表
ColorStruct color List[COLOR_MAX] ;           //颜色列表
};
```

实现可视化云层模型的绘制，还需要在程序中定义一个全局变量，将 LSL 文件的数据内容读入到全局变量中，系统对所读数据进行解析、还原，得到可视化云层模型。

3.4.6　小结

本节首先针对云层可视化系统的体系结构及主要功能进行了介绍，体系结构主要包括系统的结构组成及功能组成；然后针对系统的外部数据读取、外部数据推送、云层数据可视化及可视化云层格式导出 4 个主要功能进行了详细介绍，包括功能的设计原理、技术实现及操作等；最后对系统进行了全面分析和介绍。

3.5　海量云层数据可视化系统性能优化

云层数据可视化系统生成的可视化云层是由大量粒子的无规则分布构成，每个粒子作为一个单独的个体具有各自的属性，云层可视化系统要支持大量粒子的属性变化，因此系统对于可视化云层的构建需要消耗计算机大量的 CPU 资源，再加上用户对于可视化云层的多角度实时观察，内存无法满足系统大容量缓存的要求，造成大量的内存交换，降低可视化系统的交互速度，影响云层可视化系统的实时性。

用户对于系统的应用需要在不断变换的场景中体验到连续场景的动态特性，具体表现为两个要求：一是连续性，连续的动态特性要求场景画面每秒不低于 25 帧，否则会产生严重的不连续和跳动感；二是交互延迟，即系统对于用户的交互要求做出反应的时间延迟不能大于 0.1s。满足这两个要求需要以可视化系统良好的实时性为基础。

因此需要一种方法简化云层模型，提高云层可视化系统的图形生成速度，使用 LOD 技术，对云层模型进行简化，保证可视化云层真实感的情况下，减少场景的数据复杂度，增强系统的实时性。

3.5.1 LOD 技术基本思想

LOD 就是在虚拟现实系统中，根据系统的细节表现要求或者物体距离观测点距离的远近采用一系列不同复杂度的模型表示同一对象的技术，即对于不同细节表现层次的模型进行合理调度，实现减少场景的数据复杂度，提高系统的实时性的目的[48]。

LOD 技术的提出是为了简化采样密集的多面网格物体的数据结构而设计的一种算法，在以后的应用中得以延伸，其基本思想是由于视觉距离的原因，肉眼对于物体细节的识别存在一定差距，调用不同细节表现的模型进行显示：当视觉距离较远时，肉眼对于物体细节的识别能力较差，在不影响用户观测效果的情况下，调用细节表现较粗糙的模型，以提高系统的显示速度；当视觉距离较近时，调用细节表现较细致的模型，以提高场景的表现精度。模型的科学调度需要根据系统对于场景内物体细节表现的要求及物体对于场景的重要程度，并且在调度的过程中要保持页面的连贯性，避免出现卡顿现象。

以一个茶壶模型为例，对于模型的调度方法具体如图 3.24 所示。

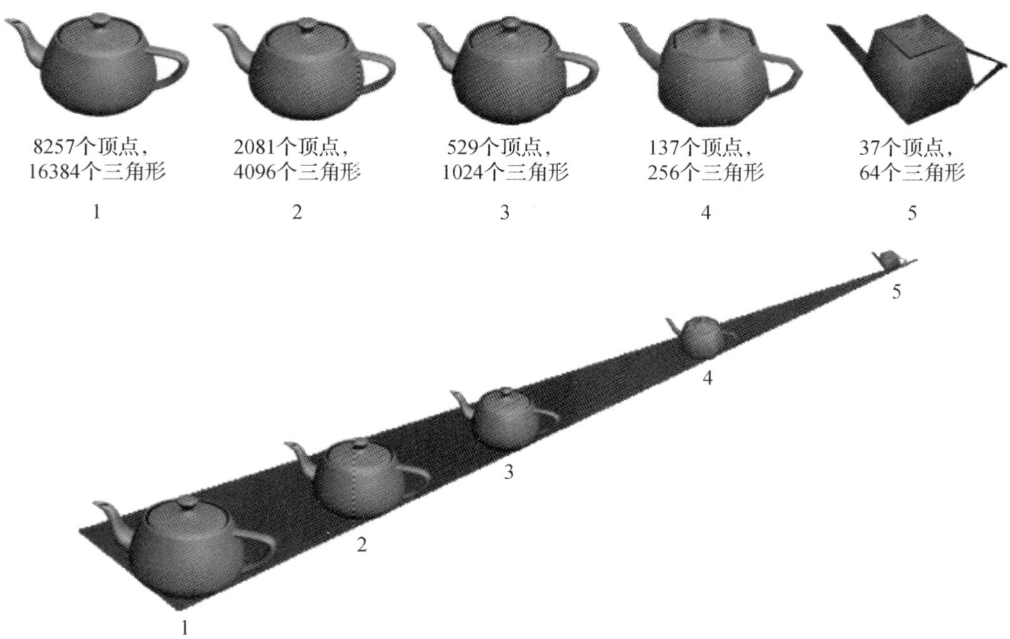

图 3.24　不同精度的 LOD 模型

由图 3.24 可以看出，随着视觉距离的改变可以观察到的茶壶细节也在发生相应的改变，但是使用不同表现精度的茶壶并没有影响观察者对于茶壶的观察效果。

3.5.2　LOD 细节层次模型的建模方法

虚拟场景的建立首先需要根据物体物理细节和场景需要进行三维建模，该过程需要遵循景物的实际物理特征。LOD 技术的基本方法是在保证物体的细节特征前提下，对不同细节表现的物体模型进行合理调度，增强系统的实时性。因此需要对表现物体进行一系列科学合理建模，主要依靠以下两种方法实现。

1. 删除冗余法

在进行虚拟场景构建时，场景中的物体模型都是通过三维建模实现的，依靠多个二维面片组合成三维物体，由于光影重叠或模型封闭等原因可能会有部分面片是根本看不到的，因此可将这些面片进行删除，对于场景画面的显示效果并没有影响，还可以减少场景的数据复杂度；也可以将模型进行简化，使相邻面片或几乎相邻的多个面片合并成一个多边形面片，或使用一个面片来代替厚度比较小的立体图形。

2. 几何合并法

几何合并法即将多个复杂的面片集群使用一个简单的几何面片进行表示，但需要尊重原模型的几何特征。当前使用比较普遍的一种方法是采用小波变换得到场景物理模型的精度表示，该方法能够在简化的模型中较好地保持原场景模型的物理细节。

三维建模软件为了提高实际应用中模型构建的方便性，一般将三维模型转化为三角形网络，因为三角形具有独特的空间特性，三条边都是在同一平面上。从网格的拓扑特性分析，常用的有 3 种基本简化方法。

（1）顶点删除操作

对于网络三角形分布比较密集或者表现数据冗余的部分进行顶点删除操作，通过合并顶点的方法弥补因删除顶点造成的空间漏洞，以保持网格的拓扑一致性。操作方法如图 3.25 所示。

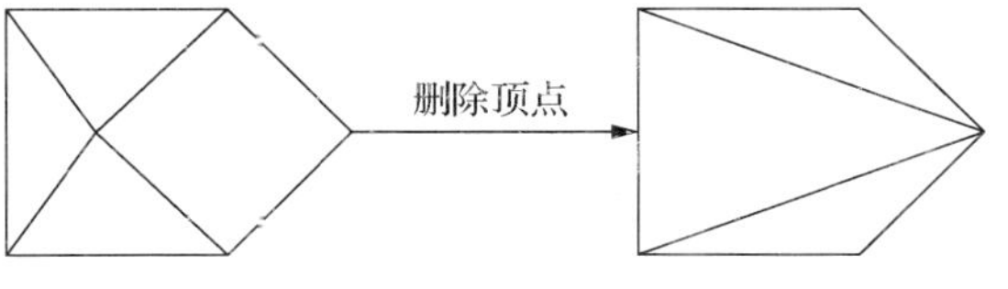

图 3.25　顶点删除操作方法

（2）边删除操作

该方法与顶点删除操作比较类似，同样也是在网格三角形分布比较密集或者表现数据冗余的部分进行边删除操作，以融合顶点的方法弥补删除边造成的空间漏洞，保持网格拓扑的一致性。该方法的面片简化率比顶点删除操作高，适用于网格三角形分布更加密集、表现数据冗余比较大的情况。操作方法如图 3.26 所示。

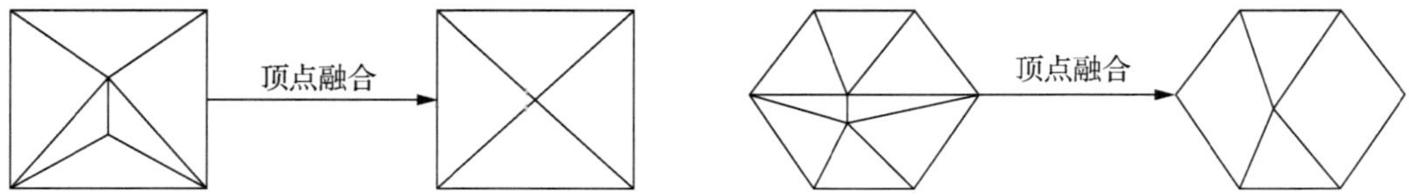

（a）删除边　　（b）删除边

图 3.26　边删除操作方法

（3）面片删除操作

该操作是顶点删除操作及边删除操作的集中体现，是在网格三角形分布更加密集或者表现数据更加冗余的部分进行面片删除操作，以融合顶点的方法弥补删除面片造成的空间漏洞，保持网格拓扑的一致性。该方法直接使用一个融合的点来代替冗余的面片，面片简化效率最高，通常是在视点欧氏距离较远的情况下使用。操作方法如图 3.27 所示。

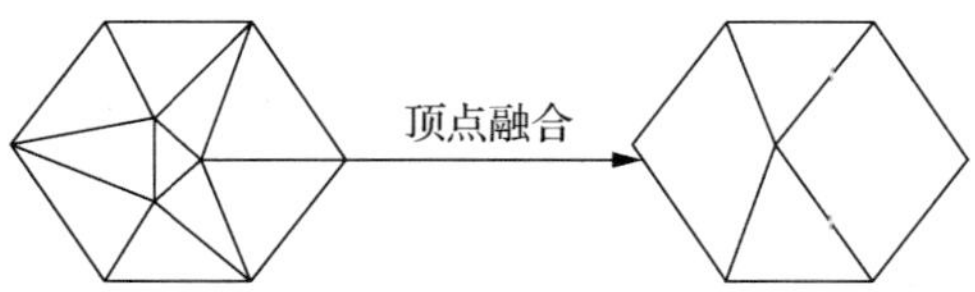

图 3.27　面片删除操作方法

合理地利用以上 3 种操作方法可以实现绝大多数复杂场景的数据简化，删除冗余的物理细节表现数据，提高系统的图形生成速度。但是模型的简化程度需要保持在一个合理的范围之内，因此在每一次简化操作之后都需要计算网络三角形简化后产生的细节误差，利用这些操作误差和原始网络细节做比较，得到误差权值，代入权值序列中，得到最终权值。如果小于用户要求的阈值，则运算终止，简化操作成功；否则再次进行网格简化并将所得权值代入权值序列中，往复循环，直到队列的最小误差达到用户的视觉要求，即误差小于用户要求的阈值。

LOD 技术操作简化流程如图 3.28 所示。

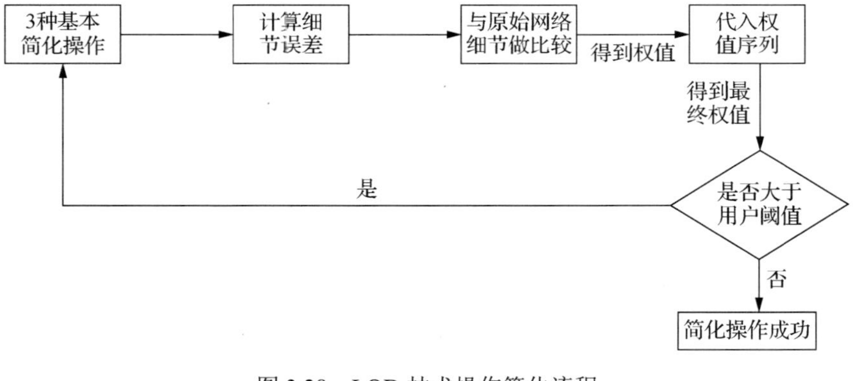

图 3.28　LOD 技术操作简化流程

3.5.3　LOD 细节层次模型的选择方法

根据 LOD 技术的技术思想需要建立多个不同层次的景物模型，满足不同视觉距离的模型调度。因为当观察者视角连续变化时，视点与被观察物体之间的距离发生剧烈变化，当两个不同层次模型进行切换时，会存在明显的视觉跳跃。为了解决这个问题，将物体模型细节分为不同的层次，建立一系列多个层次模型，使两个相邻层次的模型层次跳跃趋于缓和，形成一种协调过渡，该过程被称为模型平滑过渡。

首先，根据 LOD 建模方法对于场景中需要使用 LOD 技术的物体模型，从精细到粗糙建立一系列复杂三角形网络模型。模型数目不宜过多，否则会增加系统的数据存储，依然会影响场景的实时性，并且每一个模型均保留原始模型一定的表现细节。然后，根据视点到被观察物体的视觉距离不同，系统对物体模型进行科学调度，最大限度地减少场景的数据复杂度，有效提高可视化系统的图形生成速度。

3.5.4　LOD 技术实现算法

LOD 技术的基本原则就是在保持模型整体物理特征的情况下，最大限度地减少模型的三角面，以减少模型的数据量。

可视化系统生成的云层模型物理细节也是由多个三角面相连，构成可视化云层的外形轮廓，因此对于云层可视化模型的简化，即是对三角面的删减。因此模型简化的思想是找出夹角最小的三角面，将其最短的三角边删除，使其与相邻的三角面合并，不断循环，直到满足条件为止。

寻找三角形的最短边需要对整个三角网格进行遍历，根据边的权值找到最短边，其计算公式为

$$\text{cost}(u,v)=\|u-v\|\times\max(T_v)\{\min(T_{uv})\{(1-a.\text{normal}\times b.\text{normal})/2\}\}\tag{3.3}$$

式中，cost 表示边的权值；u、v 分别表示边的两个端点；T_v 表示包含 v 点的所有面的集合，T_{uv} 表示包含 u 点和 v 点的所有面的集合；a、b 表示三角面；normal 表示面的法向量。

完成 LOD 模型的建立之后，需要建立科学的模型调度机制，根据系统的需要和视觉距离的变化进行模型的合理调度，由于用户观察视角的变化，系统需要实时地计算观察视点与模型目标点的直线距离。其计算公式为

$$d^2=|VP|^2=(x_v-x_m)^2+(y_v-y_m)^2+(z_v-z_m)^2\tag{3.4}$$

式中：系统的坐标原点为(0，0，0)；视点为 $V(x_v，y_v，z_v)$，目标点为 $P(x_m，y_m，z_m)$，则 d 为观察视点与目标点之间的距离[49]。在具体实现时，可以将目标模型的中心点作为目标点进行计算，以减少误差。具体简化流程如图 3.29 所示。

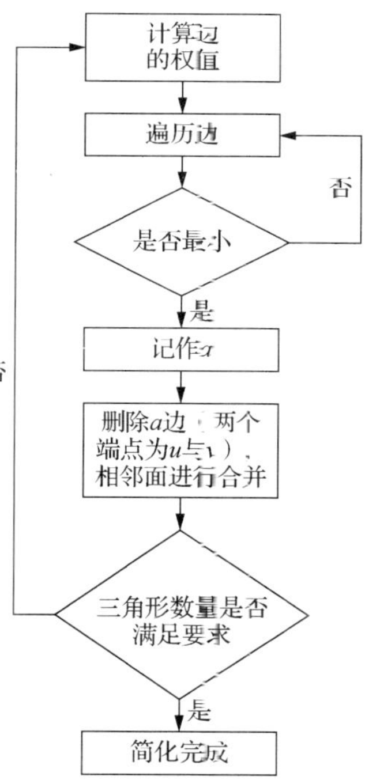

图 3.29　LOD 模型简化流程图

得到观察视点与目标点之间的距离，系统需要根据距离 d 进行判断，决定对于模型的层次调度，因此需要在程序中做一个判断。首先需要根据模型层次将观察视点与目标点距离进行相应的层次划分，设置标志点，然后将系统运行过程中计算得到的距离 d 与标志点进行比较，根据距离 d 所处层次，进行相应层次模型的调度，完成系统场景的构建。

3.5.5　LOD 技术在海量云层数据可视化系统中的应用

当观察者视点距离可视化云层较近时可以看到云层是由一个个细小的粒子组成，云层各个细节都可以清晰地呈现出来，包括云层的轮廓、颜色及密度等。此时描述云层细节的数据量比较大，再加上观察者视点角度的改变，场景的绘制速度会明显降低，甚至会出现

卡顿的现象。但是当观察者视点距离较远时，云层的清晰度会随之降低，有些细节看起来比较模糊甚至看不到，即使对于云层有清晰的细节描述，对于观察者来说也是无效的；当视点距离足够远时，甚至只能看到云层的大致轮廓，对于云层边缘细节或是纹理等属性的表现就失去了现实意义。

图 3.30 是没有经过简化的原始模型远景、中景及近景细节对比。

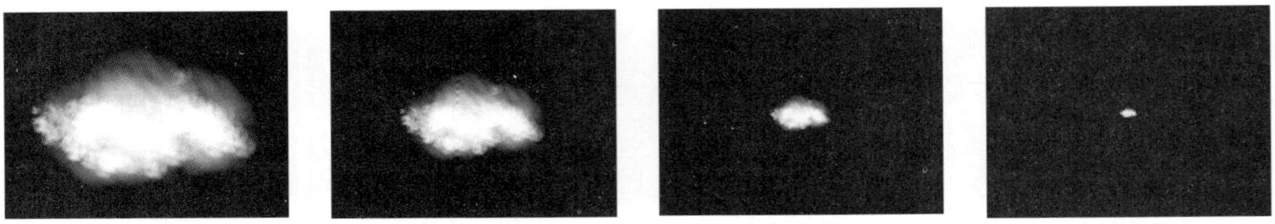

（a）近景　（b）中景 1　（c）中景 2　（d）远景

图 3.30　原始模型近景、中景及远景对比

通过图 3.30 的效果对比可以看出当云层模型距离观察者视点较近时可以看到云层的全部细节，包括云层的纹理及边缘等；当距离观察者较远时，只能看到云层的大致轮廓；当距离观察者很远时，云层细节几乎看不到，看到的只是云层的外形甚至是一个白色的区域。

因此，要提高系统的图形生成速度，可使用 LOD 技术简化云层细节，即利用等量匹配的方法得到细节差异比较小的区域，在保留云层细节的基础上，使用最少的网络三角形进行细节表示，只有在视觉距离较大的时候才会完全使用由 LOD 技术构建的模型或直接使用二维面片代替[50]。简化效果如图 3.31 所示。

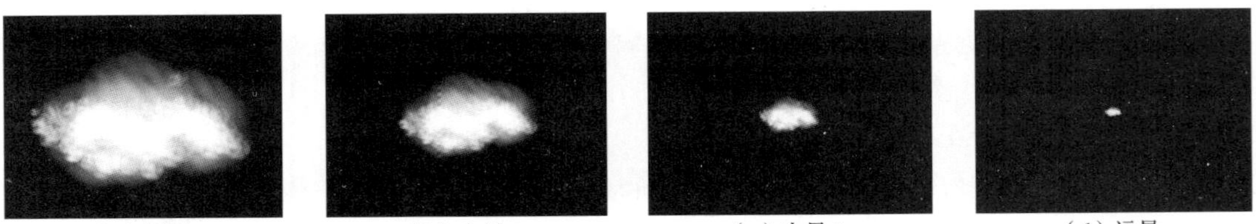

（a）近景　（b）中景 1　（c）中景 2　（d）远景

图 3.31　进行简化后的近景、中景和远景效果图

图 3.31 是原始模型利用 LOD 技术进行简化之后的效果。从图 3.31 中可以看出这两组图在简化之前和简化之后细节上并没有太大的变化，很难区分二者的差别。当视觉距离足够远时直接使用二维面片进行代替即可，可以极大地减少细节表现数据。具体数据对比如表 3.4 所示。

表 3.4　模型简化前后数据对照表

模型	点数	面数	模型	点数	面数
a	6000	0	a	6000	0
b	6000	0	b	681	198
c	6000	0	c	256	64
d	6000	0	d	0	1

从表 3.4 可以看出模型的细节表现数据量大大减少，所以无论是从三角面片还是点都得到了很高的简化效率[51]。

LOD 细节层次模型技术不仅可以较好地保持物体的物理细节，还可以有效地减少场景的表现数据量和复杂度，提高虚拟场景表现的实时性，LOD 细节层次模型技术已经成为增强虚拟场景动态性的一种有效实时绘制方法，因此被广泛应用于虚拟场景制作和交互式可视化等领域，并取得了非常好的效果。

3.5.6　小结

本节主要针对 LOD 技术的技术原理、模型构建方法及模型选择方法进行了介绍，并将其应用至云层数据可视化系统中，对云层模型进行了简化，将简化前后的云层模型表现数据进行对比分析，从数据上说明了 LOD 技术具有很高的模型简化效率，系统通过对可视化云层模型的科学调度，提高了系统生成云层的速度，增强了系统的实时性。

3.6　总结与展望[52]

计算机可视化技术的快速发展使得虚拟现实技术获得了广阔的发展空间，以其低廉的运作成本、逼真的可视化效果及较高的工作效率等优点受到了用户的高度青睐，被广泛应用至航空航天、军事演练、天气预报及电子游戏等领域。云层作为自然界常见的景观之一，在场景的真实效果表达中发挥了重要作用。云层在生活中虽然很常见，但是结构组成却十分复杂，由无数小水滴和冰晶粒子组成，并且形态各异，变幻无常，从颜色、形状、大小及纹理等方面都难以进行描述，因此云层的可视化在虚拟现实领域一直都是研究的重点。

根据云层的构成特点，研究者提出了光线追踪法、元胞自动机法、分型技术法及三维映射等多种云层模型构建方法，虽然取得了较好的云层可视化效果，但是都具有一定的局限性。针对多种云层建模方法进行对比，分析其优、缺点，根据云层的组成特点研究者又提出了利用粒子系统进行云层模型构建的方法。首先构建粒子系统，以自动读取的方式将海量云层数据读入系统，对云层数据进行解析，将云层外形细节还原，形成云层轮廓，利用粒子系统生成大量粒子，对云层区域进行粒子填充，模拟组成云层的小水滴和冰晶粒子，通过对组成粒子赋予属性值的方法，改变粒子的颜色、大小、生命周期及运动速度等属性，从而达到使云层具有颜色、纹理及形态等动态特性的变化。用户也可以通过系统界面属性按钮的设置根据实际需要对云层可视化效果进行微调，使其更加符合实际需求。云层数据可视化系统自定义了一种文件格式“LSL”，完成云层可视化效果调整之后，用户可以对可视化云层数据进行导出和存储，以方便后续对于生成的可视化云层效果的预览和修改。

可视化云层是由大量粒子在一定区域的不规则分布形成的，模拟组成云层的小水滴和冰晶粒子，具有良好的可视化效果。但是由于系统需要对大量实时云层数据进行加载分析，保留大量的云层细节，而且要支持用户的多角度效果预览，保证系统图像的生成具有很好的连续性，因此对于系统的实时性提出很高的要求。但是减少云层细节的表达又将影响云层的可视化效果，保留较多的云层细节又将影响系统的实时性，因此我们使用 LOD 技术在不影响云层可视化效果的前提下对云层模型细节进行简化，建立一系列具有不同云层表现细节的云层模型，根据系统的表现要求、用户视觉距离及观察角度的不同，通过对云层模型的科学合理调度，提高系统图像的生成速度，增加系统的实时性。

实验证明，云层数据可视化系统生成的云层具有良好的可视化效果，并且 LOD 技术在可视化系统中的应用可以有效提高可视化系统的实时性，对于系统的性能提升优化具有重要作用。

但是云层数据可视化系统还具有一定缺陷，需要在以后的研究学习中不断优化完善，具体表现在以下 3 点。

1）云层数据可视化系统的用户界面比较简单，只有关于可视化云层属性调节的必要按钮设置，而且都是以文本框和滑块的形式呈现，在追求操作方便性和高效性的同时忽略了用户界面的美观性，因此需要对云层数据可视化系统界面进行更加人性化的设计，同时兼顾系统操作的方便性、高效性及美观性。

2）云层数据可视化系统生成的云层具有良好的可视化效果，但是通过与实际云层的效果对比，还存在很大差距，许多云层细节被删减或被改变，对于云层的真实性表达有待提高，因此需要对云层模型的构建方法进行改进、优化，以提高云层模型对于真实云层细节的表达程度。

3）云层数据可视化系统自定义了一种文件格式，用于可视化云层的文件导出和保存，虽然文件格式的自定义是参考 OBJ 格式，但是只能被云层数据可视化系统加载、解析，影响可视化云层文件的推广使用，因此需要对可视化云层的文件导出机制进行改进、优化，使系统支持一种甚至多种常用三维模型文件格式的导出和保存，并能够被其他或者全部三维虚拟场景制作软件加载、解析和使用，以保证可视化云层具有很好的可用性，提高其使用价值。

参 考 文 献

[1] 陈蕾．粒子系统理论及其在飞行模拟器实时实景仿真中的应用研究[D]．长春：吉林大学，2004.

[2] 卢石磊，赵正旭．基于粒子系统的海量云层数据的可视化研究[J]．河北省科学院学报，2014，31（2）：29-34.

[3] 曲东才，于进勇，卢斌文，等．现代飞行器的自修复飞行控制技术[J]．四川兵工学报，2012，33（2）：1-4.

[4] 黄炳，陈俊丽，万旺根．飞行仿真中三维云场景的渲染[J]．上海大学学报，2009，15（4）：342-345.

[5] 姜传彦．基于 OpenGL 的科学计算可视化方法研究与应用[D]．沈阳：东北大学，2010.

[6] 张喜涛．虚拟战场环境仿真[D]．西安：西安电子科技大学，2006.

[7] 刘邦权，孟赟，屈卫清．融合 Excel 学习的教育 RPG 游戏任务设计[J]．中国教育信息化．高教职教，2012（10）：41-45.

[8] ELINAS P, STUERZLINGER W. Real-time rendering of 3D clouds[J]. Journal of Graphics Tools, 2001, 5(4): 33-45.

[9] GU DAQUAN, FAN YIN, XU PING, et al. Simulating algorithm of moving clouds[J]. Meteorological Science and Technology, 2006,34(2): 215-219.

[10] 李霖森，董天罡．云层运动的现行仿真[J]．计算机技术与发展，2009，19（2）：130-133.

[11] 管晓琦．基于投影的增强现实系统光照技术研究与应用[D]．上海：上海大学，2007.

[12] 杨兴强．Windows 运行过程的可视化研究[D]．济南：山东大学，2010.

[13] 王孟君．WWW 信息检索可视化研究及在信用领域的应用[D]．杭州：浙江工业大学，2010.

[14] 徐烈辉．粒子系统基本理论及其应用[J]．电脑与信息技术，2009，17（3）：9-11.

[15] 李竹林，孟晓红，张洪香，等．基于 LOD 建模的实景仿真生成技术研究[J]．计算机技术及发展，2006，16（2）：50-52.

[16] ZHONG D ZHENG Z. 3D computer graphics[M]. Beijing: Science Press, 2004.

[17] PIERRAT R, AMBICHL P, GIGAN S, et al. Invariance property of wave scattering through disordered media[J]. Proceedings of the National Academy of Sciences, 2014, 111(50): 17765-17770.

[18] 张忆南，严正，姚莉．实时渲染引擎架构[J]．中兴通讯技术，2013，19（3）：48-53.

[19] 范乃梅，马军霞．基于粒子系统的烟雾和爆炸模拟[J]．郑州轻工业学院学报（自然科学版），2009，24（5）：77-80.

[20] 罗燕．基于分型理论的墨竹画的计算机仿真研究与实现[D]．重庆：重庆大学，2010.

[21] 郭崇双．基于粒子系统的人群交互式烟花系统仿真与实现[D]．沈阳：东北大学，2009.

[22] ZHANG Y Y, JIANG H Z, HAN J W. Smooth terrain rendering algorithm based on GPU[J]. Journal of University of Electronic Science and Technology of China, 2009, 38(6): 1006-1010.

[23] 廖炎平，刘莉，杜小菁，等．Vega Prime 实时实景仿真中粒子系统的应用研究[J]．系统仿真学报，2010，22（4）：938-941
[24] 辛玲．粒子系统在视景仿真中的研究和应用[D]．武汉：中南民族大学，2008．
[25] 杨春，毛轩，朱福全．基于粒子系统的化学实验现象动态模拟[J]．计算机应用，2010，30（1）：150-152．
[26] 刘永杰．基于透视投影原理的瓦片 LOD 算法的研究与实现[J]．林业调查规划，2014，39（5）：1-6．
[27] 邵艳红．LOD 技术及其算法[J]．软件导刊，2008，7（10）：48-50．
[28] 莫建文，邹路路，首照宇，等．跟踪雷达三维场景显示系统的设计与实现[J]．计算机应用研究，2014（5）：141-144．
[29] 胡爱华，何宗宜，马晓萍．基于 LOD 的大规模地形实时绘制方法[J]．测绘通报，2009（12）：23-26．
[30] SHREINER D, The khronos OpenGL ARB working group. OpenGL 编程指南[M]．7 版．李军，徐波，刘金华，等译．北京：机械工业出版社，2013：1-2．
[31] 丁长文．基于 HLA 架构的变电站三维仿真培训系统的研究与开发[D]．镇江：江苏大学，2011．
[32] GOODCHILD M F, GUO H, AOONOI A, et al. Next generation digital earth [J]. Proceedings of the National Academy of Sciences USA, 2012, 109(28): 11088-11094.
[33] 李清．水中湍流对光传输影响的光纤追迹算法的研究[D]．武汉：华中科技大学，2011．
[34] 申闫春，肖鹏，孙兴义．基于卫星云图的三维立体云仿真[J]．计算机仿真，2010，27（12）：289-292．
[35] XIAO HE, HE CHUNLIN. Real-time simulation of fireworks based on GPU and particle system[C]//ETCS 2009, United States IEEE Computer Society, 2009: 14-17.
[36] 刘世光，柴佳伟，闻媛．三维动态云快速模拟的新方法[J]．计算机研究与发展，2009，46（9）：1417-1423．
[37] WEI ZHIHUA, SHI WEIXIA, LI ZHEN, et al. Dynamic flame simulation of ceramic roller kiln based on particle system[C]//11th IEEE International Conference on Computer_Aided Design and Computer Graphics, United States:IEEE Computer Society, 2009: 268-273.
[38] 李晓望，王文珂，李思昆．基于气象卫星数据的三维云景可视化方法[J]．系统仿真学报，2013，25（9）：2055-2059．
[39] LIAO YANPING, LIU LI, DU XIAOJING, et al. Research of particle system applied in vega prime real time scene simulation[J]. Journal of System Simulation(S1004-731X), 2010, 22(4): 938-941.
[40] 余建波．基于气象卫星云图的云类识别及台风分割和中心定位研究[D]．武汉：武汉理工大学，2008．
[41] 刘美琪，王昊京．评估云层对观测设备威胁等级的光电测量系统[J]．飞行器测控学报，2011，30（4）：43-47．
[42] YAO HAI, BAO JINSONG, JIN YE. Real-time simulation of volumetric cloud on cellular automation[J]. Journal of System Simelation(S1004-731X), 2008, 20(11): 2946-2950.
[43] 冯玉康，周圣川，马纯永，等．基于 GPU 的地球大气层和三维体积云仿真[J]．计算机工程，2012，38（19）：218-221．
[44] 张文浩．光学遥感图像跑道提取与油罐目标识别技术研究[D]．成都：电子科技大学，2010．
[45] 王想红．基于三维虚拟地球的海洋环境数据动态可视化研究[D]．阜新：辽宁工程技术大学，2013．
[46] 汪永刚．3DS 与 OBJ 格式的三维模型文件在 OpenGL 中的输入与处理[J]．电子世界，2013（6）：86-87．
[47] 黎华，肖伟．几种三维模型文件在 OpenGL 中的输入与处理[J]．物探化探计算技术，2007，29（1）：83-86．
[48] 陈华杰，余小清，唐经洲，等．基于粒子系统与 LOD 技术的实时雨雪效果模拟[J]．计算机仿真，2008，25（4）：194-197．
[49] 任安民，张雯，陈永强．一种基于视点的 LOD 生成方法[J]．微计算机信息，2007，23（24）：238-239．
[50] 陈刚，熊兴华．海量地形漫游中动态 LOD 算法研究[J]．测绘通报，2007，4（1）：46-48．
[51] 张兵强，张立民，张建廷．面向 GPU 的批 LOD 地形实时绘制[J]．中国图象图形学报，2012，17（4）：582-588．
[52] 刘世洋．点云的高精度地形融合算法研究[D]．石家庄：石家庄铁道大学，2008．

第 4 章 深空探测三维实时可视化模型创建与管理研究

4.1 绪 论

4.1.1 研究背景和意义

1. 研究背景

深空探测是人类航天活动的重要领域，它是基于人造卫星和载人航天工程取得的重大成就，向地球以外的未知领域进行的科学探索。20 世纪 50 年代，苏联和美国已开始实施深空探测任务，而美国的阿波罗 11 号更是在 1969 年实现了人类历史上的首次登月。21 世纪以后，尤其是从 2004 年开始，世界主要航天大国都将深空探测作为重点发展的航天领域之一，并且制订了宏伟的探测规划，迈向未知领域[1]。2007 年，嫦娥一号探月卫星的成功发射，标志着我国现在已具备深空探测的能力。2015 年 4 月，“空间信息网络基础理论与关键技术”重大研究计划中提到，将人类文化、科学、生产活动拓展到空间、远洋，甚至是深空领域，是全球范围的研究热点[2]。

一方面向外太空探索人类未知领域已经成为各国重要航天活动，但是深空探测任务往往具有高风险、高难度、难操作等特点，将可视化技术应用于深空探测工程，可以提前模拟探索空间的场景，预设故障和困难并找到解决办法，有效地降低风险，既增大了任务的成功率，也提高了探测人员的安全系数。另一方面，在深空探测工程中，要根据各种回传的数据来判断航天器运动姿态、轨迹、工作状况，并测控事件的进展，只有经验丰富的技术人员才能分析数据完成任务，而且存在相当大的时延[3]。探测过程中，大量以数据形式显示的信息不直观，不利于相关人员在较短时间内快速分析、做出决策。引入三维可视化技术，将实时数据转化为三维可视化形式的仿真过程，场景可以随时间和空间变化，有助于科研人员实时掌握试验过程中的各个细节，从而起到重要的辅助作用。

三维可视化技术是近年来迅速发展起来的一项技术，具有真实可靠、安全经济和不受场地与天气条件限制等特点，在多个领域得到快速应用。在深空探测可视化仿真过程中，程序需要将三维场景的模型文件调入内存，并对大量的模型加以控制、组织、管理和调度等[4]。因此三维模型的管理就成为深空探测三维可视化技术中所要研究的关键问题，目前在模型方面所存在的问题主要有以下两个方面。

（1）调用系统模型不明确

在深空探测三维可视化系统中，三维模型是资源基础，系统运行过程中需要从成千上万的三维模型中调用目标模型。系统中模型的名称看似是一个不起眼的小问题，但却是影响整个系统运行速度的关键。这些模型的命名没有统一的规则，在后期调用时由于个人理解的歧义而造成目标不明确、调用速度慢等问题。在深空探测和航天工程中，一个三维场景有大量的天体模型，如何统一管理这些天体级模型、航天器级模型、表盘级模型及仪器仪表级模型就成为一个关键问题。另外，由于系统中模型的文件格式不一致，且没有形成一个统一的文件格式描述规范，所以如何在同一实时系统中同时使用上述模型也成为本章研究的关键问题。

（2）网络资源复用率不高

航天工程和深空探测可视化系统中所使用的模型资源有的来自研究者自己创建，有的则来自网络模型资源库。建模人员自己创建的模型名称能够记住并且熟练的查找，但是网络模型资源库的模型在定义之初都是建模者根据自己的喜好或者定义规则来命名的，或者后期根据自己的偏好重命名，这些命名会由于语言共识或者描述方式的不同会产生歧义，在检索该模型时，都会由于检索字段和模型本身的命名有偏差，造成时间、精力的浪费，会大大影响资源的检索效率和复用率。

不同网站的分类标签各不相同，这种多样性使各个网站有相对独立的标签文法，从而造成了数据之间的兼容性不足，不利于信息资源的整合，更不利于搜索引擎对其进行查找和分类。因此，面对庞大的三维模型数据库，如何提高现存三维模型的复用率，并且能够在可视化程序中快速精确地调用目标模型已经成为一个迫切需要解决的问题。如果有一个统一的规范来管理三维模型，就会大大提高其检索速度及复用率，避免造成资源的浪费。

2. 研究意义

当今社会，科技发展如此迅速，各国之间的竞争不仅仅是经济实力的竞争，探索未知领域的能力也彰显了本国的实力。各国都在向外太空进行更深入的探索，若要探测的脚步不断前进，这就离不开三维可视化技术的发展与支持，因此如何优化探测系统和平台就成为促进航天事业发展的重中之重。

（1）促进航天事业的发展

建立一个通用、完备和可扩充的三维模型管理系统，形成航天实时三维可视化中三维模型的技术规范，可以促进深空探测三维可视化技术的快速发展，从而使用更高效、更规范的可视化平台模拟仿真探测任务，实时观测任务进程，促进我国航天工程和深空探测技术的发展。

（2）提高网络模型资源的复用率

随着 3D 建模技术的快速发展，3D 模型的数量在以几何数的方式增长。网络上存在大量的 3D 模型，但是由于模型的命名歧义造成资源复用率低的问题。通过对三维模型规范化管理，使用者可以更快、更精准地找到自己所需要的模型，有效提高三维模型的复用率，从而为深空探测系统提供所需模型，减少研究者的工作量，避免资源、时间、精力的浪费。

综上所述，三维模型是整个平台的资源基础，也是系统的核心，将三维模型规范化管理，可以有效地提高目标三维模型的调用速度和精确度，优化系统的性能和运行速度。将模型文件规范化，可以减小内存占用率，缩短模型调用时间，保证三维模型使用的实时性，促进航天事业的发展，提高我国综合国力和竞争力。同时，网络三维模型资源库有大量模型，由于模型的获取更容易、传播更快速，使得 3D 模型的检索和复用越来越受到重视[5-9]。将三维模型进行有序的管理可以提高现存模型的复用率和查找效率，进一步促进 3D 技术的发展。

4.1.2 国内外研究现状分析

近年来，世界各国在不断增加对深空探测工程的研发投入，对三维实时可视化系统的优化也成为他们的重点研究领域。在深空探测和航天任务中，需要引入三维可视化技术，根据各种抽象的数据来判断航天器状态和重要部件工作状况，以测控事件的进展。以三维虚拟场景近似还原真实场景，有助于科研人员实时掌握试验中的各个细节，从而起到重要的辅助作用。对三维可视化技术和系统的优化与提升不仅是提高三维建模技术的发展，还能促进各国探测工程走向更远的深空，因此各个国家都在从不同方面提升本国的三维实时可视化系统和平台的性能、功能，使其能在航天工程中发挥更大的作用。

1. 深空探测可视化技术研究现状

目前，国外的许多航天机构都有可以完成深空探测任务设计和可视化仿真任务的平台，其中有代表性的是 NASA 的仿真轨迹优化程序（the program to optimize simulated trajectories，POST）、欧洲太空局近年来研制成功的一套大型航空弹道优化软件（aerospace trajectory optimization software，ASTOS）和由美国 AGI（Analytical Graphics，Inc.）公司开发的一个综合性的软件包——卫星工具包（satellite tool kit，STK）[10]。国内主要有信息工程大学的航天任务实时三维可视化仿真软件、哈尔滨工业大学的基于高层次架构（High Level Architecture，HLA）的深空探测系统仿真平台、中国科学院空间科学与应用研究中心的探空火箭任务可视化设计软件、清华大学的深空飞行任务规划工具等[10]。

国内的航天实时三维可视化任务应用中尤其以深空探测三维可视化系统（total discovery of space，TDS）最为成熟，该系统不仅具有美国航天局和欧洲空间中心所使用的同类系统的所有功能，并且有自己独特的扩展模块、用户工具、网络支持、脚本控制、多语种、实时三维计算和三维绘图等功能。

2009 年 4 月以赵正旭教授为主要负责人的航天可视化团队开始研发我国首次火星探测三维可视化系统平台，该平台不仅具有自主的知识产权，同时还达到了国际领先的水平，可以说填补了中国航天业可视化事业的空白[11]。TDS 系统出色地完成了火星探测可视化任务、嫦娥二号绕月探测及驶向拉格朗日 L2 点任务、飞越图塔迪斯小行星任务、天宫一号发射任务、神舟八号与天宫一号交会对接任务、神舟九号、神舟十号与天宫一号载人交会对接任务及嫦娥三号可视化任务等多项国家重大航天工程[12-19]。TDS 系统中包括众多深空天体模型，如恒星、黑洞、行星、矮星、月球、小月球、陨石、彗星、航天器、建筑物、部件、粒子系统、不可见物体、抽象物体、实时事件等可视化类别。在三维可视化过程中，需要将天体模型文件调入内存，并对大量三维模型加以组织、控制、管理、调度等，这就必须对系统中的所有三维模型规范化管理，减小内存占用率，缩短模型调用时间，保证三维模型被实时调用，促进航天事业的飞速发展。

国内外部分研究者对深空探测可视化平台的三维模型做了相关研究，如姚宇婕等提出了 3 种 STK 模型的制作方法，包括直接获取 MDL 格式的三维模型、编写 MDL 文件及转换模型[20]。孙平等提出了通过模型文件（MDL）分析任务来控制模型运动的有关问题，其中提到描述三维模型主要是基于英文关键字，以用途或属性命名，如太阳能电池板命名为“SolarPanel”[21]。楼赣菲等提出了通过 Multigen Creator 这款专业化的建模软件工具来创建三维模型，可以有效地创建交互式实时应用的三维模型及场景[22]。蓝朝桢等提出了基于对象层次结构的三维几何模型和运动模型的建模方法，实现了航天器运动特性的表达与其内部部件的运动建模[3]。同时他们还提出为统一管理和调用三维场景中的实体对象，需要将所有仿真模型组织在一个树状层级结构中，使之形成一个大场景。同时通过动态数组来存储各类图形数据，可实现这些数据的统一管理[4]，这是为数不多的有关三维模型数据管理和调度的研究。

整体来说，国内外相关文献中关于深空探测三维可视化技术中三维模型的研究比较少，大多集中于交互设计、数据采集、轨道设计、任务仿真等方面，有的只是在文献的某一部分提到三维模型。所以，对深空探测可视化系统中的三维模型进行规范化管理是一个很有必要研究的内容。

2. 三维模型研究现状

深空探测可视化技术中，三维模型是关键，它是整个技术的资源基础，如何统一管理这些三维模型，成为促进可视化系统快速发展的重中之重。

（1）三维模型分类与检索

目前国内外有大量针对三维模型的相关研究，其中大部分是关于三维模型检索技术的，如基于文本关键字的模型检索、基于内容的模型检索、基于语义的模型检索、基于体积特征的模型检索及美国普渡大学开发的工程形状基准（engineering shape benchmark，ESB）模型库及检索系统等[7,23-25]。

针对三维模型的分类，许多研究者提出了不同的算法。国外，普林斯顿大学利用贝叶斯方法先对模型进行层次分类，再通过形状相似性计算从而实现三维模型的自动分类；卡耐基梅隆大学的相关研究人员先用一定的样本集合建立三维模型学习资源库，再应用核回归理论去计算某一个三维模型类别的概率；普渡大学的 Hou 等[26]利用支持向量机进行分类；安南普顿大学的 Goodall 等则采用蚁群最优化算法分类并研究出一个分类器[26-29]。

国内也有大量的研究人员从事了这方面的研究。例如，Wang 等[30]利用核密度来估算样本特征空间的分布，从而对模型进行分类；冯立颖等[31]研究者提出通过提取三维模型几何轮廓上角点的曲率，使用 Hausdorff 距离做相似度比较；陈俊英等[32]集成多个 RBF 神经网络，以获取三维模型的特征信息并对其进行分类；高恩阳等[33]提出利用基于谱特征和深度信任网络方法为模型分类；付小君等[34]提出的分类方法是基于统计特征量和 Markov 模型的算法，先将模型预处理，再通过该算法将模型分块并提取特征；王鹏飞等[35]提出一种基于核成分分析的三维模型分类算法；郑赢[36]设计并开发了一个具有三维模型自适应分类功能的资源检索系统。

（2）三维模型的管理技术

在三维模型管理上，目前国外的 3D Warehouse 算是最早在网上得到广泛应用的三维模型管理系统。由谷歌推出，允许用户通过关键字找到自己想要的三维模型，但是每个人对模型的理解和定义有差异，输入的关键字会不同，所以检索的准确率不能保证；Coyne 等提出文字语义来影射三维模型数据，用户通过输入一个词或一句话来搜索三维模型数据，并实现了 WordsEye 软件的开发，但该方法需要定义一系列复杂的语义到模型的影射规则，只适合在专业人群中使用[37]；美国普林顿大学也有一套业界认为比较完整的三维模型管理系统（3D model search engine），该系统不但包含多种分类的模型库，而且提供多种检索方式；Parisi 等基于本体的检索研究来管理三维模型数据[38]。

国内也有相关的研究，如陈充泽提出的基于结构特征的海量三维模型管理方法[39]。在《基于 Hadoop 的三维模型管理系统设计与实现》中，作者架构了一个有效管理海量三维模型数据的分布式平台，并应用于三维兵马俑模型数据管理[40]。孙国栋等提出一种可快速驱动生成飞机新零部件的参数化建模方法，在交互时可以用 Excel 表和 Oracle 数据库来管理部件建模时产生的数据等信息，以实现对 MBD（model based definition）三维参数化模型的数据管理[41]。

对于三维模型数据文件的研究，目前国内外大部分文献主要针对三维模型数据的存储、格式转换、读取、数据标准等[42-44]。国外对数据交换标准做了大量的研究，如美国的绘图交换格式（drawing axchange format，DXF）、初始化图形交换规范（the initial graphics exchange specification，IGES）、产品数据交换规范（product data exchange specification，PDES），法国的安全电子交易协议（secure electronic transaction，SET），德国的汽车工业协会-IGES 子集（verband des automobilindustrie - IGES subset，VDAIS）（用于优化汽车工业中制造厂和分包商之间的图形数据交换）、德国汽车工业协会-自由形状（verband des automobilindustrie-free shapes，VDAFS）（用于自由形状的转换标准），ISO 的产品数据交互标准（standard for the exchange of product data，STEP）。三维模型的数据格式一般有两种，ASCII 和二进制格式。据目前的文献研究了解到，对三维模型的文件信息还没有形成一种统一的描述规范。

从文献研究看出国内外对三维模型的研究大部分集中于分类检索，而没有提到对三维模型分类编码。分类编码规则已经被应用到很多领域，所用的分类编码系统一般都是用字符（数字、字母或符号）形成描述和标识的序列码。最典型的应用就是中图法，对书籍的分类编码；其他的应用领域有疾病、医疗设备及耗材、中药、血型、机械零件、石油、企业信息及其他方面[45-50]，但是根据所查看的文献研究来看并没有涉及三维模型领域。

综上所述，虽然国内外对深空探测可视化技术中模型的创建做了部分研究，但是大多集中于通过技术优化可视化过程，而不是从三维模型本身的管理问题着手。一方面，国内外对于三维模型的研究也主要针对检索技术和分类算法，没有查到有关三维模型分类编码的相关文献。另一方面，虽然国内外也有一些比较成熟的三维模型管理系统，但是却缺少一个系统的管理规范。在三维模型文件的描述和命名方面所做的研究比较少，模型的命名主要是基于文本关键字，这都不利于海量三维模型的规范化管理及其在系统中的实时调用。

因此，本章提出对三维模型分类编码，建立一种分类编码规范，同时引入巴科斯范式（Backus-Naur form，BNF）对三维模型的文件信息进行统一描述，使用形式化语言描述信息以避免二义性，进而比较准确地反映模型的文件信息，并使用 BNF 描述语句避免文本叙述的冗杂、烦琐。

对三维模型规范化管理，从三维可视化的资源基础入手，为三维模型建立分类编码规范，形成一种比较通用的序列码定义法，不仅可以大大提高搜索效率，而且可以在可视化系统中及时定位，保证三维模型传输数据的实时性，解决模型的统一创建、管理和调用问题，进一步促进深空探测和航天工程的发展，具有一定的理论意义和实用价值。

4.2　三维模型的创建

4.2.1　建模工具介绍

随着科技日新月异的变化，3D 建模技术也在不断发展，Web 程序、App、桌面系统等应用逐渐以 3D 的方式呈现给用户。通过使用 3D 模型构建的场景，用户体验的真实震撼程度远远超过 2D 环境，不管在建筑行业还是游戏动画界，3D 技术都在蓬勃发展。

众多 3D 建模软件及工具使得模型的设计更方便快捷，目前常用的三维建模软件包括 AutoCAD、3ds Max、Autodesk Maya、Zbrush 等，不同的三维建模软件适用于不同的应用领域，所生成的文件格式也各式各样。其中，3ds Max 的适用范围广、功能强大，是个人计算机上较受欢迎的三维建模软件之一。它的建模功能较强、扩展性较好，在创建角色动画方面有很强的优势，利用它提供的车削、放样、可编辑多边形建模等方法能够在短时间内迅速建立复杂的物体模型；另外，丰富的配套插件也是其一大亮点，如 RealFlow、VR-Platform、Character Studio、Mental Ray 等。该建模软件的设计有极好的开放性，许多单位和个人都在做 3ds Max 的插件，使用者只要设置需要装载的插件的位置，就可以装载，插件涉及建模、渲染、角色、输出等。因此，本节选择 3ds Max 建模软件作为研究所需建模工具，通过说明建模过程分析并验证建模工具对创建航天实时三维可视化模型的实用性。

4.2.2　模型构建类别

由于本章的研究领域主要是针对深空探测三维实时可视化系统，因此对三维模型的研究主要基于可视化系统的航天相关模型，如卫星、行星、航天器、天文望远镜等。卫星类模型选择土卫三；行星模型选择地球；航天器类型的模型选择“长征二号”运载火箭(CZ-2F)；天文望远镜模型选择星特朗天文望远镜。建模过程只做简单说明，可验证建模软件对航天工程的实用性即可。

4.2.3　模型创建过程

前面列举了要创建的 4 个模型，研究过程中所选用的建模软件为 3ds Max 2010。在模型创建之前，需要对软件进行基本设置，首先将单位设置为毫米级，保证模型尺寸的误差降到最低。另外，由于建模过程中部分模型需要用到置换贴图功能，所以设置指定渲染器为 VRay 光影追踪渲染器。

1. 土卫三模型创建

创建天体模型过程中，会涉及星球表面凹凸纹理的制作，主要有两种创建方法，凹凸贴图和置换贴图，所渲染的效果有一定的区别。下面对这两种方法简单介绍一下。

凹凸贴图是一种灰度图，根据表面灰度的变化来描述目标表面的凹凸，通过图像的明暗对比来影响材质的平滑程度，产生凹凸效果，因此它也称为假凹凸贴图。它并不改变物体的表面而只是影响光照的结果，在做一些不需要细节的天体模型时，可以考虑使用该方法，以降低模型复杂度，减小内存占用量，提高系统运行速度。

置换贴图通道主要是根据图像灰度的分布情况对几何表面做置换，浅颜色向内凹，深颜色向外凸，是一种真正改变物体表面的方式。

图 4.1 和图 4.2 是同一个模型同部位、同角度的渲染图，图 4.1 为置换贴图的效果，图 4.2 为凹凸贴图的效果。

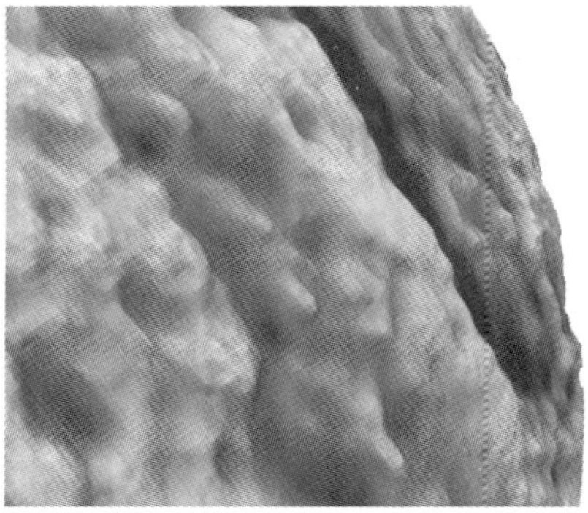

图 4.1　置换贴图渲染图

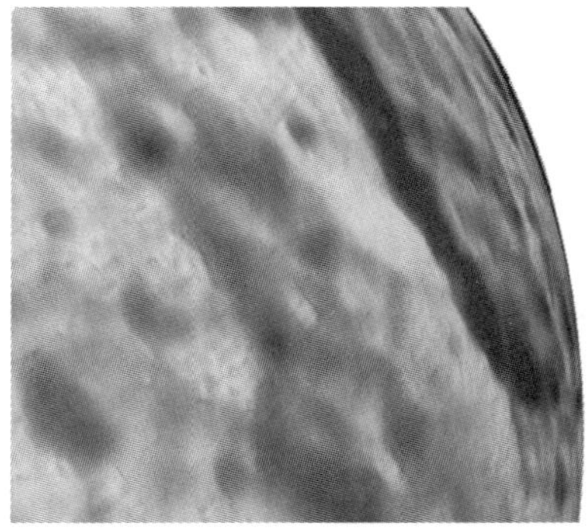

图 4.2　凹凸贴图渲染图

在制作星球表面纹理时，选择置换贴图作为制作方法。虽然制作的模型比凹凸贴图方法复杂度高，但可以使得模型效果更逼真，在运行速率和内存占用率的问题上，可以在保证模型效果的前提下，尽可能选择较低的置换参数，这样可以降低内存占用率，保证系统的运行速度不会太慢，否则容易出现软件无响应的情况。建模过程如下。

（1）球体创建

首先在 3ds Max 中，新建一个直径为 200mm 的球体模型，如图 4.3 所示，并调整其坐标为(0,0,0)。分段数的设置要注意，既能便于后期添加纹理效果更好，又要保证系统的运行速度，这里将分段数设置为 192，如图 4.4 所示。

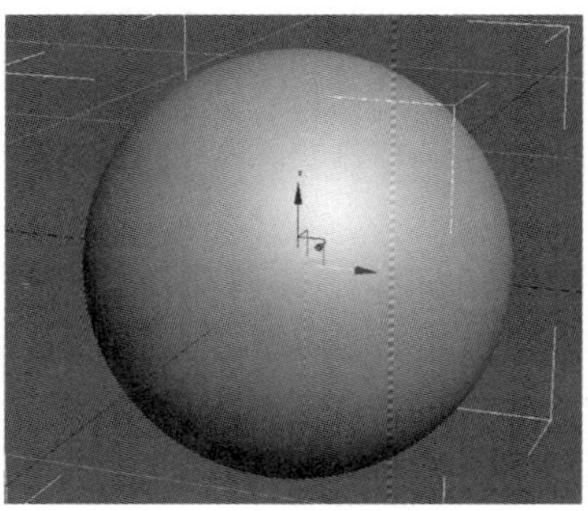

图 4.3　土卫三球体模型

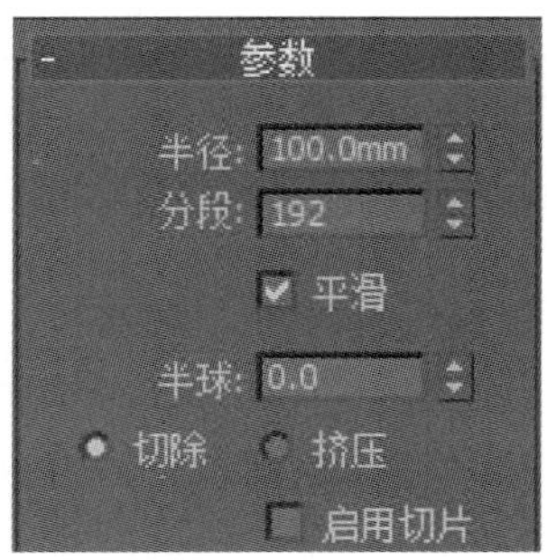

图 4.4　参数设置

（2）贴图制作

材质设置中，最主要的工作就是为模型设置贴图，由于在赋予材质时要设置漫反射和置换两个贴图，因此在贴图设置之前，首先需要对土卫三平铺图进行修改，在 Photoshop 中制作其灰度图，并设置色阶，使其黑白、明暗对比更强烈，如图 4.5 和图 4.6 所示。

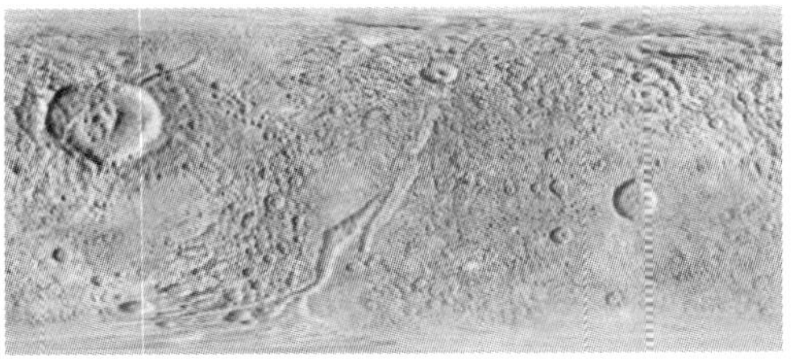

图 4.5　土卫三平铺原图

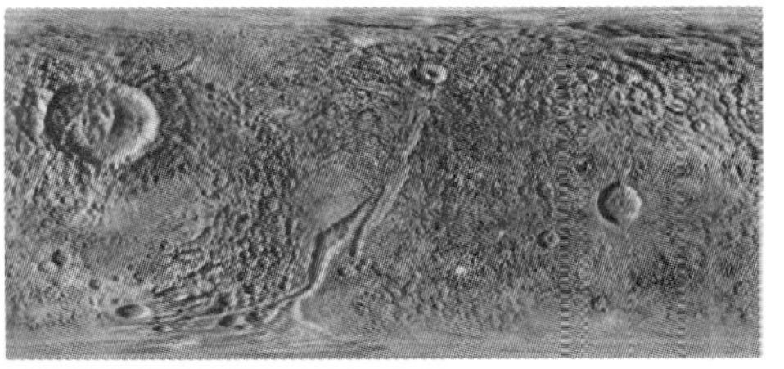

图 4.6　土卫三平铺灰度图

（3）赋予材质

贴图制作完毕后，在材质编辑器中设置材质球的参数，为球体赋予材质。注意单击材质编辑器中“将材质指定给选定对象”和“在视口中显示标准贴图”两个按钮，否则视口中模型材质无法改变，或者看不到材质的变化情况。

打开“贴图”卷展栏，选择“漫反射颜色”选项，单击 None 按钮，选择“位图”命令，然后找到土卫三平铺原图并打开。通俗地说，漫反射就是我们肉眼直接看到物体的颜色，所以选择的是有颜色的平铺图。这里需要注意的一点是，保存位图的路径必须为英文路径，如果中间出现中文，会导致无法打开。同样地，在保存模型时，会出现无法保存的情况，也可能是路径的问题导致的。

漫反射贴图设置完之后，选择置换选项，同样的做法，打开土卫三平铺灰度图。这里需要对置换参数进行设置，太大会导致球体表面凹凸起伏过大，太小则看不到凸起变化，对比图如图 4.7 和图 4.8 所示。

图 4.7　置换参数为 1 的渲染图

图 4.8　置换参数为 100 的渲染图

（4）渲染

为了使视觉效果接近真实，经过反复调整，最终将置换参数设置为 5，整体效果如图 4.9 所示。

（5）材质入库

模型制作完毕之后，需要将之前设置好的材质球保存。在编辑器中，单击“放入库”按钮，将制作好的材质球重命名为 Tethys 并放入库。然后找到材质库，选择目标材质，另存到系统自建的一个本地材质库 materialistically 中，这样这个材质类别才算真正地保存下来，只要材质库和软件的相对路径保持不变，下次需要的时候可以直接调用。

（6）导出保存

所有的构建步骤完毕之后，最后需要将该模型保存为 3DS 格式的模型文件，这里需要注意的是，不能直接单击“另存为”按钮，因为 3ds Max 直接生成的格式是 MAX，3DS

格式必须用“导出”的方式保存。当然用 3ds Max 打开 3DS 文件同样地需要“导入”方式，不能直接打开。

图 4.9　置换参数为 5 的正背面效果图

2. 地球模型创建

同样地方法，首先在 3ds Max 中，新建一个直径为 200mm 的球体模型，调整坐标为(0,0,0)，设置分段数为 192。

图 4.10　3DS 格式的地球三维模型

在 Photoshop 中制作地球平面展开图的灰度图，并设置色阶，使其黑白、明暗对比更强烈。下一步赋予材质球，调整参数，添加置换贴图功能，材质入库之后，导出为 3DS 格式并保存。由于同是星球，建模方法相同，只要注意参数设置即可，所以地球的建模方法参考土卫三模型，此处不再赘述。建模结果如图 4.10 所示。

3. CZ-2F 运载火箭模型创建

“长征二号”F 运载火箭（CZ-2F）是在“长征二号”捆绑运载火箭的基础上研制的运载火箭，以提高可靠性和确保安全性为目的。火箭的主要部件有液体助推器（4 个）、芯一级火箭、芯二级火箭、整流罩、逃逸塔，就目前来看，它是我国所有运载火箭中起飞质量最大、长度最长的火箭。

据资料介绍，CZ-2F 实体全长为 58.34m，火箭芯直径为 3.35m，助推器直径为 2.24m，整流罩最大直径为 3.8m。根据实际尺寸，模型与实体比例大约为 1∶10，也就是将模型尺寸定为长 5.8m，其他小部件由于没有给出具体数值，则建模过程根据比例自行设定，保证整体协调即可。由于涉及国防信息，没有搜集到 CZ-2F 实体内部的零部件图片及数据，故本研究只对外观建模，创建过程如下。

（1）火箭芯建模

主体：创建一个直径 335mm、长度 4000mm 的圆柱体，设置分段数为 72，坐标为（0,0,0）；转换为可编辑多边形，进入“面”子选项，选择圆柱体的圆形底面，在右侧参数设置面板中使用“插入”工具，创建火箭芯主体的厚度，参数设置为 20mm；使用“挤出”工具，挤出参数为-3900mm，创建空心的火箭芯主体，如图 4.11 所示。

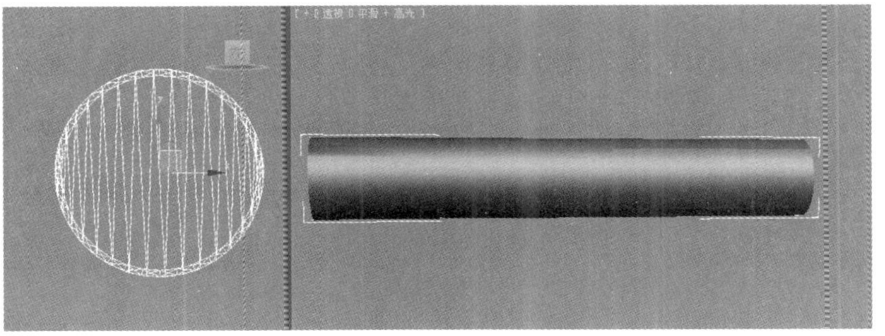

图 4.11　火箭芯主体

一级主发动机：通过新建“线”，画一个主体的闭合轮廓线，再在修改器面板中找到“车削”命令应用于轮廓线，设置分段数为 96。这里需要注意调整车削的轴与轮廓线的长边保持平行，如图 4.12 所示。

将一级主发动机复制为 4 个，复制时选择“实例”，保证在调整其中一个时，另外 3 个也随之变化。将 4 个主发动机放在主体底部合适的位置，火箭芯建模完毕，如图 4.13 所示。

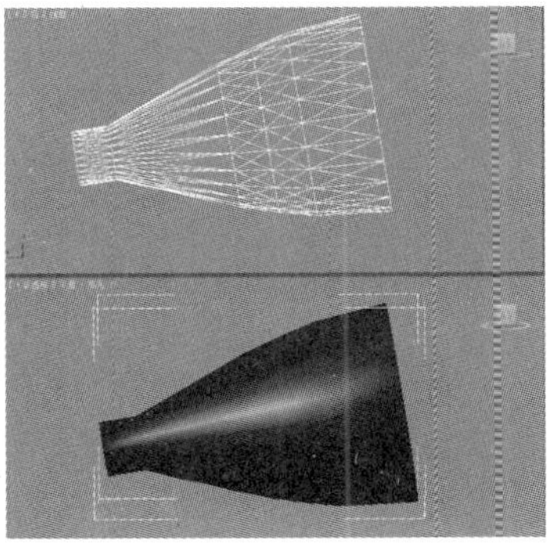

图 4.12　一级主发动机

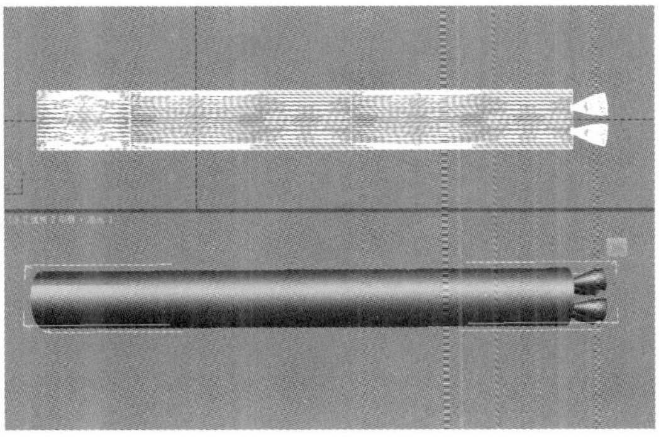

图 4.13　主体加一级发动机

（2）助推器建模

构建助推器主体：通过新建“线”，画一个主体的闭合轮廓线，再在修改器面板中找到“车削”命令应用于轮廓线，设置分段数为 96，如图 4.14 所示。这里需要注意调整车削的轴与轮廓线的长边保持平行，另外通过调整样条线，保证车削之后的助推器主体直径为 224mm。

稳定尾翼：首先使用样条线画出尾翼的轮廓线，然后对整个轮廓使用“挤出”命令并调整其参数，最后调整到合适的厚度，如图 4.15 所示。

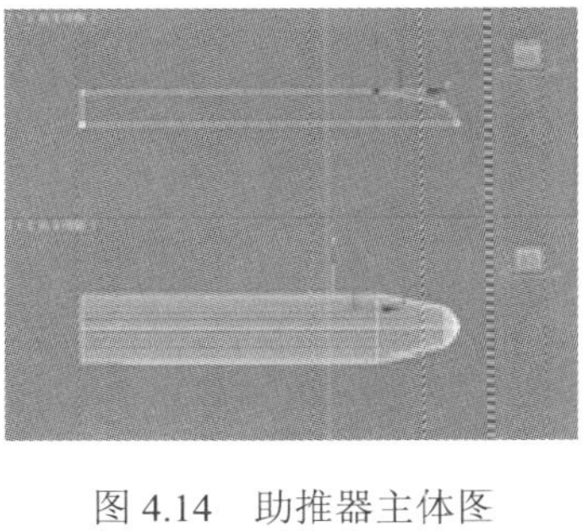

图 4.14　助推器主体图

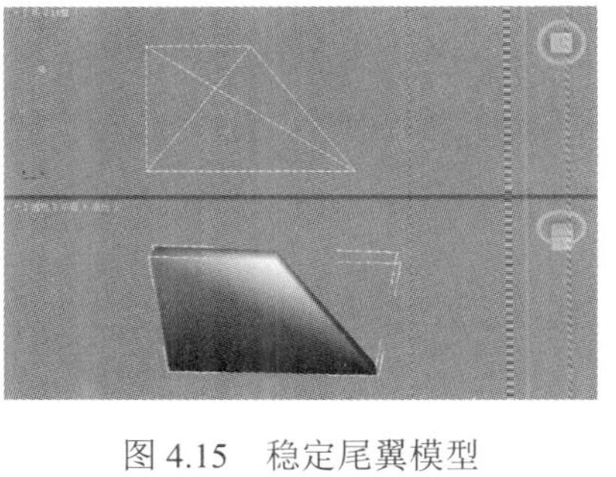

图 4.15　稳定尾翼模型

助推器发动机：建模方法同一级主发动机，此处不再赘述。

将两个小部件放到助推器主体合适的位置，成组，命名为“助推器”，如图 4.16 所示。

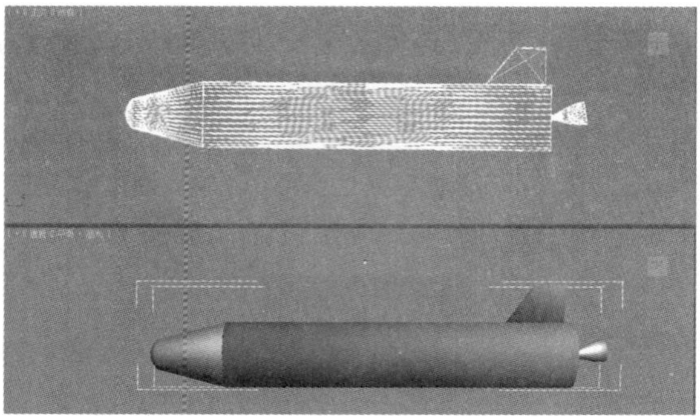

图 4.16　助推器

在右视图中，调整助推器的位置，使其与主体接触，并调整旋转中心轴与火箭芯主体中心对齐，如图 4.17 所示。

选择“工具”|“阵列”|“设置参数”命令，以 *X* 轴为旋转轴，旋转 360°，数量设置为 4，阵列结果如图 4.18 所示。

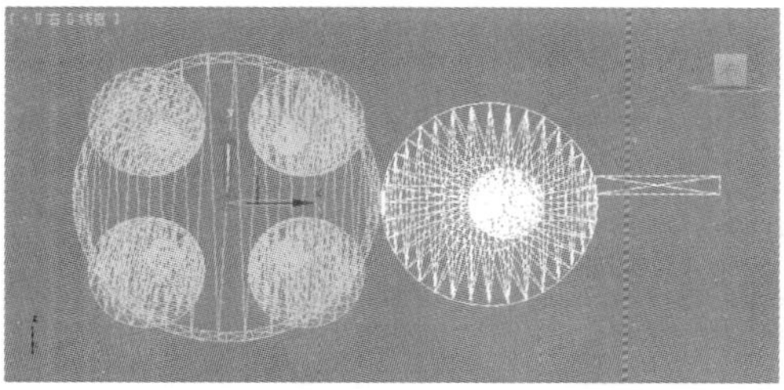

图 4.17　调整旋转轴中心图

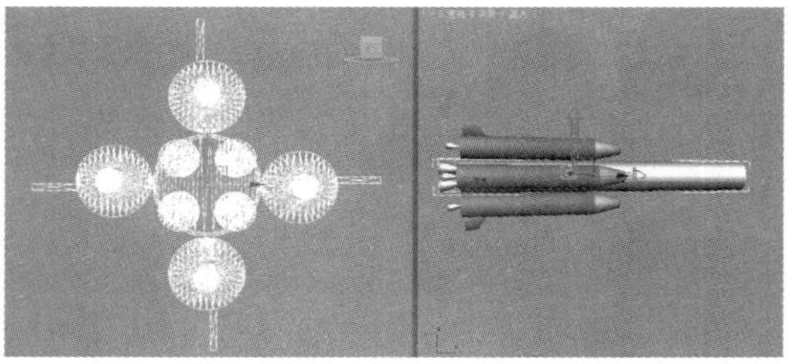

图 4.18　助推器阵列结果

（3）飞船

飞船模型创建结果如图 4.19 所示。

（4）飞船外部保护罩

模型构建完毕之后，需要对左右两部分进行分离，或者选中一半删除之后的镜像，如图 4.20 所示。

图 4.19　飞船模型

图 4.20　飞船外部保护罩

（5）整流罩和逃逸塔

通过车削工具构建整流罩和逃逸塔，注意调整模型分段数，在保证视觉光滑的效果下，尽量降低分段数，保证运行速度，如图 4.21 所示。

（6）CZ-2F 整体模型图

将“长征二号”各部分零部件整合在一起，并对各部分赋予材质，按实际图样给每部分赋予正确的贴图，调整 UV 坐标参数，使其被赋予合适的位置，呈现真实效果，整体结果如图 4.22 所示。

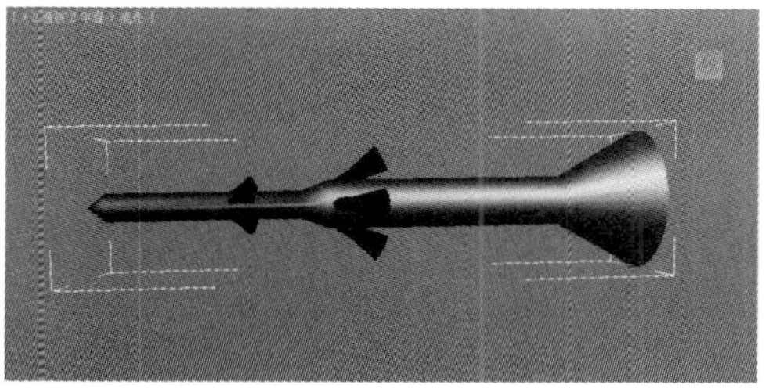

图 4.21　整流罩和逃逸塔

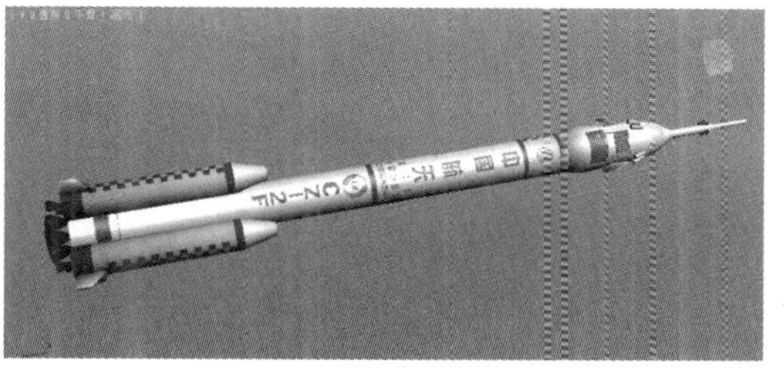

图 4.22　CZ-2F 模型图

4. 星特朗天文望远镜模型创建

天文望远镜是用来观测天体的重要工具，在人类对外太空的探索过程中具有重大意义。本章中选用星特朗天文望远镜作为建模说明对象。在建模之前，需要收集望远镜各部件的实际数据，保证建模过程中整体比例不失调。数据的收集方法有两种，对望远镜实体进行测量或者从网络资源库搜集数据信息，采取的是对望远镜实体测量。望远镜各部件说明如图 4.23 所示。

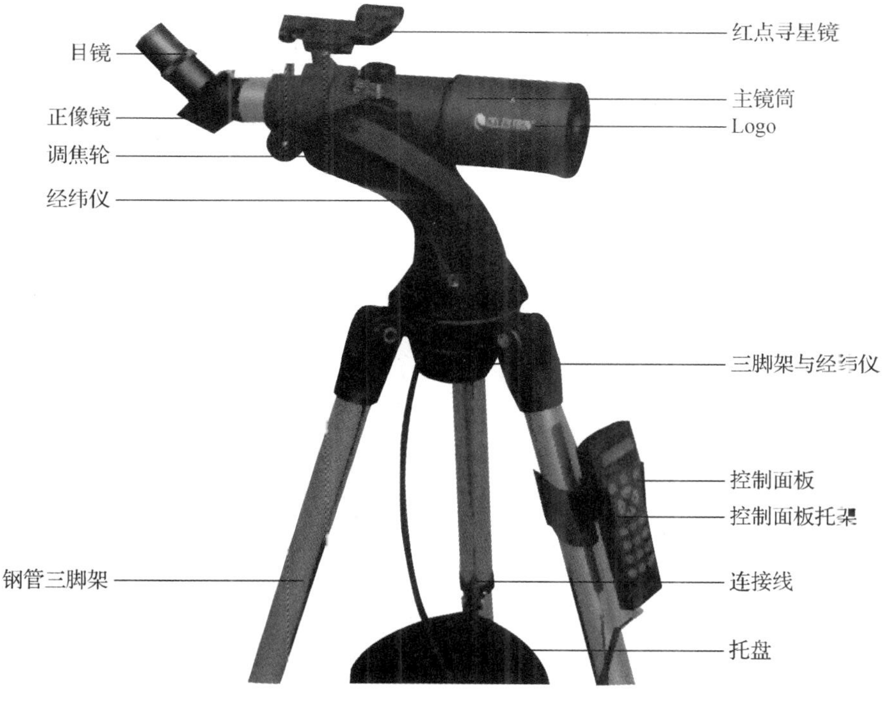

图 4.23　星特朗天文望远镜图注

由于所建模型的各部分构件都需要精确创建，因此对每一部分的数据测量也是一项重要工作，以下所提到的测量数据都是通过实际测量获得的，由于测量误差并不能保证完全精确，所以只能近似接近实体数据。对望远镜的测量内容主要为每一个部件的长度、宽度、直径等，但是以下只列出部分主要部件的测量数据及建模过程，其他部件不再做过多说明。建模过程中所用到的工具主要包括车削、挤出、多边形建模、UV 贴图、扭曲等，文中只简单展示最后结果，细节此处不再赘述。具体建模过程如下。

（1）创建主镜筒

通过实际测量，大镜筒的长度为 130mm、周长为 315mm；小镜筒的长度为 135mm、周长为 285mm。在 3ds Max 2010 中，首先将单位设置为毫米级，尽量避免操作误差，接近真实比例。对于各部件的数据信息在下文中不再赘述，只对重要部件的建模过程进行简单说明。

首先创建两个管状物，设置分段数，使表面尽量光滑，命名为主镜筒，其中包括对连接两个镜筒的关节处的创建，如图 4.24 所示。使用车削工具创建镜筒盖，结果如图 4.25 所示。

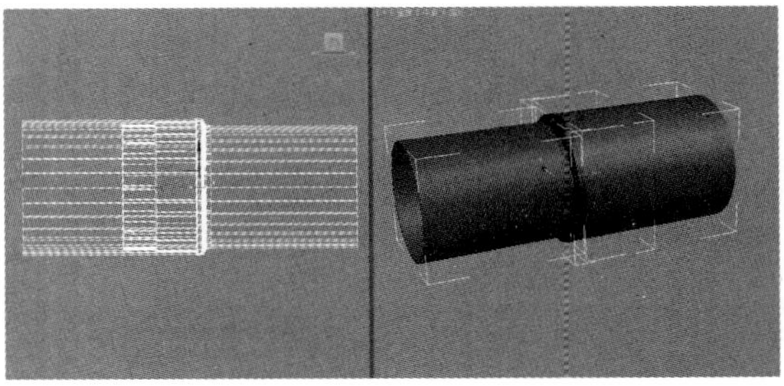

图 4.24　主镜筒

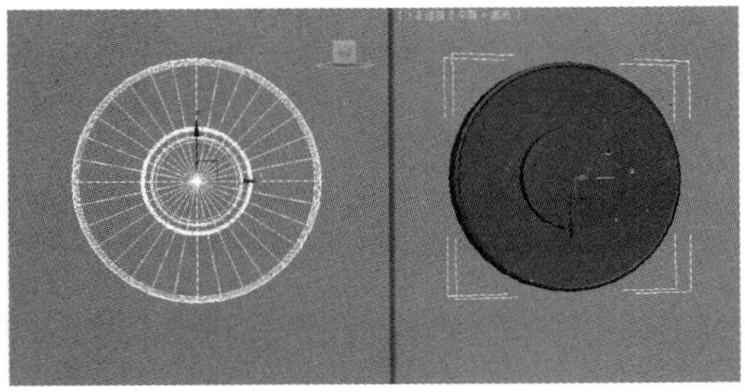

图 4.25　镜筒盖

（2）创建目镜及正像镜

目镜的创建主要运用车削工具，包括创建中间螺纹及锯齿形闭合线条。创建正像镜进行多边形建模时，使用布尔工具将中间掏空放置镜片。结果如图 4.26 所示。

在创建过程中，其中一个带螺纹的旋转连接处的创建主要用到挤出工具，首先使用创建样条线中星形工具构建一个星形体，设置“点”的参数为 90，调整半径 1 和半径 2 的参数，使其接近真实效果；再添加挤出修改器，高度调成合适的参数即可，如图 4.27 和图 4.28 所示。

图 4.26　目镜和正像镜

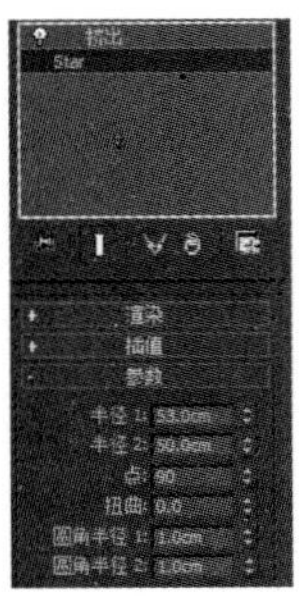

图 4.27　螺纹创建参数

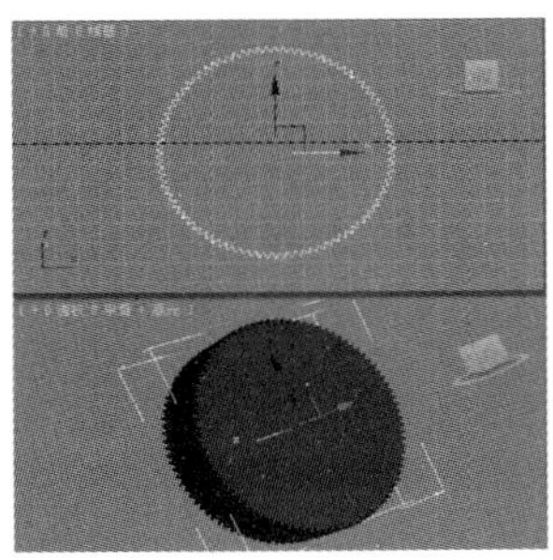

图 4.28　螺纹部件

（3）创建红点寻星器

创建寻星器时，主要是运用多边形建模，调整顶点创建不规则多边形，另外螺纹的创建需要车削工具。结果如图 4.29 所示。

（4）创建经纬仪

经纬仪的构建过程比较复杂，由于它的形状太不规则，在建模过程过程中需要使用几何建模工具构建出大致形状，再使用扭曲工具进行大方向的扭曲；然后将其转化为可编辑多边形调节顶点和边，直至达到近似效果；经纬仪上的螺钉孔是通过多边形面片的倒角工具实现的。结果如图 4.30 所示。

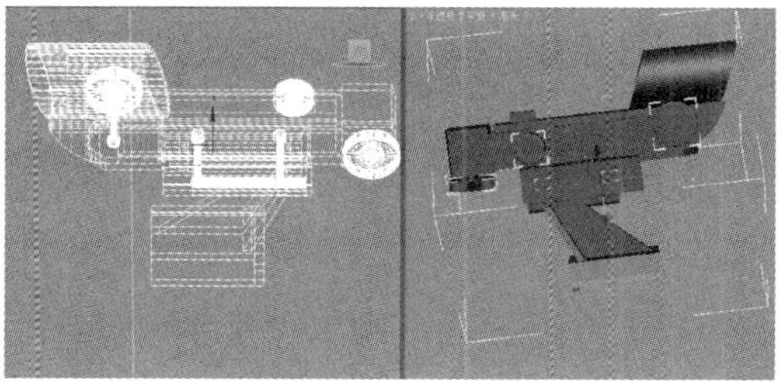

图 4.29　红点寻星器

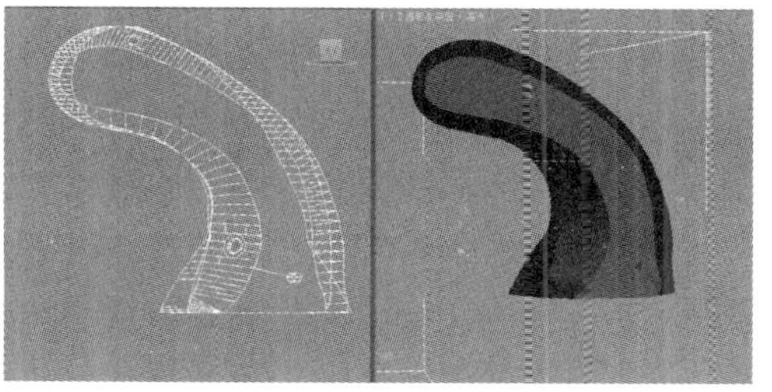

图 4.30　经纬仪

（5）创建钢管三脚架

首先创建单个三脚架的架腿，创建圆柱体，上部长度为 560mm，周长为 100mm，下部长度为 540mm，周长为 70mm；连接处利用车削工具构建；最上端的部件用到了面片的挤出，形成耳朵状，便于螺钉固定；最后复制出另外两个架腿，放置合适角度形成三脚架。结果如图 4.31 所示。

（6）创建控制器及连接线

控制器的创建主要利用多边形建模创建大体形状，表面是 UV 贴图；连接线是运用螺旋线及变形工具，先创建大致形状的螺旋线，调整线条粗细参数，再使用扭曲将直线条变形为目标形状。结果如图 4.32 所示。

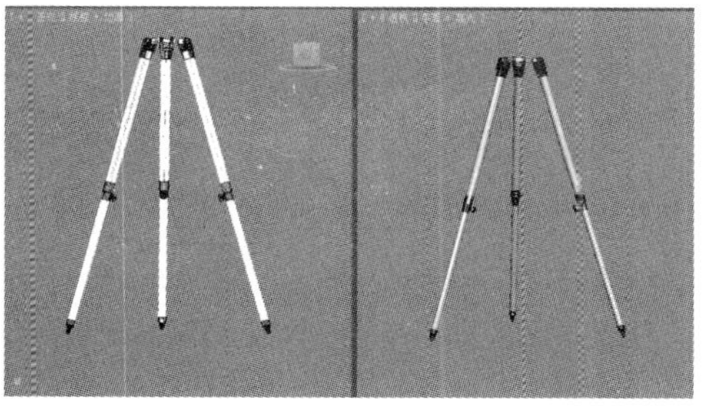

图 4.31　三脚架

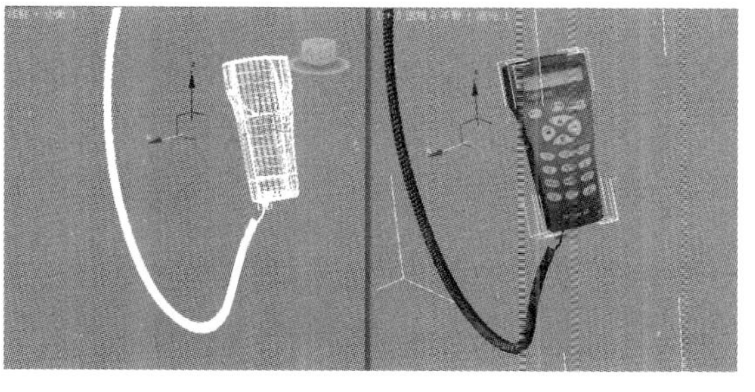

图 4.32　控制器和连接线

（7）创建托盘

对于不规则形状来说，首先创建大体形状，通过转换可编辑多边形，调节顶点、边和面，达到所建目标，如图 4.33 和图 4.34 所示。

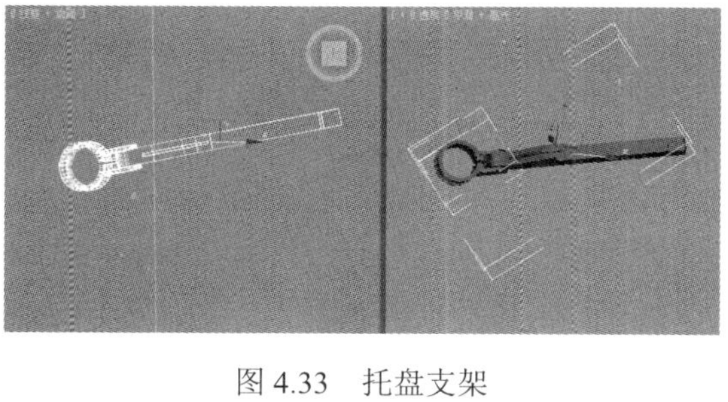

图 4.33　托盘支架

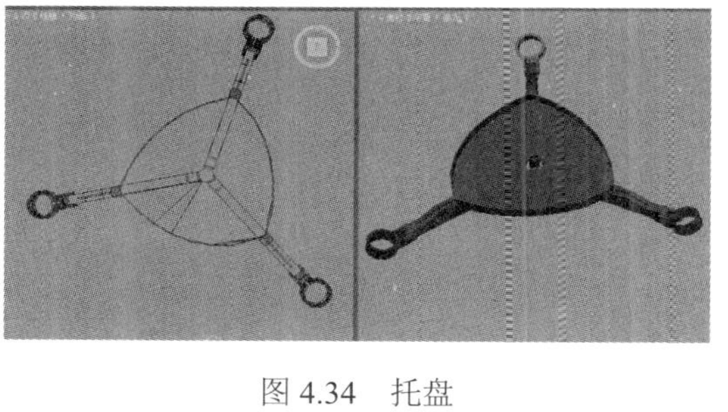

图 4.34　托盘

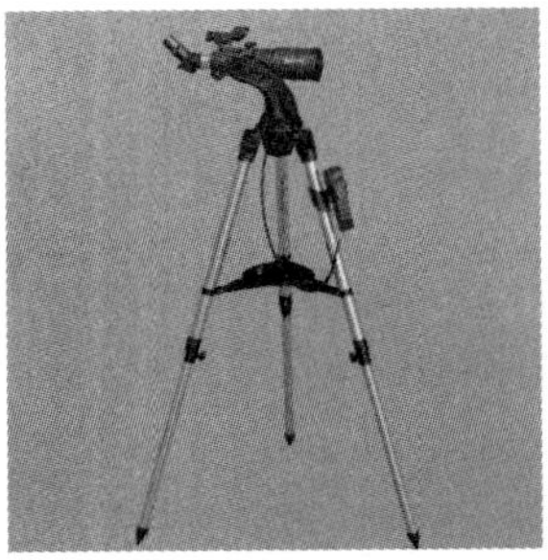

图 4.35　望远镜整体图

（8）形成星特朗望远镜整体图

最后，编辑材质，赋予不同的部件，主要包括磨砂塑料材质、透明玻璃材质、不锈钢材质；另外一个重要的步骤是 Logo 的 UV 贴图，需要根据具体位置设置 UV 角度和偏移。最后将各个部件调整合适的角度放置并渲染，形成望远镜。结果如图 4.35 所示。

4.2.4　小结

随着 3D 技术的迅速发展，三维可视化技术逐渐应用于各个领域。航天工程的发展也急需先进技术的支持，将三维可视化技术运用于深空探测工程中，可以有效地模拟目标工程，降低风险，提高成功率。在演示模拟的真实场景时，三维场景中的模型具有至关重要的意义。

在深空探测三维可视化系统中，模型是必不可少的，因此建模软件的支持是必要的。常用的建模软件有许多，不同的软件适用于不同的领域，本节选用 3ds Max 建模软件对部分模型的建模过程进行了简单说明，验证了 3ds Max 建模软件可以近乎真实地构建所需天体模型，进而验证了此建模工具对构建天体模型具有实用性和可行性。

4.3　3DS 文件格式的规范化描述

随着虚拟现实技术的发展，市场对基于三维模型的深空探测实时三维可视化技术的需求越来越大，对三维模型的需求也随之增大。在这种大环境下，各种建模软件应运而生，不同的软件适用于不同的领域，生成的模型格式也各种各样。在深空探测实时三维可视化系统中，需要存储成千上万的三维模型，由于模型的数据格式和文件结构不同，因此可能会导致模型在各个星系之间互不兼容，使得这些三维模型不能在同一实时系统中同时被调用，导致在深空探测实时可视化系统时不能快速精确地调用目标模型。如果对系统中三维模型的文件格式和描述方式制定统一的规范，对三维模型文件进行标准化和规范化处理，就会大大提高系统实时计算和调用模型的效率。

文件标准化和规范化是实现三维模型资源共享与重用的重要前提条件，在资源组织和建设中占有极其重要的地位。规范化管理三维模型的途径之一就是将模型的文件结构“标准化”，首先统一三维模型的数据格式，选择 3DS 格式的模型，它是一种较通用的文件格式；然后需要对 3DS 文件进行规范化描述，制定一个统一的描述规则。目前对于 3DS 的文件格式和块结构都是以树状图或自然语言描述，必须用自然语言加以说明才能将 3DS 的文件结构描述清楚。由于这些图表和自然语言计算机无法识别，现有的文本描述方式和自然语言解释方式存在二义性等弱点，因此必须寻找一种规范化的形式描述 3DS 文件格式。

4.3.1　巴科斯范式

巴科斯范式（BNF）是一种上下文无关文法的符号集，由于其简洁、明了和科学而被广泛接受。BNF 就是使用一种类似的形式来描述一个问题，让所有参与者都能明白他们对哪一方面能够达成一致意见。也就是对某个问题制定一个统一的标准，为某个符号赋予一个特定的意义，在某个领域内它就只能是这个意思，别人在了解这个标准和所制定的规则之后，就能理解和使用这种符号集的表达方式和内容，在一个行业内形成规范。

BNF 被广泛应用于编程语句，也可以用来规范自然语言。BNF 非常精确，在语法上没有歧义；相对简单易学，便于使用者理解和计算机处理；表达能力比较强，可以充分表达出描述者的意图。而用自然语言所描述的语法既冗长，还会出现理解上的歧义。BNF 语法是数学产物，它可以被计算机识别，具有开放、简单易学、易扩展、文件解析效率高等特点，相对于其他形式化语法，更适用于描述文件格式。因此，使用 BNF 描述 3DS 文件结构，可统一描述文件格式，以一种计算机可识别的文法将其规范化描述，将 3DS 文件变为“标准”格式，建立一种专有的数据格式，使其更加通用。

4.3.2　3DS 文件格式解析

3DS 文件是树状结构的二进制文件，基本单位是块，每个块都有各自的用途。所有块都是以树状结构组织的，以一个主块开始，以嵌套的形式构成。

文件的主块 ID 是 0x4D4D，这可以判断一个文件是否是 3DS 文件。3DS 文件的每个块都是一个层次结构，每一部分都有各自的 ID 号，图 4.36 表示了 3DS 文件中块的存在结构及位置（文件太长，只画出文件部分结构，其他不再赘述）。

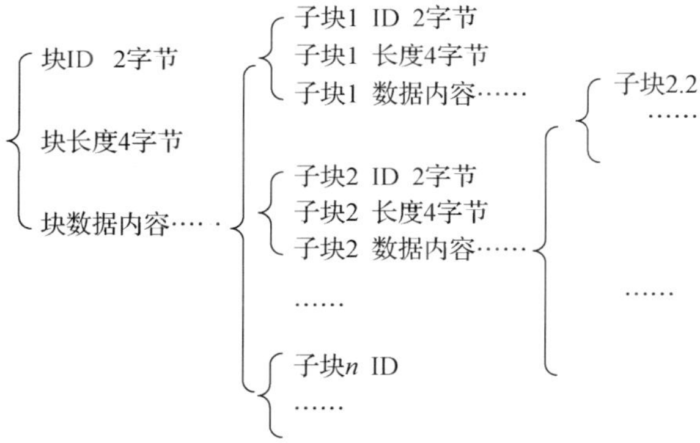

图 4.36　3DS 文件结构和块

这些“块”描述了 3DS 文件的数据信息，由块头和数据两部分组成。块头包括 ID 和长度两项，共占 6 位，长度指的是整个块的长度，而不只是数据的长度。每一个“块”都是以 2 个字节的 ID 开始，紧接着是 4 个字节的块长度信息，然后是块数据信息[51]，如图 4.37 所示。

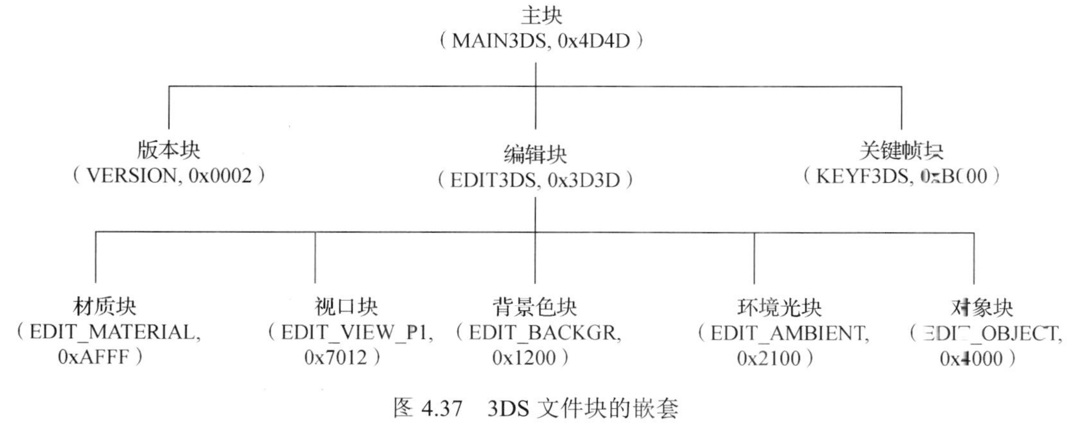

图 4.37　3DS 文件块的嵌套

从图 4.36 和图 4.37 可以看出，3DS 文件是一层套一层的树状结构，而且这个树状结构是一个无比庞大的家族，每一个块都包含着自己的子块，子块接着包含子块，如此下去。

4.3.3 基于 BNF 的 3DS 文件格式描述

1. 块结构描述

在 4.3.1 节和 4.3.2 节中，使用自然语言和图表的形式对 3DS 的文件结构进行了描述，这种方式虽然通俗易懂，但是由于结构比较繁杂，没有形成一个统一的形式。如果使用 BNF 制定一种通用的文法，结果会更加一目了然，计算机也更容易识别。对图 4.36 和图 4.37 中的 3DS 文件结构制定 BNF 文法，表示如下。

1）首先对一些专业术语做以下定义：

块定义为 chunk；

子块定义为 sub-chunk；

块头定义为 head；

数据定义为 data；

长度定义为 size。

2）句子文法如下：

```
3DS file ::= <chunk>{chunk}
chunk ::=<head><data>
head ::=<ID><size>
data ::=<data>{sub-chunk}
sub-chunk ::= chunk
```

由于 3DS 文件的块 ID 是由十六进制数表示的，两个字节，一共 4 位；size 表示的是整个块的长度，也是用十六进制数表示的，所以其 BNF 表示文法如下：

```
    ID ::= "0x"<Digit | Capital> <Digit | Capital> <Digit | Capital> <Digit
| Capital>
    size::= "0x"<Digit | Capital> <Digit | Capital> <Digit | Capital> <Digit
| Capital><Digit | Capital><Digit | Capital><Digit | Capital><Digit | Capital>
    Digit ::= <0|1|2|3|4|5|6|7|8|9>
    Capital ::= <A|B|C|D|E|F>
```

BNF 范式中有不定循环的规则[52]，格式为*Rule，即在元素前加操作符*表示重复，完整形式为<a>*<b>element，例如，3*3<element>表示该元素只允许 3 次，所以块 ID 和 size 可以简化如下：

```
ID ::= "0x", 4*4<Digit | Capital>    //ID 是两个字节，4 位表示，即重复 4 次
size::= "0x", 8*8<Digit | Capital>   //size 是 4 个字节，8 位表示，即重复 8 次
```

每一个块的 ID 都不一样，都有自己的专属表示，例如，主块 ID 是 0x4D4D，编辑块是 0x3D3D，具体块的 ID 只需要根据实际情况灵活替换即可。

通过上述几个文法表示，采用递归法可以简洁地表示出 3DS 文件中块与块的包含关系和树状结构。这种使用字母和符号表达的文法没有二义性，计算机更容易识别，更通用。

2．文件描述

在描述 3DS 文件时，如果单纯从实体外观上使用文本描述，可能会因为一些语言共识或者描述方式的不同，造成理解上的歧义。另外，每个 3D 模型都有自己的特点，全部都描述出来就会出现很多语句，这些语句可能只是换了一个形容词，或者只是换了一个名词而已，句子结构还是一样的，这样就会做许多重复的工作。如果现在用一种规范定义出 3DS 文件的描述形式，那就会省去很多工作量，只需要套用形式就行。

通过上述 3DS 文件的描述，我们可以了解到 3DS 文件数据格式是由“块”组成的，它是一个树状层级结构，主块包含子块的关系。首先，一个 3DS 文件的开始是主块 MAIN3DS，其 ID 是 0x4D4D，它是基本信息块，所以在一个 3DS 文件中，主块是必选项，它总是以主块 0x4D4D 开始的。其次是一级子块，版本信息块 VERSION，ID 是 0x0002，编辑信息块 EDIT3DS，ID 是 0x3D3D，关键帧信息块 KEY3DS，ID 是 0xB000。

最基本的语句规范描述如下：

```
3DS File::=<MAIN3DS>+<VERSION>+<EDIT3DS>+[KEYF3DS]
```

因为一个 3DS 文件总是以主块开始的，所以<MAIN3DS>是必选项，用尖括号括住以表示必选，紧接着是版本信息块、编辑信息块和关键帧块。关键帧信息块是关于帧动画信息的数据，所以这一部分内容不是必须存在的，所以用[ ]括起来表述可选项内容。

编辑块的父块是 0x4D4D，其主要子块是 EDIT_MATERIAL 材质块，ID 是 0xAFFF，EDIT_OBJECT 对象块，ID 是 0x4000。

```
EDIT3DS::=[EDIT_MATERIAL]+<EDIT_CONFIG>+<EDIT_VIEW_P3>+[EDIT_BACKGR]+<EDIT_OBJECT>{+EDIT_UNKNWN}
EDIT_MATERIAL::=<EDIT_NAME01>+[MAT_AMBCOL]+[MAT_DIFCOL]+[MAT_SPECOL]+<MATMAP>
EDIT_VIEW_P3::=<TOP>+<BOTTOM>+<LEFT>+<RIGHT>+<FRONT>+<BACK>+<USER>+<CAMERA>+<LIGHT>+[DISABLED]+[BOGUS]
EDIT_OBJECT::=<OBJ_TRIMESH>+<OBJ_LIGHT>+[OBJ_CAMERA]+{+OBJ_UNKNWN}
OBJ_TRIMESH::=<TRI_VERTEXL>+<TRI_VERTEXOPTIONS>+<TRI_MAPPINGCOORA>+<TRI_MAPPINGSTANDARD>+<TRI_FACEL1>
OBJ_LIGHT::=<LIT_OFF>+<LIT_SPOT>+<LIT_UNKNWN01>
OBJ_CAMERA::=<CAM_UNKNWN>{+CAM_UNKNWNN}
KEYF3DS::=<KEYE_UNKNWN01>+<EDIT_VIEW1>+<KEYF+FRAMES>+<KEYF_OBJDES>{+KEYF_UNKNW}
KEYF_OBJDES::=<KEYF_OBJHIERARCH>+<KEYF_OBJDUMMYNAME>+<KEYF_OBJTRANSLATE>+<KEYF_OBJROTATE>+<KEYF_OBJSCALE>{+KEYF_OBJUNKNWN}
```

EDIT_UNKNWN、OBJ_UNKNWN 等指的是一些未知信息块，它可以有多个，也可以没有，所以用花括号括起来，表示重复 0 到无数次。

在一个 3DS 文件中，主编辑块的子块虽然有序存放，但是在这个大的结构中，有些块并不一定存在，例如，如果在建模过程中并没有定义材质，这里的材质块是不存在的。

4.3.4　实例分析

1．土卫三 3DS 文件分析

许多文献已经介绍过，3DS 文件的二进制位存储顺序是 Intel 式的[53]，低字节在前，高字节在后，所以在读取 3DS 数据文件时候必须考虑这个规则。下面通过一个具体实例对 3DS 文件的数据格式进行详细解析。

首先，通过 3ds Max 2010 创建土卫三模型，导出 3DS 格式并保存，如图 4.38 所示。通过工具 C32ASM 读取图 4.38 中土卫三 3DS 文件，得到其十六进制数据列表，如图 4.39 所示。图中所显示的数据是两个字节的块 ID 和 4 个字节的长度信息。从数据中提取标志性的块 ID，如 0x4D4D（主块）、0x3D3D（编辑块）及 0xAFFF（材质块）等，它们是两个字节的块 ID，后面紧跟 4 个字节该块的长度信息。

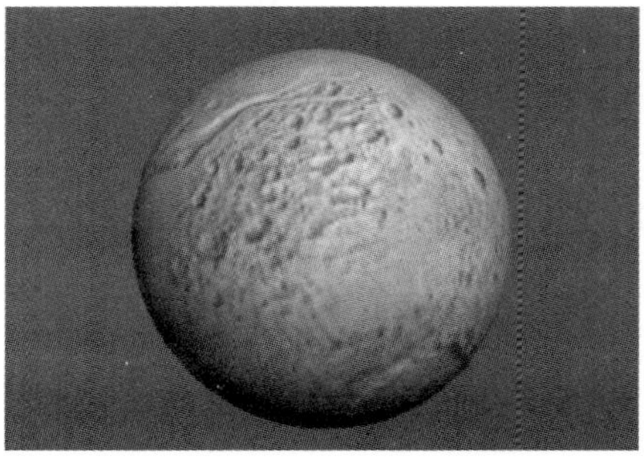

图 4.38　土卫三 3DS 的三维模型

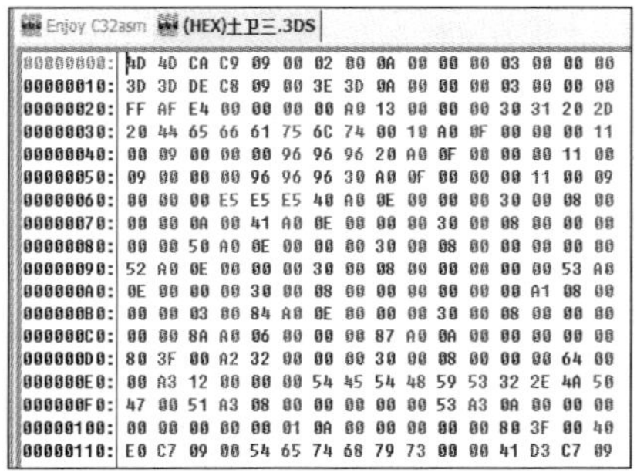

图 4.39　土卫三 3DS 的十六进制数据

从土卫三 3DS 文件中截取一组数据如下：

4D 4D CA C9 09 00 02 00 0A 00 00 00 03 00 00 00 3D 3D DE C8 09 00……

1）首先，4D4D 是该文件的主块 ID，占两个字节。

2）之后的 4 个字节保存的是主块的长度信息，也就是整个文件的长度。因为 3DS 二进制数据是按低位在前、高位在后存储的，所以主块的长度为 0x0009C9CA。

3）接着是该 3DS 文件的第一个子块的 ID、0002。子块的长度是 0x0000000A。

4）之后的块 ID 未知，归为未知信息，可以跳过。

5）3D3D 是主编辑块的 ID。该块的长度为 0x0009C8DE。

6）之后的字节的读取规则按如上步骤。

2. 土卫三 3DS 文件描述

根据以上的研究内容，运用 BNF 的规则描述土卫三 3DS 文件格式，具体内容如下：

① 3DS File::=<chunk>{+chunk}

② chunk::=<ID><size><data | sub-chunk}

③ sub-chunk::=chunk

根据式①和图 4.39 中土卫三 3DS 文件的十六进制数据序列，其 BNF 描述规范如下：

```
土卫三.3DS ::= <MAIN3DS>
```

根据式②和式③扩展如下：

1）基本块的表示：

```
MAIN3DS::="0x4D4D" "0009C9CA" + (<VERSION> + <EDIT3DS>)
```

2）版本块的表示：

```
VERSION::="0x2000" "0000000A" "00000003"
```

3）编辑块的表示：

```
EDIT3DS::="0x3D3D""0009C8DE"+(<EDIT_MATERIAL>+<EDIT_OBJECT>{+EDIT_UNKNWN})
```

4）材质块的表示：

```
EDIT_MATERIAL::="0xAFFF""000000E4"+(<MAT_NAME01>+<MAT_AMBCOL>+<MAT_DIFCOL>+<MAT_SPECOL>+<MAT_SHININESS>+<MATMAP>)
MAT_NAME01::="0xA000""00000013""746C7561666544202D2D3130"
MAT_AMBCOL::="0xA010""00000F""969696000000090011"
MAT_DIFCOL::="0xA020""00000F""969696000000090011"
MAT_SPECOL::="0xA030""00000F""E5E5E5000000090011"
MAT_SHININESS::="0xA040""0000000E""000A000000080030"
MATMAP::="0xA200""00000032""0064000000080030"
```

5）综合以上所有式子，总式表示如下：

```
土卫三.3DS ::="0x4D4D""0009C9CA"+"0x2000""0000000A""00000003"+"0x3D3D""0009C8DE"+("0xAFFF""000000E4"+("0xA000""00000013""746C7561666544202D2D3130"+"0xA010""00000F""969696000000090011"+"0xA020""00000F""969696000000090011"+"0xA030""00000F""E5E5E5000000090011"+"0xA040""0000000E""000A000000080030"+"0xA200""00000032""0064000000080030")+<EDIT_OBJECT>{+EDIT_UNKNWN})
```

由于 3DS 文件是嵌套结构，因此以上是通过递归的方式表示 3DS 的 BNF 描述方法，先用非终结符一层一层表示，直到结构最中心再用终结符一层一层替换。由于土卫三 3DS 文件块结构特别庞大，其中有许多未知块和不重要的块，本节不再赘述，只选取了其中比较重要的块。上述所用数据是从土卫三 3DS 文件的十六进制数据序列中摘取的，数据属实。

从上述式子可以看出，这种描述方法与图 4.39 中文件的十六进制数据相比，更清晰、简洁。省去了没有用的信息之后，所有表述的都是模型文件必要的特征信息，减小了文件存储空间。

4.3.5　小结

如何将知识提炼成规则，需要用到统一的文法。文法之所以最吸引人，是因为它们自然地表述了所定义语言的分层语法结构，便于阅读和理解。基于 BNF 的 3DS 文件文法表示可以更科学地描述文件的结构。

在深空探测三维可视化系统中，将模型文件格式统一，保证在各个星系之间模型可以被自由调用，解决了不同星系系统中模型格式不兼容的问题。使用巴科斯范式描述 3DS 文件，可以缩小文件长度，同时在描述过程中，可把文件中不重要的部分省略，只描述文件的必要信息，在不影响模型正常显示的情况下，将文件描述到最简。对于三维实时可视化系统，规范模型的文件格式，可以提高实时性能，降低系统运行的时间误差，这不仅有助于计算机快速读取，也方便使用者识别。

本节为更好地管理和使用 3DS 文件提出一种新思路，希望能对改进 3DS 文件的存储空间和传送速率起到一定的借鉴作用。

4.4 3DS 文件特征提取器的设计与实现

4.4.1 文件格式选择

随着虚拟现实技术和 3D 技术的快速发展，市场应用越来越广泛，基于三维模型的深空探测实时三维可视化技术需求越来越大，对三维模型的需求也随之增大。由于各种三维建模软件层出不穷，生成的模型格式也各种各样。目前，常用的三维建模软件包括 AutoCAD、3ds Max、Maya、Zbrush 等，不同的三维建模软件适用于不同的应用领域，生成的模型格式也各种各样。3DS 是一种比较通用的保存三维模型信息的文件格式，不管是建模人员还是后期使用人员，都能灵活操作。如果对 3DS 文件规范化描述，在格式转换和模型应用中，就会提高调用速度和使用效率。

3DS 文件由许多块组成，每个块都有特定的信息，包括块 ID、块长度和块数据。3DS 文件块结构并不是堆积而成的，而是一个复杂有序的整体，大块包含小块的层级结构。一个 3DS 文件有上千个块（chunk），它们构成了一个复杂但灵活的文件系统，用户不需要知道所有块就可以顺利地读完整个文件。

如果想要知道一个 3DS 文件的某一个属性信息，需要将模型导入 3ds Max 查看，但是这大大地增加了工作量，操作不方便，也不科学，所以本节设计了一个 3DS 文件特征提取器，通过输入 3DS 文件解析其结构，并从中提取到目标特征信息，如材质、贴图、顶点、面、对象数等，根据块 ID 识别目标块并以 TXT 格式输出。它利用三维模型的属性信息建立特征索引进行数据提取，从模型文件中自动计算并提取目标模型的属性特征，更科学地提取文件信息。

4.4.2 3DS 文件特征提取器的设计

1. 设计流程

对 3DS 文件进行特征信息提取时，需要将文件导入提取器中，对文件格式进行判断，非 3DS 文件需要转换格式再次提取，然后根据块 ID 提取信息。3DS 文件特征信息提取器的整体设计流程图如图 4.40 所示。

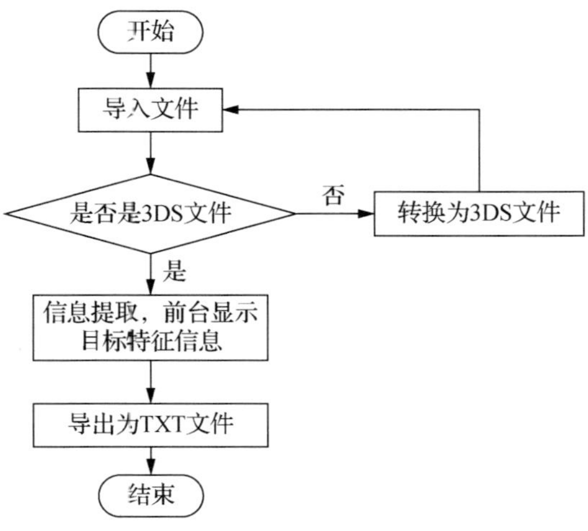

图 4.40　提取器整体设计流程图

2. 特征选取

根据提取器的整体设计，需要通过预制订的分类编码规范选取 3DS 文件的目标特征选项，然后提取具体模型的目标特征信息，根据这些信息为该模型赋予序列码。

通过研究 3DS 文件，选取的分类选项为：首先判断该文件是不是 3DS 文件，然后就是模型的属性，分别为材质、纹理、贴图、顶点、面、对象，以及是否是动画，根据这些分类选项，从 3DS 文件中选取到的文件块及 ID 分别如下：

0x4D4D：主块。

0xAFFF：纹理信息。

0xA000：材质名称。

0xA300：贴图名称。

0xB000：关键帧主块。

0x4120：面信息，其中包括面个数。

0x4000：对象信息，包括对象个数。

0x4110：顶点信息，其中包括顶点个数。

根据以上选取的 8 个块 ID 和信息，可以设计算法实现信息提取，满足后期所需的 10 个分类特征选项。分别是 3DS 格式文件、模型有无材质、模型有无纹理、材质贴图格式、有无关键帧、模型顶点数、模型的面数、模型对象数、阴影、颜色。

4.4.3 3DS 文件特征提取器的实现

3DS 文件提取器主要以 Qt 应用程序框架 Qt Creator 集成环境开发，使用 C++语言编写。程序中没有采用系统自带的 Qt Designer 控件来设计界面，GUI 中的菜单、按钮和文本框主要采用纯代码实现，以方便系统程序的管理和维护。

1. 功能实现

系统分析和提取 3DS 文件信息代码采用模块化技术，每一个模块负责完成一个功能的具体实现，如分析顶点数、面数、模型数、贴图数量和记录，并将各个值显示到界面上。程序的 Qt 提取器的实现环境如图 4.41 所示。

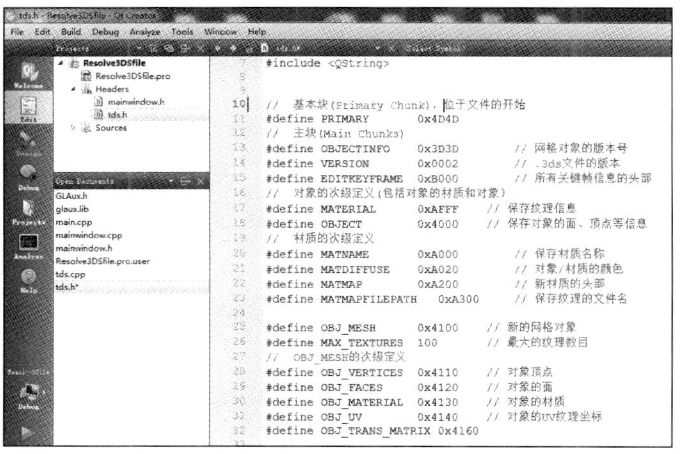

图 4.41 程序的 Qt 提取器的实现环境

提取器的设计界面如图 4.42 所示，分为标签显示和文本框输出两部分，单击“File”下拉菜单导入文件，提取 3DS 文件信息，并在前台界面显示。如果导入的非 3DS 文件，则会弹出“This is not 3DS file!”的提示框，提醒重新选择文件。

程序的“File”下拉菜单对 3DS 文件信息提取完毕之后，在“File”下拉菜单中有“Export”选项，前台界面显示输入文件的特征信息，之后可以将该信息导出为 TXT 文件保存，供后期分类编码时使用。

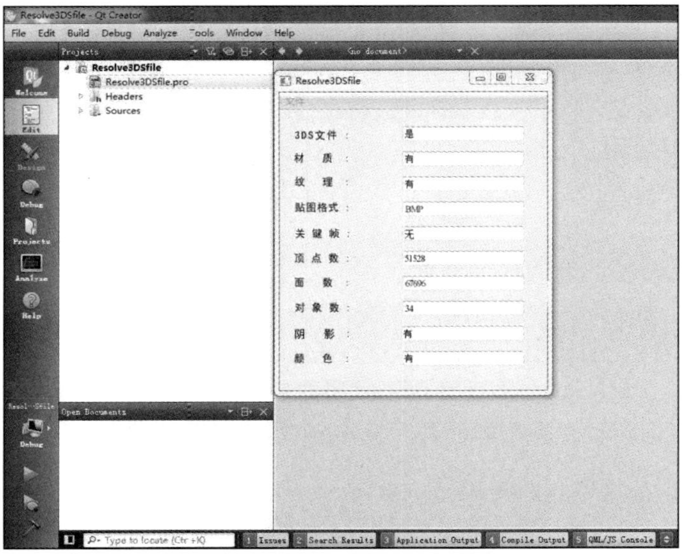

图 4.42　提取器的设计界面

2. 代码设计

1）宏定义：先需要对每一个目标特征块进行宏定义，每一个块名称和块 ID 要对应，如下所述，只列举了部部分，其他特征块的定义方法同下，此处不再赘述。

```
#define  MAIN3DS        0x4D4D     //定义主块
#define  OBJ_VERTICES   0x4110     //定义顶点块
#define  OBJ_VERTICES   0x4110     //对象顶点
#define  OBJ_FACES      0x4120     //对象的面
#define  OBJ_MATERIAL   0x4130     //对象的材质
#define  OBJ_UV         0x4140     //对象的 UV 纹理坐标
```

2）定义结构体：为了读取 3DS 文件中顶点块的信息，需要定义存储顶点信息的结构体，具体代码如下。这里只选取顶点为例进行说明，其他结构体的代码不再过多叙述。

```
class CVector3              //定义顶点类
{
public:
  CVector3(){}
  CVector3(float X, float Y, float Z)
  { x=X;
   y=Y;
   z=Z;}
```

```
    inline CVector3 operator+(CVector3 vVector)
    { return CVector3(vVector.x + x, vVector.y + y, vVector.z + z);}
    inline CVector3 operator-(CVector3 vVector)
    { return CVector3(x - vVector.x, y - vVector.y, z - vVector.z);}
    inline CVector3 operator-()
    { return CVector3(-x, -y, -z);}
    inline CVector3 operator*(float num)
    { return CVector3(x * num, y * num, z * num);}
    inline CVector3 operator/(float num)
    { return CVector3(x / num, y / num, z / num);}
    inline CVector3 operator^(const CVector3 &rhs)const
    { return CVector3(y * rhs.z - rhs.y * z, rhs.x * z - x * rhs.z, x * rhs.y
- rhs.x
    * y);}
    union
    { struct
      { float x;
       float y;
       float z;};
     float v[3];
     };
}
```

3）顶点读取函数：通过使用字节读取文件指针函数，每读取两个字节，顶点数加 1，直至读取完毕。代码如下：

```
pPreChunk->bytesRead+=fread(&(pObject->numOfVerts),1,2,m_FilePointer);
```

4）对象材质块读取函数：使用 getstring 函数获取材质字符串之后，使用字符串分离函数，提取后缀名，即可得到材质贴图格式。代码如下：

```
    itextureFormat_temp=g_3DModel.pMaterials.constData()->straFile;itextu
reFormat=itextureFormat_temp.section('.',1,1);
```

5）对于多个对象，它们是紧接着保存在 3DS 文件中，如果有 n 个对象，文件中就会有 n 个 0x4000，读取时通过读取对象数来判断该文件一共有几个 0x4000 块，即对象数。由于 3DS 文件是嵌套式结构，因此在读取时可以使用递归法，先读父块再读入子块，利用 switch 语句判断子块的 ID，读入所需块信息，略去无关信息，如果当前已读入块字节数与块长度相等则循环终止。循环结束之后，就可以提取到目标模型的属性信息。也就是说，在读取下一数据块函数中，使用 switch 语句与对象块 ID 号进行匹配，如果二者相等，则对象数加 1，若不相等则不执行加 1 操作，继续读取下一块，直到文件全部读取完毕。核心代码如下：

```
Switch(m_CurrentChunk->ID)
{
 case MATERIAL:
  pModel->numOfMaterials++;
  pModel->pMaterials.push_back(newTexture);
  ReadNextMatChunk(pModel, m_CurrentChunk);
```

```
    break;
  case OBJECT:
    pModel->numOfObjects++;
    pModel->pObject.push_back(newObject);
    memset(&(pModel->pObject[pModel->numOfObjects - 1]), 0, sizeof(t3DObj
      ect));
    m_CurrentChunk->bytesRead += GetString(pModel->pObject[pModel->num
      OfObjects-1].strName);
    ReadNextObjChunk(pModel, &(pModel->pObject[pModel->numOfObjects-1
      ]), m_CurrentChunk);
    break;
  }
```

6）贴图数量的读取方法同上。代码如下：

```
Switch(m_CurrentChunk->ID)
{ Case MATERIAL:
pModel->numOfMaterials++;
pModel->pMaterials.push_back(newTexture);
ReaNextMatChunk(pModel,m_CurrentChunk);
Break;
}
```

另一个值得注意的是，对于不必要块的跳过。3DS 文件整体结构虽然庞大，但实际上只需要用到里面部分重要块的信息，当碰到不重要的块时就不用读取详细信息，直接跳过。所以，只选取了与分类编码规范相关的几个重要块，对于其他块选择跳过。跳过方法为：判断一个块的 ID 是不是所需的，如果需要直接读取，否则只需要读取块长度信息，由于块 ID 加长度一共 6 个字节，所以跳过的时候只需将文件指针向前移动 $N-6$ 个字节（N 为块长度）[54]。代码如下：

```
    m_Current->bytesRead-=fread(buffer,1,m_CurrentChunk->length-m_Current
Chunk->bytesRead,m_FilePointer);
```

4.4.4　小结

一个 3DS 文件包含很复杂的模型信息，但是并不是所有信息都是有用的。为了规范化管理 3DS 模型，需要从中提取所需特征信息，将其导出保存为 TXT 文件，以供后期为模型分类编码时读取。因此，本章设计并实现了一个 3DS 文件特征信息提取器，可以科学地提取模型属性信息。

通过研究可以对一个 3DS 模型文件进行特征信息提取，以指定的格式输出一个 TXT 文本，列出所需信息的清单。下一步的工作就是在分类编码器中读取该 TXT 文本文档，将所需信息显示在分类编码器的页面上，然后根据特征信息在分类选项区选择各项内容，生成序列码，即为该模型分类编码，并从后台数据库调出对应二维图片，如果不存在该模型，则将序列码保存至数据库供以后调用。

4.5　分类编码器的设计与实现

对于深空探测实时可视化系统中成千上万的三维模型，不同星系之间模型的格式存在互不兼容的问题，例如，银河系和太阳系之间的模型不能相互调用，这就会影响系统的运行速度和整体性能，因此需要对系统中的三维模型制定统一的管理规范，优化系统的功能和性能。研发人员对系统中的三维模型已经做了相关研究[55-57]，但由于没有一个系统的管理规范，因此大量的三维模型不容易被调用。规范地管理三维模型，可以有效地提高目标三维模型的调用速度和精确度，减小内存占用率，缩短调用时间，保证三维模型使用的实时性，促进航天事业的发展。

在一个三维可视化仿真系统中，如果将其中的所有三维模型使用一个统一的技术规范来管理，可以有效地提高目标三维模型的调用速度和精确度，在调用目标模型时会更快速、更精确。规范化管理的途径之一就是将分类编码应用于三维模型的管理，通过使用较通用的阿拉伯数字加英文字母的形式对模型进行标注，避免文本型标注的二义性。因此，针对这个问题制定了三维模型的分类编码规范，根据所制定的规范设计并实现了一个分类编码器，为三维模型分类编码。

4.5.1　分类编码规范

分类编码系统就是使用字符，如数字、字母或符号，对研究对象的相关特征进行描述和标识的一套特定规则和依据；按照分类编码系统的规则利用字符描述对象特征的过程就是对研究对象进行编码，这种码也称为 GT 码。

规范化管理三维模型的途径之一就是将其分类编码，通过使用较通用的阿拉伯数字加英文字母的形式对模型进行标注，避免文本型标注的二义性。类似于为每个三维模型赋予一个身份证号码，这个号码具有唯一指定性。孙平等在文献[21]中提到三维模型的描述主要是基于英文关键字，以用途或属性命名，如太阳能电池板命名为“SolarPanel”。这种方式虽然通俗易懂，容易根据字面意思理解所描述的内容，但是会出现文本歧义。例如，命名者描述的是太阳能电池板，但是调用者并不知道模型的命名是什么。另外，文本型描述可能会出现地域性差异，如红薯在有的地方称为地瓜，这就缺乏一个统一的规范。

分类一般以事物的本质属性作为分类依据，选择 3DS 文件，对模型分类时，既可以采用某一种属性特征作为分类根据，又可采用另一种属性特征作为分类根据，所选取的模型文件属性特征即为分类点，建立的分类编码规范主要针对天体模型，因此部分分类特征点只对天体模型进行了详细分类。

1. 编制方法及原则

在为三维模型分类编码时应当遵循信息分类法，主要分为线分类法、面分类法及混合分类法 3 类。本分类编码规范所使用的方法主要是面分类法，如果后期有必要，将线分类法作为补充。

编制过程中需要遵循的原则如下。

1）科学性：选择 3DS 模型最稳定的本质属性作为分类基础和依据。

2）唯一性：代码和 3DS 模型一一对应，一个代码只代表一个模型。

3）可扩展性：后期可供完善和补充。

4）精确性：采用数字和字母相结合的方法编制，避免文本标注的二义性，尽可能多地包含一个模型的特征信息，使描述尽量精确。

2. 分类点选取

在 4.4 节中作者设计并实现了一个 3DS 文件特征提取器，可以科学地提取 3DS 文件信息。所提取的 10 个文件特征包括 3DS 文件头、材质、纹理、贴图格式、顶点数、面数、对象数、阴影、颜色、有无关键帧。根据提取器可以提取的属性信息，本节所设计的分类编码规范所用到的 12 个分类点选项如下：3DS 文件头、类别、材质、纹理、贴图格式、贴图像素、顶点数、面数、对象数、阴影、颜色、动态静态。

其中模型类别是通过常识判断选择，贴图的像素通过查看贴图获得，其他 10 个都来自 3DS 特征提取器所提取获得。分类选项大部分是选自 3DS 特征提取器所能提取到的特征点，但有两个分类点是为了分类编码规范的相对完善所添加的，但这些特征点的提取在上述提取器中并没有实现，需要通过其他方式查找。

3. 制定规范

分类编码规范采用阿拉伯数字和大写英文字母相结合的方式进行编制。如果一个分类点的具体选项按常识不会超过 26 个，就采用大写英文字母的形式赋码，否则使用阿拉伯数字。例如，阿拉伯数字 11 可以用大写英文字母 K 代替，这样能保证描述同样多模型特征时尽量缩短序列码的位数，使描述更简洁，优化系统。

对于自然语言的文本标注而言，不同种类语言及同一种语言内部对同一对象的描述词可能不一致，这就可能导致检索字段和模型本身的标注存在差异，不能精确、快速地找到所需目标模型。相对而言，使用数字和字母相结合的编码型标注可以有效避免文本歧义。三维模型分类编码表如表 4.1 所示。

表 4.1　三维模型分类编码表

码位	内容	赋值形式	赋值范围	符号
第 1 位	3DS 文件头	阿拉伯数字	0 或 1	X
第 2～3 位	类别	阿拉伯数字	00～99	XX
第 4 位	材质	阿拉伯数字	0 或 1	X
第 5 位	纹理	阿拉伯数字	0 或 1	X
第 6 位	贴图格式	对应英文单词首字母	A～Z	X
第 7 位	贴图像素	对应英文单词首字母	N（none）、L（low）、M（middle）、H（high）	X
第 8～14 位	顶点数	阿拉伯数字	0000000～9999999	XXXXXXX
第 15～21 位	面数	阿拉伯数字	0000000～9999999	XXXXXXX
第 22～25 位	对象数	阿拉伯数字	0000～9999	XXXX
第 26 位	阴影	阿拉伯数字	0 或 1	X
第 27 位	颜色	阿拉伯数字	0 或 1	X
第 28 位	动态/静态	对应英文单词首字母	A（animated）/S（static）	X

根据表 4.1 中所建立的分类编码规范，要为每一个分类点中的选项赋码，具体类别赋码表如表 4.2 所示。

表 4.2　具体类别赋码表

码位	内容	赋码	不同特征赋码
第 1 位	3DS 文件头	0 或 1	是 3DS 文件：1；不是 3DS 文件：0
第 2～3 位	类别	00～99	非天体：00 恒星：01 行星：02 卫星：03 小行星：04 彗星：05 流星：06 星团：07 星云：08 红外源：09 紫外源：10 射线源：11 类星体：12 宇航员：13 航天器：14 碎片：15 星系团：16 超星系团：17 河外星系：18 行星际物质：20 星系际物质：21
第 4 位	材质	0 或 1	有材质：1；无材质：0
第 5 位	纹理	0 或 1	有纹理：1；无纹理：0
第 6 位	贴图格式	A～Z	无贴图：N；JPG：J；BMP：B；PNG：F；DDS：D
第 7 位	贴图像素	N/L/M/H	无贴图：N（none）；低（0×0px，1024×1024px）：L（low）；中（1024×1024px，2048×2048px）：M（middle）；高（2048×2048px，∞）：H（high）
第 8～14 位	顶点数	0000000～9999999	直接录入模型的实际顶点数；在留出的 7 位上，数字靠右录入，左边空位用 0 补齐
第 15～21 位	面数	0000000～9999999	直接录入模型的实际面数；在留出的 7 位上，数字靠右录入，左边空余位用 0 补齐
第 22～25 位	对象数	0000～9999	直接录入模型的实际对象数；在留出的 4 位上，数字靠右录入，左边空位用 0 补齐
第 26 位	阴影	0 或 1	有颜色：1；无颜色：0
第 27 位	颜色	0 或 1	有阴影：1；无阴影：0
第 28 位	动态/静态	A/S	动态：A（animated）；静态：S（static）

4.5.2　分类编码器的设计

根据三维模型分类编码规范，设计并实现了一个分类编码器对模型进行分类编码。所设计的分类编码器是基于浏览器/服务器（browser/server，B/S）模式的网页版工具，B/S 模式具有适用于在 Internet 上公布信息和查询的优点。在系统的设计过程中，将标准化管理的理念融入信息系统，通过软件来规范操作，实现管理与信息的真正融合。

1. 开发系统平台支撑环境

本分类编码器采用了目前应用比较广泛的 B/S 体系架构，使用的开发工具为 Dreamweaver，SQL Server 2008 作为后台数据库，jQuery LigerUI V1.2.5 作为界面开发技术，并结合 HTML 技术及 JavaScript 脚本进行设计和实现。开发过程遵循三层架构模式，如图 4.43 所示。

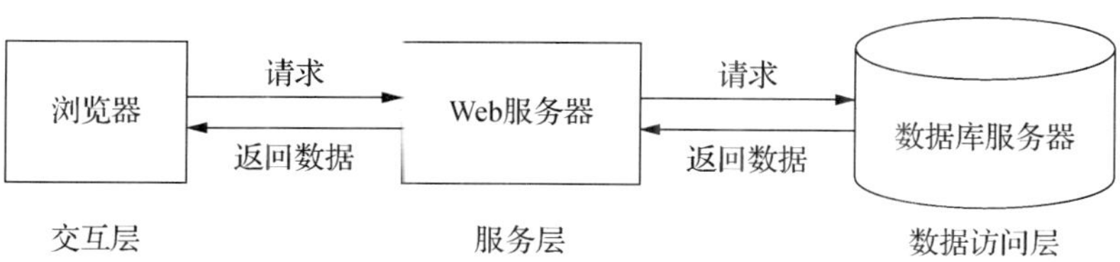

图 4.43　B/S 三层体系架构图

这种模式可以降低系统的复杂性，有效地提高系统的可扩展性。此系统分为前台页面展示和后台管理两大模块，通过层叠样式表（cascading style sheets，CSS）结合 HTML 的精心设计，在实现基本功能的同时，尽力达到页面简约、布局合理舒适和色彩清新的界面设计。

以目前的互联网技术来看，局域网建立 B/S 结构的网络应用程序，通过 Internet/Intranet 模式下数据库应用，相对来说比较容易把握，可以有效地保护数据平台，管理访问权限，服务器数据库比较安全。其中 jQuery LigerUI V1.2.5 是基于 jQuery 的一系列 UI 控件组合，用于创建前端用户界面，与后台服务器的前端框架，其核心目标是使用简单、快速开发、功能强大、轻量级及易扩展。而 jQuery LigerUI V1.2.5 与以前的版本相比，功能更加丰富，更加符合面向对象的设计，也更能满足三维模型分类编码器平台以后不断扩展和升级的需要，尤其是它在处理图形功能方面有了更大的提升，具有满足平台在图形展现方面的优势。

2. 整体设计

（1）研究对象

本章研究主要为了解决深空探测可视化系统中三维模型的管理问题，建立一个通用、完备和可扩充的三维模型管理系统，形成航天实时三维可视化中三维模型的技术规范，因此研究对象主要是相关系统中的航天模型，本系统所依据的分类编码规范主要针对天体模型，如航天器、星体等，如图 4.44 所示。

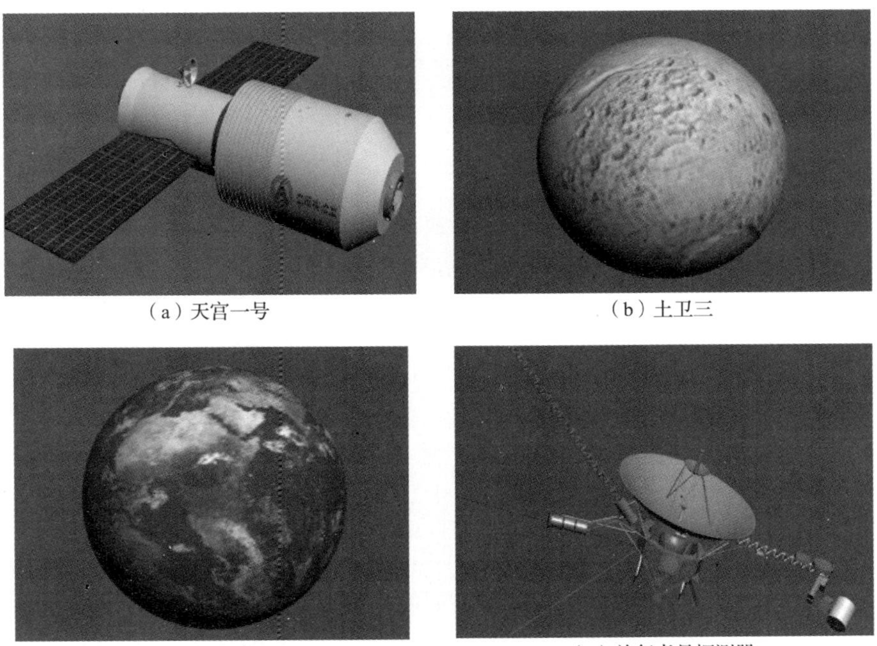

（a）天宫一号　　（b）土卫三

（c）地球　　（d）旅行者号探测器

图 4.44　天体模型

系统中部分分类特征点只针对天体模型进行了详细分类，并没有涉及其他方面的三维模型。天体三维模型是 3DS 格式的模型文件，能稳定地保存模型 mesh 信息和 UV 信息，3D 软件基本都能打开。

（2）功能模块

根据本节的编码原则，将所制定的分类编码规范设计成一个三维模型分类编码器，主要功能是通过工具为 3DS 模型分类编码，生成序列码为模型命名并存入后台数据库中，并对已存的模型图片进行调用，并使其前端显示。该系统主要分为以下模块：选项特征模块、生成序列码模块、调用模型图片模块、调用数据库模块。

（3）系统流程

使用三维模型分类编码器为一个 3DS 模型分类时，具体流程如图 4.45 所示。

根据分类点查看模型相应的属性信息，在分类编码器中每个特征选项去选择对应的特征。特征选完之后生成模型的序列码，根据这些序列码调用后台数据库预先存储的图片信息。这部分需要做一个判断，先要判断出数据库中是否已经存储了该模型的信息，若有，则直接在前台页面显示该图片；若没有，则需要先将模型信息存储，即将生成的序列码为模型命名并存储在后头数据库中，之后再做判断，是否可以显示图片。

4.5.3 分类编码器的实现

三维模型分类编码器平台界面主要以 jQuery LigerUI V1.2.5 技术开发，HTML、CSS 技术为辅来实现。系统中的具体功能由 JavaScript 来实现，如业务逻辑处理、用户的数据访问及合法校验性等，以保证系统运行的稳定性。

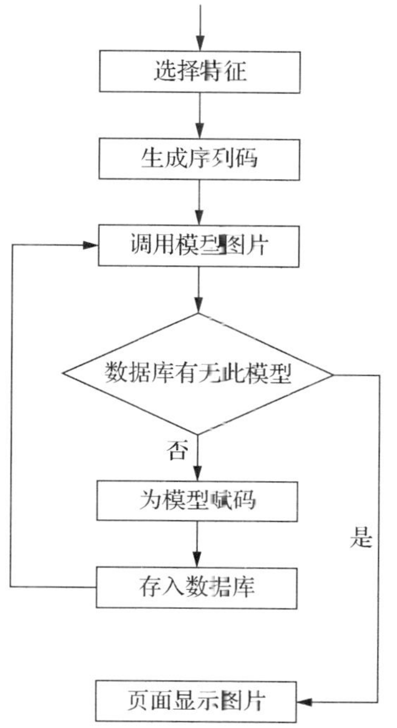

图 4.45　功能流程图

1. 前端实现

前端的设计与实现主要考虑以下 3 个方面：用户界面的交互活动要灵活、操作简易、界面设计友好。首先访问欢迎页面 welcome.html，单击“OK”按钮后将进入 index.html 主界面，打开访问主页面首先访问 index.html 页面中引入的 JavaScript 和 CSS 源，引入相应源之后系统平台即可根据需要来实例化页面中的表单、窗口等一系列的组件，之后显示出界面。

根据本节的设计构思，开发的三维模型分类编码系统的整体界面如图 4.46 所示，主要分为特征选项区和图片显示区两部分。

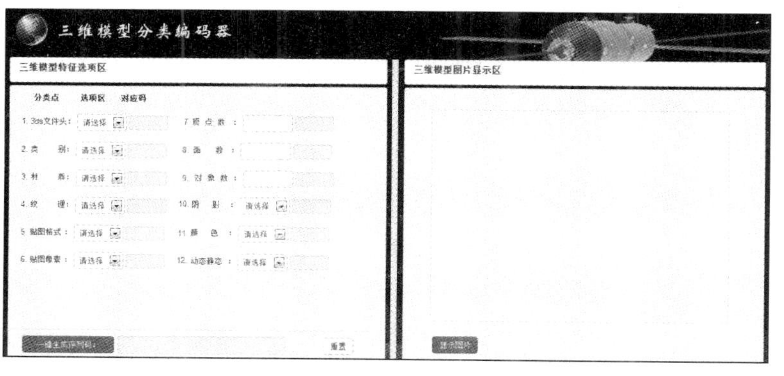

图 4.46　三维模型分类编码系统界面

2. 代码设计

（1）特征选项区

特征选项区共分为 12 个选项，其中 7、8、9 选项是通过输入模型顶点数、面数、对象数的实际数据，在后面标签框中生成 7 位和 4 位的数字序列；其他则是通过在下拉菜单中选择相对应的特征点，并在标签框中显示所对应的编码。

根据下拉菜单选择特征点生成编码的具体实现代码如下，以第一个为例，代码如下：

```
//选择特征，显示对应值
function  getYsz(i)
{   //alert(i);
var yszl= $("#yszl"+i).val( );
    $("#ysz"+i).val(yszl);
}
<input type = "text"id="inputA"value = ""
onkeyup="value=value.replace(/[^\d]/g,'');fillB( );"
onbeforepaste="clipboardData.setData('text',clipboardData.getData('text').replace(/[^\d]/g,''))"/>
```

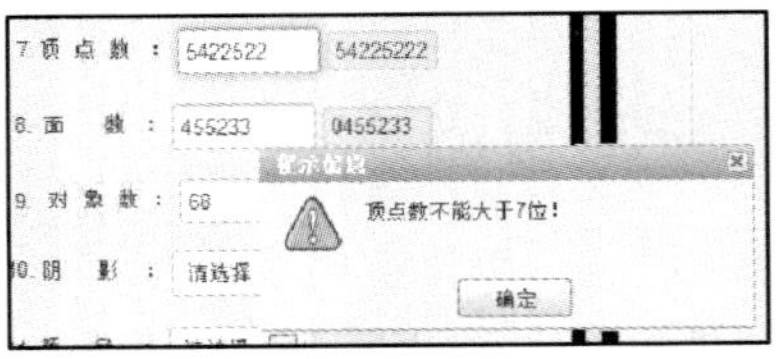

图 4.47　超过限制位数显示提示信息

7、8、9 选项所对应的功能如图 4.47 所示，实现代码如下，以顶点数为例，代码如下：

```
//文本框值改变事件
function fillB(){
var  a=document.getElementById("inputA").value;
var a_length=parseInt(a.length);
if(a_length>7){
var ss = document.getElementById("inputA").value;
var ss1=ss.substring(0,7);   // 取子字符串
document.getElementById("inputA").value=ss1;
$.ligerMessageBox.warn('提示信息','顶点数不能大于 7 位!');    }
var b0_int=7-a_length;
var b0_str='';
for(var i=0;i<b0_int;i++)
{  b0_str+="0";}
document.getElementById("inputB").value=b0_str+a;
 }
<input type="text" id="inputA" value=" "
onkeyup="value=value.replace(/[^\d]/g,'');fillB( );"
onbeforepaste="clipboardData.setData('text',clipboardData.getData('text').replace(/[^\d]/g,''))"/>
```

根据所制定的分类编码规范，7、8 分类点的选项设置限制位数为 7 位，9 分类点限制为 4 位，当输入位数超过限制，则弹出提示框，此功能是 jQuery LigerUI V1.2.5 中的实现功能，如图 4.47 所示，实现代码如下：

首先在页面中引入 CSS 和 JS（javascript）资源：

```
<linkrel="stylesheet"href="index1_files/messageBox.css">
```

```
<scripttype="text/javascript"charset="utf-8"src="index1_files/message
Box.js">
```

然后在页面中调用函数：

```
$.ligerMessageBox.warn('弹窗标题', '弹窗提示内容');
```

（2）序列码生成区

将模型的 12 个特征点选择完成之后，通过单击“一键生成序列码”按钮，生成该三维模型所对应的编码，该模型即使用该序列码命名。具体实现代码如下：

```
//一键生成按钮点击事件
function  getXlm( )
 {   if($("#ysz1").val( )=="")
{  ysz1_val='?'; }else{
       ysz1_val=$("#ysz1").val( );
      }
//……(结构一样，为节省篇幅，故省略重复代码)
if($("#ysz12").val( )=="")
{  ysz12_val='?'; }else{
        ysz12_val=$("#ysz12").val( );
     }
xlm=ysz1_val+ysz3_val+ysz5_val+ysz7_val+ysz9_val+ysz11_val++inputB_va
l+Text2_val+Text4_val+ysz8_val+ysz10_val+ysz12_val;
     $("#xlm").val(xlm);}
```

（3）调用数据库图片技术实现

根据所生成的模型序列码，才能够在后台数据库中调出该模型的图片信息，前提是该模型是存储在数据库中的，如果没有该模型的信息，则在显示图片之前，需要补充数据库的模型信息，即将使用序列码命名的三维模型的信息存入数据库。所有可调用的信息都是数据库中存储的，调用实现代码如下：

```
function  getImg( )
{
var xlmVal=$("#xlm").val( );
    if(xlmVal=="")
 {$.ligerMessageBox.warn('提示信息', '序列码不能为空！');    }
else
{   xlm+=".jpg";
// 创建数据库对象
   var name,temp;
   var objdbConn = new ActiveXObject("ADODB.Connection");
// DSN 字符串
   var strdsn = "Driver={SQL Server};SERVER=127.0.0.1;UID=sa; PWD=123;
DATABASE=VisitSql";
// 打开数据源
objdbConn.Open(strdsn);
// 执行 SQL 的数据库查询
var objrs = objdbConn.Execute("select picnumber from picurltab");
```

```
// 获取字段数目
var fdCount = objrs.Fields.Count - 1;
if(!objrs.EOF)
{  while(!objrs.EOF)
{  for(var i=0;i<=fdCount;i++)
name=objrs.Fields(i).Value;
if(name==xlm)
{ temp=name;
break;
}
objrs.moveNext( );
}
}
if(temp==xlm)
{   $('#imgDiv').empty( );
var xml="";
xml += " <img  style='float:left;width:400px;height:300px' src=\"images/
"+name+"\" />";
$('#imgDiv').append(xml);
}
else{ $.ligerMessageBox.warn('提示信息', '找不到对应的三维模型！'); }
objrs.Close( );        // 关闭记录集合
objdbConn.Close( );  // 关闭数据库链接
}
}
```

4.5.4 小结

在深空探测可视化技术中，三维模型是关键，作为可视化系统的资源基础，由于没有一个系统的管理规范，因此大量的三维模型不容易被调用。如何统一管理这些三维模型，成为促进可视化系统快速发展的重中之重。

本节提出对三维模型规范化管理，将分类编码规范应用于深空探测可视化系统中，可以减小内存占用率，缩短模型调用时间，保证三维模型使用的实时性。三维模型是可视化系统的资源基础，对模型分类编码是优化可视化系统的必要方法。本节提出的分类编码规范主要针对三维模型的命名规则，使用阿拉伯数字和英文字母为其命名，解决了文本型标注“二义性”的问题。所开发的分类编码器可以根据模型的属性特征为其分类编码，并存入数据库或从数据库调用模型图片。

4.6　三维模型分类编码实例验证

在一个三维可视化仿真系统中，如果将其中的所有三维模型使用一个统一的技术规范来管理，在调用目标模型时会更快速、更精确。通过将三维模型分类编码，可以建立一个通用、完备和可扩充的三维模型管理系统，形成航天实时三维可视化中三维模型的技术规范，这对促进深空探测三维可视化技术的发展具有很高的应用价值。

本节针对深空探测实时可视化系统中三维模型的规范化管理，建立分类编码规范，设计并实现了一个三维模型分类编码系统；根据前两节设计并实现的 3DS 文件特征提取器和分类编码器，通过为天宫一号、土卫三和星特朗天文望远镜三个天体模型分类编码进行了实例验证。

4.6.1　天宫一号

1. 特征提取

通过 3ds Max 导入天宫一号的 3DS 模型文件，如图 4.48 所示。

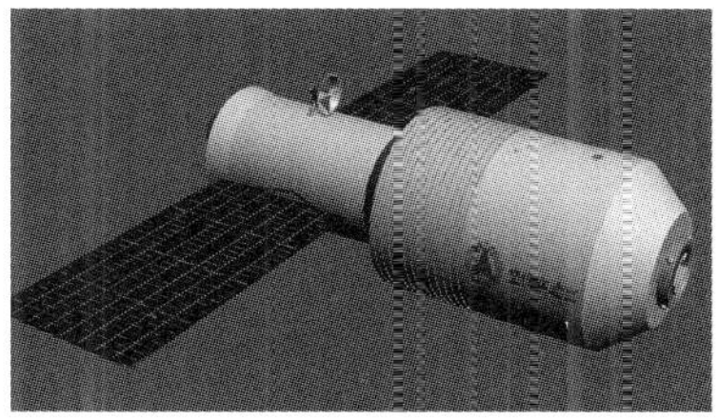

图 4.48　天宫一号的 3DS 模型

查看模型属性信息如下：模型格式为 3DS，属于航天器，有材质，有纹理，贴图格式为 BMP，像素为 2048×1024px，顶点数为 51528，面数为 67698，对象数位为 34，有颜色、有阴影、无关键帧属于静态模型。

根据上述天宫一号 3DS 文件的属性信息，现使用 4.4 节设计并实现的 3DS 文件特征信息提取器对该模型文件进行信息特征提取，导入该文件，即可输出提取结果，如图 4.49 所示。

提取特征信息之后，在文件下拉菜单中有“导出”命令，选择“导出”命令可以将提取结果另存为 TXT 文本文档，如图 4.50 所示，这些信息用于下一步的分类编码。

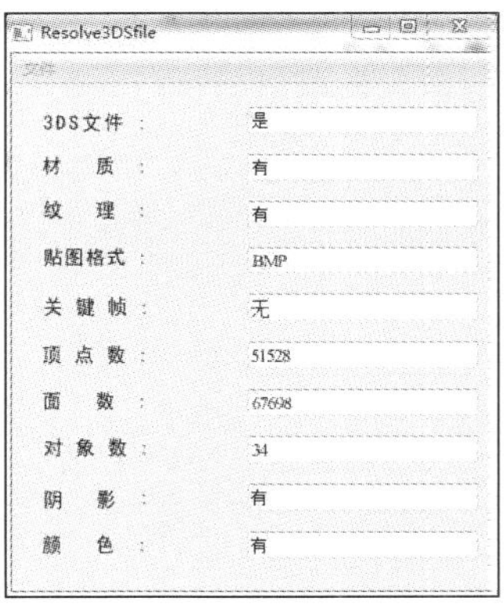

图 4.49　提取结果图

图 4.50　TXT 文件导出

2. 分类编码

根据对天宫一号特征提取到的属性信息，利用分类编码器为其赋码，如图 4.51 所示。

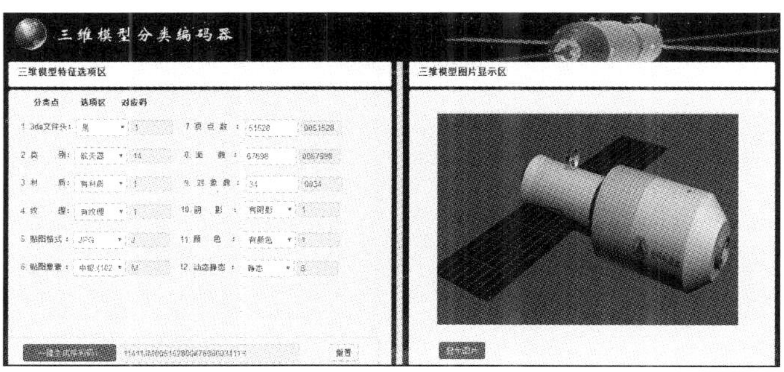

图 4.51　为天宫一号分类编码

分类编码器的左侧是三维模型特征选项区，通过选择具体特征特点，生成相应的代码，根据生成的序列码 11411JM00515280067698003411S，从后台数据库中调出天宫一号的模型图片。

4.6.2　土卫三

1. 提取特征

通过 3ds Max 导入土卫三的 3DS 模型文件，如图 4.52 所示。

图 4.52　土卫三的 3DS 模型

查看模型属性信息如下：模型格式为 3DS，属于卫星，有材质、有纹理，贴图格式为 JPG，像素为 2048×1024px，属于中等，顶点数为 13443，面数为 26572，对象数位为 1，无颜色、无阴影，无关键帧属于静态模型。根据上述属性信息，提取结果如图 4.53 所示，单击导出的 TXT 文本文档如图 4.54 所示。

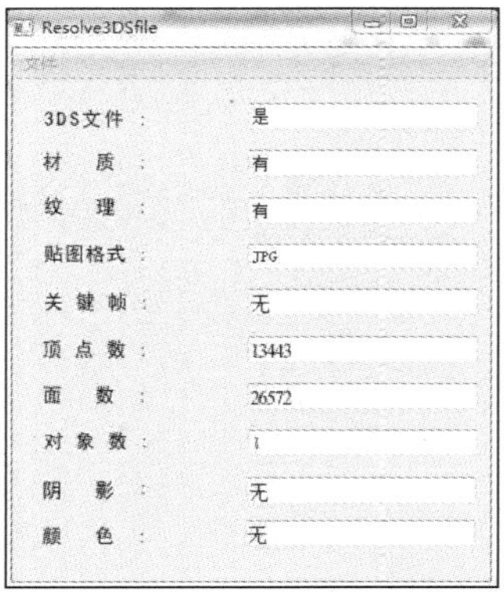

图 4.53　提取结果

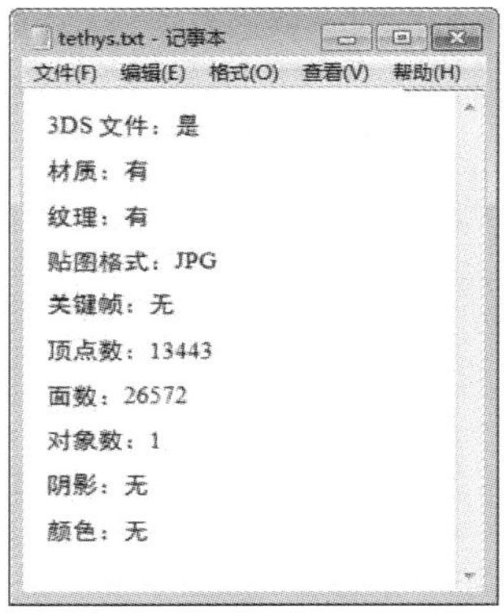

图 4.54　TXT 文件导出

2. 分类编码

根据以上所提取到的特征信息，利用分类编码器对模型进行分类编码，结果如图 4.55 所示。

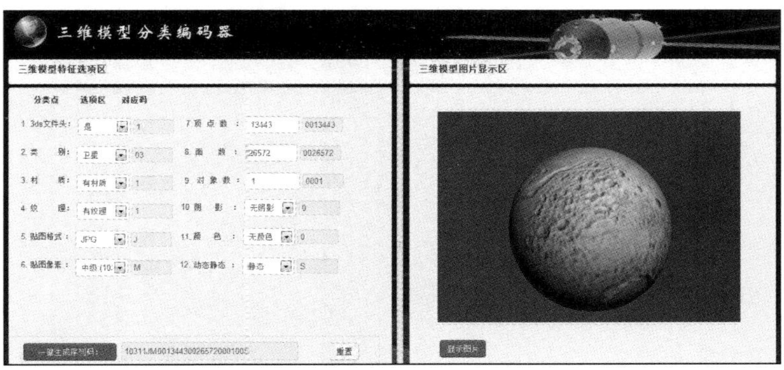

图 4.55　为土卫三分类编码

4.6.3　星特朗天文望远镜

1. 提取特征

通过 3ds Max 导入星特朗天文望远镜的 3DS 模型文件，如图 4.56 所示。

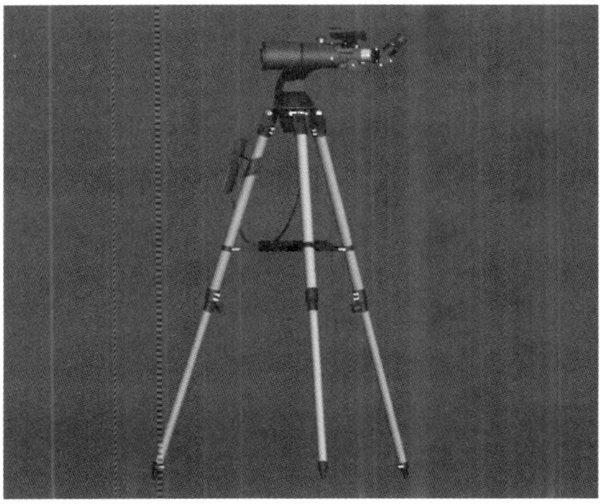

图 4.56　星特朗天文望远镜的 3DS 模型

查看模型属性信息如下：模型格式为 3DS，属于非天体，有材质、有纹理，贴图格式为 BMP，像素为 1024×512px，属于低等，顶点数为 206441，面数为 239567，对象数位 345，无颜色、无阴影，无关键帧属于静态模型。根据上述属性信息，提取结果如图 4.57 所示，单击导出的 TXT 文本文档如图 4.58 所示。

2. 分类编码

根据以上所提取到的特征信息，利用分类编码器对模型进行分类编码，结果如图 4.59 所示。

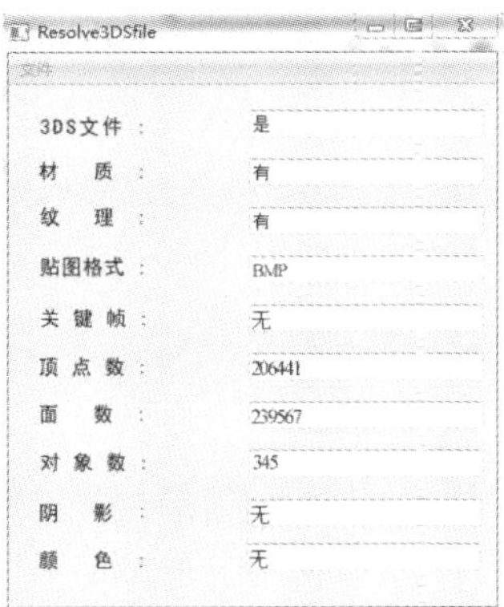

图 4.57　提取结果

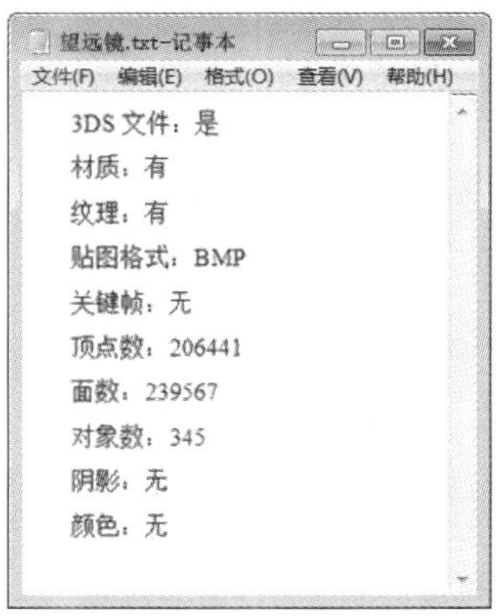

图 4.58　TXT 文件导出

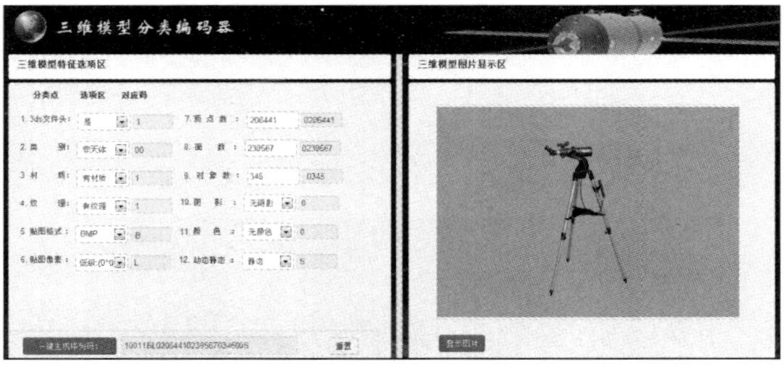

图 4.59　为星特朗天文望远镜分类编码

4.6.4　小结

本节建立的三维模型分类编码系统主要包括两部分，4.4 节设计的 3DS 文件特征提取器和 4.5 节设计的分类编码器，使用这两个工具对三维模型进行分类编码实例验证。通过为天宫一号、土卫三和星特朗天文望远镜的 3DS 文件进行分类编码，来验证本系统的科学性和可用性。对模型文件、分类编码系统的规范化描述，以及完善其分类编码系统，是进一步的研究目标。

4.7　总结与展望

4.7.1　研究总结

随着长征七号、天宫二号的发射成功，我国的航天事业已经取得了世界瞩目的成就。深空探测任务往往都是高风险、高难度的，三维实时可视化系统平台可以通过数据驱动，将航天器在外太空的一举一动实时、形象、直观地显示出来，不仅可以降低风险，还能让更多不懂后台技术的人员清楚地看懂航天器的实时状态，因此三维实时可视化技术在航天事业和深空探测任务中发挥的作用越来越大。为了使三维可视化技术更好地服务于我国的航天事业，需要进一步改善和优化其系统。三维模型是可视化系统的资源基础，规范化管理三维模型能有效地改善系统的性能，提高运行速度，可以从根本上解决目标模型在不同系统之间兼容和调用速度的问题。本章的研究内容主要分为两方面：三维模型的创建和三维模型的管理。

对于三维模型的创建，本章主要选取了 4 个不同类别的航天相关模型，通过实例建模进行过程说明，分析 3ds Max 建模软件对深空探测航天实时可视化系统的建模实用性。

对三维模型规范化管理又分为两部分，模型文件格式的管理和模型的分类编码管理。本章提出的统一模型文件的格式为 3DS，并引入 BNF 对 3DS 文件制定统一的描述规范，举例说明描述规范的使用方法。另外，本章还提出了对三维模型分类编码的管理方法，一方面，通过为具体模型赋予唯一标识码，给每个模型贴上标签，使每个模型都拥有属于自己的“身份证”，从而规范地将三维模型分类管理，提高可视化系统中目标模型的调用速度，保证调用三维模型的实时性，促进航天事业的发展；另一方面，可以提高现存模型的复用率和查找效率，进一步促进 3D 技术的发展。

本章通过提出三维模型分类编码的管理方法，建立了一个通用、完备和科扩充的三维模型管理系统；运用 BNF 提出了对三维模型数据格式的管理技术，分析了建模工具对航天实时三维可视化建模的实用性，形成了航天实时三维可视化系统中三维模型的技术规范。

为了构建高可用性、高可靠性的三维实时可视化系统平台，不仅要对系统技术进行优化，对三维模型的规范化管理也是不可或缺的一个环节。针对三维模型的规范化管理，创新有以下几点。

1）通过使用 BNF 对 3DS 文件的格式制定统一的描述规范，提出对三维模型数据格式的管理技术。使用本章提出的描述方法，缩小了文件长度，同时在描述过程中，把文件中不重要的部分省略，只描述文件的必要信息，在不影响模型正常显示的情况下，将文件描述到最简，这不仅有助于计算机快速读取，也方便使用者识别。

2）首次提出并建立对三维模型分类编码的管理方法。由于三维模型的文本注释关键字为人工添加，这就难免会有主观性和片面性，其可靠性较差，显然难以满足人们的要求。本章借鉴中图法的分类编码规则，运用阿拉伯数字和英文字母为模型制定分类编码规范，并为具体模型赋予唯一标识序列码，使其命名更科学、更规范，避免了文本命名的二义性。

3）将分类编码的管理方法开发成一个有关三维模型的分类编码系统。系统主要分为两部分，首先通过 3DS 文件特征信息提取器对具体模型进行信息提取，然后将提取到的目标信息导出，根据导出的属性信息在分类编码器中选择相应的选项，生成每一部分的代码，最后一键生成模型的序列码，根据模型的序列码从数据库调出模型的二维图片。这可以更科学地为模型分类编码，对于三维模型的规范化管理具有重要的意义。

4.7.2 研究展望

我国航天事业的发展越来越快，规范地管理深空探测三维实时可视化系统成为关键问题。由于个人能力和研究时间的限制，本章研究的课题还存在很多不足之处，还可就以下方面进行深入研究：

1）三维模型分类编码规范的完善。由于是首次将分类编码系统应用于三维模型的规范化管理，所制定的分类编码规范还不是很成熟，只是针对单张贴图的简单模型，因此对多张贴图、多种贴图格式的复杂模型来说不是特别适用，并没有做到高精细分类。

2）本章所设计并开发的三维模型分类编码系统主要分为两部分，3DS 文件特征提取器和分类编码器在为模型分类编码时首先需要在提取器中操作，根据导出的属性信息再在分类编码器中单击选项，这就大大增加了工作量。所以需要解决的问题就是要将 3DS 文件特征提取器嵌入三维模型分类编码器中，使三维模型分类编码系统成为一个整体，直接在分类编码器界面中导入模型文件、分析文件，将模型属性信息显示在分类编码器的界面上，不需要手动单击选项，而是设计算法读取文件属性信息，进行代码匹配，直接输出每一个特征代码，最后一键合并生成模型的序列码。

参 考 文 献

[1] 叶培建，彭兢．深空探测与我国深空探测展望[J]．中国工程科学，2006，8（10）：13-18.

[2] 国家自然科学基金委员会．“空间信息网络基础理论与关键技术”重大研究计划[EB/OL].（2015-04-16）[2015-09-21]. http://www.nsfc.gov.cn/publish/portal0/tab38/info48285.htm.

[3] 蓝朝桢，陈景伟，李建胜，等．航天任务实时 3 维可视化仿真[J]．测绘科学技术学报，2007，24（1）：47-50.

[4] 蓝朝桢，李建胜，周杨，等．深空探测三维可视化技术研究[C]//中国宇航学会深空探测技术专业委员会第一届学术会议论文集．北京：国防科学技术工业委员会科技与质量司，中国宇航学会深空探测技术专业委员会，2005：5.

[5] 张守京，朱立锋．三维模型特征面分级过滤检索技术研究[J]．机械科学与技术，2015，34（9）：1399-1405.

[6] 霍磊，吕学强．基于显著点切片的三维模型检索[J]．微电子学与计算机，2015，（8）：1-6，11.

[7] 张开兴，张树生，刘贤喜．三维 CAD 模型检索技术研究现状与发展分析[J]．农业机械学报，2013，44（7）：256-263.

[8] KE LU, QIAN WANG, JIAN XUE, et al. 3D model retrieval and classification by semi-supervised learning with content-based similarity [J]. Information Sciences, 2014, 281: 703-713.

[9] TANGELDER J, VELTKAMP R. A survey of contend based 3D shape retrieval methods [J]. Multimedia Tools and Applications, 2008, 39(3): 441-471.

[10] 伍旭，戴光明，彭雷，等．基于 MVC 架构的深空探测任务设计与仿真平台[J]．计算机仿真，2014，31（8）：92-96，141.

[11] 裴建素．科研人员五个月内研发嫦娥二号三维可视化系统[EB/OL]．（2010-10-12）[2015-10-15]. http://www.china.com.cn/news/tech/2010-10/12/content_21108273.htm.

[12] 魏艳．火星探测可视化系统实现我国深空探测飞跃式发展[EB/OL]．人民网（来源科学时报），（2009-12-09）[2015-10-16]. http://scitech.people.com.cn/GB/10544926.html.

[13] The Ministry of Science and Technology, People's Republic of China. Visualized mars probe process[EB/OL].(2009-12-10) [2015-10-19]. http://www.most.gov.cn/eng/newsletters/2009/200912/t20091211_74638.htm.

[14] 张晓芳．嫦娥二号绕月探测三维可视化系统平台研发成功[EB/OL]．环球网（来源河北日报），（2010-09-21）[2015-10-19]. http://china.huanqiu.com/roll/2010-09/1117956.html.

[15] 王庆娟．央视同步直播天宫一号发射（文字实录）[EB/OL]．中国网络电视台，（2011-09-30）[2015-10-19]. http://news.cntv.cn/china/20110930/101644.shtml.

[16] 高长安，赵艳斌．石家庄铁道大学助力“神八”与“天宫”对接[EB/OL]．科学网，（2011-11-16）[2015-10-19]. http://news.sciencenet.cn/htmlnews/2011/11/255506.shtm.

[17] 乔雪峰．快讯：神舟九号与天宫一号成功对接[EB/OL]．人民网-科技频道，（2012-06-18）[2015-10-19]. http://scitech.people.com.cn/GB/25509/55912/239673/18218504.html.

[18] 孙婷．石家庄铁道大学“80 后”“90 后”助力神十飞天[EB/OL]．燕赵晚报，（2013-06-13）[2015-10-19]. http://hebei.hebnews.cn/2013-06/13/content_3299319_3.htm.

[19] SN104．石家庄铁道大学开发三维场景为了“玉兔”导航[EB/OL]．中国科学报，（2013-12-04）[2015-10-19]. http://mil.news.sina.com.cn/2013-12-04/0930752792.html.

[20] 姚宇婕，年福纯，张娟，等．STK 三维模型制作与优化方法研究[J]．飞行器测控学报，2013，32（2）：156-161.

[21] 孙平，杨乐平．STK 中可视化实体模型的设计与运动控制[J]．电脑开发与应用，2006，19（4）：28-29，33.

[22] 楼赣菲，王克刚，吴夏来，等．太阳帆航天器三维动画可视化仿真平台的设计与实现[J]．电子技术，2014（12）：3，14-16.

[23] IYER N, JAYANTI S, LOU K, et al. Three-dimensional shape searching :state-of-the-art review and future trends[J]. Computer-Aided Design, 2005, 37(5): 509-530.

[24] BUSTONS B, KEIM D, SAUPE, et al. Feature-based similarity search in 3D object databases[J]. ACM Computing Surveys, 2005, 37(4): 345-387.

[25] CHEN Z Y, LIN W C, TSAI C F, et al. 3D Model Retrieval by Sample Based Alignment[J]. Journal of Visual Communication and Image Representation, 2016, 40: 721-731.

[26] HOU S, LOU K, RAMANI K. SVM-based semantic clustering and retrieval of a 3D models database[J]. IEEE,2008,2(5): 155-164.

[27] BARUTCUOGLU Z, DECORO C. Hierarchical shape classification using Bayesian aggregation[C]//International Conference on Shape Modeling and Applications, 2006: 44-50.

[28] ZHOU Y, ZENG F Z. 2D compressive sensing and multi-feature fusion for effective 3D shape retrieval[J]. Information Sciences, 2017,409-410: 101-120.

[29] GOODALL S, LEWIS P H, MARTINEZ K. Towards automatic classification of 3D museum artifacts using ontological concepts[C]//International Conference on Image and Retrieval, 2005: 435-444.

[30] WANG Y, LU T, GAO R, et al. 3D model comparison through kernel density matching[C]//Pattern Recognition(ICPR), 2010 20th International Conference on IEEE, 2010: 3159-3162.

[31] 冯立颖，赵静，杨莹．基于轮廓特征点的三维模型相似性分类算法[J]．计算机应用，2010，30（4）：914-916.

[32] 陈俊英，王羡慧，方亚萍．基于 RBF 神经网格集成的三维模型分类和检索[J]．图学学报，2013，34（2）：26-30.

[33] 高恩阳，刘伟军，王天然，等．基于谱特征和深度信任网络的三维模型分类[J]．机械设计与制造，2013（3）：250-252.

[34] 付小君，郭鹏江，郭竞，等．统计特征和 Markov 模型在三维模型分类中的应用[J]．Computers Engineering and Applications，2011，47（4）：157-159.

[35] 王鹏飞，舒振宇，于欣．基于核主成分分析的三维模型分类算法[J]．太原科技大学学报，2015，36（2）：118-125.

[36] 郑赢．基于多特征融合的三维模型自适应分类方法研究与实现[D]．西安：西北大学，2010.

[37] COYNE R, SPROAT R. WordsEye: an automatic text-to-scene conversion system[C]//Proceedings of the 28th annual conference

on Computer graphics and interactive techniques, 2001: 487-496.

[38] PARISI S, BAUCH J, BERSSENBRÜGGE J, et al. Ontology-driven generation of 3D Animations for Training and Maintenance[C]//Proceedings of the 2007 International Conference on Multimedia and Ubiquitous Engineering, 2007: 608-614.

[39] 陈充泽，蔡鸿明，姜丽红．基于结构特征的海量三维模型管理方法[J]．图学学报，2015，36（1）：95-101.

[40] 杨进展．基于 Hadoop 的三维模型管理系统设计与实现[D]．西安：西北大学，2013.

[41] 孙国栋．基于模型定义的三维参数化建模及数据管理技术[D]．沈阳：沈阳理工大学，2012.

[42] 樊雪钰．三维设计软件模型数据交换研究[J]．黑龙江水利科技，2013，41（10）：13-16.

[43] 陈良超，向泽君，谢征海．三维模型数据标准技术研究与应用[J]．测绘科学，2009，34（S1）：174-176.

[44] 刘芳，刘贤梅．3DS 文件读取、绘制与控制方法的研究与应用[J]．计算机工程与设计，2009，30（19）：4575-4578.

[45] 王晓颖，罗奕．国际疾病和手术分类编码在口腔医学中的应用[J]．中国病案，2015，16（9）：35-37.

[46] 张网琴．融合 ABC 和 CVA 分类技术的医用耗材编码方法研究[J]．经济师，2015（10）：273-274.

[47] 高岩，张秉新，李斌，等．血站设备分类与编码初探[J]．北京医学，2015，37（4）：386-387.

[48] 宋宇飞．基于 VC++的机械零件分类编码系统的开发与研究[J]．上海电气技术，2013，6（4）：24-28.

[49] 林红，刘宁荣．企业物料分类编码系统研究[J]．中国铁路 2015（5）：75-76.

[50] 赖淑萍，谭友文，戚以萍，等．一次性医用耗材按材质分类编码探讨[J]．卫生经济研究，2015（2）：11-14.

[51] 刘芳，刘贤梅．3DS 文件读取、绘制与控制方法的研究与应用[J]．计算机工程与设计，2009，30（19）：4575-4578.

[52] 绿色背影．巴科斯范式[EB/OL]．(2008-01-19）[2016-05-15]．http://xl-feng1314.blog.163.com/blog/static/44507152200801965551349/.

[53] 刘爽，张恒博．三维建模软件 3ds Max 数据文件 3ds 的解析[J]．大连民族学院学报，2012，14（3）：260-264.

[54] 杨帆，杨克俭，王玉华，等．3DS 文件格式与自定义文件格式的转换[J]．交通与计算机，2004，22（3）：101-104.

[55] 赵正旭，张廷廷．FreeForm 触觉设计系统的操作与使用[M]．石家庄：河北人民出版社，2015.

[56] 赵正旭，张廷廷．基于 FreeForm 与 3ds Max 建模的三维打印研究[J]．计算机应用，2016，36（S1）：23-26.

[57] 赵正旭，张登辉．STL 模型的快速压缩算法与可视化研究[J]．电气工程与自动化，2015，4（2）：13-17.

第5章　基于数据可视化的信息传承与长期保存研究

5.1　绪　　论

5.1.1　研究背景与意义

信息资源、自然资源和人力资源是现代社会发展不可或缺的资源体系。联合国教科文组织在其颁布的《数字遗产保存宪章》（*Charter on the Preservation of Digital Heritage*）中强调，数字资源是我们的子孙后代不可缺少的遗产价值[1]。加强信息资源的传承和长期保存，可提高我国在经济、政治、文化等方面信息资源的利用效率，保证信息资源的国际竞争力。

如何把对人类发展有意义，有价值的数字信息长期保存下来，是信息时代面临的一个棘手问题。保存数字信息的方式各种各样，目前我们经常把硬盘、光盘、服务器等作为存储载体。但是这些存储载体只是延长了信息资源的保存和使用期限，例如，光盘在使用时由于受数据记录次数、表面污损等因素影响，其物理寿命一般在5～200年；硬盘由于受到撞击、病毒的侵入等因素影响，其物理寿命一般也仅在5～10年。如何保证数字信息高质量的传承和长期保存下去，面临诸多挑战[2]。数据可视化技术是一种保存数字信息的方式，抽象的和不抽象数字信息都可以用数据可视化的方式保存下来，就像树的年轮一样，通过分析它的年轮，可以推算出不同年代的环境状况。

信息资源正在逐步成为促进国家发展的战略性资源。信息资源也是一种民族记忆的有效传承。为了我们在将来的时间里能够开发利用这些信息资源，现在就要对信息资源进行妥善保存。因此，在世界范围内构建一个信息资源长期保存合作网络，使信息资源能够合法、全面、有效地进行传承和长期保存。

信息资源的传承和长期保存已经上升到国家层面，各国已经意识到造成这种现象的原因。信息资源本身具有脆弱性，信息载体的不断老化、信息技术的不断更新等一系列问题都是造成信息资源生命周期短暂的主要因素。因此，要为信息资源的传承和长期保存存在的问题寻找合理的解决方案。在新的信息环境下，数据信息资源正在成为主流，人们在工作、学习和生活中形成的信息资源正在以爆炸式增长，但是人们不得不面对信息资源急剧增长的同时，也在不断消失和泯灭的现实[3]。根据国外调查显示，由于各国没有完善的信息传承和长期保存工作体系，将导致我们的今后的生活进入一个数字黑暗年代（digital dark age）[4]。同时软件的不断升级、新旧两种版本之间的不兼容问题，也影响信息资源的正常使用，最终导致信息资源失去其利用的价值。存储载体是数字资源保存过程中至关重要的环节，无论保管的环境如何，物理和化学等因素对存储载体造成的老化问题是无法避免的。老化问题比技术更新问题对信息资源造成的影响要缓慢很多，因此技术更新要比媒体的本身的腐坏对数字信息资源的存取更为不利[5]。

信息资源的保存同样也是一种消耗，资金短缺也是我们现在亟待解决的问题之一。在信息资源的生命周期中，每一个阶段、每一个步骤都涉及经费支出问题，稳定的经济投入影响信息资源的生命周期和信息传承和长期保存政策的实施。然而，信息传承和长期保存所需要资金投入目前还没有明确，没有历史经验可参考，投入过多的资金增大了风险，因此政府部门也不情愿在较大风险的情况下大量的投入经费。为信息传承和长期保存的经济问题制订方案是一项具有挑战性的工作，应为信息传承和长期保存的经济问题提供参考策略，以确保长期保存的可持续性进行[6]。同时，信息传承和长期保存过程有许多的法律问题需要解决。例如，信息传承和长期保存工作的进行容易侵害信息资源所有者的版权，引起不必要的法律纠纷，但是国家并没有完善的法律法规，以确保信息传承和长期保存活动的合法性；信息传承和长期保存活动中，隐私权同样是值得重视的法律问题。伴随着信息资源的国际化、网络化发展趋势，国内信息传承和长期保存工作将不得不面临隐私保护问题。信息资源已经可以当作私有财产来拥有，它不同于传统意义的财产，数字化遗产是一种虚拟的资产，但我国还没有任何相关的法律、法规对其进行认定[7]。综上所示，政府部门应该利用法律的手段来保护信息传承和长期保存工作的顺利进行。

信息传承和长期保存还面临着管理系统不完善的问题。目前国内没有专门部门负责信息传承和长期保存活动的相关事宜。由于管理机构间之间没有协同性，在工作中出现利益冲突时，不懂得权衡，出现混乱局面。而且信息传承和长期保存活动没有统一的标准体系，尽管有些发达国家已经制定了一些相关标准来规范信息传承和长期保存领域。但是每个国家都有自己的特色，我国的信息资源有自己的特点，应该设计属于自己的统一标准[8]。近年我国虽已经制定了一些只针对某种类型的信息资源的标准，但是对于多数类型的信息资源是没有用的。从我国当前的情形看，没有统一保存的标准，给将来的利用带来隐患。信息传承和长期保存工作需要各个部门的合作完成，只依靠单独一个部门不能完成此项工作。我国应该借鉴国外在信息传承和长期保存工作中的经验，采用合作的方式进行，共同完成工作。

为了人类的信息资源能够长期保存，我们迫切需要找到新的方法来克服一直以来在信息传承和保存活动中存在的各种问题。随着网络技术的发展，信息资源的种类和数量都在增加，我们要传承和保存的信息资源不仅仅是传统意义上的资源，更多的信息资源都来是自网络的统计数据。因此，对海量数据信息进行整理、分析，并从中发现数字信息背后隐藏的模式和规律，并把这些有价值的数据信息传承和保存下来，已成为当今数字化时代的一大问题。就目前信息技术的发展情况看，统计数据将成为国家最重要的信息资源，是对各种社会状况的真实反映，有效地分析统计数据并把这些数据的反应的规律保存下来，已经成为一个富于挑战的工作。目前，政府部门利用 Excel 等不同类型的数据库来存放数据，而这种展示和保存数据的方式不利于发现数据背后的规律，同时，这种保存信息方式也不能解决信息传承和长期保存面临的老化和存储载体过时的问题，因此利用数据可视化技术来解决这一问题被提出。现如今，数据可视化技术是信息传承和长期保存的发展趋势，它将单一可视化图像组合成为一个整体来显示统计数据，通过全面的对比分析，增强可视化的效果，改进可视化的视觉感知，使用户更直接地发现信息数据的规律和趋势。同时，利用信息可视化技术可以帮助我们对大规模复杂数据和信息间相互关系的理解，有时一张图像看似简单，其实它能够给我们传达大量信息，就好似大量文字的堆积描述。所以人们利用视觉获得的信息要比其他感官组合获得的更多[9]，科学研究表明，人类的视觉处理信息具有速度高、容量大、可并行操作的显著优势，这也说明可视化技术为海量数据的解读提供了一种合理的方法。

5.1.2 数据可视化概述

科学计算可视化是由美国自然科学基金会提出的，早在 1987 年就设立了专门的学科。计算机图形学是图形科学研究中最受关注的科学计算可视化方法。计算机图形学以普通图形学的原理为研究基础，利用计算机的模拟和计算能力将数据转换为一定的图形图像，使原本枯燥的数据能够直观地展现在用户面前。

数据可视化通过计算机来展示抽象的统计数据，从而增强人们对抽象信息的认知[10]。认知理论是数据可视化的理论基础；图形设计则能够让可视化方法更具艺术性。科学可视化、图像技术和图形学等诸多理论和方法联系起来，把抽象信息用直观的视觉方式进行展示，可使人们利用视觉来观察、处理信息，从而发现信息之间的内在联系[11]。另外，数据可视化是将抽象数据映射到可视化形式的过程，将数据对象的特征值通过处理，用图像形式表示数据对象的原本特征，这种交互式的映射可以提高用户的感知能力。

信息可视化参考模型是为了建立数据可视化映射而设计的，该模型描述了从原始数据到可视化形式再到人的感知系统的变化关系，以及按照用户需求，通过人机交互界面进行数据和视图变换、可视化映射等操作[12]。信息可视化参考模型的操作过程首先是通过数据映射成计算机语言，其次是可视化映射。众所周知，数据本身不具备自动映射的能力，因此需要人为设计可视化表达方式来代表数据的内涵，同时可以根据创造的可视化结构特点设置交互视图来支持可视化映射效果，即把数据表中的数据映射为可视化图形的视觉元素，如符号、文字、颜色、形状等，把数据中的差别性、相似性、趋势性等特征充分表达。通常可视化过程中的有效性和表达性是可视化映射效果的评判标准。最后将数据映射到视图中，在输出设备上显示可视化结构，用户可以根据缩放比例、定义位置等技术进行视图变换，多角度地观察可视化效果图。

数据可视化在各个行业中得到广泛的应用，例如，三维数据中气象数据的可视化、地质数据的可视化都应用了三维信息可视化技术。三维信息可视化能够将事物的状态真实地反映出来。多维数据中统计数据的可视化可以帮助用户理解海量的、复杂的数据信息。网络信息的可视化能够挖掘出海量商业数据背后的价值和财富。信息可视化技术已被大范围地应用在各领域，成为各行业展示信息数据的方法之一。

5.1.3 信息传承和长期保存概述

1. 信息资源概述

信息资源是经过处理的并且能够满足人类需求的各种信息，包括书籍、杂志、报纸、CD 等各种载体记录的信息；也包括文字、图像、声音等形式的信息；在范围上包括创造、实验、观测、勘探、检验等手段获得的自然、社会等各方面的信息[13]。这是对信息资源在狭义概念领域的定义。研究信息资源主要是指对数据信息资源的而言，对于数据信息资源的保存活动中，保存过程中涉及的保存设备、系统，保存方法、技术是必不可少的研究要素。

除了对信息资源的初步定义外，信息资源的分类方法也是重点研究对象。狭义上我们可以把信息资源理解为是各种可供人们开发与利用的信息集合的总称。因此，信息资源可以分为本体论的信息资源和认识论的信息资源。按照这两种分类方法对应的信息资源也有两种不同的存在形式。顾名思义，第一种是本体论信息资源，这种信息资源是一种抽象信息的信息资源，这类资源具有取之不尽、用之不竭的特性，这就给信息研究的工作人员提供了巨大的原始信息资源，为今后的信息收集提供便利。另一种是认识论信息资源，这种信息资源是以人为主体的被感知和加工的信息资源[14]。研究的信息资源概念主要从人类的角度来分析探讨，这种认知领域的信息资源通过人类的开发，能够被人类充分利用的信息资源，此类信息资源能够促进人类社会的发展和科技的进步。因此，我们要保护这类信息资源，使这类信息资源能够传承和长期保存下来，能够被子孙后代利用和学习，在人类进步的历史长河中被一代又一代地传承下去。

通常情况下信息资源的定义有很多种，如果我们把信息资源当成一个整体在对这部分信息资源进行传承和保存中发现，它们存在共同属性特征，特别是对数据信息资源，在可视化方法和信息传承和保存的技术策略上都有很大的一致性。因此，为了本次研究的开展，将研究对象的范围限制在统计数据的范围内，如我们通常所说的统计年鉴。利用可视化的方法对统计数据进行传承和保存，是对某个地区社会记忆的保存，对统计数据传承和保存活动的有效进行将会给某个地区的经济增长、社会提升、自然环境的保护提供借鉴。

2. 长期保存概述

“长期保存”（long-term preservation）中对“长期”的定义可以根据保存对象的不同，设定长短不一的保存期限，只要保存的对象还存在，还可以对我们的生活和生存发挥作用，这种保存活动就会一直持续。但是随着信息技术的不断更新，落后的技术会被淘汰，新的科学技术在现有技术环境下出现数字资源不兼容的现象，导致数字资源无法获取和利用，这种技术的不兼容将会影响长期保存活动的进行。在数字资源传承和长期保存的过程中，信息资源的内容保存是根本，保存方式是关键，确保保存的内容能够在将来被读取和理解。数字资源的保存过程需要提供必要的控制措施，以保证数字资源被正确获取[15]。对数字资源进行长期保存的过程也是具有周期性的，当数据资源的价值不在被需要时也就不再需要对它进行长期保存了，也就是说从开始进入长期保存的序列到确认不再需要进行长期保存的这段时间可以称为长期保存的一个周期。

3. 信息传承和长期保存的技术策略概述

软件升级速度快、版本之间不兼容等问题，使信息资源的再利用无法正常进行，最终导致有价值的信息资源的消失，信息传承和长期保存面临着挑战。

例如，北京亚运会是我国首次举办的国际性体育大赛，由于存储载体过时等原因，见证我国运动员辉煌时刻的电子信息已经无法打开，宝贵的信息资源就这样消失。从这方面看，存储载体是数字资源保存得以实现的关键，存储载体的老化问题和技术更新问题都能造成数字信息无法正常读取[5]。

解决信息传承和长期保存活动中面临的困难，需要我们从全局考虑，提供整体的设计策略，如表 5.1 所示。

表 5.1　传承和长期保存的技术策略

常见的技术与方法	内容
复制（copy）	在原来环境下对数据重写，防止存储载体故障引起的信息丢失[16]
仿真（emulation）	为新系统建立兼容的运行环境，使原始数据能在新的软硬件上运行[17]
迁移（migration）	把数据之间的主要联系保存到一个稳定的系统状态下[18]
数字图形输入板（digital tablet）	保存系统环境的同时将保存的信息在自带屏幕上进行展示[19]
基于风干的保存策略（dessication）	除保存原始数据之外，另外要有一个低质量并且经过干燥处理的数据版本[20]
数据再造技术	恢复数据的本来模样，并保证数据资源的有效利用[21]
虚拟计算机技术（USB video class，UVC）	在系统上定义一个特殊层，为 UVC 程序提供稳定运行环境[22]
封装技术（encapsulation）	把数字资源和它所需的运行环境一起打包，从而实现在其他环境下运行该程序包[23]
标准化技术（normalization）	将信息资源转换成一种或多种主流格式[24]
可视化技术	把信息资源通过可视化技术展示给用户
基于小世界效应的格式转换网络（small world phenomenon）	通过软件可以读取和写入数据格式，基于小世界效应，可建立工程软件数据格式转换网络，解决工程数据的系统异构问题及长期保存问题[25]

制订科学合理的技术策略尤为重要。国内外关于信息传承和长期保存技术手段有：保持信息可用性的仿真技术策略、技术保存策略、封装策略；保证信息安全性的灾难备份策略、安全管理策略，数据再生策略；保护信息完整性的迁移政策、信息检测策略。目前，国内专家在选择技术策略上持不同观点，不同类型的信息资源，选择合适的保存技术，形成一个可靠的保存技术策略[26]。

4. 信息传承和长期保存的其他策略概述

除了技术策略外，还有几项保存策略是我们在进行信息传承和长期保存活动时也应该更多关注的。首先，建立标准化的框架是保证信息传承和长期保存工作正常进行的基础，它会一直持续在信息资源保存的整个过程中。其次，不断完善信息传承和长期保存的法律法规。信息时代的立法模式要不断完善，在原来法律的基础上，针对信息资源的保存，对不符合的实际的法律、法规要尽快修改，以避免法律与现实问题的冲突[27]。完善信息资源的利用、存储环节中的隐私权、遗产权等相关法律，用法律手段界定信息资源利用的许可条件及许可范围，以确保著作权人的合法权益受到法律保护。信息资源是人类的共有财产，就像自然资源一样应该是全人类共享，要实现这一目标，就必须解决识产权问题[28]。法律法规为信息传承和长期保存工作的开展提供法律保护。

同时，完善的责任制与合作机制是信息传承和长期保存策略的重要组成部分。不同级别部门的合作，尤其是国家之间的合作是对信息传承和长期保存工作的有力支持[29]，多方面的合作能够使各个机构间的职责变的明显。因此完善的责任制与合作机制能够提高合作完成项目发展的效率。最后，增强人们对信息传承和长期保存的意识。互联网时代，每一刻人们的周围都有大量的信息资源被产生和传播，然而，海量的信息资源在转眼间就能消失得不留痕迹，这是信息资源本身的脆弱性，但是信息资源本身的致命缺点并没有引起世界各国的注意。人们对于信息传承和长期保存意识淡薄，没有认识到信息资源丢失的严重性和危害性。为了民族的记忆，为了子孙后代可以看见我们今天所拥有的辉煌，我们要在全世界范围内加大宣传力度，呼吁各国政府部门重视信息传承和长期保存工作，形成一种信息传承和长期保存的世界氛围。

5.1.4　研究目标、方法与内容

1. 研究目标

1）提供从数据到图形的可视化描述方法。

2）建立变形地图［统计地图（cartogram）］的使用平台。

3）提出一个脚本控制过程；设计出“融合可视化系统”多角度展示统计数据。

2. 研究方法

1）利用作图软件（相关开源系统）制作 3DMaps 专题地图，通常使用的表示方法是，地图本身表示地图差别，不同地域用不同的颜色表示量，也可以用柱状图的高低表示统计数据量的大小、饼状图的分割比例代表不同数据在不同地区所占比例的多少。通过颜色可视化和地域可视化地图描述不同地区在不同时间段内某一项（如人口密度）数字信息的存在情况。Treemap 是用于展现有群组、层次关系比例数据的一种分析工具，它通过矩形的面积、排列和颜色来显示复杂的数据关系。气泡图方法可以沿水平轴（X 轴）方向显示一组数据，沿垂直轴（Y 轴）方向显示另一组数据。气泡的面积代表数值的大小，气泡的分布形态反映变量的统计关系。

2）使用统计地图（cartogram）作为一种图解地图保存数字信息，利用变形算法形成夸张效果图，用变形后的面积来反映专题属性数值的分布情况。Cartogram 可视化方法是系统通过加载原始地图，把具有专题属性数值的地图与原始地图进行重合处理，由简单的空间信息转换得到变形影像，把不同密度的数字信息进行保存。

3）利用脚本控制数据，把前期完成的单个地图制作成动态特效，设计的“融合可视化系统”软件是一款基于融合视图的信息可视化软件，主要利用 Cartogram、Treemap、3DMaps、气泡图等多种数据可视化方法制作可视化效果图。该软件支持对信息数据的读取和分析，通过对多元统计数据的实时加载和处理分析，利用信息可视化原理，结合计算机图形学原理，生成多种可视化效果图。与现有的信息保存方式和信息可视化的方式相比，“融合可视化系统”可以帮助我们加深对大规模复杂数据和信息间相互关系的理解，通过融合多视图技术把数量庞大同时关系复杂的信息数据展示给用户。同时，对每一个视图可以进行相应的颜色匹配和必要的说明，为增强可视化的效果提供了技术支持。

3. 研究内容

利用多种可视化方法完成从数据到图形图像的转化，可实现用图形图像将信息资源进行传承和长期保存的目的。传统的统计数据可视化侧重图表分析与概括性的计算分析，主要以分析数据的规律为目的，笼统地把数据放到表格中，以方便数据分析师查找数据，缺乏直观性。可视化方法考虑到统计信息的空间分布特征，设计了融合可视化系统，该系统有效集成多种可视化技术及多种可视化方法，并应用视觉感知对可视化结果进行增强，能够用来显示海量的统计数据。同时，可视化方法能够实时地对统计数据进行多角度展示，绘制出隐藏其内部的规律及发展趋势，从而能够使用户更好地了解行业的发展情况。而且利用设计的融合可视化系统对信息资源进行传承和长期保存，可保障数字资源的完整和长期获取。

5.1.5 研究创新点

创新点主要体现在以下两个方面。

1）基于“数字遗产”的视角，把数字信息的传承和长期保存策略的研究提升到国家层面，角度较为宏观、覆盖面广。

2）运用数据可视化的方法和理论探讨数字信息传承和长期保存策略，是对现有数据可视化研究成果的丰富和深化。

5.2 国内外研究现状

5.2.1 数据可视化国内现状

国内的数据可视化技术研究最初探索Web环境下的科学计算可视化，主要根据认知心理学、视觉感官原理，用色彩、图形、标志等原始视觉信号提升逻辑视觉效果，辅助用户发现、解决问题[30]，主要用数据库、Mapinfo、WebGIS等关键技术和工具进行Web环境下的科学数据可视化，利用数据挖掘、本体等技术进行对海量数据进行科学处理，降低数据维度[31]。

数据可视化技术的使用范围广泛，根据被应用行业的不同，它的划分方法也不同。关于信息的呈现方式是大家关注的焦点。从商业到医疗，从科学到娱乐，从地球到外太空，从地表到海洋深处，从政府到教育，数据可视化的身影无处不在。无论哪种方式的应用，数据可视化技术宗旨都是直观有效地反映数据的内涵。

目前，国内可视化技术在教学上的应用较为广泛，对教学平台的可视化处理可方便为学生建立符合学生本身个性的成长记录；教师利用数据可视化技术改善自己的教学方式，根据教学内容的不同，开发交互的学习资料，可为学生提供生动的课堂理论，通过可视化直观的展示知识，提高学生探究知识的兴趣。此外，教师还可以利用可视化技术对学生的学习过程进行图形展示，从而方便对学生的过程做出评价。例如，现在流行的网络课程中，应用分析软件对学生在交流平台上的反馈信息和交流情况进行分析，可建构学生之间的社交网络图，以此来判断同学之间的交流情况，进而对学生的学习过程进行评估[32]。研究者使用相关软件开发了九年级上册《世界历史》中的8个单元的可视化课程，并在中学九年级历史组进行了教学实验[33]。实验表明，可视化工具开发的教材，不仅提升了教学质量、活跃课堂气氛，同时提高了学生接受知识的速度。

海量数据的产生同时影响各行业的未来发展，传媒领域的新闻报道是新闻业发展的趋势，用可视化的方式表现数据新闻是对新闻报道方式的扩展，可增强受众的信息体验。我国多媒体利用数据可视化进行新闻报道真正逐步成为一种全新的信息传播方式。例如，2014年，中央电视台与百度公司合作——春运版块，根据两亿部智能手机用户，在中国地图上制作春运期间人类的迁徙图，并用可视化手段将迁徙图放在大屏幕上，被视为大数据新闻的升级之作[34]。同时，国内各大网站都在尝试以数据可视化的方式报道新闻，在2010年，网易新闻制作了一个春节新闻报道《十分之一的中国人》，在一张中国地图上讲述打工者的生活故事。

把数据可视化技术应用在图书馆内数字信息资源的保存和展示上，图书馆本身具有信息系统内的数据资源，通过数据可视化技术分析挖掘，为图书馆创新型数据展示提供服务。例如，上海图书馆的即时数据展示屏项目中，开发了适合不同平台的数据展示模块，来适应全媒体多平台的数据可视化展示。被展示的信息资源可以在多种电子产品上以创意展示的形式交互展示出图书馆的各类业务数据和读者信息[35]。

数据可视化技术在国内发展逐渐成熟，被应用在各个领域，例如，中国天气网上发布的天气信息，通过地图可视化将天气信息标示在地图上对应的地区，用户可以直观地看到各个地区的相对湿度、温度、降水量等信息，同时把天气信息进行可视化处理，用户可以从地图上观看动态的变化趋势，了解未来天气变化。

5.2.2　数据可视化国外现状

由于计算机的广泛使用，各种类型的数字资源海量出现，如何利用这些庞大而杂乱无章的数据，可视化技术能够让这些数据的规律性充分展示，数据可视化的方法被应用在各行各业，发达国家的 IT 企业拥有自助研发的数据可视化产品，他们打出免费承接数据分析的招牌，既可以练兵，也可以获取情报。

现如今数据可视化的应用领域包括宏观态势可视化、设备仿真运行可视化、数据统计分析可视化。数据可视化技术可以对某一数据集进行可视化加工，最终为用户呈现一个图形化的、令人印象深刻的可视化展示。例如，西雅图公共图书馆（Seattle public library，SPL）的“Making Visible the Invisible”的项目用 6 个屏幕拼接组成的大屏幕来循环展示不同的可视化数据内容[36]。大量的借阅信息都可以通过大屏幕展示给读者。第一屏显示该馆全天和前一小时的借阅数量；第二屏显示该馆前一小时的借阅的时间、分类号等信息；第三屏显示上一个小时被借阅图书的书名；第四屏显示被借阅载体的关键字指标。这套可视化系统能够动态、真实、准确地反映图书馆当前的借阅情况。

数据可视化技术在生物学、工业、军事等领域都被广泛应用。近年数据可视化技术在网络和金融等领域备受欢迎。生物科学的发展带来的大量生物实验数据成为信息可视化发展的推动力，对海量生物数据的可视化成为热门。对蛋白质和 DNA 分子等复杂结构的剖片进行采样获得的信息，使用可视化技术进行定性和定量分析。Barlowe 等利用设计的 WaveMap 信息可视化系统对大量的蛋白质数据集进行可视化分析，从单纯的数据过渡到复杂的知识，利用可视化技术获得的生物学知识，可以加速和简化药物开发的过程[37]。金融信息中的金融犯罪是目前很多国家面临的亟待解决的难题，大多数国家政府通过成立 FIU 收集信息，这些信息元素形成了一条资金流动链。Didimo 等开发了一个可视化犯罪系统来可视化金融数据，以检测金融犯罪[38]。随着网络技术的迅速发展，网络中复杂的数据信息成倍增加，通过数据可视化技术反映网络连接情况、网络访客的地理位置，进而方便用户监控数据通信。Log Tool 是一个针对分析用户上网行为的可视化工具，它通过一个监听软件来分析数据包的 IP 地址和端口，从而判断用户的上网行为[39]。利用数据可视化的特性，挖掘蕴藏在海量商业数据背后的财富和价值。Wamow 设计了一个相互推荐的关系网络图，每个节点代表一个产品，而连线之间的交点代表两个节点之间的推荐关系。网上购物时，每一个商品的网页上同时显示相关的推荐商品，这些推荐商品是根据消费者的消费情况生成的，消费者输入相关链接，程序就会可视化对应地推荐关系网络图，以方便消费者查找感兴趣的类似商品[40]。

文本信息即为我们日常生活和学习中处理的信息，文本信息无处不在，而且正在爆炸式地增长，利用可视化技术增强人类对文本信息的理解和管理成为我们首选方法。文本信息的类型多样，这一特点使得开发者提出了针对特定用户需求开发具有实用性的可视化方法。现如今，文本可视化现在已经被广泛应用在各行各业。

标签云（word clouds 或 tag clouds）是一种典型的文本可视化技术，标签的排列顺序一般依照字典排序，按照热门程度确定字体的大小和颜进行可视化[41]。通常认为，关键性的字词可以突出文本的内容，标签云利用颜色的不同和字体号大小反映字词在文本中布局重要性和分布的差异性，譬如，用明艳的颜色和较大的字体来代表重要性，越是重要的字词，其颜色越显著，字体越大。

对文本中的语义结构进行可视化，例如，HIPP 是层次化点排布的投影方法，被广泛应用到文本聚类可视化[42]。随着时间的变化，文本也发生改变，可视化动态文本的时间模式与变化规律是文本可视化的重要内容。ThemeRiver 用河流作为隐喻，流淌方向代表时间顺序，将文本中的主题色带的颜色表示，主题的频度以色带的宽度表示[43]。在河流隐喻的基础上，研究者又提出了 TextFlow，进一步展示了主题之间的关系和演变过程[44]。

社交网络关系是大数据中常见的关系，网络节点和连接的拓扑关系也是网络可视化的主要内容。社交网络可视化技术可以直接展示社交网络中每个人之间的关系模式。SaNDVis 介绍了一个可以挖掘出企业内部关系的社交网络图。该系统利用结点联结图表达社交关系，同时在系统中展示选取结果的依据，为用户提供了进一步交互的功能[45]。Personal Map 展现了电子邮件用户行为的社交网络，通过这个社交网络图我们可以找到联系密切的团体和个人，然后就可以为电子邮件用户制作社交网络图[46]。可视化工具可以帮助用户管理个人联系人名单，但是用户之间的往来通信不会透漏给我们所建立的社交网络图以外的人[47]。

Vizster 可用来交互观察的社交网络可视化工具，进而深入研究朋友圈中朋友之间的复杂关系[48]。Spatioteinporal 提出了一种在位置信息的基础上对微博数据进行实时可视化分析的方法，他利用新的聚类分析方法来分辨全球媒体的反应，以达到自动检测空间异常的目的[49]。

工程信息具有形式复杂和内容分散的特性，其结构的关联性和数据的兼容性直接影响着数字化工程信息资源的有效管理和充分利用。利用复杂网络理论来探索信息长期保存机制的研究目前仍比较少，造成这种现象，一方面是因为大规模的工程信息关系数据难以获取，另一方面是因为大量级和分散的工程信息之间存在着多种错综复杂的关系，对这些关系进行抽象并建立相应的模型本身非常困难。

赵正旭教授课题组[25,50-55]首次从复杂网络的视角来研究其间的复杂关系，将为工程信息的组织与保护提供一条新思路。该方法以海量数字信息的长期保存为研究背景，以工程信息为研究对象，对工程信息具有的形式复杂性与内容分散性及结构关联性与数据兼容性进行分析，以解决工程信息在长期保存过程中信息与使用系统之间的移存、转化的时间和效率问题。通过对工程信息的复杂性进行分析，寻找它们之间的联系，构建一个格式转换网络，如图 5.1 所示，首次发现工程数据格式也具有小世界效应。该方法可保证在信息移存时能够找到任意两个数据格式之间的最短路径，为解决信息转存、转换的时间和效率问题提供了可靠的科学依据。

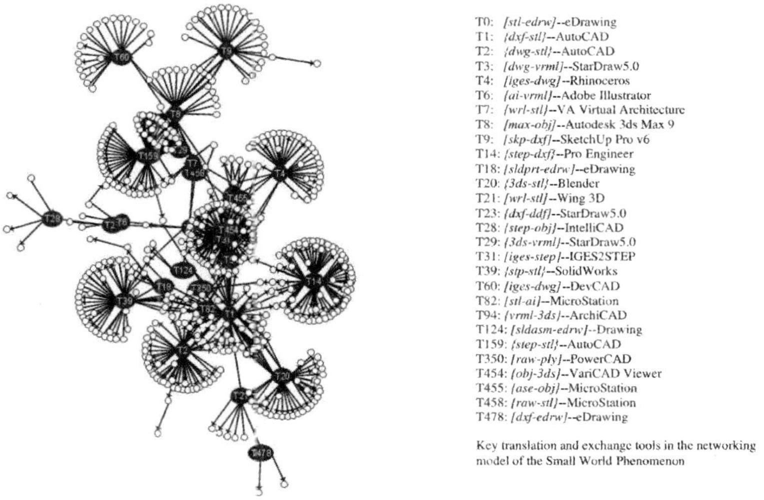

图 5.1　工程数据中的小世界网络图

5.2.3　信息传承和长期保存国内现状

第一台数字电子计算机的诞生意味着人类将进入一个新的电子时代，从此人类走上了“数字化生存”的道路[56]。全世界信息技术和网络技术的发展是密不可分的，当然，中国网络技术的发展只是全球网络发展状况的一个剪影。中国互联网络信息中心发布的《中国互联网络发展状况统计报告》[57]对我国网络使用状况进行了统计分析。

国外研究资料表明，网站在 6 个月内就会改变，还有部分网站在 6 个月后可能就不能被访问，随着时间的增长，会有更多的网站不能被访问甚至该网络会被删除[58]。网络世界中的资源是开放的，我们的网络行为是自由的，这使得网络世界的信息资源管理方法不完善。信息资源的传承和长期保存技术的缺乏，导致数字信息正在不知不觉中消失。2013 年 3 月 31 日，中国博客网把所有免费用户数据清零，博主们的信息被丢失，但是由于没有相关法律的保护，博客用户也只能被动地接受了[59]。

数字资源正以爆炸式的方式增长而且没有规律可循，同时，数字资源正在不知不觉中消失而且没有留下任何痕迹。人们往往只是关注数字资源带来的利益，却忽略了把数字资源传承和长期保存的意义。对于数字资源而言，只有保存好这些看不见、摸不到的资源，才能在今后的开发和利用中发挥作用。因此，制定数字资源保存策略是对对未来数字资源能否被有效利用的保障。

面对信息资源在国内这种单纯被利用，而忽视信息资源保存的现象，本章研究希望通过数据可视化的方法，探索出一条数据可视化的信息传承和长期保存的道路。

5.2.4　信息传承和长期保存的国外现状

从美国“数字遗产第一案”到英国、法国等国陆续制定了“数字遗产”相关地区性法规[60]。我们可以看出国外对数字信息的保存已经上升到国家层面。欧洲地区对信息资源的传承和长期保存问题关注较早。Ross 等认为数字资源是科技社会的主要产物，为保证数字资源在将来也能被有效利用，有关政府部门也必须投入精力来制定相关保存策略[61]。

国外在很久以前就开始了数字资源长期保存实践活动，美国、英国等国家就启动了 Digital Preservation Testbed 项目，由不同行业的工作人员组成不同的项目组，并与图书馆合作，收集不同种类的电子文件进行实验，成果显著[62]。

国外对数字资源长期保存的研究对象主要是对保存策略、法规及技术研究和影响长期保存的外界因素。由于政策的不完善和技术的过时导致大量的信息资源消失，所以制定政策和研发新的技术是长期保存工作的首要任务。国外的信息资源保存技术有更新、仿真等。如 Rothenberg 等在仿真技术的数字保存实验的结果中表明，仿真技术对数字资源的特性没有太大的影响[63]。

5.3　多种信息可视化技术

现今存在与地理分布有关的大规模统计数据，采用有效的方法对这些数据进行表达和分析一直是研究热点问题，利用可视化技术对统计数据进行展示、保存已经不再陌生，随着科技的发展，可视化技术种类也在不断增多，可视化技术已经被应用到各行各业的统计数据显示与分析中。综合利用多种可视化技术，通过不同的可视化方法可很好地展示统计数据，同时，可以利用不同的可视化技术达到保存数据信息的目的。目前存在的可视化方法种类繁多，本节介绍 4 种可视化方法。

5.3.1　Cartogram 方法

数据可视化技术在可视化领域扮演着极其重要的角色，对不同属性的数据进行可视化保存是数据化时代的重要研究课题。将数据通过图表的形式展示给读者是可视化的有效方式，在各行各业中这种保存信息的方式也被广泛接受和应用，而地图可视化信息的方式在各类信息传播媒介中的重要性也日益凸显。在地图可视化方法之中，Cartogram 图逐渐受到大家的青睐。

Cartogram 由密西根大学 Mark Newman 教授提出，Cartogram 是为了从视觉效果上表达某属性值，将地图中各个单元模块以各自属性值所占权重进行变形，造成原图形的扭曲，但原则上要保持各个单元模块的拓扑关系。如果想在地图上突出某个信息的属性变化时，可以通过制作一张令人印象深刻的 Cartogram 图保存信息，同时夸张的变形图可以使读图者通过视觉的冲击迅速捕捉到保存信息的变化情况。对比区域地图和统计地图，后者主要用于线状地物，是针对距离属性的变形。地图各地区面积大小与实地大小无关，但是与各相应地区某种制图现象的信息属性成比例，在保持邻接地区拓扑关系不变的前提下，各个图斑面积大小将直接反映相应信息属性在量上的变化情况。

5.3.2　3DMaps 可视化

3DMaps 可视化主要结合 GIS、地图学、认知科学和计算机科学等科学技术，把图形、图像、影像等信息生动、直观地展示给用户。其重点是通过计算机技术、多媒体技术、数字技术，将多元统计数据以动态直观的方式表现出来，从而能够揭示统计数据背后的发展规律，通过对数据的了解，达到对经济和社会发展提供有价值信息的目的。与传统的可视化技术和数据存储技术相比，3DMaps 可视化结合多媒体技术和可视化技术，把原来静态的信息展示方式转变为动态的展示方式，从而能够使用户从多角度、多形式地查看数据信息的规律。

制作专题地图，在地图上以一定的比例显示统计数据，3DMaps 地图根据每个地区的信息数据设置不同的颜色来表示。在每个省市的空间位置上显示饼图、柱状图等，饼图表示信息数据的分配关系，柱状图的高度表示相对应的数据大小。根据认知科学的研究表明，暖色系的颜色能让人感觉到像太阳光照射到身体上一样温暖。同时，鲜亮的颜色能够刺激人的视觉，引起人的关注[64]。

多源统计数据的 3DMaps 可视化展示具体步骤如下。

1）通过“3DMaps”|“数据”菜单选择数据，弹出文件选择对话框，选择需要可视化的数据文件后，单击“确定”按钮，在系统中默认显示为饼状图。

2）通过“3DMaps”|“设置”|“图例”菜单，设置图例。

3）通过“3DMaps”|“设置”|“自定义”菜单，设置图钉颜色。

4）通过“3DMaps”|“设置”|“显示图标”菜单，在 3DMaps 中显示图标。

5.3.3　空间填充方法

空间填充方法能够把显示区域充分利用。这种方法会将阶层式数据显示成一组巢状矩形。阶层的每个层级会由包含其他矩形（分叶）的彩色矩形（通常称为分支）代表。每个矩形内的空间是根据测量的量化值来配置，并且矩形会依大小从左上角（最大）排列到右下（最小）。

Treemap 是最常见的矩形空间填充方法，也是可视化层次结构数据的主要方法，用 Treemap 来显示全国各省市网站抽样调查的统计数据，根据数据的层次结构将显示区域划分成不同大小的矩形，矩形大小由数据的大小决定，从而有效地利用显示空间。同时还可以对每一个划分的矩形进行相应的颜色匹配或必要的说明。同样，可以利用不同的算法对 Treemap 进行合理布局[65]。用 Treemap 显示统计数据的层次关系，面积特征用于表示数值大小。考虑到各省市在被访问网站抽样调查数据上存在较大差异，选择 squarified 方法进行布局，避免产生细长形矩形。为了进一步说明各省市被访问网站抽样调查数据的分布情况，引入信息熵的概念。信息熵的公式如下：

$$\begin{cases} H = -\sum_{i=1}^{n} P_i \ln P_i \\ P_i = \dfrac{v_i}{\sum_{i=1}^{n} v_i} \end{cases} \tag{5.1}$$

式中，$v_i\,(i=1,2,3,\cdots,n)$为每个省份被访问网站抽样调查样本总量；P_i为某个省份占全国被访问网站抽样调查样本总量的比例；H为信息熵。

多源统计数据的 Treemap 图可视化展示具体步骤如下。

1）通过“Treemap”|“数据”菜单选择数据，弹出文件选择对话框，选择需要可视化的数据文件后，单击“确定”按钮，在系统中显示 Treemap 图。

2）通过“Treemap”|“类别名称”菜单，在 Treemap 中显示类别名称。

3）将 Treemap 可视化数据效果图输出，如图 5.2 所示。

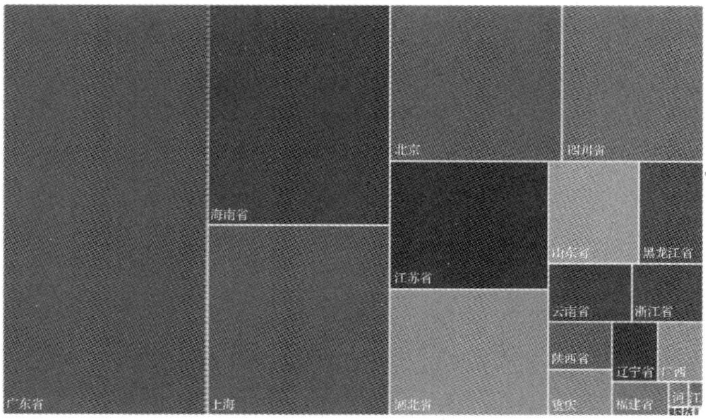

图 5.2　抽样调查网站数量 Treemap 图

信息熵越大，表示某个省市被访问网站数量越大，在 Treemap 布局中位于左上角；信息熵越小，越接近右下角。通过 Treemap 布局，用户可以快速找到被访问网站数量最大的省市，进行信息数据的分析和研究。同时，用户还可以快速分辨出各省市被访问网站数量在全国范围内所占比例。

5.3.4　气泡图

气泡图是常用的可视化工具之一，通常用于显示和比较数值。它是指数据点在平面直角坐标系中，根据因变量和自变量之间的变化，选择合适的数学函数对数据点进行曲线拟合。气泡图将这些数值合并到单一数据点，并以不均匀间隔或簇显示，利用气泡在平面直角坐标系中的分布形态反映变量统计关系，用图形方式显示变量间的变化形态，不仅可以反映变量间的关系类型，也能展示变量间关系的明确程度，让用户直观了解影响因素和预测对象间的关系趋势。统计数据具有时间和空间的特性，采用气泡图的可视化方式显示数据，能更好地观察统计数据的变化趋势，并方便对复杂数据进行比较分析。

图 5.3 是利用气泡图对全国各省市的被访问网站数量的可视化，充分利用气泡图对二维数据表达的便利性，通过 *X* 轴、*Y* 轴及气泡图本身大小的分析，通过效果图的显示，可以快捷地找到每个省市对应的被访问网站的数据量。注：由于山西省、甘肃省、西藏自治区数据分别为 38、104、249，相对于其他省份网站抽样调查数据太小，因此无法在图中显示出来，而且这三省的数据不会影响总体的调查结果。

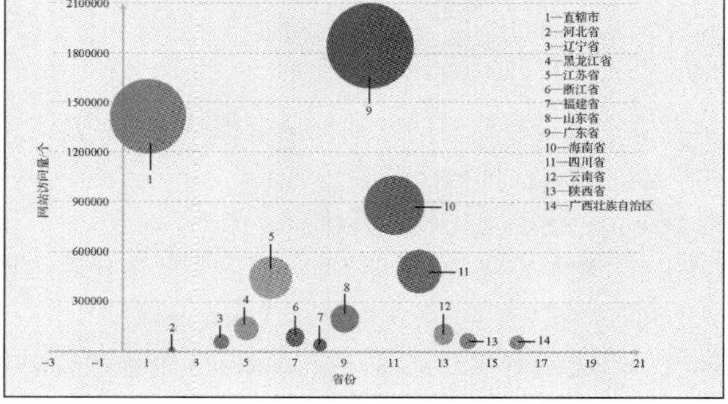

图 5.3　BubbleChart 图

多源统计数据的气泡图展示具体步骤如下。

1）通过“BubbleChart”|“数据”菜单选择数据，弹出文件选择对话框，选择需要可视化的数据文件后，单击“确定”按钮，在系统中显示气泡图。

2）通过“BubbleChart”|“着色”菜单，在系统中显示着色气泡图。

3）通过“BubbleChart”|“图例”菜单，为气泡图添加图例。

5.4　融合可视化系统

本节采用融合可视化方法对统计数据进行分析，结合多种可视化方法和可视化软件，通过融合可视化系统把多个视图同时从多方面多角度展示数据信息，对可视化和用户的交互提供有效帮助。

5.4.1　数据挖掘

通常情况下可以使用数据收集器通过网络收集数据，或者通过一些开放的数据平台获得数据源，也可以通过实验设计收集数据。为了使数据源更具有代表性，通过网络爬虫技术收集新闻中的数据资源、网络用户数据及网络公共数据资源或者政府机构、企业等发布的公开数据及政府的发布的统计年鉴数据。此方法可以使得收集到的数据全面地涵盖各行业的发展情况。并对相关数据进行分析可视化达到推进各行业发展的目的。

5.4.2　融合可视化系统描述

通过设计一套集成开发平台，针对不同需求有效集成 Processing、PolyMaps、Charting Fonts、CartoDB、ModestMaps、OpenHeatMap 等多种可视化方法的系统称为融合可视化系统，如表 5.2 所示。构建出的融合可视化系统可以结合 5.3 节的可视化方法制作出不同类型的效果图。数据可视化是为了将信息完整清晰高效地呈现给用户，但这并不意味着数据可视化就要单一追求功能性或单独追求美观。为了更加有效地表达观点，美观和功能性是需要并重的。但是设计者往往不能在形式和功能上达到平衡，创作了漂亮的数据可视化图形却没能够达成最主要的目的——表达信息。

表 5.2　可视化方法

名称	解释
Processing	常见数据可视化工具，编译成 Java 几乎在所有平台上都可以运行
PolyMaps	主要面向数据可视化用户的一个独立的地图库
Charting Fonts	创建矢量化图表
CartoDB	把表格数据和地图关联起来，完成数据和地图的转换
ModestMaps	一个小地图库，这个类库能帮助我们在本次研究过程中与地图进行交互
OpenHeatMap	一个世界地图，具有开放协议，用户可以自由上传数据、制作新的地图、进行信息共享
Cartogram	以某属性值为基础的变形地图，对地图进行夸张的渲染
3DMaps	在地图上以一定的比例显示统计数据，根据每个地区的信息数据设置不同的数据展示方式
Treemap	通过矩形的面积、排列和颜色来显示复杂的数据关系
BubbleChart	显示和比较数值，用户可以通过它呈现的效果图寻找聚类、孤立点、发展趋势和数据间的相互关系
Gephi	开源的可视化探索平台，适于处理各种网络

融合可视化系统中可应用数据处理模块对可视化数据进行分析处理，以保证需要展示数据信息特征的完整性，根据制作专题地图的需要，对可视化数据进行分析处理，使得数据的存储和提取方式符合系统中可视化模块对数据处理的要求。融合可视化系统通过使用可视化模块生成图形图像，提取研究所需数据。本节结合融合可视化系统提供的 4 种可视化方法制作专题地图对数字信息进行可视化。同时，融合可视化系统还可以实时地对统计数据进行展示，利用可视化模块中各个可视化方法绘制出隐藏在数据内部的规律及发展趋势，从而能够使用户更好地了解不同属性数据特征代表的发展情况。

5.4.3　系统框架

为了让用户对融合可视化系统有进一步的了解，通过系统流程图 5.4 对本系统包含的可视化软件和可视化方法进行简单介绍。

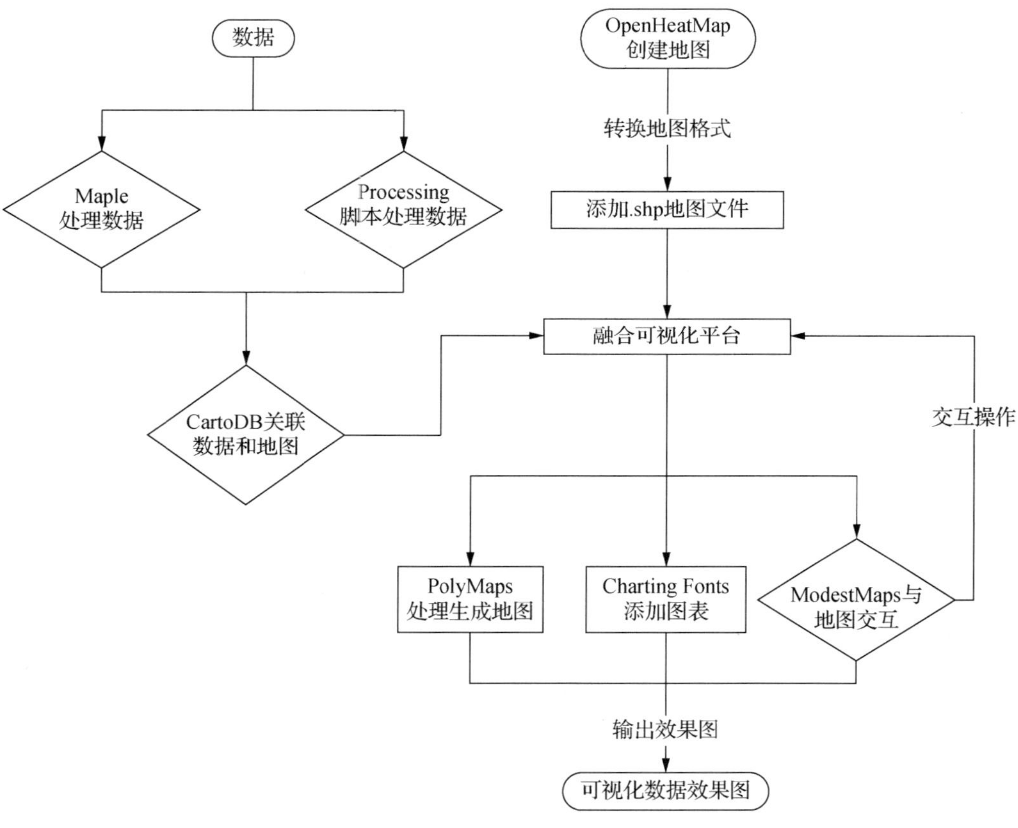

图 5.4　融合可视化系统流程图

融合可视化系统包含了 Cartogram、3DMaps、Treemap、气泡图、Processing、PolyMaps、Charting Fonts、CartoDB、ModestMaps、OpenHeatMap 等数据可视化分析方法，以满足用户对数据可视化的多样性需求，辅助用户完成多元统计数据的可视化。图 5.4 是融合可视化系统的流程图，通过协同视图表示数据，每一个视图都能够从一个角度突出数据的特点。

5.4.4　融合可视化效果图

在数据可视化系统中会展示数据采集的多源统计数据，如抽样调查的全国被访问网站数量，并显示数据在全国各地所占的比例。样本数据如表 5.3 所示。

表 5.3　样本数据

城市	访客样本
广州	534365
深圳	563073
东莞	499163
佛山	101508
汕头	4906
湛江	10584
珠海	383653
惠州	225
江门	166
韶关	186
肇庆	22

处理流程如下。

1）通过数据可视化系统使加载数据显示在融合视图上，设置属性颜色使每一个被抽样调查的市都有自己专属的颜色。

2）通过对软件的属性设置为融合视图中的每一模块的效果图添加图标、图表，并通过软件的属性设置实现融合视图的交互操作。

3）通过“文件”|“打开”菜单选择地理信息 CSV 数据，弹出文件选择对话框，选择需要可视化的数据文件后，单击“确定”按钮。

5.5　系统设计实现

5.5.1　数据处理模块

系统集成了 Maple 的函数系统，对统计数据进行分析、优化、计算，达到整理数据和发现数据规律的目的。Maple 是由加拿大 MapleSoftware 设计的一款计算机符号运算软件系统，以其强大的数学功能著称，提供包括符号演算、二维和三维图形描绘及数据计算等功能；它能够有效辅助用户在处理复杂数据方面的烦琐事务。同时，Maple 也具有编程功能，所有的操作都可以通过用户输入 Maple 命令来实现，到目前为止，随着版本的不断升级，Maple 的函数个数已经超过 3000，并且持续增长[66]。

同时，系统为用户提供具有良好结构的程序设计高级语言、可供选择的数据结构，以及用于符号处理、类型测试的函数。用户可以根据自己的兴趣和需要在本平台上设计软件包，扩展 Maple 的功能。通过对数据进行预处理、功能映射、绘制曲线、显示图像等处理，可提高数据的分析性，找出传统可视化方法无法找到的数据规律，使用户能够对更加专业的数据进行分析了解，从而实现有效利用数据价值的目的。

5.5.2 可视化模块

美国 California 州的 ESRI 公司设计的 GIS 平台（ArcGIS Desktop）下有 4 个 Windows 桌面应用程序：ArcMap、ArcCatalog、ArcGlobe、ArcScene。其中，ArcMap 主要用于显示和浏览地理数据；ArcCatalog 为 ArcGIS Desktop 提供数据组织和管理窗口；ArcGlobe 能够对海量的全球地理信息进行交互式的快速浏览；ArcScene 以三维立体的形式显示要素，达到展示某地区地形界面的效果[67]。

系统在 ArcGIS 核心模块的基础上进行了二次开发，提供了丰富的可视化功能。利用本次研究创建的融合可视化平台，在系统中导入中国地图，通过颜色可视化和地域可视化两种可视化方法显示数据信息。导入 SHP 格式的中国地图，对地图进行编辑，采用颜色可视化的方式区分不同省市。同时，为了增强视觉效果，按照视觉感知常见规则搭配色彩，使用户更加关注自己感兴趣的数据。

在原始中国地图上加载数据，抽样调查各省市被访问网站数量和网站访客数量，每一个被抽样调查的市都有自己专属的颜色，而且相邻地区之间颜色选择差别较大，以方便用户区分。同时，通过系统 ArcMap 可使得加载数据显示在地图上，方便用户快速查找数据，以便进一步对数据进行分析与研究。

1. Cartogram 方法在各学科领域中的应用

现如今 Cartogram 地图表现正在逐步走进各行各业，从宏观地图的角度进行科学的研究和探讨时，利用 Cartogram 地图进行信息可视化和保存可谓独树一帜，同时 Cartogram 地图夸张的变形结果使信息的展示更加具有趣味性。根据 Cartogram 地图的特点，经分析得出以下领域适合采用 Cartogram 图进行信息表达。

2. 疾病预防领域

图 5.5 是世界上艾滋病病毒（human immunodeficiency virus，HIV）患者分布对应的 Cartogram 图，用各个国家的面积表示患者人数，尽量保持各国间的轮廓形状。

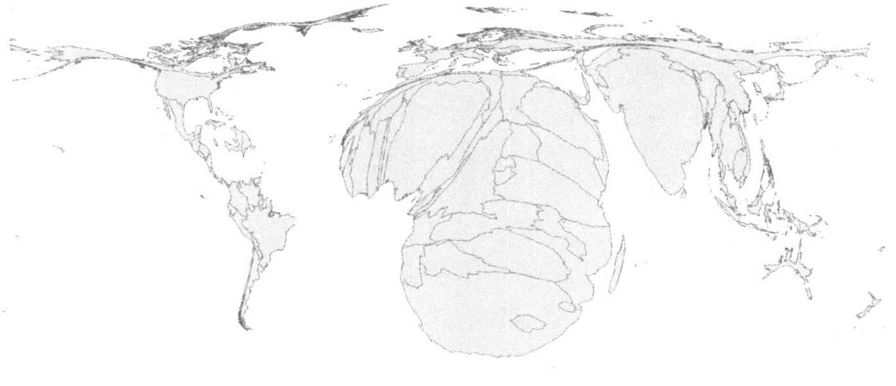

图 5.5 世界各国 HIV 患者人数 Cartogram 图

从图 5.5 中可以看出非洲地区的面积膨胀变大严重，表明该地区 HIV 患者较多，HIV 病毒扩散严重，政府应该采取相应措施及时控制 HIV 病毒的进一步扩散，美洲地区的地图面积最大限度地保持了原状，表明该地区的 HIV 患者人数相对较少。依次观察其他国家和地区的地图面积，也都相对保持原状，从而表明这些国家的 HIV 患者人数也相对较少。

3. 环境保护领域

环境保护是世界各国发展经济过程中必须面临的问题，受到社会各个部门的普遍关注，为了让大众更直观地了解环境的变化，我们利用与环境有关的指数作为数据源制作 Cartogram 图。图 5.6 为制作的世界各国二氧化碳排放量的 Cartogram 图，每个国家的变形面积大小代表该国的二氧化碳排放量，该地图直观地表现了世界二氧化碳排放的地区差异和分布[9]。

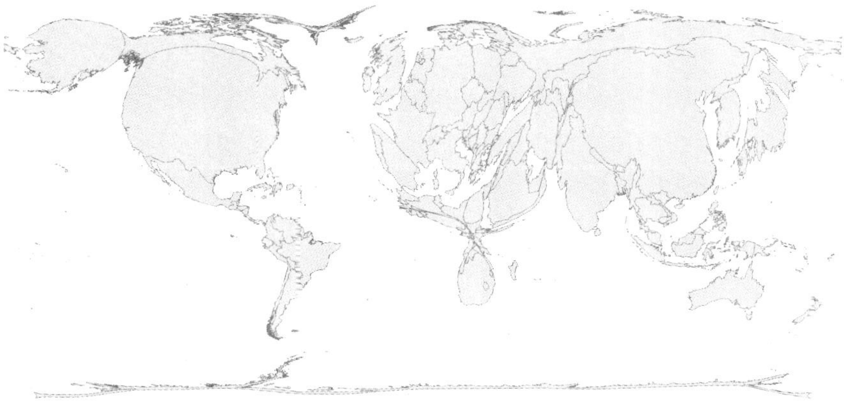

图 5.6　世界各国二氧化碳排放量 Cartogram 图

5.6　Cartogram 方法反映人口密度的实例分析

5.6.1　人口预测数学模型

人口预测的方法多种多样，可采用 GM(1,1)灰色预测模型、回归分析预测法、最小二乘法[68]，选择合理的预测方法是人口预测正确性的关键所在。

人口特征变化受社会发展和经济增长多方面因素的影响，我国各地区的人口变动受时间的影响最明显，在特定时间内人口的出生率和死亡率是不一样的，也就是说，在每一个时间段内都有相应的人口数量。所以人口预测模型是基于时间推移的变化曲线，时间为自变量，人口变化值为因变量，以年为单位，从人口预测基点起 5 年间单位时间内人口变化的数量集合。

灰色模型不直接利用原始数据，而是运用预测对象自身的时间序列建立模型。人口系统具有明显的灰色性，其影响因素包括生育、死亡、灾害、社会、环境等诸多因素，无法使用具体指标精确计算。使用 GM(1,1)灰色模型预测人口可以滤去原始数据中混入的随机量和噪声，从波动的时间序列发掘和认识人口增长的内在规律。

设有原始数列

$$x^{(0)}=[x^{(0)}(1),x^{(0)}(2),\cdots,x^{(0)}(n)] \tag{5.2}$$

对 $x^{(0)}$ 做一次累加，生成数列

$$x^{(1)}=[x^{(1)}(1),x^{(1)}(2),\cdots,x^{(1)}(n)] \tag{5.3}$$

式中，

$$x^{(1)}(t)=\sum_{k=1}^{t}x^{(0)}(k),t=1,2,\cdots,n \tag{5.4}$$

其白化方程的微分方程为

$$\frac{\mathrm{d}x^{(1)}}{\mathrm{d}t}+ax^{(1)}=u \tag{5.5}$$

式中，a、u 为待定系数，分别称之为发展系数和灰色作用量。应用最小二乘法可求得方程的解，即时间响应函数为

$$\begin{cases}x^{(1)}(k+1)=\left(x^{(0)}(1)-\dfrac{u}{a}\right)\mathrm{e}^{(-ak)}+\dfrac{u}{a}\\x^{(0)}(k+1)=x^{(1)}(k+1)-x^{(1)}(k)\end{cases} \tag{5.6}$$

回归分析预测是经济预测中常用的方法之一。采用一元线性回归模型预测人口变化趋势的基本思想是将收集到的人口数据（如年份 X、人口数 Y）作为抽样调查的结果，通过最小二乘法来估计回归方程 $Y=a+bX$ 方程中的参数 a,b，以确定变量之间线性关系，其中

$$a=\overline{Y}-b\overline{X}，\quad b=\frac{L_{xy}}{L_{xx}}$$

Malthus 人口增长模型是英国人口学家马尔萨斯根据百余年的人口统计资料提出的人口增长指数模型。它假定人口的增长率是常数，人口随着时间的增加按指数规律增长，即

$$p(t)=p(t_0)\mathrm{e}^{r(t-t_0)} \tag{5.7}$$

式中，$p(t_0)$ 为初始年份 (t_0) 人口数；r 为人口年增长指数；$p(t)$ 为 t 年份预测人口数。

所谓最小二乘法是通过最小化误差的平方和寻找数据的最佳函数匹配。已知在平面上的 n 个点 $(x_i,y_i)(i=1,2,3,\cdots,n)$，$x_i$ 互不相同，使用待定系数法，寻找函数 $f(x)$ 在点 $x_i(i=1,2,\cdots,n)$ 处的函数值 $f(x_i)$ 分别与各个观测数据点 y_i 偏差的平方和 $Q=\sum_{i=1}^{n}e_i^2=\sum_{i=1}^{n}[f(x_i)-y_i]^2\to\min$ [69]。即推求一个函数解析式 $y=f(x)$，使得这个函数解析式通过或者近似通过平面上有限序列的数据点 (x_i,y_i)，在一定意义下，用连续曲线近似的刻画离散点组所表示的坐标之间的函数关系，通常称为数据拟合。

我们通过对河北省 11 个地市的人口规模及人口密度的分析，设曲线拟合函数 $f(x)=a_0+a_1x+a_2x^2+\cdots+a_mx^m$，借助于最小二乘法原理通过 Maple 编程实现对拟合次数 m 的选取，选取最佳 m 值使拟合结果与实验数据的误差最小，从而达到最好的拟合效果。

本次研究经过多次验算发现，选择低次幂人口模型比高次幂的人口模型预测的结果准确率要高。为了确保多项式拟合的精确度和控制误差积累，同时考虑高次多项式变化的不稳定性，统一采用二次多项式进行曲线拟合，二次多项式的一般表达式为 $f(x)=a_0+a_1x+a_2x^2$，a_0、a_1、a_2 为待确定参数。

5.6.2 区域人口预测实例分析

河北省位于我国的中部地带。实行计划生育以来，河北省累计少出生人口 3800 多万。河北省人口出生率由 20 世纪 70 年代初的 26.73%，下降到目前的 13%。近年来全省的出生率相对较低，但是人口素质有很大的提升，截至 2017 年底河北省的总人口达到了 1087.99

万人左右，这为全省的经济建设创造了良好的环境。河北省作为京津冀一体化过程中产业转换的承接方，具有巨大的经济发展潜力。但是面临我国人口基数大这一基本国情，仍然需要控制人口数量的增长。

如表 5.4 所示，以人口统计资料较为全面的 2000 年为基准年，选择石家庄市为基准城市，考虑数据来源的一致性，以 2000—2017 年 17 年间的人口数据为基础数据①。

表 5.4　石家庄市 2000—2017 历年总人口表

年份/年	人口/万人	年份/年	人口/万人	年份/年	人口/万人
2000	889.8	2006	969.5	2012	1005
2001	895.9	2007	955	2013	1003.15
2002	904	2008	984.6	2014	1061.62
2003	910.5	2009	988.11	2015	1070.16
2004	917.5	2010	1017.52	2016	1078.46
2005	960.6	2011	997.29	2017	1087.99

各方法的计算结果及误差如表 5.5 和表 5.6 所示，其中 GM(1,1)灰色模型的平均误差为 0.64%，Malthus 人口计算模型的平均误差为 0.82%，线性回归模型的平均误差为 0.60%。3 种模型的平均误差均在 1%以下，表明它们均能较好地模拟人口变化趋势。线性回归模型与灰色模型的误差较小且相近，计算精度更高，故采用线性回归与 GM(1,1)灰色模型的平均值计算河北省其他地区的人口数量。

表 5.5　各地市回归分析计算结果

地名	模型
张家口	$f(x)=-0.22556x^2+40.60x+445.51$
承德	$f(x)=-0.06856x^2+2.49x+275.85$
保定	$f(x)=-1.39174x^2+23.79x+1067.29$
沧州	$f(x)=0.04674x^2+8.39x+675.30$
衡水	$f(x)=-0.22587x^2+5.90x+411.85$
石家庄	$f(x)=-0.40575x^2+14.61x+913.60$
邢台	$f(x)=-0.11178x^2+9.90x+664.53$
邯郸	$f(x)=-1.06878x^2+27.15x+836.54$
唐山	$f(x)=-0.35867x^2+6.87x+707.51$
廊坊	$f(x)=-0.36117x^2+8.57x+381.05$
秦皇岛	$f(x)=-0.08443x^2+2.96x+358.49$

表 5.6　模型的计算值及误差

年份	GM(1,1)		Malthus		线性回归	
	计算值/万人	误差/%	计算值/万人	误差/%	计算值/万人	误差/%
2014	1010.57	0.77	1036.02	1.13	1051.31	0.69
2015	1050.58	0.57	1055.98	1.03	1062.44	0.49
2016	1066.70	0.36	1042.95	0.93	1045.68	0.26
2017	1099.91	0.87	1088.92	0.17	1097.02	0.98

① 数据来源：2000—2017 年河北统计年鉴。

假设河北省各地市行政区划面积在预测年内不发生任何改变，根据上述计算的人口规模，推算出不同年份不同地域的人口密度，结果见表 5.7。

表 5.7　各地市人口预测结果

城市	行政区划面积/km²	2020 年	2025 年	2030 年
张家口	36873	272	316	357
承德	39735	75	75	74
保定	20900	532	472	379
沧州	14053	578	613	651
衡水	8825	509	703	794
石家庄	15843	657	659	645
邢台	12433	634	658	677
邯郸	12065	832	789	702
唐山	13742	531	510	477
廊坊	6382	671	639	579
秦皇岛	7802	492	492	459

当前 Cartogram 主题地图的绘制工具是基于 ArcGIS 平台的，ArcGIS 价格昂贵，且只能在 Windows 系统中运行，不利于国产信息系统的推广。针对这一问题，基于 Cartogram 图生成算法使用 Qt 图形界面库下开发了一套跨平台的 Cartogram 可视化系统。本系统输入多源统计数据采用 Shapefile 格式或者 LYR 格式。

基于上述多区域人口模型分别预测了 2020 年、2025 年、2030 年河北省各地市的人口数量，如图 5.7～图 5.9 所示。

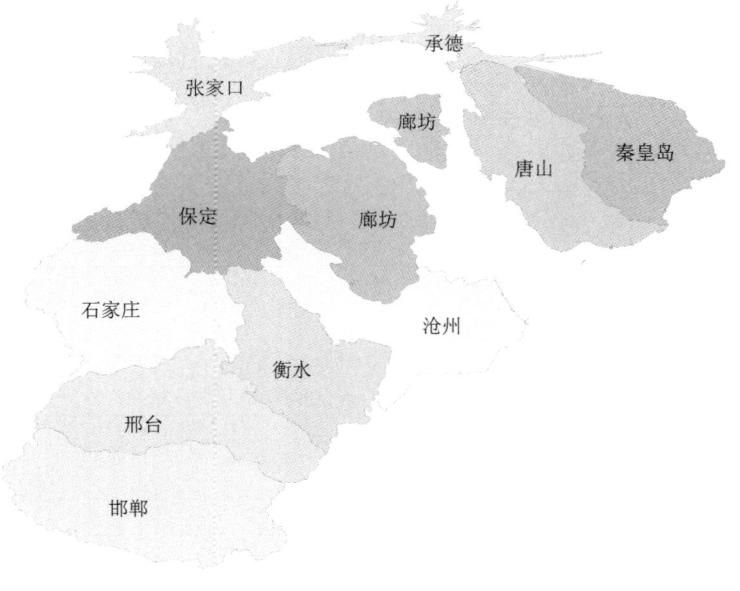

图 5.7　2020 年河北省各地市人口 Cartogram 图

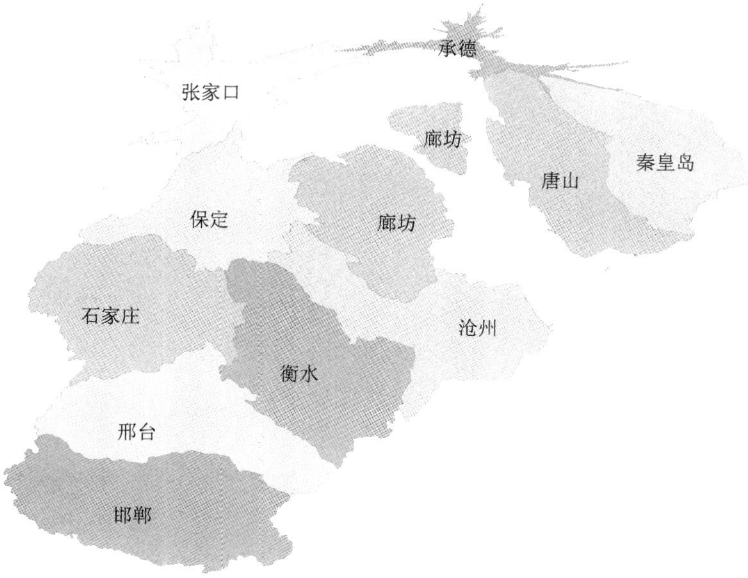

图 5.8　2025 年河北省各地市人口 Cartogram 图

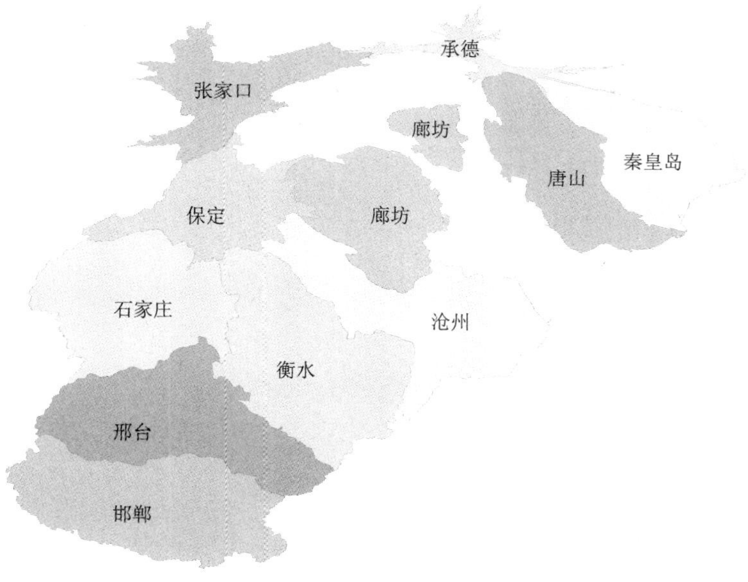

图 5.9　2030 年河北省各地市人口 Cartogram 图

从图 5.7～图 5.9 中可以看出各地市人口在不同年份的变化情况，行政区划面积越大的地市往往人口数量越多。例如，廊坊市和秦皇岛市在地图上显示的面积较小，但是经过 Cartogram 变形后行政区划面积增大，说明其人口密度较大。秦皇岛市是我国著名的港口城市，经济发展迅速。廊坊市位于北京和天津两个直辖市之间，有着巨大的经济发展潜力，Cartogram 人口主题地图直观反映了这一特点。承德市和张家口市行政区划面积较大，变形后图面面积反而减小，说明人口密度维持在较小水平且变化不大。从增长速度方面分析，张家口市经过 Cartogram 变形后行政区划面积保持增大的趋势，而唐山市经过 Cartogram 变形后行政区划面积不断减小，其他各地市的图面没有突出变化，但是都保持着一定的发展速度，没有大幅度的增大。

5.6.3　Cartogram 方法可视化展示具体步骤

1）软件主界面。主界面由菜单栏、工具栏、Cartogram 窗口、属性表 4 个部分组成。菜单栏与工具栏中的图标相对应。

2）用户执行 Cartogram 变形图第一步操作为选择图层。选择“File”|“Open”菜单，系统弹出图层选择对话框，如图 5.10 所示。

3）用户选择图层文件后，系统会自动生成图层属性表，如图 5.11 所示。

4）在执行 Cartogram 变换之前，还需选择值字段。用户可在属性表中选择需要的值字段，如图 5.12 所示。在“Pop_2025”列处右击，在弹出的快捷菜单中选择“Cartogram”命令，执行 Cartogram 变形操作。用户执行 Cartogram 操作时，选中的列的名称即为值字段，如图 5.12 中值字段为“Pop_2025”。

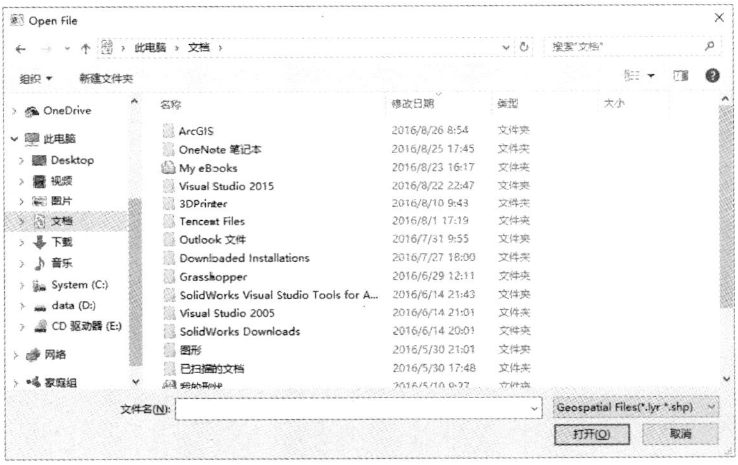

图 5.10　图层选择对话框

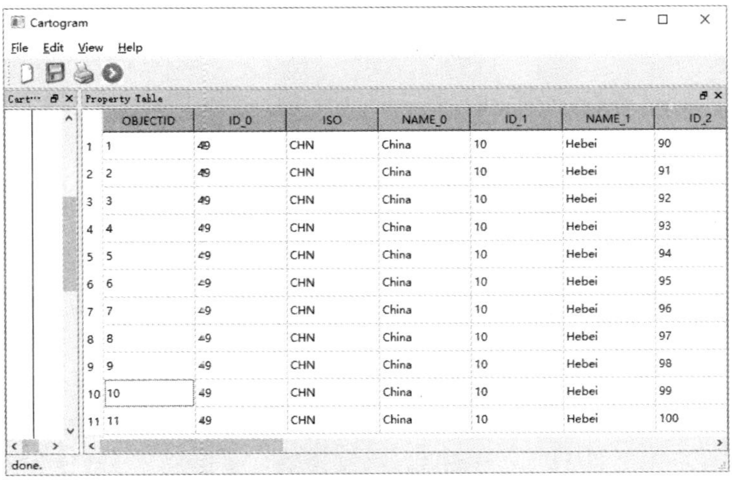

图 5.11　图层属性

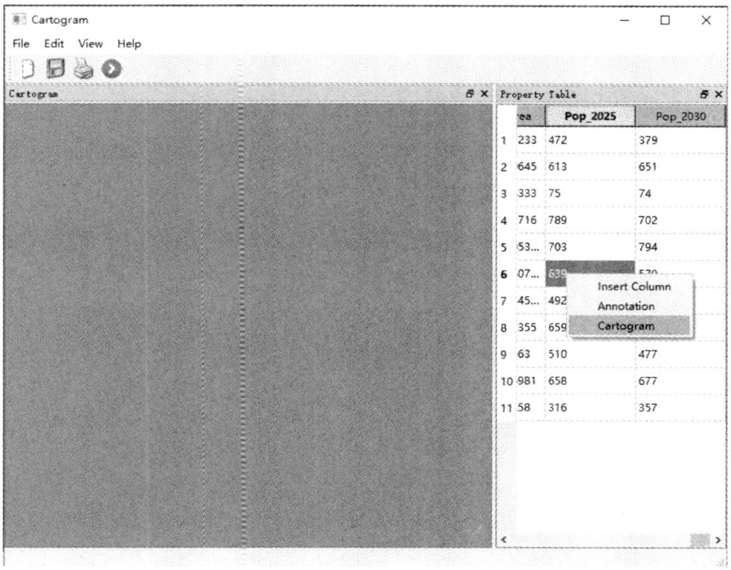

图 5.12　值字段选择

5）Cartogram 变形操作完成时，在左下角状态栏显示“done.”，如图 5.13 所示。

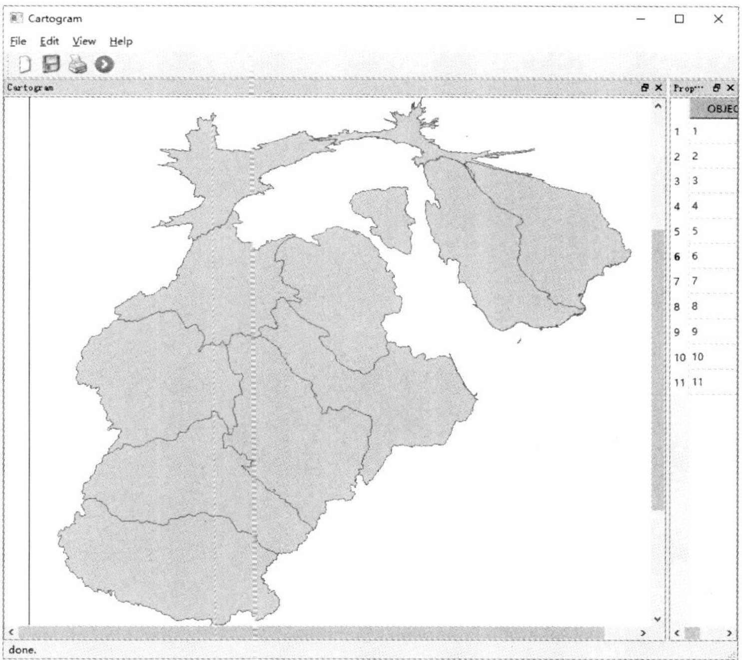

图 5.13　Cartogram 变形效果图

图 5.13 中底图为河北省行政区划，值字段为“Pop_2025”。

6）用户可以对 Cartogram 各单元进行标注，如图 5.14 所示，在标注字段所在列选择“Annotation”菜单，执行标注操作，标注字段为“NMAE_2”。标注列显示为深色。

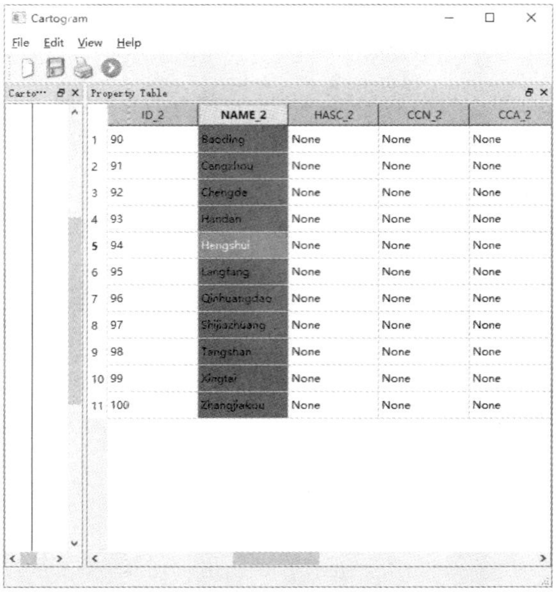

图 5.14　选择标注字段列

7）标注后执行 Cartogram 操作，会在效果图中显示标注字段属性值，如图 5.15 所示。

8）生成的 Cartogram 图如果超过窗口尺寸会显示滚动条，以方便用户浏览。初始的 Cartogram 图为原始尺寸，用户可以选择“View”|“FitToWindow”菜单，让图形自适应窗口大小，图形会随窗口尺寸改变大小。

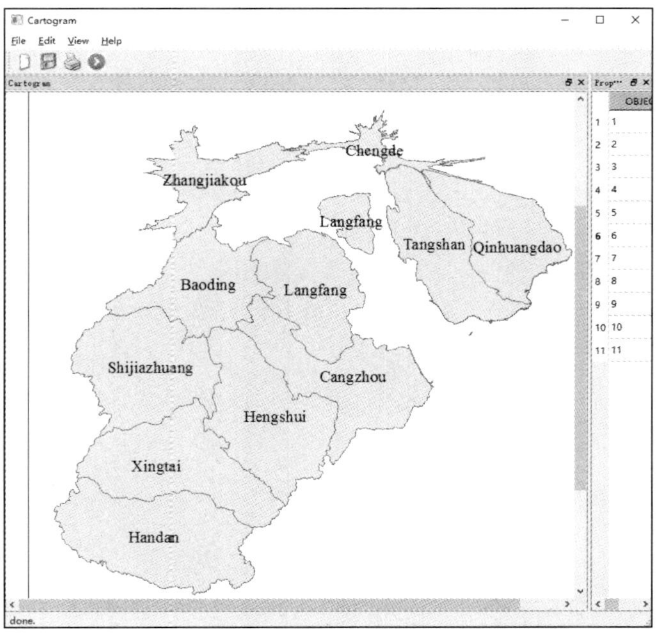

图 5.15　Cartogram 标注效果

5.7　总结与展望

5.7.1　研究总结

互联网时代，信息资源的增长是海量式的，然而，信息资源的也以海量式的速度在消失，这是信息资源本身的脆弱性，但是信息资源本身的致命缺点并没有引起世界各国的注意，信息资源保存工作的价值和意义被大众所忽略。人们对于信息传承和长期保存意识淡薄，没有认识到信息资源丢失的严重性和危害性，要知道一切资源的开发和利用都是以传承和长期保存作为前提和基础的。信息传承和长期保存工作的缺失将会给人们的未来生活留下空白的记忆。为了民族的记忆，为了子孙后代可以看见我们今天所拥有的辉煌，我们要在全世界范围内加大宣传力度，呼吁各国政府部门重视信息传承和长期保存工作，形成一种信息传承和长期保存的世界氛围。但是我国信息传承和长期保存工作还处于刚刚开始阶段，在各个方面都落后于其他的发达国家。我们要把信息传承和长期保存工作当作国家战略来进行，充分体现政府部门的主导地位，大力宣传信息传承和长期保存的精神和理念，这也是我们推行信息传承和长期保存的工作的首要任务。现阶段的信息资源只是单纯地利用，却忽视信息资源的保存工作，本章提出一种可视化的方法来保存信息资源，可视化保存信息的方式与声音和图像相比是较好的信息传承方式，它可以如实地记录现在的问题，不加任何扭曲，它可以不分种族、语言、年龄地让读图者了解历史。

当前的可视化技术能够将人的感知能力与计算机的分析计算能力有机融合，以数据挖掘等技术为基础，利用认知理论、信息可视化技术，使用户更为直观地探索结构关系复杂的抽象信息内所隐藏的特征和规律，设计出一个融合可视化系统来显示多元统计数据，集成 Cartogram、3DMaps、气泡图、Treemap 可视化技术，使用户从不同角度了解各种属性数据，同时为了增强视觉效果，按照视觉感知常见规则对可视化信息进行增强，使用户能够更加关注自己感兴趣的数据。多角度可视化数据为数据的分析和理解提供了有效工具。本章的系统将获得的多元统计数据加以分析和归纳，利用数据可视化技术，分析数据隐藏的动态信息，以直观的形式表现出来，进而达到揭示某行业数据发展规律的目的。在今后的研究中，将关注于数据可视化的性能提升和应用推广。

目前存在的可视化技术对多维数据的分析是一项挑战，所以，开发新的可视化工具、改进相关技术，可使得可视化适合大数据集的发展趋势，同时，也可以更好地设计出符合用户要求的可视化效果图。

5.7.2　研究展望

本章应用数据可视化方法，对信息传承和长期保存进行研究，提出了针对多元统计数据的可视化与分析方法，通过具体实例分析验证了研究成果的有效性和可行性，但是由于信息传承和长期保存领域对信息本身的涵盖面非常广泛，研究对象没有对所有的可视化信息进行研究，如抽象的信息，它也是一种信息资源并且是人们日常生活产生的很重要的一种信息资源，如果可以把抽象的信息资源变成可理解的图形或文字，那么实现人类和动物的顺利交流将成为可能，这一研究的实现将会给自然界带来前所未有的和谐，人类和动物之间的沟通交流，可以让我们明白动物的感知，相信通过这样的沟通，人类对动物、对自然界能够有更多的了解，从而能够更好地关爱动物和保护自然。

目前，可视化技术主要针对静态数据，但是动态数据的成倍增长成为数据库领域的热门研究，同时，越来越多的动态数据成为可视化技术关注的焦点。所谓动态数据即能够被实时地持续收集的数据。对动态数据的可视化，用户不仅希望得到在一段特定时间内对数据可视化的结果，更想了解数据在一段时间内是如何变化的。所以，将来的研究工作应该更多地收集带有时间意义的数据，对时序数据的分析和保存将成为可视化领域的研究热点。

可视化的开发工具多种多样，但是众多的可视化工具面临这样一个问题，如何把数据分析方法和可视化方法集成到同一个系统上。我们知道，现有的可视化系统中有一部分可以实现多简单数据的计算和分析，同样计算分析系统也可以对数据实现一定程度的可视化功能。但是要是想把这两者的功能集成到同一个系统中来完成，这就需要我们对现有的可视化系统进行研究，找出如何把更多数据分析方法集成到可视化系统中来的途径，从而使可视化系统更加完善，提高系统的应用。

可视化系统中提高系统的交互性也是今后研究的重点问题，过去的交互方法缺乏创新，对于用户提出的特定任务需要无法满足。系统中新的交互方法不仅可以更好地对数据进行分析和可视化，同时，我们应该更多地考虑用户的需求，根据用户的要求设计方便、快捷的交互方法，以达到提高可视化系统交互性的目的。

参考文献

[1] 聂云霞. 国家层面数字资源长期保存策略研究[D]. 武汉：武汉大学，2014.
[2] 栾荣. 数字信息保存的质量保证[J]. 图书馆学刊，2011（1）：114-116.
[3] 姜峰. 当“大数据”来敲门[N]. 人民日报，2012-12-24（0）.
[4] KUNY T. The digital dark ages? Challenges in the preservation of electronic information[J]. International Preservation News, 1997(17): 8-13.
[5] 刘家真. 保护数字信息长期存取研究综述[J]. 情报杂志，1999，18（4）：32-35.
[6] 孔繁清. 数字保存经济问题探讨[D]. 郑州：郑州大学，2011.
[7] 戴昱. 论数字遗产继承的相关法律问题[J]. 法律适用，2012（5）：87-90.
[8] 邢军. 国家图书馆数字资源长期保存现状与研究[J]. 数字与缩微影像，2011（4）：18-22.
[9] WARE C. Information Visualization: Perception for Design[M]. Morgan Kaufmann Publishers, 2004.
[10] SHNEIDERMAN B, BEDERSON B B. The craft of information visualization: readings and reflections[M]. Morgan Kaufmann Publishers, 2003.
[11] GERSHON N, EICK S G, CARD S. Information visualization[J]. Computer Graphics & Applications IEEE, 1997, 17(4): 29-31.
[12] CARD S K, MACKINLAY J D, SHNEIDERMAN B. Readings in information visualization: using vision to think[M]. Morgan Kaufmann Publishers, 1999.
[13] 陈传夫. 数字时代信息资源知识产权制度的现状与展望[J]. 大学图书馆学报，2003，21（2）：9-14.
[14] 钟义信. 社会动力学与信息化理论[N]. 中国社会科学院院报，2007-09-27（6）.
[15] CAPLAN P. What Is Digital Preservation?[J]. Library Technology Reports, 2008, 44.
[16] 杜砚如，赵炜霞. 数字信息长期保存技术问题探讨[J]. 情报杂志，2002，21（6）：37-38.
[17] 赵永超. 基于仿真的数字资源长期保存策略[J]. 情报探索，2009（1）：89-91.
[18] 王晖. 数字信息长期保存的技术策略[J]. 情报探索，2008（10）：111-114.
[19] 司莉. 数字文献长期存取技术策略比较研究[J]. 大学图书馆学报，1999，17（5）：35-37.
[20] 郑慧梅. 数字信息长期保存技术策略研究[J]. 江西图书馆学刊，2010，40（3）：105-107.
[21] 王小林. 数字资源长期保存技术综述[J]. 数字与缩微影像，2011（3）：31-35.
[22] 秦珂. 数字信息长期保存的技术方法分析[J]. 档案与建设，2006（3）：19-21.
[23] 张毅. 数字资源长期保存研究进展及发展策略[J]. 内蒙古科技与经济，2012（11）：12-14.
[24] 王清飞，刘琳. 数字资源长期保存的策略探讨[J]. 江西图书馆学刊，2008，38（3）：33-35.

[25] ZHAO Z, ZHAO L Z. Small-world phenomenon: toward an analytical model for data exchange in Product Lifecycle Management[J]. International Journal of Internet Manufacturing and Services, 2008, 1(3): 213-230.

[26] 熊燕．数字资源长期保存的策略研究[J]．农业图书情报学刊，2010，22（4）：124-127．

[27] 杨小云，魏鑫，吴玉玲．数字资源长期保存存在的问题及对策[J]．农业图书情报学刊，2009，21（11）：30-33．

[28] 马海群．数字信息资源管理的制度需求分析[J]．图书馆，2009（1）：10-11，23．

[29] 范文兰．数字信息长期保存的合作问题探微[J]．图书馆学研究，2007（11）：23-25．

[30] 张浩，郭灿．数据可视化技术应用趋势与分类研究[J]．软件导刊，2012，11（5）：169-172．

[31] 荣飞，罗安，涂春鸣，等．变结构空间矢量控制技术在 STATCOM 中的应用[J]．电工技术学报，2007，22（12）：128-132，139．

[32] 李文昊，白文倩．反思型异步学习模式中的学生参与度研究[J]．远程教育杂志，2011（3）：14-20．

[33] 李婧．浅谈基于可视化工具 VisualEyes 的教学案例的设计[J]．中国远程教育，2012（4）：87-90．

[34] 刘东华，关玉霞，魏力婕．大数据时代的电视新闻创新——以央视“‘据’说”系列节目为例[J]．新闻与写作，2014（4）：8-11．

[35] 赵斌．数据可视化在上海图书馆数据展示服务中的应用[J]．图书馆杂志，2015（2）：23-29．

[36] 吴隆基．维度建模技术在构建图书馆数据仓库中的应用[J]．情报科学，2005，23（4）：586-589．

[37] BARLOWE S, LIU Y, YANG J, et al. WaveMap: interactively discovering features from protein flexibility matrices usingwavelet-based visual analytics[C]//Eurographics/IEEE-Vgtc Conference on Visualization, 2011: 1001-1010

[38] DIDIMO W, LIOTTA G, MONTECCHIANI F, et al. An advanced network visualization system for financial crime detection[C]//Visualization Symposium, 2011: 203-210.

[39] Log Tool homepage[EB/OL]. [2017-02-17]. http://xjack.org/logtool/.

[40] LINDEN G, SMITH B, YORK J. Amazon.com recommendations: item-to-item collaborative filtering[C]//IEEE Internet Computing, 2003,7(1): 76-80.

[41] KOH K, LEE B, KIM B, et al. ManiWordle: providing flexible control over wordle[J]. IEEE Transactions on Visualization & Computer Graphics, 2010, 16(6): 1190.

[42] PAULOVICH F V, MINGHIM R. HiPP: a novel hierarchical point placement strategy and its application to the exploration of document collections[J]. IEEE Transactions on Visualization & Computer Graphics, 2008, 14(14): 1229-1236.

[43] HAVRE S, HETZLER E, WHITNEY P, et al. ThemeRiver: visualizing thematic changes in large document collections[J]. Visualization & Computer Graphics IEEE Transactions on, 2002, 8(1): 9-20.

[44] CUI W, LIU S, TAN L, et al. TextFlow: towards better understanding of evolving topics in text[J]. IEEE Transactions on Visualization and Computer Graphics, 2011, 17(12): 2412-2421.

[45] PERER A, GUY I, UZIEL E, et al. Visual social network analytics for relationship discovery in the enterprise[C]//Visual Analytics Science and Technology, 2011: 71-79.

[46] FARNHAM S, PORTNOY W, TURSKI A, et al. Personal Map: automatically modeling the user's online social network.[C]//Human-Computer Interaction INTERACT' 03: Ifip Tc13 International Conference on Human-Computer Interaction, -September 2003, Zurich, Switzerland, 2003: 567-574.

[47] FISHER D, DOURISH P. Social and temporal structures in everyday collaboration[C]//Conference on Human Factors in Computing Systems, CHI 2004, Vienna, Austria, April, 2004: 551-558.

[48] HEER J, BOYD D. Vizster: visualizing online social networks[C]//IEEE Symposium on Information Visualization, 2005: 32-39.

[49] THOM D, BOSCH H, KOCH S, et al. Spatiotemporal anomaly detection through visual analysis of geolocated Twitter messages[C]//Visualization Symposium (PacificVis), 2012 IEEE Pacific, 2012: 41-48.

[50] ZHAO Z, ZHAO W. Engineering data formats: Visualization, conversion and migration[C]//Proceedings of the 2nd International Conference on Intelligent Control and Information, 2011: 295-300.

[51] ZHAO Z, FAN J. An investigation into small world phenomenon in engineering informatics[C]//Computing in the Global Information Technology, The Third International Multi-Conference on, IEEE, 2008: 125-130.

[52] ZHAO Z. Small world models in linked documents: decomposition and visualisation[C]//Fourth International Multi-Conference on Computing in the Global Information Technology, 2009: 144-150.

[53] 赵正旭，龙瑞，郭阳，等．工程软件的小世界效应探究[J]．石家庄铁道大学学报：自然科学版，2010，23（3）：1-6．

[54] 赵正旭，封筠，张志华．工程软件数据格式转换网络的复杂性分析[J]．复杂系统与复杂性科学，2010，7（1）：75-81

[55] YANG G, ZHENGXU Z, YIQI Z. Complexity analysis with function-call graph on windows software[J]. International Review on Computers & Software, 2012, 7(3): 1149-1153.

[56] 尼葛洛庞帝．数字化生存[M]．胡泳，译．海口：海南出版社，1996．

[57] 解春阳．第 32 次《中国互联网络发展状况统计报告》发布[J]．青年记者，2013（14）：33．

[58] 毛凌翔．网络信息资源档案化及其服务的探讨[J]．档案学研究，2012（2）：50-55．

[59] 佚名．中国博客网关闭免费博客[J]．新闻实践，2013（5）：77．

[60] 温斯顿·泰伯，孙利平，郑步芸．美国国会图书馆：21世纪数字化发展机遇[J]．国家图书馆学刊，2002，11（4）：7-12．

[61] ROSS S, HEDSTROM M. Preservation research and sustainable digital libraries[J]. International Journal on Digital Libraries, 2005, 5(4): 317-324.

[62] 田硕，黄国彬．近十年国外数字资源长期保存研究综述[J]．图书馆杂志，2011，30（7）：8-13．

[63] ROTHENBERG J, DESIGN C, HENDERICKX G, et al. Using emulation to preserve digital documents[R]. Hague: Time & Bits Managing Digital Continuity, 2000.

[64] ELLIOT A J, MAIER M A. Color Psychology: effects of perceiving color on psychological functioning in humans[J]. Annual Review of Psychology, 2014, 65(1): 95-120.

[65] HUGINE A L, GUERLAIN S A, TURRENTINE F E. Visualizing surgical quality data with treemaps[J]. Journal of Surgical Research, 2014, 191(1): 74-83.

[66] 李世奇．计算机代数系统MAPLE及其程序设计语言[J]．重庆师范学院学报：自然科学版，1998，15（4）：81-87．

[67] 牟乃夏．ArcGIS 10地理信息系统教程[M]．北京：测绘出版社，2012．

[68] GASTNER M T, NEWMAN M E J. Diffusion-based method for producing density-equalizing maps[J]. Proceedings of the National Academy of Sciences of the United States of America, 2004, 101(20): 7499-7504.

[69] 卢俊，曹为民，余希成，等．基于最小二乘法的阳离子交换树脂催化醋酸甲酯水解研究[J]．应用化工，2010，39（5）：720-722．

第 6 章　基于 FreeForm 的虚拟产品设计研究

6.1　绪　　论

6.1.1　引言

随着三维建模技术的进步和发展，其应用范围也在不断地拓展。目前，三维建模技术已经广泛应用于动漫、机器人、影视作品、航空航天、玩具设计、艺术设计、汽车设计和医学研究等领域，而且已经成为众多领域的关键技术之一，也成为众多学者的热门研究的课题之一。

在实际建模过程中，如人脸类生物模型、飞机机翼等模型的曲面自由、复杂，其分析、建模、制造一直是工程建模领域的一个难题。虽然现在的计算机辅助设计（computer-aided design，CAD）软件能够完成复杂的自由曲面建模，但是在建模过程中只利用了使用者的视觉，而且被局限在键盘和鼠标上，大部分建模都是基于特征和参数建模，设计出来的虚拟模型属于可视模型，建模过程复杂而且无法像手工建模那样充分展现个人的设计风格。

FreeForm 触觉式设计系统应运而生，但其购买价格昂贵，使得很多学者在研究中困难重重。2012 年石家庄铁道大学复杂网络与可视化研究所购买了 FreeForm 触觉式设计系统，为相关的计算机科学技术、动漫制作、工程建模和教育教学等方面的研究，提供了理论基础，具有一定的参考价值。

6.1.2　研究背景

随着计算机软硬件的高速发展，特别是虚拟现实技术的高速发展，很多的工业、企业、学校和研究人员都注意到将建模技术与计算机技术相结合，充分借助计算机强大的存储能力、快速的图形处理能力和友好的交互界面，能够实现复杂的工程设计，使生产任务实现自动化和集成化开发，从而可大大缩短产品的开发周期并且降低了生产的成本。CAD 就是在产品生产周期中实现这一目的的主要技术之一。

在 CAD 技术产生之前，工程师和设计者们使用二维的图样绘制技术和实体建模技术，这给研究者、设计者和工程师带来了很多非人为因素的困扰，建模思想不能够充分展现，而且修改起来费时费力费材料，使得产品生产在概念设计阶段就耽误了很长时间，从而影响了产品的上市时间。

建模技术与计算机技术结合以后，设计者们从二维的纸质建模技术中解放出来，建模过程中能够较充分地展现设计思路，并且能够较快速地修改虚拟模型。但是，在实际建模过程中，有很多模型的曲面自由、复杂，这些曲面是在自由曲线的基础上生成的，属于自由曲面，如人脸类生物模型、飞机机翼、汽车车身、轮船船体等的曲线和曲面，他们无法用初等解析函数清楚地表达。由于自由曲面的不规则性使得其分析、建模、制造一直是工程建模领域的一个难题。

FreeForm 触觉式设计系统最大的优势就是利用了人体非常重要的触觉，该系统的 3D Touch（三次元触觉技术）技术使三维建模技术和设计师的思维接近于零距离，非常利于自由曲面的建模，这将三维建模技术带入了一个崭新的发展阶段。

6.1.3　研究现状

1. 建模技术

产品的生产分为设计过程和制造过程。设计过程开始于客户需求，结束于产品的完整描述[1]，这种描述可以用工程图样的形式或三维模型的形式，后续的工作人员再通过图样或三维模型在头脑中重现设计师想要表达的三维实体。

随着计算机技术的发展和工业企业生产的竞争，产品的设计过程需要借助于计算机技术，由此，CAD 应运而生。

CAD 是在产品开发过程中使用计算机系统辅助产品创建、修改、分析和优化的有关技术。因此，任何嵌入了计算机图形学的计算机程序和在设计过程中使产品设计变得容易的应用程序都可以归类为 CAD 软件[1]。换言之，CAD 工具包括了从创建形体的几何建模工具到诸如分析、优化应用程序的所有工具。在工程和产品设计中，计算机可以帮助设计人员担负计算、信息存储和制图等项工作，利用计算机可以进行与图形的编辑、放大、缩小、平移和旋转等有关的图形数据加工工作[2]。

20 世纪 50 年代，美国诞生了第一台计算机绘图系统，随之出现了具有简单绘图输出功能的被动式的 CAD 技术[2]。在 CAD 软件发展的初期阶段，CAD 技术以二维绘图为主要目标的算法一直持续到 20 世纪 70 年代末期。20 世纪 60 年代，随着 CAD 曲面片技术的出现，出现了三维 CAD 系统，此时的三维建模系统只是简单的线框式系统，只能表达最基本的几何信息，不能有效地表达几何数据间的拓扑关系。由于形体表面信息的缺乏，无法实现计算机辅助制造（computer aided manufacturing，CAM）和计算机辅助工程（computer aided engineering，CAE）。20 世纪 70 年代，伴随着飞机和汽车工业的蓬勃发展，在飞机和汽车的制造过程中遇到了大量的自由曲面问题，也吸引了越来越多的开发商和研究人员的注意。1971 年法国雷诺汽车公司的 Bezier 提出的贝塞尔算法为曲面造型的进一步发展奠定了坚实的基础。之后，完整的 CAD 系统开始形成。20 世纪 70 年代后期出现了能产生逼真图形的光栅扫描显示器，推出了手动游标、图形输入板等多种形式的图形输入设备，这些技术都促进了 CAD 技术的发展[2]。伴随着交互式图形技术的出现，一些大公司开始推出三维 CAD 系统[3]。

典型的 CAD 软件可以分为两类[1]：一类是计算机辅助绘图系统，设计者在二维平面中操作图形来实现自己的设计构想，常用于工程制图；另一类是几何建模系统，设计者在三维空间中操作三维实体，常应用于工程、玩具、汽车、飞机、轮船、工艺品、医疗等领域。

建模技术是将现实世界中的物体及其属性转化为计算机内部数字化表达的原理和方法。建模技术是 CAD 的核心技术，随着交互式图形技术和计算机软硬件突飞猛进的发展，建模技术也经历了日新月异的发展过程。

1）从几何建模的角度出发，建模技术分为线框建模、表面建模、实体建模、非流形建模、装配建模、基于 Web 的建模 6 个阶段。

2）从辅助手段的角度出发，建模技术经历了草图阶段、实体阶段、计算机辅助建模 3 个阶段[4]。

3）从人机交互的角度出发，建模技术经历了视觉感知建模、触觉感知建模两个阶段。

4）从产品设计流程的角度出发，建模技术分为从“无”到“有”建模、从“有”到“有”建模两种建模方式。

如今，建模技术在动画制作领域和影视领域的应用已经得了良好的效果。在 1998 年荣获奥斯卡大奖的电影作品中，有美国著名的 Pixar 动画电影制片厂选送的作品“Geri's Game”，该作品中动画人物和景色的造型逼真、细致、生动，与故事情节浑然一体，让观众得到了视觉美的享受。遍布大街小巷的各种 3D 电影也离不开建模技术的发展。《阿凡达》《冰河世纪》《功夫熊猫》等作品中，建模技术“刻画”出了一个个生动形象的动画人物，为观众带来了美的享受。同时，数字化的建模技术也大大降低了制作成本。随着建模技术的高速发展，我们期待着更多精彩作品的面世。

总之，建模技术的研究是虚拟现实、动漫制作、教育教学、玩具制造、艺术设计、汽车设计和医学研究等领域的重要课题之一。

2. 触觉技术

（1）触觉技术

早在 20 世纪初期，心理学家和医学研究人员就开始了对人类触觉的研究，触觉的生物原理也不再那么神秘。例如，他们知道皮肤中有什么类型的感应器，或者神经是如何在中央神经系统和触点之间传送信息的。另外，由于人手拥有 27 根骨头和包括前臂肌肉在内的 40 块肌肉，手具有相当高的灵巧性，文中提出了“自由度”的概念，指出人手的最大自由度为 22。这为计算机触觉奠定了理论基础。

（2）计算机触觉

伴随着社会和科技的高速发展，尤其是计算机技术和虚拟现实技术的高速发展，人类已经进入了信息时代。计算机用户需要处理的信息也在急剧增加，他们需要一种友好的交互方式来处理这些信息，以快速地理解、解释和利用这些信息。于是计算机科学家们想把触觉的理论应用到计算机系统中去，他们所研究的是触觉领域下一个子领域，被称为计算机触觉。文献[5]描述了触觉显示在计算机触觉中的应用。

1993 年，美国麻省理工学院（Massachusetts Institute of Technology，MIT）的人工智能实验室制造出了可以产生触觉刺激的设备。这项研究掀开了计算机触觉的帷幕，并且正在以迅雷不及掩耳的速度向前发展着。如今，计算机触觉被定义为研究触摸虚拟物体所需的硬件和软件系统。计算机触觉的研究还面临着很多的技术难题。

目前，计算机触觉已经在 CAD、医学、动漫、影视、教学等领域展开了研究并取得了应用。文献[6]中，McGookin 等对项目“Multivis”进行了研究，研究表明基于触觉技术的 Graph Builder 和 Sound Bar 可以帮助视障人士[7]更好地与图形进行交互。文献[8]中，通过对力、触觉技术的基本原理的研究，总结了其在辅助盲人上网领域的优势和发展的必要性。希腊的计算机科学家正在研究如何设计出基于触觉的盲人地图。文献[9]中，李科峰提出计算机触觉在虚拟现实中的应用将会提高用户的沉浸感。文献[10]中提到的虚拟现实也少不了计算机触觉的应用。文献[11]中，闫锋欣等开发了支持触觉力反馈的虚拟油泥造型系统。

3. 基于触觉的建模技术

基于触觉的建模技术是计算机触觉在 CAD 领域的应用。在这一领域，国外起步早且发展迅速，但国内最近几年也紧跟步伐并取得了快速的进步。

自 20 世纪 90 年代麻省理工学院的人工智能实验室拉开计算机触觉的帷幕以来，越来越多的研究人员意识到基于触觉的建模技术在产品生产中的重大作用，并开始投入大量的精力至此研究领域，特别是进入 21 世纪后，国际上许多重要的学术会议都将基于触觉的建模技术研究作为主要内容之一进行探讨。

目前，基于触觉的三维建模技术已成为建模领域的一个重要研究方向，研究成果被广泛应用在以下领域。

1）动画和游戏。利用基于触觉的建模技术可以创作出造型丰富的模型，并广泛应用于动画和游戏中。

2）虚拟现实。虚拟现实体现的是一种三维技术，给人以身临其境的感觉，结合触觉以后可以达到对物体的更好认识。

3）教学。尤其是在多媒体教学、医学教学、计算机辅助技术教学中，基于触觉的建模技术可以对虚拟数字模型展开各项虚拟操作。

4）临床诊断。利用基于触觉的建模技术来处理很多医学三维数据，给医疗诊断和治疗提供支持，给医疗工作者判断患者患处情况提供科学的诊断依据，从而为患者提供有效的治疗。

文献[12]指出，太死板的 CAD 系统不能有效地进行产品的概念设计，并且指出触觉建模系统有利于在产品的概念设计阶段产生三维草图。

FreeForm 触觉式设计系统就是采用了基于触觉的建模技术。2002 年，美国 TIME 杂志给 FreeForm 系统冠以世界第二最佳发明的殊荣。文献[13]指出，FreeForm 系统借助于触觉设备 PHANTOM，使设计者通过快速、自由的雕刻虚拟油泥来实现三维造型。文献[14]指出，将 FreeForm 系统应用于产品的早期设计阶段是非常有益的探索思路。文献[15]使用 FreeForm 系统进行了设计和建模的实验，旨在从工业设计师的角度审查系统潜在的优势和弱点，探索了触觉系统在三维造型中的可用性。

6.1.4 研究内容及意义

1. 研究内容

1）研究了力反馈系统和力反馈设备 PHANTOM Desktop 的结构和基本原理。

2）研究了 FreeForm 系统的结构和系统要素，深入分析了 OpenHaptics 开发包的力触觉渲染框架。

3）研究了 STL 文件的结构，使用 VC++和 OpenGL 编写程序，实现了对 STL 文件的读取和显示，并在 FreeForm 系统中加以验证。

4）分析了虚拟产品的设计要素，提出了基于 FreeForm 的建模方法，并结合其他软件完成了基于 FreeForm 的实例建模。

5）展望了 FreeForm 系统在计算机科学与技术、工程建模、动画制作、教学科研等领域的应用。

2. 研究意义

通过对建模系统、触觉系统、FreeForm 触觉是设计系统的研究，对 FreeForm 系统中虚拟实体的数学描述有了较明朗的了解，熟练掌握了系统的建模方式，在以下几方面具有较大的意义。

1）为研究 FreeForm 的二次开发提供了参考价值。对 FreeForm 进行二次开发的前提是深入了解系统结构、虚拟实体的数学描述方法、数据结构和算法。通过研究，充分认识了 FreeForm 系统中虚拟实体的数学描述方法和数据结构后，可以使用 C++和 OpenGL 对系统进行二次开发，为系统的二次开发提供了重要参考。

2）为开发基于触觉的应用软件提供了参考。使用触觉系统 PHANTOM Desktop 的软件接口开发基于触觉的应用软件具有广阔的前景。文献[16]描述了该技术在航空航天领域的应用，文中利用触觉系统“遥操作”无人驾驶机完成了很多工作。我们还可以遥控操作机器人完成危险的工作。

3）对系统的研究有利于教学。可以在多媒体、教育技术学、计算机科学等专业开设选修课程，让学生了解计算机触觉在三维建模中的应用，了解 FreeForm 系统丰富的造型方式，了解触觉系统的结构、应用和开发，能够促进学生对 C++和 OpenGL 的学习和应用。而且，对该系统的研究还会促进现有“CAD”课的教学，使学生在学习该课程的同时能够拓宽视野，而不是局限在二维制图软件 AutoCAD 上。

6.2　基于力反馈的 FreeForm 系统框架

6.2.1　几何建模系统

几何建模系统为设计者提供了一个虚拟的三维空间，让设计者在其中操作虚拟的三维实体，如同孩子捏泥人一样，可以通过对泥团进行变形、切除、添加等操作来展现自己的设计模型。换句话说，使用几何建模系统设计产品时，随着设计者思路的演进，可以通过变形、添加、切除等操作，使三维模型得到不断的细化。

建模系统对虚拟空间中的三维虚拟模型进行了相关的数学描述，以便计算机能够识别它。根据三维虚拟模型的发展历程，几何建模系统的发展经历了以下几个阶段：线框建模系统、曲面建模系统、实体建模系统[1]。

根据人机交互界面的发展历程，几何建模系统分为基于视觉的建模系统、基于触觉的建模系统。

1. 依据虚拟模型的数学描述分类

（1）线框建模系统

在线框建模系统中，三维实体用端点和特征线来存储和显示，通过对端点和特征线的修改编修三维实体的形状。也就是说，用线框图来表示虚拟模型，其对应的数据结构是曲线方程的描述、点坐标的描述、点线连接信息的描述。

线框模型系统中实体的数据结构简单，没有描述形体的内外部边界的信息，只表达了模型的基本信息，因此易于存储、处理速度快。此时，模型处于视觉上的三维阶段，并不能表示和计算形体的质量等信息，更不能为产品周期中的下游工程提供加工保障（如刀具路径无法提供），遇到复杂的模型时容易产生数据的二义性，如图 6.2 所示。由于这些缺陷，线框建模系统逐渐退出了历史的舞台，取而代之的是表面建模系统和实体建模系统。

（2）曲面建模系统

20 世纪 70 年代，在飞机、轮船和汽车的制造过程中遇到了大量的自由曲面问题，也吸引了越来越多的开发商和研究人员的注意。1971 年法国雷诺汽车公司的 Bezier 提出的贝塞尔算法为曲面造型的进一步发展奠定了坚实的基础。

文献[3]指出，法国达索飞机制造公司率先推出的三维曲面造型系统（computer aided three-dimensional interactive application，CATIA）首次用计算机完整地描述了产品的主要信息，这标志着几何建模技术从线框建模方式中解放出来，开创了表面建模的先河。

在表面建模系统中，虚拟模型的数学除描述了具备特征线和端点以外，还利用各种特征表面记录了模型的表面信息，如平面、圆柱面、旋转面等。在模型的改动过程中，曲面方程、曲线方程和点的坐标都随之发生改变。

在最初的表面建模系统中，虚拟模型的数学描述缺乏表面之间的连接信息，为产品生产周期的下游活动造成了障碍。如今的表面建模系统早已消除了以上障碍。

（3）实体建模系统

实体建模系统用来创建具有封闭空间的实体。在实体的数学描述中，除了记录特征面、特征线和端点以外，还记录了点的位置信息，即实体上的点在实体外、实体内还是表面上。

大多数实体建模系统中都具备一些基本的建模功能，如基于体素创建、布尔运算、拉伸、扫描、蒙皮、旋转、倒圆角等功能。建模系统会自动记录用户的操作，并建立其数学描述，再展现在虚拟实体的变化上。大多数实体建模系统都支持以下 4 种建模方法。

1）基于体素的建模方法。该方法在从系统数据库自带的实体中选择需要的体素，通过添加、切除等布尔运算得到所需实体的大致形状，在此基础上进行修改和细化。

2）参数化建模方法。该方法是通过移动表面形成实体的建模方法，如扫描、蒙皮。该方法要求被移动的表面是封闭区域，而且用户在定义表面时除了给出形状还给出了平面的尺寸及几何约束（即形状单元之间的关系，如圆的切线、两直线垂直等），通过改变平面的参数来生成不同的实体，因此称之为参数化建模方法。

3）基于特征的建模方法。该方法就是让设计者使用熟悉的特征来建立实体。例如，在特定的位置钻一个定尺寸的孔。一般地，每个特征都会对应一种确切的加工方法，而且，系统中提供的特征都按照使用频率排序。

4）边界建模。该方法通过对顶点、边、面进行增加、删除或修改的方式来建立实体。该方法可以有效地修改实体的形状，还经常被用来建立进行扫描和蒙皮所需的二维封闭图形。

2. 依据人机交互界面分类

（1）基于视觉的建模系统

目前，CAD 领域中大多数的建模软件都是基于视觉的建模系统，如 Pro/E、CATIA、I-DEAS、UG 等，他们都在视觉上给人以虚拟现实的感觉。由于使用者被局限在鼠标、键盘上，他们的设计思维不能快速、形象地展现出来。

（2）基于触觉的建模系统

顾名思义，基于触觉的建模系统就是将人类的触觉应用到了建模系统中。触觉和视觉的结合使用户能够接收到更多的信息，可降低工作的错误率，提高工作效率。

FreeForm 触觉式设计系统引领了触觉建模领域的先锋，它以 3D Touch 为核心技术，让使用者通过视觉和人类最重要的“触觉”建立三维模型，就像小孩子捏泥人一样随意、直观、快速地表达出头脑中的设计概念。

6.2.2 计算机触觉系统

计算机触觉被定义为研究触摸虚拟物体所需的力觉/触觉硬件和软件系统。这个领域发展迅速，许多前景广阔的触觉技术正在开发之中。

力觉反馈和触觉反馈是两个不同的概念，力觉反馈也称为力反馈（force feedback），是伴随着计算机触觉而产生的一个术语，指虚拟模型之间交互而产生的碰撞力、重力等；触觉反馈是指用户对虚拟模型表面属性的感知，如虚拟模型的粗糙度、硬度、挤压感等。力觉反馈和触觉反馈都是由力反馈设备输出反馈力，再由使用者的表皮神经末梢将反馈力传输到大脑而感知到的。

1. 计算机触觉系统的构成

计算机触觉系统要具备两个要素：力觉/触觉反馈设备和软件接口。

（1）力觉/触觉反馈设备

该装置能够传递物理接触时的触觉，它通过自带的力反馈系统让用户感觉到虚拟物体的“真实”存在，通过精密的电路板为用户提供精确的坐标输入和准确的力反馈输出，能够让使用者感受到虚拟对象的硬度和摩擦力。

力觉/触觉反馈设备和鼠标很相似，它能够代替鼠标，并具备高于鼠标的功能：向使用者传输综合触觉信息。

（2）软件接口（或称为中介软件）

软件接口就像“触觉引擎”一样，当使用者的虚拟形象与物体发生交互作用时，能够计算力度的大小、处理由简单到复杂的触觉运算，如坐标位置、摩擦力和硬度等。

软件接口进行运算的过程被称为触觉再现，常见的再现方法就是将运算结果再现到 3D 虚拟模型上。同时，软件接口将运算结果经由触觉硬件输出，以力的方式反馈给用户。

2. 力觉/触觉反馈设备的研究现状

随着力觉/触觉技术的快速发展，各种力觉/触觉反馈设备已经应用到虚拟现实的交互中[17]。力觉/触觉反馈设备按照驱动方式分为液压型、气动型、电动型、磁场型和智能材料型，按照结构可分为外骨骼和固定设备、数据手套和穿戴设备、点交互设备和专用设备等[13]。

美国在硬件的研究上处于领先地位，麻省理工学院在 20 世纪 80 年代就开始了触觉技术和设备的研究。目前面世的力觉/触觉设备样式有多种，其结构的复杂度和体积的大小各不相同，可用的商业化触觉装置有 Nissho Electronics 的 HapticMater、AEA Technologies 的 BSP Joysstick、SensAble Technologies 的 Phantom 系列等。骨架型的复杂机械关联系统有 Sarcos 的 Exoskelatal Hand Master 和 Exos 的 Force ArmMaster 等。

1）SensAble Technologies 生产的 PHANTOM ®是较早被商业化的触觉系统之一。它的特点是简单易用。该公司自 1993 年推出第一台 PHANTOM 装置以来，至 1995 年，PHANTOM 的销量达到 100 套，2001 年，高达 1000 套的 PHANTOM 已经遍及全球各领域。

PHANTOM 采用电动机驱动，能够将计算机发送来的数字信号转换为机械能，从而输出力觉/触觉反馈。该系列的设备共有 Omini、Desktop、Premium 这 3 种型号[19]。其中，Omini 和 Desktop 具有六自由度的输入和三维力觉/触觉反馈，Premium 具有六自由度的输入、三维力觉/触觉反馈、三维力矩反馈，如图 6.1～图 6.3 所示。

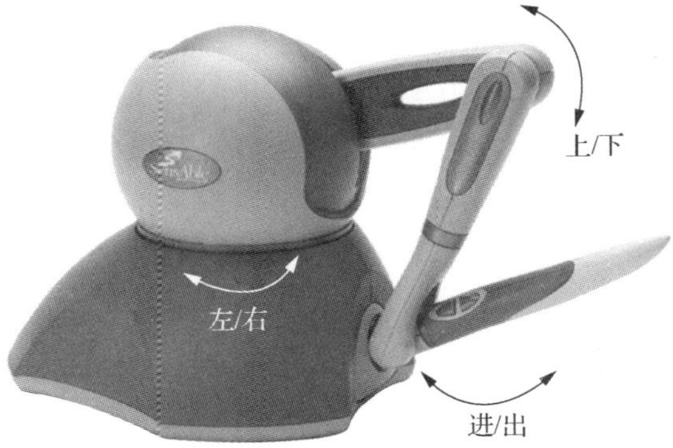

图 6.1　PHANTOM Omini

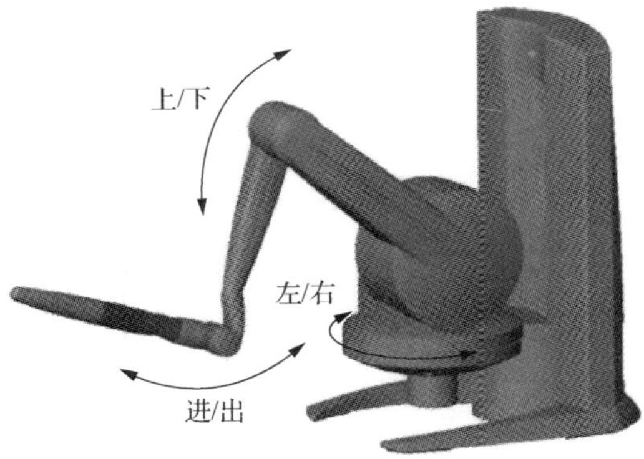

图 6.2　PHANTOM Desktop

图 6.3　PHANTOM Premium

PHANTOM 触觉设备给用户提供了一个机械手臂，连接在机械手臂上的是一个触针（stylus）。触针上有一个接触点，PHANTOM 就是在这仅有的一个触针接触点上模拟触觉信号，属于单点型力反馈设备。3 个小型发动机在触针上施加压力，从而将力度反馈给使用者，让使用者可以感受到 3D 模型的硬度、材质、摩擦力等触感。触针可以被制成任何形状，从而模拟多种物体。例如，它可以装配上注射器来模拟打针时皮肤和肌肉所受到的感觉。

2）美国 Immersion 公司的 CyberGrasp 系统。该设备包括数据手套和外骨骼设备，能够套在使用者的整只手上，就像外骨骼一样，通过腱连接到每个手指尖上。数据手套可测量手指、手腕和手掌的弯曲程度，外骨骼可以通过不同的驱动方式向使用者的手指、手掌等部位施加力反馈，属于多点型力觉/触觉反馈设备。这些力是由 5 个驱动器产生的，每个驱动器都能独立工作。使用 CyberGrasp 系统，人们可以感觉到虚拟物体的大小和形状，如图 6.4 所示。

3)卡内基梅隆大学的研究人员正在试验一种不依赖于杠杆或者缆线备的触摸设备。他们的设备使用强力磁场，将形似操纵杆的握柄浮在空中。使用者通过操纵悬浮握柄与计算机中的模拟环境互动。当使用者移动并旋转握柄时，可以感觉到仿真物体的运动、形状、抵抗力和表面材质。悬浮科技的一大优势在于：它减少了摩擦和其他干扰，从而使用户更加专注于虚拟环境。

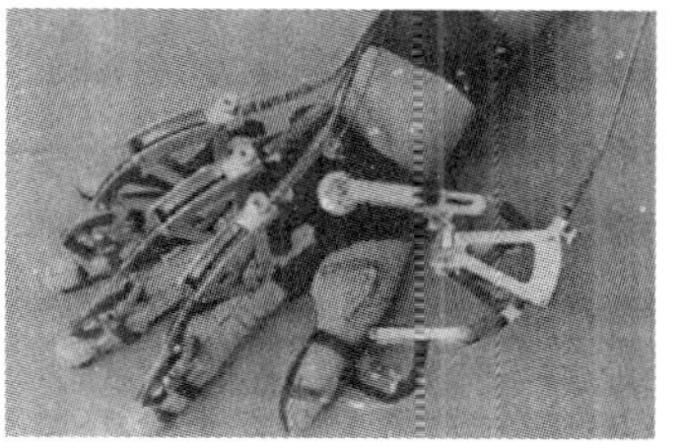

图 6.4　CyberGrasp 型力反馈数据手套

4）在国内，东南大学研制了六自由度（degree of freeform，DOF）带力反馈的手控器和使用磁流变液智能材料与 CyberGlove 系统共同构建的力反馈数据手套；北京航空航天大学机器人研究所研制了一维力触觉交互装置；清华大学研究制作了三维力反馈装置；此外，中国科学院自动化研究所和哈尔滨工业大学等单位也开展了与触觉相关的研究，但这些研究都还处于起步阶段[20]。

3. 计算机触觉技术的应用

随着计算机技术、虚拟现实技术和计算机触觉技术的高速发展，计算机触觉技术的应用领域越来越广泛。

（1）CAD 领域

在 CAD 领域，计算机触觉技术能够让用户直接利用触觉编修数字模型，使用户在短时间内做更多的工作。该技术充分发挥了数字模型的优点，加速了下游工程的进行，大大缩短了产品的开发周期。文献[21]中，日本的 Kanai 等开发了一个虚拟原形系统，用来远程设计检查自由形态表面，该系统使用触觉接口实现人机交互，让制造商能够在考虑模型表面粗糙度、柔软度等因素的基础上做出正确决策。SensAble Technologies 公司开发的 FreeForm 系统适合自由曲面产品及其模具的设计，据资料统计，日本某玩具设计公司认为 FreeForm 的应用使其产品开发速度加速了 50%以上。图 6.5 是传统建模方式和使用 FreeForm 建模的时间对比图。

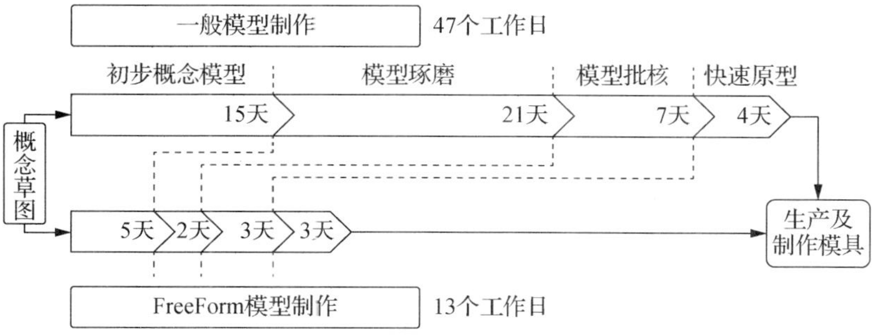

图 6.5　传统模式与 FreeForm 的对比

（2）医学领域

在医学界，计算机触觉技术的应用给医生带来了实习的机会，医生可以练习在现实环境中不可能施行的外科手术，既缩短了学习时间，又提高了手术的成功率。文献[22-25]利用 PHANTOM 设备驱动虚拟环境中的手术钩、手术刀、手术针或者牙齿切削刀等交互工具来仿真各种手术过程。

（3）航天、军事领域

在航天训练、军事训练等其他领域，计算机触觉技术同样发挥着不可衡量的重要作用。例如，空军飞行员的训练，如果操作失误将会造成非常严重的后果，因此长期以来，都是在虚拟的仿真环境中进行的，在虚拟的座舱中，触觉反馈的应用大大提高了仿真的真实性。文献[16]分析了计算机触觉技术在航天中的应用情况。法国国防部开发的探测和排除地雷的训练系统，在虚拟的地形环境中，受训者借助 PHANTOM 来提供触觉反馈，通过绑在 PHANTOM 上的探针探查虚拟地雷。

（4）教育、娱乐、绘画、雕刻等其他领域

在教育领域，将计算机触觉技术应用到学生的地理、物理、化学等学习中，可以给学生提供生动、逼真的学习环境，降低学习成本和实验的危险性，使学生对学习产生浓厚的兴趣和积极的态度，加深对课程的理解程度。当然，计算机触觉技术也赢得了众多教师的青睐。例如，自然科学教师可以利用该技术让学生触碰诸如核反应堆、病毒或纳米粒子等危险性高的对象，并进一步研究其结构，给枯燥的教学带来生机和活力。华盛顿大学和斯克里普斯研究所共同研制的分子生物模型，通过触觉接口提供了直观的教学途径[26]。美国北卡罗来纳州大学建立了用于感觉二维力场的系统，通过触觉接口完成物理教学中的教学演示[27]。文献[28]中，触觉接口能够让用户交户操作三维化的数据，从而更好地理解和感知复杂的科学数据。

文献[29]研究了一种基于触觉力反馈的三维图形系统，该系统使用几个虚拟工具来操纵三维对象所代表的不规则三角形网格，能够实现网格绘画等功能。文献[30]探讨了基于触觉力反馈的双手互动界面，在虚拟环境中，计算机用户的双手扮演着非对称双手的角色。文献[31]中提出了一个新的触觉雕刻系统。文献[32]设计了三维刷子模型和油漆模型，使用户通过触觉直观地操纵画笔，增强了绘画的现实感，如图 6.6 所示。

基于触觉的游戏系统同样会吸引更多的玩家。计算机触觉技术的应用不但增加了游戏的真实性，更使玩家在游戏中享受到前所未有的快感。文献[33]描述了一个基于力反馈的网络游戏，游戏使用两个 Phantom Premium 力反馈设备打乒乓球，如图 6.7 所示。

图 6.6　基于触觉的三维虚拟画笔

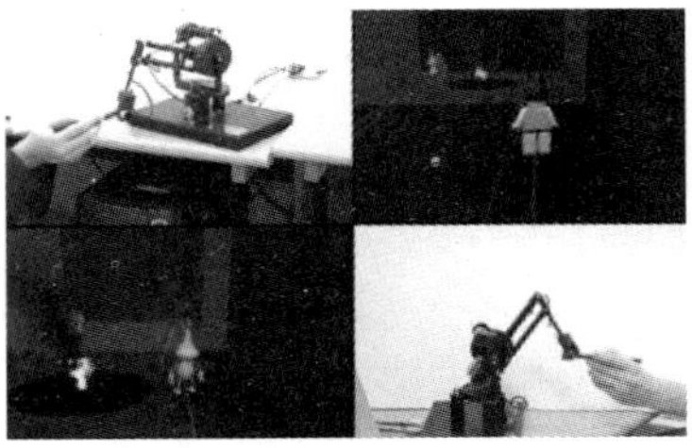

图 6.7　基于触觉的乒乓球游戏

4. 计算机触觉技术的发展趋势

为了能够更加逼真地反映虚拟世界中对象的纹理、硬度和光滑度的功能特性，提高触觉设备的反馈精度，触觉设备微型化等将是未来研究的重点。一个理想的触觉设备应当具备的特点如下[34]。

1）具有较小的后向惯量和摩擦力，自由运动时受到的约束小。

2）能够较大地再现作用力/力矩幅度，具有较大的操作空间，具有足够多的自由度。

3）具有对称的惯量、摩擦力、刚度和共振频率等特性。

4）具有较高的检测精度和力反馈精度，具有较高的分辨率和频响。

5）具有较好的人体工学设计特性。

目前，大部分触觉系统的感知范围都在使用者的手上，由此可知，研究出具有高响应性能、高检测精度、高反馈精度、多自由度、大的感知范围等特性的触觉系统是一个重要的研究方向。

6.2.3 FreeForm 触觉式设计系统

FreeForm 系统是一套基于力反馈技术的虚拟造型系统。SensAble Technologies 公司获得的专利技术 3D Touch 是系统的核心技术，3D Touch 的应用使 FreeForm 系统为用户提供了沉浸感良好的人机交互界面，设计者可以随心所欲地对虚拟物理模型进行自由雕塑，将设计思想发挥到极致，而且建模过程环保、高效、造价低廉。如同用油泥捏东西的小朋友，通过对油泥进行变形、添加、切除等操作，可逐步得到想要的形体。另外，FreeForm 系统还可以和其他的 CAD 系统结合，实现严谨的基于工程制图的建模。

经过多年研发，1998 年 SensAble Technologies 公司设计出了第一套触觉式设计系统 FreeForm Modeling System，系统迎合了生产及应用的需要，改变了传统的产品设计方式，大大减轻了从业者在产品设计上所遇到的困难。至今，系统已经升级到 FreeForm Modeling & FreeForm Modeling Plus V1.2，并已经广泛应用于玩具、鞋业、汽车业、3C 产业、医疗、学校的设计研发与模具用途上，让玩具业、珠宝业、鞋业等厂商视为必备的标准工具。

1. FreeForm 系统结构

该系统由 3 部分构成：力反馈设备、软件平台和 SDK 开发包。系统的工作原理如图 6.8 所示。

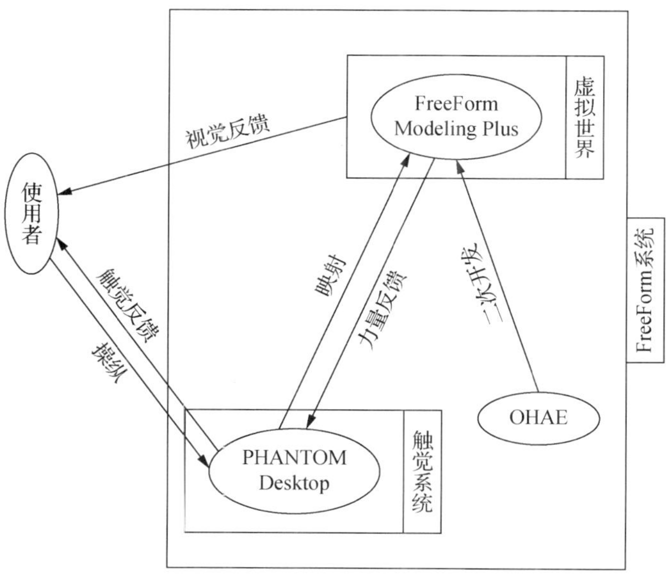

图 6.8　FreeForm 系统工作原理

（1）力反馈设备 PHANTOM Desktop

力反馈设备 PHANTOM Desktop 是一个高科技的硬件接口，它提供了具有六自由度的机械手臂。用户通过操作机械手臂末端的手柄来控制虚拟刀具对虚拟模型进行操作。

自由度指的是 PHANTOM Desktop 在 x、y、z 三维坐标方向上对模型的处理能力。PHANTOM Desktop 提供了精确的 3 个平移自由度的坐标输入、3 个旋转自由度的坐标输入和 3 个自由度力回馈输出。

如图 6.9 所示，设备主要由机座、指示灯、触控笔和触控点等几部分组成。①机座：保持设备平衡。②指示灯：指示灯含义如表 6.1 所示。③触控笔：计算机虚拟环境 FreeForm Modeling Plus 中的“雕刻刀”是触控笔的虚拟映像工具。当用户操纵触控笔时，雕刻刀会实时显示触控笔的相对位置，让用户实时的操作虚拟实体。④触控点：PHANTOM 通过触控点向计算机传递用户的操作信息，如刮削、填补、拉伸、变形等。

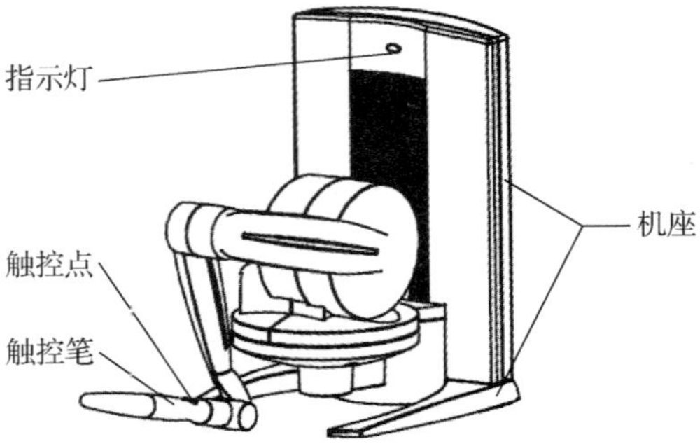

图 6.9　PHANTOM Desktop 结构图

表 6.1　指示灯的含义

颜色	含义
持续绿灯	启用中，已校正
闪烁绿灯	启用中，但未校正
闪烁黄灯	刚接上电源或者刚连接上计算机
持续橘灯	待机模式

如图 6.10 所示为 PHANTOM Desktop 的背面示意图，由连接计算机的接口、连接第二台 PHANTOM 的接口、电源接口组成。①连接计算机的接口：使用提供的 IEEE-1284 额定电缆连接到计算机的并行端口。②连接第二台 PHANTOM 的接口：当两台 PHANTOM 同时使用时，通过接口 6 连接到第二台 PHANTOM 的接口 5。③电源接口：使用 SensAble Technologies 专供的电源连接器连接电源。

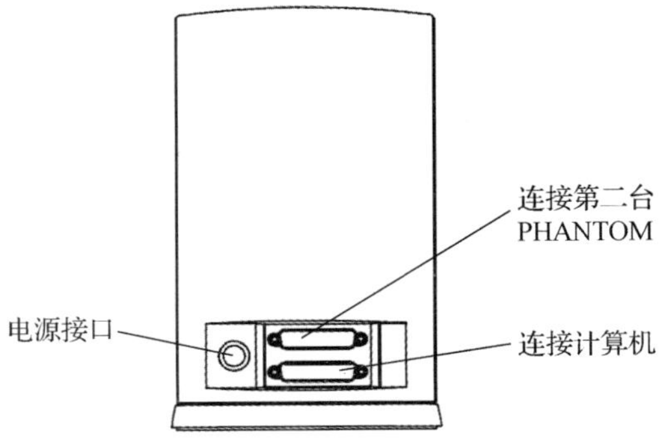

图 6.10　PHANTOM Desktop 背面示意图

（2）软件平台 FreeForm Modeling Plus

研究中使用的是 Visual Studio 2008 开发的 FreeForm Modeling Plus V10 版本，FreeForm Modeling Plus（FFMP）为用户提供了虚拟油泥、雕刻刀和造型界面。

1）虚拟油泥（又称为数字黏土）。为了让用户更好地体会到在计算机中碰触虚拟油泥的细腻度，FreeForm Modeling Plus 采用了由点构成的数据模式为软件基础。点数据是由数万个三角网格所构成的对象。而点数据的特性就是能够直接对对象雕刻，属于直觉式的设计和编修，刻多大的深度、多扭曲的面都能直接响应出来。它不同于其他 CAD/CAM 软件中的曲面架构中，也就是说，一个方块不是由 6 个曲面所构成，而是由成堆的三角网格所构成。

三角网格具有很高的稳定性，能够灵活地反映复杂多样的曲面形貌，而且可以在 FreeForm Modeling Plus 软件中设定网格的精细度，网格精细度的高低决定了模型特征的细腻程度。这使得 FreeForm 系统在细节雕刻、复杂的自由曲面建模上能够完成其他 CAD 软件很难完成或者不能完成的事情。

对于几何形状的规则变化，该软件提供了基本的 2D 辅助，或依据导入的 2D 图片来切割外观轮廓造型，或运用布尔运算的方式得到特殊的形状。然而，对三角网格编修的情况是由刀具的形状来决定的，最主要的仍然是由手持的刀具去刮、削或长出素材来取得模型的详细特征。

2）雕刻刀。雕刻刀是设计者在虚拟现实中的虚拟形象。FreeForm Modeling Plus 为其提供了多种造型，可以实现刮、削、切等操作。对虚拟油泥的编修效果取决于雕刻刀的形状特征。

3）造型界面。FreeForm Modeling Plus 为用户提供了友好的操作界面。它有 7 项菜单管理和 16 项工具管理。

（3）SDK（software development kit）开发包

早在 2004 年，SensAble Technologies 公司就推出了 OpenHaptics toolkit V1.0，该开发包用于实现力觉/触觉的渲染。此外，e-Touch、GHOST（general haptics open software toolkit）等，都是应用广泛的力觉/触觉渲染软件。这些力觉/触觉渲染软件能够将 PHANTOM Desktop 集成到虚拟环境中，实现计算机应用程序和 PHANTOM Desktop 之间的双向通信，开发出基于力觉/触觉反馈的应用程序。

2. FreeForm 系统特色

FreeForm 适合比较精细、平滑、自由的曲面的设计。

1）系统处理的模型全部是 STL 数据格式或 NUBRS 曲面，因此在模型的接缝处不容易出现间隙或破碎的情况；使用三角网格的形式来表示三维数字实体，使三维模型在旋转、拉伸、变形等一系列的建模活动中不易变形。图 6.11 实现了复杂曲面模型的整体扭由变形。

2）系统中可以进行拔模、分模、拆分公母模，进行塑料射出、翻制，如图 6.12 和图 6.13 所示。

3）系统渲染功能采用了德国 Mental Images 公司引以为傲的 Mental Ray 引擎进行渲染。Mental Ray 是业界公认的唯一一款可以和 RenderMan 相抗衡的电影级渲染器，具有很好的开发性、兼容性和可控性。该引擎可以将模型渲染生成逼真的 2D 彩图，如图 6.14 所示。

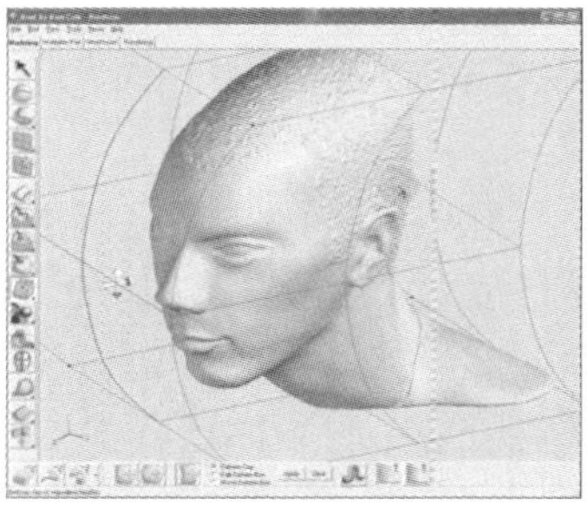

图 6.11　整体变形

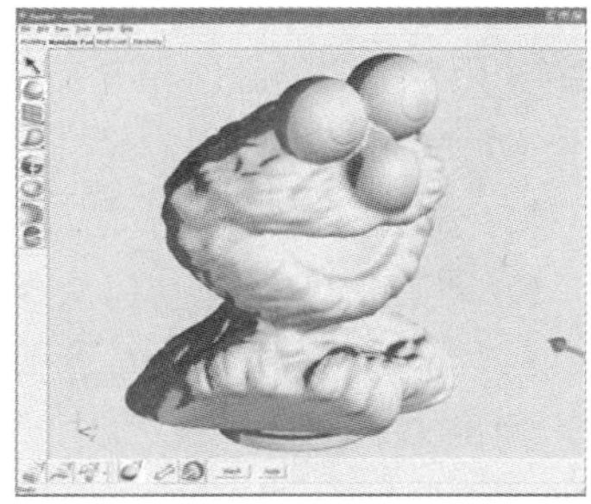

图 6.12　拔模时的色彩分析

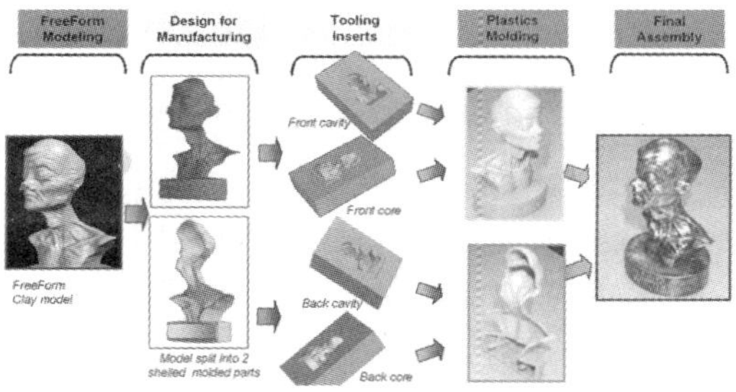

图 6.13　FreeForm 分模

图 6.14　渲染模型生成 2D 彩图

4）结合其他 CAD 软件建模。如图 6.15 所示，FreeForm 与 3ds Max 软件结合，3ds Max 中模型导入 FreeForm 中做细节，然后输出纹理彩图到 3ds Max 中做模型的贴图。

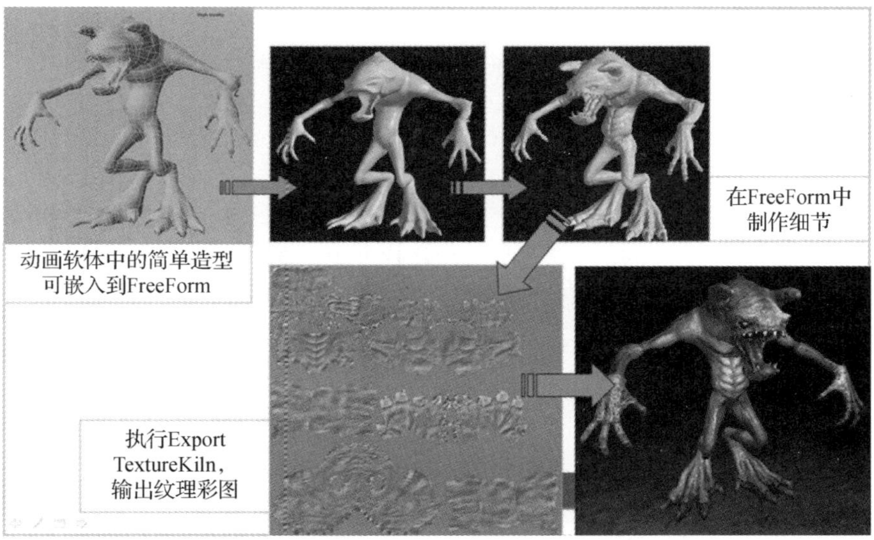

图 6.15　FreeForm 与 3ds Max 软件结合

3. FreeForm 系统兼容性

功能强大的软件不仅体现在自身功能上，也表现在与其他软硬件系统的兼容性上[35]。

1）在虚拟产品的逆向开发中，系统能够广泛接受 2D 数据，如图 6.16 所示。

① 可以导入的 2D 数据类型有多种，如 2D 图片，图片类型可以是.jpg、.jpeg、.bmp

等，还可以导入其他 CAD 软件生成的 IGES 曲线。

② 可以和平面设计或工业设计结合，直接输入 Photoshop 中生成的基于“层”的.psd 数据格式，或者 Illustrator 中生成的.ai 格式的数据。

③ 还可以和逆向工程结合，输入各种扫描设备的扫描数据或切片数据。

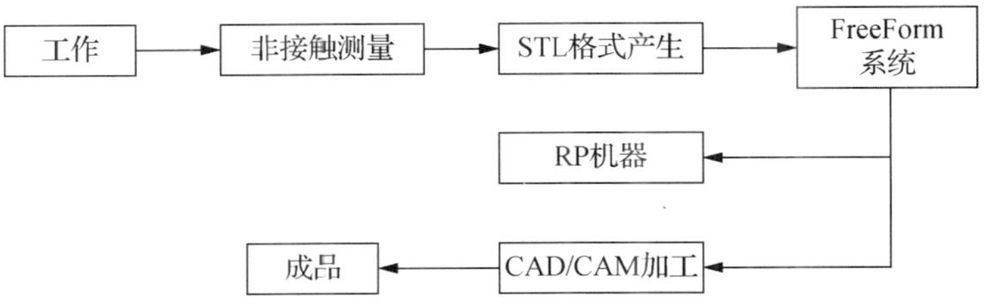

图 6.16　FreeForm 逆向产品开发

2）在虚拟产品的正向开发中，系统能够和其他 CAD/CAM 软件或快速原型（rapid prototyping，RP）设备实现无缝链接，如图 6.17 所示。

① 可以直接输出数据给 CAD/CAM 软件进行机构设计、模具设计或 CNC 加工。在文献[36]中，通过 Mimics 软件重建牙釉质、牙本质、牙髓三维结构，使用 FreeForm 系统对牙齿模型进行修饰，以 IGES 格式导入有限元软件 Ansys 8.0 中完成有限元模型，建立了中国数字人上颌第一磨牙三维有限元模型。

② 也可以输出数据给 RP 做快速原型。文献[37]就提出了一种基于 FreeForm 建模系统和 RP 技术构建耳假体的方法。

③ 可以输出数据到动画软件做动画的处理。

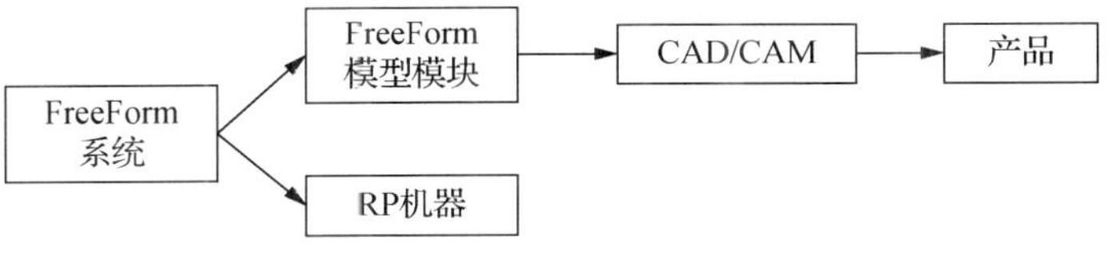

图 6.17　FreeForm 正向产品开发

4. 基于 FreeForm 的建模方法

通过对 FreeForm 的研究，提出了以下 3 种建模方法。

（1）草绘建模

现实生活当中有很多随意模型：花草树木的绘制与雕塑、玩具模型的设计、工艺品的设计等，它们不需要严谨的参数制约，没有规则的特征，很大程度上取决于设计者的灵活设计水平，是设计者头脑中概念模型的再现。这些模型具有的共同点是：曲面随意、复杂，对设计者的专业技能要求不高，模型随着设计者思维的进展不断地细化，建模过程自然、快速。用户对模型的真实感要求不高，相反，更注重于模型的形近程度和逼真度，注重其形状特征是否符合自己的创意。

草绘建模适用于这种随意模型的建模，能够很好地捕捉设计师的灵感和创意，非常适合应用于虚拟产品的概念设计阶段。可以通过以下 3 种方式实现草绘建模。

1）直接分件制作。对要建模的模型进行恰当的分析和拆分，然后分而治之创建每一物件，最后再合并物件得到完整的模型。在 6.5 中，采用分件制作的方法制作了玩具模型的实例。

2）依据 2D 图片分件制作。依据导入的 2D 图片实现草绘建模。首先导入一个或几个视图，视图的多少决定了模型的形似度，一般情况下前视图、侧视图、顶视图三视图就够了。然后依据视图再采用分件制作的方式。

首先，导入 2D 图片并确定位置，勾画出模型的特征线。

其次，将 2D 特征线映射为 3D 模型。在映射过程中可以使用构建黏土、移动黏土、依据 2D 特征线膨胀黏土等多种方式得到 3D 模型的草模。

最后，使用雕刻、变形、细化等功能进一步编修草模，达到设计者的设计构想。

3）依据 2D 草图建模。首先绘制 2D 草图，然后依据草图采用分件制作的方法创建模型。

（2）结合其他软件建模

结合其他软件实现基于特征和参数制约的严谨建模。

首先，在其他 CAD 软件中制作出严谨的 2D 图样，然后将 2D 图样导入 FF 中以后，选择合适的旋转轴或中心线创建模型。在 6.5 节中，结合 Illustrator 实现了咖啡杯的建模。

（3）多模式编修

采用多模式编修的方式对已有的模型进行建模，通过添加、移动、分割、膨胀、镜像、平滑、雕刻等步骤对模型进行成功的修复。在 6.5 节中，采用多模式编修的方法对扫描得到的牙齿数据进行了逆向修复。

6.2.4 小结

本节从几何建模的角度和人机交互的角度分析了建模系统的发展历史，总结了实体建模系统及其常用的建模方法；研究了计算机触觉系统的构成、力反馈设备的研究现状、计算机触觉技术的应用和发展趋势；在深入研究 FreeForm 系统后，提出了 3 种基于 FreeForm 的建模方法。

6.3 面向自由建模的力触觉接口

20 世纪 60 年代，各国研究者开始研究高效可靠的力反馈设备和力觉/触觉的渲染方法，主要研究基于 PHANTOM 的力反馈系统的基本原理、力觉/触觉渲染算法的原理和开发包的基本架构。

6.3.1 力反馈系统基本原理

1. 力反馈技术

力反馈系统是一个有人参与的双向闭环系统，如图 6.18 所示。力反馈系统主要包含两个功能模块：空间匹配模块和力觉/触觉渲染模块。

空间匹配模块采集力反馈设备的触觉接口点（haptic interface point，HIP）（图 6.19 中的 P 点）的位姿数据，然后通过空间匹配算法映射为虚拟空间中代理点（图 6.19 中 Q 点）的位姿，从而使代理点的位置和姿态随着 HIP 的位置和姿态一起改变。

力觉/触觉渲染模块根据虚拟环境的信息以及代理点与虚拟环境的交互状态，以不低于

1000Hz 的运算速度实时计算反馈力和反馈力矩[38]，并将反馈力发送给力觉/触觉反馈设备，力觉/触觉反馈设备根据要输出的反馈力的大小和方向驱动电动机转动，把要输出的反馈力转化为机械能，从而使操作者能够感受到反馈力，完成虚拟环境中的“力觉/触觉渲染”。

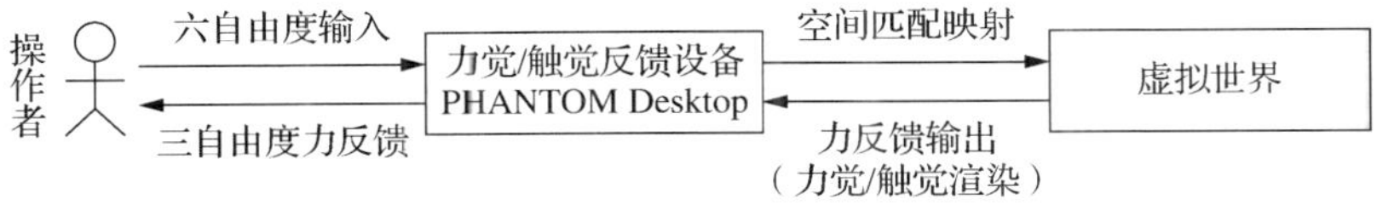

图 6.18　力反馈系统结构图

2. PHANTOM Desktop 的结构和原理

PHANTOM 包含被动式的铁笔和万向节套管，具有电子、电动机与位置跟踪器所驱动的机械手臂，属于单点型力触觉反馈设备，可与指尖进行点交互。该设备具有两个基本功能：位姿输入和力反馈。如图 6.19 所示，这两个基本功能是由 6 个关节机构实现的，使用者通过操作其手柄，控制力觉/触觉接口点 HIP 在设备工作空间中运动。当操作者移动末端的手柄时，其各个关节和手臂随末端手柄一起协同运动。

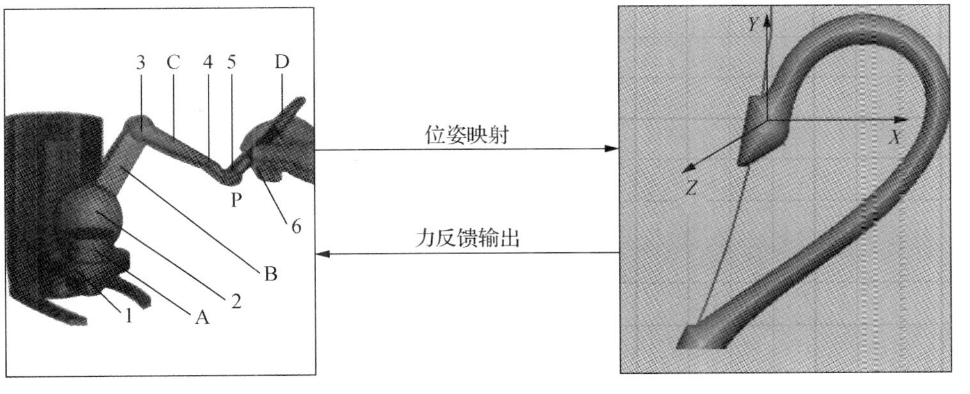

图 6.19　PHANTOM Desktop 结构图和交互原理图

1、2、3—手臂关节；4、5、6—手腕关节；A、B、C—手臂；D—手柄；P—HIP

其中 1、2、3 关节中的每个关节上有一个直流电动机和一个编码器，这 3 个直流电动机在 X、Y、Z 坐标上产生 3 个力，它们协调工作决定了反馈力的大小和方向。计算机通过读取关节 1、2、3 上的编码器数值和 PHANTOM 臂 A、B、C 的固定长度计算出 HIP 在 PHANTOM 坐标系的位置。4、5、6 关节组成了一个万向节，决定了 HIP 的姿态（即旋转量），同样 4、5、6 关节的每个关节上也有一个编码器，计算机通过读取编码器的数值，获得 HIP 在 PHANTOM 坐标系的姿态。

6.3.2　OpenHaptics 开发包

OpenHaptics 是基于 OpenGL 的事件驱动的触觉开发包，提供了一个多层次可扩展的架构、方便实用的功能和调试工具。它包含快速触觉显微接口（Quick Haptics micro API），HDAPI（haptic device API）、HLAPI（haptic library API）、实用工具集、PHANTOM 设备驱动（PHANTOM device drivers，PDD）、实例源码、程序员指南和 API 引用，能够实现力觉/触觉渲染和空间匹配。

HDAPI 是 Haptics 低级基础层，包含较低级的力触觉开发，提供对 Haptic 设备的低级访问，用于较低层的力觉渲染，它非常适合那些对 Haptics 范例和直接发送驱动力熟悉的开发者，包括那些对 Haptics 研究、远程呈现和远程操纵感兴趣的开发者。HLAPI 提供了力觉/触觉的渲染算法，常用于 OpenGL 视觉渲染以后的力觉渲染，它的使用对象是那些对 Haptics 编程不太熟悉，但又想快速、容易地把 Haptics 加入图形应用程序中的开发者。开发者可以同时使用 HLAPI 和 HDAPI。HDAPI、HLAPI 的流程图如图 6.20 和图 6.21 所示。

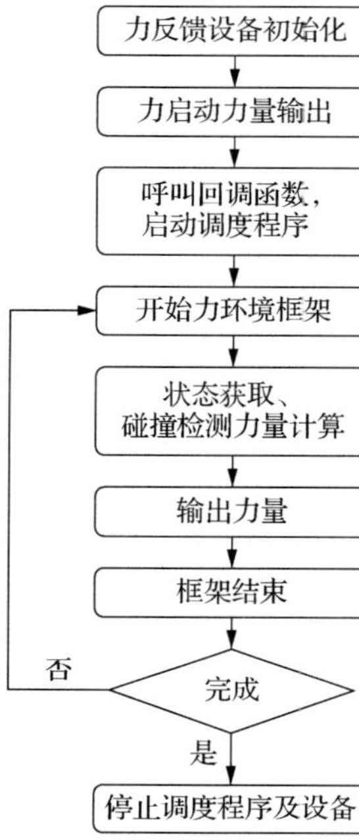

图 6.20　HDAPI 流程图

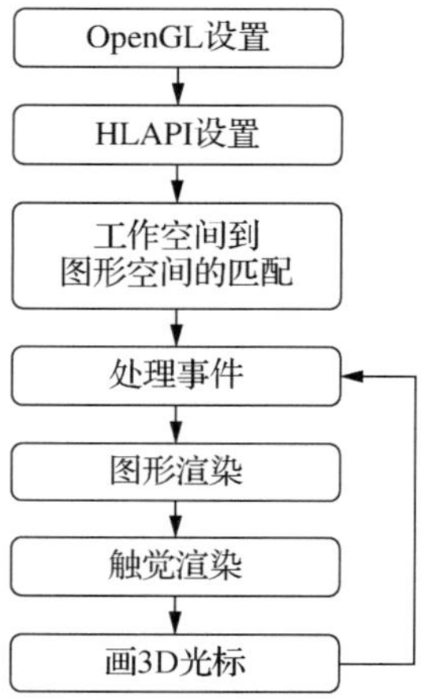

图 6.21　HLAPI 流程图

使用 OpenHaptics 工具包可以将现有的第三方应用和新的应用整合到一起，开发出基于 3D Touch 的应用程序；可以对 FreeForm 的软件平台进行二次开发，增加新的模型外观、物理变化和力量效果等，以应对不同应用领域的需求。文献[22]利用 FreeForm 系统建立了虚拟模型和虚拟的手术平台，并利用软件开发包 GOST 实现了对虚拟手术器械的二次开发，能够模仿各种仿真手术过程。文献[23]使用 GOST SDK 设计并实现了一个具有切割、变形、力反馈、触摸和抓取功能的虚拟手术仿真系统。文献[24]中，王勇军等设计了一个基于力反馈的鼻腔镜虚拟手术仿真系统。文献[39]中描述了触摸过程中的面弹力和黏滞摩擦力的实现原理和方法，并且应用到了文献[24]中设计的仿真系统中。文献[25]中，许天春等设计了“声带肿物切除仿真系统”。文献[32]使用 OpenHaptics 工具开发了基于 PHANTOM Desktop 设备的虚拟手术系统。

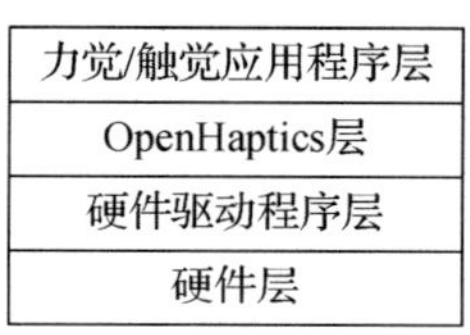

图 6.22　基于 OpenHaptics 的应用程序层次结构

以 PHANTOM Desktop 为力觉/触觉反馈设备，基于 OpenHaptics 的应用程序层次结构如图 6.22 所示，共包含 4 层[17]：

1）硬件层。该层即力反馈设备 PHANTOM Desktop 层，在最低层。

2）硬件驱动程序层。该层指 PHANTOM Desktop 的驱动程序，它可以实现应用程序与 PHANTOM 硬件的双向通信，如读取 PHANTOM 各个关节的旋转角度，读取代理点、HIP 点的位置，将反馈力转化为对各个电动机的驱动等。

3）OpenHaptics 层。该层提供的 C 语言接口函数实现了与力觉/触觉渲染有关的命令集合，如 HLAPI 函数库和 HDAPI 函数库。

4）力觉/触觉应用层。该层是具有特定功能的应用程序，是与具体应用有关的各种模块的集成。

人的力触觉的敏感度远远高于视觉的敏感度，研究证明[18]，在视觉系统中以 30 帧/s 的刷新速度就可以得到连续的图像，但是 1000Hz 或者更高的刷新频率才能得到比较令人满意的连续的力触觉。由于视觉刷新频率和力触觉刷新频率的要求相差太远，因此，应用程序进行图形渲染和力觉渲染时必须使用两个分开的线程。

一般地，基于 OpenHaptics 的应用程序分 3 个线程：图形渲染线程、力触觉渲染线程和碰撞检测线程。图形渲染线程主要完成图形渲染，并为碰撞检测线程提供需要进行力触觉渲染的面片信息，刷新频率要求在 30Hz 以上；力触觉渲染线程读取 PHANTOM 的 HIP 物理位姿，并通过空间匹配模块把物理位姿转变为代理点在虚拟场景中的位姿，从而根据虚拟物体的位姿和物理属性计算出反馈力的大小和方向，把计算结果反馈给 PHANTOM 输出，刷新频率要求在 1000Hz 以上；碰撞检测线程确定 PHANTOM 代理点与虚拟物体发生碰撞的位置，为力触觉渲染提供发生碰撞的面片集，刷新频率要求在 100Hz 以上。

6.3.3　小结

本节研究了力反馈系统和力反馈设备结构、基本原理，研究了 OpenHaptics 开发包的力触觉渲染框架。

6.4　基于 OpenGL 的 STL 数据读取和显示

STL 是由 3D SYSTEMS 公司于 1988 年提出的三维实体建模系统的接口标准。目前，已经被工业界作为 RP 领域的标准文件格式。随着 RP 技术的快速发展和应用，STL 文件格式得到了各 CAD/CAM 软件公司的大力支持。

对 STL 数据格式进行了研究，基于 Visual C++和 OpenGL 对 STL 文件进行了读取和显示，并在 FreeForm 系统中得到了验证。

6.4.1　STL 数据格式

STL 是基于三角形面片的数据格式。STL 格式的数据模型就是利用成千上万个空间三角面片逼近三维实体的数据模型。FreeForm 系统中的数字黏土采用的就是 STL 格式。

通过三角形法向量的 3 个分量（用以标志三角形面片的正反方向）和三角形的 3 个顶点坐标来表示其数学描述。一个完整的 STL 格式模型的数学描述中记录了所有三角形面片的法向量数据和顶点坐标数据。

STL 文件是若干个空间小三角形面片信息的集合，每个三角形面片包括两部分信息：一是三角形的 3 个顶点，二是指向实体模型外部的三角形面片的法矢量。

STL 文件能够正确描述三维模型，但必须遵守一定的规范[40]。

1）共顶点规则。每相邻的两个三角形只能共享两个顶点，即一个三角形的顶点不能落在相邻的任何一个三角形的边上。

2）取向规则。对于每个小三角形面片的法向量必须由内部指向外部，小三角形三个顶点的排列顺序同法向量符合右手螺旋法则。每相邻的两个三角形面片所共有的两个顶点在两个三角形面片中的顶点排列顺序是不同的。

3）布满规则。在 STL 三维模型所有表面上必须布满小三角形面片。

STL 文件格式包括二进制文件（BINARY）和文本文件（ASCII）两种。ASCII 格式的 STL 文件可读性强，占用空间大，易于对文件进行进一步处理。二进制格式的 STL 文件可读性差，节省存储空间。对同一 STL 文件而言，其 ASCII 格式大约是其二进制格式的 6 倍。

（1）二进制格式的 STL 文件

STL 文件的二进制格式中，使用固定的字节数来存储三角形面片的信息。前 80 个字节用来存储虚拟实体的文件名，称为“文件头”。接下来的 4 个字节用来记录三角形面片的个数。后面依次给出每个三角形面片的顶点坐标和法矢量坐标信息，每个三角形面片的信息占用 50 个字节。

（2）ASCII 格式的 STL 文件

在 STL 文件的 ASCII 格式中，依“行”存储三角形面片的信息。三角形面片的 ASCII 表示如下：

```
solid test1 stl                /*文件路径及文件名*/
facet normal x y z             /*三角形面片的法向量坐标*/
outer loop
vertex x y z                   /*三角形面片第一个顶点坐标*/
vertex x y z                   /*三角形面片第二个顶点坐标*/
vertex  X  Y  Z                /*三角形面片第三个顶点坐标*/
end loop
end facet                      /*一个三角形面片定义结束*/
…
…                              /*若干个三角形面片*/
end solid test1 stl
```

第一行给出 ASCII 文件的存储路径和文件名。第二行给出了三角形面片指向虚拟模型外侧的法向量坐标。第二行至第八行给出了一个三角形面片的信息，即每个三角角形面片的信息占用 7 行。

OUTER LOOP 说明其后的 3 行数据分别是三角形的 3 个顶点坐标，它们遵循右手法则，即以法向量坐标的方向为基准逆时针排序。

下面是一个单一三角形面片的实例：

```
solid D:\\test\test1.stl    /*实体路径及名称*/
facet normal 0 1 0
outer loop
vertex 0 8 0
vertex 0.634869  2.389574  0
vertex -0.389632  0.6  4.793772
end loop
```

```
end facet
end solid test1.stl
```

6.4.2　STL 文件的读取与显示

以 FreeForm 系统生成的 STL 文件为数据源，基于 OpenGL 和 VC++编程，实现了对 STL 文件的读取与显示。

1. 设置系统 OpenGL

OpenGL 是一个以美国 SGI 公司的 IRIS GL 三维图形库为基础定制的开放的三维图形软件包，它定义了一个跨编程语言、跨平台的编程接口规格，是一个调用方便、功能强大的底层图形库，是一个与硬件无关的专业图形程序接口，可用于三维图形的显示、形变等。

（1）像素初始化和定义

像素格式是 OpenGL 窗口的重要属性，设置为使用双缓冲，绘制色彩为 RGBA 格式。

（2）投影方式设置

投影方式是指选择观察物体的角度和范围。因为计算机只能显示二维图形，因此在显示真实世界中的三维图形时，需要将三维视景转换为二维视景。

OpenGL 中提供了两种投影方式：正交投影和透视投影。正交投影是指投影后物体的大小与视点的远近无关，常用于 CAD 设计；透视投影中离视点近的物体大，离视点远的物体小。

采用更具有真实感的透视投影方式，通过调用函数 glMatrixMode(GL_PROJECTION)、glLoadIdentity( )、gluPerspective(GIdouble fovy, GIdouble aspect, GIdouble zNear, GIdouble zFar)可对虚拟模型进行正确投影。

2. 创建三角形面片的数据结构

部分代码如下：

```
struct triangle        /*定义三角形面片的结构体*/
{
        double nx,ny,nz;
        double ax,ay,az;
        double bx,by,bz;
        double cx,cy,cz;
};
triangle* tlist;       /*定义三角形面片的链表*/
triangle  T;           /*定义临时三角形面片变量*/
```

3. 读取 STL 文件

根据 ASCII 格式 STL 文件的结构，编写 ReadSTL( )函数，应用 C++标准 IO 库的 ifstream 类型定义对象，并绑定待读取的 STL 文件，使用 getline 函数从绑定的 STL 文件中逐行读取数据，使用自定义函数 check_vertex( )对读入的字符串信息进行判断并分解，依次将每个三角形面片的法向量、顶点坐标取出并存储到三角形面片的链表中，具体步骤如下。

1）定义三角形链表 tlist 和临时三角形变量 T。

2）从 STL 文件中逐行读取信息，使用 check_vertex( )判断信息并分解，依据判断结果将分解的结果值存入临时的三角形变量 T 中。

3）将 T 添加到三角形链表 tlist 中。

4）重复步骤 2）～3），直到 STL 文件中的所有的三角面片均已处理完毕。

4. 显示 STL 文件

通过调用 OpenGL 函数库中的 glBegin(GL_TRIANGLES)和 glEnd( )函数绘制 STL 数据模型。

部分代码如下：

```
VOID VIEW ::MYUNIT( )
{
    …
    glClear(GL_COLOR_BUFFER_BIT);
    FOR(I=0;I<MODEL_STL.NUM_TRIANGLES;I++){
        glMatrixMode(GL_PROJECTION);
        glLoadIdentity( )
        gluPerspective(GIdouble fovy, GIdouble aspect, GIdouble zNear,
GIdouble zFar)
        g lBegin (GL _ T RIANGLES);  /*指定使用顶点信息画三角型*/
        glVertex3f(MODEL_STL.VERTICS->X, MODEL_STL.VERTICS->Y, MODEL_
STL.VERTICS->Z);
        glEnd( );
    glFlush( );
}
```

5. 验证

使用该程序正确读取并显示了 FreeForm 系统输出的一颗牙齿的 STL 文件，如图 6.23 所示。

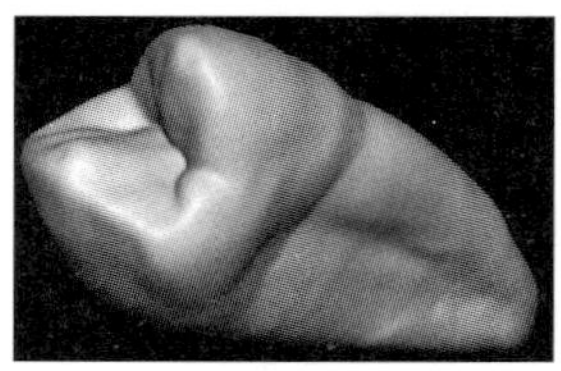

图 6.23　读取并显示 FreeForm 生成的 STL 文件

6.4.3　小结

本节分析了 STL 文件的结构，使用 VC++和 OpenGL 为编程工具，实现了对 STL 文件的读取和显示，并在 FreeForm 中验证，这将有助于研究 STL 数据中冗余信息的处理，并为 FreeForm 系统的二次开发提供了理论依据和参考价值。

6.5　FreeForm 在虚拟产品设计中的应用

6.5.1　虚拟产品设计的要素及其现状分析

1. 虚拟产品设计的概念

虚拟产品设计（virtual design）是产品设计的真实过程在虚拟现实中的映射，是指用户使用三维造型软件完成虚拟模型的概念设计、分析和优化的过程。虚拟产品设计是虚拟开发的重要部分，为虚拟产品的开发提供了一种崭新的设计理念，大大缩短了产品周期。

美国 *Computer-Aided Engineering* 杂志副总编 Schmitz 曾在《虚拟设计的光辉前程》一文中阐述了虚拟设计的主要技术内容。

2. 虚拟产品设计的技术研究

虚拟产品设计需要借助于虚拟现实技术来实现。虚拟现实（virtual reality，VR）是使用计算机技术生成的一个三维环境，它为计算机用户提供了直观的感知交互，到目前为止，使用的感知有视觉、听觉和触觉。人们通过友好的交互界面沉浸其中，对虚拟对象进行相关操作。虚拟产品设计的技术研究主要体现在软件、硬件和人机交互技术 3 个方面。

（1）软件技术

虚拟对象的数学描述：研究虚拟对象在计算机中存储的方法和数据结构。

信息显示：研究怎样将虚拟环境中各种信息直观地显示在用户面前。

建模方法：研究建立虚拟对象模型及其相互关系的方法。

集成系统开发：研究虚拟产品设计所需的软硬件系统。

可制造性：通过对产品的市场调研、设计、优化和分析，研究虚拟产品设计与下游工程的关系。

评价：对虚拟产品设计系统的评价。

（2）硬件技术

人机交互设备：研究良好的交互设备，如数据手套、数据背心、PHANTOM Desktop、PHANTOM Omini、触觉球、显示器、投影系统、三维眼镜、耳机、传声器、音响等。

信息采集设备：扫描仪、传声器、3D Suit、动作捕捉设备、摄像头等。

在硬件方面，还要研究网络结构及计算系统等。

（3）交互技术

实现与虚拟环境友好交互的相关技术，如触觉技术。

3. 虚拟产品设计的研究现状

虚拟产品是伴随着计算机和虚拟现实技术的高速发展而产生的，它一经提出就受到了工业企业的高度关注。

美国福特汽车公司采用网络并行设计技术设计赛车；美国 Sandia 实验室采用虚拟产品设计技术设计了新一代的计算机芯片；波音公司采用该技术设计了 737 客机；John Deere 公司使用该技术设计、评价了机器人。

在虚拟产品的创新设计中，触觉力反馈技术得到了广泛的应用[41]。国外以 SensAble Technology 等为代表的多家公司先后推出了带触觉力反馈功能的商业软件（如 FreeForm Modeling Plus System、ClayTools、Vir Tools 等），广泛应用于玩具制造、工艺品设计、游戏角色设计、汽车设计等领域。国内的王玉慧等[42]将触觉力反馈技术应用到 CAID 的变形造型及虚拟雕刻中，实现了图形刷新和触觉反馈同步的功能；闫锋欣等[11]实现了带触觉力反馈功能的虚拟油泥造型系统，再现了传统油泥建模过程中通过力触觉控制造型过程的方法。

FreeForm 触觉式设计系统开创了新颖的人机交互界面和丰富的造型模式，支持从无到有、从有到有创建模型，支持虚拟产品的迭代设计。下面将通过实际案例详细介绍 FreeForm

系统在玩具、工艺品、逆向工程领域的应用。

6.5.2 FreeForm 在产品周期中的作用分析

1）与传统的实体建模相比较。3D Touch 技术在 FreeForm 系统中的应用使系统具备了便于保存、便于修改、便于控制材料属性、环保的优势。

首先，传统的实体模型为了应对时间和环境的改变，需要投入大量的人力、物力和专业技术，而 FreeForm 系统能够方便快捷地保存数字实体模型，无论时间和环境怎样改变都能保证资料的完整性。

其次，实体模型在修改时费时费力废料，而且容易造成废弃材料的堆积，不利于环境保护。FreeForm 系统可让用户方便地修改 3D 数字模型，而且在出现失误时容易利用计算机技术复原，省时、省力又环保。

最后，实体建模时，为了保证实体模型的软硬度等特性，需要添加很多专业用品，如加热剂或激活剂等。FreeForm 系统却能够轻易地设置 3D 数字黏土的软硬度和平滑度。

FreeForm 完全符合现代产品设计潮流及制造的流程，它弥补了 2D 绘图与 3D 产品设计间的鸿沟，补充了实体模型的不足，并可取代实体模型[43]。

2）与传统的 CAD 软件比较。传统的 CAD 软件具有功能强大的装配功能、完善的草绘功能和实体功能。随着 CAD 的快速发展，CAD 软件在造型功能上也在不断提高，但其曲面造型仍然存在不足[44]，尤其是面对造型复杂的不规则曲面时，传统 CAD 软件就会出现力不能及的状况。而且，传统 CAD 软件操作复杂、不易掌握。以 3D Touch 为核心技术的 FreeForm 系统易于学习和掌握，并且具有丰富的造型模式，弥补了传统 CAD 软件的不足。

首先，FreeForm 系统给用户提供了全新的基于触觉的交互模式，使用户和 3D 模型有了更直接的互动，解决了使用者和 3D 软件之间的瓶颈问题，将使用者从鼠标和键盘中解放出来，拉近了使用者和 3D 模型的距离，更接近于人类的实体建模方式，因此易于学习和掌握。

另外，FreeForm 系统以其丰富的产品造型方式，让设计者在不考虑各种参数和界面的情况下就能更快捷、更直接地表达自己的设计理念，将人脑中的丰富模式充分逼真地展现在 3D 模型中。

由此可知，FreeForm 系统在 3D 模型的处理上更得心应手，在概念模型设计阶段就已经大大缩短了设计时间，缩短了产品的生产周期，提高了产品的生产效率。

6.5.3 FreeForm 在玩具设计中的应用

由于玩偶对参数的要求不是很精确，而且造型丰富、复杂，因此，应用 FreeForm 系统最广泛的就是玩具制造业。很多世界著名的厂商都是其客户，包括 Disney、MacDonlad、Hallmark、MIC 等。

下面实例采用分件制作[45]、分层储存的方法从“无”到“有”创建 3D 模型。

1. 建立草模

1）导入视图。创建 5 个平面，分别将小狗的 5 个视图导入对应平面中，选取各视图图片范围，调整图片透明度，依据选取的范围将各视图图片缩放、对位，调整平面大小到合适尺寸。使用 FreeForm 的 2D 绘图功能，在上视图上描绘出小狗的头、身体、尾巴的基本轮廓线，在侧视图上描绘出小狗耳朵的基本轮廓线，如图 6.24 所示。

2）建立基本形体。配合辅助视窗，采用分件制作、分层储存的方法创建小狗的基本形体。通过分析，小狗的头采用基本体素圆锥；脖子、身体、腿的形状采用基本体素圆柱；耳朵的曲面自由性和基本体素相差较远，因此采用膨胀的方式生成。创建新的油泥创建小狗的头和腿，依据顶视图和侧视图上的轮廓线膨胀出耳朵、尾巴并将其移动到合适的位置。部分指令集如下：

膨胀指令适于创建和基本形状相差较远、曲面形状比较自由的形体。小狗的基本形体创建完成后，通过变形、顺滑等调整形体的大概形状完成草模，如图 6.25 所示。

图 6.24　五视图

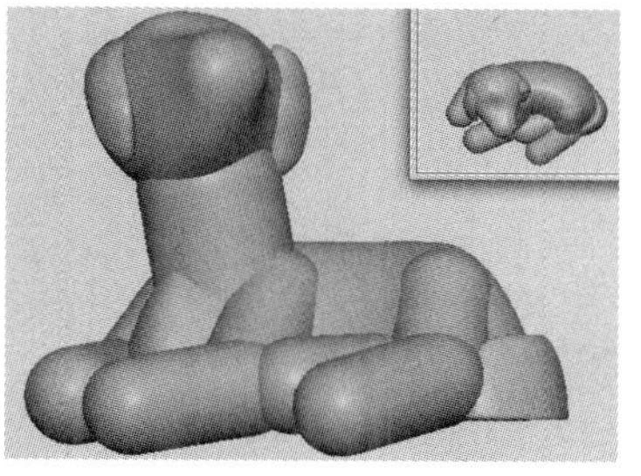

图 6.25　草模

在形体的创建过程中，要将不同的形体部分放在不同的图层，以便于后续的制作和修改。

```
create plane
Import to plane
Freehand Curve
add clay
inflate
smooth
tug
```

2. 草模细化

将顶视图和前视图上眼睛、鼻子、嘴巴的 2D 草图投影到头部并进行微调，为了避免微调以后的 3D 轮廓线脱离实体，微调以后采用重新贴附的方式将其贴附到头部。通过变形作出嘴巴的基本形状。添加新的黏土来增加眼珠、鼻子、舌头，雕刻黏土挖出鼻孔。使用镜像功能完成对称的部位。最后通过顺滑、变形等调整各部分细节。

形体的各个部位调整好以后合并图层，使用顺滑、变形等调整各部位的接缝处。最后，将形体底面剪平使模型能够平稳着地。部分指令如下：

```
copy from sketch
fit curve
tug area
add clay
smudge
smooth
tug
tug area
```

```
wire cut clay
```

3. 制作皮毛并着色

在三维建模过程中，生物模型的毛发最难表现，该模型的皮毛采用 3 种方式来表现：浮雕方式、直接雕刻、局部覆盖变形。

1）浮雕方式。在三维模型上定义浮雕的 3D 区域，依图片花纹制作纹理，调整纹理接头处以使纹理看起来自然。指令如下：

```
draw curve
emboss with wrapped image
carve with ball
```

2）直接雕刻。循环使用“carve with ball”指令一点点地制作出毛发，这样做能够更好地发挥设计风格，但是制作过程烦琐。

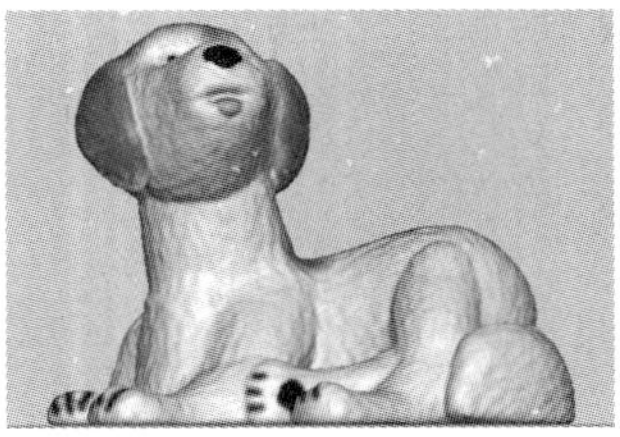

图 6.26 模型前视图

3）局部覆盖变形。循环使用“mask”指令和“tug”指令完成毛发的制作。

循环使用“smooth”和“smooth area”指令对毛发进行处理，可使毛发更光顺自然。

最后，使用“paint”指令给模型的相应部位着色。制作完成后模型的前视图如图 6.26 所示。

4. 模型渲染

物体的外观颜色会因为光照的强弱而异，甚至照射到物体上的光的颜色也会对物体的外观颜色产生影响[46]，所以灯光的设置在很大程度上影响着渲染的效果。系统提供的灯光效果有点光、聚光、日光。根据需求，本节采用了点光，并设置灯光的颜色、调整光源和照射范围；设置默认材质；设定场景。设置渲染的各项静态参数，值越大渲染效果越好，渲染时间也相应增长，综合考虑软硬件情况，本节将该值设为 2000。指令如下：

```
material
custom lighting
display scene
render
enviroment
```

渲染效果如图 6.27 所示。

图 6.27 渲染效果图

5. 模型抽壳

设置薄壳的厚度，抽壳后产生新的内胆图层，将内胆进行平滑处理并删除内胆中的孤立点，便于后续加工。将内胆从小狗模型中挖空，至此模型呈现中空状态，通过辅助视窗察看模型的中空状态，如图 6.28 所示。部分指令如下：

```
create offset piece
offset to the inside
smooth area
select lump of clay
remove clay from
```

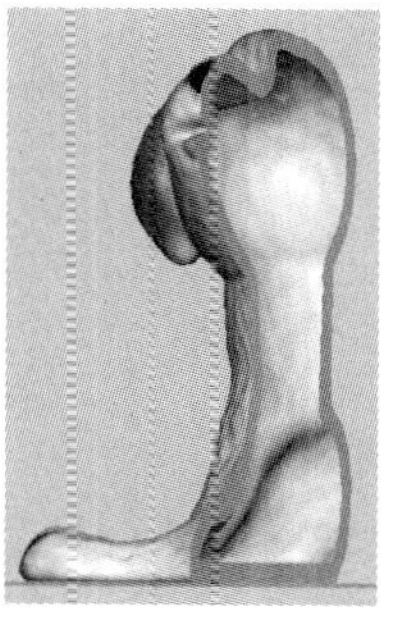

图 6.28　模型抽壳

6. 产生分模线

产生分模线，修正脱模角度至合理状态。采用色彩功能进行拆分模的分析，蓝色表示合理，黄色表示存在不合理隐患[44]，红色表示不合理。利用颜色分析功能将模型修改到拔模所需的合理状态。分模线修改过程中修改以后的分模线要重新贴附到模型上。指令如下：

```
fix draft
parting line curve
```

将模型的 STL 格式数据输出到 RP 机器就可以制作原型了。

6.5.4 FreeForm 在工艺品设计中的应用

工艺品具有外形美观、复杂等特性，需要设计者精雕细琢。本例采用自动生成油泥的方法制作模型。在 Illustrator 中创建 2D 平面图，在 FreeForm 中依据 2D 平面图创建模型。

1. 制作 IGES 曲线

在 Illustrator 中制作咖啡杯的 IGES 曲线，设计杯体的竖中心轴为旋转轴，杯体切面线的左半部为旋转线。

2. 导入 2D 轮廓线

创建一个 2D 绘图平板，将咖啡杯的 IGES 曲线汇入到平板，Illustrator 中制作的 IGES 曲线有尺寸定义，汇入时平板的尺寸和 IGES 曲线的尺寸匹配到最佳，将“Scale”值置为 100%，如图 6.29 所示，使平板的尺寸自动调整到 IGES 曲线的尺寸。没有尺寸定义的 2D 曲线，如 bmp 等类型，则不存在这个问题。调整轮廓线的位置，使它的旋转轴和 2D 平板的中心轴重合，如图 6.30 所示。将 2D 平板定位到工作空间的中心位置。部分指令如下：

```
create plane
Import to plane
Select Sketch Object
Through Origin
```

3. 选取旋转轴、封闭切面线

选取杯体的竖中心线为旋转轴，将切面线的开口封闭，如图 6.30 所示。

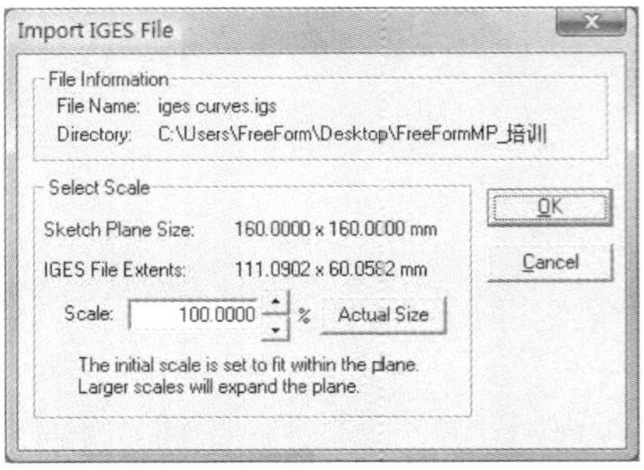

图 6.29　Import IGES File

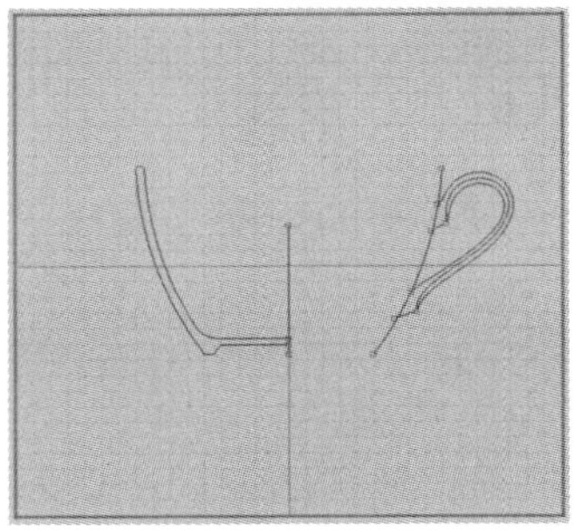

图 6.30　导入 IGES 曲线

4. 制作杯体

图 6.31　杯体

将切面线绕旋转轴旋转自动生成油泥，设定油泥密度为 0.5mm，如图 6.31 所示。指令如下：

```
Spin Clay
Apply
```

5. 制作把手

回到 2D 平面上，将把手的 2D 曲线封闭，并将封闭线进入杯体一点，避免生成油泥时造成把手和杯体间的空隙，如图 6.32 所示。把手的形状存在棱边，和基本体素形状相差较远，曲面自由，因此采用“Inflate”指令拉动封闭曲线生成把手油泥并达到理想程度，如图 6.33 所示。

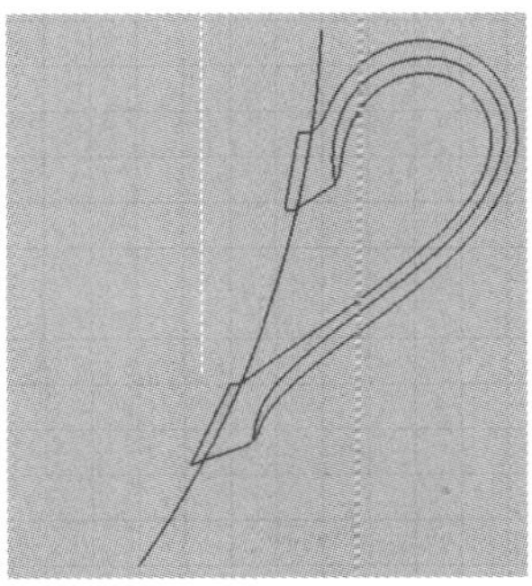

图 6.32　封闭把手的 2D 曲线

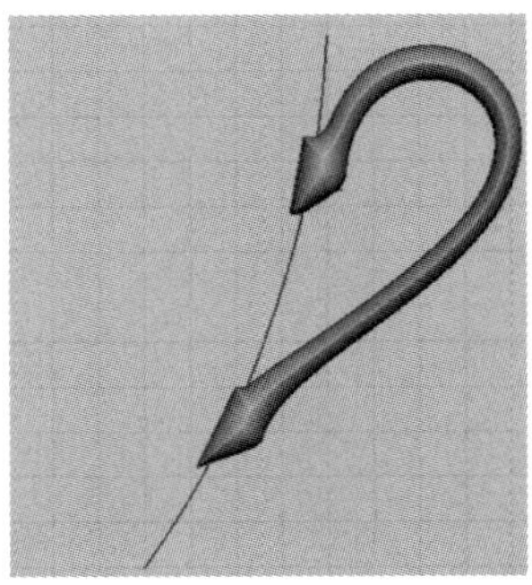

图 6.33　把手

6. 制作麻花效果的花边

回到 2D 平面上，在杯壁的外侧曲线绘制两个独立的圆，圆的位置在把手线的上方，避免花纹的黏土和把手的黏土重叠。选择“圆”为旋转切面线，杯体的竖中心轴为旋转轴，环绕杯体自动生成两条黏土，并设置黏土粗糙度细节为 0.5mm。将两条黏土交叉变形后合并物件，通过选择和反选，删除没有变形的黏土部分，将变形的一段黏土围绕着轴线进行复制，制作出杯体的花边效果。指令如下：

```
Spin Clay
Apply
Tug
Select/MoveClay
```

7. *制作浮雕*

（1）绘制浮雕区域的 3D 曲线

方法一：直接在杯体上绘制出制作浮雕的 3D 区域。

方法二：先使用 2D 曲线 Planes 上绘制出浮雕区域，再通过投影、贴附将 2D 曲线贴附到杯体上。

本例中使用方法二创建规则整齐的 3D 曲线。

```
Project Sketch
Fit Curve
```

（2）制作浮雕效果

使用“Emboss”指令将 2D 图片导入浮雕区域，调整图像的角度和位置，设置浮雕属性，制作浮雕效果。

使用 Mirror 指令镜像浮雕效果。渲染完成后的咖啡杯如图 6.34 所示。

图 6.34　渲染后的咖啡杯

6.5.5　FreeForm 在逆向工程中的应用

逆向工程又被称为反求工程、反向工程[47]。本节中所提及的逆向工程是指采用测量手段对实物进行测量，然后将测量得到的数据导入 FreeForm 系统中进行修补、重建后得到 CAD 模型的过程。

1. *FreeForm 在逆向工程中的优势*

传统的逆向工程使用卡尺等工具测量模型的角度、尺寸等数据，然后用石膏等传统材料制作模型，存在不易修改、浪费材料和不环保等问题。

数字化 3D 造型技术以来，将逆向工程和快速原型结合起来是一次革命性的创新。全方位、高精度的扫描设备代替了传统的卡尺等工具，能够将已有模型转化为数字模型，再利用 3D 专业软件进行处理，大大缩短了产品生产周期。

但是，传统的逆向软件如 Geomagic Studio、Imageware 等虽然在表面重建方面功能强大，且精度很高，但是数据修复的功能有限[43]。由于原始模型、扫描设备的精度问题和扫描过程中的人为因素，扫描得到的点资料经常存在缺失、模糊等现象，导致曲面更加复杂。此时，传统逆向软件在数据修复就可能导致模型失真甚至无法进行。

FreeForm 系统在修复扫描资料时可以充分发挥其自由曲面建模的优良特性，使“逆向工程结合快速原型”得到了一个质的飞跃。目前，FreeForm 系统已经成功地应用于对文物、牙齿、骨骼等测量数据的修补和重建。

在医学领域，FreeForm 系统可以编修人体骨骼的 STL 数据，运算骨骼的破孔，利用布尔运算产生修补区域的形状，再用 RP 机器制作，能够快速建构义肢或修补骨骼。

文献[14]指出了 Freeform 系统在处理数据时，没有完全受到参数化制约，因此逆向修复后的模型与原始模型之间会有一定的误差存在，尤其是对于一些形状复杂、细节较多的部位，修复精度存在一定缺陷，这也是 Freeform 需要改善的地方。

2. 案例分析

下面以一颗牙齿的扫描数据为数据源，简单学习如何在 FreeForm 中修整扫描的点资料模型。

1）导入扫描的 STL 格式的点资料（选择“File”|“Import”|“model”命令）。

预览时，黄色部分为扫描的点资料，绿色部分为 FreeForm 自动修补的资料。我们将“fill styles”设定为“Fill Holes”模式，并设定黏土的精度，如图 6.35 所示。

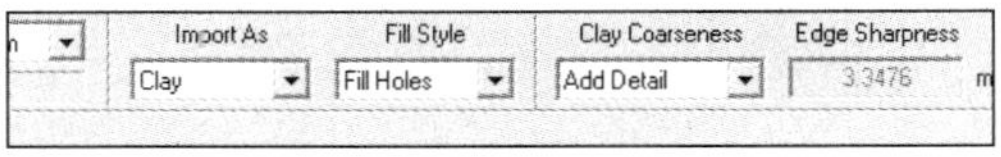

图 6.35　格式设定

进行修改前先复制一个新的物件，以备修改完成后进行数据的误差校对。

2）通过多模式编修的建模方法，删除牙齿以外的多余碎片，如图 6.36 所示。顺滑并抬高凹陷部位，切除不整齐的边缘数据，部分指令如下：

```
select lump of clay
invert selection
smooth
tug
wire cut clay
Carve with ball
Smudge
```

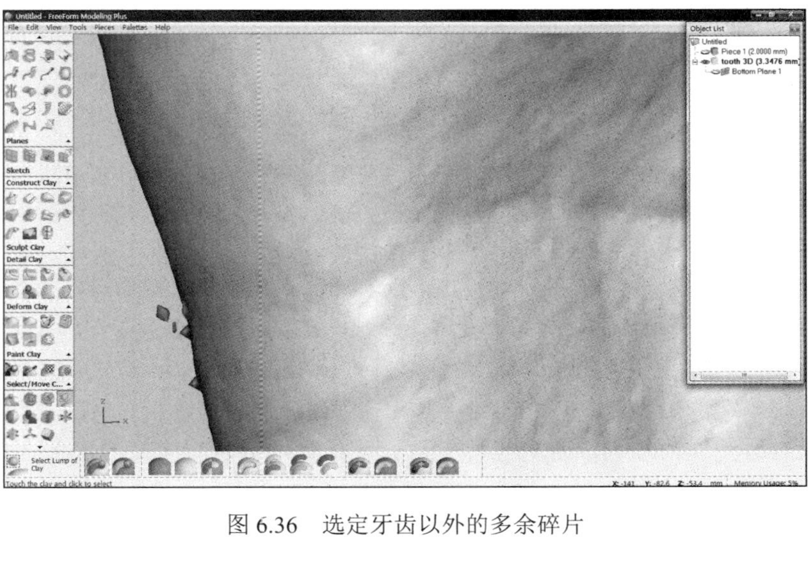

图 6.36　选定牙齿以外的多余碎片

修复完成后的 STL 数据如图 6.37 所示。

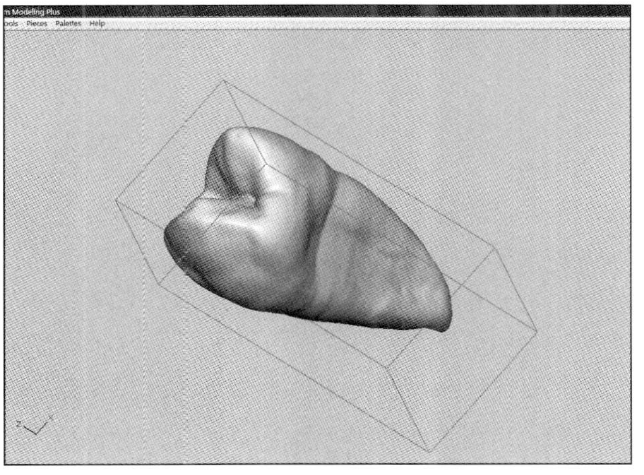

图 6.37　修整完成的牙齿模型

6.5.6　小结

本节介绍了虚拟产品设计的要素及其现状，研究了 FreeForm 在产品周期中的作用，通过几个典型的实际案例介绍了基于 FreeForm 的建模方法。

Free Form 系统以其独特的优势必将成为未来新一代的 3D 设计趋势。

6.6　总结与展望

基于触觉的建模方式是虚拟现实领域的一个重要方向，对它的研究在 CAD、教育教学、医学研究、航空航天、汽车和摩托车制造、玩具设计、工艺品设计、制陶业、影视业、动漫业、游戏、鞋业和家具业等领域都有着非常广阔的应用前景。基于 FreeForm 的虚拟产品设计研究能够给教学、FreeForm 的二次开发、基于触觉的应用系统开发等研究带来很多便利。

6.6.1　研究总结

本章研究了 FreeForm 触觉式设计系统的系统框架，并提出了 3 种基于 FF 的建模方法；深入了解了 PHANTOM Desktop 的结构和工作原理和开发包的力触觉渲染框架；分析了 STL 文件格式并实现了 STL 数据的读取和显示；使用 FreeForm 和相关软件设计完成了各种实例。

1）FreeForm 系统框架。介绍了几何建模系统的发展历史，分析了各类建模系统的数学描述方式，比较了它们的特点。研究了 FreeForm 系统要素，提出了 3 种基于 FF 的建模方法。

2）面向自由建模的力触觉接口。研究了力反馈系统的基本原理，分析了 Phantom Desktop 的结构和原理，研究了 OpenHaptics 开发包的力触觉渲染框架。

3）STL 文件的格式。使用 VC++和 OpenGL 编写程序，实现了对 STL 文件的读取和显示。

4）FreeForm 在虚拟产品设计中的应用。使用 FreeForm 和相关软件设计完成了各种实例。

6.6.2 研究展望

随着市场和生产规模的不断扩大，以及科学技术水平的提高，将设计和制造数字化一定是必然趋势，那么，未来的产品生产过程将有望转化为基于计算机技术和虚拟现实技术的管理系统，FreeForm 作为先进的基于触觉的自由造型系统也将处于不可或缺的重要地位。

基于 FreeForm 系统的研究还有许多工作需进一步完善。主要包括以下几个方面：

1）深入研究 FreeForm 的三维造型技术。熟练掌握系统的造型模式后，与其他 CAD 软件（如 Pro/E、UG、CATIA 等）配合使用将有利于工程建模，与动画软件（如 3ds Max、Maya 等）配合使用有利于动画制作，使之更好地服务于三维建模，有待对 FreeForm 系统的三维造型技术进行深入研究。

2）深入研究 OpenHaptics 软件开发包。对 OHAE 软件开发包的研究有助于 FreeForm 系统的二次开发，有助于将触觉设备 PHANTOM Desktop 应用到自开发的软件系统中，同时，还可以为计算机科学与技术专业的本科生、硕士生提供实验环境。

3）开设选修课程。可以利用该设备开设如“基于触觉的产品造型技术”“基于 FreeForm 的虚拟产品设计”“基于触觉的应用系统开发基础”等课程。

4）对 STL 格式数据的进一步研究，如 STL 数据冗余信息的处理等。

参考文献

[1] LEE K. CAD/CAM/CAE 系统原理[M]．袁清珂，张湘伟，等译．北京：电子工业出版社，2006.

[2] 百度百科．计算机辅助设计[EB/OL]. http://baike.baidu.com/view/76137.htm.

[3] 陈丽华．CAD 三维造型技术的发展与应用[J]．沈阳电力高等专科学校学报，2000，2（1）：40-41.

[4] 李洋，石宗金，杨国先．工业造型设计中的建模技术研究[J]．机械工程师，2007（4）：94-96.

[5] SRINIVASAN M A, BASDOGAN C. Haptics in virtual environments: taxonomy, research status, and challenges[J]. Computers & Graphics. 1997, 21 (4): 393-404.

[6] MCGOOKIN D K, BREWSTER S A. MultiVis: improving access to visualisations for visually impaired people[C]//Proceedings CHI'06 Extended Abstracts on Human Factors in Computing System, 2006: 267-270.

[7] 喻耀华，刘正捷，孙弘进．触觉显示的人机交互研究及应用[J]．计算机科学，2008，35（11）：28-31.

[8] 吴丹玥，干静．辅助盲人访问 Internet 的力/触觉交互技术[J]．工程设计学报，2010，35（11）：128-133，155.

[9] 李科峰．虚拟现实技术及其在教学中的应用[J]．网络安全技术与应用，2007（2）：73-74.

[10] 刘菊明．虚拟现实与虚拟实验教学研究[J]．东南亚纵横，2003（1）：74-76.

[11] 闫锋欣，侯增选，张定华．支持触觉力反馈的虚拟油泥造型系统[J]．中国机械工程，20（19）：2372-2377.

[12] ALCAIDE-MARZAL J, DIEGO-MÁS J A, ASENSIO-CUESTA S, et al. An exploratory study on the use of digital sculpting in conceptual product design[J]. Design Studies, 2013, 34(2): 264-284.

[13] KUAN S, KVAN T. CoBlocks: an improved voxel-based design tool by object structuring of voxel models[J]. International Journal of Architectural Computing, 2006:35-55.

[14] SENER B, PEDGLEY O, WORMALD P, et al. Ineorpomting the FreeForm haptic modelling system into new product development[C]//Proceeding of EuroHaptics 2003, Dublin, Ireland: 26-38.

[15] SENER B, WORMALD P, CAMPBELL I. Evaluating a haptic modelling system with industrial designers[EB/OL].http://www.eurohaptics.vision.ee.ethz.ch/2002/notused/sener.pdf.

[16] 潘祥，叶永强．航空中的力反馈技术[J]．航天控制，2012，30（4）：84-90.

[17] 陈成军．基于力觉_触觉反馈的虚拟装配系统相关技术研究[D]．济南：山东大学，2008.

[18] 王爱民，戴金桥．人机交互中的力/触觉设备进展综述[J]．工业仪表与自动化装置，2007（2）：14-18.

[19] THOMAS H M, KENNETH J S. The PHANTOM Haptic Interface: A Device for Probing Virtual Objects [J]. Proceedings of the 1994 Intemational Meehanieal Engineering Congress and Exposition, 1994, 55(1): 295-299.

[20] 陆熊，宋爱国．力/触觉再现设备的研究现状与应用[J]．测控技术，2008，27（8）：6-10．

[21] KANAI S, TAKAHASHI H, KISHINAMI T. Networked haptic interfaces for distant redesign and review of free-form surfaces[C]//Proceedings of ASME Design Engineering Technical Conferences, 1997.

[22] 付杨，王坤茜，徐人平．FreeForm 系统在虚拟手术中的应用[J]．活力，2012（14）：41-42．

[23] 贾世宇，潘振宽．虚拟手术中具备触觉功能的软组织交互技术[J]．系统仿真学报，2008，20（8）：2075-2080．

[24] 王勇军，吴鹏，郭光友，等．支持力反馈的鼻腔镜虚拟手术仿真系统[J]．系统仿真学报，2001，13（3）404-407．

[25] 许天春，王树新，岳龙旺，等．具有力感觉的声带肿物切除仿真方法研究[J]．计算机仿真，2006，23（8）：196-199，305．

[26] SANKARANARAYANAN G, WEGHORST S, SANNER M, et al. Role of haptics in teaching structural molecular biology[C]//Proceedings of 11th Symposium on Haptic Interfaces for Virtual Environment and Teleoperator Systems, 2003: 363-366.

[27] BROOKS F P, OUH-YOUNG M, BATTER J J, et al. Project GROPE-haptic displays for scientific visualisation[J]. ACM SIGGRAPH Computer Graphics, 1990, 24(4): 177-185.

[28] TAYLOR R M. Haptics for scientific visualization[C]//Proceedings of ACM SIGGRAPH 2005 Courses, 2005.

[29] FAETH A, OREN M, SHELLER J, et al. Cutting, deforming and painting of 3D meshes in a two handed viso-haptic VR system[C]//IEEE Conference Publications: 213-216.

[30] FAETH A J. Expressive cutting, deforming, and painting of three dimensional digital shapes through asymmetric bimanual haptic manipulation[D]. Iowa State University, 2009.

[31] GAO Z, GIBSON I. Haptic sculpting of multi-resolution B-spline surfaces with shaped tools[J]. Computer-Aided Design, 2006，38(6): 661-676.

[32] 何健，鲍苏苏，潘家辉．基于 PHANTOM 的虚拟手术系统的研究[J]．计算机与现代化，2011，（6）：45-47，51．

[33] MORRIS D, JOSHI N, SALISBURY K. Haptic battle pong: high-degree-of-Freedom haptics in a multiplayer gaming environment[C]//Experimental Gameplay Workshop, 2004.

[34] HAYWARD V, ASTLEY O R. Performance measures for haptic interfaces[C]//Proceedings of the 7th International Symposium on Robotics Research, 1996: 195-207.

[35] 刘溪，侯增选，闫锋欣，等．虚拟油泥造型系统的 STL 数据输出接口设计与实现[J]．计算机应用研究，2008，25（2）：634-636．

[36] 张美超，刘阳，刘则玉，等．利用 Mimics 和 Freeform 建立中国数字人上颌第一磨牙三维有限元模型[J]．医用生物力学，2006，21（3）：208-211．

[37] HUANG X, YE M, ZHANG W, et al. Fabricating auricular prostheses based on rapid prototyping and the FreeForm modelling system[J/OL]. The International Journal of Advanced Manufacturing Technology, 2004, 24(11-12): 873-878.

[38] SALISBURY K, BROEK D, MASSIE T, et al. Haptic rendering: programming touch interaction with virtual objects[C]//Proceedings of the 1995 symposium on Interactive 3D graphics, 1995: 123-130.

[39] 谭珂，杨鑫，郭光友，等．实时力反馈技术在手术仿真中的实现与应用[J]．计算机工程与应用，2003，39（36）：230-232．

[40] 赵吉宾，刘伟军，王越超．基于 STL 文件的实体分割算法研究[J]．机械科学与技术，2005，24（2）：131-134．

[41] SENER B, WORMALD P, CAMPBELL I. Towards ‘Virtual Clay’modelling-challenges and recommendations：a brief Summary of the literature[C]//Proceedings of the DESIGN 2002 7th International Design Conference. Dubrovnik, Croatia，2002: 545-550.

[42] 王玉慧，张玉茹．CAID 中变形造型及虚拟雕刻技术探讨[J]．机械设计，2003，20（7）：19-20．

[43] 梁仕权，成思源，张湘伟，等．基于 Freeform 的逆向工程数据修复[J]．工具技术，2009，43（11）：84-87．

[44] 吴艳奇，成思源，张湘伟，等．基于 FreeForm 的 CAD 模型细节添加与修改[J]．机械设计与制造，2010（5）：93-95．

[45] 陈龙，王坤茜，徐人平，等．基于 FreeForm 系统的玩偶设计开发[J]．陕西科技大学学报，2010，28（2）：149-153．

[46] WRIGHT R S，LIPCHAK J B．OpenGL 超级宝典[M]．3 版．徐波，译．北京：人民邮电出版社，2005．

[47] 刘伟军，孙玉文，等．逆向工程原理、方法及应用[M]．北京：机械工业出版社，2009．

第 7 章　FreeForm 触觉建模下的月球三维打印

7.1　绪　　论

7.1.1　研究背景和意义

从 1957 年 10 月 4 日，人类历史上的第一颗人造卫星——苏联“人造卫星 1 号”高速穿越地球大气层进入太空时起，人类就开始了探索茫茫宇宙的征程[1]。这标志着人类开始迈入宇宙时代。

在所有的太空探索中，月球探测无疑是人类最具挑战、最有影响力、收获也最显著的活动。起初，从我国古代流传下来了一些神话传说，如“嫦娥奔月”“吴刚折桂”；到 20 世纪中叶苏联发射的“月球号”探测器首次带回了月球背面的照片[1]；到 20 世纪 60 年代美国开启耗时近 10 年的“阿波罗”载人登月计划，阿波罗 11 号首次成功将人类送上月球；到已摸索近半个世纪的我国探月事业实施，嫦娥三号的“玉兔车”实现月球软着陆。不难看出人类对于月球这个神秘天体的认知渴望有增无减，对月球的探索与研究也发生了质的飞跃。

月球本是一颗荒凉寂寞的星球，表面凹凸不平、昼夜温差极大、没有空气、无生命迹象等[2]。既然如此，那么月球究竟有什么魅力让人类这样矢志不渝？

1）月球是人类深空探测的首选目标和中转站[3]。人类自诞生之日起，就从来没有停止过探索宇宙的脚步。月球作为距离地球最近的邻居，加之人类对月球的种种向往情结，自然而然地成为人类宇宙探索的目标。另外，月球在太阳系中的位置与其环境优势也让其成为人类探测深空的中转站和加油站。

2）月球的高真空、高清洁、无磁场、无重力的天然环境成为科学实验和生产的理想基地[4]。由于月球上无大气、无磁场、无电磁波的干扰，所以可以将在地球上无法完成的实验和批量生产放到月球上去开展。比如，研究月球的弱重力对植物生长速度的影响；研究材料科学和生物制药等。

3）月球可为人类提供新资源与能源。从美国和苏联等航天国家探月带回的月球样品分析得知，月球上的资源十分丰富且稀有。其土壤和岩石中都存在着大量的矿物质，如硅、铝、钛等[5]。人类越来越意识到地球资源有限，而无人居住的月球资源丰富，所以开采月球资源成为各大航天国不惜代价登月的一个重要原因。

4）月球的探测成为推动高新科技的持久动力[3]。据统计，美国的“阿波罗”登月后的几年，相应衍生出 3000 多项技术专利，如遥操作技术、计算机技术、激光技术、自动化技术、人工智能、医学技术等，这些技术也深深地渗透到人们的生产生活中，推动了高新科技的可持续发展，拉动了国家经济。

然而，月球表面并不像在地球上用肉眼看到的那样晶莹剔透、洁白绚丽，而是凹凸不平的坑坑洼洼。早期月球研究者发现，月球表面既有明亮区域也有暗黑区域[6]。伽利略根据不同区域的特征，用地球上的地形名字为月球上这些坑坑洼洼进行命名。由于暗黑色的地方地势较低，遂命名为“月海”[7]。月球上分布着 22 个大大小小的月海，大多位于月球的正面，只有 3 个位于月球背面。月球上明亮的区域，也就是高出月海的地方叫作“月陆”。月陆广泛地分布在月球的正面与背面。尤其是在月球的背面，月陆的分布远远大于月海。根据月球探测器的探测结果，月面上布满了大小不一的环形构造，而且大部分出现在月陆区域。这些环形构造大多为凹坑，被统称为“月坑”。月坑的周围围绕着高出表面的山峦，称为“环形山”。有些环形山还呈现出放射状，称为“辐射纹环形山”。另外，月面上还分布着零零星星的“湾”“湖”“沼”“山脉”“月谷”“月溪”。其中，月海伸向月陆的地貌称为“湾”“湖”“沼”；月面上连续的山峰带称为“山脉”，它们大多以地球上的山脉名称命名；月面上弯弯曲曲、延绵数百千米的、宽度大小不一暗色的大裂缝称为“月谷”（较宽的峡谷）或“月溪”（较窄的小谷）[8]。从月球的局部来看，月面上除了起伏不平的地形外，还覆盖着一层层的类似地球土壤的“月壤”。

以上不难看出，月球表面地形复杂。既然人类探月的脚步不会停止，那么月球地貌特征的研究便成为探月或开展深空遥操作的基础课和必修课，制作出具有表面地貌特征的月球实体模型便有了一定的意义。

1）掌握月面整体结构及地形地貌的分布与具体位置，可为探月工程和深空探测提供一定的地形帮助，减少风险，如为着陆器选择合适的着落地点、为月球车提供正确的行走路线等[9]。

2）掌握月面局部的地形地貌，可帮助科学家在地球上建立月面模拟实验室，完成月球车的爬坡能力、躲避障碍能力等实验，从而评价月球车性能，确定合适的月球车[9]。

3）具有表面地貌结构特征的月球模型可为地理学领域和建模教学领域提供触觉实物，方便学习与教学。

由此得知，在各国探月的大背景下，对月球表面复杂的地形地貌的研究成为不可或缺、甚至愈发重视的科研方向。制作能够彰显月球表面复杂地形结构的月球模型便尤其重要，以为月球研究提供实物帮助。在三维打印技术盛行的今日，打印制造一定比例的月球模型实体成为可能。另外，三维打印技术的打印成本低、操作简单、可实现性强等特点[10]，也让其成为月球模型制造的首选手段。

地理环境、地形结构、地貌特征的三维打印所需三维模型既可通过网站下载获得，例如，NASA 网站上就提供了多个月球表面月海、月陆等地形的三维模型，另外也可通过 3D 建模软件进行建立。本章研究应用触觉建模技术，选用虚拟触觉设计 FreeForm 系统建立月球三维模型。一是 FreeForm 系统的触觉特点[11]可在设计月球模型时感受月球表面的凹凸起伏的地貌，帮助理解月面结构；二是 FreeForm 的自由曲面特性[12]，可自动对模型进行打印前的近似处理，将模型转换成 STL 格式，以供切片处理。

综上所述，使用虚拟触觉设计 FreeForm 系统设计月球三维模型，利用三维打印技术制造月球实体模型，可更好地掌握月球表面地形地貌，为探月工提供帮助。

7.1.2　国内外研究现状

1. 三维打印地理地貌结构的研究现状

如今，RP 技术已经趋于成熟，在产品开发、工艺制造等领域已经得到了广泛应用。作为一种新兴的 RP 技术，三维打印技术“可见即可得”的特性使得国内外研究人员乃至普通家庭对其产生了浓厚的兴趣[13]。使用三维打印技术可打印出所有可得的三维模型，其中国内外对地理环境、地形结构、地貌特征、地方地图的三维打印实例也层出不穷[14,15]。

上海协和国际学校的学生将 NASA 网站提供的灶神小行星模型进行缩放，利用三维打印技术打印出该行星模型，用于探索小行星[15]。

华东师范大学的学生将下载的珠穆朗玛峰和富士山等三维模型按照 1∶10000 的比例进行三维打印，并对打印模型进行了分析，以了解地形结构和地表特征[10]。

芝加哥建筑协会与谷歌地图进行了一项关于三维打印芝加哥街景地图的合作[16]。该协会使用三维打印技术，将原本只能在手机或计算机上呈现出来的街景地图打印制作成了可供市民观看和触摸的三维模型。这一举动得到了当地市民和来往游客的一致好评。

来自爱荷华州立大学的 GeoFab 实验室为了便于学生学习和真实触摸，将平时只能使用图像展示的罕见化石与矿石标本通过三维打印机进行了打印[10]。

另外，据英国《每日邮报》的最新报道，欧洲航天局计划发送一个可以利用月球上的“月壤”作为打印耗材的机器人打印机，打印具有永久结构的月球“村庄”，取代国际空间站，作为月球科研基地和人类的定居地[17]。该计划预计在 2030 年完成，届时人类移民到月球的计划更近一步。

从以上几个国内外案例中不难看出，三维打印技术制作出以前无法触及的地理环境、地貌结构及地图等已经成为一种流行趋势，人们对于这种趋势更是抱有积极的态度[18]。无论是在科学研究、教育教学、工艺制造等领域，三维打印地理地貌都发挥着重要作用，并展露出较大的发展空间。

2. 触觉建模技术研究现状

虚拟现实这个术语一般指的是虚拟现实技术和虚拟现实系统。虚拟现实系统包括计算机、人、数据、软件、外围设备；而虚拟现实技术则可处理人的感知（视觉、听觉、触觉、嗅觉、味觉等）和计算机数据之间的关系并且解决物理环境和抽象环境（如人的思维空间）的数字化模拟问题[19]。虚拟触觉设计 FreeForm 系统是基于虚拟“触觉”或力反馈技术而发展起来的三维模型的虚拟设计系统。它的基本概念来源于泥塑工艺[20]，是通过虚拟化的雕塑过程来创建具有“自由形态”的三维数字化模型。

在 20 世纪 90 年代中期，FreeForm 系统以 SensAble Freeform 为注册名称问世于欧洲。之后，这个系统发展成了一个介于传统的 CAD 和增强现实（augmented reality，AR）之间的三维建模系统[21]，并且很快在欧洲和美国的学术界和工业界得到了广泛的应用。但是，由于虚拟现实技术在第二度 2000 年前后的几年里得到了媒体界的热度捧杀，FreeForm 系统和所有虚拟现实系统一样也遭遇了极其坎坷的发展历程。经过新闻媒体对 FreeForm 系统的商业潜力和社会影响的过度解读之后，用户和公众对该系统的期望值和它的实际技术发展周期之间出现了严重脱节。不久之后，随着基于互联网的信息产业及相关的计算机技术产业在 2000 年的泡沫危机，商业投机者对 FreeForm 系统的市场憧憬很快化为了泡影，业界对该系统背后的技术所寄予的期望也随之变成了失望甚至误解[11]。因此，与同期发展起来的 CAD（如 AutoCAD、Pro/ENGINEER、SolidWorks 等）系统相比[22]，FreeForm 系统一直是一个市场前景黯淡的高科技研发产品，即使在三维绘图系统（如 3D Max）和图像处理系统（如 Adobe Photoshop）的用户当中，也很少有人了解 FreeForm 系统[23]。

FreeForm 系统出现后不久就为很多难题提供了唯一的有效途径，如对生物软组织部位的动态建模、具有力反馈的三维可视化与人机交互式分析等。实际上，即使在十几年之后的今天，在解决类似的技术问题时，依然没有其他系统可以取代 FreeForm 系统。其实，从工艺与美术、玩具与游戏、礼品与服装、信息与传媒、电器与电子、仪器与仪表，到 RP 和设备与制造，以及在地理地形、航空、航天、生物、制药、医疗、教育及汽车等领域[19]，人们已经意识到触觉式建模技术能够为这些行业所带来的好处及它在这些领域中的应用潜力。

FreeForm 系统是目前为数不多的而又最为成功的触觉建模系统之一，也是目前唯一对三维形态设计和美术工艺设计过程虚拟化最为成功的商业系统。使用 FreeForm 所设计的三维模型在航空航天、生物医学、影视动漫、工艺美术、数控技术、数字化制造等领域得到了广泛应用[21]。

7.1.3　主要研究内容及创新点

本章的主要研究内容如下。

1）虚拟触觉设计 FreeForm 系统的研究。本章课题选用目前在世界上广泛流行的但国内起步较晚的触觉建模 FreeForm 系统作为模型设计的平台，结合现有的系统说明书和大量操作试验，分析系统操作方法和优势，撰写 FreeForm 系统的使用相关著作，为快速有效地建立月球模型打下基础。

2）具有地形地貌特征的月球三维模型的建立。了解真实月球表面的地形地貌特征，使用 FreeForm 系统建立月球浮雕模型，兼顾设计需求与设计效果确定月球模型的尺寸大小与凸起高度；通过试验与对比分析，确定分割月球模型的最有效方法。

3）可打印月球模型的生成。根据不同需求，为切割模型设计并添加不同的打印支撑；掌握 MakerBot 切片处理软件的使用，将所有切割模型转换为可打印模型。

4）月球模型三维打印工艺的实现。学习并掌握 Creator-X 三维打印机的使用，依次打印月球模型的分割模型，并解决三维打印过程中常见的问题；将打印成形的模块进行打磨、去边等后处理，并依次粘贴、组装成月球模型。

本章主要创新点如下。

1）利用虚拟触觉设计 FreeForm 系统进行月球模型的建立，实现了“触觉与视觉结合”建模。传统的三维建模过程实际上仅仅是一个设计过程。FreeForm 系统在传统的 CAD 系统和其他建模系统的人机交互操作和设计界面的基础上，把虚拟触觉引入了月球三维模型之中，从而使模型的形态包含了模型的功能，并且集成了模型的设计与制作工艺过程[11]。这也是 FreeForm 系统和其他 CAD 系统和三维建模系统的根本区别。

2）利用 FreeForm 触觉建模技术与三维打印技术制作月球模型，实现了“虚实结合”制作。FreeForm 系统的建模过程实际上是对物理模型的塑造工艺和雕塑制作过程的虚拟化的制作过程。而三维打印技术作为 RP 技术的一种，是对物理模型的真实制作。将基于 FreeForm 建模的月球模型使用三维打印技术制作出来，这一过程真正实现了产品制作的“虚实”结合。

7.2　相关技术与研究平台

7.2.1　虚拟触觉设计 FreeForm 系统研究

虚拟触觉设计 FreeForm 系统由硬件设备 PHANTOM、软件系统 FreeForm Modeling

Plus、OHAE 开发包 3 个部分组成[11]。用户通过操纵 PHANTOM 上的机械手臂（也就是“虚拟刀具”），获得触觉反馈，从而在 FreeForm Modeling Plus 软件界面中实现对数字黏土的建立、雕刻、移动和抓持等操作。OHAE 开发包是 FreeForm 系统的 SDK 软件开发包，可以对 FreeForm Modeling Plus 软件进行二次开发，实现其他应用。根据研究，绘制了如图 7.1 所示为 FreeForm 系统的原理图。

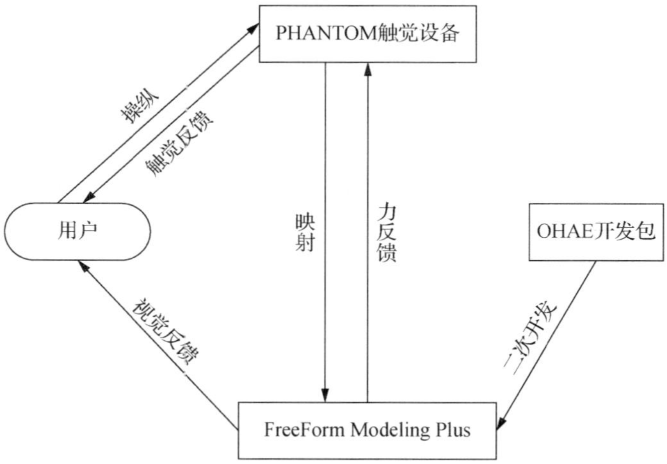

图 7.1　FreeForm 系统建模原理图

1. 硬件设备 PHANTOM

PHANTOM 触觉设备作为力/触觉反馈设置，分为 Desktop、Omini、Premium 3 种类型[24,25]。本章研究中用到的是 Desktop 触觉设备，其英文全称为 PHANTOM Desktop 3D Touch Device，简称为 PHANTOM Desktop。PHANTOM Desktop 是六自由度输入和三自由度力反馈输出设备，可提供最真实的 3D 触觉，具有高保真力反馈性能。

PHANTOM Desktop 主要由底座、指示灯、机械臂三大部分组成[11]，如图 7.2 所示的结构图。其中 PHANTOM 机械臂主要是指位于机械臂末端的触针，触针的黑色橡胶柄处存在一个瞬时开关的按钮。

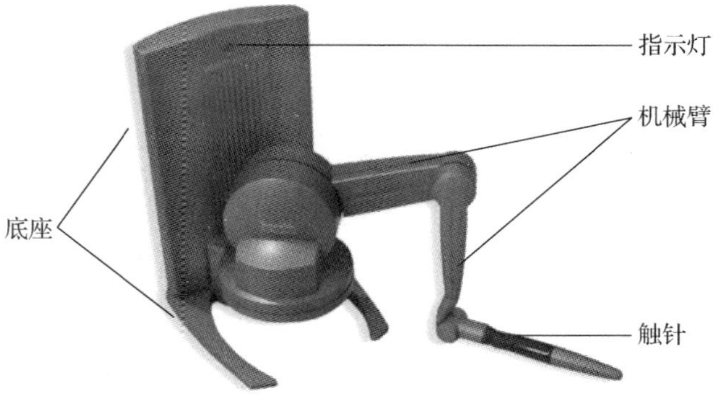

图 7.2　PHANTOM Desktop 结构图

当指示灯持续不变地显示为绿色时，表示 FreeForm 系统已正常启动，可直接使用，即 PHANTOM Desktop 与计算机连接正常且 FreeForm Modeling Plus 已打开。当指示灯显示为闪烁的绿灯时，FreeForm 系统可启动，但未校正。当指示灯闪烁黄色时，表示 PHANTOM 刚接通电源。当指示灯持续显示橙色时，表示 PHANTOM 连接正常，处于待机模式[26,27]。

机械臂扮演“虚拟刀具”的角色，用户在使用 PHANTOM Desktop 时，像握笔一样握住触针，可前后、左右、上下移动或旋转触针，待其映射到 FreeForm Modeling Plus 软件中，便可对数字黏土进行雕刻[28,29]。在本章中，将映射到 FreeForm 软件中的“虚拟刀具”称为雕刻刀。在雕刻过程中，机械臂同时向用户反馈作用力，帮助用户更精确地操作黏土[29]。必要时候单击触针上的按钮可向计算机发送操作信息，如选择工具、裁剪平面、选取区域、变形黏土等。

2. 软件平台 FreeForm Modeling Plus

FreeForm Modeling Plus 软件是对 FreeForm Modeling 软件的升级。本研究使用的 FreeForm 系统的软件为 FreeForm Modeling Plus V10 版本。

单击“开始”按钮，在“所有程序”选项中选择“FreeForm Modeling Plus”选项，即可打开软件，弹出软件窗口界面。FreeForm Modeling Plus 软件窗口是由标题栏、菜单栏、工具面板（工具模块）、工作区、动态工具栏、状态栏等[30,31]组成的。

FreeForm Modeling Plus 包括曲线设计、平面与草图设计、黏土模型设计、参考模型设计、曲面与实体设计、渲染设计、分模设计、渲染设计、管理设计、菜单管理等功能模块[32,33]。每个模块都有其特定的功能，相辅相成，完成建模。

在曲线设计模块中包括 Select、Draw Curve、Fit Curve、Project Sketch、Project Curve to Plane、Intersect Sketches、Copy from Sketch、Copy from Reference Group、Split、Join、Extend/Retract Curve、Plane to Clay Intersection Curve、Mirror Curves、Surface to Clay Intersection Curve、Copy from Edge、Offset Curve、Smooth Curve、Flatten Curve、Helix、Subdivide Curve Loop、Axis Marker、Create Curvature Plots、Hide/Show Curves 23 个工具，可实现三维曲线的选择、创建及编辑、处理等操作。其中，编辑操作主要包括贴附、分割、合并、延伸、镜像、平移复制、平坦、细分和隐藏曲线[33]等。

平面与草图设计模块包括 Planes 下的 Create Plane、Edit Plane、Copy Profile、Hide/Show Planes 4 个工具和 Sketch 下的 Select Sketch Object、Move、Rotate、Scale、Pencil、Erase All Pencil Marks、Freehand Curve、Control Point Curve、Extend/Retract Sketch Curve、Line、Arc、Round Corner、Circle、Ellipse、Box、Trim、Mirror、Offset、Rectangular Array、Import to Plane、View Flat to Plane、Haptic Graph Paper、Exit Sketch Mode 23 个工具。该模块主要是对二维平面与草图的辅助建模功能进行应用，如平面设计中的创建、编辑、隐藏平面等，草图设计中的选择、变形、绘制草图和延伸、镜像、平移复制二维曲线[34,35]等。

在黏土模型设计模块，主要包括建构黏土、雕刻黏土、精细黏土、变形黏土、黏土着色、选择或移动黏土等多个步骤。FreeForm Modeling Plus 软件几乎为每个步骤都提供了多种设计工具和实现方法。在建构黏土阶段，Basic Shapes、Wire Cut Clay、Spin Clay、Loft Clay、Sweep Clay、Inflate、Add Clay、Toothpaste、Pipe、Layer、Mirror Clay 11 个工具为用户提供了投影、旋转、膨胀、镜像等生成黏土的方法和依剖面线或 3D 曲线等生成黏土的方法。在雕刻黏土阶段，利用 Carve with Ball、Carve with Cube、Carve with Scraper、Carve with Corn Dog、Carve with Angle、Carve with Loop、Carve with Razor、Carve with Knife、Smudge、Attract、Spikes、Smooth、Smooth Area、Limit to Depth 14 个工具，通过对比不同的设计效

果，为模型设计选择合适的雕刻工具和方法，其中包括球形、方形、圆柱形、斜板形、横式、直式等多种形状的雕刻刀具和挤压、吸附、平滑等多种雕刻方法。在精细黏土阶段，可通过Groove、Ridge、Variable Round Edge、Bevel Edge、Emboss with Curve、Emboss Area、Emboss with Image、Emboss with Wrapped Image 8 个设计工具为黏土生成凸起或凹槽、制作圆角或斜角、添加表面浮雕等细节[36]。在变形黏土阶段，根据不同的设计需求，使用 Tug、Tug Area、Shape Clay、Deform、Slice Deform Clay、Tug With Curve、Surface Fair 7 个工具制订合适的变形方法，如依曲面、矩形框、剖面或 3D 曲线等方法对黏土进行拖拉变形。在黏土着色阶段，通过系统提供的着色工具和喷枪工具，完成对黏土的着色设计和图像投影等操作。在选择或移动黏土阶段，使用 Select Clay with Ball、Select Clay with Box、Select Clay by Profile、Select Lump of Clay、Select Clay with Plane、Mask、Separate with Curve or Plane、Reposition、Reposition Piece、Reposition Origin、Align Piece 11 个工具设计合适的选择黏土的方法，如球形、方块形、轮廓线投影、成群方式、2D 平面等，对选取的黏土进行相应的编辑。

在参考模型设计模块，设计者可利用 Edit Ref.Piece Selection、Edit Ref.Piece with Curve Loop、Edit and Stitch Reference Piece、Slice Deform Reference、Tug with Curve 5 种设计工具编辑、缝合、变形参考黏土。参考黏土模型作为黏土模型的一种特殊情况，和黏土的操作有很多相似的地方，因此设计理念互通[37]。

在曲面与实体设计模块，FreeForm 系统提供了 Select、Create Patch、Extend Patch、Trim Patch、Mirror Patches and Solids、Shape Patch、Wire Cut Solid、Spin Solid、Loft Solid、Sweep Solid、Convert to Clay、Edit and Stitch Solid、Split Mesh、Stitch、Patch Display Menu、Reposition 16 个曲面设计工具。利用这些工具可以对曲面进行设计，其中包括曲面的选择、创建、延伸、裁剪、镜像与变形等操作。同时，系统可依据多种实体的生成方法，如依投影、剖面线或 3D 曲线等生成实体和旋转或转换生成实体等，对实体进行创建、编辑等操作[38]。

在渲染设计模块，使用 Material、Custom Lighting、Display Scene、Render、Apply Texture to Rendering Plane 5 个工具，可对设计模型添加渲染效果，如材质选择、灯光设置、场景显示及渲染设置等。

在分模设计模块，包括 Parting Line Curve、Fix Draft、Fix Draft Selection、Shell、Split Joint、Make Part、3D To Planar Parting Surface、Extrude Parting Surface、Trim Parting Surface、Create Component、Make Insert Blocks、Mold Insert Properties、Analyze Fit、Tolerance Map 14 个工具。通过这些工具，可以将模型制作成可模压的模具，并创建模具嵌件。在该模块中，设计者可以为模型生成分模线、修正拔模并完成分模，并为模具生成分型面，最终依据分型面生成模具嵌件，将模具分成阴阳模[39]。

在管理设计模块，设计者可使用 Duplicate Active Piece、Create Base Step Folder、Reposition Origin、Create Next Step Folder、Reposition Piece、Generate Steps、Goto Base Step、Goto Previous Step、Goto Next Step、Goto Final Step、Fit to View、Hide/Show Clay、Hide/Show Planes、Hide/Show Curves、Hide/Show Patches and Solids、Perspective 等工具对黏土文件进行中间管理、对建模过程进行实用设计及对收藏夹进行管理等。其中，中间管理重点是针对文件夹进行管理，实用管理是针对建模过程中的实用工具进行管理，收藏夹相当于自定义工具栏。

在菜单管理模块中，大致包括文件管理、编辑管理、视图管理、工具管理、黏土管理及工具面板管理等。文件管理实现黏土文件的新建、打开、保存、导入、导出、退出等功能。编辑管理实现文件的还原、复制、粘贴、选择与删除等功能。视图管理用于设置软件窗口视图、辅助物、模型等的显示方式。工具管理用来设置尺量工具、黏土属性、曲面及自定义工具等。黏土管理主要实现黏土的创建、粘贴、建立副本、复制、平移与分割等功能。工具面板管理帮助设计者完成工具栏及工具面板的使用。

3. OHAE 开发包

本章课题研究所用的 OHAE 开发包是 SensAble Technologies 公司在 2008 年研发的 OpenHaptics V3.0。OHAE 是 FreeForm 系统中基于 OpenGL 的事件驱动的触觉开发包[40]。它可以实现对 FreeForm 系统的功能扩展，主要由快速触觉显微接口、触觉设备应用程序编程接口（HDAPI）、触觉库应用程序编程接口（HLAPI）、PHANTOM 设备驱动程序（PDD）及工具包等组成[41]。其中，HDAPI 负责较低级的力触觉渲染；HLAPI 提供较复杂的力触觉渲染算法，实现快速开发。

本章课题在后面的研究中，主要实现了“建立球体”及“月球纹理贴图”等功能。为更好地理解快速触觉显微接口，现列出这两项功能的主要代码。

1）建立一个简单的球体模型的源代码：

```
#include <QHHeadersWin32.h>
int WINAPI WinMain(HINSTANCE hInstance, HINSTANCE  hPrevInstance, LPSTR
lpCmdLine,  int nCmdShow){
QHWin32* DisplayObject = new QHWin32;     //创建显示窗口
DeviceSpace* Desktop = new DeviceSpace;  //打开 PHANTOM Desktop
DisplayObject->tell(Desktop);            //显示 PHANTOM Desktop
Sphere* SimpleSphere = new Sphere;       //新建一个球体模型
DisplayObject->tell(SimpleSphere);       //显示球体模型
Cursor* DesktopCursor = new Cursor;      //创建光标
DisplayObject->tell(OmniCursor);         //显示光标
qhStart( );                              //开始操作
}
```

2）为球体模型添加月球纹理和动作的源程序：

```
#include <QHHeadersWin32.h>
int WINAPI WinMain(HINSTANCE hInstance, HINSTANCE hPrevInstance, LPSTR
lpCmdLine, int nCmdShow){
QHWin32* DisplayObject = new QHWin32;              //创建显示窗口
DeviceSpace* Desktop = new DeviceSpace;           //打开 PHANTOM Desktop
DisplayObject->tell(Desktop);                     //显示 PHANTOM Desktop
Sphere* SimpleSphere1 = new Sphere;               //球体模型赋值
SimpleSphere1->setSpin( );                        //球体模型旋转操作
SimpleSphere1->setTexture("models/moon.jpg");     //加载月球图像进行纹理贴图
DisplayObject->tell(SimpleSphere1);               //显示球体模型
Cursor* Desktop Cursor = new Cursor;              //创建光标
DisplayObject->tell(OmniCursor);                  //显示光标
qhStart( );                                       //开始操作
}
```

4. FreeForm 建模特点

1）触觉建模：FreeForm 系统本身便构成了一种建模技术，即触觉式建模技术。它以人类触觉作为核心技术[32]，实现触觉与视觉的结合。

2）黏土形态：FreeForm 系统独有的黏土形态决定了 FreeForm 系统的建模方式，即堆积式的建模，从而使得 FreeForm 系统具有强大的逆向修复功能[42]。所支持的所有三维模型导入 FreeForm 系统后都会变成黏土形态，方便进行二次建模。

3）自由曲面：FreeForm 系统可建构具有自由曲面的模型，这取决于其硬件设备 PHANTOM 的六自由度[20]。在建模的过程中，使用 PHANTOM 设备可上下、左右、前后任意拉拽模型，从而形成自由曲面。

4）工艺制造：FreeForm 系统建模摆脱了传统软件建模的复杂的参数或控制点的束缚[43]，设计灵感不受计算机屏幕、尺寸和软件自身功能局限性等的驱使，追求快速建模[44]。

7.2.2　三维打印技术研究

三维打印技术包括三维打印机和三维打印工艺两个要素[45]。不同用途的三维打印机具有不同的三维成形原理。而三维打印自由工艺适用于所有的三维打印机，其工艺流程基本相同。

1. 三维打印机

如今，适用于不同领域、不同需求的三维打印机已得到普遍推广，使用三维打印机打印的产品也被广泛应用在各行各业[46]。例如，在生物医学领域，医生通过支架式三维打印机打印出可培养细胞繁殖的三维支架，并将其植入病人体内受损部位，待细胞增殖分化后，支架被降解吸收，缓解病人病情，从而克服医学难题[45]；以细胞和水凝胶的前驱体为材料，使用细胞打印机打印生成三维多细胞，再对其进行培养，得到相应的器官[45]；为口腔病患者设计口腔修复体，并使用三维打印机制造金属或陶瓷材料的牙冠、固定桥或支架等[47]，帮助患者进行口腔修复等。在建筑行业，设计师以金属、石膏、水泥等为打印耗材，使用大型三维打印机将虚拟建筑物打印成形，方便客户参观和展览，为行业节省大量材料。在工艺制造行业，三维打印机除了在新产品研发过程中发挥重要作用外，使用三维打印机打印的玩具和工艺品也开始直接面向顾客销售。在教育教学领域，三维打印机已出现在许多高校课堂上，将师生设计的模型打印呈现，便于及时沟通设计思想与缺陷，提高教学质量和学生兴趣[48]。甚至在食品制作工业中，三维打印机也开始应用开来，如美国的康奈尔大学研发的 Fab@Home Model 1 三维打印机[49]，以奶酪、黄油、巧克力等为打印材料，以白糖为支撑材料打印出多种形状和颜色的个性食品，为食品行业增添了新鲜力量。

按照其发展的时间顺序，三维打印机可分为传统式三维打印机、先进式三维打印机及普及式三维打印机 3 种[50]。传统式三维打印机主要指的是出现在 20 世纪 90 年代的喷墨黏粉式和熔融挤压式三维打印机，如 ZPrinter 系列喷墨式三维打印机、ExOne 喷墨式三维打印机和 Stratasys 公司的 FORTUS 熔融式三维打印机等。先进式三维打印机是指出现在近几年的压电式、气动式和电动式新型三维打印机，如 OBJET 公司的压电驱动三维打印机、Solidscape 公司的雾化模气动三维蜡模打印机和 nScrypt 公司生产的电磁阀喷头三维打印机。普及式三维打印机指的是根据工程设计、实验需求、家庭需要等发展起来的一种特定的、易于大众操作的简单三维打印机，大多采用的是熔融挤压原理进行打印，如惠普 Designjet 工程办公用三维打印机、MakerBot 学生实验用三维打印机及麻省理工家庭食用三维打印机等。

1993 年，Stratasys 公司研发并制作了世界上第一台熔融挤压式三维打印机[45]。它以熔融堆积成形工艺（FDM）为打印原理[51]，通过加热打印机的喷头温度，将热塑性塑料融化成熔融态，按照切片软件对模型的切片设置，使挤压喷头自动沿 X 轴做水平方向运动，打印平台沿 Y 轴做垂直方向的运动，将熔融态塑料一层层粘贴在加热板上，并快速冷却成形，最终制造成实体模型。由熔融挤压式打印机的打印原理不难看出：其设备结构相对简单，成本需求低；使用的成形材料较为普遍，且价格相对便宜；更重要的是，在打印的过程中，用户可随时观察打印进度和打印状态，可及时终止错误打印或根据打印实况重新修改模型等，从而节省打印时间和材料。

根据研究，本章课题选用的三维打印机是浙江闪铸三维科技有限公司研发的 Creator-X 型号打印机，如图 7.3 所示。该三维打印机就是以熔融挤压原理进行产品制造的普及式三维打印机。它也是国内首家专业的桌面式双喷头打印机。表 7.1 列出了 Creator-X 双喷头打印机的主要规格参数。

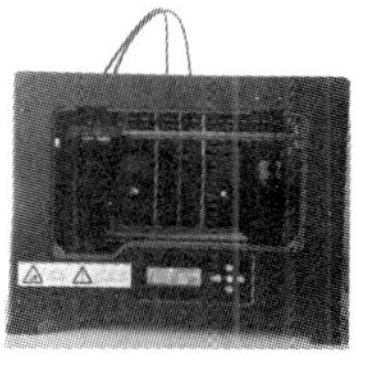

图 7.3　Creator-X 双喷头打印机

表 7.1　Creator-X 打印机主要规格参数

关键词	参数
喷头数量	2 个
打印精度	0.1～0.4mm
打印层厚	0.1～0.4mm
运动轴速度	≤200mm/s
喷头流速	24cc/h
喷头温度	≤230℃
喷嘴口径	0.4mm
加热板温度	≤120℃
定位精度	0.011mm（XY 轴），0.0025mm（Z 轴）
成品尺寸	200mm×150mm×150mm
连接方式	USB 连接、SD 卡安装
支持耗材	ABS、PLA、HIPS、PVA（1.75mm 直径）
文件格式	STL、OBJ、X3G
切片软件	ReplicatorG、Makerware、Simplify 3D
电源要求	100～240V 交流输入，功率为 300W

Creator-X 打印机主要由切片软件系统、双喷头系统、打印平台（加热板）、打印耗材、LCD 显示屏、控制按键、SD 卡槽等组成。其中，切片软件系统对三维模型进行打印前的切片处理，将三维模型处理成由一片片独立的二维截面堆积成的可打印模型。双喷头系统可实现单双喷头自由切换或协同合作，尤其对于支撑较多、不易剥除的模型，可使用双喷头系统，其中一个喷头挤出 ABS 或 PLA 耗材打印主体部分，另一个喷头挤出可溶性耗材打印支撑部分，待打印完成后，将打印模型溶解到溶液中，可完美去除支撑，获得主体模型。Creator-X 打印机的打印平台为 200mm×150mm 的长方形加热板，在三维打印前应重点调节该加热板与喷头的位置，防止造成距离太近喷头划伤加热板或距离太远喷头吐丝粘贴

不到加热板上。

Creator-X 打印机上的 LCD 显示屏包括一个主菜单和多个二级菜单。其中，主菜单包含“Build from SD”“Preheat”“Utilities”“Info and Settings”4 个选项。①主菜单“Build from SD”实现的功能是从 SD 卡中选择 X3G 格式的、英文文件名的可打印模型，将其导入三维打印机中进行打印。②主菜单“Preheat”被选择后，系统弹出开始预热“Start Preheat!”、右喷头“Right Tool”、左喷头“Left Tool”和平台“Platform”4 个二级菜单。其中，选择“Right Tool”选项后，通过“on”或“off”选项，确定是否为右喷头加热；选择“Left Tool”选项后，调整上、下控制按键选择“on”或“off”选项，确定是否为左喷头加热；选择“Platform”选项后，调整上、下控制按键选择“on”或“off”选项，确定是否为打印平台加热；这 3 项分别设置完成后，选择“Start Preheat!”选项即可进行加热。③主菜单“Utilities”主要包括一些打印实用工具，如监控模式“Monitor Mode”选项、换丝“Change Filament”选项、调平“Level Build Plate”选项、坐标轴回归原点“Home Axes”选项、工作模式“Job Mode”选项、运行启动脚本“Run Startup Script”选项、启动电步机“Enable Steppers”选项、调整 LED 灯“Blink LEDS”、校准喷头“Calibrate Nozzles”选项等。其中，选择“Change Filament”选项，系统弹出右进丝“Load Right”、右退丝“Unload Right”、左进丝“Load Left”、左退丝“Unload Left”4 个选项，通过控制按键确定为左、右喷头换丝；选择“Level Build Plate”选项，打印平台沿 Z 轴上升到喷头位置，喷头沿 X、Y 轴移动，并依次定位到平台的左上、左下、右上、右下、中心等 5 个位置，可通过一张 A4 纸权衡打印平台与喷头的距离，最终确定平台位置。④主菜单“Info and Settings”主要包括一些设置选项和打印机信息，如项目统计“Bot Statistics”选项、常规设置“General Settings”选项、预热设置“Preheat Settings”选项、版本信息“Version Number”选项等。其中，“General Settings”选项主要包括声音“Sound”设置、显示屏颜色“LED Color”设置、加速“Accelerate”设置、热保持“Heat Hold”设置等；“Preheat Settings”选项主要实现右喷头“Right Tool”、左喷头“Left Tool”、平台“Platform”的温度设置；“Bot Statistics”选项用来显示自打印机使用以来的总打印时间等信息。另外，每个主菜单下大多又有一个“exit menu”选项，选择该选项可退出当前菜单。

Creator-X 打印机主要支持的热塑性打印耗材为 ABS 和 PLA。其中，ABS 塑胶是在现实生活中应用最广泛的塑胶材料之一，具有优良的力学性能和冲击强度，尺寸稳定性好，多用于制作一般的机械零件，并且易于后期加工，表面可以电镀、喷漆等。为了保证正确打印，在使用 ABS 耗材时，一般将打印喷头温度设置为 230℃，加热板温度设置为 110℃，打印机的打印速度最好设置为 90mm/s，空转速度设置为 150mm/s。PLA 又名聚乳酸，是一种新型的生物可降解材料，以玉米为原料转化而成，无毒环保，打印尺寸稳定，表面光泽度好，易于打印透光性要求较高的模型。同样，为了提高打印的正确率，在选用 PLA 为打印耗材时，推荐将打印喷头温度设置为 210℃，打印速度控制在 80mm/s，空转速度为 150mm/s，无须加热平台。当然，无论是 ABS 耗材还是 PLA 耗材，都包含有多种颜色，用户可根据打印产品的需求，自行选择市场上所提供的耗材颜色，提高产品逼真度。

另外，Creator-X 型号打印机为用户专门定制了可拆卸的、封闭的透明机顶罩和前门，可大幅度提升不同耗材的打印效果。例如，由于 ABS 耗材的打印可塑性高、收缩比大、在恒温的打印环境下可提高成形效果等特点，所以在使用 ABS 耗材打印时，应安装上顶罩和前门，使顶罩及前门与打印机组合成类恒温环流腔体，将喷嘴和打印平台的温度保存在腔体内，有效减少 ABS 打印翘边的问题。而 PLA 打印熔点低，收缩比小，通风打印可提高打印效果，所以在使用 PLA 耗材打印模型时，应移除机顶罩与前门，形成通风腔体，使 PLA 耗材迅速冷却，提高打印成形效果。

2. 三维打印工艺

三维打印技术的实现，除了取决于三维打印机的选择与使用外，三维打印自由成形工艺也尤其重要。不同于传统的 RP 工艺的“减材制造”原理，三维打印采用的是“增材制造”原理[52]。按照三维打印工艺流程，可将三维打印成形过程分为 3 个阶段：打印前处理、打印成形和打印后处理 3 个阶段。其中，打印前处理阶段的主要工作包括建立三维模型、转换 STL 格式以及切片处理等。打印成形阶段是三维打印工艺的关键阶段，也就是对模型二维切片的层层打印与叠加，当该阶段结束时，就意味着三维模型已打印完成。打印后处理阶段是对成形的三维模型进行后期修整工作，也就是产品制作的最后一道工序，主要包括去除打印中的支撑结构、固化、表面打磨、抛光、修补及包装等。

三维模型的获得，主要有两种建立方法：一是使用专业的三维建模软件设计三维模型，如 AutoCAD、Pro/ENGINEER、SolidWorks、3D Studio Max 及 FreeForm 触觉建模系统等；二是使用三维扫描仪扫描物件，直接获得其三维模型。

模型的 STL 格式转换，主要是将建立的三维模型转换成三维打印机最常支持的 STL 格式文件，并对模型的不规则的曲面进行近似处理。一般的三维建模软件都可以对模型进行 STL 格式转换，尤其是 FreeForm 触觉建模系统，在对自由曲面处理方面具有更大优势。

模型的切片处理是在与三维打印机配套使用的切片软件中实现的。切片软件接收 STL 格式的三维模型，用轮廓线表示模型的切片边界，这些轮廓线由一系列以 Z 轴正方向为法向量的平面与几个模型经相交计算所得的交点连接而成[53,54]。根据生成的轮廓线确定三维打印的路径，并生成三维打印机的控制命令。一般的切片软件都是按照等层高分层方式对模型进行分层切片，层高越小，说明打印越精细，但成形周期就越长。通常，切片层高可在软件中自行调节，范围在 0.01～0.5mm。

虽然三维打印工艺已经为人们提供了产品制造的流程，但产品制造过程并不像人们想象得那么简单。也就是说，在打印前阶段，当模型建立完成后，除了有模型参数、外观和设计者的经验把关外，只有把设计的模型放到切片软件上进行分层处理后或在打印机上进行打印观察后，设计者才能根据模型切片或打印中的问题与缺陷对模型进行二次设计，直到最终设计的模型同时满足打印机与产品需求后，三维打印工艺流程才能正常运行下去。由此可知，三维打印工艺流程并不是一蹴而就、一气呵成的，它是一项反复、琐碎的工作，需要产品设计者与制造者不断地对模型设计及制造过程进行改进与更新。根据课题研究经验，作者绘制了如图 7.4 所示的三维打印工艺流程图。

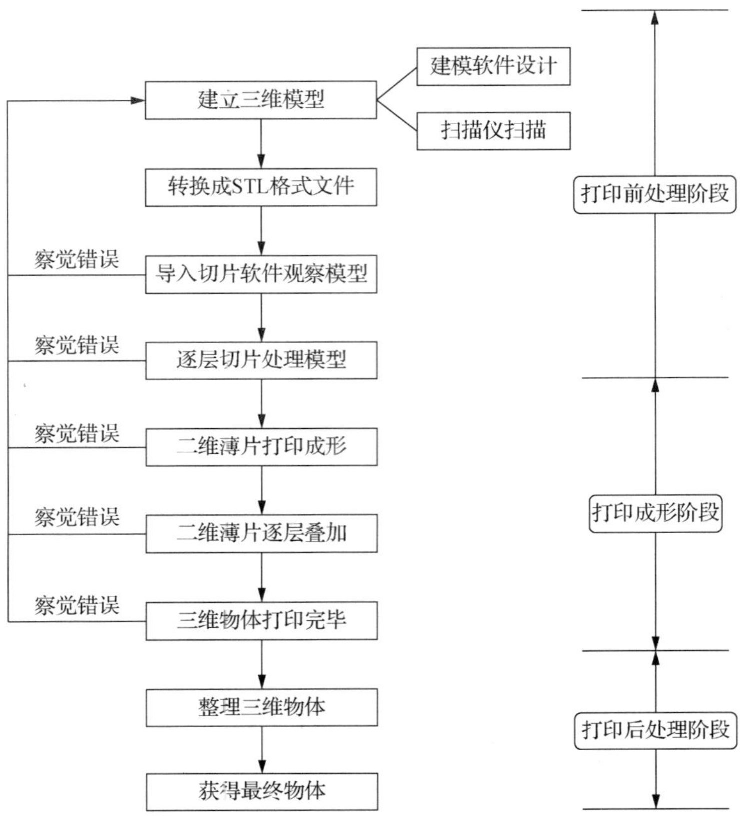

图 7.4　三维打印工艺流程图

7.2.3　小结

本节首先对虚拟触觉设计 FreeForm 系统进行了研究，主要对系统的建模原理、硬件设备 PHANTOM 的力触觉反馈原理、软件平台 FreeForm Modeling Plus 的各模块功能和 OHAE 开发包的组成等进行了介绍，并总结了 FreeForm 系统的建模特点；然后从三维打印机和三维打印工艺两个要素入手，引入了三维打印技术，着重介绍了本章课题所使用的 Creator-X 系列三维打印机的组成和规格参数；最后根据研究绘制了三维打印工艺流程图，用来贯穿整篇。

7.3　基于 FreeForm 系统的月球模型设计

早期，美国的阿波罗 11 号就拍下了月球的正面图，如图 7.5（a）所示。图 7.5（b）为阿波罗 16 号拍摄的月球背面图。观察月球正面和背面的地形地貌，不难看出，“月海”大部分分布在月球的正面，“月陆”主要分布在月球的背面。另外，根据 NASA 网站提供的官方数据，可以下载得到月球表面的高清平铺图，如图 7.6 所示。在该平铺图中，可以清晰识辨出月面上的“月海”“月陆”“环形山”等地形及月球南北极分布的较多的“月坑”。

（a）月球正面图　　（b）月球背面图

图 7.5　月球表面图

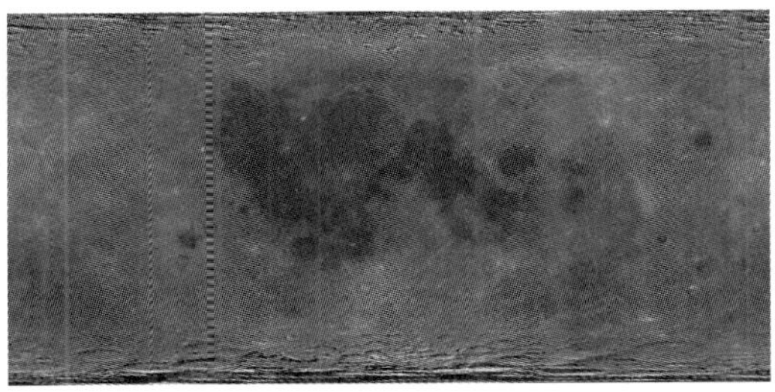

图 7.6　月球平铺图

获得月球二维平铺图后，便可利用 FreeForm 系统中的工具建构具有表面凹凸感的月球浮雕模型[55,56]。FreeForm Modeling Plus 软件中的 Detail Clay 模块提供了 Emboss with Image 工具，该工具可将图像投影到黏土模型上，然后依据图像的灰阶，自动对黏土进行凹凸运算，从而将黏土模型制作成浮雕模型。Emboss with Image 工具的使用方法：加载月面平铺图到 FreeForm 系统中，通过选择黏土的凸起或凹进状态，设置黏土的最大凸起或凹进高度，设计月球三维模型。

值得注意的是，FreeForm 系统在加载高清图像的时候，由于虚拟内存的限制，占用内存偏高的图像不能被加载。NASA 网站提供的月球平铺图像素大小为 32768×16384px，占用内存大小为 512MB。当使用 Emboss with Image 工具加载原图像到 FreeForm 系统中时，系统弹出如图 7.7 所示的对话框，提示虚拟内存不足。所以，需要适当调整图像像素和内存大小，既要保证图像尺寸适中，又要确保能被系统加载使用。

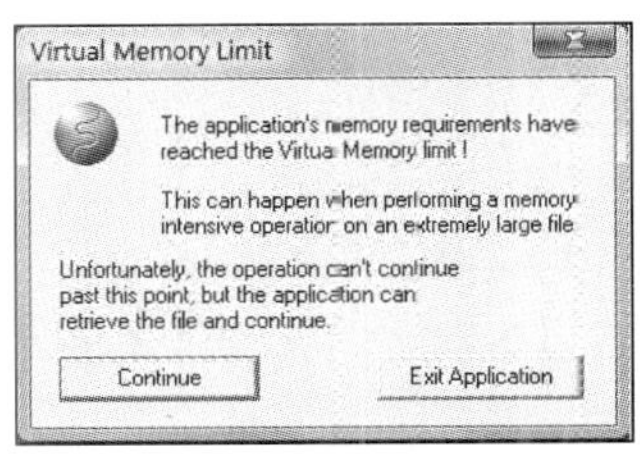

图 7.7　系统提示虚拟内存不足

根据两种建模方法设计月球模型。为了便于制作和实验，这两种方法设计的月球模型直径均设置为 100mm。待选定建模方法后，便可按照需求进行模型大小、厚度等的重新设定。

7.3.1　平面分块法建模

1. 构思基本模型

首先，在 FreeForm 系统中，新建一个直径为 100mm 的球体黏土，并设置黏土粗糙度类型“Clay Coarseness”为“Add Fine Detail”，边缘锐度“Edge Sharpness”为 0.25mm，其设置对话框如图 7.8 所示。

如图 7.9 所示，球体黏土模型建立完成。接下来，便可以为球体黏土构建月球浮雕图。

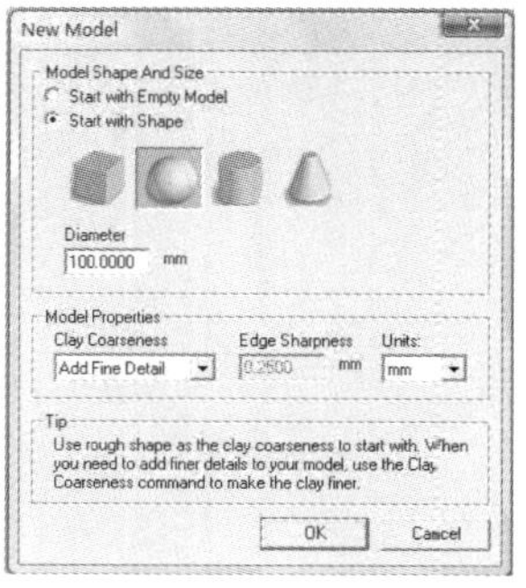

图 7.8　新建黏土设置过程

图 7.9　球体黏土模型

使用“Detail Clay”中的“Emboss with Image”工具，单击“Select and Emboss Pattern”按钮，弹出“select image file to emboss with”对话框，在本地文件中查找并添加像素大小为 5000×2500px 的月球平铺图，将其加载到 FreeForm 系统中。

月球二维图像导入完成后，系统弹出“Image Properties”对话框，如图 7.10 所示。根据对话框中的属性设置和模式选项，可重新设置图像的分辨率、大小和状态。其中，导入的图像可以有两种模式，一种是“Flatten image onto a plane”模式，可将二维图像平铺在系统中；另一种是“Wrap image onto a cylinder”模式，可将二维图像卷成圆柱状显示在系统中。因为黏土模型为球体，所以此处选择“Wrap image onto a cylinder”模式，将月球平铺图转换成圆柱状。

由于球体黏土的直径为 100mm，为了使月球二维图像完全包裹住球体黏土且不影响黏土的浮雕效果，经多次试验，将圆柱形月球图像的“Diameter”值设为 102mm，可达到此目的。为了不影响月球图像的形状，在设置“Diameter”值前，应该选中 Lock Aspect Ratio 复选框，锁定图像的比例。所以，最终月球图像的参数值为 Diameter=102.00mm，Height=160.28mm，Sweep=360°。

月球图像属性设置完成后，便可调整月球图像的位置，将其放置在球体黏土正中央。单击“Image Information”按钮，在弹出的“Image Information”对话框中，将“Translate X”“Translate Y”“Translate Z”全部设置为 0mm 即可。当然，也可以操作硬件设备 PHANTOM 的机械臂，调整图像的位置。调整后的球体黏土模型和月球二维图像的状态如图 7.11 所示。

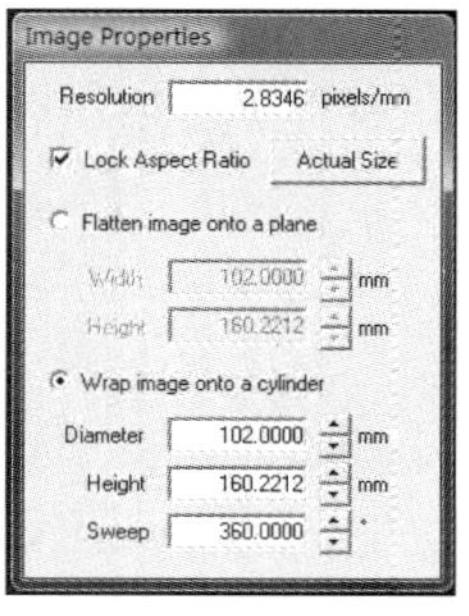

图 7.10　二维图像属性设置对话框

图 7.11　月球二维图像环绕球体黏土模型

接下来，便可以根据月球二维图像为球体黏土制作月球浮雕图。在“Emboss with Image”工具栏下，用户可单击“Raise”或“Lower”按钮决定黏土的浮雕效果是凸起还是凹进；通过修改参数“Distance”决定黏土的凸起、凹进的最大高度或深度；调整拔模斜度参数“Draft Angle”确定投影方向，当选择“Wrap image onto a cylinder”模式设置图像时，无须设置“Draft Angle”参数；单击“Preview”按钮可预览黏土的凸起或凹进动作；单击“Apply”按钮完成黏土的凸起或凹进操作，结束浮雕图的制作。

按照月面地貌结构，需要对球体黏土做凸起浮雕图。于是，在“Emboss with Image”工具栏下，选择“Raise”方式凸起黏土。按照球体黏土的边缘锐度，将球体黏土的凸起最大高度“Distance”值设置为 15mm。单击“Apply”按钮，FreeForm 系统便会根据月球二维图像的灰阶[56]，对球体黏土模型进行凸起计算，最终形成月球的浮雕图，效果如图 7.12 所示。

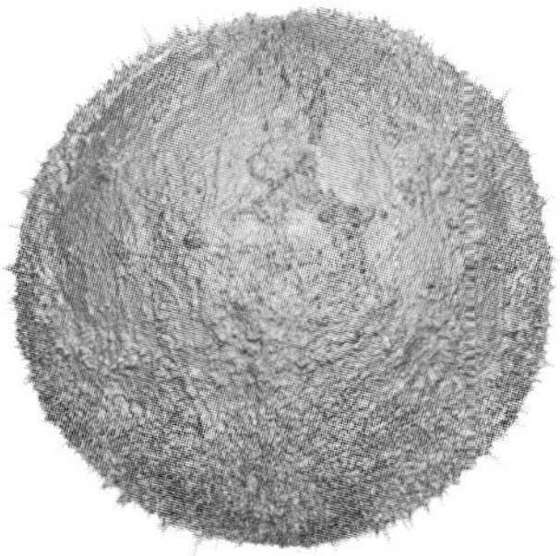

（a）月球正面浮雕图

（b）月球背面浮雕图

图 7.12　凸起为 15mm 的月球浮雕图

从图 7.12 的月球浮雕图中不难看出，月球并不是一个规则的球体，在月球的正面存在着大面积的“月海”和少量的“辐射纹环形山”，在月球的背面存在着大量的“月陆”。

2. 平面分块法切割模型

月球的基本三维模型已见雏形。接下来，便可按照三维打印工艺流程继续对模型进行打印处理。按照月球模型的制作要求，不能直接将设计好的整个月球模型放置在三维打印机上进行打印，以免限制打印尺寸。所以，需要将月球模型进行切割，再把切割下来的模型进行分块打印，从而增加最终模型的尺寸。

FreeForm 系统中的“Select/Move Clay”模块存在分割黏土的工具“Separate with Curve or Plane”。利用此工具，可以使用闭合的 3D 曲线或者 2D 平面将黏土进行分割。此处，选择使用 2D 平面对月球模型进行分割处理。

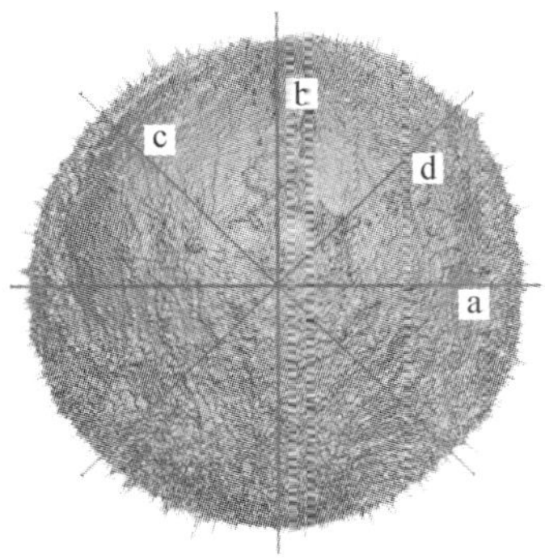

图 7.13　放置平面 a、b、c、d

1）使用“Planes”模块的“Create Plane”工具为图 7.12 中的月球模型放置两个经过模型中心的互相垂直的平面 a、b 和两个平分 a、b 的平面 c、d，放置结果如图 7.13 所示。

2）根据图 7.13 中的 c、d 两个平面与月球黏土模型的交点，分别放置 e、f、g、h、i、j 这 6 个平面，放置后的平面位置如图 7.14 所示。

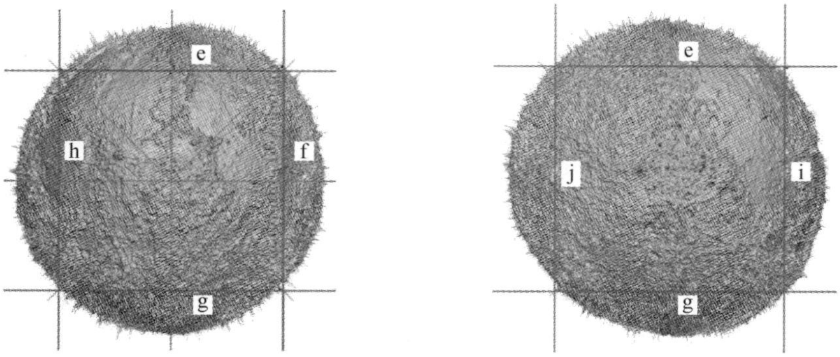

（a）正视图　　（b）左视图

图 7.14　添加平面 e、f、g、h、i、j

3）依照平面 e、f、g、h、i、j 对月球黏土模型进行分割。选择“Separate with Curve or Plane”工具，在“Separate with Curve or Plane”工具栏下单击“Select Plane”按钮，即可选择切割平面。此时，可使用机械臂按钮选中 e、f、g、h、i、j 中任一平面，单击“Select Separated Piece”按钮，依据选择的平面将月球模型分割成 2 块，然后依次点选剩余平面，继续分割月球模型。另外，也可按住 Ctrl 键，用机械臂按钮同时选中 e、f、g、h、i、j 这 6 个平面，单击“Separate Multi Selection”按钮，将月球模型依据 e、f、g、h、i、j 这 6 个平面一次性分割成 7 块。无论选择依次分割还是一次性分割，e、f、g、h、i、j 这 6 个平面都将月球模型分割成如图 7.15 所示的 7 个部分，图中每个部分都分别用 Piece 1、Piece 2、…、Piece 7 进行标注。

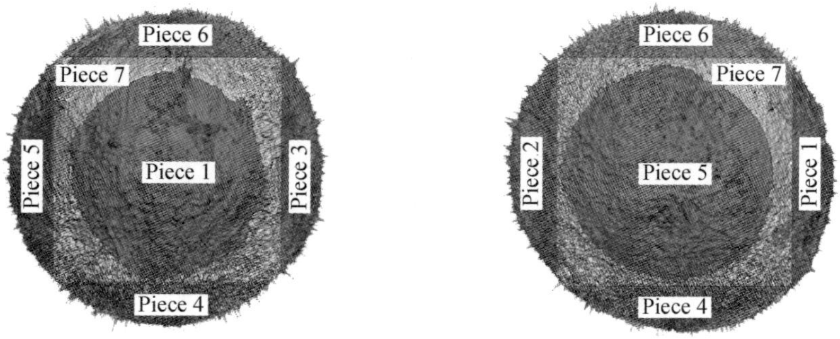

（a）正视图　　（b）左视图

图 7.15　平面 e、f、g、h、i、j 分割模型

从图 7.15 中不难看出，Piece 1、Piece 2、…、Piece 6 这 6 块可平放于三维打印机上直接进行打印。而 Piece 7 是一块实心的近似正方体的模型，如图 7.16 所示。由于月球的地形地貌都表现在每块模型的表面，加之考虑到三维打印机的打印尺寸限制和耗材预算，所以，模型内实心部分无须打印出来。此处，可使用“Select/Move Clay”模块的依轮廓线选取黏土“Select Clay by Profile”工具，对 Piece 7 进行布尔操作，去除冗余部分。

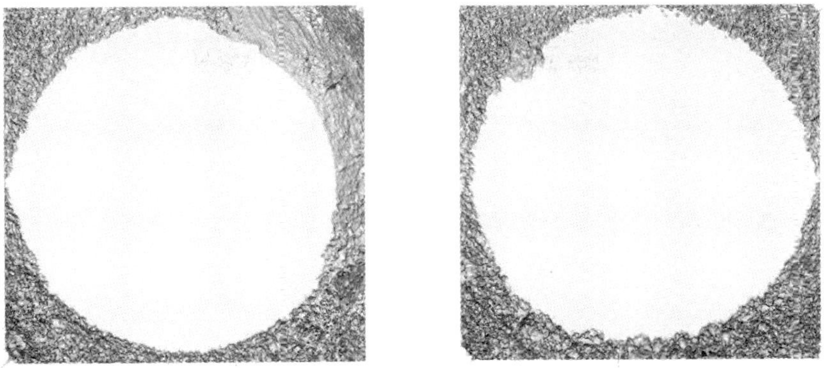

（a）正视图　　（b）左视图

图 7.16　Piece 7 模型

“Select Clay by Profile”工具可实现用二维平面上的闭合轮廓线在模型上的投影选取黏土的功能，被选中的黏土部分可做剪切、复制、粘贴等操作。如图 7.17 所示，根据 Piece 7 模型的形状，首先使用“Planes”模块的“Edit Plane”工具放置一个平面，再使用“Sketches”模块的“Circle”工具在平面上绘制圆形轮廓线。在绘制圆形轮廓线时，应该观察模型的正视图与后视图，以防绘制的圆形轮廓线过大造成覆盖地貌结构的模型部分也被投影。

4）依据圆形轮廓线在 Piece 7 上的投影选择冗余部分。选择“Select Clay by Profile”工具，使用机械臂点选图 7.17 绘制的圆形轮廓线。此时，系统出现一个和此平面正对的参考平面。移动该参考平面的位置或设置工具栏中的平面间距参数“Plane Dist.”可以调整投影的范围。如图 7.18 所示，使用机械臂调整参考平面位置，使两个平面的距离大于 Piece 7 模型的宽度即可。其中，图 7.18 中模型为 Piece 7 的左视图，左侧平面为参考平面，右侧平面为绘有圆形轮廓线的原始平面。

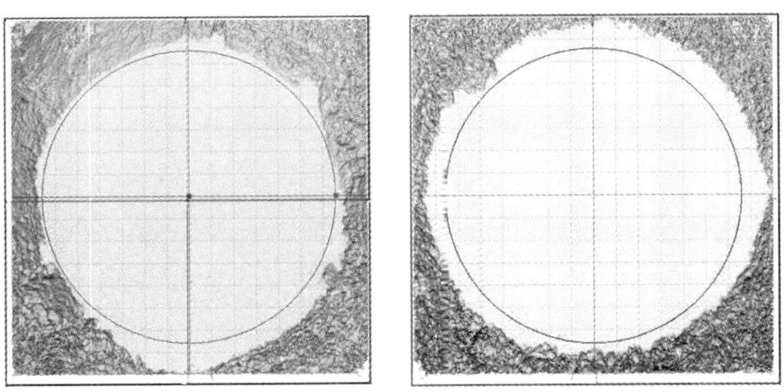

（a）正视图　　（b）后视图

图 7.17　绘制圆形轮廓线

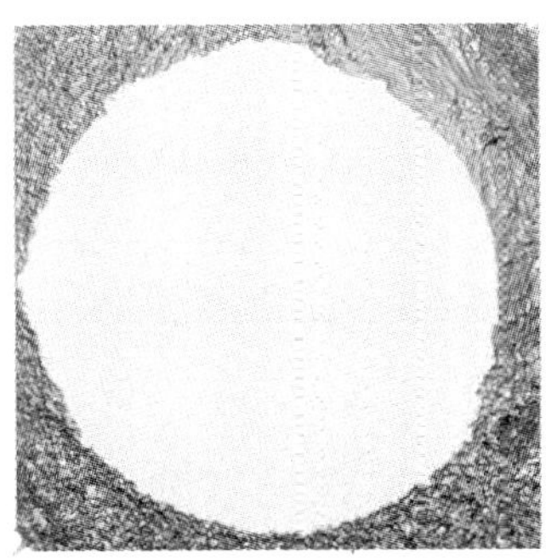

图 7.18　确定投影范围

5）单击“Select Now”按钮即可选择黏土，如图 7.19 所示。

6）黏土选择完毕后，单击“Cut”按钮，即可将选中的黏土剪切删除，如图 7.20 所示。这样一来，Piece 7 模型的两个面已打通。

同样，使用上述方法即可将其他 4 个面也打通，获得如图 7.21 所示的空心模型。

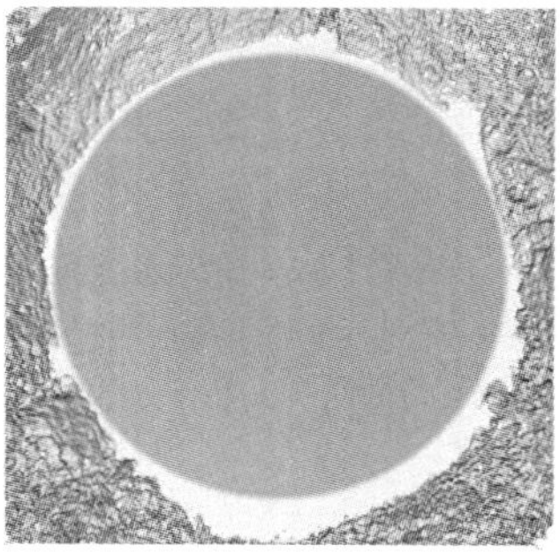

图 7.19　投影选择黏土

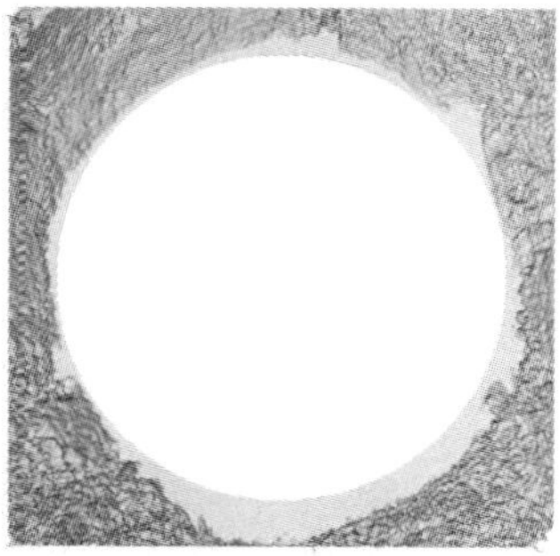

图 7.20　剪切删除选中黏土

图 7.21　抽空后的 Piece 7 模型

为了方便三维打印，抽空后的 Piece 7 模型还可分成 8 个部分，如图 7.22（a）中所示，可放置模型中心且互相垂直的 3 个平面，利用“Separate with Curve or Plane”工具将图 7.21 所示的模型分割成大致均等的 8 小块。分割下来的每一块便可作为独立模型来处理，如图 7.22（b）所示。这样一来，月球黏土模型被分割成 6+8=14（块）。

（a）放置互相垂直的 3 个平面　　（b）分割下来的模块

图 7.22　分割抽空的 Piece 7 模型

既然月球的基本三维模型已经建立完成，便可按照三维打印的工艺流程对其进行切片处理。在 Makerbot 软件中分别对 14 块分割的模型进行逐层切片，将 STL 格式的三维模型转换成可打印文件。切片完成后，将 14 块 X3G 格式的切片模型导入三维打印机中分别进行打印。该实验选择的是白色 PLA 材料作为打印耗材。打印完成后，对 14 块成形的分块模型进行组装、粘贴等，最终制作成直径为 100mm 的月球模型，如图 7.23 所示。

图 7.23　用平面分块法制作的直径为 100mm 的月球模型

使用以上平面分块法建立模型的优点是模型被分割的块数较少，从而减少了模型制作的工作量。若想将月球模型制作得更大，还可继续将 Piece 1、Piece 2、…、Piece 6 中的每一块平均切割成 4 小块，也就是说模型最终可被分割为 6×4+8=32（块）。但是，使用该方法在建模的过程中，尤其是分割模型的过程中，分割操作过于烦琐；从制作完成的月球模型上看，该切割方法使得模型在组装时边缘无法紧凑，误差较大。另外，模型应突出表现月球表面的凹凸效果，模型内部结构可适当去除，无须全部打印。

7.3.2　平面等分法建模

1. 构思基本模型

结合平面分块切割方法的利弊，我们提出平面等分切割方法，也就是对月球模型进行 *X*、*Y*、*Z* 方向的等分切割。此处，依旧选择直径为 100mm、凸起为 15mm 的月球浮雕图作为月球基本模型进行试验。但是，考虑到三维制造该月球模型时无须将其打印成实心的，所以，需要对图 7.23 中的实心月球浮雕模型进行抽空操作，只保留一定厚度的外壳。此时需用到 FreeForm 系统中“Mold”模块的抽空工具“Shell”。在“Shell”工具栏下，可设置外壳厚度“Shell Thickness”为抽空的黏土模型外壳厚度；选中 Smooth Core 复选框，可为抽空的模型创建平滑的黏土内核。

使用平面等分法对模型进行切割，最终分割下来的每块模型都需要单独使用三维打印机进行打印。为了不给模型添加打印支撑，方便打印和组装，按试验可为模型设置 20mm 的厚度。使用“Shell”工具设置“Shell Thickness”为 20mm，且选中“Smooth Core”复选框，将图 7.12 中的实心月球浮雕模型变为内核平滑的外壳厚为 20mm 的空心月球模型。选择 FreeForm 系统“View”|“Shade Clay”命令，选择黏土的“Wireframe”显示方式，然后使用机械臂单击月球模型，黏土模型则以线框图的方式显示。在该显示方式下，可观察到抽空的月球黏土模型的外壳厚度与空心内核，显示效果如图 7.24 所示。

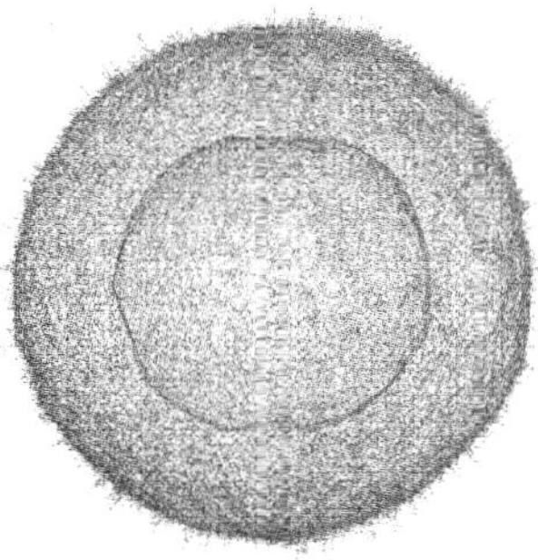

图 7.24　抽空模型

2. 面等分法切割模型

接下来，为图 7.24 所示的直径为 100mm、外壳厚为 20mm 的月球模型放置等分平面。首先，在 *X* 轴方向上分别放置 Translate X=0mm、Translate Y=0mm、Translate Z=0mm，Translate X=25mm、Translate Y=0mm、Translate Z=0mm 和 Translate X=−25mm、Translate Y=0mm、Translate Z=0mm 的 3 个平面。其次，在 *Y* 轴方向上，分别放置 Translate X=0mm、Translate Y=0mm、Translate Z=0mm，Translate X=0mm、Translate Y=25mm、Translate Z=0mm 和 Translate X=0mm、Translate Y=−25mm、Translate Z=0mm 的 3 个平面。再次，在 *Z* 轴方向上，分别放置 Translate X=0mm、Translate Y=0mm、Translate Z=0mm，Translate X=0mm、Translate Y= 0mm、Translate Z=25mm 和 Translate X=0mm、Translate Y=0mm、Translate Z=−25mm 的 3 个平面。9 个平面全部放置，效果如图 7.25 所示。

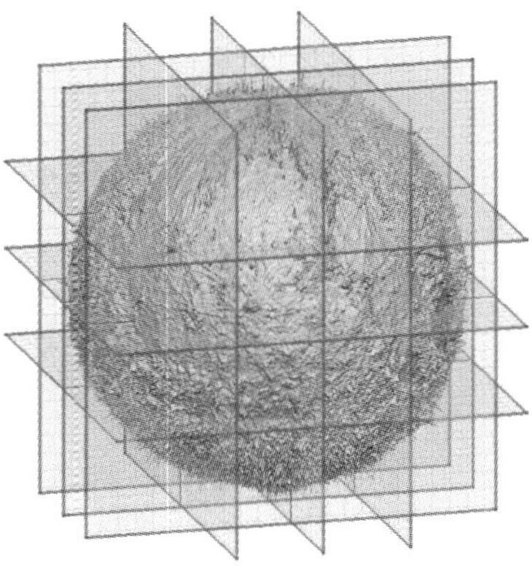

图 7.25　放置等分平面

由于图 7.25 中的等分平面互相交叉，所以不可以直接使用“Separate with Curve or Plane”工具中的“Separate Multi Selection”按钮对模型进行一次性分割。这种情况下，可每次选择一个平面，使用“Select Separated Piece”按钮进行多次分割；也可以一次选择多个不交叉的平面，使用“Separate Multi Selection”按钮进行快速分割。为了便于分割，可以首先使用“Separate with Curve or Plane”工具，依次按照经过模型中心且相互垂直的 X、Y、Z 这 3 个方向的平面，将模型分割成大小相当的 8 大块。然后，再依据剩余平面分别分割这 8 大块。每一块又可被均分成 8 小块，如图 7.26 所示。这样一来，平面等分法一共将模型分割成了 64 块。

月球模型按照平面等分法分割成 64 块后，便可依次对每一块模型进行切片处理并进行三维打印。打印完成后，按照原始模型进行拼接组装，便可将直径为 100mm、凸起为 15mm 月球模型制作完成，如图 7.27 所示。此实验选择的是 PLA 银色打印耗材。

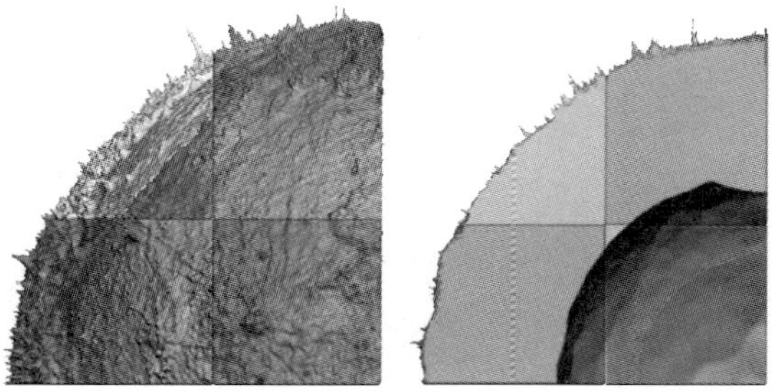

（a）正视图 （b）后视图

图 7.26 等分法分割月球模型

图 7.27 平面等分法制作的直径为 100mm 的月球模型

相对于平面分块法制作月球模型，平面等分法的分割方法更为简便明了。但是，从图 7.27 打印并组装完成的月球模型看，由于每块模型的厚度（20mm）较大，打印过程中易发生变形，从而导致模型组装时每块小模型之间空隙太大，无法紧密贴合。另外，考虑到最终制作的月球模型要将该试验制作出的模型放大 n 倍，所以月球模型的外壳厚度及表面凸起高度都需进一步改善。

7.3.3 小结

本节提出了平面分块法和平面等分法两种建模方法设计月球三维模型，而且本节是本章研究的试验阶段。首先，使用 FreeForm 系统构建月球的三维浮雕模型，然后使用平面分块法对月球浮雕模型进行切割，并对三维打印出的模型进行分析，分析得出：该切割方法较为烦琐，每块模型之间空隙较大不宜组装，模型无须实心设计等。其次，对平面分块法进行改进，将模型按照一定厚度进行抽空操作，并提出平面等分法切割模型，对三维打印出的模型进行分析得出：该切割方法较为简便，但模型外壳较厚易造成打印变形等。

7.4 基于 FreeForm 系统的月球模型改进

7.4.1 确立月球基本模型

根据 7.3 节分析的平面分块法和平面等分法两种建模方法的利弊，本节提出经纬线建模方法。众所周知，经线和纬线本是不存在的，它们是人们为了标定地球上的位置和方向而产生的。画在地球仪或地图上的经纬线可方便人们查阅和科研。本节所提出的经纬线建模法就是基于地球上经纬线的方法，便于对最终制作的月球模型进行更精确的地形地貌标注。它是对平面等分法的改进。另外，总结平面分块法和平面等分法得知，在进行经纬线切割模型前，需要重新设计月球基本模型。

根据各国探月探测结果可知，月球的直径约为 3476km。我国嫦娥一号月球探测器探测得到，月球上最高峰的高度为 9840m。按照月球的真实大小，将最终制作的月球模型直径设计为 695.2mm，也就是说，最终三维打印的月球模型直径是真实月球直径的 1/5000000。另外，根据月球的最高凸起高度，将月球模型的凸起最大值设计为 19.68mm，相当于真实月球凸起高度的 1/500000，凸起放大 10 倍。

按照以上设计思路，重新设计月球浮雕图。首先，新建球体黏土基本模型。在 FreeForm 系统中，选择“File”|“New”|“Start with Shape”命令，新建一个直径为 695.2mm 的球体黏土，并选择黏土粗糙度类型“Clay Coarseness”为“Custom”，设置边缘锐度“Edge Sharpness”为 1mm。具体建构过程不再赘述。

其次，加载月球二维平铺图到 FreeForm 系统中。使用“Detail Clay”中的“Emboss with Image”工具，单击“Emboss with Image”工具栏中的“Select and Emboss Pattern”按钮，在弹出的“select image file to emboss with”对话框中，添加像素为 5000×2500px 的月球平铺图。

再次，设置月球二维图像的显示。月球平铺图加载完成后，在系统弹出的“Image Properties”对话框中选择“Wrap image onto a cylinder”模式，将月球平铺图转换成圆柱状显示。设置月球二维图像显示参数 Diameter=697.4mm、Height=1 095.47mm、Sweep=360°，保证球体黏土模型能被月球二维图像完全包裹住。单击“Show/Hide Advanced Settings”按钮，在弹出的“Object Information”对话框中设置图像的位置参数“Translate X”“Translate Y”“Translate Z”均为 0mm，确保二维图像位于球体黏土模型的中心位置。

最后，根据月球二维图像为球体黏土制作月球浮雕图。在“Emboss with Image”工具栏下，选择“Raise”方式凸起黏土，将球体黏土的凸起最大高度“Distance”设置为 19.68mm，单击“Apply”按钮，FreeForm 系统便会根据月球二维图像的灰阶，对球体黏土模型自动进行凸起运算，最终生成如图 7.28 所示的月球浮雕模型。

（a）月球正面浮雕图　（b）月球背面浮雕图

图 7.28　凸起为 19.68mm 的月球浮雕模型

7.4.2 经纬线法切割模型

月球浮雕模型建立完成后，便可按照经纬线原则对其进行分割。众所周知，地球上的经线是连接南北极且与纬线垂直相交的半圆弧线。每条经线的长度都相等。纬线是指向东西方向的、相互平行的、与地轴相垂直且环绕地球一周的圆圈。纬线长度不等，最长的纬线即赤道，越靠近南北极的纬线越短。此处同样使用放置平面的方法确定模型的经纬线。平面与模型的相交线即为经纬线。

在绘制经纬线之前，应该为模型确定经纬线间隔度数。若间隔设置为 30°，则经线分别设置为 0°、30°（E/W）、60°（E/W）、90°（E/W）、120°（E/W）、150°（E/W）、180°，纬线分别设置为 0°、30°（N/S）、60°（N/S）、90°（N/S），如图 7.29（a）所示的经纬线分布图。若间隔设置为 20°，则经线分别设置为 0°、20°（E/W）、40°（E/W）、60°（E/W）、80°（E/W）、100°（E/W）、120°（E/W）、140°（E/W）、160°（E/W）、180°，纬线分别设置为 0°、20°（N/S）、40°（N/S）、60°（N/S）、80°（N/S），如图 7.29 所示的经纬线分布图。

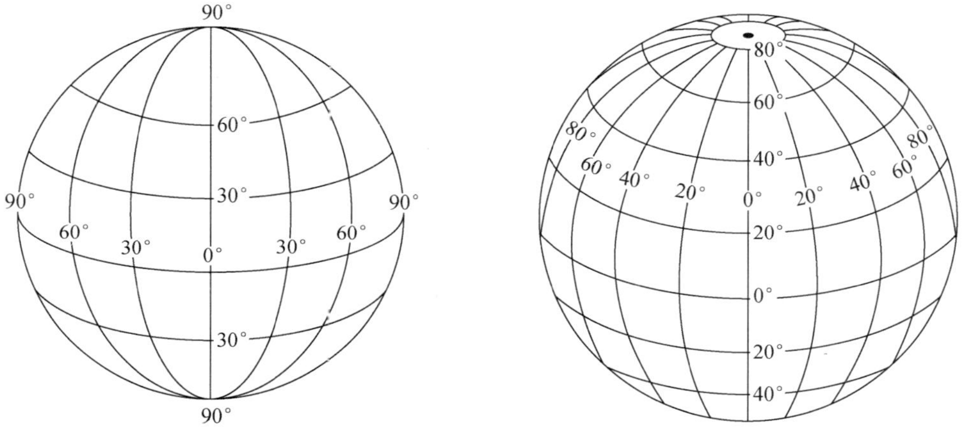

（a）间隔为30°的经纬线分布图　　（b）间隔为20°的经纬线分布图

图 7.29　经纬线分布图

如果经纬度的间隔设置为 30°，可将月球模型分割成 12×6=72（块）小模型。那么，每个小模型经线方向的平均长度为 3.14×695.2÷12≈181.9（mm），纬线方向的最大长度为 3.14×695.2÷12≈181.9(mm)。如果经纬度的间隔设置为 20°，可将月球模型分割成 18×10=180（块）小模型。那么，每个小模型经线方向的平均长度为 3.14×695.2÷20≈109.1（mm），纬线方向的最大长度为 3.14×695.2÷18≈121.3（mm）。按照本章课题使用的三维打印机的打印尺寸要求，打印模型的长度不得超过 200mm，宽度不得超过 150mm。分析可得，若按照纬度的间隔为 30° 进行模型切割，模型无法正常打印；而经度间隔 20°、纬度间隔 30° 或经度间隔 30°、纬度间隔 20° 切割的模型也无法保证正常打印。所以，本章课题选择经度和纬度都间隔 20° 绘制经纬线，依据该经纬线对月球模型进行切割。

首先，绘制经线。使用“Planes”模块的“Create Plane”工具放置一个平行于 Y 轴且过月球模型中心的平面 a，如图 7.30 所示。该平面与月球模型相交的圆圈即为经度为 0° 和 180° 的经线。

（a）正视图　　（b）一定角度的右视图

图 7.30　放置平面 a

紧接着，再放置一个与平面 a 一样的平面，单击“Edit Plane”工具栏下的“Show/Hide Advanced Settings”按钮，在弹出的如图 7.31 所示的“Object Information”对话框中便可见到该平面的相对位置参数“Rotate Y”为 90°。如若将其修改为 70°，也就相当于将该平面沿 *Y* 轴顺时针方向旋转了 20°。这样一来，沿顺时针方向旋转了 20°的平面与月球模型相交的圆圈即为 20° W 与 160° E 的经线。另外，为了减少误差，可将“Translate X”“Translate Y”“Translate Z”都设置为 0mm。

按照同样的道理，放置与平面 a 一样的平面，再设置其“Object Information”对话框中的“Rotate Y”参数，即可绘制其他经线。例如，将平面 a 的“Rotate Y”值设置为 50°，此时平面与月球模型相交的圆圈即为 40° W 与 140° E 的经线；将平面 a 的“Rotate Y”值设置为 30°，此时平面与月球模型相交的圆圈即为 60° W 与 120° E 的经线；将平面 a 的“Rotate Y”值设置为 10°，此时平面与月球模型相交的圆圈即为 80° W 与 100° E 的经线；将平面 a 的“Rotate Y”值设置为-70°，此时平面与月球模型相交的圆圈即为 20° E 与 160° W 的经线；将平面 a 的“Rotate Y”值设置为-50°，此时平面与月球模型相交的圆圈即为 40° E 与 140° W 的经线；将平面 a 的“Rotate Y”值设置为-30°，此时平面与月球模型相交的圆圈即为 60° E 与 120° W 的经线；将平面 a 的“Rotate Y”值设置为-10°，此时平面与月球模型相交的圆圈即为 80° E 与 100° W 的经线。如图 7.32 所示，将所有代表经线的平面放置在月球浮雕模型上，图中已用经度标注出了经线所在的平面。

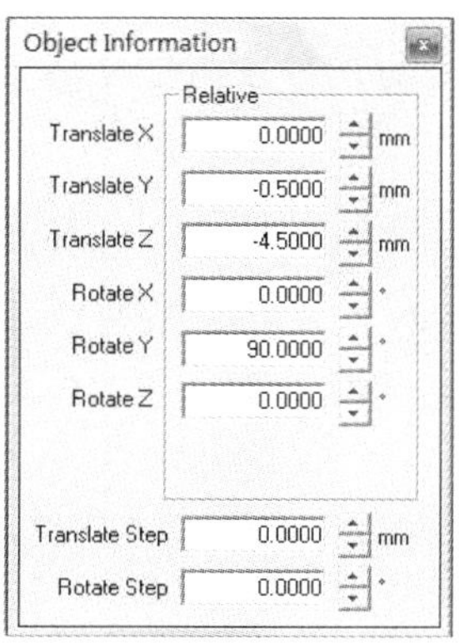

图 7.31　设置平面位置对话框

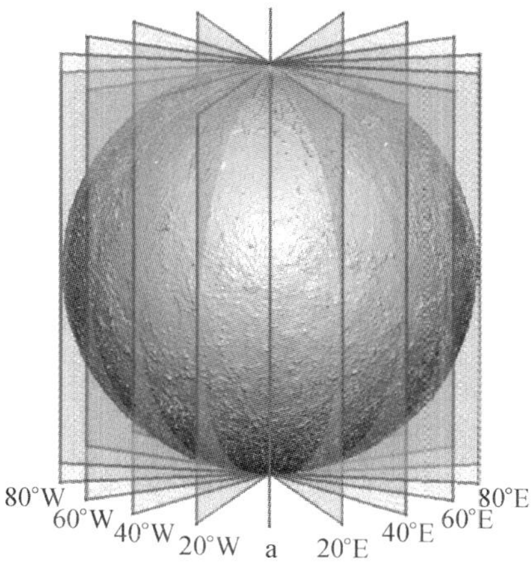

图 7.32　放置所有代表经线的平面

从图 7.32 中不难看出，间隔为 20° 的所有经线代表的平面都已经放置完成。接下来便可绘制纬线，也就是放置代表纬线的平面。首先，使用“Planes”模块的“Create Plane”工具，放置一个平行于 X 轴且过月球模型中心的平面 b，如图 7.33 所示。该平面与月球模型相交的圆圈为纬度为 0° 的纬线，即赤道。

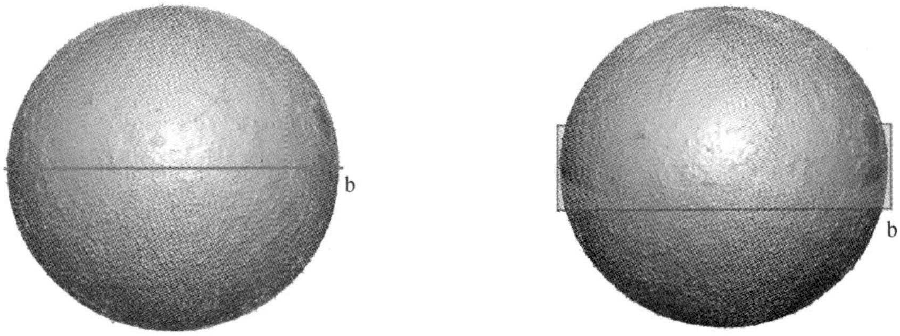

（a）正视图　　（b）一定角度的顶视图

图 7.33　放置平面 b

其次，放置一个与平面 b 一样的平面，单击“Edit Plane”工具栏下的“Show/Hide Advanced Settings”按钮，在弹出的“Object Information”对话框中便可见该平面的相对位置参数“Rotate X”为-90°。如若将其修改为 70°，也就相当于将该平面沿 X 轴顺时针方向旋转了 20°。旋转所得的平面如图 7.34 所示。同样，为了减少误差，可将“Object Information”对话框中的平面位置参数“Translate X”“Translate Y”“Translate Z”都设置为 0mm。

再次，使用“Curves”模块的依平面求黏土剖面线工具“Plane to Clay Intersection Curve”求得旋转 20° 的平面与月球黏土模型的相交剖面线。在“Plane to Clay Intersection Curve”工具栏下单击“Single Slice”按钮，使用机械臂点选旋转获得的新平面，即可获得如图 7.35 所示的贴附在月球模型上的相交剖面线。

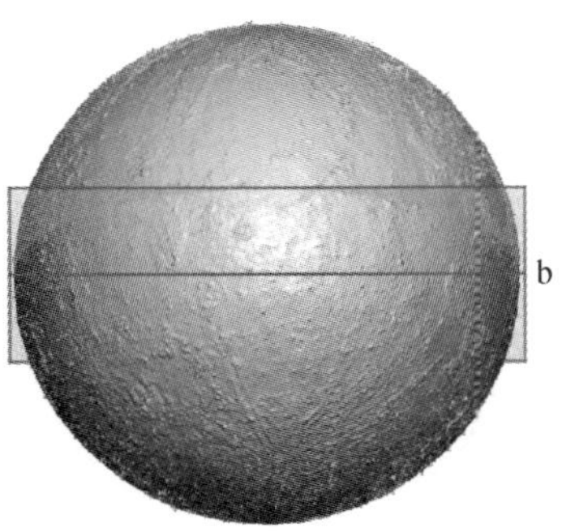

图 7.34　平面 b 旋转 20° 获得新平面

图 7.35　求旋转 20° 的平面 b 与月球黏土的相交线

同样，使用“Plane to Clay Intersection Curve”工具求得平面 a 与月球模型的相交剖面线，如图 7.36 所示，该剖面曲线与图 7.35 中的剖面线相交于点 A。

最后，已知地球上标注的“纬度”是指某点与地球球心的连线和赤道所在平面之间的线面角。也就是说，纬度为 20° 的纬线上所有点与地球球心的连线和赤道平面组成的线面角都为 20°。从图 7.36 中可知，点 A 在 20°N 纬线上。所以，放置一个过点 A 且平行于平面 b 的平面，该平面与月球模型相交的剖面线即为 20°N 纬线，且该平面就代表了 20°N 纬线。如图 7.37 所示，使用“Planes”模块的“Create Plane”工具放置一个与平面 b 相同的平面，在“Object Information”对话框中调整平面位置参数“Translate Y”的值，使该平面过点 A。通过多次调整，最终确定 Translate X=0mm、Translate Y=120mm、Translate Z=0mm 时，代表了 20°N 纬线的平面便可放置完成。

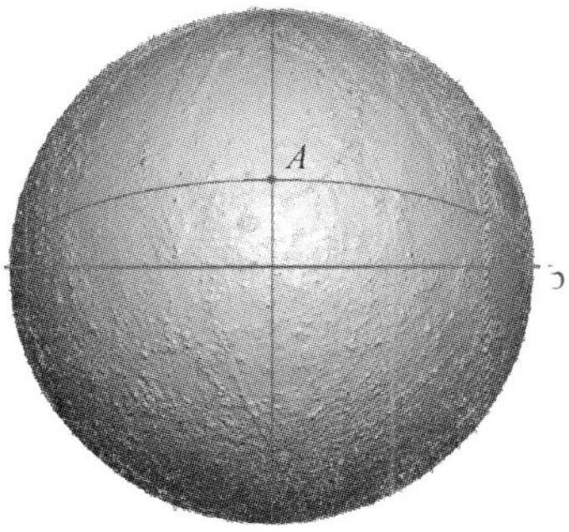

图 7.36　求平面 a 与旋转 20°的平面 b 的相交点

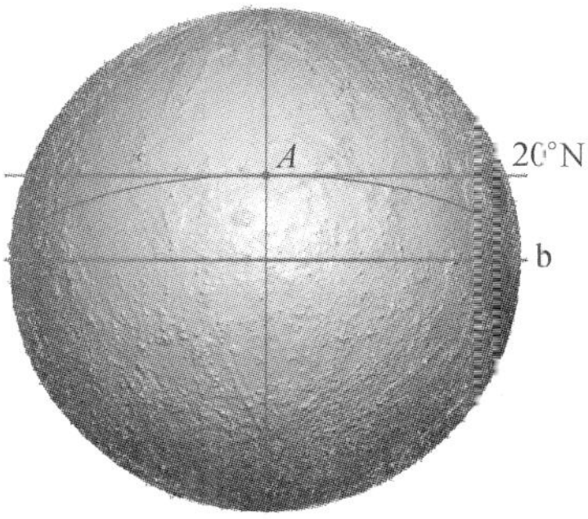

图 7.37　放置代表 20°N 纬线的平面

按照以上同样的方法，即可将间隔为 20°的所有纬线代表的平面放置完成。经建模实验可得，当平面 b（Rotate X=−90°、Rotate Y=0°、Rotate Z=0°）的位置参数 Translate X=0mm、Translate Y=225mm、Translate Z=0mm 时，平面 b 与月球模型相交的剖面线就是 40°N 纬线；当平面 b 的位置参数 Translate X=0mm、Translate Y=305mm、Translate Z=0mm 时，平面 b 与月球模型相交的剖面线就是 60°N 纬线；当平面 b 的位置参数 Translate X=0mm、Translate Y=345mm、Translate Z=0mm 时，平面 b 与月球模型相交的剖面线就是 80°N 纬线。按照纬线南北半球对称原理可知，当平面 b 的位置参数 Translate X=0mm、Translate Y=−120mm、Translate Z=0mm 时，平面 b 与月球模型相交的剖面线就是 20°S 纬线；当平面 b 的位置参数 Translate X=0mm、Translate Y=−225mm、Translate Z=0mm 时，平面 b 与月球模型相交的剖面线就是 40°S 纬线；当平面 b 的位置参数 Translate X=0mm、Translate Y=−305mm、Translate Z=0mm 时，平面 b 与月球模型相交的剖面线就是 60°S 纬线；当平面 b 的位置参数 Translate X=0mm、Translate Y=−345mm、Translate Z=0mm 时，平面 b 与月球模型相交的剖面线就是 80°S 纬线。根据以上平面的参数设置，将代表间隔为 20°纬线的平面全部放置完成，结果如图 7.38 所示，图中已用纬度标注出了纬线所在的平面。

通过以上操作，间隔为 20°的经线和间隔为 20°的纬线所代表的所有平面都在月球浮雕模型上放置完成，如图 7.39 所示。

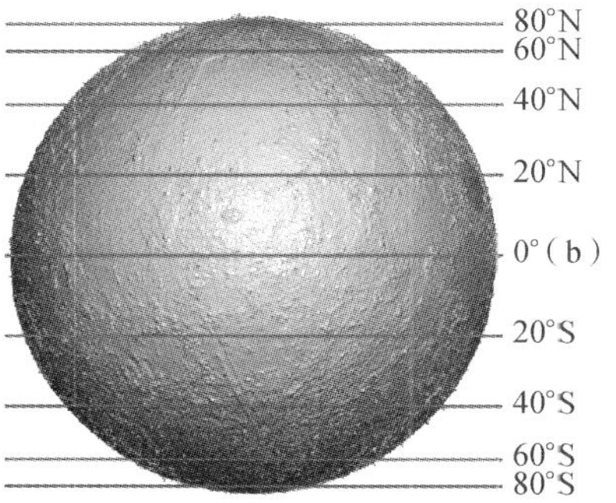

图 7.38　放置所有代表经线的平面

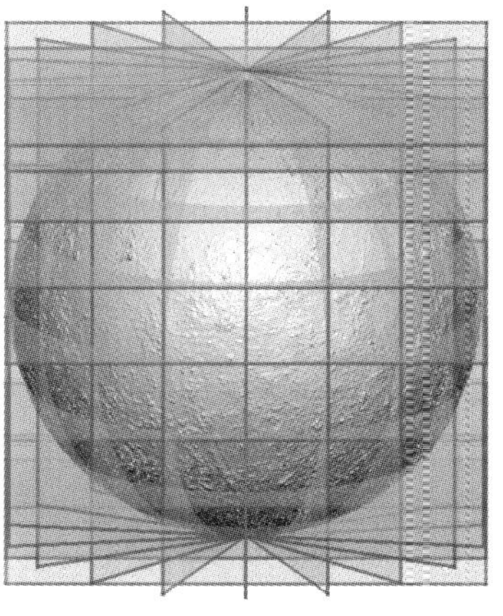
图 7.39　经线和纬线所在平面全部放置完成

接下来，便可以按照图 7.39 中的平面对月球模型进行经纬线切割。使用“Separate with Curve or Plane”工具，单击工具栏下的“Separate Multi Selection”按钮，并使用机械臂按钮和键盘上的 Ctrl 键一次性选中图 7.39 中多个不相交的平面，对月球模型进行多次分割。按照同样的方法，依次进行分割，直到被经纬线划分开的所有小模型都被分割下来。依据图 7.39 的分割方法，最终可以将月球模型分割成 18×10=180（块）小模型。但是，考虑到 80°N 到 90°N（北极）和 80°S 到 90°S（南极）之间的月球模块体积相对较小，只使用 0°经线平面将其分割成两块便可完成打印，无须全部分割。所以，按照这样的思路，整个月球模型最终被分割成 18×8+2×2=148（块）小模型。月球模型依经纬线分割法进行分割后，最终的分割结果如图 7.40（a）所示。而图 7.40（b）是其中一个被分割下来的小模块的正视图与侧视图。

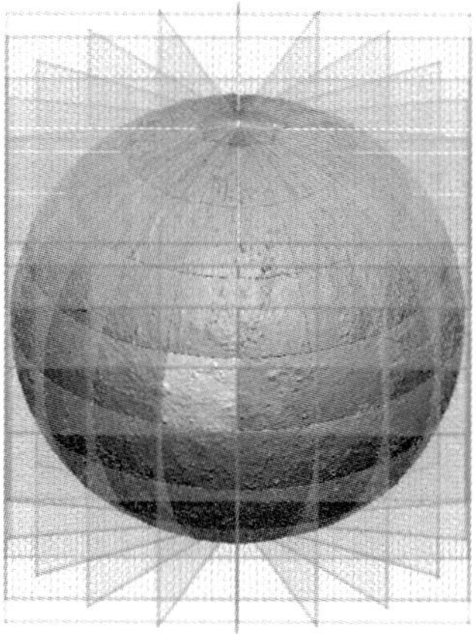

（a）全部模块分割完成

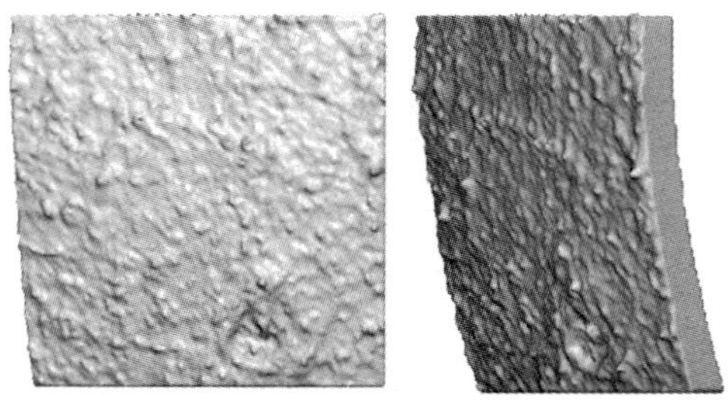

（b）分割模块视图

图 7.40　月球模型依经纬线分割的结果

另外，在切割模型的过程中，难免会出现一些零星的模型碎片。这些零星碎片体积微小，没有必要体现在模型中，更无须打印制作出来。所以，当模型全部切割完成后，可以使用 FreeForm 系统中“Select/Move Clay”模块的依据成群方式选择黏土工具“Select Lump of Clay”，将这些碎片剪切删除掉。Select Lump of Clay 工具的具体操作方法是：使用机械臂单击当前工作黏土，该工作黏土被选中后变为绿色，与该黏土不连续的碎片部分便不被选择，此时单击工具栏中的“Invert Selection”按钮，即可将所有碎片选中，然后单击“Cut”按钮，便将碎片成功删除掉。

图 7.41　按经纬线切割的小模块打印结果

对图 7.40（b）中的分割模块进行打印制作，打印结果如图 7.41 所示。从图 7.41 中不难发现，地形结构明显的地方打印结果比较可观，而地形结构不明显的凸起或凹进，在打印模型上体现得不明显。也就是说，存在打印误差。这样的误差会造成打印模型反映不出月面真实地形结构或打印模型上出现月面上不存在的地形结构。因此，如何降低模型的打印误差是模型设计与制造的关键。

7.4.3　误差处理

打印模型的误差主要来源于打印机误差和三维模型误差。

打印机的误差取决于三维打印喷头的精度，也就是耗材的吐丝直径。Creator-X 打印机的打印精度范围在 0.1～0.4mm。打印精度越小，误差越小，打印时间越长。综合考虑，将打印机的打印精度设置为 0.2mm。

月球三维模型的误差指的是浮雕模型在设计过程中的凹凸程度的误差及模型缩小 1/5000000 倍后较真实月球的误差。由于月球浮雕图是依据月球平面展开图进行设计的，所以模型的误差主要来源于平面展开图。以上实验中使用的月球二维平铺图的分辨率为 2.835 px/mm，尺寸大小为 2190mm×1095mm，像素大小为 6208×3106px。而月球最终打印模型的直径为 695.2mm，表面积为 $4×3.14×347.62mm^2$，耗材打印的每个点的表面积为 $0.2×0.2mm^2$，所以对照图像像素点的概念，可将月球打印模型看成是由（4×3.14×347.62）÷（0.2×0.2）个打印点组成的。经过计算，（4×3.14×347.62）÷（0.2×0.2）÷（6208×3106）≈1.97。也就是说，月球二维平面展开图上的像素点的个数小于打印模型上打印点的个数。这样一来，不难理解，由于月球平铺图上像素点个数与模型上点的个数无法匹配，导致模型的打印细节不够、打印达不到预期的效果，从而造成了误差。

为了解决此类误差，需要提高月球平面展开图的像素点个数。在不改变图像尺寸大小的情况下，需提高图像的分辨率[57,58]。提高图像分辨率的方法有两种[59,60]，一种是缩放，一种是图像重采样。通过缩放来提高分辨率的方法不会改变像素数量，显然在此处是不合适的。图像重采样是使用不同的“插值”方式，在不生成新像素的情况下，对相邻像素进行重新采集、定义，以达到提高像素个数的要求。

在 Photoshop 软件中，图像重采样主要有 3 种方式：邻近、两次线性、两次立方[60]。邻近重采样是将左、右两个像素点进行复制，从而提高像素个数，优点是速度快，但不够精确，适用于细节较少的图像处理，但显然不适合月球表面地形图像的处理。两次线性重采样是对上、下、左、右等 2×2 个像素点进行计算得到新像素，虽然这种方式较邻近法而言精确度有所提高，但其计算所得的像素颜色不在原图像中，所以不适合本章课题。两次立方法在 Photoshop 软件中又被分成了两次立方平滑渐变、两次立方较平滑、两次立方较尖锐、两次立方自动等方式，它是根据上、下、左、右、左上、左下、右上、右下等 4×4 个像素点进行计算得到新像素，采样结果更为精确。所以，本章课题选用两次立方法（自动）对月球平面展开图进行重采样。

根据以上计算和分析，需要采用两次立方法（自动）将原图像分辨率提高 1.97 倍，也就是提高到 5.585px/mm，图像的像素大小变为 12230×6119px。这样一来，根据该月球图像设计获得的三维模型与打印模型上的点便一一对应，从而有效地解决了模型打印细节不够与打印误差较大的问题。因此，加载新获得的高分辨率图像到 FreeForm 系统中，按照 7.4.1 节的设计思路与方法，设计月球基本模型，再按照经纬线切割法对模型进行切割，这样获得的模型放在三维打印机中进行打印，其打印结果误差最小。

7.4.4　小结

本节针对 7.3 的建模试验，从模型大小、厚度、凸起高度等方面重新设计了月球三维浮雕模型，并对平面分块法和平面等分法两种建模方法进行改进，提出经纬线切割法对模型进行分割，打印出部分分割模块进行分析得出：该切割方法比较明了，便于后期标注，打印误差可进一步减小。针对打印误差问题进行分析，采用图像重采样方法改变月球二维图像的分辨率，使月球二维图像上的像素点与打印模型上的打印点一一对应，从而降低了模型设计与模型制造的误差。

7.5　基于三维打印的月球模型制造

按照三维打印工艺流程，月球三维模型确定后，将其导出为 STL 格式，便可使用切片处理系统对其进行切片处理。切片处理完成后，将 STL 格式的三维模型转换成可打印模型，便可使用三维打印机进行打印制造。

7.5.1　切片处理月球模型

为了满足打印需求，本章课题对月球模型进行了切割处理，所以模型的切片需要依次对每一个月球模型的分割模块进行处理。

1. 切片系统简介

本章课题使用的切片处理软件是 MakerBot 公司研发的 MakerBot Desktop 软件（以下简称为“MakerBot”）。该软件的最大特点是兼容性强，适用于多种桌面式三维打印机的切片处理。MakerBot 软件的切片原理：一系列以 Z 轴正方向为法向量的平面与模型相交所得的交点连接形成轮廓线，用这些轮廓线表示导入模型的切片边界，从而确定三维打印的路径，然后根据三维打印机的打印设置，如打印喷头、打印材料、填充度、吐丝精度、打印速度、打印温度、是否添加底座或打印支撑等，生成控制命令，最后根据模型的位置与尺寸信息对其进行等层高逐层切片。

在开启 MakerBot 软件及切片处理前，需要将 MakerBot 软件与相应的三维打印机进行匹配连接。在本章课题中，使用的 Creator-X 打印机是双喷头三维打印机，所以在 MakerBot 中，将“Devices”菜单中的“Select Type of Device”选项设置为“Replicator（Dual）”。这样，MakerBot 便和打印机匹配完成。

MakerBot 软件界面的中间位置放置了一个与所连接的三维打印机打印空间相一致的立体盒子，盒子里的灰色底板对应打印机的打印平台。被加载进软件中的三维模型需要放置在该盒子内进行处理。该立体盒子用来控制和观察需要进行切片处理的模型的尺寸、位置等信息。在软件界面的左侧存在“View”（视图）、“Move”（移动）、“Turn”（旋转）、“Scale”（尺寸）及“Object”（对象）等 5 个选项。其中，选择“View”选项后，可长按鼠标调整立体盒子，从不同视角观察模型；选择“Move”选项后，可通过修改 X、Y、Z 值或使用鼠标移动模型，改变模型的位置；选择“Turn”选项后，可通过修改模型沿 X、Y、Z 轴的旋转角度或使用鼠标旋转模型，调整模型的方位；选择“Scale”选项后，可通过修改模型占 X、Y、Z 轴的尺寸值，调整模型的大小，控制其长、宽、高的比例及将模型调到最大打印尺寸等；选择“Object”选项后，可通过选择“Extruder”下拉列表框中的“Right”或“Left”选项为模型选择打印喷头，在“Object”选项下还可观察模型的文件名信息。MakerBot 软件界面如图 7.42 所示，在该显示界面的立体盒子中放置的是月球三维模型被切割下来的一个小模块。

在 MakerBot 立体盒子的上方一栏存在“Settings”“Add File”“Save To Library”“Export Print File”等设置项。其中，单击“Settings”设置项会弹出如图 7.43 所示的“Print Settings”对话框，该对话框用来设置打印机的打印参数与命令。在“Left”与“Right”下拉列表框中可选择左、右喷头的打印耗材，包括“MakerBot PLA”“MakerBot ABS”“MakerBot Dissolvabled Filament”等。在“Raft”下拉列表框中可选择是否为模型添加打印底座，若不需要底座，则选择“Off”选项；若需要打印底座，则选择“Right Extruder、Left Extruder”或“Color-Matched”选项为底座选择打印喷头等。同样，在“Supports”下拉列表框中可选择是否为模型自动添加打印支撑，若不需要支撑，则选择“Off”选项；若需要打印支撑，则选择“Right Extruder、Left Extruder”或“Color-Matched”选项为支撑选择打印喷头等。另外，“Print Settings”对话框还提供了高级设置选项，即“Advanced Options”。在高级选项中可以设置打印机的打印质量（quality）、打印温度（temperture）、打印速度（speed）等。其中，“Quality”选项主要设置打印模型的内部填充度 Infill（0～100%）、打印层厚 Number of Shell（1～100 的整数）和吐丝精度 Layer Height（0.01～0.4mm）等。“Temperture”选项主要设置左喷头耗材融化温度 Left Extruder（0～280℃）、右喷头耗材融化温度 Right Extruder（0～280℃）和打印平台温度 Build Plate（0～280℃）。“Speed”选项主要设置打印速度 Speed while Extruding（10～200mm/s）和喷头空转速度 Speed while Traveling（10～200mm/s）。以上选项全部设置完成后，单击“Save Settings”按钮即可保存设置。

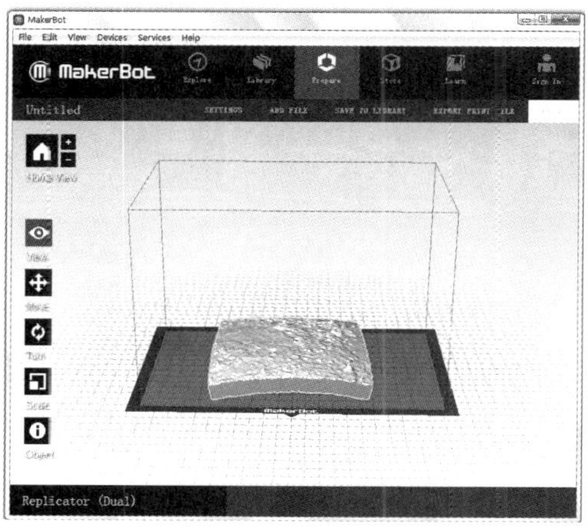

图 7.42　MakerBot 软件界面

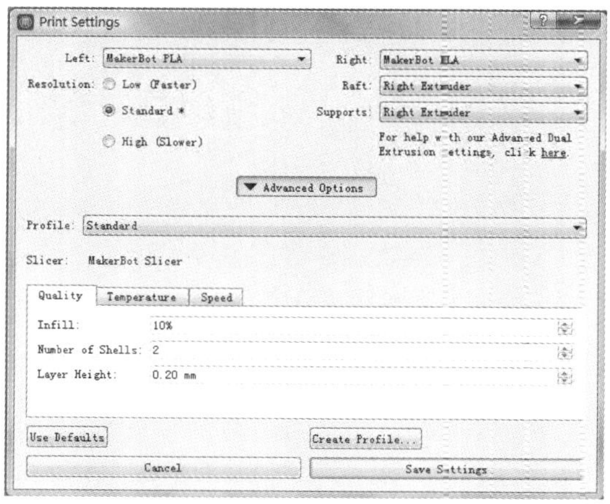

图 7.43　“Print Settings”对话框

以上对模型的位置、尺寸及打印控制信息全部设置完成后，便可以单击“Export Print File”按钮，将三维模型切片处理成可打印模型。

2. 添加打印支撑

打开已和实验所用的三维打印机连接成功的 MakerBot 软件，选择“Files”|“Open”命令，加载 STL 格式的月球模型分割模块。调整模型位置与角度，将其放置在 MakerBot 软件立体盒子内，并将模型底部平放在底板上，放置结果如图 7.42 所示。

观察图 7.42 中的模型可知，月球模型平放在底板上的面并不是一个平面，而是具有一定弧度的弧面。这样的弧面在三维打印时，需要为其添加相应的打印支撑，以辅助完成打印。打印支撑既可以选择使用 MakerBot 软件自动添加，也可以在建模软件中手动设计添加[53]。本节分别使用这两种方式进行添加。

（1）自动添加支撑

自动添加打印支撑只需要在MakerBot软件进行设置。选择“Settings”选项，在“Supports”下拉列表框中选择“Right Extruder”、“Left Extruder”或“Color-Matched”选项为支撑选择打印喷头即可。单击“Export Print File”按钮，将三维模型切片处理成可打印模型后便可看到系统自动增加的打印支撑。

（2）手动添加支撑

此处使用 FreeForm 系统为图 7.42 中的月球模型的分割模块手动添加支撑，也就是将模型的弧面与地板之间的空隙填满。使用依轮廓线投影生成黏土的方式进行设计。

首先，在 FreeForm 系统中，使用 FreeForm Modeling Plus 软件“Plane”模块中的“Create Plane”工具为模型添加一个平面。再使用“Orient Through Three Points”工具选择模型弧面内侧边缘 4 个点上的任意 3 个点［图 7.44（a）］，将创建的平面调整为由这 3 个点确定的平面，然后使用 PHANTOM 机械臂按钮将平面进行拉长，使其能将模型覆盖住［图 7.44（b）］。可以理解为，模型已平放在该平面上［图 7.44（c）］。

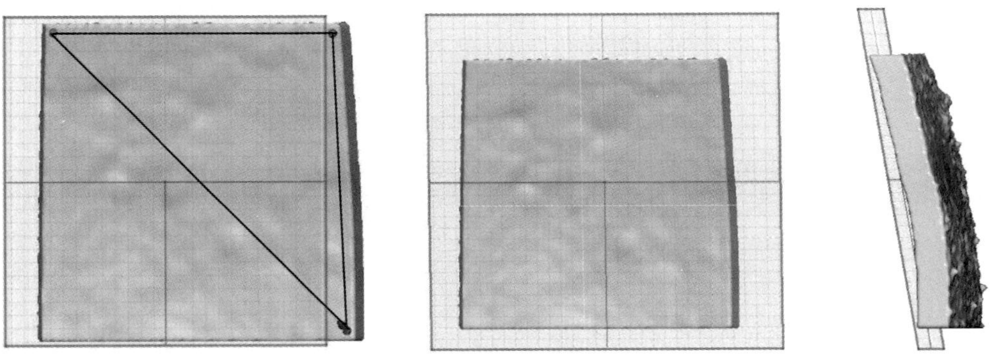

（a）选择模型上的 3 个点　（b）调整平面到新位置　（c）侧视图

图 7.44　为模型添加平面

其次，使用“Sketch”模块的“Freehand Curve”工具，在平面上绘制模型的封闭的边缘轮廓线，使该轮廓线尽量贴近模型的边缘，绘制结果如图 7.45（a）所示。

然后，使用“Construct Clay”模块的“Wire Cut Clay”工具，依据图 7.45（a）绘制的边缘轮廓线投影生成黏土。方法如下：使用机械臂点选平面上的轮廓线，待轮廓线变为绿色，便可单击“Wire Cut Clay”工具栏中的“Next Step”箭头，选择“To Clay”投影方式，选择“Create Inside”命令，依据该轮廓线在平面与模型之间生成新的黏土，投影生成黏土的结果如图 7.45（b）所示。

最后，由于图 7.45（b）中新生成的黏土表面存在少量的凹陷，所以，可以使用“Sculpt Clay”模块中的“Smooth”工具对其进行平滑操作，平滑后的结果如图 7.45（c）所示。图 7.45（d）为添加完支撑后的模型的侧视图，在该图中可清晰地观察到新增的黏土部分。

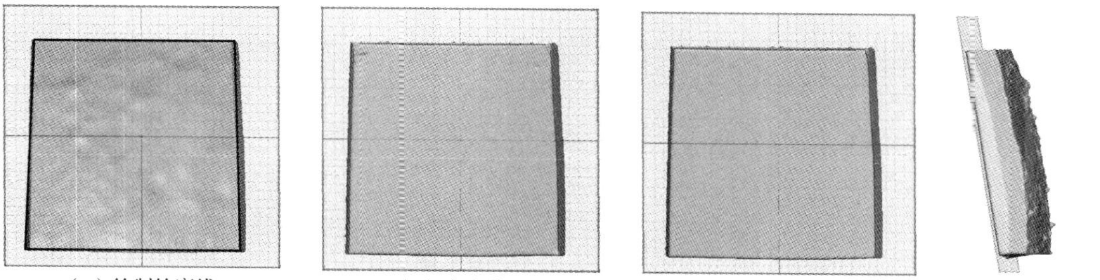

（a）绘制轮廓线　（b）生成黏土　（c）平滑黏土　（c）新模型侧视图

图 7.45　支撑设计过程

按照以上方法添加的打印支撑，既可在打印完成后处理阶段人工去除，也可与打印模型成为一体，不影响模型的拼接与组装。

3. 切片处理模型

按实际情况对模型尺寸、位置及打印机的打印信息进行设置，设置完成后，即可进行切片处理。

此处以图 7.42 中的月球模型的一个分割模块为例进行切片处理。当然，首先需要将模型调整到图中位置，也就是底板的中心位置。模型尺寸保持原有模型大小即可。

本案例使用的是 Creator-X 双喷头三维打印机。按照打印的实际情况，打印过程中只使用其中一个喷头即可，此处选择右喷头。为了降低污染及方便后期对模型进行地形标注，本案例选择 PLA 白色耗材作为打印耗材。所以在“Settings”设置项中的“Right”下拉列表框中选择“MakerBot PLA”选项，在“Left”下拉列表框可随意选择。

本案例采用两种方式添加打印支撑，当导入需要自动添加支撑的模型时，需要在“Supports”下拉列表框中选择“Right Extruder”选项；当导入手动添加支撑的模型时，需在“Supports”下拉列表框中选择为“Off”选项。另外，为了保证打印质量，提高打印成功率，可以为模型添加底座，也就是在“Raft”下拉列表框中也选择“Right Extruder”选项。这样一来，打印模型、打印支撑与底座均使用右喷头进行打印，打印材料全部为 PLA 白色。

一般情况下，若无特殊需求，将模型的打印填充度“Infill”设置为 10%、打印层厚“Number of Shell”设置为 2 即可。在 7.4.3 节误差处理中已经分析过打印精度，此处将“Layer Height”设置为 0.2mm。根据 PLA 耗材的属性，将打印温度“Right Extruder”设置为 210℃。使用 PLA 打印时，无须加热打印平台底板，也就不需要设置平台温度“Build Plate”。由于月球模型分割下来的每一块小模块的尺寸几乎都达到了打印机的最大打印尺寸，所以在打印的过程中，为了减小打印错误，提高打印精度，最好降低模型的打印速度。经试验，将打印速度“Speed while Extruding”设置为 50mm/s、喷头空转速度“Speed while Traveling”设置为 80mm/s 为最佳。

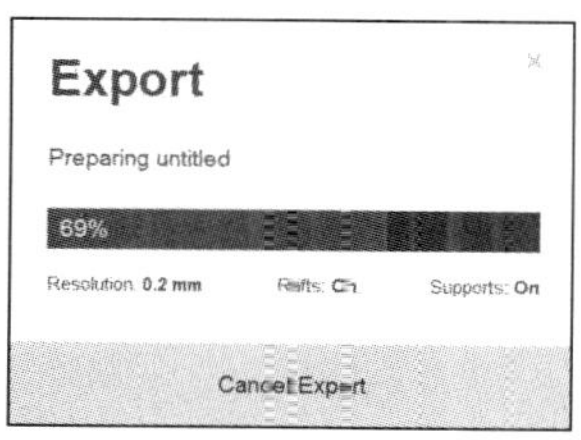

图 7.46　切片进度

以上设置全部完成后，单击“Save Settings”按钮，保存设置。单击“Export Print File”按钮，将设置好的三维模型进行切片处理。在切片过程中，MakerBot 软件会弹出进度条提醒切片处理进度，如图 7.46 所示。在该进度条下方会显示模型的打印精度及是否已添加底座与支撑等信息。当发现错误时，还可随时单击“Cancel

Export”按钮终止切片操作。

当切片处理完成后，也就是系统将三维模型转换成可打印模型后，便可将可打印模型导出，此时系统会弹出如图 7.47（a）所示的对话框。该对话框提示打印所需时间及耗材损耗量。单击“PRINT PREVIEW”按钮，弹出如图 7.47（b）所示的打印预览对话框，可预览打印模型的分层情况及切片数。

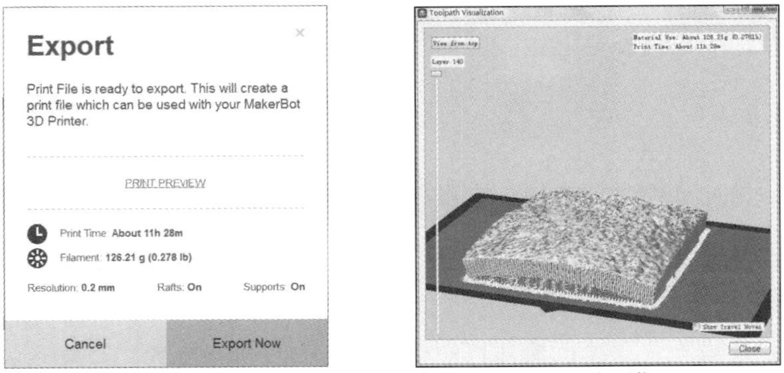

（a）导出对话框　　（b）打印预览

图 7.47　自动添加支撑时的切片情况

需要注意的是，图 7.47 显示的是系统自动添加支撑时的切片情况及所需打印时间、耗材。而图 7.48 显示的是手动添加支撑时的切片情况及所需打印时间、耗材。两图对比可知，手动添加支撑所需的时间较少，需要的打印耗材量也相对较少。但是，手动添加支撑需要对月球模型上的每一个分割模块进行设计添加，工作量无疑增加很多。

（a）导出对话框　　（b）打印预览

图 7.48　手动添加支撑时的切片情况

最后，单击图 7.47（a）所示对话框中的“Export Now”按钮，将切片获得的可打印模型导出。导出的文件格式为 X3G，它是三维打印机默认接受的文件格式。在导出时，系统自动弹出保存对话框，可选择保存路径，设置文件名，进行导出。

7.5.2　三维打印月球模型

本章课题使用的是浙江闪铸三维科技有限公司研发的 Creator-X 型号打印机，其组成、规格参数及使用等知识已经在 7.2.2 节中详细介绍，此处不再赘述。

1. 打印准备工作

在三维打印开始前，需要对 Creator-X 双喷头三维打印机做以下准备工作[13]。

1）打开电源，检查打印机是否正常开机，LCD 显示屏是否正常显示。

2）安装 PLA 白色打印耗材［图 7.49（a）］，确保喷头均匀吐丝。选择显示屏上的“Change Filament”菜单，弹出“Load Right”选项，便可进行右换丝。将 PLA 白色耗材缓入出丝管内，然后插进喷头中，待喷头温度到达耗材熔点，熔融状的白色耗材便挤出，待吐丝均匀后，便可退出换丝操作。

3）为打印平台贴上耐高温胶带或美纹纸［图 7.49（b）］，尽量令其紧贴平台，不出现气泡。

4）使用一张 A4 纸作为辅助工具，手动调整打印机平台，确定与打印喷头的相对位置。选择“Utilities”菜单下的“Level Build Plate”选项，待打印平台沿 Z 轴上升到喷头位置时，将 A4 纸放在平台上前后、左右来回滑动，以 A4 纸能恰巧穿过打印喷头且喷头不划伤 A4 纸为标准，调整平台下 3 个不同位置的螺钉，确定打印平台的位置。这样一来，既能保证打印喷头不划伤平台，又能保证吐丝能稳定地粘贴到平台上。

5）插上 SD 卡，并选择卡内已导入的月球模型的 X3G 格式打印文件，开始打印。另外，Creator-X 打印机只支持英文名格式的文件。

（a）PLA 白色耗材　（b）高温胶带

图 7.49　打印准备材料

以上准备工作完成后，便可以进行三维打印了。在三维打印的过程中，应时刻对打印模型进行观察，若发现问题，应及时暂停或终止打印。

2. 解决翘边问题

模型在打印的过程中会出现边缘翘起现象，如图 7.50 所示。模型翘边后，打印动作不能保持在平面上，造成打印底座脱落、打印定位失效、耗材堆积在喷头上等后果，从而导致打印失败。引起打印模型翘边的原因有很多，比如：①打印平台不平或预热不均；②打印平台与喷头之间的距离不当；③打印喷头温度过高；④贴在打印平台上耐高温胶带或美纹纸的黏性过小；⑤打印耗材弹性、收缩性较差；⑥温差较大，材料收缩过快；⑦打印速度过快或过慢等。

图 7.50　模型打印翘边现象

基于以上造成打印翘边的原因，经过试验后提出以下解决方法。

1）全部选用 PLA 耗材作为打印材料。因为 PLA 耗材的弹性和收缩性能比 ABS 优越得多，翘边现象出现的概率降低。

2）重新粘贴耐高温胶带或美纹纸，保证其与打印平台紧密粘贴，不出现气泡或凸起。

3）重新调整平台与打印喷头的相对位置，确保两个喷头与平台的距离相等。

4）适当加热打印平台。由于冬季室内温度较低，造成熔融的打印耗材收缩较快，出现翘边现象。所以，可适当加热打印平台的温度，降低收缩。在 MakerBot 软件的“Settings”设置项中，将打印平台温度“Build Plate”调整为 50℃，保存设置，重新进行切片处理。

3. 月球模型打印成形

使用打印机控制按键选择显示屏上的“Build from SD”按钮，显示屏上就会显示 SD 卡上的所有 X3G 文件，选择需要打印的月球模型打印文件，三维打印机便会根据切片处理时设置的打印温度对喷头或平台进行加热。这时，在三维打印机的显示屏上会显示喷头或平台的加热进度。待达到指定温度（本章研究需要的喷头温度为 210℃、打印平台温度为 50℃）后，打印机平台便会上升到喷头所在位置，喷头吐丝到平台上，根据切片命令对每一个截面按照从下往上的顺序进行逐层打印，每打印好一层，喷头重新定位，继续打印第二层，依次反复，直到所有截面打印完成，累积成形。若在打印的过程中，出现打印错误（模型翘边、耗材耗尽、喷头堵塞等），应及时使用控制按键退出打印。

以月球模型分割下来的一个分割模块为例，用图记录其打印全过程。底座打印过程如图 7.51（a）所示，支撑打印过程如图 7.51（b）所示，内部填充打印过程如图 7.51（c）所示，月球模型的表面打印过程如图 7.51（d）所示。

（a）底座打印过程

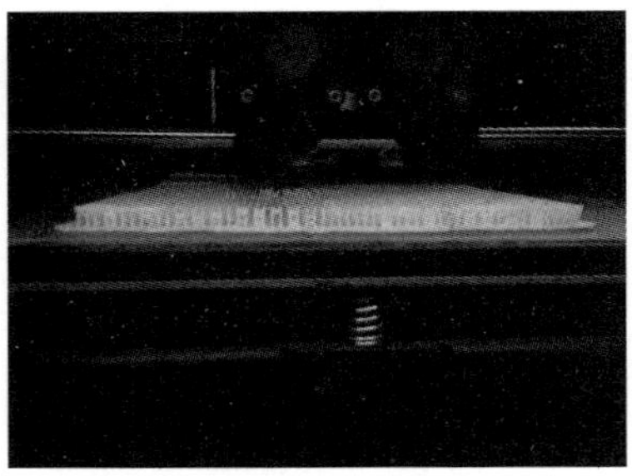
（b）支撑打印过程

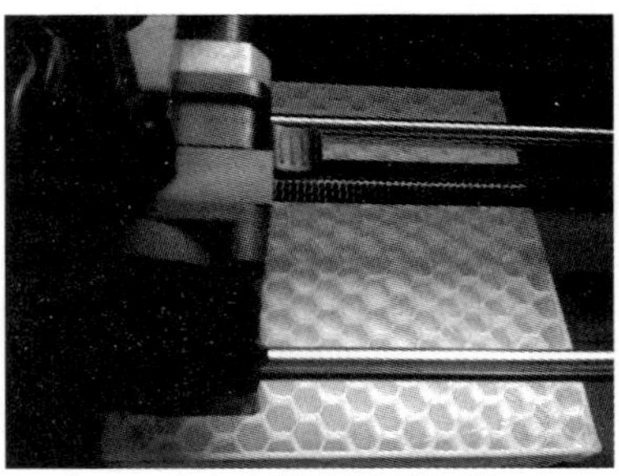
（c）内部填充打印过程

（d）模型表面打印过程

图 7.51　月球模型打印全过程

按照以上打印过程，打印出如图 7.52（a）所示的月球模型的一个小模块。三维打印出的该模块包含打印底座、打印支撑和模型本身。按照切割顺序，依次对其他模块进行打印，其中部分打印成形的月球分割模块如图 7.52（b）所示。

（a）月球模型的一个小模块打印成形

（b）部分打印成形的月球模块

图 7.52　打印成形的模块展示

另外，为了方便后期组装，应使用标签对每个打印成形的小模块进行标注，并按顺序排放，减少不必要的工作。

7.5.3　月球模型后期制作

打印成形的模型的后期制作主要包括模型边缘打磨、去除影响组装的打印支撑和底座、粘贴模型及组装模型等工作。

在打印过程中，由于打印喷头拉丝或模型不规范等原因，导致有些模块的边缘不光滑。为了顺利地粘贴模型并减少拼接缝隙，可使用打磨工具对每个模块的边缘做适当的打磨，去除粗糙的凸起或残余细丝等，打磨过程如图 7.53（a）所示。模型在切片前，为了提高打印成功率，为其添加了打印底座与打印支撑；在后处理的阶段，用钳子摘除底座，并适当去除影响拼接的支撑部分，去除过程如图 7.53（b）所示。使用胶枪和胶棒对打磨好的模块涂抹胶水，如图 7.53（c）所示。涂好胶水的模块需要迅速进行粘贴，并用力吻合边缘，如图 7.53（d）所示。

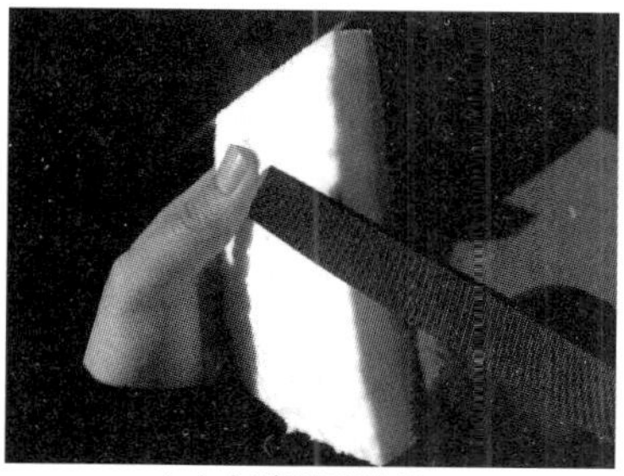

（a）打磨模型边缘

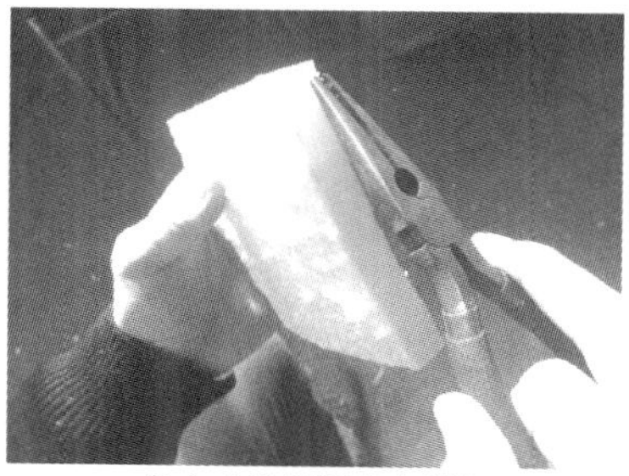

（b）去除模型多余部分

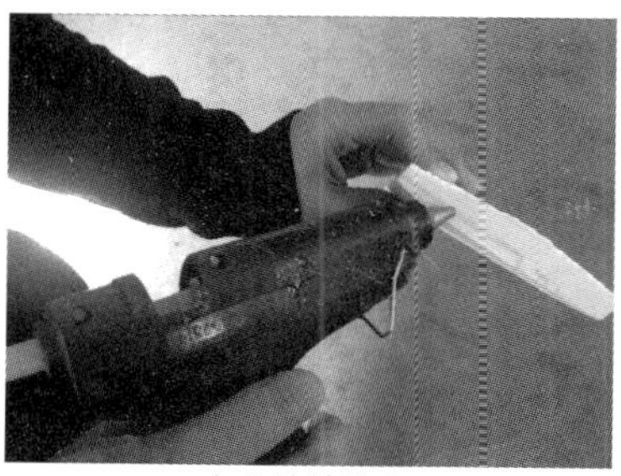

（c）涂抹胶水

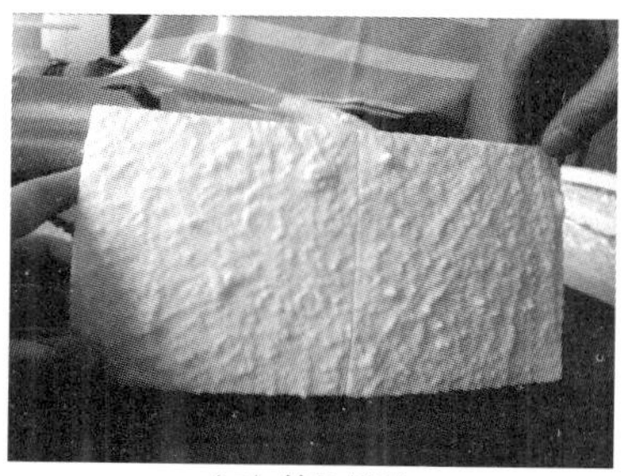

（d）粘贴模块

图 7.53　对打印成形的模块进行后期处理过程

最后，为了组装方便，可按照模型切割时的经纬线，将同一纬度内的3～4个小模块视为一组进行粘贴，将胶粘贴得尽量薄，不影响外观即可。将粘贴好的多组模型进行组装拼接，拼接过程如图7.54所示。其中，图7.54（a）为每4个模块进行组装粘贴，图7.54（b）为月球模型上0°纬线到20°N纬线的部分组装完成，图7.54（c）为月球模型上0°纬线到40°N纬线的部分组装完成，图7.54（d）为月球模型上0°纬线到60°N纬线的部分组装完成，图7.54（e）为月球模型“北半球”组装完成。

按照同样的组装方法，可在图7.54（e）的基础上继续将月球模型的“南半球”组装完成。最终组装成如图7.54（f）所示的月球模型。该三维打印制造的月球模型与本章课题最初的设计理念相符，直径为695.2mm，是真实月球直径的1/5000000，表面最大凸起为19.68mm，能充分体现真实月球表面的地形地貌特征。

（a）分组拼接

（b）0°～20°N纬线部分组装完成

（c）0°～40°N纬线部分组装完成

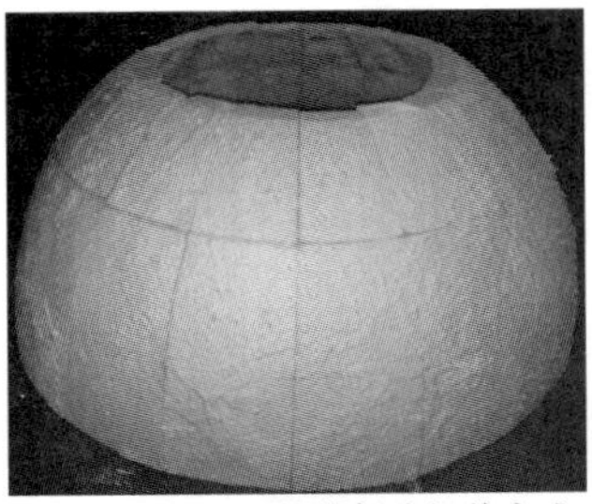
（d）0°～60°N纬线部分组装完成

（e）月球模型“北半球”组装完成

（f）直径约为70cm的月球模型制作完成

图7.54　月球模型组装过程

7.5.4　小结

本节按照三维打印工艺流程，首先详细讲述了月球三维模型打印前处理阶段中的切片过程，为模型设计了两种添加打印支撑的方法，并从打印时间、打印耗材量、工作量等方面分析了这两种添加支撑方法的利弊；其次介绍了三维打印准备工作，解决了打印过程中打印翘边的问题，并记录了月球模型的三维打印过程；最后是打印后处理阶段，对打印成形的月球模型进行磨边、去除支撑与底座、粘贴和组装等操作，制作出直径约为70cm的、表面具有凹凸地貌特征的月球实体模型。

7.6　总结与展望

7.6.1　研究总结

各国探月的脚步不会停止，月球表面地形地貌的研究成为探月或开展深空遥操作的基础课和必修课。了解月面的地形地貌和地形结构，可为探月工程和深空探测提供一定的地形帮助，帮助人类在地球上建立月面模拟实验室、测试月球车的性能及进行月球领域的其他科学研究等。因而制作具有表面凹凸特征的月球实体模型成为地形地貌可视化领域的一个重要方向，并在近年三维打印技术盛行下得到了重视。

基于虚拟触觉设计 FreeForm 系统建立月球三维模型，运用三维打印技术打印制造月球实体模型，主要研究成果可以概述如下：

1）综述了各国探月的大背景和三维打印地形地貌的研究现状，以及三维制作月球实体模型的目的和意义。

2）为了建立逼真的月球模型，从硬件设备 PHANTOM、软件平台 FreeForm Modeling Plus 及 OHAE 开发包 3 个方面研究了虚拟触觉设计 FreeForm 系统。

3）论述了三维打印技术，并从三维打印机和三维打印工艺两个方面进行了介绍；着重介绍了 Creator-X 系列三维打印机的打印原理、结构组成和规格参数等。

4）基于 FreeForm 系统设计了月球三维浮雕模型，提出并应用了平面分块法、平面等分法和经纬线法等切割模型的方法，并分别对这 3 种建模方法进行了对比和分析。

5）对月球三维模型和打印模型进行了误差分析，并利用图像重采样方法改变了月球二维图像的分辨率，降低了模型设计与模型打印的误差。

6）为月球模型设计了两种打印支撑，并分析了两种支撑的优劣；详细介绍了 MakerBot 切片系统的使用方法，并使用 MakerBot 切片软件对月球模型的分割模块依次进行切片处理。

7）使用 Creator-X 三维打印机打印了 148 块月球模型的分割模块，并分别对每个模块进行了后期处理，最终组装成直径近 70cm 的月球模型实体。

7.6.2　研究展望

由于个人能力与实验时间的限制，本研究还有很多不足，还可就以下方面进行深入研究，并作为之后工作的重点：

1）根据二维图像的纹理贴图制作月球浮雕模型时出现的两极地形汇聚现象。纹理贴图在向球面映射时会产生两极纹理汇聚或连接处不连续现象[61]，同样的道理，在 FreeForm 系统中根据“圆柱状”月球表面纹理贴图的灰阶，对球体黏土进行凹凸运算制作月球浮雕模型时，月球南北极也会产生地形汇聚、地貌结构走样的现象。如何解决纹理贴图两极纹理或浮雕图汇聚和走样问题是以后研究的重点。

2）模型误差问题。本章研究中根据图像重采样方法将月球二维图像的像素点个数与模型打印中打印点的个数进行一一对应，减小了三维模型和打印模型的误差。由于打印的月球模型直径是真实月球本身直径的 1/5 000000 倍，按照打印机的 0.2mm 的误差，那么月球上 0.2mm×5000000=1000m 之内的地形结构在打印模型中都不可见，所以如何在不改变月球二维图像像素大小的情况下[62]，去除月球表面纹理图上 1000m 之内的地形结构也是亟须解决的问题。

参 考 文 献

[1] 欧阳自远，邹永廖，李春来．月球：人类走向深空的前哨战[M]．北京：清华大学出版社，2002：17-26．

[2] 吴伟仁，罗格，高巍，等．奔向月球[M]．北京：中国宇航出版社，2007：95-100，216-222．

[3] 国防科工委月球探测工程中心．中国探月[M]．北京：科学出版社，2007：8-9，16-17．

[4] 邹永廖，欧阳自远，徐琳，等．月球表面的环境特征[J]．第四纪研究，2002，22（6）：533-539．

[5] 张传军，邱小林．嫦娥二号—嫦娥二号环月纪实[M]．北京：中国文联出版社，2010：94-95，141-143．

[6] NASMYTH J, CARPENTER J. The Moon: Considered as a planet, a world, and a satellite[M]. London: Cambridge University Press, 2013.

[7] 樊世超，贾阳，向树红，等．月面地形地貌环境模拟初步研究[J]．航天器环境工程，2007，24（1）：15-20．

[8] 王世杰，李雄耀，唐红，等．月面环境与月壤特性研究的主要问题探讨[J]．地球化学，2010，39（1）：73-81．

[9] 叶培健，肖福根．月球探测工程中的月球环境问题[J]．航天器环境工程，2006，23（1）：1-10．

[10] 张佳琦．3D 打印技术在地理教学中的应用研究[D]．上海：华东师范大学，2015．

[11] 赵正旭，张廷廷，王威．FreeForm 触觉设计系统的操作与使用[M]．石家庄：河北人民出版社，2015：1-229．

[12] 张廷廷，赵正旭．增强现实环境下的 FreeForm 空间遥操作研究[J]．河北省科学院学报，2014，31（2）：1-5．

[13] 赵正旭，张廷廷．基于 FreeForm 与 3ds Max 建模的三维打印[J]．计算机应用，2016，36（S1）：180-183．

[14] 陈启临．3D 打印“打进”地理信息产业[N]．科技日报，2013-07-12（6）．

[15] 李洋，石宗金，杨国先．工业造型设计中的建模技术研究[J]．制造业信息化，2007（4）：94-96．

[16] TIGER W. 芝加哥 3D 打印 Google 街景三维模型城市风貌完整呈现[EB/OL]. [2013-07-13]. https://www.cnbeta.com/articles/tech/244569.htm.

[17] 驱动中国．欧航局也会玩啊！欲在月球建 3D 月球村取代空间站[EB/OL]. [2016-01-05]. http://www.qudong.com/article/285225.shtml.

[18] 黄燕．三维地形地貌的可视化研究[D]．北京：北京工业大学，2002．

[19] 刘莉．基于 FreeForm 的虚拟产品设计研究[D]．石家庄：石家庄铁道大学，2013：31-42．

[20] 刘莉，赵正旭，王中义，等．基于 FreeForm 的玩具模型设计[J]．河北省科学院学报，2012，29（3）：23-27．

[21] ZHAO Z X, ZHANG T T, WANG S Q. Research of space teleoperation based on FreeForm and augmented reality technology[C]//International Conference on Mechanical Integration and Control Technology. Terre Haute: International Journal of Automation and Control Engineering, 2015, 1(4): 26-29.

[22] 周慧．浅谈 CAD 与机械制图[J]．计算机光盘软件与应用，2012（4）：91-92．

[23] 李洋，石宗金，杨国先．工业造型设计中的建模技术研究[J]．制造业信息化，2007（4）：94-96．

[24] TECHNOLOGIES S. PHANTOM® Desktop™-user's guide[CD]. USA, 2008.

[25] 王树国，任倩，蔡鹤皋．利用虚拟现实和力反馈的遥现技术综述[J]．中国机械工程，1999，7（10）：803-807．

[26] 周建武．基于力觉修正的遥操作技术研究[D]．武汉：华中科技大学，2012．

[27] 王爱民，戴金桥．虚拟现实的力触觉交互技术发展现状与趋势[J]．测控技术，2007，10（26）：1-3．

[28] 张韬．基于虚拟夹具的力反馈遥操作技术研究[D]．北京：北京邮电大学，2014．

[29] 赵迪，付艳，李世其，等．遥操作系统中力反馈研究与实现[J]．自动化与仪表，2008，23（9）：1-4．

[30] TECHNOLOGIES S. FreeForm® Modeling™ & Modeling Plus™ version 10[CD]. USA, 2009.

[31] 陈龙，王坤茜，徐人平，等．基于 FreeForm 系统的玩偶设计开发[J]．陕西科技大学学报，2010，28（2）：149-153．

[32] 李洋．基于力反馈技术的虚拟产品开发研究[D]．昆明：昆明理工大学，2006．

[33] HERKOMMER A M. Advances in the designs of freeform systems for imaging and illumination applications[J]. Journal of Optics, 2014, 43(4): 261-268.

[34] KONG L B, CHEUNG C F, JIANG J B, et al. Characterization of freeform optics in automotive lighting systems using an Optical-Geometrical feature based method[J]. Optics-International Journal for Light and Electron Optics, 2010, 122(4): 358-363.

[35] ZHAO Z X, WANG S Q, ZHANG T T. Study on the Method of Pan-Tilt Control in 3D Scene[C]//International Conference on Mechanical Integration and Control Technology. Terre Haute: International Journal of Automation and Control Engineering, 2015, 1(4): 1-4.

[36] 张美超，刘阳，刘则玉，等．利用 Mimics 和 Freeform 建立中国数字人上颌第一磨牙三维有限元模型[J]．医用生物力学，2006，3（21）：208-211．

[37] HUANG X, YE M, ZHANG W, et al. Fabricating auricular prostheses based on rapid prototyping and the FreeForm modelling system[J/OL]. The International Journal of Advanced Manufacturing Technology. 2004, 24(11): 873-878.

[38] YEO J Y, II-KYU S, YUN J, et al. Stereoscopic 3D exploration of freeform architecture[J]. Automation in Construction, 2014, 46(10): 1-10.

[39] LIU Y G, ZUO L X, PEI G X, et al. Establishment of schatzker classification digital models of tibial plateau fractures and its application on virtual surgery[J]. Zhonghua Yi Xue Za Zhi, 2013, 93(31): 2478-2482.

[40] 刘溪，侯增选，闫锋欣，等．虚拟油泥造型系统的 STL 数据输出接口设计与实现[J]．计算机应用研究，2008，2（28）：634-636．

[41] TECHNOLOGIES S. OpenHaptics® toolkit version 3.0-programmer's guide[CD]. USA, 2008.

[42] 梁仕权，成思源，张湘伟，等．基于 Freeform 的逆向工程数据修复[J]．工具技术，2009，43（11）：84-87．

[43] 吴艳奇，成思源，张湘伟，等．基于 FreeForm 的 CAD 模型细节添加与修改[J]．机械设计与制造，2010（5）：93-95.
[44] 刘文敏，张天会，徐人平．基于 FreeForm 和快速原型的快速产品开发研究[J]．机电产品开发与创新，2010，23（1）：102-104.
[45] 王运赣，王宣．三维打印技术[M]．武汉：华中科技大学出版社，2013：21，193-201.
[46] 徐人平．快速原型开发与快速设计开发[M]．北京：化学工业出版社，2008.
[47] 刘海涛．光固化三维打印成形材料的研究与应用[D]．武汉：华中科技大学，2009.
[48] 邓富强，马选民．3D 打印技术在虚拟现实教学中的应用[J]．电子世界，2014（10）：275.
[49] GROENENDYK M. Emerging data visualization technologies for map and geography libraries: 3-D printing, holographic imaging, 3-D city models, and 3-D model-based animations[J]. Journal of Map & Geography Libraries, 2013, 9(3): 220-238.
[50] 刘厚才，莫健华，刘海涛．三维打印快速成形技术及其应用[J]．机械科学与技术，2008，27（9）：1184-1190.
[51] HOROWITZ S S, SCHULTZ P H. Printing space: using 3D printing of digital terrain models in geosciences education and research[J]. Journal of Geosciences Education, 2014, 62(1): 138-145.
[52] 闫彬彬，唐波．三维打印技术应用现状及前景展望[J]．当代经济，2013（9）：40-41.
[53] 黄兵．三维打印支撑材料及成形工艺的研究[D]．武汉：华中科技大学，2009.
[54] 万亮，黄田津，梁志成．等立方体球面映射[J]．计算机辅助设计与图形学学报，2008，8（20）：978-985.
[55] 范波，吴慧中．多面体表面纹理映射方法研究[J]．计算机研究与发展，1999，4（36）：446-450.
[56] 王建文，袁伟．人体面部纹理贴图生成算法[J]．微计算机信息，2008，3（24）：207-209.
[57] 汪然，平西建．基于图像纹理复杂度和奇异值分解的重采样检测[J]．计算机辅助设计与图形学学报，2010，9（22）：1606-1612.
[58] 郝丽．数字图像重采样检测研究[D]．大连：大连理工大学，2009.
[59] 陈孟原，李锋，殷苌茗．一种适用于有损压缩图像的重采样检测算法[J]．计算机工程，2012，1（38）：217-219.
[60] 吴琼，李国辉，涂丹，等．面向真实性鉴别的数字图像盲取证技术综述[J]．自动化学报，2008，34（12）：1458-1466.
[61] 吴涓，宋爱国，李建清，等．基于图像处理的纹理力触觉建模和表达方法研究[J]．测控技术，2008，4（27）：17-20.
[62] 周武，胡跃明．基于相位相关和重采样的亚像素图像配准算法[J]．华南理工大学学报，2010，10（38）：68-73.

第 8 章 云台与虚拟场景的双向通信控制系统

8.1 绪 论

8.1.1 研究背景和意义

1. 研究背景

在对遥远和复杂环境的探测时，人们完成各项操作时具有不便性和盲目性。目前，虚拟现实技术使人类的感知进行了各方面的延伸，拓展了人类的操作范围，使人类可以通过操控虚拟空间实现对现实设备的掌控。根据现实环境中的基本信息建立虚拟场景，对真实环境进行仿真，可以增强对现实场地的直观显示效果。采用计算机图形技术和可视化技术可以创造出三维虚拟场景，以观察者视觉来模拟机器设备进行观测，可使人在虚拟场景中的视角变化和机械操作之间建立信息连接和信息反馈，扩大两者的应用范围，使工作人员利用虚拟场景有效地进行现实设备的操作任务。

在虚拟现实技术中，人们可以通过手柄、语音、人体动作、数据手套等多种感知设备，通过输入信息对三维虚拟环境进行实时性操作，此类人机交互方式与传统操作（手动输入命令操作等）相比，具有更加准确、高效、直观等特点。通过人机交互方式，如鼠标动作、数据手套操作、语音输入等，丰富了人机交互的种类，简化了冗长的命令输入和繁杂的菜单操作，帮助用户方便地操控机器，使机器成为其手足与视觉的“延伸”。随着虚拟现实技术的不断发展及相关设备制造成本的降低，虚拟现实技术目前在仿真模拟、文化娱乐和无线网络等方面呈现快速发展的趋势，并将在更多领域得到应用推广。虚拟现实具有多媒体与多通道特点，代表着人机交互领域今后的一大发展方向，有助于促进人机交互技术逐步实现人性化、智能化、集成化、网络化[1]。

随着多媒体技术和通信技术的不断发展，云台（pan-tilt，PT）监控的应用日渐广泛化、高端化。云台性能不断提高，已广泛地应用于民用、军用等诸多领域，如区域监控、边境巡视、机器航拍、深空探测、侦查监视等。目前，无论是传统的地面监控，还是飞行器航拍任务，仍存在着云台操作复杂、监拍方式单一、系统与操作人员交互性差等诸多问题。为了提高云台的可操作性，增强人机交互能力，通过对云台控制系统进行研究，进而改进控制方式就显得尤为重要。

现有的云台系统主要应用于安防系统，应用最为广泛的是对大型场景的观察和监控。同时，云台系统越来越多地应用于动态的观测系统中，如在深空探测时，由月球车搭载的云台系统可以实现云台的多自由度移动，从而使云台摄像机多方位捕捉月球影像。近年来，越来越多的科研人员开始研究小型高性能的机载云台系统，应用于小型无人直升机，通过航拍实现高空监测，以广泛地服务于人类的生产生活。在商业、国防安全、军事应用领域中，高性能云台操作系统的重要性日益显见。云台是连接光学器械和固定支架的转向设备，通过远程控制系统可以改变其自身转动及移动的方向，从而跟踪观测目标的移动轨迹。云台作为机器视觉领域控制部分的重要载体，可将摄像装置或各种类传感器安装于移动机器本体，应用的广泛化使得对云台的定位和控制方式的要求逐渐趋于多样化，云台的控制和动作反馈形式也在不断改进完善，以满足各种场合的需要。

云台在工业上的应用也在不断增加。例如，在变电站或核电站等高强度作业的环境下，工人巡检受到很多主观因素影响，导致巡检难以到位、检测质量难以控制、检测结果数据化不彻底等工作效率低的问题。考虑到以上情况，将需要的感知设备，如红外热像仪、摄像机及拾音器等，附加至站点巡检机器人上[2]。机器人按照预规划路径巡检，行至检测地点，云台启动到预置位使检测机器对准待检设备，将所采集目标的图片及工作状态数据通过无线网上传到控制后台，进行图像处理和数据分析。云台作为任务的中间承载环节，其工作性能的优劣将直接决定巡检机器人执行任务的顺利程度和整个工作站的监测调控任务状态。

2. 研究目的和意义

随着社会的不断进步，安防技术也在不断地更新迭代，现代安防和监控系统越来越趋于可视化和自动化。云台是监控系统中重要设备之一，具有扩大摄像监视范围、有效追踪监视对象等优良特性。安防和监控行业中，需要在静态监控器基础上增加在水平方向和左右方向的旋转功能以扩大其视野范围。云台是连接在摄像机和负载设备的中间支撑部分，是监控系统的重要连接环节[3]。

云台是一种装有两个电动机，使置物台可以在水平和垂直方向上发生旋转动作的机械装置，常作为安防系统中用于摄像装置与支撑底座的联结的施工设备。通过使载物台旋转可以使摄像头的采集范围扩大，可以更加方便直接地进行图像采集，主要用于需要捕捉监控视野内的动态情况和目标物体运动图像（视频）的场合或环境。同时，加载拾音设备可以使获取的信息内容更丰富，有些需要摇动的机械结构如高端探测仪、热成像仪等，均可以使用云台来实现操作对象视野的延伸和扩展。在大型场所的安防监控系统中，传统云台通常具有结构复杂、体积较大、调速精度较差及控制方式单一的特点[4]。而目前的云台系统可通过控制系统来远程操作其转动方向。机器负载云台在朝着高精度和操控智能化的方向发展，机械设备的操作方式和应用技术开启了多样化发展的时代，也在不断满足着人类生产生活的各项需求。

（1）可视化需求

近年来可视化技术的发展在各个应用领域都有质的飞跃，对虚拟现实中信息的交互处理等研究也在逐步加深。将三维可视化系统与机器操作相结合，可实现虚拟界面中对场景的观测和器械操作的一体化[3]。

在很多的应用领域，越来越多的场景需要可视化支持，要求能够随时根据虚拟场景中的视角状态指导摄像机云台监控方向发生改变，以实现在由虚拟三维立体空间操作现场云台完成监视动作。这种可视化的监控方式，增加了在无现场视频情况下对检测地点的预知性，通过已建立的三维虚拟场景，可以实现对目标地点有目的观测。另外，在监控系统中，对视频中出现的目标物体进行跟踪监控是对系统智能化的要求。因此，将在图像信息中提取出目标物体的图像位置，通过处理后判断其在监控视场的精确坐标，作为云台姿态角度的参考信号，以控制云台紧密跟随运动目标，使目标物体始终处于实时监控视场中心。

（2）云台监控发展趋势

近年来，全国大力推行科技强警和平安城市工程，这给安防监控行业带来了前所未有的商机[4]，对监控云台的要求也在精益求精。在监控系统的应用中，要考虑大范围监控、隐蔽安装和快速响应等多方面的要求，而智能云台自动跟踪监控系统恰好具有自动发现目标、跟踪目标、根据目标自动控制旋转速度、自动扫描和巡航等功能，可满足各类型监控环境的应用需求，并且在各类型的监控项目中广泛地应用[5]，凸显了智能视觉自动跟踪监控系统的优势。再者，无人机带来的航拍探测技术更加快捷高效，可承揽巨大的工作量，极大地提高了对地面的勘测效率，广泛应用于军事、民用、交通、生态研究等各方面。在执行任务时，可发送命令使机载云台旋转至一定角度开展勘测工作，并将摄像设备捕捉到的视频画面传递监测站，通过远程控制云台设备，实现对地表的全面监控和实时监测。

（3）军事化需求

随着世界格局的不断变化和矛盾凸显，高技术战争开始鸣响战笛，陆军机械化部队不再是攻击的首选武器，空军部队越来越多地决定了战争的进程和最终结果。空军部队需要在空中对目标进行探测、跟踪、瞄准和打击，整个任务过程需要有机载云台和搭载在该云台上的稳像控制系统。架设有云台的武器装备不但使制导武器使用范围大幅扩大，同时极大地提高了命中精准度。因此，可应用于空中攻击、测试或监控用的精良云台设备受到了各国军事工作者的青睐[6]，在军用边防平台、科学考察设备、精密监控平台、机器人视觉等领域中，精密云台系统的使用意义重大。对 FLR 公司 PTU-D46 系列云台进行学习，并对系统进行应用开发，旨在扩大其使用范围，并将其应用于更多高精尖技术领域。

8.1.2 国内外研究现状

近年来，世界各国不断增加对智能云台的研发投入，军用和民用云台种类型号日益增多，其稳定性和控制精度都达到了很高的水平。在军事上，云台被广泛地运用到坦克、飞机、舰艇、导弹及火箭等设备中[7]。例如，坦克的火炮器就是一个稳定云台，其性能的优劣直接影响着火炮的稳定精度和瞄准速度。1946 年英国开始研制全电式双轴稳定云台，20 世纪 60 年代后，各国主战坦克都使用双轴稳定云台。而在 20 世纪 70 年代后，随着三轴自由度陀螺仪云台的问世，新型云台被装备到各种重型武器设备中，使得武器的打击精度逐渐不被外界因素影响，提高了作战准确度。开发高智能云台成为各国军事领域中的热点，美国、英国、俄罗斯、法国、以色列、南非等国家在机载设备安装了稳定的云台，用于光电侦查和机载光电控制。此外，云台在民用方面也发挥了极大的作用，美、英、日等国很早前就使用无人机搭载云台执行高难度航拍任务，我国的无人机和机载云台航拍技术也在近五年得到快速发展。飞行器小型机载云台的研究进步，使得航拍摄影和测量技术得到了真正的提高。

1. 国外研究现状

早在 20 世纪 80 年代，惯性稳定系统已经将陀螺仪应用起来，从航天设备到深水战艇，从手持武器到陆军坦克，无论在科学、军事，还是商业民用领域都有惯性系统的应用。欧洲发达国家很早就将陀螺仪技术应用在军事中，作为战略攻击设备的稳控系统核心技术。

以色列是在安防方面做得较为出色的国家之一，在全世界的印象中，以色列军队有很强的攻击性，以夺取战场主动权和军事胜利为终极目标，坚持“先发制人”的军事战略[8]，但是在日渐紧张的全球形势下，为避免突如其来的外界袭击，其进攻战略逐渐发生变化，在主动强攻的基础上加大了积极防御能力。为应对城市作战中的反坦克导弹，名为“梅卡瓦”的坦克战机装备有“风衣”主动防护系统，系统配备有专业雷达作为主动防护系统，可全方位监控地方发射的反坦克导弹，出现来袭目标时迅速发射导弹实施拦截。以色列飞机制造公司的无人驾驶侦察机制造技术领先于世界先进水平，全系列无人驾驶机包括著名的“搜索者”“猎犬”“苍鹭”等先进侦察机。以色列的军工研制非常强悍，目前已经研制出具有世界先进水平的“费尔康”预警机、“哈比”无人机、“梅卡瓦”坦克等明星武器，可以说以色列的军事实力在中东地区是数一数二的[8]。

而在云台的视频监控方面，20 世纪 90 年代后期，美国的国防高级研究项目计划局（Defense Advanced Research Projects Agency，DARPA）联合了美国十几所高等院校和研究机构设立了视频监控重大项目（video surveillance and monitoring，VSAM）。该项目主要运用视频理解、多种传感器融合及网络通信等技术对战地等进行自动监控。DARPA 于 2000 年又资助了远距离人类识别（human identification at a distance，HID）重大项目，其研究内容是开发多模式的监控技术，从而实现在较远的距离对人进行检测、分类及识别，增强国防安全，同时保护民用场合免遭恐怖袭击。

2. 国内研究现状

我国在惯性运动测量仪器方面的研究日益成熟，光纤陀螺是陀螺仪中较为先进的一种惯性仪表，在军事上的成功应用受到了各国的重视，目前已经成为惯性技术领域的主流代表，并广泛应用到了更多领域。2011 年我国在天宫一号与神舟八号对接任务中，光纤陀螺惯测装置起到了不可磨灭的作用[9]。中国航天电子技术研究院第十三研究所作为我国惯性技术的奠基者，是国内最重要的惯性技术及产品研制生产基地，在国防领域具有不可替代的地位和作用。

我国惯性技术的发展与导弹技术的发展齐头并进，其过程主要为引进外国先进技术而后改进研发的模式。20 世纪 80 年代初由国外引进的 SA365N/N1 直升机并没有添加惯性稳定设备，后期在科技工作者对飞机的研究和改造下，惯性稳像设备才得以应用。可以看出，国内对惯性稳定云台的研究晚于国外，技术和国外先进水平相比还有较大差距。从 20 世纪 80 年代初开始引进外国的一些陀螺仪稳定云台，到 20 世纪 90 年代初我国开始自主研制机载陀螺仪稳定云台。如今云台已经广泛应用在生活中，如高速路口、小区出入口的车辆识别系统云台、治安巡逻车上的车载摄像机云台、农业无人飞机机载云台等；在航空航天深空探测领域，月球车负载精密云台系统，加载摄像机与探测设备等进行星体地表勘察等任务，充分体现了我国在云台研发和使用上取得的显著成绩。目前国内开发和研制高精度智能云台的机构主要有中国科学院自动化研究所、清华大学、哈尔滨工程大学、长春光学精密机械研究所、西安兵器工业总公司 205 所、九江精密测试技术研究所、成都光电所、华中光电所等科研机构[10]。在云台控制方面，中国科学院光电研究院设计研究了基于机器视觉反馈的云台控制模型，利用图像帧间的目标位置预测来优化搜索跟踪算法；上海大学机自学院精密机械系采用微机电系统（micro electro mechanical systems，MEMS）传感器设计了小型无人机机载云台系统，通过多传感器信息融合获得云台的最优姿态；西安工业大学方小平等人设计的基于陀螺仪的空中云台稳像系统，对云台在实际场地的测量精度的提高研究有着巨大的参考价值。

8.2　云台介绍与应用

云台是安防系统中用于摄像装置与支撑物的连接设备，主要用于动态摄像、安全监控等需要捕捉运动图像的场合或环境，可以更加方便直接地进行图像采集工作。云台旋转可以使摄像头的采集范围扩大，进而使得获取的信息内容更丰富。有些需要摇动和摆动的机械结构也借助云台实现可操作范围的延伸和扩展。通过在控制端设置波特率与地址码等于云台一致，便可发送既定命令控制云台带动监测设备运转工作。

对云台和虚拟场景的同步控制是作者的主要研究方向之一，因此了解云台系统的结构和工作原理以及云台操作所用的命令语句和数据格式则成为实验的首要工作。

8.2.1　云台系统介绍

云台是一种能够同时绕铅垂轴和水平轴旋转的机械工作台，可用于安装、固定摄像装置，作为摄像装置等和承重物体之间的连接设备。云台用于安全监控、动态摄像等需要进行捕捉运动图像或影像的工作场合，灵活的采集方式使获取的信息内容更为丰富、直观[11]。在一些需要移动或摆动的机械结构中，云台可用来延伸和扩展机器可接触或扫描范围。一方面，云台转台可作为各种军用和民用监控装置的基础运动平台，是整个机电控制系统的核心组成部分；另一方面又可作为研制高科技尖端武器的仿真和试验平台。

实验云台采用了美国 Directed Perception 公司研制的 PTU-D46 型云台，采用直流工作电压驱动两台步进电动机。该系列云台可提供快速精确定位，运行速度、加速度、功率和其他参数均可编程控制，并可连接网络。内置控制器搭配嵌入式 RS-232 和 RS-485 接口，可接收 ASCII 和二进制命令格式，根据预先设定参数对云台进行俯仰及水平两个方向的旋转控制，并且该产品具有通过快速执行命令来满足如激光扫描和视频跟踪的精准度要求的优点。PTU-D46 应用领域包括航道防护、机场报警系统、周界监视、边境保护、入侵侦测等，搭配单个适应各种气候的附加设备和适用于恶劣环境下操作的防风雨装置。

FLIR 公司的云台系列产品还适用于军事传感和监控领域，包括部队防御、周界监视、场地监控、无人值守地面传感器及狙击侦测等，在世界范围内的军事系统领域应用均表现出高可靠性和高性能。另外，FLIR 公司的运动控制系统也出现在机器人和计算机视觉市场中，为视觉跟踪和机器人视觉等应用提供实时定位。近年来，FLIR 公司开展和深圳市大疆创新科技有限公司技术合作[12]，无人机巡航设备、载人航天和无人机器人车辆和计算机视觉等领域也需要精密云台系统进行保驾护航。

图 8.1　FLIR PTU-D46 型云台

在计算机上通过一体化串行端口可以精确控制和编程云台设备。其尺寸小（3.54in×3.06in×5.15in，1in≈ 25.4mm）、质量轻（1.4kg）的特点使得 PTU-D46/47 型号十分适合杆顶和移动机器人使用。云台外观及二自由度构造如图 8.1 所示。

该云台详细技术规格如表 8.1 所示[13]。

表 8.1　PTU-D46 型云台系统技术规格表

有效负载能力（D46）	4.1kg
方位角移动范围	±180°
俯仰角移动范围	−80°～+31°（111°范围）
位置分辨率（方位/俯仰）	0.013°/0.003°
方位角速度（最小值～最大值）	0.013°/s～300°/s
主机接口	RS-232、RS-485、RS-422
有效负载直通接线	8 根导线（PTU-D47 可选）
输入电压	12～30V DC
质量（D46）	14/25kg
工作温度	−20～+60℃
防风雨装置	IP65

该型云台由上位机直接控制，云台单元系统具有价格适宜、运转速度快、精确定位等优点。具体包括以下常规特征。

1）可由任意 RS-232 接口终端或计算机通过简单命令控制。

2）高性能表现：负载容量超过 2.72kg，运行速度超过 300°/s，精度可达单位移动位置 0.02572°。

3）具有精准的位置、速度、加速度控制。

4）运行中可实时改变运动方位和速度。

5）启动时自检。

6）主机可控制电源损耗情况。

7）有效的程序控制包括简易的 ASCII 码命令模式和二进制命令模式。

8）恒流 DMOS 发动机驱动获得更优控制和表现性能。

9）接通未调节电源可获得直流电源输出。

云台的旋转对准方式有两种，分为自动对准和手动对准。

手动对准方式需要人为对下位机云台进行直接操作，旋转云台旋钮使云台在水平和垂直方向上都处于适合位置，从而将机载摄像头对准监控目标。该种对准方式完全由人为判断和干预，操作直观、简单，但准确性较差，云台转动稳定性不高，云台处于特殊环境下存在不易操作等问题，不满足操作的自动化与智能化要求。

自动对准方式具体实现方式为：由上位机程序实现在操作窗口中实时显示和存储云台偏转角度，上位机发送监控坐标点至云台系统，云台可根据接收命令立即或定时做出行动，调整位姿使摄像机图像中心对准观测目标点。同时对云台在运转过程中某刻的当前位置，通过通信机制传递给上位机，以方便实时掌握云台运行的具体情况并做出判断。

云台控制系统一般由控制台、远程通信模块和云台控制模块组成。控制台用于用户输入对云台的控制指令，例如，进行上、下、左、右各方向的行进动作。常见的控制台可以是一台安装了对应软件系统的计算机。远程通信模块用于实现云台和控制台之间的通信，一方面将控制台发出的指令，传输到云台；另一方面也将云台的数据反馈到控制台。

云台控制模块是最核心的模块，通常安装在云台上，需要实现两个主要功能：将接收到的控制台指令进行解码，转换为控制电动机运行的控制信号，根据控制信号，驱动云台上的电动机进行相应动作。

PTU-D46 型云台按照既定的控制命令运行，主要命令参数有查询当前位置、极限位置、设置水平/倾斜位置、速度、加速度、预置位、扫描周期等[14]。相关命令格式如下：

PP<delim>　　//查询当前水平位置；
PP<position>　　//设置目标水平轴绝对位置；
TP<delim>　　//查询当前倾斜位置；
TP<position>　　//设置目标倾斜轴绝对位置；
PN/ TN<delim>　　//查询最小水平/倾斜位移；
PX/ TX <delim>　　//查询最大水平/倾斜位移；
LD<delim>　　//解除水平边界位置限定。

下面以当前绝对位置设置和查询命令为例，进行详细的解释。

命令类型：指定和查询水平方向和倾斜方向的绝对位置。指定的转动命令可以立即在改变水平轴和倾斜轴上的方向，无须等待之前的未知命令是否执行完毕。

命令语句格式及部分用例如下：

查询当前水平轴绝对位置：PP<分界符>；
设置指定水平轴绝对位置：PP<位置><分界符>；
查询当前倾斜轴绝对位置：TP<分界符>；
设置指定倾斜轴绝对位置：TP<位置><分界符>；
设置指定倾斜轴绝对位置：TP<位置><分界符>；
设置指定倾斜轴绝对位置：TP<位置><分界符>。

用例：如下命令将水平轴送向左侧指定位置、等待，再送至右侧指定位置。

```
PP-2500  *
A  *
PP  * 当前水平位置为-2500
PP2500  *
A  *
PP  * 当前水平位置为 2500
```

8.2.2　二自由度云台分析

物体相对坐标系进行独立运动方向数为运动自由度。传统安防和控制行业根据运动功能将云台划分为两大类型，即固定云台和电动全向云台。云台自由度由内部结构决定，影响云台的机动性，是云台的重要指标之一。由于云台工作时需要把运载物体对准空间某特定位置，因此在空间中要具有 3 个自由度。然而对于监控场景中的云台来说，云台不发生平移运动，或者由移动平台作为载体搭载云台进行位置变化，因此云台机构仅需要两个自由度便可执行监控任务。根据云台的转动特点选用能够左右旋转同时兼具上下旋转功能的全方位云台，即二自由度（two-degree of freedom，2-DOF）云台[15]。二自由度云台适用于大范围扫描测控，驱动装置根据预置命令进行定位，云台即可实现自动扫描运转，也可在操作人员的即时操控下进行特定位置的定位和跟踪运行。

实验用二自由度云台结构如图 8.2 所示，也可以通过外部旋钮进行不同方向上的旋转操作。

全方位云台是两个不同方向放置电动机组成的安装平台，电动机工作电压的差异也决定了云台的整体工作电压包括交流 24V、交流 220V 及直流 12V。由电动机可以控制设备进行云台的上下和左右各方向的转动，当接收到上、下动作电压时，垂直电动机转动，经减速箱带动垂直传动轮盘转动；同理，当接到左、右动作电压时，水平电动机转动，并经减速箱带动底端的水平齿轮盘转动。由于载重原因，垂直电动机转矩大于水平方向转矩，同时由于覆盖角度水平大于垂直方向，因而云台水平转速一般大于垂直转速。

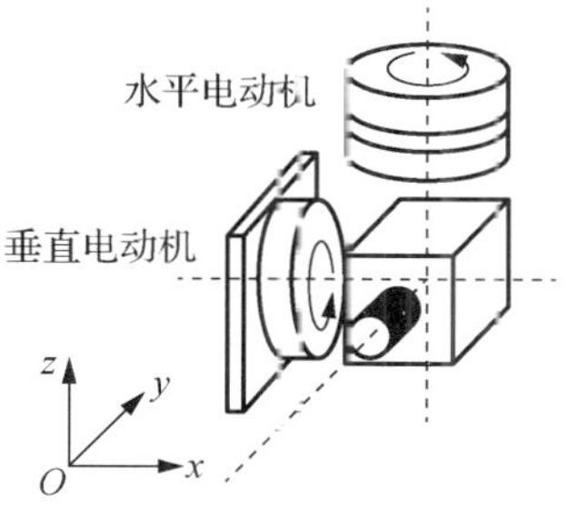

图 8.2　二自由度云台结构

另外，云台都有限位功能，由水平、垂直的限位栓微动开关控制实现。当电动机转动的角度达到极限方位时，微动开关断开，电动机失电停止转动。封装较好的限位栓位于云台内部，其密封性好于外置限位装置的云台[16]。实验所用云台的限位装置使水平转动角度可达到 360° 甚至 365°（5° 覆盖角），起到消除监控死角的作用。

云台根据内部电动机类型不同分为交流型云台和直流型云台[17]，二者工作电压不同。交流型云台使用交流电动机，由于转动速度固定而多用于定速巡航，而常用的直流型云台大都采用的是直流步进电动机，具有转速高、可变速的优点，应用于快速捕捉运动目标的监控场合。直流型云台都具有变速功能，所提供的电压是直流 0～36V 的变化电压，变速效果由控制系统和解码器性能决定，云台水平最高转速可达 30°/s～50°/s，垂直可达 10°/s～24°/s，可根据实际需要改变输入电压大小值来控制云台电动机做相应速度的运转。另外，云台一般可设置任意预置位，且任意位停留时间可调，并可设置自动巡航扫描路径，在规定时间执行预设命令。

8.2.3　小结

高性能云台的出现使安防技术有了极大的提升，其通过内部电动机转动控制相机采集监控图像以实现人机交互，因此云台的控制精度和稳定性直接影响着监控或采集信息的优劣。随着科学技术的发展和硬件性能的提高，云台的控制方式和运行精度也在不断丰富和提升。在运行过程中，控制人员需要掌握云台的实际精确方位，因此，在云台中加入运动处理传感器，可以实时检测并返回云台的当前运动状态。通过增加反馈式偏转角数据，可提高云台的易掌控性和智能化操作水平，使云台可在无人看守情况下按照预设偏转角度自动改变位姿，并且可通过上位机查看云台的实时精确偏转方向，高精度的数字回显功能使人员的操作和云台的运行更为精确有效。

8.3　虚拟场景与云台系统

数字信息时代的来临，使三维信息广泛应用于环境监测、城市安防、交通运输、水利电气、家庭安全等众多方面，三维地理信息系统是获取和分析地理空间数据的重要工具。在计算机图形学应用研究不断深入、应用不断扩大的发展中，虚拟场景的渲染技术在应用中占有相当重要的位置。虚拟场景渲染技术旨在真实地显示三维环境，并允许操作者在场景中漫游观测。目前 OpenGL 可提供强大的图像处理功能，使虚拟场景的渲染效果更灵活逼真[18]。例如，基于虚拟现实技术的太空实况三维可视化系统（total discovery of space，TDS）是深空探测可视化虚拟仿真系统，现应用于航天测控领域。这种空间技术电子沙盘系统，实时并精准地虚拟出太空实况，在各种深空探测任务中对全过程进行三维可视化。该系统将科学研究数据通过立体的方式直观地表现出来。系统可以提供对卫星、飞行器、已知绕地球飞行物体的可视化测控与跟踪的软件工具，同时也提供了完整的宇宙和天体实时三维虚拟环境和可视化功能。

8.3.1　三维场景软件

三维交互技术是虚拟现实的关键技术之一，涉及计算机图形学、心理学等诸多领域[19]。现有的应用包括诸多方面，如数据手套、三维眼镜等多种虚拟现实设备，拓展内容极其丰富。在计算机端三维场景的显示操作中，我们通常使用鼠标指针的移动来实现屏幕中对三维场景观察视角的变化。对三维场景或其中某具体操作对象而言，其空间位置的交互主要有两种实现办法：一是通过改变视点和观察点来得到三维交互操作效果，二是通过改变场景或其中实体的矩阵来实现。

鼠标的二维操作在计算机桌面上为光标在平面的运动，当操作对象为二维平面时，鼠标动作与操作界面为直接映射关系。然而，当操作对象为三维物体时，二维鼠标的运动与三维对象的动作发生的交互便存在一定矛盾，可以通过一定算法进行解决[20]。

假设三维场景坐标系屏幕坐标为 x、y，垂直屏幕向内坐标为 z，操作窗口宽、高为 width、height，操作对象旋转半径为 radius，则屏幕视角向量可由下式计算得到：

$$\begin{cases} V_x = -(s_x - \text{width}/2) / (\text{radius} \times \text{width}/2) \\ V_y = (s_y - \text{height}/2) / (\text{radius} \times \text{height}/2) \\ V_z = \sqrt{1.0 - \left(V_x^2 + V_y^2\right)} \end{cases} \tag{8.1}$$

1. 虚拟三维场景的建立

在一些特殊而复杂的环境下进行监控时，我们需要对实地场景进行前期的虚拟化模拟，建立起三维场景模型，从而实现对复杂环境的预了解和有目的的观测。SkyBox 软件是一款典型的三维场景制作实例，由上、下、左、右、前、后 6 张图片在三维空间中拼贴而成，利用高效算法和纹理光照等渲染得到的一个逼真的室外场景。观察者可以通过移动鼠标来旋转场景，以便在不同角度对场景进行 360° 全景观测。软件部分视角图和整体效果如图 8.3 所示。

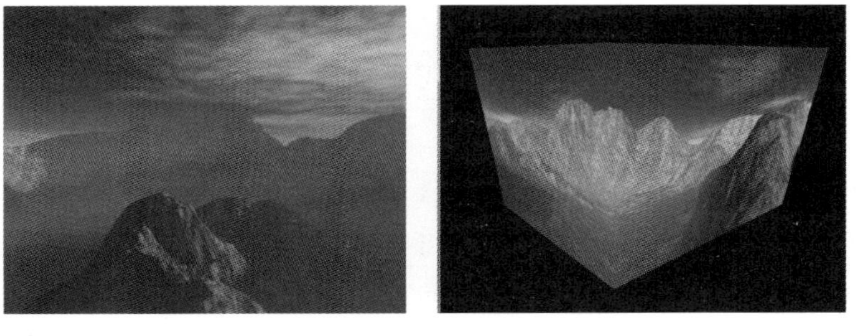

图 8.3　SkyBox 实景图

鼠标在桌面上的移动为二维运动，反映在屏幕显示上则是三维场景或物体的三维视角运动，在此之间存在着二维屏幕与三维形体之间的矛盾，通过一定算法可以克服这种空间矛盾，实现二维鼠标与计算机场景的三维交互。

该软件程序中涉及旋转视角、照相机扫描、照相机平移等函数，如下所示：

```
void RotateView(float angle, float X, float Y, float Z);
void SetViewByMouse( );
void RotateAroundPoint(CVector3 vCenter, float X, float Y, float Z);
void CameraScan(float speed);
void CameraMove(float speed);
void CheckForMovement( ).
```

RotateView 函数描述基于照相机位置不发生变化时，即视觉基准点为原点时的旋转视角相关参数，也是对应于二自由度云台监控设备俯仰角度的关键坐标值。当视觉参照点为世界原点时，照相机的旋转参数被该函数描述，可得到二自由度云台俯仰角度的关键坐标值。SetViewByMouse 函数表示在鼠标的移动下，照相机的视角即第一视角发生变化的位置坐标。RotateAroundPoint 围绕视觉参照点旋转照相机角度，此函数是基于观察者当前位置的旋转视角。CameraScan 为照相机以一定速度进行左右扫射的函数。CameraMove 表示照相机以一定速度进行前后移动的坐标变换。CheckForMovement 函数用来检查是否利用键盘发生了照相机的移动[21]。

以下函数用来设置摄像机的位置、方向：

```
void CCamera::PositionCamera(float positionX,float positionY,float positionZ,
    float viewX,float viewY,float viewZ,
    float upVectorX,float upVectorY,float upVectorZ)
```

每次鼠标移动后调用的这 3 个参数，第一组 positionX、positionY、positionZ 是照相机在世界坐标的位置；第二组 viewX、viewY、viewZ 为照相机镜头对准的物体在世界坐标的位置；第三组 upVectorX、upVectorY、upVectorZ 为照相机向上时视角在世界坐标中的方向。

可以把照相机想象为自己的视觉源，则第一组数据就是视觉源的位置，第二组数据就是观察者眼睛看的物体位置，第三组就是观察者头顶朝向的方向（坐标系正方向）。

在这里云台不动，也不改变图中照相机方向，因此第一组数据不变；由于无偏航角，只有在水平俯仰两个自由度上变化，因此，第三组数据始终不变。因此只需要获得眼睛朝向物体的位置坐标。

2. 获取三维场景中视角坐标

在三维可视化的系统中，使用鼠标、键盘等操控三维场景的视角进行变换，从而可方便操作者对目标物体进行观测。同时，实地的云台监控设备要跟随软件对实地目标地址进行追踪监控。整体实现方法为将收集的三维场景中鼠标操作的视角数据转换成云台转动所能接收的命令数据，交递数据至串口调试助手，设置串口调试助手自动接收并连续发送数据，进行对云台的持续操控。

三维场景视角变换控制云台转向的实现中，重点为实现三维场景中视角坐标和云台俯仰角度的转换。实验中，将视觉基准点（场景中心）作为原点，通过三维场景软件 SkyBox 获取场景中的旋转视角参数。由于该软件中照相机指向为屏幕正中垂直向内，因而当我们移动鼠标指针（云台照相机不发生平移）时，视角中心点不移动，而是 SkyBox 三维坐标跟随鼠标的移动进行旋转。三维坐标以 y 轴、z 轴为中心轴进行旋转，从而实现监控相机视场中心的指向改变。坐标轴及场景的位置关系如图 8.4 所示。

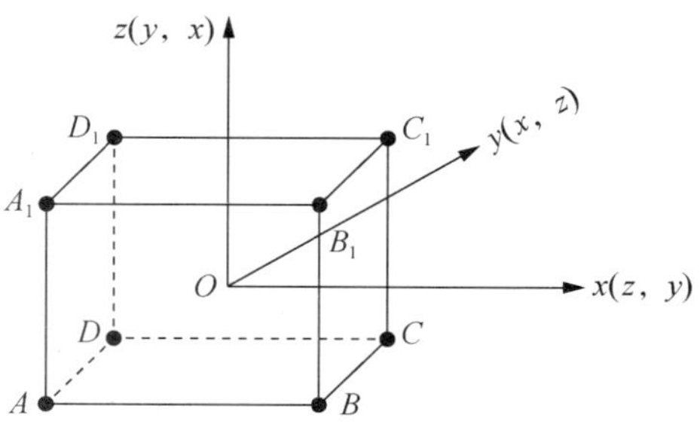

图 8.4　SkyBox 坐标指向示意图

三维场景中视觉基准点为原点时的旋转视角参数由 RotateView 函数获得[22]。此函数功能将摄像机观察方向绕某一方向轴旋转一定角度，函数对坐标的计算过程如下表示：

```
void CCamera::RotateView(float angle,float x,float y,float z)
{
CVector3 vNewView;
//得到观察方向的矢量（观察者朝向）
CVector3 vView=m_vView-m_vPosition;
//计算角度的三角函数值
float cosTheta=(float)cos(angle);
float sin Theta=(float)sin(angle);
//计算观察者的坐标 x、y、z 值
vWewView.x=(cosTheta+(1-cosTheta)*x*x)*vView.x;
vNewView.x+=((1-cosTheta)*x*y-z*sinTheta)*vView.y;
vNewView.x+=(1-cosTheta)*x*z+y*sinTheta)*vView.z;
vNewView.y=((1-cosTheta)*x*y+z*sinTheta)*vView.x;
vNewView.y+=(cosTheta+(1-cosTheta)*y*y)*vView.y;
vNewView.y+=((1-cosTheta)*y*z-x*sinTheta)*vView.z;
vNewView.z=((1-cosTheta)*x*z-y*sinTheta)*vView.x;
vNewView.z+=((1-cosTheta)*y*z+x*sinTheta)*vView.y;
vNewView.z+=(cosTheta+(1-cosTheta)*z*z)*vView.z;
m_vView=m_vPosition+vNewView;
//将视角方向值与观测者位置相加得到更新的摄像机方向
m_vView=m_vPosition+vNewView;
}
```

8.3.2　数据通信

三维场景软件与云台之间的数据连接包括两个部分：数据单位之间的转换与数据通信链路建立。首先获取 SkyBox 软件中的当前视角并保存至数据文档中，经过上述的转换后生成云台可接收的命令，并保存至相应目录文件内。其次，为串口调试程序添加数据读取功能和发送功能，即串口持续读取指定目录下的数据文件，并将数据发送至下位机硬件接收端，以实现软硬件的数据连接。

串口调试助手可以代替主设备向从设备发送命令数据并接收从设备返回的数据，通常在主设备软、硬件没有构建完成或者需要确认主设备发送数据是否正确和观察从设备返回数据时使用。使用串口助手时，设置使用的串行口号、波特率、数据格式、显示格式（十六进制或十进制）等通信参数，然后在发送数据栏输入要发送的指令数据并设置重复发送时间间隔（需要自动重复发送的情况），软件可自动完成发送过程。返回的数据显示在窗体的接收数据框，用于观察工作情况。

1. 串口发送数据

作为串行通信接口调试软件，串口调试工具广泛应用于单片机控制领域的数据监控、数据采集、数据分析等工作[23]。常用的串口调试工具包括串口调试助手、串口监控器等。要想实现单片机通信开发，在提高串口通信工作效率的同时，还要保障数据传输及数据存储过程的稳定性。在使用串口调试助手时可以根据需要选择所用串口，按照实际情况设定9600、19200、38400 等各种常用波特率，同时设置校验、数据位和停止位。串口调试助手以 ASCII 码或十六进制的方式来接收、发送数据，也可以设定任意的自动发送周期、发送任意大小的文本，同时还可以将接收数据保存成文本文件。不仅如此，串口调试助手作为工程技术人员监视、调试串口程序的必备工具，还可以自动显示接收到的数据，并且支持 HEX 或 ASCII 码显示。

在试验中，编写的串口通信工具需要读取上位机软件中输出的文本数据，即实现数据自动采集功能。再将读取到的数据进行格式转换，在串口助手配置好正确的串口号、波特率、数据位、停止位后，可以通过定时发送数据功能，向串口发送指定格式的命令数据，这样，云台便可以按照接收到的命令语句执行相应的动作。

串口参数设置和数据自动读取环节部分代码如下。该代码可实现对文件中数据的读取功能。设置窗口显示情况如图 8.5 所示。

图 8.5　串口工具串口设置操作窗口

```
    // 使用串口控制类 qextserialport，端口设置函数
    void Dialog::OpenPort( )
    {
        QString portName = ui->SerialPortName->
currentText( );
        //定义串口对象类，在构造函数里对其进行初始化
        myCom = new Win_QextSerialPort(portName,
        QextSerialBase::EventDriven);
        //以可读写方式打开串口
        myCom ->open(QIODevice::ReadWrite);
        //端口参数设置
        myCom->setBaudRate(BAUD9600);
        myCom->setDataBits(DATA_8);
        myCom->setParity(PAR_NONE);
        myCom->setStopBits(STOP_1);
        myCom->setFlowControl(FLOW_OFF);
        myCom->setTimeout(500);
    }
```

发送函数读取在三维场景生成的方位坐标数据（X 轴、Y 轴和 Z 轴与参考平面的夹角），每隔 500ms 按行读取一次文件中更新的数据。该过程在程序中可以通过 SendData 函数实现，核心代码如下所示。函数中定义了文件对象并且设置为只读模式，将坐标数据转换为云台可以接受的 ASCII 命令格式，以数据流的形式发送到通信端口，交付给云台处理，使云台做出相应的运动姿态。

```
void Dialog::SendData( )
{
QByteArray buffer;
QFilefile(":/res/data/data.csv");
if(file.open(QIODevice::ReadOnly))
   {
//读入三维场景生成的文档数据
QTextStreamstream(&file);
QString line;
while(!stream.atEnd( ))
       {
line = stream.readLine( );
str.append(line);
       }
file.close( );
    }
ui->Push->setEnabled(true);
ui->textEdit->setText(str);
//将命令数据流写入到通信端口中
for(inti = 0; i<str.size( ); i++)
   {
commandStr.append(str.at(i).toAscii( ));
   }
myCom->write(commandStr.toAscii( ));
}
```

2. *数据格式转换*

在该函数中，可获得经过旋转后的视觉中心点的最新坐标位置 vNewView.x、vNewView.y、vNewView.z。通过如下计算可以得到三维坐标以初始原点为基准点，绕 Z 轴、Y 轴旋转过的角度α、β:

$$\alpha = \arctan(y / x)，\quad \beta = \arctan(z / \sqrt{x^2 + y^2}) \tag{8.2}$$

云台转动部分，最小轴转动单位为角秒（sec arc）。1sec arc=1°/3600=0.0002778°，经查询单位位置对应 185.1429sec arc，因此单位位置对应角度为 185.1429sec arc×0.0002778°= 0.0514327°。此时，将式中得到的α、β分别除以单位 position 对应角度值 0.0514327°，这样就得到了调节云台转动的参数值 a、b。即得到 pan-tilt 命令为 PP a、PP b。计算公式如下：

$$\text{PP } a = \alpha / 0.0514327,\ \text{PP } b = \beta / 0.0514327 \tag{8.3}$$

3. 数据通信过程

对 SkyBox 软件中视角数据进行连续读取和发送，可建立起三维软件与云台之间的通信连接，实现三维场景软件与云台之间的数据转换，从而提高云台控制的多样性，增强虚拟场景与实地设备的互操作性、实时性。

数据的采集、处理和发送功能拓扑图如图 8.6 所示。

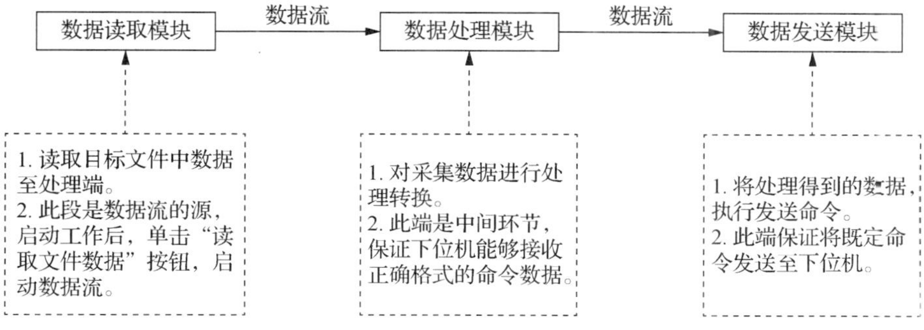

图 8.6　数据流动拓扑图

硬件连接方面，传统台式计算机支持标准 RS-232 接口，但是带有串口的计算机很少见，所以需要 USB/232 转换接口，并且安装相应驱动程序。目前较为常见的通信串口为 9 针串口（DB9）和 25 针串口（DB25），当在距离小于 12m 的小范围内通信时，可采用直连标准 RS-232 端口，距离较远的通信则需要调制解调器，接线为三线制接法，把接地引脚、接收数据和发送数据引脚三点相互连接[24-26]。

在本试验的数据传输环节，我们需要设定 3 个任务模块，即数据读取模块、数据处理模块及数据发送模块，通过数据的三步处理，可将上位机三维场景中的视角坐标信息传递至下位机云台中去。数据读取模块功能为将上位机场景软件中保存的数据文件作为目标文件进行读取操作，开始工作后，将启动系统数据流；数据处理模块作为承上启下环节，将数据进行处理转换，使传输至下位机的数据为其可正确读取的命令格式；数据发送模块则将处理所得数据通过发送命令交递至下位机，使下位机正常接收命令进行工作。至此，数据流动完成整套动作，实现了三维场景软件与云台之间的数据传递。

8.3.3　小结

为了提高云台的稳定性及可操纵性，增强人机交互能力，拓展监控视场和监测控制方式，通过对云台控制系统进行研究，进而改进云台的控制方式则显得尤为重要。现有的云台控制方法有手动旋转控制和软件控制两种[27]。现今较为常见的控制软件有按钮控制页面，包括可以调节上、下、左、右旋转的按钮，可简单控制云台进行转动；部分云台可以通过遥控手柄操作，这样的云台运行过程具有位姿不确定性。如今在诸多应用领域，越来越多的场景需要可视化支持，虚拟场景与现实设备之间信息的交互处理尤为重要[28]。那么，通过建立三维地形场景，可对目标环境进行有目的地可视化监测。因此，将三维可视化系统与实地机器操作相结合，可以实现虚拟场景对实地观测和机械操控的一体化。

8.4 云台二自由度姿态获取

在云台观测设备执行任务过程中，摄像设备的转动和观察指向等需要观测人员实时掌控并将数据在上位机体现，这就需要获取运行云台的旋转姿态。虚拟空间里运动轨迹的获取过程就是通过传感设备跟踪、测量、记录目标物体运动的姿态。典型的姿态动作传感模块主要传感器和数据收集和处理设备。

传感器固定于运动对象本体上，感知外界信号并将得到的信息发送到处理器进行转换。数据收集和处理设备负责获取被捕获目标物体的相关参数等信息，并对捕获的数据进行处理，并实现数据的上传，便于观察。

姿态传感技术其实就是利用具有记录功能的设备（如照相机、摄像机、传感器等），对目标物体的关键结点进行锁定跟踪，将其运动姿态数据进行记录和保存并进行后期处理分析的过程。具体来说，姿态传感技术利用传感器或标记点，通过记录和跟踪目标物体的空间运动轨迹，把信息格式转换成为具象的数字或图形来描述物体的运动状态。目前，我国对动作姿态捕捉的技术应用在安防、医学、教育、游戏、影视等各方面的研究工作中。

8.4.1 惯性测量装置

在地球上任意物体都因重力作用具有加速度，加速度传感器可以用来测定物体加速或静止状态。将三轴加速度传感器固定于物体之上，可以由传感器捕捉物体运动姿态。当传感器敏感轴相对重力场发生变化时，3 个敏感轴分别在 3 个方向产生重力分量，其分量大小与传感器同竖直方向夹角有关[29]。

惯性测量装置包括加速度计和陀螺仪，是典型的惯性导航组合。运动物体的 3 个方向上转动需要用三自由度的陀螺仪来测量；而运动分解在 3 个方向上的平移加速度可以由 3 个加速度计分别测得。两组数据经过融合计算后可得到运动物体的速度和旋转角度数据。

1. 陀螺仪

旋转物体在不受外力的情况下，其中心旋转轴的指向是不变的，陀螺仪（gyroscope）的设计正是基于角动量守恒理论而来的，是一种通过轴指向来测量物体运动方位的精密仪器。由于陀螺仪具有平衡特性，因此在航模、卫星、制导武器中无处不见其身影，用于各种导航、定位系统中。

在结构上，陀螺仪构造十分简单，由一个位于轴心并可旋转的轮子构成，当其开始旋转时，陀螺仪由于轮子存在角动量而有抗拒改变方向的趋向。陀螺仪能够精确测量运动物体方位的特性，使得该仪器在工程上的应用非常广泛，在航空、航天、航海等民用或军用国防工业中，陀螺仪发挥着重要作用，因此，陀螺仪设备的改进和发展对国家国防科技和工业设计等领域的发展具有十分重要的意义。

陀螺仪作为一种传感器，其作用主要是测量惯性系统、飞行等运动系统相对惯性空间的角运动和线运动参数。三轴陀螺仪可同时测量 6 个方向的运动轨迹和角速度，通过此仪器即可掌握设备的运动状态。陀螺仪主要是用来得到角速度信号，运动角度可以通过对角速度积分得到，为测量者提供参考角度值。然而，由于陀螺仪易受噪声等因素的影响，同时在有外界温度变化大和力矩不稳定的情况下，陀螺仪会产生漂移误差，并在积分的过程中随着时间的推移而逐渐产生更大的误差。由此可见，在实际测量应用中，并不能将陀螺仪作为唯一测量物体运动倾角的传感器。

陀螺仪可测量沿一轴或多轴运动的角速度，而加速度计可获得物体加速度，二者组合优势互补，可实现捕捉三维空间的完整运动状态，同时准确地描述线性运动和旋转运动，为设计者实现精确的导航和现场感更强的使用体验功能[30]。

2. 加速度计

物体在受力作用下运动状态发生改变时，会产生运动加速度。加速度计实质上是一个振荡系统，内嵌于运动载体中用来测量其运动的加速度情况。该加速度计是一种由压电材料构成，在物体运动产生加速度时会产生不同大小的力使压电材料受到挤压变形，从而产生相应大小电荷的一种设备。特定物体质量为固定值，那么产生的电荷大小与加速度改变引起的材料受力大小成正比，因此，加速度计通过计量电荷情况来计算刚体运动的加速度大小。

加速度计中有 3 个晶体，用来针对不同轴方向的振动做出反应。三轴加速度计测量在三轴方向振动，输出 3 个轴上的电荷变化信号。物体的移动速度变化、低频晃动及高频振动等均在加速度计的测量范围内。微机电加速度仪具有体积小、灵敏度高的特点，因此常常用于附加在外界载体上测量载体的加速运动。质量块的加速度变化主要表现为输出电压值的变化，因此该元件通过测量输出电压大小即可得到运动载体加速度值，多用于惯性导航和惯性制导系统中，进行各种环境下的加速度值测量[31]。

由上述分析可以得知，加速度计进行的是惯性力的测量，包括由自身重力引起的加速度和线性运动引起的三轴加速度值。所以受振动干扰和机械噪声的影响很大。陀螺仪对线性机械运动并不极度敏感，加上漂移问题的存在，而且运动停止时电压不立即返回零速度电压值。因此，在实际测量中，要得到物体在 3 个轴的旋转角度值，需要将加速度计和陀螺仪的值综合计算，两者进行互补和校正计算，比单独使用加速度计或陀螺仪测量效果更佳[32]。

8.4.2　姿态传感设备的选择

采用基于加速度计和陀螺仪的方法来测量云台俯仰偏航的姿态和角度。通过大量查阅资料，对元件工作原理和性能进行分析对比，根据实际需要选择适合的硬件设备。

所谓数据采集，也称数据获取、数据捕捉，是指针对被测目标对象，利用相关采集设备，收集外部各种形式的信息到设备内部等待处理的过程。日常生活中常见到的数据采集设备有照相机、摄像机、拾音器、扫描仪等。而本实验所采用的数据采集设备是 MPU-6050 运动处理传感器。MPU-6050 模块针对运动线加速度和角速度进行数据采集，具有高效率、高精确性的特点。该模块的电路板如图 8.7 所示。

图 8.7　MPU-6050 集成电路板

1. MPU-6050 性能

MPU-6050 芯片作为首个 9 轴运动处理集成芯片，其继承了微机电系统技术，完美融合了三轴加速度计与三轴陀螺仪的所有功能，并且 MPU-6050 以单一数据流的形式通过 I^2C 端口向应用终端输出采集到的姿态信息。MPU-6050 芯片的引脚示意图如图 8.8 所示。与其他多组件方案相比，MPU-6050 有效解决了加速度计与陀螺仪同时使用时常出现的轴间差问题，同时还大大减少了其包装空间。由于其角速度的全格感测范围（full-scale range）一般为±250°/s、±500°/s、±1000°/s 与±2000°/s，并且，用户可程式控制（user-programmable）的加速器全格感测范围为±2g、±4g、±8g 与±16g，因此，MPU-6050 芯片不仅可以准确跟踪到慢速动作，还可以准确跟踪到快速运行物体的精确运动状态[33]。该传感器中添加了时间偏差与磁感器校正演算等技术的应用，使用户在使用过程中省去了校正环节。该产品由于其稳定性和高精度特点，目前已被广泛应用于平板装置设备、运动感测游戏机、可携式导航设备、增强现实、智能手机、3D 遥控器等领域[34]。

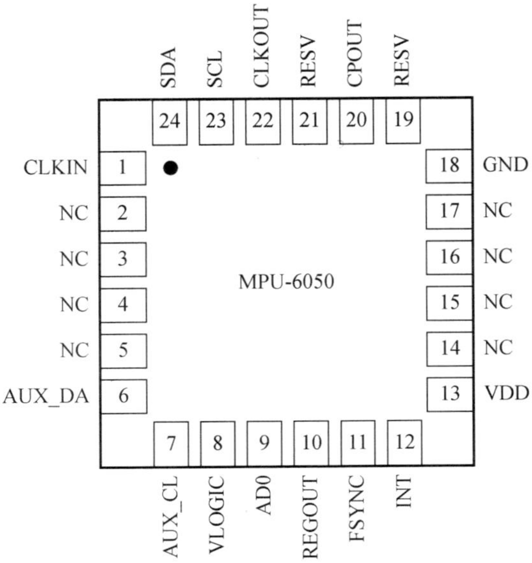

图 8.8　MPU-6050 芯片引脚示意图

芯片中 VDD 引脚可在多种电压下工作，电压类别有 2.5（1±5%）V、3.0（1±5%）V、3.3（1±5%）V 这 3 种；VDDIO 供电电压为 1.8（1±5%）V；陀螺仪角速度全开的工作电流为 5mA，等待电流为 5μA；加速器工作电流为 350μA，低功耗模式运行电流为 20μA。MPU-6050 支持快速模式的 I^2C 通信，通信频率高达 400kHz，同时可选的 SPI 串行主机接口（serial host interface），频率最高至 20MHz。该芯片同时包含在外界环境中仅有±1%变动的振荡器[35-37]。

2. MPU-6050 采集角度的数学模型

假设云台所在的坐标系 $O\text{-}X_1Y_1Z_1$ 与空间坐标系 $O\text{-}XYZ$ 的角度向量 $\boldsymbol{\omega}=\begin{bmatrix}\varphi\\\theta\\\gamma\end{bmatrix}$，则沿坐标系 $O\text{-}X_1Y_1Z_1$ 的投影 $(\omega_x,\omega_y,\omega_z)$ 有如下关系：

$$
\begin{aligned}
\begin{bmatrix}\omega_x\\\omega_y\\\omega_z\end{bmatrix}&=\begin{bmatrix}\cos\gamma & 0 & -\sin\gamma\\ 0 & 1 & 0\\ \sin\gamma & 0 & \cos\gamma\end{bmatrix}\begin{bmatrix}1 & 0 & 0\\ 0 & \cos\theta & \sin\theta\\ 0 & -\sin\theta & -\cos\theta\end{bmatrix}\begin{bmatrix}0\\0\\\varphi\end{bmatrix}+\begin{bmatrix}\cos\gamma & 0 & -\sin\gamma\\ 0 & 1 & 0\\ \sin\gamma & 0 & \cos\gamma\end{bmatrix}\begin{bmatrix}\theta\\0\\0\end{bmatrix}+\begin{bmatrix}0\\\gamma\\0\end{bmatrix}\\
&=\begin{bmatrix}-\sin\gamma\cos\theta & \cos\gamma & 0\\ \sin\theta & 0 & 1\\ \cos\gamma\cos\theta & \sin\gamma & 0\end{bmatrix}\begin{bmatrix}\varphi\\\theta\\\gamma\end{bmatrix}
\end{aligned}
\tag{8.4}
$$

由式（8.4）可得

$$\begin{bmatrix}\varphi\\ \theta\\ \gamma\end{bmatrix}=\frac{1}{\cos\theta}\begin{bmatrix}-\sin\gamma & 0 & \cos\gamma\\ \cos\gamma\sin\theta & 0 & \sin\gamma\sin\theta\\ \sin\gamma\sin\theta & \cos\theta & -\sin\theta\cos\gamma\end{bmatrix}\begin{bmatrix}\omega_x\\ \omega_y\\ \omega_z\end{bmatrix} \tag{8.5}$$

式中，ω_x、ω_y、ω_z 可以由陀螺仪测得。通过对式（8.5）解欧拉微分方程，可得 φ、θ、γ 的参数值。所以 g 在坐标系 $O\text{-}X_1Y_1Z_1$ 的分量 (g_x,g_y,g_z) 为

$$\begin{bmatrix}g_x\\ g_y\\ g_z\end{bmatrix}=\begin{bmatrix}\cos\gamma\cos\varphi+\sin\gamma\sin\theta\sin\varphi & \cos\gamma\sin\varphi-\sin\gamma\sin\theta\sin\varphi & -\sin\gamma\cos\theta\\ -\cos\theta\sin\varphi & 0 & \sin\theta\\ \sin\gamma\cos\varphi+\cos\gamma\sin\theta\sin\varphi & \sin\gamma\cos\varphi-\cos\gamma\sin\theta\sin\varphi & \cos\gamma\cos\theta\end{bmatrix}\begin{bmatrix}0\\ 0\\ g\end{bmatrix} \tag{8.6}$$

因此，当云台结点转动时，MPU-6050 只需用当前测得的加速度值减去 g 在该轴上的分量，再通过迭代运算的方法求得传感器结点在空间中的运动轨迹。

8.4.3　I^{2}C 总线概述

本系统中，使用 MPU-6050 由集成电路总线（Inter-Integrated Circuit，IIC 或 I^{2}C）端口连接运动传感器，以单一数据流的形式向接收端输出完整的运算数据。

I^{2}C 是在 20 世纪 80 年代推出的一种高性能串行总线。I^{2}C 串行总线由串行数据（serial data，SDA）线和串行时钟（serial clock，SCL）线两条双向的信号线构成完整的双向通信通路。

I^{2}C 通信模式指的是外部微控制器通过输入串行时钟和 SDA 进行传输数据，此类接口不需片选信号，通过响应 SDA 线上的双向信号完成 I^{2}C 总线任务。I^{2}C 总线可使用两个传感器及不同地址，补充引脚芯片选择决定了最低有效位（least significant bit，LSB）的 I^{2}C 地址，该引脚上电或接地，不能悬空[38]。

1. 数据位传输

数据在 I^{2}C 总线上传输时，SCL 高位期间，需保持 SDA 上的数据稳定，只有在 SCL 低位期间，SDA 上才能够执行数据传输，如图 8.9 所示。

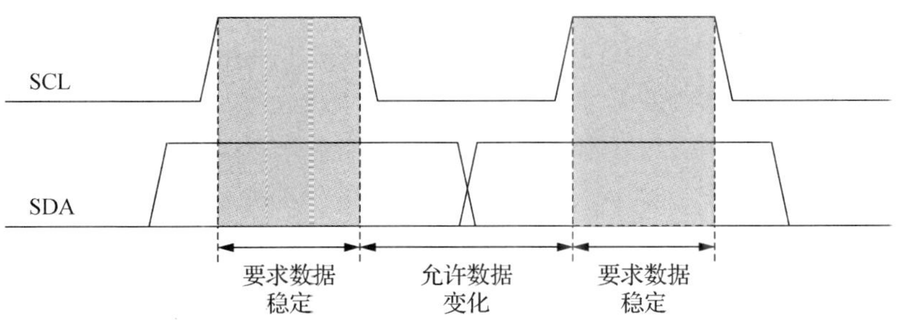

图 8.9　数据位传送时序图

2. 起始信号与终止信号

当 SCL 线处在高位时，SDA 线由高位向低位的改变表示起始信号，SDA 线由低位向高位的改变表示终止信号，如图 8.10 所示。

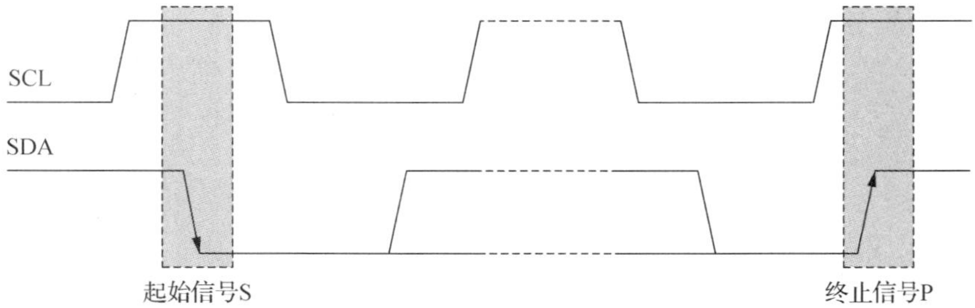

图 8.10　起始信号与终止信号时序图

3. 应答信号

总线位数据传输都是以主机位字节为单位进行传送，从机负责返回应答信号，在产生第 9 个时钟脉冲时，释放 SDA 线，从机将 SDA 线拉至低位。在接收完最后一个字节后，主机发送一个非应答信号以告知总线事件结束，并释放 SDA 线，以便主机发送一个终止信号，如图 8.11 所示。

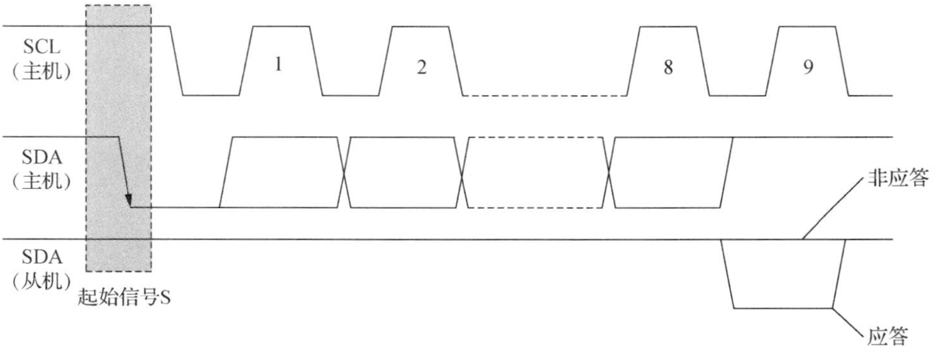

图 8.11　应答信号时序图

8.4.4　动作反馈控制平台

Arduino 是一款开源电子原型平台，控制板包括多种型号并且具有统一的集成开发软件，具有使用简单快捷、功能多样的应用特点，可以通过连接各种传感器来感知外界环境并进行反馈，也可直接与各式各样的电子元件连接，随着技术与艺术灵感的不断翻新进步，利用 Arduino 可以与上位机软件如 Processing 连接，控制人的物理感官与虚拟艺术品进行直观上的交流和互动[39]。Arduino UNO 升级了 USB 通信模块，速度较前相比更快速稳定，电路板外观如图 8.12 所示。UNO 的处理器核心是 ATmega328，一个电源插座，工作电压为 5V，同时具有 14 路数字输入输出口，6 路模拟输入，一个 16MHz 晶体振荡器，一个 USB 口，一个 ICSP header 和一个复位按钮。ATmega328 包括了片上 32KB Flash，其中 0.5KB 用于 Bootloader。同时还有 2KB SRAM 和 1KB EEPROM。在通信接口方面，ATmega328 内置的 UART 可以通过数字口 0（RX）和 1（TX）与外部进行串口通信，同时可用 I^2C 接口和 SPI 接口[40]。本实验中使用的是 I^2C 通信方式。Arduino UNO 处理器中预置了 bootloader 程序，

图 8.12　Arduino UNO 板示意图

使用时可以直接使用 Arduino IDE 将程序下载到 UNO 中。

进行编程调试前，需要下载并安装 Arduino 集成开发环境（Arduino IDE），打开操作界面，选择实验用 Arduino UNO 板，并选择其对应串口。与其他大多数控制器只能在 Windows 上开发相比，Arduino IDE 可以在 Windows、Macintosh OSX、Linux 三大主流操作系统上运行，因此应用更为广泛。在 Windows 系统中使用时，需要安装 Arduino 驱动程序[41]，程序在 Arduino IDE 下的 drivers 文件夹下插入 Arduino 板，进入计算机的设备管理器，双击未知设备并选择“更新驱动程序”选项，浏览计算机查找驱动程序软件，打开 Arduino 的 drivers 目录，复制驱动所在的路径为驱动地址，按照操作提示进行安装，最后系统提示成功更新 Arduino UNO R3 驱动程序文件，如此，在设备管理器中便可看到 Arduino 的 COM 口，表明此时下载线可以使用。硬件连接成功后，将需要的程序复制到“arduino-x.x.x\libraries”目录下，再打开 Arduino 的 IDE，在菜单“Tools”|“Board”列表中选择使用的板子型号，再通过打开文件中的示例，选择运行的程序，这样就可以通过菜单选择来下载需要的驱动程序。

8.4.5　小结

本节选用微型元件获取云台的转动加速度及角速度，计算获得云台在惯性坐标系下的姿态位置角度，通过控制板处理数据并上传至上位机进行保存显示。该系统需要实现高精密、高准确性、小型化、智能化等特点，因此姿态捕捉及数据处理主控板等元件的性能至关重要。本系统使用 MPU-6050 由 I^{2}C 端口连接运动传感器，向接收端输出完整的运算数据。Arduino UNO 作为电路板控制平台，向上位机传输云台转台的姿态、角速度等各种状态参数。

8.5　姿态获取软件设计

本节试验设计思路为增加偏转角检测装置于云台系统中，检测装置将采集到的云台偏转角度脉冲信息收集，通过数据融合和滤波算法对姿态传感信息进行处理，经计算转化的数据通过信号线反馈至上位机，从而通过上位机软件可以对实际场地云台的旋转动作情况得到直观的数据反馈。这样，在云台、解码器和上位机操作窗口之间三者形成了反馈式可查询定位的云台控制系统，该系统不仅具有传统云台操作控制功能，同时可以实时了解云台自由转动时某一时刻的特定位置，并在上位机软件中得以实时呈现，从而实现有反馈的云台双向操控。通过这种反馈式偏转姿态角度的引入，随着下位机反馈的云台偏转角数据的上传，在上位机窗口可以实时监控云台工作状态和运行情况，实现操作台对云台的精确掌控，在一定程度上优化了云台的操作方式和智能化反馈方式。

硬件设备包括一部上位机（联想启天 M7300 台式计算机，用于发送指令）、二自由度云台（FLIR PTU-D46）、一套动作姿态捕捉传感（MPU-6050）及控制板（Arduino UNO）。将 MPU-6050 传感器水平固定于云台负载平台，可以通过获取传感器的姿态角度，从而了解到云台的精确旋转动作。在实验中，我们单独测试姿态传感器的偏转情况。

MPU-6050 的数据接口使用 I^{2}C 总线协议，在这里需要在 Arduino 编程环境中添加 Wire 库，才可以完整实现 Arduino 与 MPU-6050 之间的数据通信[42]。在 Arduino UNO 控制板上，

A4 引脚与传感器数据线接口与对应，A5 引脚则对应于传感器时钟接口，5V 电源可为 MPU-6050 直接供电，接线对应情况如表 8.2 所示。

表 8.2　MPU-6050 与 Arduino UNO 接线对应表

MPU-6050	Arduino UNO
5V	5V
GND	GND
SCL	A5
SDA	A4

8.5.1　MPU-6050 的数据采集

在 MPU-6050 和微控制单元（micro control unit，MCU）的通信中，集成电路总线 I^2C 在数据传送时，只有在 SCL 地位时，SDA 线才允许数据传输、读取传感器中角速度和加速度数值，并处理获得轴角度的运动信息[43]，数据采集过程如图 8.13 所示。

MPU-6050 测试程序可在 Arduino 示例文件中直接打开，如图 8.14 所示。

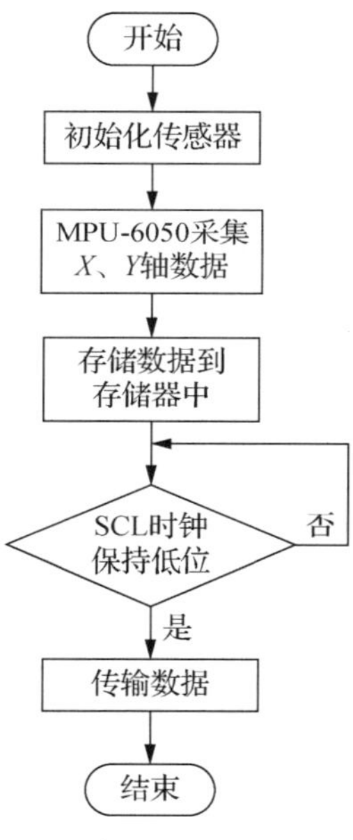

图 8.13　数据采集流程图

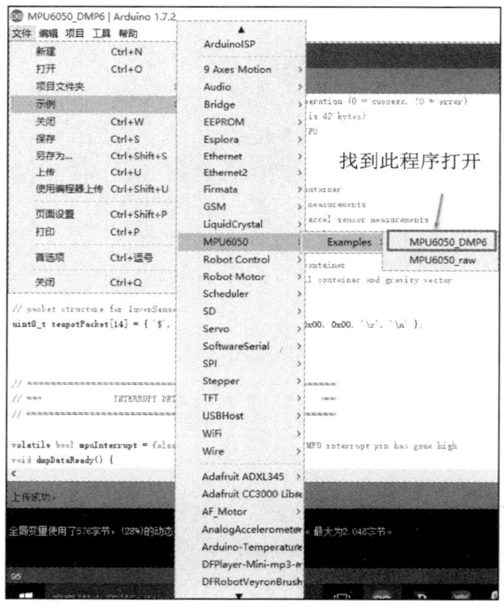

图 8.14　MPU-6050 测试程序界面图

1．将数据写入 MPU-6050

打开 Wire 的传输模式，指定 MPU-6050 的总线地址为 0x68，才能开始向电路板中写入数据[44]。首先写入寄存器起始地址（长度为 1 个字节），再将任意长度的数据连续写入到该指定的起始地址中，一旦待写入的数据长度超过当前寄存器长度，则超出部分将写入到后面地址的寄存器中，待全部数据写入完毕之后则 Wire 的传输模式选择关闭。如下代码表示的是向 MPU-6050 的 0x6B 寄存器写入字节 01[45]：

```
Wire.beginTransmission(0x68);    //指定总线地址，开启传输模式
```

```
Wire.write(0x6B);                    //指定寄存器地址为 0x6B
Wire.write(01);                      //写入数据为两个字节 01
Wire.endTransmission(true);          //结束传输，同时释放总线
```

2. 从 MPU-6050 读出数据

与写入数据的方式相同，在读数据之前应打开 Wire 的传输模式，进而写入寄存器的起始地址，长度同样为 1 个字节。指定读取数据的地址，再将该数据读写至 Wire 库的缓存中，结束后关闭 Wire 传输模式，数据可由缓存中读出。如下所示为从 MPU-5050 的 0x3B 寄存器中读取 2 个字节的数据实例代码：

```
Wire.beginTransmission(0x68);                           //开启传输模式
Wire.write(0x3B);                                       //指定寄存器地址为 0x3B
Wire.requestFrom(0x68, 2, true);                        //将两字节数据读出到缓存
Wire.endTransmission(true);                             //关闭 Wire 传输模式
int val = Wire.read( )<< 8 | Wire.read( );              //两个字节组成一个 16 位整数
```

8.5.2 MPU-6050 的数据格式

试验中的关键数据位于 0x3B 到 0x48 这 14 个字节的寄存器中，每个数据均为 2 个字节。这些数据会被动态更新，更新频率最高可达 1000Hz[46]。表 8.3 列出了相关寄存器的地址和数据的名称。

表 8.3　寄存器的地址对应存储数据名称表

寄存器地址	数据名称
0x3B	加速度计的 X 轴分量 ACC_X
0x3D	加速度计的 Y 轴分量 ACC_Y
0x3F	加速度计的 Z 轴分量 ACC_Z
0x43	绕 X 轴旋转的角速度 GYR_X
0x45	绕 Y 轴旋转的角速度 GYR_Y
0x47	绕 Z 轴旋转的角速度 GYR_Z

MPU-6050 芯片的坐标系定义标准为以 Z 轴向上的右手坐标系，即芯片表面向上，以芯片表面字样端正为准，水平向右为 X 轴，水平向前为 Y 轴，竖直向上的为 Z 轴，如图 8.15 所示。

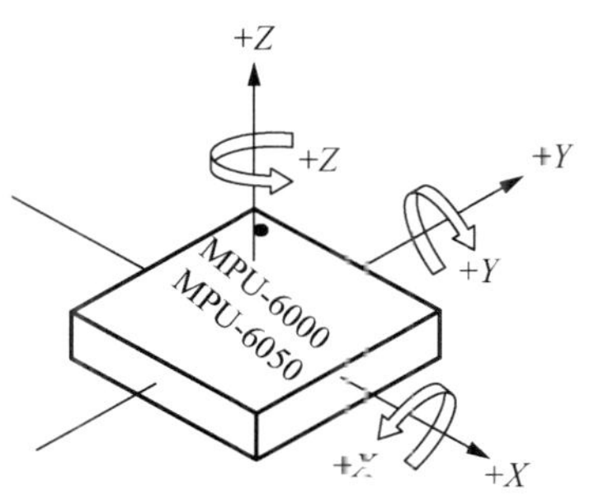

图 8.15　MPU-6050 三轴旋转示意图

1. 加速度

MPU-6050 三轴旋转如图 8.15 所示。试验中，将加速度计动作分解为 3 个坐标轴方向上的加速度分量，记作 ACC_X、ACC_Y 和 ACC_Z，当该 16 位的有符号整数为正时，表示加速度方向为正向，反之，加速度方向为负向。

加速度的单位为重力加速度 g，通过设定为不同的 g 的倍数来表示加速度的可取值范围，但是倍数是有几种固定可选的，如 $2g$、$4g$、$8g$ 等几种加速度倍率。以 ACC_X 为例，当 ACC_X 取整型数的最小值−32768 时，若倍率设定为 $2g$，则当前加速度大小为 2 倍重力

加速度，方向为 X 轴正方向；当倍率设定为 8g 时，表示加速度为 8 倍重力加速度[46]。在这里，倍率越低表示加速度范围越小，倍率越高表示的加速度范围越大，可以看出越低倍率精度越好。用 f 表示倍率，f=0 为 2g，f=3 为 16g，加速度倍率的设置代码如下：

```
Wire.beginTransmission(0x68);          //开启 MPU-6050 的传输
Wire.write(0x1C);                      //加速度倍率寄存器的地址
Wire.requestFrom(0x68, 1, true);       //先读出原配置
unsigned char acc_conf = Wire.read( );
acc_conf =((acc_conf & 0xE7)|(f << 3));
Wire.write(acc_conf);
Wire.endTransmission(true);            //结束传输，true 表示释放总线
```

再以 ACC_X 为例，若当前设定的加速度倍率为 4g，那么将 ACC_X 读数换算为加速度的计算公式如下：

$$\alpha_x = 4g \cdot \mathrm{ACC\_X}/32768 \tag{8.7}$$

式中，g 取当地重力加速度。

2. 角速度

绕 X、Y 和 Z 三个坐标轴旋转的角速度分量 GYR_X、GYR_Y 和 GYR_Z 均为 16 位有符号整数。从原点向旋转轴方向看去，取正值时为顺时针旋转，取负值时为逆时针旋转。

3 个角速度分量均以“度/秒”（°/s）为单位，能够表示的角速度范围，即倍率可统一设定，有 4 个可选倍率：250°/s、500°/s、1000°/s、2000°/s。以 GYR_X 为例，若倍率设定为 250°/s，则意味着 GYR_X 取正最大值 32768 时，当前角速度为顺时针 250°/s；若设定为 500°/s，则 GYR_X 取 32768 时表示当前角速度为顺时针 500°/s。显然，倍率越低精度越好，倍率越高表示的范围越大[41]。

我们用 f 表示倍率，f=0 为 250°/s，f=3 为 2000°/s，除角速度倍率寄存器的地址为 0x1B 之外，设定加速度倍率的代码与上述加速度代码一致。

以 GYR_X 为例，若当前设定的角速度倍率为 1000°/s，那么将 GRY_X 读数换算为角速度（顺时针）的公式如下：

$$g_x = 1000\mathrm{GYR\_X}/32768 \tag{8.8}$$

8.5.3 MPU-6050 的数据处理

关于 MPU-6050 陀螺仪和加速度计的角速度和角度计算在本节中详细描述。

在实验中，将模块中的芯片向上，参照电路板上的标志正向水平放置，按照右手坐标系的判断标准，向右为 X 轴方向，向前为 Y 轴方向，垂直向上则为 Z 轴，欧拉角表示姿态时的坐标系旋转顺序定义为 Z—Y—X，即先绕 Z 轴转，再绕 Y 轴转，再绕 X 轴转。陀螺仪坐标系指向与云台初始位方向保持一致。

陀螺仪角度计算使用数学积分的算法如下：

$$\mathrm{angle\_n} = \mathrm{angle\_n} - 1 + (\mathrm{Gyro} - \mathrm{C\_Gyro}) * \mathrm{R\_Gyro} \tag{8.9}$$

式中，angle_n 为当前角度值，单位为度，angle_n−1 为上一次计算出的角度值；Gyro 为陀螺仪敏感轴偏转值，即当前敏感轴读数；C_Gyro 为陀螺仪零点偏移值，测量时，将陀螺仪水平放置，静止时读数，取 1024 次做平均值分别得到水平、垂直、倒置方向上的零点偏移

值；R_Gyro 为陀螺仪比例。

加速度仪的角度计算用到三角函数的计算方法：

$$\text{Angle\_z} = \left(A_z - \text{C\_Z}\right) * \text{R\_Z} \tag{8.10}$$

式中，传感芯片陀螺仪 X 轴对应于加速度计 Z 轴，Angle_z 为加速度计敏感轴 Z 倾斜角度；A_z 为加速度仪 Z 轴读数；C_Z 为 Z 轴零点偏移量；R_Z 为加速度计 Z 轴比例[47]。

8.5.4　卡尔曼滤波算法处理结果

陀螺仪测量过程中不可避免地会有误差存在，且随着测量次数的增多，误差积累会使测量结果越来越偏离实际值，因此在试验中需要选择合适的滤波算法对数据值进行校正，在这里选用的是典型的卡尔曼滤波算法。

卡尔曼滤波器（Kalman filter）是不断地把协方差递归从而估算出最优值的一种收敛性处理方式，该滤波的数据处理实质是一种最优信息处理，在前一时刻的最佳估计基础上，根据现时刻的观测值进行现行修正，从而得到现时刻的最佳估计值，是个不断迭代的计算过程。简单来说就是，卡尔曼滤波器能够利用先前的运算结果，再根据当前数据提供的最新消息，得到当前的估值[48]。根据测量值及系统方程的模型和动态噪声的方差，就可以利用卡尔曼滤波器估计出最优状态值。这种滤波算法对传感器数据融合的处理上行之有效，并常用于精密控制领域，如机器人导航、工业巡检系统、军事雷达导航及导弹瞄准追踪等。MPU-6050 利用卡尔曼滤波器处理角度思路如图 8.16 所示。

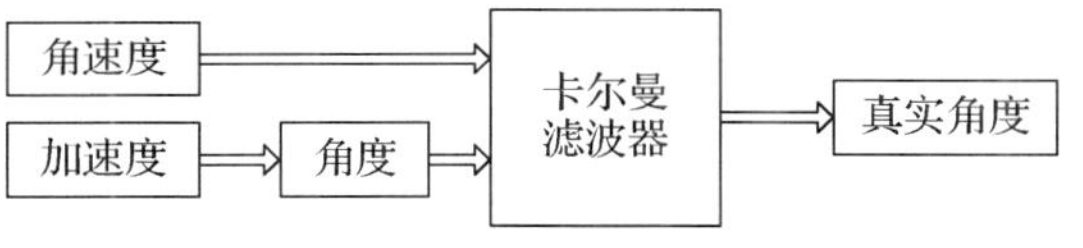

图 8.16　卡尔曼滤波器处理角度思路图

模块发送至上位机每帧数据分为 3 个数据包，分别为加速度包、角速度包和角度包，按顺序输出，波特率 115200 时每隔 10ms 输出 1 帧数据。

使用上位机进行数据采集时，首先进行端口配置；其次选择正确的串口配置波特率，选择角度初始化使 Z 轴角度数据归零；然后旋转传感器同时查看上位机显示的相关运动参数；最后单击“记录”按钮可将数据保存为 TXT 文件，存档至上位机程序的目录下。上位机数据保存文档和角度显示波形效果图，如图 8.17 和图 8.18 所示。

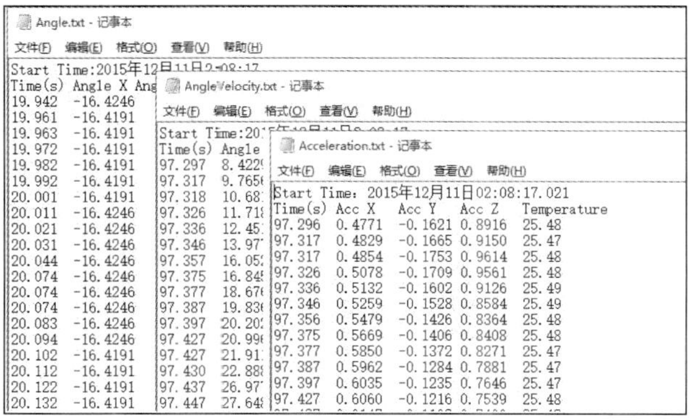

图 8.17　上位机数据保存文档

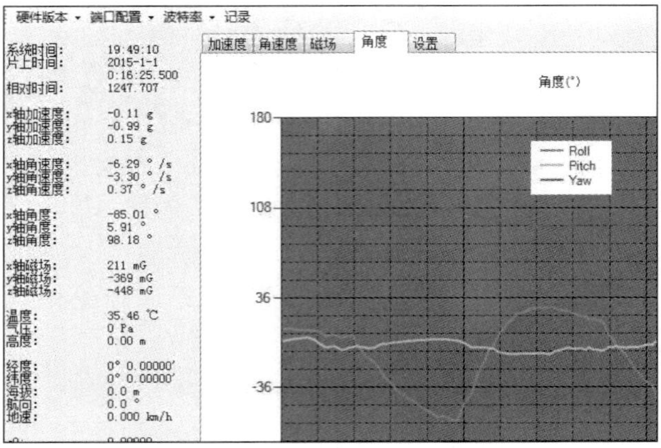

图 8.18　角度显示波形效果图

数据可以导入 MATLAB 中进行分析，在 MATLAB 环境下运行上位机根目录下的“MATLAB 绘图.m”文件，即可绘制出数据曲线图。

8.5.5　小结

本节利用陀螺仪和加速度计，通过惯性元件捕捉记录运动载体的姿态角变化，将硬件取得的姿态角度通过对应的姿态转换关系，翻译成所用云台可接收的位置表达形式。通过将实时的姿态变化反馈至上位机，可以获得当前云台姿态的精确数据，实现云台运动姿态信息的回传。试验时，通过卡尔曼滤波算法对姿态传感信息进行处理，有效解决了数据偏移问题，可以得到较为准确的云台姿态数据。

8.6　总结与展望

8.6.1　研究总结

虚拟可视化与机械操作的结合，打破了传统意义上的空间操作独立性，使场地器械的运作与三维可视化场景紧密连接，实现在三维可视化实时场景中对复杂环境进行有目的的观测，遥操控实地的机械化设备。本章对三维场景中的云台监控方法进行了研究，实现了三维场景中观测位置与二自由度云台俯仰角度的转换，并将得到的云台预置命令由串口调试程序持续读取并发送至云台控制器，完成了软件部分与硬件的数据传递。目前的研究是基于云台监控设备不发生平移的前提，后续工作将陆续完成多自由度的云台控制和三维场景的连接，扩大功能后的系统可应用于太空实况三维可视化系统，可执行深空探测和地面遥观测任务，实现云台自主监控太空中目标物体运动并将云台观测动作信息进行收集和回传。

本章还提出了 PTU-D46 云台系统在虚拟场景与现实设备间建立双向通信的机制。一方面，在云台控制系统和虚拟场景中建立了信息链路联系，可以通过发送云台命令，使实地云台与虚拟场景中的相机指向同步发生变化，使远距离观测者在虚拟场景中直观地感受到监控指向的变化；另一方面，对云台的实际转向动作进行捕捉，通过外部附加传感器的方法，获取云台的实际运动情况及坐标指向，把位置数据传送回上位机窗口进行显示并保存相关数据。

8.6.2 研究展望

本章以传感器模块 MPU-6050 为云台转动的姿态数据采集工具，利用卡尔曼滤波算法，上位机显示窗口，初步完成了对二自由度云台的位姿实时捕获。但由于研究处于较为理想的实验环境状态，并且未考虑外界气压、地磁等多干扰因素的影响，同时只以二自由度云台为例，并未考虑云台本体运动下的位姿获取和观测角度校正的情况，同时在研究中只针对了单独的云台转动设备，没有借助机载摄像等观测设备的图像捕获功能，因此研究可以在附加视频和图像的基础上，借助图像处理技术对云台控制的研究进行深入和完善。主要包括以下几个方面。

1. *移动对象追踪功能*

自动追踪功能的实现方法最为直接的是图像识别。由于多数云台为监控系统集成设备（监控摄像机云台），因此可以利用照相机的图像捕捉功能，实现对运动对象的追踪监控。当移动目标物体进入监控区域后，将摄像机采集到的图像进行识别处理，可以得到目标物体的运动状态[48]。此外，根据一定的跟踪算法来实现对移动目标的运动预测，并向云台发出控制信号，使监控设备可以跟随移动物体进行持续追踪监控。然而，由于辨识问题造成的跟踪目标的不唯一性，因此目前国内的技术并不能完好地满足上述功能需求。此项技术要求上位机在程序编写上要考虑到特征识别、区域选择等诸多问题，以期达到在任何情况下都能够通过精准的参数筛选后，通过既定的相关程序来使云台摄像机始终跟踪某确定目标物体。

2. *增大系统监测范围*

目前，监控摄像机的监测行为主要是基于计算机技术，如视频监控报警、人脸识别等。摄像机将采集到的信息传递给计算机进行图像处理。然而，当人并不出现在摄像机视场范围内时，该视频技术无从应用，说明其有一定的局限性。在此技术前提下，如何增加摄像机的有效监控范围、扩大监测视场，成为实际应用中亟须解决的问题。

当云台的指向静止时，摄像机监控视场非常有限，当有人或异物出现在指定需要监控的区域内但非静态摄像视场中时，需要外部设备及时识别人或异物并控制云台摄像机迅速做出反应，使云台指向需要监控的区域，从而采集图像信息。利用人体向外界辐射红外线的特性，使用热释电传感器将云台周围划分为几个探测区域，当有人出现在某一探测区域时，云台自动转向该探测区，从而可以扩大摄像机对人的监控范围。利用热释电传感器作为云台监控的辅助探测设备，可以使系统在人体进入云台系统探测区的情况下实现对人的探测并做出反应。将云台周围划分不同探测区域，分别增加范围内热释电传感器，同时在设定范围监测优先级的基础上，可以有效解决监控盲点问题。因此，创造出性能稳定的红外辅助监测系统既是云台系列的产品发展趋势，也符合市场需求。

在监控系统中，白天可以通过普通摄像机取像；而在夜晚照明情况较差的情况下，利用高精度红外热成像仪作为夜间监控辅助，就可以实现昼夜持续监控。红外热成像仪探测到目标物体的红外辐射能量，通过光电转换和信号处理，在显示器上生成目标物体的动态热图像和温度分布值。

随着市场需求的快速增加，红外探测设备的逐步发展，电子元件集成化速度的加快，以及云台摄像机性价比的提升，相信在不久的将来，云台在监控领域将会有更多突破性的应用和发展。

3. 稳像功能

在航天技术的应用中，月球车负载云台设备在月球表面行进完成检测和拍摄任务，由于月表地形的特殊性和不可预测性，负载云台在车体前进过程中会出现不可避免的振动或偏移轨迹等现象，使监测图像发生抖动。又如，在空旷的野外、外界环境较恶劣的情况下，云台所负载的监视器上的图像会发生小幅晃动。云台摄像机系统在载体的运动下，监控图像的采集和识别质量会因载体设备的运动和抖动产生失真和定位错误等影响。通过物体姿态采集硬件来获取云台摄像头在惯性坐标系下的姿态角度，回传设备的当前运行信息，与原指定路径进行对比，通过控制电动机转向补偿偏移位置，消除因机器抖动对负载摄像头等设备姿态的影响，保证了云台无论在任何方向发生移动时，所追踪的目标物体在观测视场中保持稳定，使得在恶劣环境和不可预知地形空间中监测时，依旧可以看到清晰、稳定的图像[49]。

综上可以看出，云台控制方式更新很快，应用空间广阔，具有很高的市场发展潜力，并逐渐在高端精密仪器市场占领一席之地。随着未来科学研究和监控市场需求的逐步扩大，更多高性能、多控制方式的云台产品将进入科技、生活、研究等领域，也将为平安城市建设和高科技智能检测技术增加一道靓丽的风景线。

参考文献

[1] 张建仓，杨哲辉，孙启富．基于二自由度云台的目标跟踪系统设计[J]．计算机测量与控制，2013，21（9）：2579-2591．

[2] 周改会，周兵．基于嵌入式插件技术的远程云台控制系统[J]．微计算机信息，2009，25（2）：29-31．

[3] 韩立龙，赵正旭．基于惯性动作捕捉的多螺旋桨飞行器姿态研究[J]．河北省科学院学报，2013，30（2）：1-6．

[4] ZHAO Z, WANG S, ZHANG T. Study on the method of pan-tilt control in 3D scene[J]. The International Conference on Mechanical Integration and Control Technology, 2015, 1(4): 1-4.

[5] ZHAO Z, ZHANG T, WANG S. Research of space teleoperation based on freeform and augmented reality technology[C]//MICT 2015: The International Conference on Mechanical Integration and Control Technology, 2015, 1(4): 26-29.

[6] 董然．基于热释电传感器云台控制设计与实现[J]．电子制作，2014（1）：6-7．

[7] 朱鸿博．云台监控事件检测和目标追踪方法的研究与应用[D]．青岛：青岛科技大学，2013．

[8] 以色列军事实力有多强，看看他们的装备就知道了！[EB/OL].(2018-08-01). https://baijiahao.baidu.com/s?id=1607576922385875759&wfr= spider&for=pc.

[9] YANG H, KIM Y. Fast and simple motion tracking unit with motion estimation[J]. Journal of Measurement Science and Instrumentation, 2010, 1(3): 233-238.

[10] 彭玲玲，张亚婷，仇婕．倾力宇航科技发展创新光纤陀螺技术——访中国航天电子技术研究院十三所副所长王巍[J]．中国科技奖励，2015（5）：46-50．

[11] 胡琳萍．基于 DSP 的控制驱动一体化二自由度云台的设计与实现[D]．武汉：武汉科技大学，2008．

[12] 付渊，贾龙，田月炜．变电站巡检机器人云台控制系统[J]．电子测试，2015（2）：121-123．

[13] 魏崇毓，韩永亮．云台控制系统的研究与设计[J]．科技信息，2011（3）：503．

[14] 贾茜，谢勤岚．高速球形摄像机 PTZ 跟踪策略设计及实现[J]．计算机工程与应用，2011，47（31）：197-200．

[15] 余宝意，裴海龙．无人直升机云台控制系统的设计与实现[J]．计算机应用，2012，27（9）：48-51.
[16] 杨哲辉，郭雷．模糊自适应运动目标跟踪算法[J]．计算机工程与应用，2012，31（7）：803-809.
[17] 李小斌，吴宏岐，袁战军．一种高性能云台控制系统设计[J]．工业仪表与自动化装置，2014（2）：46-50.
[18] 孙鹏飞，郭喜庆，杨敬娴．二自由度云台的机器视觉控制[J]．光电工程，2012，39（10）：135-142.
[19] SHREINER D, The khronos OpenGL ARB working group. OpenGL 编程指南[M]. 7 版．李军，徐波，刘金华，等译．北京：机械工业出版社，2010.
[20] KURIHARA K, HOSHINO S, YAMANE K, et al. Optical motion capture system with pan-tilt camera tracking and realtime data processing[C]//Proceeding of the 2002 IEEE International Conference on Robotics &Automation. Washington DC, 2002.
[21] 王松德，张栓记，朱小龙．热释电红外探测器在安全防护系统中的应用研究[J]．光谱学与光谱分析，2006，26（11）：1-2.
[22] 沈义平．多机动模式下移动机器人目标跟踪控制研究[D]．哈尔滨：哈尔滨工程大学，2013.
[23] 张巍，吴怀宇，程磊，等．基于 DSP 的控制驱动一体化二自由度机器人云台设计[J]．自动化技术与应用，2009，28（3）：107-109.
[24] ZHANG L, WANG M, LI W, et al. An automatic three-dimensional scene reconstruction system using crowdsourced geo-tagged videos[J]. Industrial Electronics, IEEE Transactions on, 2015, 62(9): 5738-5746.
[25] 孙乔，杨卫，于海洋，等．基于动态下使用热释电传感器的新型目标探测方法的研究[J]．计算机测量与控制，2011，19（11）：2649-2651.
[26] COMANICIU D, RAMESH V, MEER P. Kernel-based object tracking[C]//IEEE Transactions on Pattern Analysis and Machine Intelligence, 2003.
[27] 付心建，花卫华，陆小芳．三维交互技术中通用鼠标旋转控制器的实现[J]．现代计算机，2015（2）：80-82.
[28] 张梦娜，于鸿洋．基于 C/S 模式的远程云台控制系统设计与实现[J]．电视技术，2014，38（13）：145-148.
[29] 张绮文，王廷广．ARM 嵌入式应用开发完全自学手册[M]．北京：电子工业出版社，2009.
[30] 付飞，李艳辉．OpenGL 超级宝典[M]．北京：人民邮电出版社，2012.
[31] 李师贤．C++ Primer 中文版[M]．北京：人民邮电出版社，2012.
[32] ZHANG X, GAO J. Study on a pan-tilt control technique for the airship Camera orientation[J]. Sensors & Transducers, 2013, 155(8): 285-293.
[33] SEUNG H, SOON C, HO B, et al. Digital hologram generation for a real 3D object using by a depth camera[J]. Journal of Physics: Conference Series, 2013, 415(1): 135-139.
[34] 刘晓武．基于 MEMS 陀螺仪的三维姿态传感器的设计[D]．西安：西安工业大学，2014.
[35] 方小平．基于陀螺仪的空中云台稳像系统研究[D]．西安：西安工业大学，2011.
[36] 高同跃，丁卫，高新闻，等．机载惯性稳定云台系统的研究[J]．计算机测量与控制，2010，18（2）：344-347.
[37] 张廷廷，赵正旭．增强现实环境下的 FreeForm 空间遥操作研究[J]．河北省科学院学报，2014，31（2）：1-5.
[38] 廖建尚．基于 I^{2}C 总线的云台电机控制系统设计[J]．单片机与嵌入式系统应用，2015，15（2）：67-70.
[39] 陈孟臻．基于 MPU_6050 陀螺_加速度仪三轴云台的研究[J]．百色学院学报，2015，28（3）：126-131.
[40] 纪钢，司洞洞，吴萍萍．基于反馈式可定位云台控制系统设计与实现[J]．计算机测量与控制，2015，23（5）：1582-1585.
[41] 王俊凤，雷斌．卡尔曼预测在自动跟踪云台中的应用[J]．国外电子测量技术，2006，25（10）：53-55.
[42] 陈孟臻．三轴 WiFi 摄像头舵机云台的设计与实现[D]．广西：广西大学，2015.
[43] PRINCE P, HEMAMALINI R, RAJKUMAR R. LabVIEW based abnormal muscular movement and fall detection using MEMS accelerometer during the occurrence of seizure[J]. Indian Journal of Science and Technology, 2014, 7(10): 1625-1631.
[44] KO S, LWIN D. Basic multicopter control with inertial sensors[J]. International Journal of Scientific and Research Publications, 2014, 4(9): 1-4.
[45] LIU L, ZHENG D, LIU X. Design of fall detection System for elderly people based on MPU6050 Sensor[J]. Chinese journal of medical instrumentation, 2015, 39(5): 327-330.
[46] SHAEFFER D. MEMS inertial sensors: a tutorial overview[J]. IEEE Communications Magazine, 2013, 51(4): 100-109.
[47] 黄宵宁，郑伟，许家浩，等．输电线路巡检无人机高精度云台设计与实现[J]．电子测量技术，2014，37（4）：43-47.
[48] 冯智勇，曾瀚，张力，等．基于陀螺仪及加速度计信号融合的姿态角度测量[J]．西南师范大学学报，2011（4）：137-141.
[49] 杨亮，周勇，刘歆浏．基于 PTZ 摄像机的运动目标跟踪控制[J]．兵工自动化，2014，34（3）：65-68.

第 9 章　个人计算机虚拟博物馆设计与实现

9.1　绪　　论

9.1.1　研究背景和意义

1. 研究背景

1956 年周恩来总理主持制定了《十二年科学技术发展规划》，把计算机列为发展科学技术的重点之一[1]，计算机的发展史同样也是科学技术的进步史，向人们展示什么样的计算机发展史，以什么样的更贴近人们现实生活的方式来展示，是摆在我们面前的现实问题。基于此目的，本章通过分析、梳理个人计算机的发展历史资料，还原个人计算机发展过程中不同阶段的原型和操作运行方式，以先进的虚拟现实手段为依托，结合 3D 技术对外展示参观，让人们有身临其境的互动体验，感受不同型号的个人计算机的运行方式。

2. 研究意义

个人计算机改变了世界，对人类的影响深远；然而这一伟大的科学技术没有得到更多的保护，人们只能通过网络上零散的文字、图片和影像资料来认知。纵观全球，专业展览计算机的机构只有波士顿计算机博物馆，还没有针对个人计算机进行全面、完整记录的机构和群体。

本章以虚拟现实的形式展现个人计算机的发展史，其研究意义在于梳理计算机的发展历史资料，保存和展示不同时期的个人计算机产品，讲述个人计算机发展过程中所发生的故事，探索个人计算机的革命和对人们生活的影响。

个人计算机诞生后改变了世界，对人类的影响深远，并且将会一直影响下去，但是这一伟大科学技术没有得到更多的保护，人们只能通过网络上零散的文字、图片和影像资料来认知。纵观全球，专业展览计算机的机构只有远在波士顿的计算机博物馆，还没有针对个人计算机进行全面、完整记录的机构和群体。

1）创建个人计算机虚拟博物馆，是对个人计算机的文化传承。让更多的人来关注个人计算机的历史文明，了解在个人计算机发展过程中[2]，那些杰出的公司和科学家对个人计算机的热爱和痴迷，了解他们创造的奇迹和为全人类做出的贡献，让人们从中得到启发，产生思维碰撞，激发灵感。

2）个人计算机虚拟博物馆，本着贴近人们生活的原则，正确传达个人计算机信息，作为一个平台，通过网络传播到世界各地，同时让全球有共同兴趣爱好的群体参与进来。通过个人计算机虚拟博物馆可以学习到个人计算机的知识，得知其相关的趣事和新闻，得到相关的教育，激发兴趣，让更多的人投入个人计算机的科学研究中。

3）个人计算机虚拟博物馆建设完成后，人们可以通过网络在世界任何角落进行参观，并参与其中建设，提供更多的个人计算机信息和资源，人们既是服务者也是被服务者。

4）虚拟现实技术难题的提出：个人计算机虚拟博物馆许多真实感知空间和物体的交互方式如何在其他虚拟计算机相应的操作系统中得到使用。设想在个人计算机虚拟博物馆参观个人计算机展品，不同的计算机在不同的年代有相应的操作系统，如果我们对一台虚拟的计算机进行操作，完全如同在操作一台真实的计算机时，这台虚拟的计算机如何做到正确反应这台真实计算机的操作系统反应，也就是在我们运行的操作系统里运行另一个操作系统，这是一个需要解决的技术问题。

综上所述，个人计算机虚拟博物馆的建设任重道远，在科技文明传承的道路上，还需要每一个人的参与和支持。

9.1.2　国内外研究现状

1. 个人计算机的历史研究现状

随着科学技术的发展，电子计算机赢得了现代科学技术的先锋桂冠，在人们的日常生活中起着越来越重要的作用，谁不会操纵它，就注定要落在时代潮流的后面。

欧美等发达国家很早就开展了对计算机发展史的研究[3]，美国是最早对计算机的发展给予重视的国家[4]，波士顿计算机历史博物馆的建设最为突出[5]。波士顿计算机博物馆是世界上唯一一家专业展览计算机的博物馆，该博物馆把一系列最原始的和最新式的电子计算机，以及它们的用途展示在世人面前。在这个既供参观又作教学之用的博物馆里，收集了在计算机技术上最有历史价值的东西。波士顿计算机博物馆也是全球最大的计算机类博物馆，诸多计算机历史上独一无二的原始机器和模型汇聚于此，构建出一个独特的世界，展出了全球计算机领域规模最大、意义最深远的相关展品。这里的藏品多达 9 万件，主要是一些和计算机相关的物品、照片、胶卷和录像带，还有 4000in（1in≈25.4mm）的编目资料等。其藏品包括许多珍贵罕见的、最早的计算机，如 Cray-1 巨型计算机，还有 Cray-2、Cray-3 和犹他茶壶——1969 年制造的计算机，以及苹果 I 等。英国国家计算机博物馆拥有一系列令人惊奇的、老式的、具有历史意义的计算机复制品，如洛仑兹密码机、Heath Robinson 机器、第二次世界大战期间发明的第一台可编程电子计算机、二代可编程电子计算机等。

2010 年中国人民政治协商会议委员陈寒枫递交了关于建立中国计算机博物馆并研究中国计算机产业发展史的提案。中国计算机史的研究和中国计算机博物馆的建设，应当成为中国信息化的组成部分，成为经济发展、改革与社会科学领域长期研究的内容，成为爱国主义与科学发展观教育的组成部分[6]。

北京海淀科技中心拟建计算机展览馆，通过展板、实物、模型、多媒体等手段展示世界和我国计算机软件技术领域的发展历程和成果；依托中关村海淀园的广阔平台和丰富的科技资源，打造计算机专题展览；通过科普语言让公众轻松地学习计算机科学文化知识，了解计算机电子技术的过去、现在和未来，感受计算机技术给生活带来的改变，提高公众科学文化素养，培育创新精神[7]。

2. 虚拟博物馆的研究现状

虚拟现实技术是仿真技术的一个重要方向，是仿真技术与计算机图形、人机接口技术、多媒体技术、传感技术、网络技术等多种技术的集合，是一门富有挑战性的交叉技术前沿学科。其演变发展史大体上可以分为 5 个阶段：有声形动态的模拟是蕴涵虚拟现实思想的第一阶段（1963 年以前）；虚拟现实萌芽为第二阶段（1963—1972）；虚拟现实概念的产生和理论初步形成为第三阶段（1973—1989）；虚拟现实理论进一步的完善和应用为第四阶段（1990—2004）；虚拟现实核心关键技术、产品研发和应用取得新突破为第五阶段（2005 年至今）[8]。

个人计算机 PC（personal computer）一词源自于 1978 年 IBM 的第一部桌上型计算机型号 PC[9]。现在国内外大部分对个人计算机历史的研究展示还停留在以展板、实物、模型、多媒体等传统手段阶段，展现形式僵化、单一，不容易让人们很快地理解。虚拟现实技术的发展给个人计算机发展史的展现方式带来了新的机遇，个人计算机虚拟博物馆是将计算机的发展史以一种全新的、贴近人们生活的方式展现出来。

9.1.3　主要研究内容

本章以传承科学技术文化遗产，设计并制造个人计算机虚拟博物馆为目的，围绕视觉设计和虚拟现实技术进行研究，其主要研究内容如下。

1）对个人计算机历史的研究。通过网络收集个人计算机的历史资料，进行分类整理，按照时间排序记录事件相关周边资料，为虚拟博物馆建设打下基础。

2）视觉形象识别系统的建立。了解个人计算机的历史文化和特点，以及虚拟博物馆的意义和作用，进行视觉形象创意，用规范的、统一的、富有视觉冲击力的视觉形象，为制作出更出色的虚拟博物馆服务。

3）个人计算机虚拟博物馆展现设计。通过对场景布局的规划设计及视觉创意表现设计，结合视觉识别系统，让虚拟博物馆更具有参观性。

4）个人计算机虚拟博物馆的设计制作与实现。使用 3ds Max 软件创建三维模型，依次进行空间环境三维模型制作、个人计算机展品三维模型制作、贴图效果实现、灯光设置、摄像机设置、烘焙设置。利用 Unity3D 制作虚拟实境，实现虚拟空间交互处理，实现展示功能及交互功能。

9.2　个人计算机虚拟博物馆研究概述

9.2.1　实体个人计算机博物馆

个人计算机博物馆在当下全球范围内极度缺乏，美国的波士顿计算机博物馆是世界上唯一一家专业展览计算机的博物馆，许多展品都是互动的，参观者可以真实地体验。但个人计算机这一部分资源和信息还不够完善，在呈现形式上仅有该博物馆网站上的图片和文字信息。苹果公司的产品在全球拥有庞大的爱好者群体，分别在莫斯科和布拉格开设了苹果的博物馆，展出了大量的私有苹果产品，对苹果的个人计算机的收藏较其他公司要完整得多。但是在全球范围内鲜有个人计算机历史博物馆，大多数人因为距离远、旅途费用高和时间阻碍无法亲身体验，只能通过网络上的图片、文字、影像资料来认识和了解。

建立个人计算机博物馆为数较少的原因，首先是个人计算机发展速度飞快，企业之间竞争激烈，推出的产品往往只是技术上的简单更新，甚至只是外观上的改变，所带来的技术冲击平淡，容易被人们淡忘。其次，建立实体个人计算机博物馆，从前期的收集、建造到后期运营，需要花费的资金庞大，造成了一定的阻碍。

9.2.2　虚拟博物馆理论

1. 虚拟化的博物馆

虚拟博物馆是一个数字化的实体，利用博物馆的特点，通过个性化、互动性和丰富的内容以补充、增强或增加对博物馆的体验。虚拟博物馆可以作为一个实体博物馆的另一种形式，既可以独立存在，也可以相辅相成。虚拟博物馆还致力于公共访问[10]，既有知识系统嵌入，又有系统组织信息的收集、展示与长期保存。

当今世界是一个网络发达的世界，全球各个角落都可以通过网络获取博物馆开放在网络上的信息和资源。虚拟博物馆的出现打破了只有被动获取信息，只能通过高清图片浏览影像来体验的限制，给参观者带来了真实博物馆的观感。传统的实体博物馆因为时间和空间的限制不易广泛建立，也限制了人们参观体验和更好地了解展品的机会。虚拟博物馆更好地展示了馆内的展品，可更好地服务于社会和公众，促进博物馆本身的发展需求。当今信息技术发展迅速，虚拟博物馆已经被认同及不断建立，它打破了实体博物馆的限制，极大地拓展了博物馆空间[11]，有效满足了公众的各项需求[12]。

2. 虚拟博物馆浪潮

随着虚拟现实技术的发展，出现了形式多样的虚拟博物馆，越来越多的博物馆已经建立了三维虚拟展馆。

法国卢浮宫是第一个将展品从展览馆放到互联网的博物馆。2004 年初，卢浮宫把 3.5 万件博物馆的公共展示藏品和 13 万件库藏绘画放到改造后的网站上，并提供法国、英国、西班牙和日本的 4 个版本的三维虚拟旅游项目[13]。用户只需进入卢浮宫的官方网站，就可以在家完成一次三维虚拟参观，浏览网站的数量不断上升[14]。

新加坡 Visual Factory 公司旗下的 Cybermuseum 平台建立了一个国际性 3D 互动虚拟博物馆平台，为新加坡美术馆、新加坡国家博物馆、亚洲文明博物馆等 6 家文博机构创建了整套的 3D 虚拟在线展厅，全球各地的人们可以通过这一平台参观新加坡的著名博物馆[15]。

博物馆中的收藏品大多只可以观看，藏品的 3D 影像和开发交互式 3D 技术正在发展中，例如，英国伦敦皮特里埃及文物博物馆就在创建之中，它是世界上陈列埃及和苏丹文物较多的博物馆之一，收藏了约 8 万件藏品。为吸引游客、增强游客的体验感知度，皮特里埃及文物博物馆与伦敦大学合作，借助 3D 激光扫描技术，制作出高清晰品质的 3D 藏品影像，并将其与动作识别技术相结合，让游客实现“不仅看得到，更能摸得到”的双重体验。此外，皮特里埃及文物博物馆还推出了一个名为“尼罗河之旅”的 iPad 应用程序，参观者只需用 iPad 上的摄像头扫一下馆内一幅特制的尼罗河遗址地图，各遗址上出土的文物就能以 3D 影像的形式一一出现在屏幕上。游客只需通过触摸 3D 影像，就可以体验翻转、放大等效果，全方位地观赏文物。该应用一经推出，立刻受到游客尤其是年轻人的欢迎。博物馆将进一步拓展该技术，在智能手机上开发、运行类似的程序。

据《中国文化报》2016 年 1 月 11 日报道，谷歌打造的虚拟实景的大英博物馆，观众可以在网站上浏览，360° 地观看高清晰的展品。谷歌文化学院创始人兼总监阿密特•苏德（Amit Sood）表示，“谷歌艺术计划”是一个独特的线上博物馆平台，可通过先进的 360° 全景技术、3D 模型及其他技术手段将世界文化遗址展示给观众。

其他各大博物馆也开始进行自己虚拟博物馆的建设。故宫博物院开发了《每日故宫》《韩熙载夜宴图》等 App 应用客户端，通过手机程序对屏幕进行操作，可以让参观者穿越到我国的东晋等时代，舞者素腰轻摆翩翩起舞，乐师横抱琵琶奏出曼妙丝竹之声。

我国博物馆里有许多珍贵的古画，它们往往在玻璃柜中展出，再好的灯光设计也无法让观众看清原貌，而“十亿像素”的新技术就能解决这个问题。贝聿铭设计的苏州博物馆就运用了这种技术再现了山水《踏雪访友图》；龙美术馆已经将 400 多件藏品的高清图像上传至因特网；湖北省博物馆使沉睡地下 2000 多年的曾侯乙编钟发出了清脆的钟磬之声[16]。

虚拟博物馆强化了大众教育和自我学习功能，提供了感官、娱乐及社交等多维度的体验，拓展了藏品及展览的知晓度，使观众感受到更为主动、交互性的新兴艺术体验[17]。

9.2.3 个人计算机虚拟博物馆的功能

1. 展示功能

个人计算机虚拟博物馆致力于打造真实规范的虚拟博物馆，整理收集个人计算机所涉及的历史资料，以创意贴图形式在 3D 模型及空间模型上展现。同时，本着简约不简单的原则规划空间展示，既有创意性，也能传达个人计算机的历史，让个人计算机的科技文化更生动真切地展示给参观者，使参观的人能够产生精神上的共鸣。例如，曾经自己使用过的个人计算机现在几乎看不到了，但在个人计算机虚拟博物馆却可以重新看到，此外，还可以看到不同年代的实事新闻轶事的记载。

展品以 360° 方位模型还原，其相关信息以图片、文字、视频资料、音频资料的形式自动呈现。置身该环境中，参观者能够体验到更加真实的仿真效果。

2. 交互体验功能

虚拟现实技术未出现以前，人们是被动地接收信息的，如看电视、听广播等。伴随着虚拟现实技术的出现，交互式体验正式出现，人们可以主动精准地获取所需要的信息资源。同时交互式体验也增强了人们对信息的关注力和理解力，延长了所关注信息的保留时间。在虚拟博物馆人们能够对对象的选择、查询和操作能力更加主动和自由，游览形式也更加有趣。

互动性是虚拟博物馆的一个重要特征，互动性展示可以让人们具有沉浸感、注意力和感受力，可以调动人们参与的欲望，从而达到学习和接受教育的目的。

3. 传承

在当今世界人类已经完全离不开计算机，它是人们办公、娱乐、生活的重要工具和伙伴，并且未来还有更多更加强大的功能被开发。个人计算机对人类进步和科技创新做出的杰出贡献，也体现了人类的智慧，所以这么重要的文化遗产应当得到更好的保留和纪念。个人计算机虚拟博物馆的建设将以公益的形式、开放的管理来进行，个人计算机虚拟博物馆通过网络传播到世界各地[18]，让所有人都可以参观接触到个人计算机虚拟博物馆。开放建设个人计算机虚拟博物馆，可以让人们参与其中，例如，对虚拟博物馆、展品和历史资料等存在的问题，以及在升级改版的问题上，都可以进行参与建设，使虚拟博物馆的资源得到更好的改进。个人计算机虚拟博物馆将作为一个平台，提供给人们个人计算机更完整的资料信息，既让科技文化得到传播，又可以让人们参与其中，共同分享，人们得到提供的服务也将成为服务者，真正把个人计算机虚拟博物馆做到更加贴近人们的生活。

9.2.4　视觉形象识别系统艺术效果研究

对个人计算机虚拟博物馆进行视觉艺术效果处理，要首先解决视觉形象识别系统设计。视觉形象识别系统（visual identity，VI）是企业形象识别系统（corporate identity system，CIS）系统最具传播力和感染力的部分[19]，将非可视内容转化为静态的视觉识别符号，以丰富多样的应用形式在最为广泛的层面上进行最直接的传播。

视觉形象识别系统以标准标志、标准字体、标准色彩为核心展开完整的、系统的视觉传达体系，具体构成如图 9.1 所示，将上述的企业理念、企业文化、服务内容、企业规范等抽象概念转换为具体的记忆和可识别的形象符号，从而塑造出排他性的企业形象[20]。

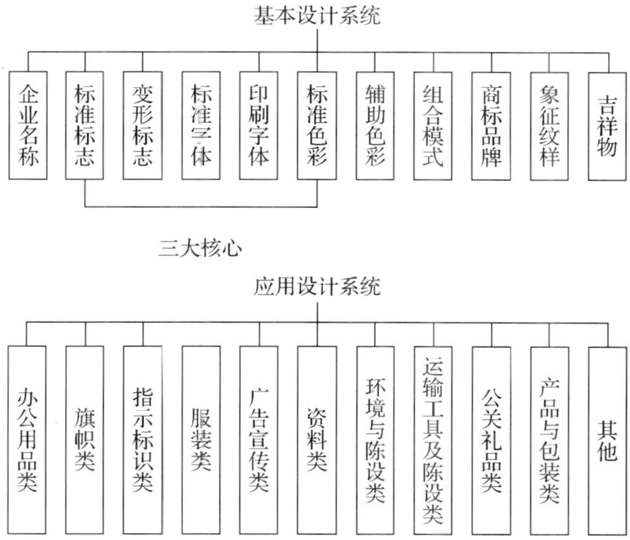

图 9.1　视觉形象识别设计的构成

视觉形象识别系统可以从标志设计及应用设计、配色及图形元素和组合方式、设计风格等方面进行统一，无论人们接收到哪一条识别元素，都能得到正确联想，或联想与之相近相关。从视觉印象转化到潜意识，可以给人一种有深刻记忆、明显特点，通过某一点来唤醒印象的感觉。

人类对事物的感知感受力分为视觉、听觉、触觉、嗅觉、味觉 5 种类型。在虚拟现实技术的发展过程中，正在一一针对人类这 5 种感受力进行技术攻关。在这 5 种感受力中，视觉是目前虚拟现实中最基础的技术，通过画面对人的心理进行刺激，构成人类的审美能力，同时产生喜欢和不喜欢的行为，心理情绪被带动，产生喜爱、愉悦、震撼等情绪。

1. 个人计算机虚拟博物馆基础视觉形象识别系统设计

个人计算机虚拟博物馆从视觉上给出独特的形象识别，为了让每个接触到的人容易记住，采用具有视觉冲击力、富有美感的视觉系统，设计、制作具有独特印象的博物馆标志。

设计个人计算机虚拟历史博物馆的标志，首先通过了解个人计算机的历史背景、文化、特征等，收集整理个人计算机的相关元素；然后从繁杂内容中提炼主要元素，设计尽可能条理清晰、层次分明；最后通过视觉识别系统造型，准确传达出个人计算机的独特性及鲜明的识别性。

视觉识别设计的基本原则：标志的主要表现手段是通过线条来传递品牌战略特征，尽量减少负面或不正确的联想。标志的配色方案是视觉感受的主要手段和第一识别元素，能够准确地表达品牌的定位，其外延含义与品牌核心价值精准匹配。标志的整体设计风格必须与品牌战略相一致，具备相对具体的、清晰的、强烈的感染力，实现品牌的气质识别；此外，还应具有包含性和相对清晰的边界，能够提供长远发展的延伸空间。完成视觉识别设计的标准化导向，必须采用简化、系列、组合、统一、通用等手法对企业形象进行综合整形，达成同一性[19]。同一性原则的运用能使人们对特定的企业形象有统一完整的认识，增强形象的传播力，不会因为企业形象识别要素的不统一而产生错误的联想和识别上的障碍。

2. 个人计算机虚拟博物馆应用系统设计

应用系统设计作为视觉识别系统的重要组成部分，主要是通过除平面概念设计以外的主要传播设计，其中最常见的指示标识类、环境与陈设类等；对设计的各应用项目，综合地、系统地运用到外建筑、室内场景、指示系统等。通过视觉识别，能够充分表现个人计算机博物馆的个性特征，使人能够直观易懂地了解要传达的信息，从而达到个人计算机虚拟博物馆的视觉形象识别的统一。

个人计算机虚拟博物馆将把应用设计用在外建筑装饰上，以简约醒目的方式呈现；博物馆内部场景从天花板到指示标志上进行统一，让人们漫游空间场景时可以有效地区别，不产生乏味感。

个人计算机虚拟博物馆的标志配合标准色，应用在外建筑顶面，可以满足人们远观识别，如空中俯视、热气球和直升机的远观识别；应用在外建筑立面，人们可以在乘坐交通工具时或者站在远距离观看识别；应用在室内空间环境中，是对门牌、吊旗、海报、标牌、指示牌等进行统一规范设计；应用在宣传品中，如名片、宣传册、手提袋、文件袋、门票等，要用合适的大小比例、颜色搭配，以及用标准字体制作范本，以防错误应用；应用在交通工具中，是对车体实际造型和展现面进行规范设计，交通工具的展现是非常好的宣传手段。

9.2.5 小结

本节从实体个人计算机历史博物馆、虚拟博物馆理论、个人计算机虚拟博物馆的功能和视觉形象识别系统艺术效果研究 4 个方面对个人计算机虚拟博物馆研究进行简要介绍。①简要介绍了实体个人计算机博物馆目前现状；②简要介绍了当下众多虚拟博物馆采用的不同虚拟技术和形式；③概要描述了个人计算机虚拟博物馆的展示功能和交互体验功能；④对视觉形象识别系统做了详细介绍，简述了视觉艺术效果研究要遵循的基础视觉形象系统及应用系统的设计原则。

9.3　个人计算机虚拟博物馆总体设计

在了解了全球计算机博物馆及当下的虚拟博物馆技术后，在具体的设计环节开始之前，有必要对个人计算机所涉及的内容和功能系统进行完整、详细的策划，通过充分了解设计对象、整理信息资料、梳理思路找出切实可行的方案，并对方案进行反复推演。综合考虑前期工作对后期的影响，制作项目工作流程，如图 9.2 所示。

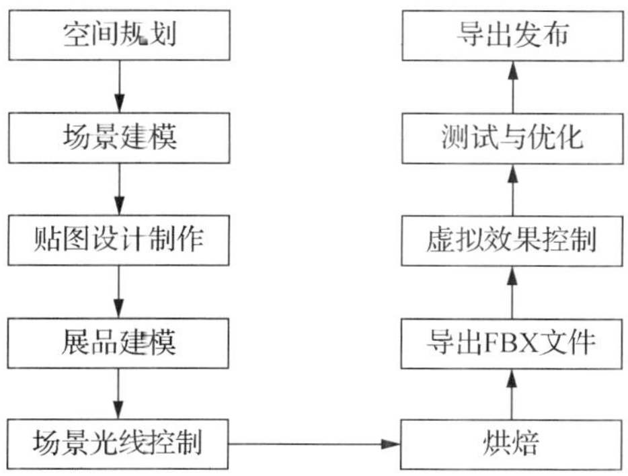

图 9.2　项目工作流程图

9.3.1　场景布局设计

1. 建筑造型设计

通过对个人计算机历史资料的整理过程，充分了解个人计算机的发展进程，将此作为虚拟仿真博物馆设计的出发点，遵循真实存在的空间感，以人们都通俗易懂的方式进行设计。针对建筑造型设计，从分析主体开始，从第一台个人计算机诞生到当今计算机的外观上看，普遍机型如图 9.3 所示。

图 9.3　个人计算机外在造型

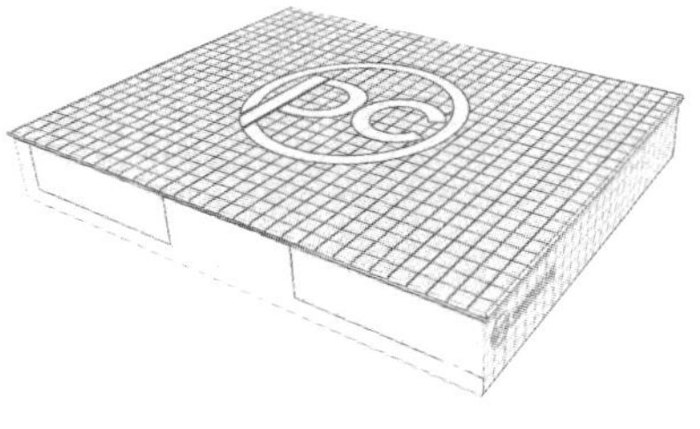

图 9.4　个人计算机虚拟博物馆

个人计算机的主要特点是外在造型基本都是长方体，这是个人计算机从产生到发展至今给人们最深刻的印象，所以延伸这个想法，个人计算机虚拟博物馆就以一个简单的机箱造型作为建筑主体外形，如图 9.4 所示。第一，这样的造型符合个人计算机最主要的形象特点，让人们不会产生错误联想，容易与主题联系起来。第二，长方体模型结构与圆形或者多边、异形的模型结构相比较，前者所产生的面数最少，有利于 3ds Max 制作和虚拟现实技术的实现。

2. 室内布局设计

虚拟博物馆的建设基于实体博物馆，人们在参观实体博物馆的时候会产生正常的反应和行走逻辑[21]。在遵循基本原则的基础上，把个人计算机发展资料进行梳理分类，分析哪些内容归为一类，哪些在呈现上单独进行展现。在对整个发展过程进行了深入了解后，总体分为历史时间线、软件馆[22]、硬件馆、IBM 个人计算机馆、苹果馆 5 大类[23]。

1）时间线。时间线这一个概念具有重要作用[24]。在新兴的科学技术中，没有哪一个产物像个人计算机一样高速发展，一两年之间甚至半年之内就有新的机型产生，淘汰速度飞快；特别是网络技术产生后，更迭速度更快[25]，并且一些具有代表性的机型分别产生在不同的年代。为了更生动形象地传达出这个现象，把时间线从概念转化到图形图像来呈现，以更加直观地带参观者进入主题[26]。

2）软件馆。整体计算机系统分为硬件系统和软件系统。个人计算机可以正常运转是由一组控制计算机系统和管理相关资源的程序组成，即系统软件。操作系统既是计算硬件与其他软件的接口，又是用户和计算机的接口，用来完成用户的请求、硬件的操作，也是系统软件最基本、最核心的部分。在个人计算机的发展中，操作系统的不断优化，使用方式的不断更新，改变了人们的工作和生活方式。不同的操作系统带给用户不同的使用习惯，更新过程中人们总要慢慢适应它的具体变化，那些经典的操作系统曾经陪伴很多人的工作和生活，如苹果公司的 Mac OS 系统和微软公司早期的 Windows 系统。计算机的发展离不开软件的发展，是不可缺少的部分，所以单独划分出来展示[27]。

3）硬件馆。所谓的硬件是指构成计算机的物理设备、机械和电子元件等。随着计算机在生活和工作上的广泛使用，人们对其要求也越来越高，如更快、更稳定、更安全的运算，这促进了科技的不断创新和发展。硬件系统包括电源、主板、CPU、内存、硬盘等，每一个部件都不断地被更新。例如，CPU 的发展，1971 年 Intel 推出的世界上第一款微处理器 4004 是只有 2300 个晶体管的 4 位 CPU，1989 年产生的 32 位微处理器 80486，使晶体管集成数达到了 120 万个。

4）IBM 个人计算机馆和苹果馆。在个人计算机历史发展过程中，IBM 和苹果两大公司在这一产业上做出了突出的贡献，也是引领这一产业的杰出公司，各自旗下的众多产品也广泛被人们熟知和使用[28]。

将这 5 大类进行分布，制作分布方案进行推演，如图 9.5 所示，分布结构比较分散，各部分互相影响很小，容易造成空间浪费，人们的参观动线不能很好地完成，容易造成浪费时间和拖沓冗长的现象[29]。异形体会给场景模型带来较多的面，但增加了安全风险，不适合采纳。如图 9.6 所示的分布是利用长方形来完成的，布局简单明了，有更大的空间展示，也减少了场景模型所带来的面数。整个空间各板块之间松弛有道，太过紧凑让人感觉空间狭小，太过宽松感觉互相衔接不上。从观看角度，首先让观众可以看到博物馆的全貌，最先到达历史时间线这一大类，带领观众了解个人计算机走过的历史进程，直接带入主题[30]。根据 IBM 和苹果公司各品牌形象的特点，用长方体和正方体造型来制作展馆，可让人们产生相关联想[31]。

图 9.5　分布方案一

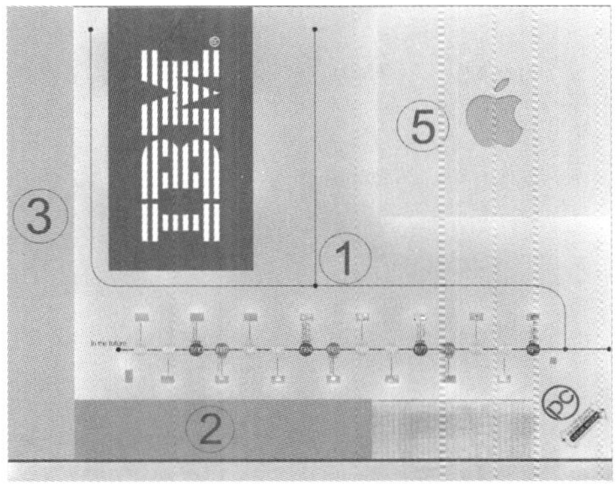

图 9.6　分布方案二

9.3.2　视觉效果设计

随着人们审美水平的提高，虚拟博物馆除了传达本身的展品信息外，对整体造型观感度和兴趣度的提升也显得至关重要[32]。

1. 视觉识别设计

个人计算机虚拟博物馆视觉识别系统以系统的、统一的视觉符号系统为基础进行创意设计[33]。在个人计算机文化研究中，从众多的相关元素中提炼出了以下主要的二进制元素 0 和 1，如图 9.7 所示，还有最具有代表性的电路板元素，如图 9.8 所示。

图 9.7　二进制元素

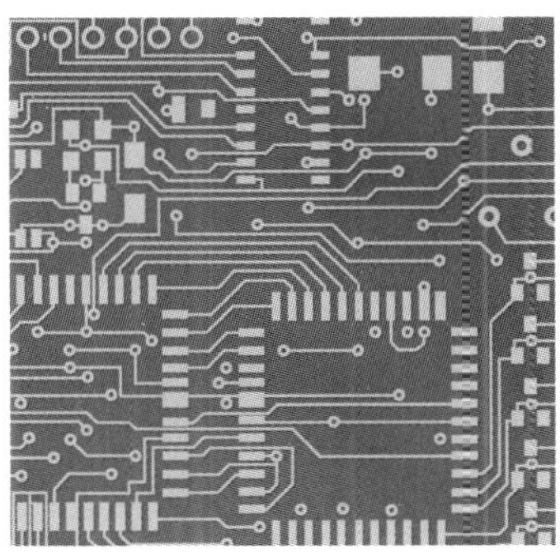

图 9.8　电路板元素

首先利用元素确立标志的创意设计，电路板里最突出的图形是线条和圆圈，从造型角度来看电路板上的线条、圆圈与二进制的 0 和 1 非常相近，可以视为抽象结合。PC 是个人计算机虚拟博物馆英文 personal computer 的简称，也是被人们广泛认知的，符合简化原则，可给人造成正确的联想，如图 9.9 所示。

图 9.9　元素结合

图 9.10　标志初稿设计方案一

然后把 3 种元素进行结合转化，进行初稿设计方案一，如图 9.10 所示。通过结合，图形线条从视觉欣赏上里外冲突偏大，不能完全融合到一张画面。

对标志初稿设计方案一进行修改，PC 和圆环是整个标志的灵魂，PC 字母的上半部分在圆环正中间的位置，从审美角度来看是最合适的，P 字母的下半部分延伸出圆环，给原来常规的图形带来了新意的感觉，但是过于方正而使图形过于死板。配色上尝试给 P 字母换成橙黄色，黄色和红色同为暖色系，配在一起给人舒服和谐的感觉。修改后方案二的效果就产生了，如图 9.11 所示，观看视觉效果，综合审视，突出的弧状图形让整个图形变得生动起来，但是整体造型易使人产生错误的联想，如和灯泡的简化图形类似。PC 两个字母从线条曲折变化变为现在的圆滑性线条，再对字母 P 进行修改，使标志更直接表达 0 和 1 的概念，对字母与圆环相交叉部分进行处理，与外圆环相呼应，形成方案三，如图 9.12 所示。方案三在颜色搭配上虽然红色和黄色可以放在一起，但是对一个简约的标志图形来讲有些出跳。综合以上方案，去掉矛盾问题，保留优点，最终得出了方案四，如图 9.13 所示。整体观看图 9.13，标志颜色统一，造型结构简单，没有繁杂现象，有条理，干净利落，既表达了主要思想，传达出了整体形象，又有细节变化，让整个标志不呆板，容易被人们记忆，不容易造成混淆。

图 9.11　标志初稿设计方案二

图 9.12　标志初稿设计方案三

图 9.13　标志初稿设计方案四

配色使用规范在确立之初，目的是规范好颜色标准，这样可以在不同环境中使用都不会出现严重错误。结合应用范围给出配色方案，如图 9.14 所示。

图 9.14　配色方案

标志确立后，要系统规范地与字体组合进行设计，针对应用所在的不同地点和介质，把标志与标准字规范组合，或应用反白效果，如图 9.15～图 9.19 所示。

图 9.15　标志与标准字组合（一）

图 9.16　标志与标准字组合（二）

图 9.17　标志与标准字组合（三）

图 9.18　反白效果应用（一）

图 9.19　反白效果应用（二）

系统应用应规范，整理常用的办公用品、宣传用品，包括名片、手提袋、画册、光盘等，具体使用规范如图 9.20 所示。

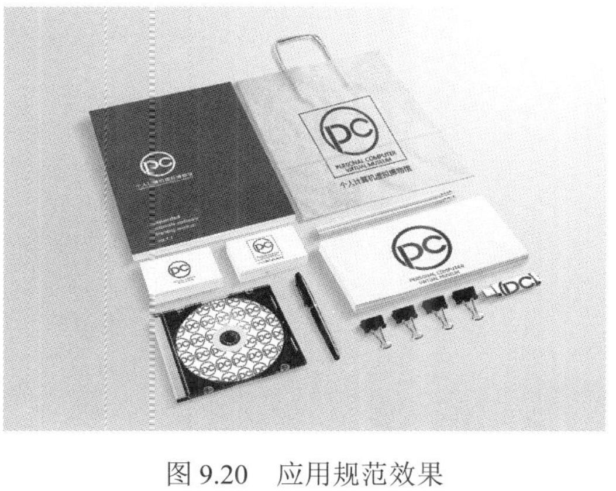

图 9.20　应用规范效果

图 9.21　外建筑装饰效果

2. 场景视觉设计

设计个人计算机虚拟博物馆，首先建筑本身是以简约风格为主，装饰要和建筑统一风格，配色追求不要过多，直接由标志形象排版装饰，如图 9.21 所示。

设计个人计算机内部场景，对其发展特点进行深入研究。个人计算机是高科技产物，体系庞大，是人类未来发展的重要元素，这一领域开发有着漫无边际的强大力量，又有着巨大的未知潜力，综合印象元素进行统一简化，用浩瀚的宇宙元素来表现最为贴切。结合标志进行搭配，通过 Photoshop 图像处理软件设计制作出创意贴图，在 3ds Max 进行贴图应用，作为天花板主要图像展现，如图 9.22 所示。

入口是一整块面积比较大的区域，在参观者第一眼看到的视界范围里制作一张形象墙，内容包括欢迎语、标志的排版设计，如图 9.23 所示。

图 9.22　天花板贴图形象

图 9.23　入口形象

中间位置是时间线的起点，用线和 TIME LINE 组成，和地面上的图案做连接，如图 9.24 所示。接下来，引用苹果公司的著名广告语“TO CHANGE THE WORLD! 改变世界!”，如图 9.25 所示。

图 9.24　时间线图案

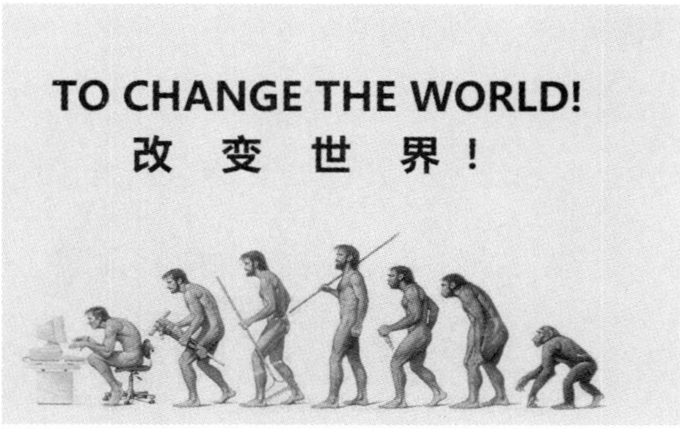

图 9.25　广告语

在广告语下面配上一张关于进化史的图片，生动形象地描述计算机对人类的影响，也制造了一种轻松诙谐的氛围，让观看者既放松又从中可以引发思考。

对地面装饰，由时间线来完成，走在时间线上，一步一景来参观个人计算机的发展历程，顶端是 In the future，表示计算机还要继续发展下去，还会有不断改变这个世界的产品产生，如图 9.26 和图 9.27 所示。每个时间结点上都有一个年代标注和相对的计算机型号，并结合用不同的颜色进行区分。

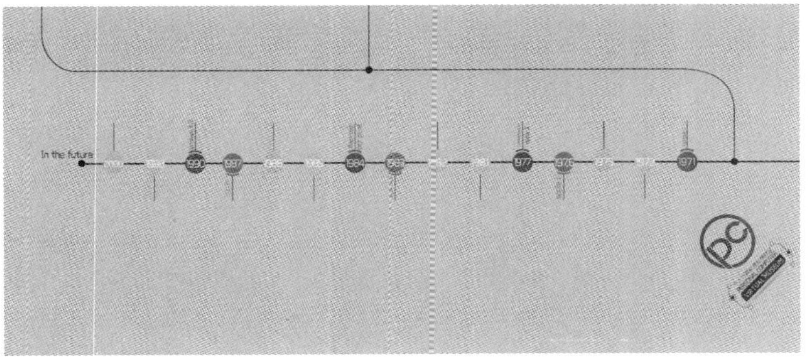

图 9.26　时间线（一）

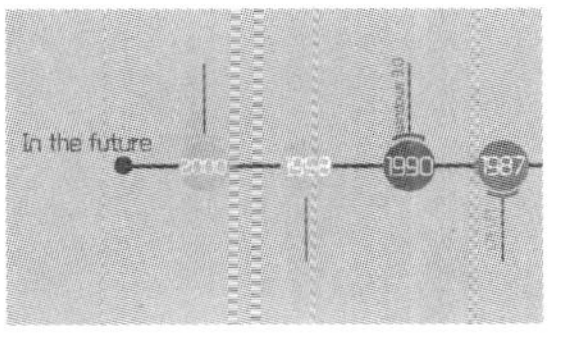

图 9.27　时间线（二）

IBM 馆外装饰以黑色为底和白色“IBM”字组成，简单易懂，创意来自 IBM 公司的经典形象，让人产生直接联想，如图 9.28 所示。

图 9.28　IBM 形象

同样苹果馆也是采用极简的创作手法，以浅灰色为底和深灰色苹果标志搭配，或以浅灰色为底和白色苹果标志搭配，如图 9.29 和图 9.30 所示。

图 9.29　苹果形象（一）

图 9.30　苹果形象（二）

9.3.3　虚拟交互设计

在虚拟交互设计中，首先参观者进入实境可以通过操作进行行走，设置好漫游范围，在行走的过程中设置真实阻碍。例如，在真实生活中我们不可以穿过物体，在实境中也要设置阻碍，可以多角度观看，但不可以穿过物体，实现真实感觉。对对象的操作要有真实的场景设置。例如，人们想要敲击一台计算机的键盘，在设置键盘时要有真实按压动作、灯光的开关设置等，指令要对应真实反应。

当参观者置身虚拟实境时，感觉是非常微妙的，人类对空间感知是人类的本能之一，完全模拟人类的视觉高度、角度、前进速度和加速度等，需要找到正确的数值，而不是凭空想象。接收信息要调整到可以让人自然接受，视线搜寻要更接近人的自然反应，声音设置随着远近距离给人的接收状态要符合人类日常生活正常的接收状态。打造环境时，要使环境充满美感，给人视觉冲击力，这可以直接影响观看人的情绪和心理变化。

9.3.4 小结

本节从场景布局设计、视觉效果设计、虚拟交互设计 3 个方面介绍了个人计算机虚拟博物馆的整体设计理念，具体阐述了场景布局设计中建筑造型创意设计思路和室内布局原理，以及视觉效果设计中视觉识别设计创意思路和设计制作过程，解析了场景识别系统结合视觉识别系统而组成的场景视觉效果。

9.4 个人计算机虚拟博物馆设计制作与研究

9.4.1 空间环境 3D 模型制作

个人计算机虚拟博物馆的空间环境模型制作利用 3ds Max 9 软件完成，使用 3ds Max 9 软件首先要规范设置单位，打开“单位设置”对话框，设置“公制”单位为毫米，单击“系统单位设置”按钮，在弹出的对话框中设置“系统单位比例”为 1.0，单位为毫米，单击“确定”按钮退出，如图 9.31 所示。

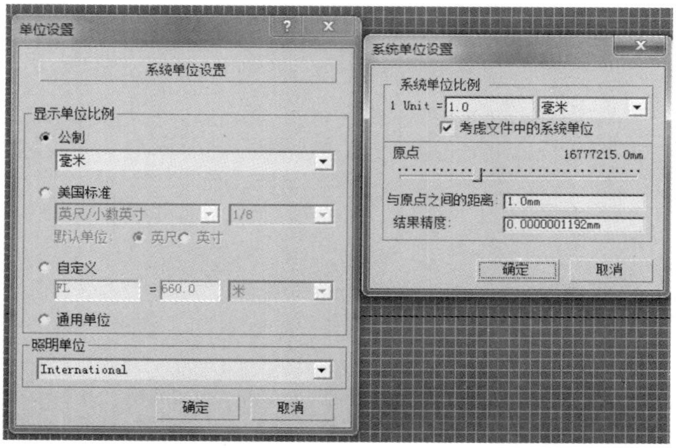

图 9.31 单位设置

为了尺寸更加精确，先利用 AutoCAD 2004 来绘制地形结构，如图 9.32 所示。按照人体工程学的基本标准打造空间布局。参观展品与展品之间的距离设置，可以满足在观看展品时不受其他因素影响，考虑地面设计有时间线图案，结合时间线概念为主要展现点，给予展区无遮挡空间[34]。

IBM 和苹果分展馆位置是依据人流动线规划结合诞生年份确定的，IBM 旗下个人计算机的诞生要早于苹果公司，在人流动线顺序上要先参观 IBM 馆[35]。两个展馆的外观造型要符合这两家公司自身的风格特征，所以 IBM 馆占有面积呈现长方形，苹果馆占用面积呈现正方形[36]。

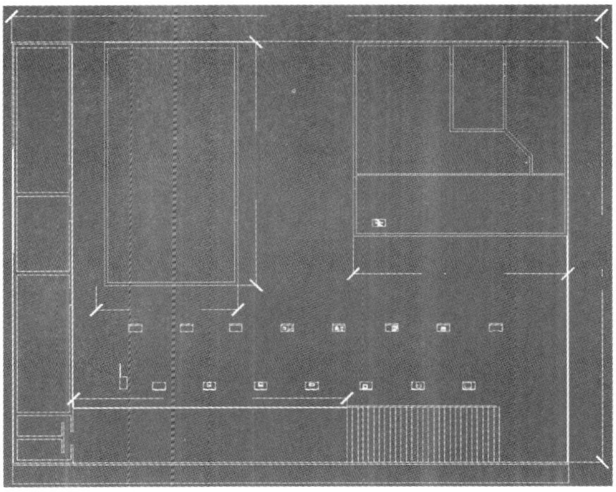

图 9.32　CAD 地形（一）

选择文件类型“AutoCAD 图形（*.dwg，*.dxf）”，把制作完地形的 CAD 文件通过“导入”命令导入 3ds Max 文件中，用“线”命令对地形线体进行勾画编辑，如图 9.33 所示。按 S 键打开捕捉工具，辅助准确选择点的位置。

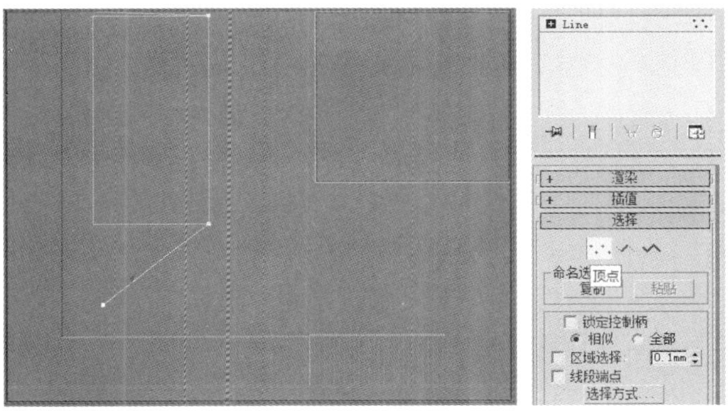

图 9.33　CAD 地形（二）

然后通过“挤出”命令把绘制的二维线体制作成三维立方体，如图 9.34 所示。

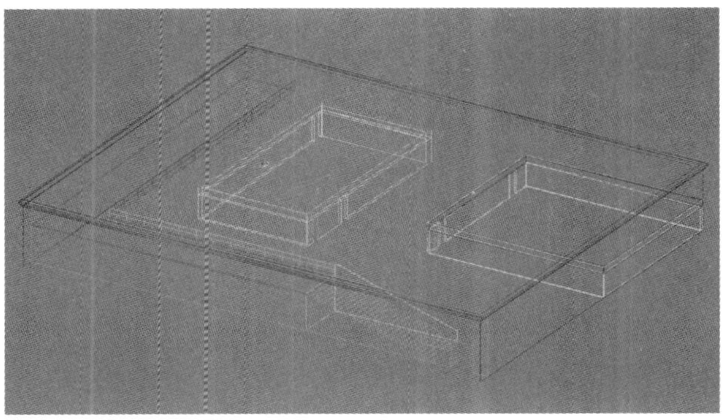

图 9.34　墙体三维立方体

在勾画地形时 CAD 文件的线体有些可以直接使用，有些则需要进行简单编辑才能使用。编辑时，选择 CAD 线体，在修改器面板中选择点级别，然后在视窗中全选点[37]，右击，在弹出的快捷菜单中选择“Bezier 角点”命令，如图 9.35 所示。然后观察交叉点是否有断开的现象，如果呈现断开现象，对相近的点进行连接，如图 9.36 和图 9.37 所示。

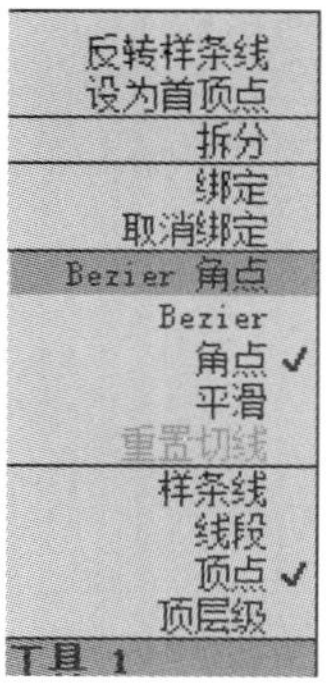

图 9.35　设置 Bezier 角点

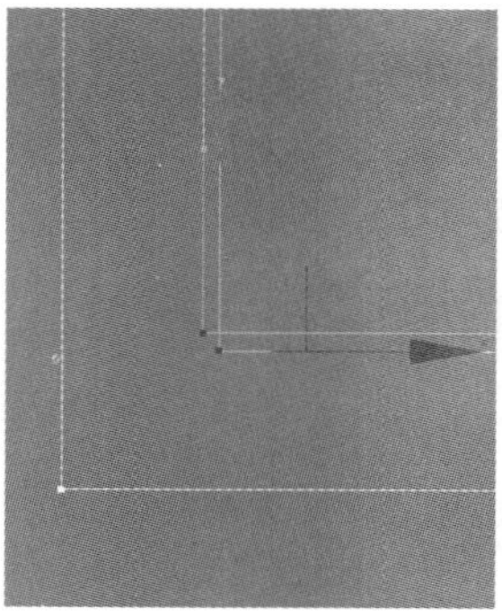

图 9.36　断开的点

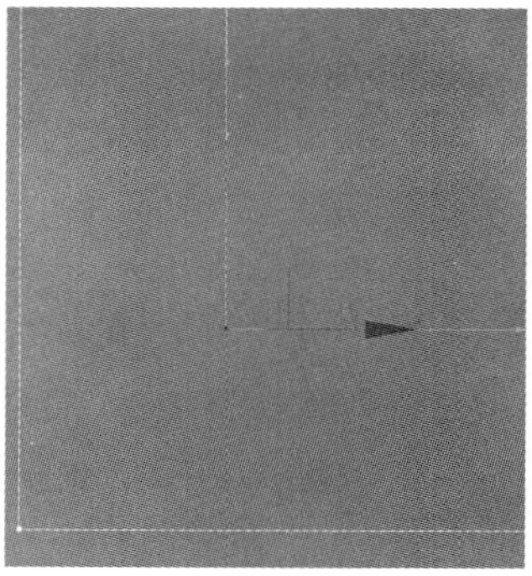

图 9.37　连接点

观察基本模型是否存在错误，制作好墙体后，对屋顶进行制作。先用 3ds Max 工具“长方体”创建参数，如图 9.38 所示。然后在修改面板中选择编辑多边形，在面级别选择顶面，如图 9.39 所示。

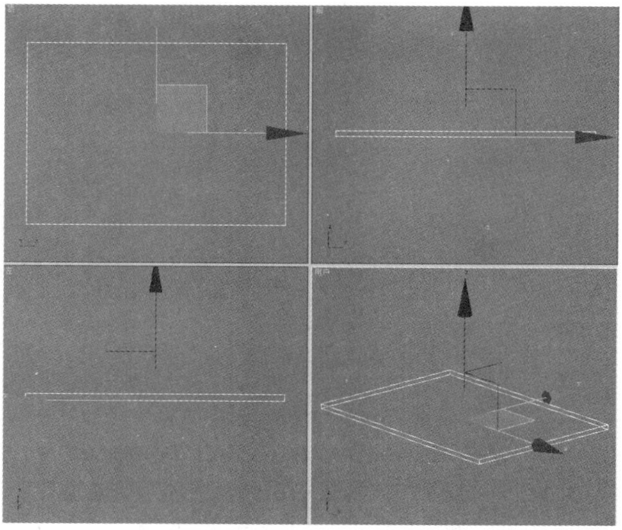

图 9.38　长方体

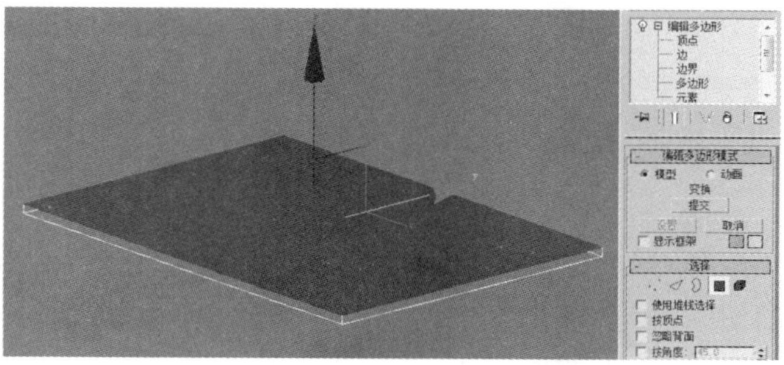

图 9.39　选择编辑多边形

接下来仍然选择顶面，选择修改面板编辑多边形卷栏中的“挤出”命令，弹出“挤出多边形”对话框，在“挤出高度”文本框中输入 400mm，如图 9.40 所示。

继续选择顶面，选择修改面板编辑多边形卷栏中的“倒角”命令，弹出“倒角多边形”对话框，在“高度”文本框中输入 400mm，在“轮廓量”文本框中输入-300mm，如图 9.41 所示。3ds Max 建模主要用到 Edit POLY 命令来完成，大多数的建模都要在基础图形之上进行编辑后，才能得到一个满意的模型。Edit POLY 中文翻译是编辑多边形，它包含非常强大的命令工具。首先介绍点级别面板中的命令组，如图 9.42 所示。

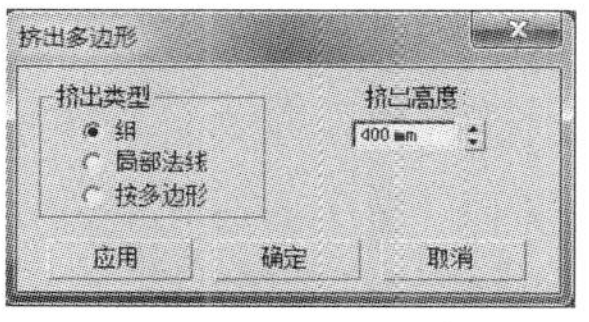

图 9.40　挤出

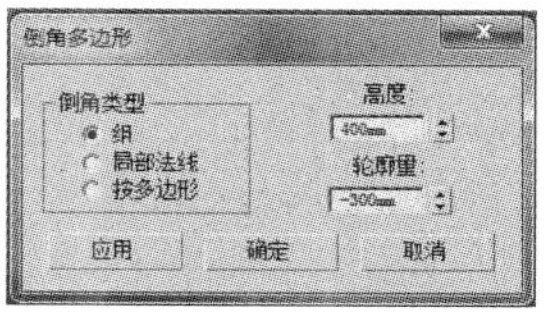

图 9.41　倒角

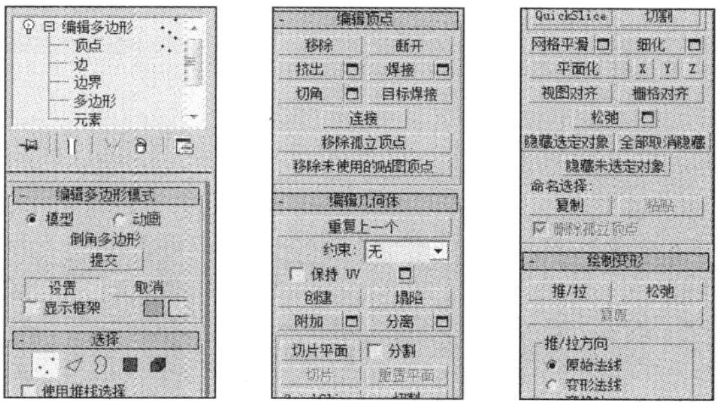

图 9.42　点级别面板中的命令组

在制作模型中还需对点进行编辑，调整点的原有位置得到新的造型。其中的“移除”命令可以去掉多余的点，在不影响造型的前提下去除多余的点，可以减少模型的出错率。“焊接”命令可以将撕面现象进行修改，还可以使不牢固的面在用点连接后变成没来稳固面的错误。还可以对面进行挤出操作，可以由点来生成新的分支，在制作图形上方便又快捷[38]，如图 9.43 所示。

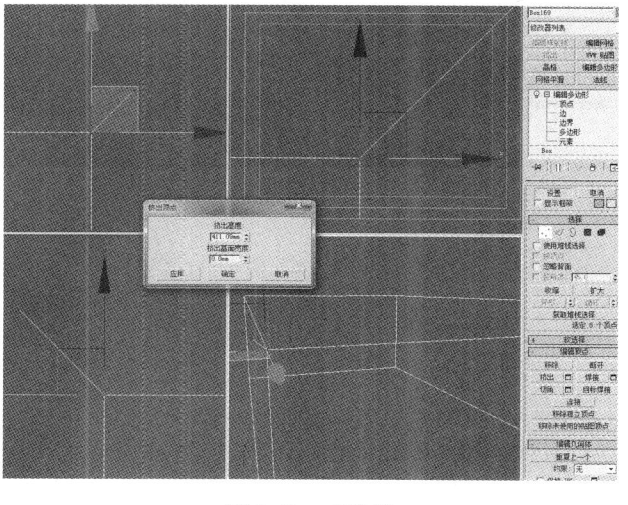

图 9.43　点编辑

在点的级别工具中切片平面也是非常实用的一个工具，可以单击两条边，利用切片平面生成两个点，得到一条线进行模型编辑；“分离”命令可以让一个三维体中的点变成多个点，再生成段和面。两点成线，三点成面，在三维模型制作中可以自由切换，点的操作更频繁被使用。

“边级别编辑”面板在模型制作成基础概况时起到了重要作用，可以满足众多需求。边级别最常用到的工具有“编辑边”卷栏和“编辑几何体”卷栏，如图 9.44 所示。

“切角”命令可以选择边进行切角，让一条边变成两条边，在三维立体模型中可使死板的边得到光滑处理，如图 9.45 所示。

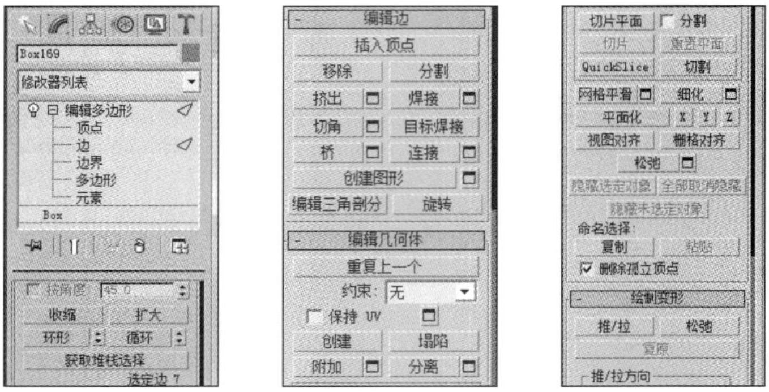

图 9.44　边级别

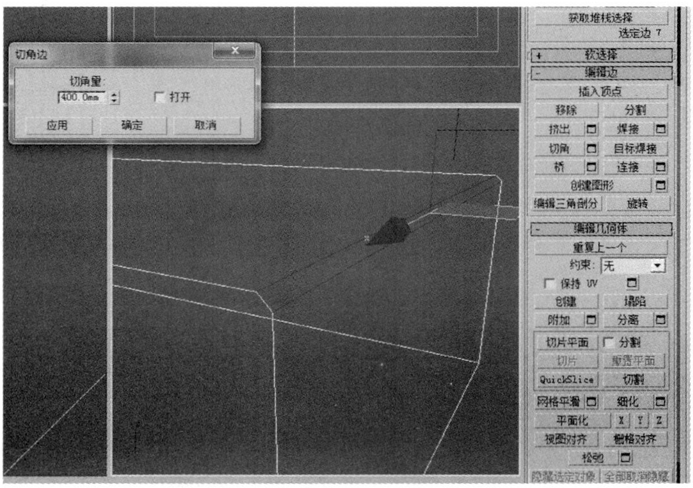

图 9.45　边切角

通过熟练地运用编辑多边形命令可以方便快捷地完成模型制作。虚拟博物馆最初的规划设计、布局设计和造型设计都是来源于日常生活，贴近生活，制作手法也以简约为主，既符合虚拟现实生成技术的需要，也可满足空间实境体验感觉的需要[39]。

9.4.2　个人计算机 3D 模型制作

个人计算机的建模是个人计算机虚拟博物馆的重头戏，在还原真实模型中，制作需要 3 个阶段，一是剖析模型结构，找到着手点；二是模型精细制作，细致入微；三是修整模型[40]。

1. 剖析模型结构

图 9.46　模型效果

我们以 Commodore 64 这款机型的制作过程为例进行说明。完成后的效果如图 9.46 所示。

Commodore 公司是与苹果公司同时期的个人计算机公司，曾经创造过一系列奇迹。Commodore 64 是一段个人计算机历史的见证[41]。完整的机器带有 1541 单软盘驱动器、一个 C2N 盒式磁带机、一个键盘和 7 张软件盘，这就是传统的计算方式。其时钟频率为 1.023MHz，64KB 内存。20 世纪 80 年代早期它的价格是 600 美元。20 世纪 70 年代，集成电路技术的引入极大地降低了计算机生产成本，计算机也从此开始走向千家万户。1972 年以后的计算机习惯上被称为第四代计算机[42]。基于大规模集成电路，以及后来的超大规模集成电路，1972 年 4 月 1 日 Intel 推出 8008 微处理器。1976 年 Stephen Wozinak（史提芬 • 沃兹奈克）和 Steve Jobs（史蒂夫 • 乔布斯）创办苹果计算机公司[43]，并推出其苹果 I 计算机。1977 年 5 月苹果 II 型计算机发布。1979 年 6 月 1 日 Intel 公司发布了 8 位元的 8088 微处理器。

1982 年，微型计算机开始普及，大量进入学校和家庭[44]。1982 年 1 月，Commodore 64 计算机发布，价格为 595 美元。1982 年 2 月 80286 发布，其时钟频率提高到 20MHz，并增加了保护模式，可访问 16MB 内存，支持 1GB 以上的虚拟内存，每秒执行 270 万条指令，集成了 134000 个晶体管。

因为 Commodore 64 这款机型出现过很多版本，所以我们要通过大量的网络记载与描述[45]，如老计算机收集网站、搜索引擎等，如图 9.47～图 9.51 所示，进行对比核实，得到机型图片。

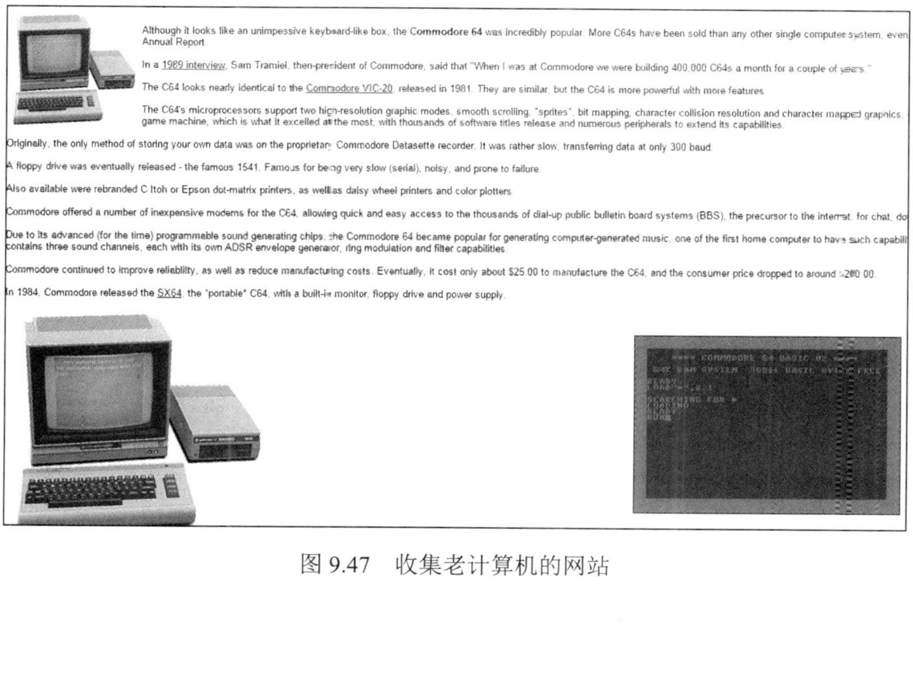

图 9.47　收集老计算机的网站

图 9.48　网页照片（一）

图 9.49　网页照片（二）

图 9.50　搜索引擎

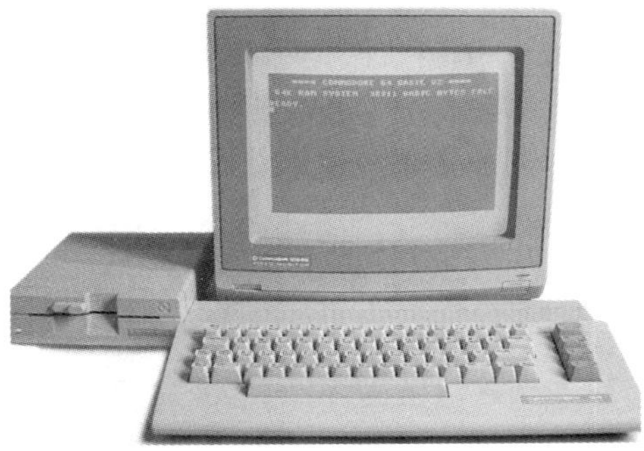

图 9.51　Commodore 64 真身（一）

通过图片观察组成结构，Commodore 64 可以拆分成几部分来完成，比例尺寸可以通过照片参照物得出，如长、宽、高占据桌子的面积，书架的高度，书本的高度等[46]，如图 9.52 所示。

图 9.52　Commodore 64 真身（二）

2. 模型精细制作

得出比例尺寸后，在 3ds Max 中先按照核算的参数尺寸创建一个长方体，如图 9.53 所示，分成前立面、中段和后段三大块来制作，在修改面板中加入编辑多边形，选择边级别，选择侧面的一条边，选择环形并全选四条边，右击，在弹出的快捷菜单中选择“连接”命令，分段为 1，执行“连接”命令，完成加段制作，如图 9.54～图 9.57 所示。

选择段移动到指定位置，在多边形级别下选择 5 个面进行分离，打开“分离”对话框确定分离属性，原物体分离为两个物体，选择后面的物体，在面级别选定尾部的面，用“缩放”命令收缩面的大小，如图 9.58～图 9.61 所示。

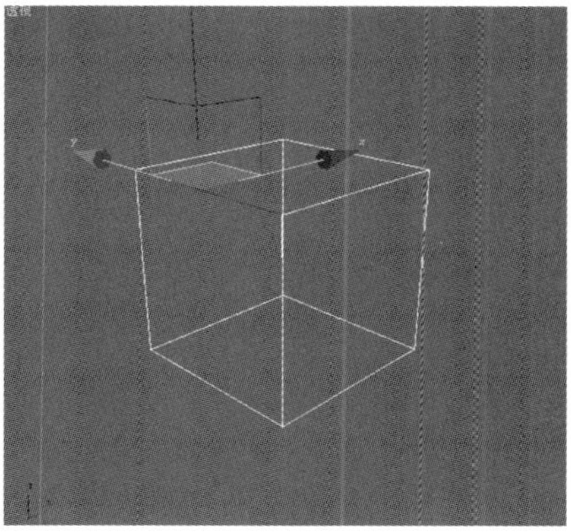

图 9.53　创建长方体

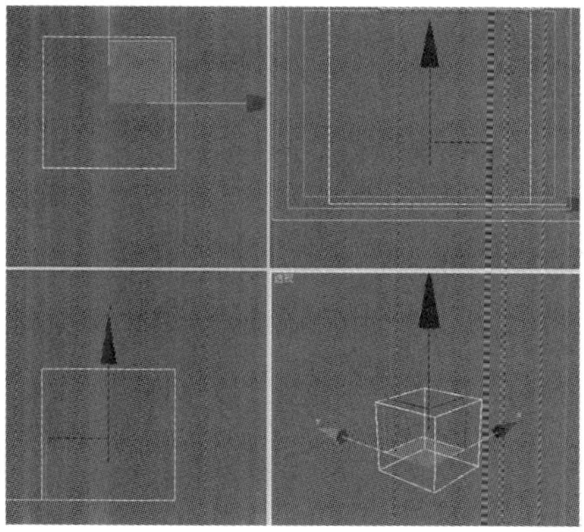

图 9.54　选择边

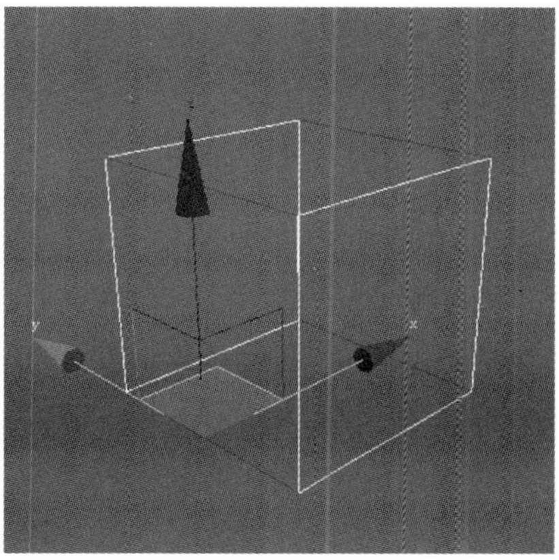

图 9.55　环形

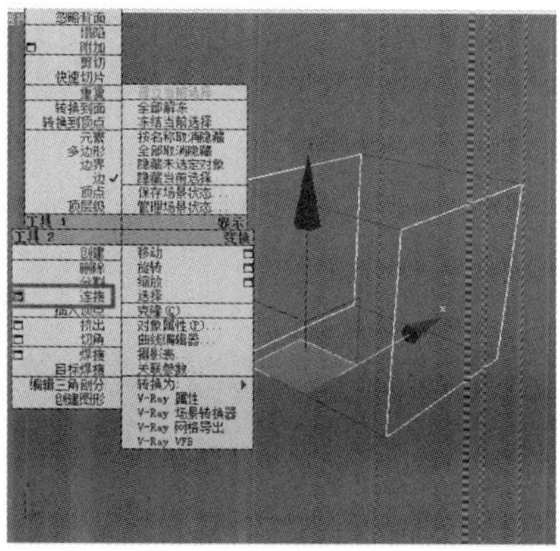

图 9.56　连接

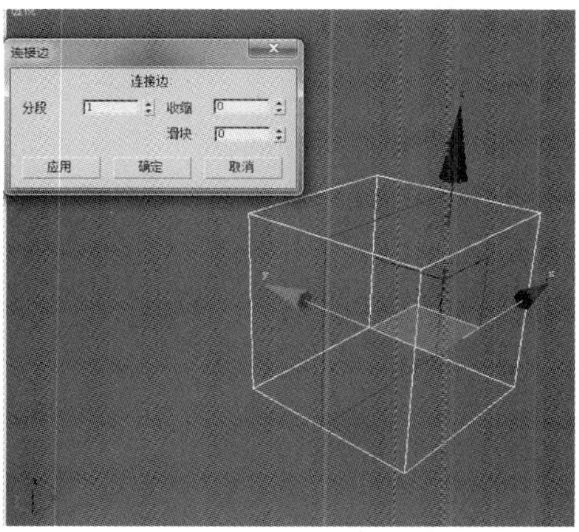

图 9.57　连接

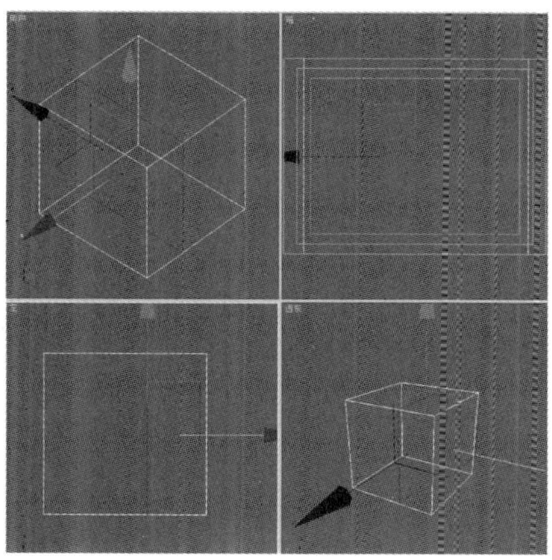

图 9.58　移动线

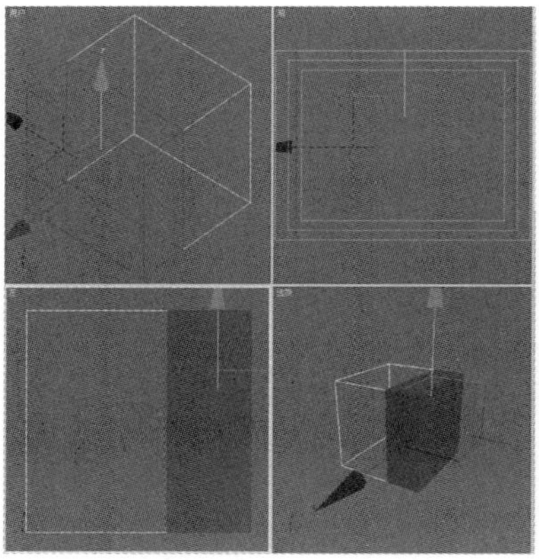

图 9.59　面级别

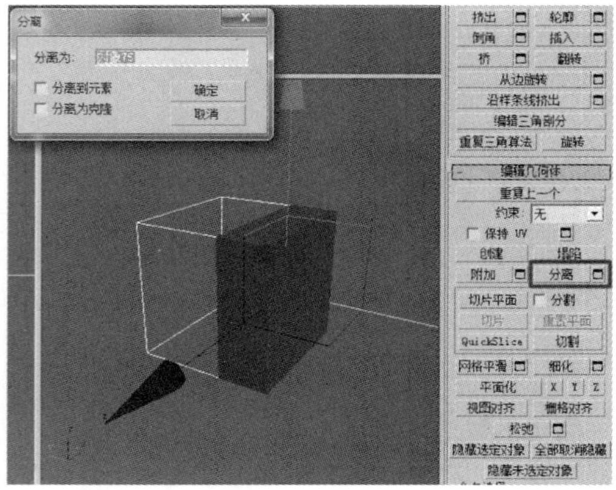

图 9.60　分离对象

再创建小长方体，制作出风口，尺寸为长 50mm，宽 3mm，高 20mm。关联复制 10 个小长方体，全选小长方体右键转换为可编辑多边形，选择一个长方体，在修改面板可编辑多边形下选择元素级别，打开“附加列表”对话框，选择其他的小长方体，使其成为一个物体。选择分离后的前面部分对象，在创建面板中选择复合对象，单击“Proboolean”选项，在卷栏中选择开始拾取，单击视窗中的小方体，完成布尔，如图 9.62～图 9.65 所示。

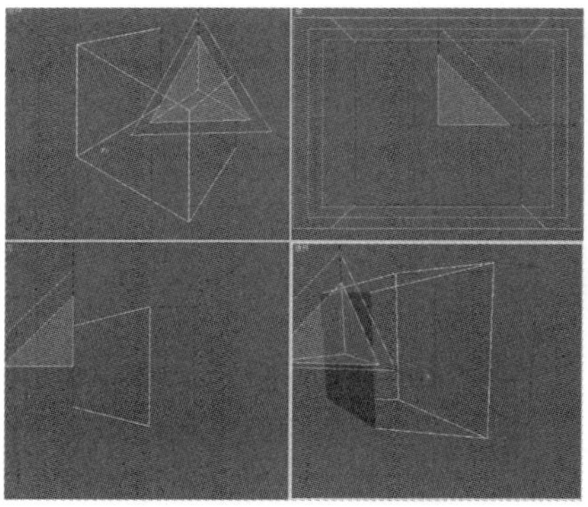

图 9.61　缩放面

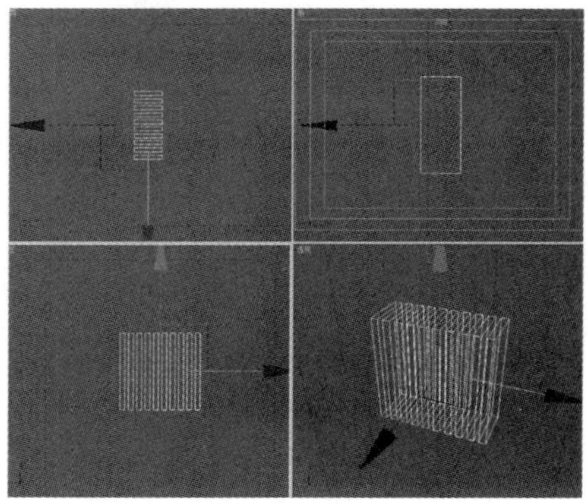

图 9.62　制作小长方体

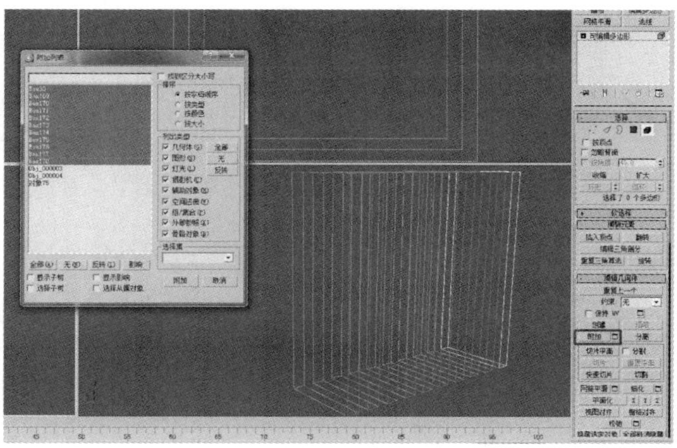

图 9.63　转换为可编辑多边形

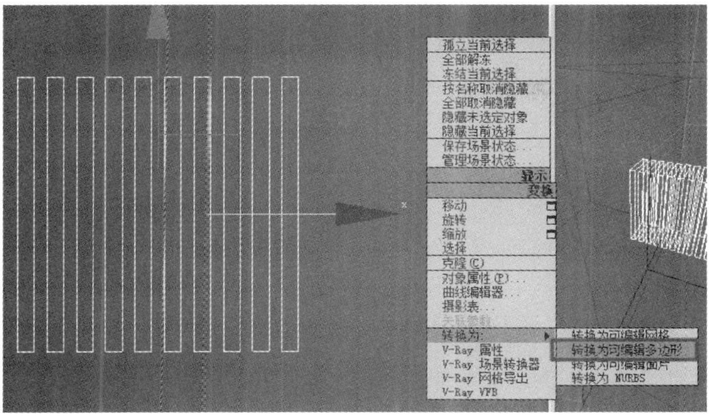

图 9.64　附加对象

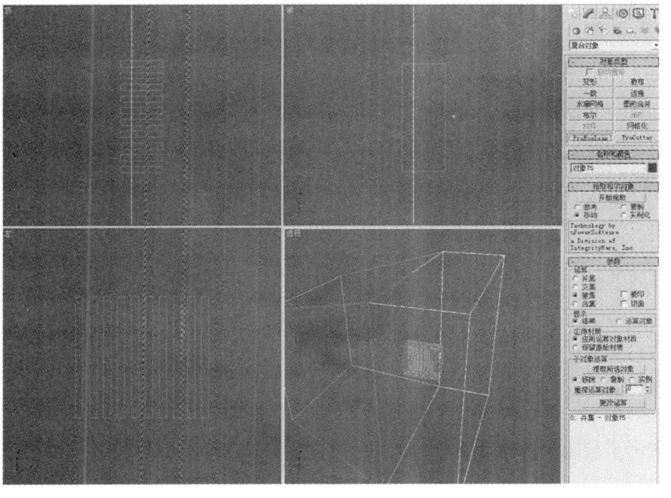

图 9.65　布尔

完成布尔之后，在面级别选择前面打开“插入多边形”对话框，调整好比例后单击“确定”按钮，使用“挤出”命令给出-10 参数确定，下凹后再选择边级别对内屏幕部分加线，使中间有一个交叉点，选中交叉点向外拉，使面可以鼓起来，如图 9.66～图 9.69 所示。

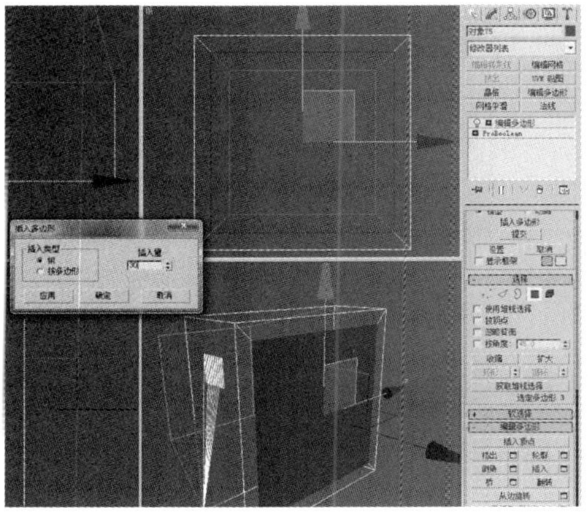

图 9.66　插入

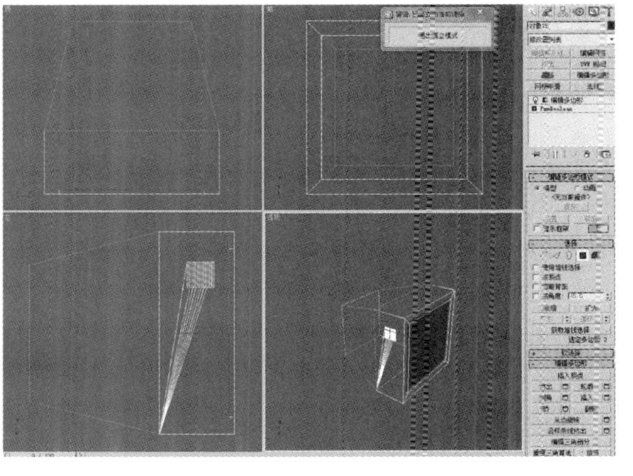

图 9.67　挤出

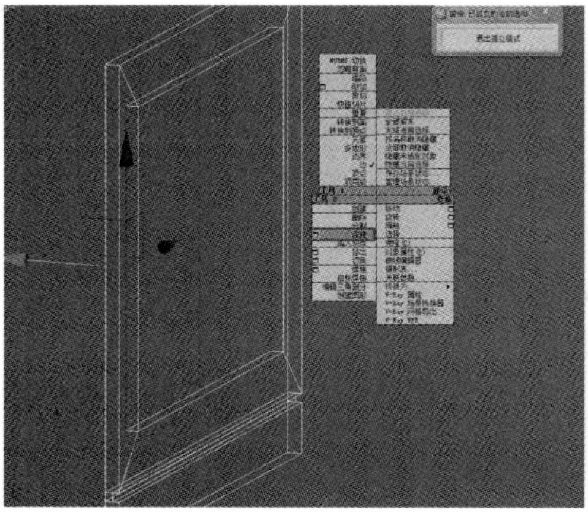

图 9.68　连接

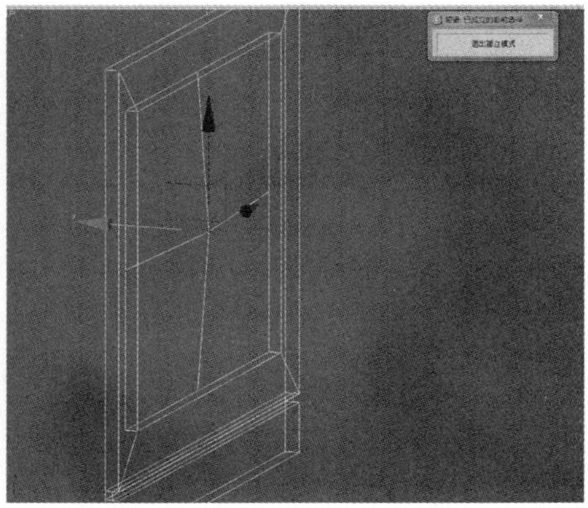

图 9.69　屏幕面鼓起

3．修整模型

反复利用“编辑多边形”命令最后制作出模型，然后对模型做全方位的检查。在虚拟现实制作中，计算机要计算很多的面和参数，面数越少，运算错误概率越小，这给制作工程节省了很多的工作量和工作时间[47]，那么都对哪些需要进行优化呢？如模型细节部分，去除不必要的精细线段、凹陷，用贴图代替等。如图 9.70 所示，凹槽部分制作大多采用布尔来完成，但是布尔带来了一个大的问题，就是会增加无数的线，一个面产生了数个面，会给工程制作带来很大的麻烦。如果可以用超清贴图无角度地展现，效果也可以达到我们的要求，如图 9.71～图 9.74 所示。这样的制作既得到了我们想要的模型质量，又可以解决工程难题[48]。边缘光滑也是产生多面的一个很令人头疼的问题，我们既要有光滑的感觉，但是又不需要那么多面，利用边级别的“切角”命令尽可能少加线，这样得出的效果既可以去除边太死板的问题，又不会产生太多的面[49]。

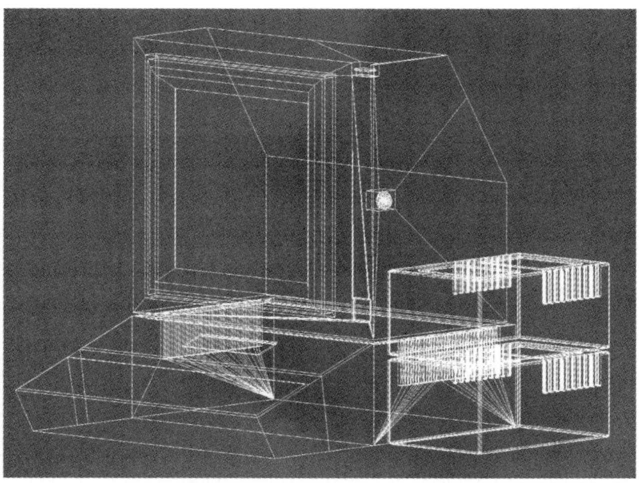

图 9.70　计算机模型

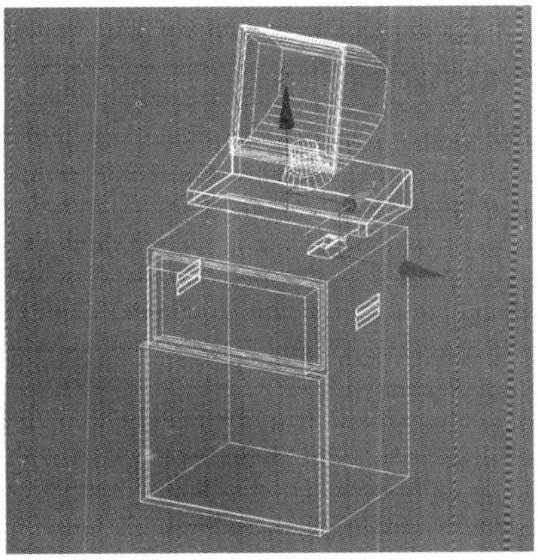

图 9.71　减面（一）

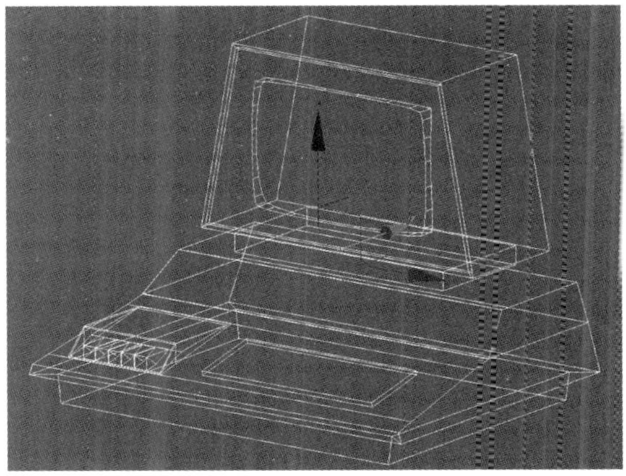

图 9.72　减面（二）

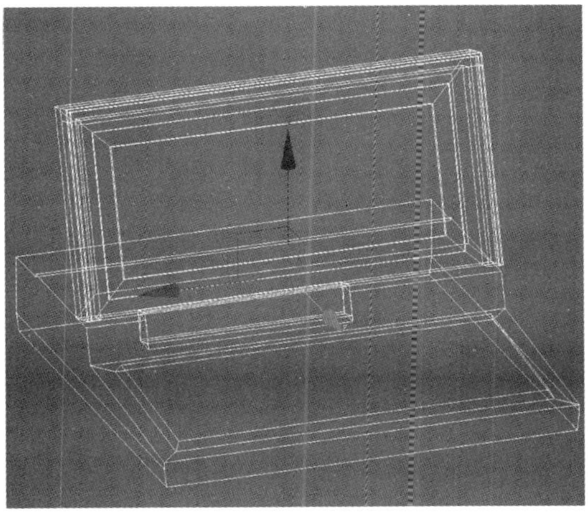

图 9.73　减面（三）

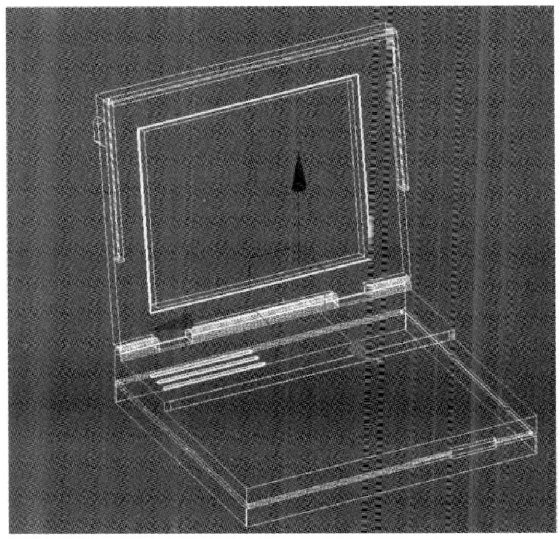

图 9.74　减面（四）

9.4.3　材质贴图效果制作

材质贴图制作是模型制作完成后，模型本身特有的属性，可以正常显示出来，例如，金属材质在光和环境的作用下呈现的光亮感觉反映了环境事物是镜面还是变形、什么样的质地、颜色等，可以在调动参数时呈现出来，也可以通过贴图制作为模型添加材质后，在修改面板加入 UV 贴图，调整 *U*、*V*、*W* 的参数可以使贴图呈现不同形状应该有的现象，UV 贴图应当添加到每个有贴图的模型上，计算机在运算贴图位置时会很明确地计算出效果呈现[50]。

贴图多数是网上找来的资源，有的需要进行图像处理才可以使用，如图 9.75 所示。角度不满足使用时，可以通过 Photoshop 软件来制作，首先利用选区把要使用的有角度的部分选择；然后按 Ctrl+J 组合键选择区域生成新图层，按 Ctrl+T 组合键选择对象，然后右击，在弹出的快捷菜单中选择“斜切”命令，对 4 个角点进行移动，如作画一样，遵循近大远小的原理；最后利用辅助线来观看移动的图像边缘是否变直，辅助线分为横直线和竖直线，反复调节即可制作出直立面的贴图。

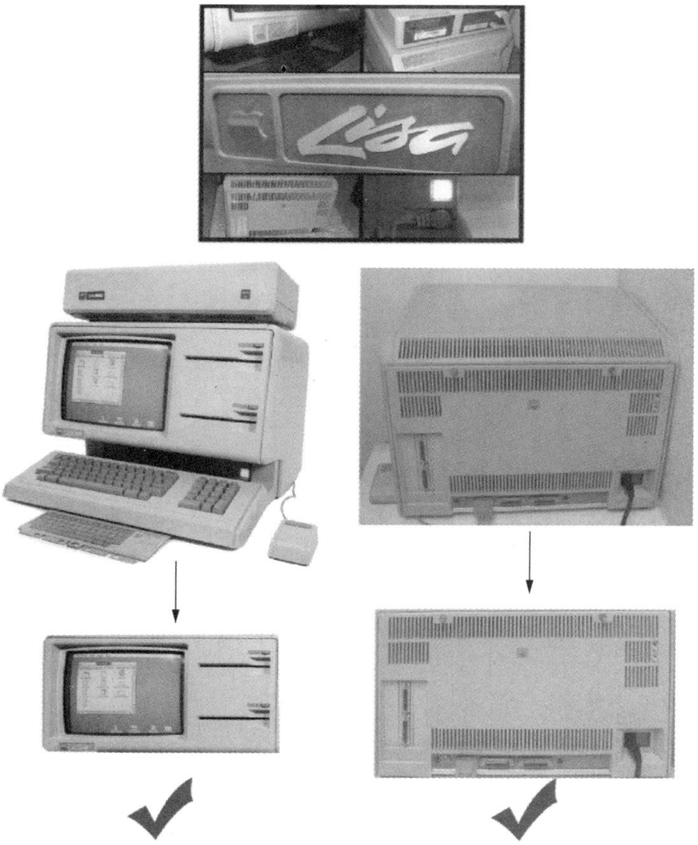

图 9.75　贴图处理

图片最常见的问题之一就是光亮度和颜色的调整，按 Ctrl+M 组合键调出“曲线”对话框即可以按照自己的需求来调整图片效果。

9.4.4　灯光设置

设置灯光参数和灯光数量对灯光进行调节，即可得到想要的效果。个人计算机虚拟博物馆使用的是三点打光法，分别由天光、背光和底光组成，如图 9.76 所示。

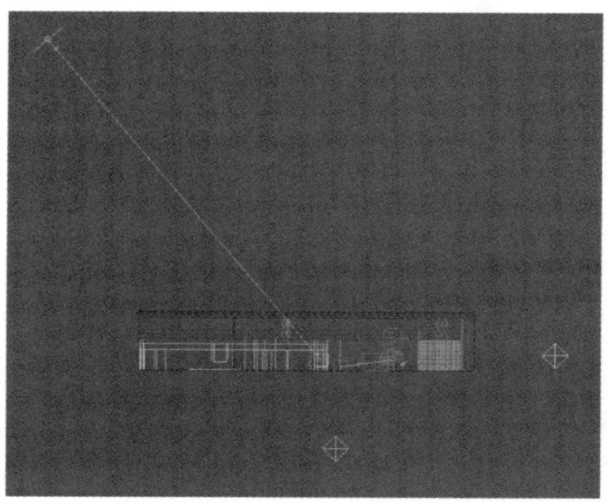

图 9.76　三点打光

首先建立一个主光源，在顶视图中将光向侧边偏移 15°～45°照射物体。主光源的作用是照亮全局，产生物理阴影，打造真实感。通常情况下一个主光源用暖色调，但给物体的背部阴影过重，没有反射和折射效果，这时我们需要一个背光源与主光源相配合，背光源使用冷色调的浅蓝色作为辅助光照，参数要比主光源小一点。同样的道理，设置底光也是为了反映真实的光和物体的相互反射和折射效果，使物体底部边缘产生光边。

9.4.5　摄像机设置

Unity3D 中的摄像机有两种类型，分别是透视摄像机与正交摄像机。在层级窗口中创建摄像机，在检视窗口的“Culling Mask”下拉列表框中选择“Everything”选项、HDR 高动态光照渲染，让场景更加真实等，具体如图 9.77 所示。

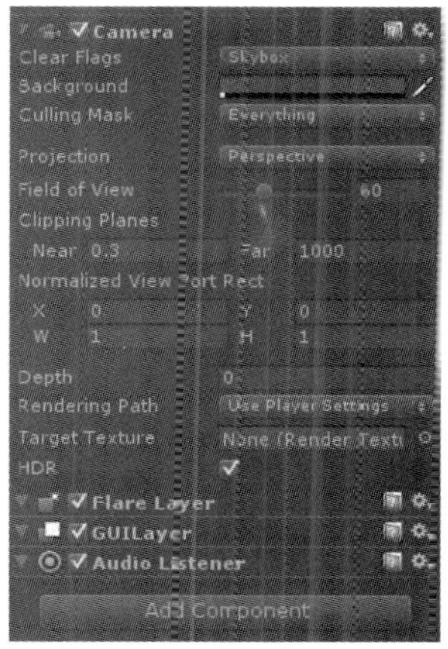

图 9.77　摄像机设置参数

9.4.6　烘焙设置

烘焙贴图是制作虚拟现实过程中最重要的一个环节，也是一项烦琐的工作，本次制作使用 3ds Max 的场景中每一个对象，包括计算机、海报、墙体等都需要进行烘焙处理。首先选择一个物体对象，打开烘焙设置窗口，调整参数，开始烘焙，然后打开材质编辑器吸取物体材质，复制下面材质到新材质球，然后赋予物体材质，导出为 FBX 格式的文件，导出过程按默认设置，如图 9.78～图 9.80 所示。

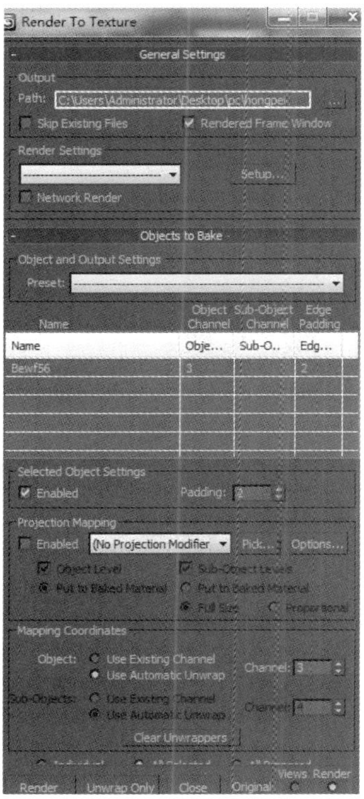

图 9.78　设置

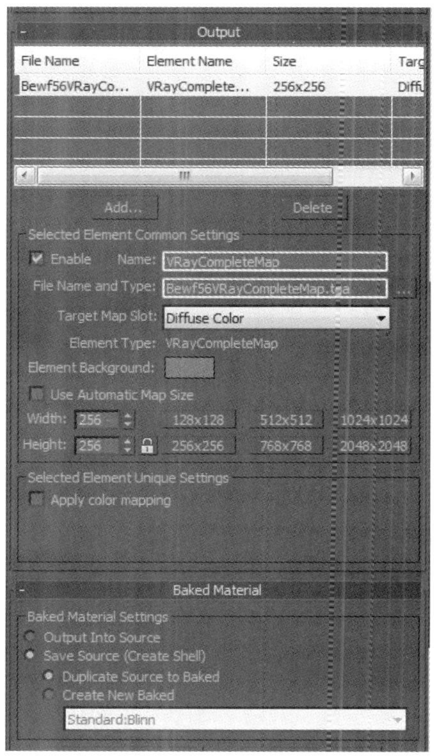

图 9.79　设置烘焙参数

图 9.80　打开材质编辑器吸取物体材质

9.4.7　Unity3D 制作

首先导入 3ds Max 软件生成的 FBX 工程文件，对物体进行碰撞设置，如图 9.81 所示。然后调取文件的动画指令设置。接着进行物体对象的交互关系、碰撞关系修正设置及脚本语言设置以及摄像机设置，如图 9.82 和图 9.83 所示，最后输出设置，在输出时针对不同的使用平台，输出相应的格式，如图 9.84 所示。

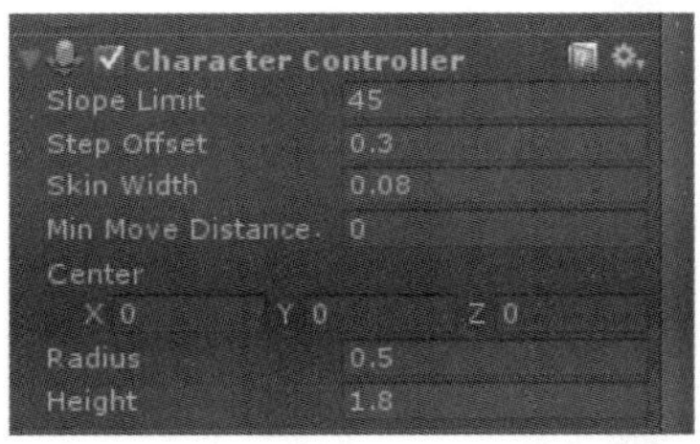

图 9.81　设置碰撞

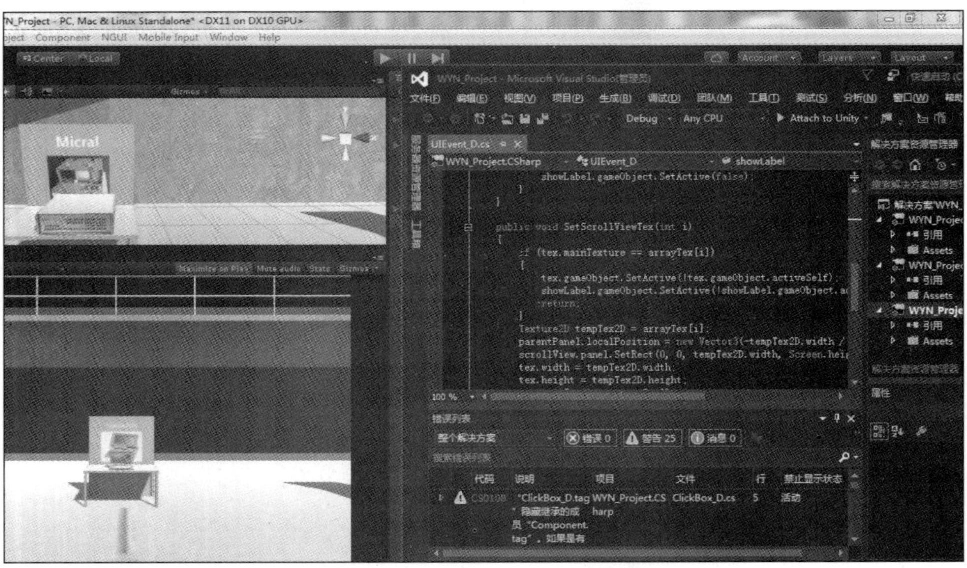

图 9.82　脚本设置

图 9.83　摄像机设置

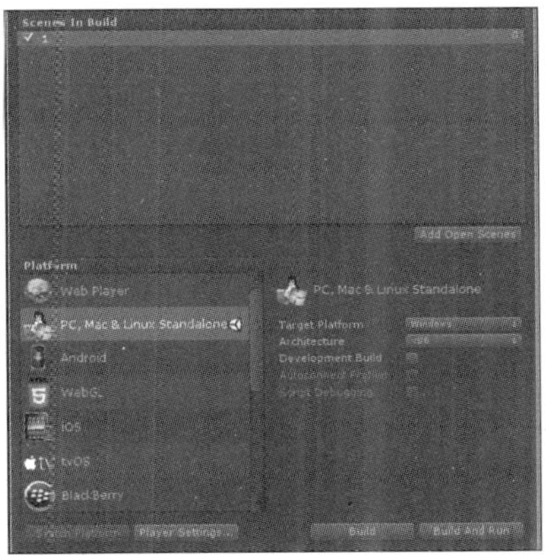

图 9.84　输出设置

9.4.8 成品效果

经过创意策划到实施制作，并一一进行校对后，即可生成最终效果，体验测试在个人计算机虚拟博物馆中操作。下面展出效果截图，如图 9.85～图 9.88 所示。

图 9.85　俯视全景

图 9.86　入口效果

图 9.87　展品

图 9.88　信息调出效果

在虚拟博物馆里体验过后，发现了一些需要完善的问题，如体验角度、物体的位置摆放等还需再进一步完善，标志大小还需进一步调整，最终让体验者有更好的体验效果[51]，修改效果如图 9.89 所示。

图 9.89　修改效果

9.4.9 小结

本节从空间环境 3D 模型制作、个人计算机 3D 模型制作、材质贴图效果制作、灯光设置、摄像机设置、烘焙设置、Unity3D 制作、成品效果等方面，介绍了项目制作的整个过程及制作的具体细节，包括设置参数、步骤、注意事项等。

空间环境是给他人直接感受的，应当赋予空间以美感，使参观者有更好的沉浸式体验。空间建模配合创意贴图，制作出精美的空间环境；二者在具体制作过程中相互结合，及时匹配、调整，以达到更好的效果。

制作过程是从概念层面转化为实际层面，是从想象到实现的过程；也是一项繁重的工作，小到一个点，大到整个空间，都需要一一去创建、编辑、修改、创意、测试、渲染、输入等。制作之初，分析制作对象应当从哪里入手，一边制作一边思考哪个方式可以更节省面数；制作完成后，如发现实现效果有错误，还需重新进行制作。

9.5 总结与展望

9.5.1 研究总结

个人计算机的产生改变了世界，也改变了人们的生活和工作方式，现如今人们已经离不开个人计算机，它的更新换代速度飞快，如果只在意更快、更便捷、更新的产品出现，而忘记了一代代被淘汰的个人计算机，那么也就体会不到它变化的深远含义。通过对个人计算机虚拟博物馆的建设，可传达我们对这一科技文明的热爱，希望唤起更多人的兴趣。

通过虚拟现实手法表现个人计算机文化，运用 3ds Max 软件制作三维模型，结合 Unity3D 打造个人计算机虚拟博物馆，主要研究成果可以概述如下：

1）对个人计算机历史的研究。通过网络收集个人计算机的历史资料，梳理历史资料文件进行分类整理，按照时间排序，记录事件相关周边资料，为虚拟博物馆建设打下基础。

2）视觉形象识别系统的建立。了解个人计算机的历史文化和特点，以及虚拟博物馆的意义和作用，进行视觉形象创意，用规范的、统一的、富有视觉冲击力的视觉形象，为制作出更出色的虚拟博物馆服务。

3）个人计算机虚拟博物馆展现的设计。通过对场景布局的规划设计及视觉创意的表现设计，结合视觉识别系统，让虚拟博物馆更具有参观性。

4）个人计算机虚拟博物馆的设计制作与实现。使用 3ds Max 软件创建三维模型，依次制作空间环境三维模型及个人计算机展品三维模型，实现贴图效果，设置灯光、摄像机、烘焙，利用 Unity3D 制作虚拟实境，实现虚拟空间交互处理，实现展示功能及交互功能。

个人计算机虚拟博物馆是实体博物馆的延伸，它通过网络平台为更多的人提供给参观体验，以更便捷的方式提供服务，满足了教育、传承的需求；通过规划创意设计，满足视觉效果；通过精良制作，完成个人计算机虚拟博物馆的建设。

9.5.2 研究展望

由于个人能力与时间的限制，本研究还有很多不足，还可以就以下方面进行深入研究，并作为之后工作的重点：

1）虚拟效果的实现问题，在制作虚拟设置中，关于人视觉角度靠近、旋转、行走速度都没有精准的参数来进行设置，这对体验效果是非常大的问题，容易造成体验真实感较差，如不够真实就不能沉浸环境、动作操作过快容易出现头晕的现象。

2）本课题研究中寻找更多人类真实感知空间和物体的交互方式，实现对虚拟计算机的相应操作系统使用。设想在个人计算机虚拟博物馆参观个人计算机展品，不同的计算机在不同的年代有相应的操作系统，如果我们对一台虚拟的计算机进行操作，完全如同在操作一台真实的计算机的时候，这台虚拟的计算机如何做到正确反应这台真实计算机的操作系统反应，也就是在我们运行的操作系统里运行另一个操作系统，这一技术问题需要得到解决。

3）个人计算机虚拟博物馆的持续建设。本课题在研究过程中对于个人计算机的历史资料进行收集整理，但是还有很多稀缺的资源没有收集，这就需要通过开放虚拟博物馆得到更多人提供的有价值的信息。

参 考 文 献

[1] 徐祖哲．探源中国计算机教育[J]．中国教育网络，2006（9）：38-39.

[2] 陈树艳．计算机与数学的关系[J]．信息通信，2014（11）：284-285.

[3] 徐昕．现代信息技术下传统报业发展对策研究[D]．哈尔滨：哈尔滨工业大学，2007.

[4] 李林．关于大学计算机基础课程改革的调研分析[J]．课程教育研究：新教师教学，2013（31）：168-169.

[5] 张春龙．360°全景漫游在数字博物馆虚拟展示设计中的应用研究[D]．北京：北京印刷学院，2013.

[6] 熊丽英，王炜．当代大学生爱国主义教育研究[J]．经济研究导刊，2014（29）：120-121.

[7] 方媛媛．驱动创新的文化要素系统层面解析[D]．合肥：中国科学技术大学，2012.

[8] 邹湘军，孙健，何汉武，等．虚拟现实技术的演变发展与展望[J]．系统仿真学报，2004，16（9）：1905-1909.

[9] 胡杰明．计算机界面的人性化研究初探[D]．上海：上海交通大学，2002.

[10] 王裕昌．刍议虚拟博物馆与实体博物馆的关系——兼谈数字化博物馆的发展[J]．丝绸之路，2011（02）：84-86.

[11] 王佳璐．中国虚拟博物馆功能开发现状及问题研究[D]．北京：北京第二外国语学院，2008.

[12] 李金生．博物馆产业化问题初探[D]．济南：山东大学，2008.

[13] 刘锐．博物馆石像藏品虚拟现实展示研究与设计[D]．北京：北京工业大学，2009.

[14] 贾锐．浅析我国博物馆标志设计与视觉形象系统的构建[D]．郑州：郑州大学，2014.

[15] 郑奕．博物馆教育活动研究——观众参观博物馆前、中、后三阶段教育活动的规划与实施[D]．上海：复旦大学，2012.

[16] 董华．声乐：语言的N种表情——声乐与语言之关系探究[D]．武汉：华中科技大学，2012.

[17] 蔺光．我国高校博物馆科普功能研究[D]．沈阳：东北大学，2008.

[18] 杨敬．新媒体应用在博物馆数字化建设中的作用[J]．城市建设理论研究（电子版），2014（36）：8768-8768.

[19] 任晓军．发现再设计之美——视觉识别中视觉调整的重要性[J]．艺术评论，2009（5）：94-97.

[20] 许灵．浅谈VI设计对树立企业品牌形象的作用[J]．山东纺织经济，2012（11）：60-61.

[21] 钟乐海，唐新国，贺春林．高等师范院校计算机科学与技术专业计算机软件教学改革[J]．西华师范大学学报：自然科学版，2003，24（1）：13-15.

[22] 顾鸿．网络时代文化遗产管理利用的新模式——论网上博物馆及其发展[D]．上海：复旦大学，2002.

[23] MILLER G, HOFFERT E, CHEN S E, et al. The virtual museum: interactive 3D navigation of a multimedia database[J]. Journal of Visualization & Computer Animation, 1992, 3(3): 183-197.

[24] JONES J, CHRISTAL M. The future of virtual museums: on-line, immersive, 3D environments[J]. Created Realities Group, 2002, 26(7): 1-12.

[25] BERTOLETTI A C, MORAES M C，ROCHA COSTA A C D. Providing personal assistance in the SAGRES virtual museum [EB/OL]. (2003-3-15)[2015-12-15]. http://www.museumsandtheweb.com/mw2001/papers/bertoletti/bertoletti.html.

[26] STYLIANI S, FOTIS L, KOSTAS K, et al. Virtual museums, a survey and some issues for consideration[J]. Journal of Cultural Heritage, 2009, 10(4): 520-528.

[27] BOWEN J. The virtual museum[J]. Museum International, 2000, 52(52): 4-7.

[28] CHITTARO L, IERONUTTI L, RANON R. Navigating 3D virtual environments by following embodied agents: a proposal and its informal evaluation on a virtual museum application[J]. Psychology Journal (Special issue on Human-Computer Interaction),

2004, 2(1): 24-42.

[29] BATTRO A M. From Malraux's imaginary museum to virtual museum[J]. Museums in a Digital Age, 2010(1) 136-147.

[30] 高文．计算机技术发展的历史、现状与趋势[J]．中国科学基金，2002（1）：33-36.

[31] 姚浩斯拉．浅析现代计算机技术的发展方向与趋势[J]．科技创新导报，2015（3）：41-42.

[32] 王建华．波士顿计算机博物馆[J]．世界博览，1992（9）：33-35.

[33] 刘洋．交互设计在虚拟梅花博物馆中的研究与实现[D]．北京：北京林业大学，2012.

[34] 赵正旭，张廷廷，王威．FreeForm 触觉设计系统的操作与使用[M]．石家庄：河北人民出版社，2015.

[35] 彭斌．论计算机技术发展中的创造与选择[D]．南京：东南大学，2004.

[36] 李培．基于虚拟环境的博物馆数字建模及场景优化技术研究[D]．兰州：兰州交通大学，2013.

[37] 周志鹏．基于网络的虚拟服饰博物馆设计研究[D]．上海：东华大学，2006.

[38] 马秀芳，李红岩．计算机虚拟化技术浅析[J]．电脑知识与技术，2010，6（33）：9408-9409.

[39] 王斌，王知衍．计算机视觉中的三维重构建模[J]．微计算机信息，2005，21（12-2）：118-120.

[40] 刘鹏飞．虚拟博物馆系统的设计与实现[D]．长春：吉林大学，2011.

[41] 谢思思．新媒体视野下的虚拟博物馆研究[D]．南京：南京艺术学院，2014.

[42] 陈谦．数字博物馆虚拟场景实时交互的技术与实现[D]．兰州：兰州交通大学，2014.

[43] 郑奕．博物馆教育活动研究[D]．上海：复旦大学，2012.

[44] 彭欣．新媒体时代传统文化传承的现实困境与创新策略[J]．江西社会科学，2014（12）：233-238.

[45] 李绚丽．数字展示技术在博物馆展览中的应用[J]．中国博物馆，2015，32（2）：31-41.

[46] 申继平．基于互联网+的博物馆公共服务数字化建设[J]．软件产业与工程，2015（4）：52-56.

[47] 潘晶，苗祥瑞．网络艺术与虚拟博物馆的发展[J]．青年记者，2015（18）：70-71.

[48] 王箫音．数字展示交互设计初探——以常州博物馆、规划馆为例[J]．艺术科技，2015（7）：40.

[49] 冯秋馥．虚拟现实技术概述在博物馆中的应用分析[J]．赤子：上中旬，2015（8）：95.

[50] 刘莉，赵正旭，王中义，等．基于 FreeForm 的玩具模型设计[J]．河北省科学院学报，2012，29（3）：23-27.

[51] WOJCIECHOWSKI R, WALCZAK K, WHITE M, et al. Building virtual and augmented reality museum exhibitions[C]// Proceeding of the Ninth International Conference on 3D Web Technology, 2004: 135-144.

第 10 章　基于 HTML5 的 Web3D 实现计算机技术

10.1　绪　　论

10.1.1　引言

自从互联网诞生以来，如何使网页变得更美丽、更漂亮是人们一直在不断追求的目标。为了实现这一目标，人们发明了 HTML 标记语言来确定 Web 的页面结构，发明了 CSS 层叠样式表来规范网页外观，发明了 JavaScript 来实现各种效果。后来 Flash 的发明使得网络 3D 动画逐渐流行起来，还产生了很多印象深刻的动画效果。但是 Flash 有一个缺点，即要安装 Flash Player 浏览器插件。HTML5 的出现，使得 HTML 由单纯的支持静态文本内容的语言开始进化成支持动画和音频[1]。显然这比以前有了很大进步。

HTML5 虽然支持 3D 显示，但是 3D 图形的渲染计算量巨大，导致了在浏览器中展示非常缓慢。直到 3D 硬件加速渲染的绘图标准 WebGL 的诞生，人们才从基础的计算机图形方面来解决这个问题。因为 WebGL 直接和显卡的图形处理器交互，WebGL 是直接工作在显卡的图形处理器中的，所以 WebGL 比其他当前典型的 Web 技术更加复杂。设计开发人员可以使用 WebGL 精确控制到页面的每个像素。这是以前所有的技术做不到的高度[2]。

总的来说，WebGL 原生 API 的水平相当低。不过，这也正是为什么它可以快速完成如此大量的计算，并实现实时 3D 复杂渲染的原因。WebGL 加上 HTML5 的结合使程序员可以在不安装插件的情况下直接向用户展示页面的三维图像，而且这种技术直接使用显卡的图形处理设备加速，以确保其性能。

Web3D 技术应用很广，可以用于各种 3D 展示，想要体验 Web3D 也非常便捷，只需要一个支持 WebGL 的设备。这个设备很容易找到，如普通桌面计算机和很多的嵌入式设备都已经支持。在普通计算机上我们用比较高版本的 Chrome 浏览器或火狐浏览器就可以感受 Web3D 带来的全新体验。

在未来，WebGL 技术成为和 CSS 一样普遍的技术时，将会真正改变互联网的展现方式，而且也会改变我们的很多生活方式[3]。

10.1.2　研究背景和意义

Web3D 是一个新出现的词，反映了 3D 技术的发展。没有人严格地定义过 Web3D，但我们可以理解为 3D 图形技术在互联网上的拓展。Web3D 通常用于网络三维物品展示，还有一些小型虚拟仿真项目采用 Web3D 实时渲染。

尽管 HTML5 引入了 Canvas 标记[4]，目前很多浏览器也支持 Canvas 标记，但是因为没有图形硬件加速而导致性能不太好，因此一直没有被广泛使用。

近几年编程语言和图形技术获得了翻天覆地的发展。3D 图形绘制管线（pipeline）也变成了完全可编程的。随着 OpenGLES 2.0 的发展，计算机图形学相关的研发工作也有了突飞猛进的发展。WebGL 正是基于 OpenGL ES 2.0 的。OpenGL ES 2.0 是一个基于着色器的轻量级的图形库，WebGL 工作组和开发者们希望将 3D 图形处理器的计算能力在 Web 上得到体现，覆盖每一种操作系统和每一种计算设备，掀起新的激动人心的 Web3D 应用的浪潮[5]。

WebGL 完美地解决了现有 Web 3D 动画的两个问题：首先，它通过 HTML5 里支持的 JavaScript 脚本语言就可以实现网络交互式 3D 动画制作，无须任何浏览器插件支持；其次，它使用显卡的底层图形硬件的加速功能来呈现 3D 动画，通过一个统一的、标准的、跨平台的 WebGL 接口实现。这意味着，仅仅用 HTML 和 JavaScript 就可以制作出性能和 Flash、Silverlight 等做出来的 Web 交互式三维动画一样的效果，而且几乎不用修改就能以同样的方式运行在很多平台上。

HTML5 的出现与 WebGL 结合使得带有 Web 交互式三维动画的“无插件版本”终于变成了现实，对于那些使用特殊的设备而且没有相应的插件版本的用户或者没有管理员权限安装插件的用户来说，现在他们可以像所有人一样打开一个浏览器，就可以享受网络交互式 3D 动画提供的丰富 Web 应用[6]。对于 Web 开发者来说，这意味着进一步降低开发成本，他们可以很容易地只需开发一次应用，就可以运行在各种平台上，从而保持用户体验的统一性。

10.1.3　国内外发展动态

早期 Web3D 技术很不成熟，如用 Java Applet 来实现简单的 Web3D 动画，不仅需要下载一个非常大的支持环境，展示的图片也是非常粗糙的，性能很差。主要原因在于早期的 Web3D 动画对于图形的渲染没有直接使用到显卡硬件本身的图形加速处理器，也就是说即使安装了高性能视频卡，对网页上显示的 Web3D 动画也不会发挥任何作用。

后来 Adobe 的 Flash Player 浏览器插件几乎在一夜之间遍地开花，网络上占一多半的 Web3D 动画采用 Flash。和 Java Applet 不同的是它直接使用操作系统提供的图形应用程序接口[7]，调用显卡的硬件图形加速处理器实现了高性能图形渲染。因为几乎可以瞬时加载完成一个相当复杂的 Web3D 动画，基于这一性能，Flash 得到了很广泛的应用。然而，这种解决方案也有许多问题。首先，它是通过一个浏览器插件实现的，这意味着对于每一个不同的操作系统和浏览器的组合，都需要下载一个特定版本的插件，用于手持设备的浏览器或在一个特殊的操作系统中，它可能没有相应版本的插件[8]；其次，操作系统的图形化应用程序接口调用不遵循一个开放的标准。例如，在 Windows 平台上，Flash 要调用 DirectX；在 Mac OS X 平台上，Flash 要调用 AGL。这两点的不足很大程度上限制了 Flash 应用的范围。

微软的 Silverlight 提供灵活的编程模型，可以很容易地集成到现有的网络应用程序，但是本质上也不能解决无插件的问题。因此，开发一个统一接口且无须浏览器插件的支持，来实现网络交互式 3D 图形渲染技术变得非常必要。而这正是 WebGL 的革命意义[9]。

10.1.4　主要研究内容和功能介绍

1. 主要研究内容

互联网发展到现在，早已超越了开始的初衷，人们从来没有像现在这样依赖它，因为这种依赖极大地促进了网络技术的迅猛发展和创新，近几年来智能终端设备的发展更加速了互联网的进化速度。

HTML5 提供了一个 Canvas 标记实现画布[10]。Canvas 标记可以使用浏览器脚本语言（通常是 JavaScript）进行图形绘制。例如，它可以用来绘制矢量图，合成网格图，或者绘制复杂的动画和文字文本，这些图形将直接渲染在浏览器中呈现出来。相比传统的需要首先在服务器端画好图形，然后发送图片到浏览器，或者使用 Flash 等其他第三方小插件的方法，Canvas 标记紧密地与浏览器的渲染引擎结合了起来，节省了资源，而且极大地简化了图形和其他元素在网页中的交互过程。在画布上绘制的实现可以有两种方式[11]：第一，通过 Canvas 标记"上下文（渲染上下文）"，类似于画板上面的一页，在上下文中可以绘制出任何 2D 图形或动画；第二，通过 WebGL 技术来实现 3D 图形动画绘图，主要研究的是 WEBGL 技术来实现 3D 展示。

WebGL 是一种结合了 JavaScript 和 OpenGL ES 2.0 给 HTML 5 Canvas 提供 3D 硬件加速渲染的绘图标准[12]。标准的草案中，Web 开发人员可以使用 HTML5 相关技术得到 OpenGL ES 2.0 支持接口，避免了在不同的浏览器中开发各种插件的麻烦，同时加快了 3D 网页对象的渲染速度。

HTML5 里还定义了 WebSocket 协议，它能够实现浏览器和服务器全双工通信，可以更好地节省服务器资源和带宽，实现实时通信。

Node.js 允许使用 JavaScript 编写服务器端程序[13]，以前 JavaScript 只是依附于 Web 浏览器的一种脚本语言，但是如今随着技术的发展，JavaScript 和 C#、JAVA、Python 语言一样可运行在服务器端。

2. 主要创新点

本研究在 HTML5 技术的基础上，创新性地使用 HTML5 的 Canvas 和 WebGL 结合实现了无插件网页 Web3D 的展示。WebGL 通过增加 OpenGLES 2.0 和 JavaScript 的绑定，使得 Web3D 渲染速度得到了保证，而且成了页面的一部分。HTML5 提供的各种标签使得页面上内容的交互性得到了增强。利用这一特性通过 HTML5 的 WebSocket 通信能力和 WebGL 的结合实现了远程交互，最终实现了一套交互式 Web3D 原型系统。

10.1.5 相关技术

1. HTML5 标准介绍

HTML5 是 HTML4 修订后的版本，现在仍处于发展阶段。广义上说 HTML5 实际上是指包括 HTML、CSS 和 JavaScript 在内一组技术的组合。其目的是减少浏览器插件，提供更多有效、高标准的网络应用程序，替换目前如微软 Silverlight、Adobe Flash 与 Oracle JavaFX 的需求应用。HTML5 草案于 2008 年 1 月 22 日第一次正式公布，2010 年 9 月推荐给公众。HTML5 标准是近十年的大飞跃[14]。和以前版本大不相同的是，HTML5 不仅可用来表示 Web 内容，还可把网络变成一个成熟的应用平台，在平台上的视频、音频、图像、动画等一切都可变成标准化的。

当前流行的浏览器，如火狐、Chrome、Opera、Safari（版本 4.0 或以上）、Internet Explorer 9 都已经支持 HTML5 技术。HTML5 里提供了一些新的元素和属性，如< nav >（网站导航块）和< footer >（页脚）。这种标签将有利于搜索引擎的索引，同时更好地帮助小屏幕设备和用于视力受损的人员。此外，HTML5 还提供了一些新的视图的元素，如<audio>（音频）和<video>（视频）标记。除了原来的 DOM 接口，HTML5 添加了更多的 API，例如[15]：

实时绘图 Canvas API：动态输出与图形渲染、图表、图像和动画的 API。

音频和视频媒体播放：在 HTML5 中新增的元素，为开发人员提供了一组通用的、集成的脚本式的处理音频和视频 API，而且无须安装任何插件。

Communication API：网络通信，构建实时和跨源（cross-origin）通信。

Geolocation API：用户可共享地理位置，并在 Web 应用的协助下享用位置感知服务（location-aware services）。

Web SQL Database：一个本地的 SQL 数据库。

WebSocket：一个基于浏览器的 Socket（一种网络协议，支持所有的互联网通信），支持实时性的数据传输。

其他：离线存储数据库（离线网络应用程序）、编辑、拖放等。

2. JavaScript 简介

JavaScript 是世界上最流行的编程语言。这门语言可广泛用于 HTML 和 Web，随着技术的发展更可用于服务器、PC、便携式计算机、iPad 和智能手机等设备。

JavaScript 是一种基于对象和事件驱动并具有相对安全性的客户端脚本语言，同时也是一种广泛用于客户端 Web 开发的脚本语言[16]（scripting language），或者称为描述语言。JavaScript 常用来给 HTML 网页添加动态功能，如响应用户的各种操作。它最初由网景公司（Netscape）的 Brendan Eich 设计，是一种动态、弱类型、基于原型的语言，内置支持类。JavaScript 是 Sun 公司的注册商标（现在 Sun 公司已被 Oracle 公司收购）。ECMA（European Computer Manufactures Association，欧洲计算机制造商协会）国际以 JavaScript 为基础制定了 ECMAScript 标准。随着技术的不断发展，JavaScript 也可以用于其他场合，如服务器端编程。完整的 JavaScript 实现包含 3 个部分：ECMAScript、文档对象模型（DOM）、字节顺序记号[17]。JavaScript 是脚本语言，要实现在服务端运行 JavaScript 代码，就需要先被解释然后执行。

3. WebSocket 简介

在浏览器中通过 HTTP 仅能实现单向的通信，COMET 可以一定程度上模拟双向通信，但效率较低，并需要服务器有较好的支持；W3C 为 HTML5 定义了 WebSocket 协议，WebSocket 是 HTML5 一种新的协议（protocol）。它实现了浏览器与服务器全双工通信（full-duplex）。WebSocket 称为网络 TCP，包括通信协议格式和编程 API，WebSocket API 中浏览器和服务器只需要通过一次握手，就会形成一个浏览器和客户端之间的快速双向通道，使数据可以直接在两者之间相互传送，让浏览器实现实时通信能力。有了 WebSocket 就可以扩展 Web 应用程序，使得程序基于事件的方式触发，增加用户体验，提高应用程序的性能。

4. WebGL 简介

2011 年 3 月，多媒体技术标准化组织 Khronos 在美国洛杉矶举办的游戏开发者大会上发布了 WebGL 标准[18]规范 R 1.0，WebGL 是一整套 JavaScript API，因为是被设计成直接和显卡打交道的，所以在浏览器中互动的 3D 图形其实是直接由硬件来加速的。因此 WebGL 技术比目前其他的 Web 技术都要复杂，对于开发者来说接口也是相当低层的，这也使它能够迅速完成大量的图形计算，并实现复杂的实时 3D 渲染。

大多数实时 3D 图形系统用于绘制模型的最基本元素是三角形，WebGL 中和其他图形系统一样，但是在 WebGL 中是通过 JavaScript 语言编写程序实现的，程序里的绘制信息应当包括如何绘制三角形、三角形的绘制位置、三角形的颜色、三角形的形状、三角形的纹理等。然后将这些信息传递给图形处理器即显卡的图形处理器中，经过显卡的图形处理器的计算后，最后再返回绘制的结果。

在 WebGL 中编程，通常的目标都是要渲染某种场景。这其中包括多重并发的绘制工作，称为 Draw Call（绘制调用），这些调用都是在显卡的图形处理器里通过一个称为 Rendering Pipeline（渲染管线）的处理流程来实现的[19]。

像素的渲染管线也称为渲染流水线、像素流水线或像素管线，是一个图形显示芯片内部处理信号相互独立的并行处理单元。在某种程度上可以将渲染管线与常见的各种生产线的工厂比较，在工厂的生产线是提高生产能力和效率[20]，渲染管线提高图形渲染的能力和效率。

10.1.6　开发工具及调试环境

1. 开发工具 Eclipse 及 Aptana 插件

Eclipse 是一个开源的、可扩展的基于 Java 的开发平台。就其本身而言，它只是一个框架和一组服务，虽然大多数用户把 Eclipse 作为 Java 集成开发环境（integrated development environment，IDE）来使用，但 Eclipse 的作用不仅限于此。Eclipse 还包括插件开发环境（plug-in development environment，PDE），由于 Eclipse 中的每样东西都是插件，因此可以无限地扩展功能，并给用户提供一致和统一的集成开发环境，构建与 Eclipse 环境无缝集成的工具。

Aptana 是一个 Eclipse 的 Web 开发插件，其最广为人知的是它非常强大的 JavaScript 编辑器和调试器。Aptana 可以支持多种 AJAX 和 JavaScript 工具箱，包括 JavaScript 编辑和调试。

2. 三维建模工具 Blender

Blender 是一个开源的跨多种平台的轻量级的通用三维动画软件，提供了从建模、动画、材料、渲染、音频处理、视频剪辑的一系列的动画短片制作解决方案。Blender 以 Python 为内建脚本，支持 Yafaray 渲染器[21]，同时还内建游戏引擎。

Blender 是世界上较流行的开源 3D 图形软件之一。Blender 的开发始于 1993 年 12 月，在 1994 年 8 月作为一款集成了多种 2D 和 3D 创作功能的软件面世。在建模、贴图、照明、动画和视频后期处理方面 Blender 都提供了全面的功能。Blender 开放的架构采用跨平台的 Python 语言开发，使得 Blender 具有跨平台的互操作性、扩展性、紧密衔接的工作流程，并且占用很小的内存空间。Blender 主界面如图 10.1 所示。

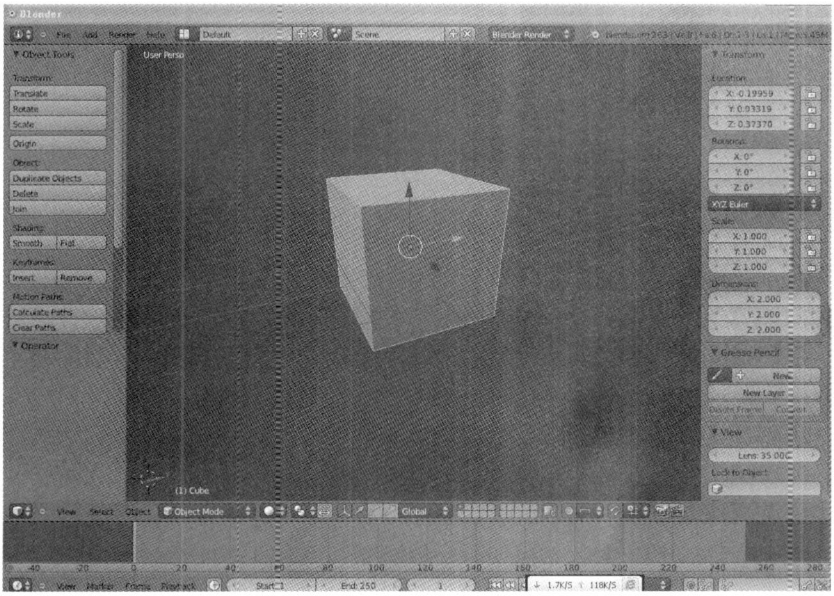

图 10.1　Blender 主界面

Blender 是为全世界的媒体工作者和艺术家而设计的，可以被用来进行 3D 可视化，同时也可以创作广播和电影级品质的视频，另外内置的实时 3D 引擎让制作独立回放的 3D 互动内容成为可能。

Blender 最初的开发者是 Not a Number（NaN）公司，不过现在它已经在 GNU 的 GPL 协议下开放了源代码，成为了一款自由软件。如今它由位于荷兰的 Blender 基金会主持开发。有了 Blender 后，喜欢 3D 绘图的玩家们不用花太多钱，也可以制作出自己喜爱的 3D 模型了[22]。

Blender 的主要特色：提供了全面的 3D 创作工具，包括建模（modeling）、UV 映射（UV-mapping）、贴图（texturing）、蒙皮（skinning）、动画（animation）和其他系统的模拟、脚本控制（scripting）、渲染（rendering）、合成（compositing）、后期处理（post-production）；而且可以通过 Python 脚本进行游戏制作。跨平台支持，它基于开放的图形程序接口（OpenGL），可以工作在所有主流的 Windows XP、Windows 7、Windows Vista、Linux、FreeBSD、Sun 等众多操作系统上。高质量的 3D 架构带来了快速高效的创作流程；小巧的体积，便于分发。

3. Node.JS 介绍

Node.js 是一个 JavaScript 运行环境（runtime）。使用了谷歌的 V8 虚拟机（谷歌的 Chrome 浏览器使用的是 JavaScript 执行环境）来解释和执行 JavaScript 代码，并提供了一些编写服务器程序的常用接口，如文件流的处理。

Node.js 对一些特殊用例进行了优化。JavaScript 本身无法处理二进制数据，但 Node.js 是运行在服务器环境中的，需要处理二进制信息，因此 Node.js 增加了 Buffer 类，以方便处理二进制数据。对高性能的要求是 Node.js 的一个关键因素。Node.js 选择了一种既能提高性能，又能降低开发复杂度的架构。V8 引擎本身使用了一些最新的编译技术。这使得用 JavaScript 这类脚本语言编写出来的代码与用 C 这类高级语言写出来的代码性能相差无几，使其在各种环境下能更好地发挥潜力。

提高服务器性能的方法有很多种。Node.js 的根本原理是多利用 CPU、高速缓存处理访问请求，在各种资源之间建立接口，如在高速缓存中减少快检索读取的等待时间，减少硬盘操作。服务器向文件系统发送请求时无须等待硬盘寻址并检索文件，硬盘准备好时非阻塞接口会通知 Node.js 模型，以可扩展的方式简化对比较慢的资源的访问。JavaScript 本身是一个事件驱动语言，Node.js 利用了事件驱动这一优点设计出了可扩展性很高的服务器。

Node.js 的特性：单线程、非阻塞 IO、谷歌 V8、事件驱动。

4. 调试工具 Chrome 简介

目前市场上的浏览器虽然品牌众多，但主要可以分为两大类：IE（internet explorer）系列和非 IE 系列。其大都是根据几大开源内核来构建的，Chrome 浏览器属于非 IE 系列，该浏览器是基于其他开放原始码软件所编写的，包括 WebKit 和 Mozilla。与 IE 和 Mozilla 等浏览器相比，Chrome 浏览器是一款设计简洁、技术先进的浏览器，用户可以更安全、快速、轻松地使用网络，目标是提升稳定性、速度和安全性，并创造出简单且有效率的用户界面。

Chrome 浏览器能够很好地支持 HTML5，JavaScript 执行速度上最快，对 CSS 的渲染也是最快的，同时又是功能强大的调试工具。基于以上优点，我们选择 Chrome 浏览器作为展示与调试工具。

10.2 Web3D 功能实现

10.2.1 WebGL 的实现流程

WebGL 是一种优秀的 3D 绘图标准，WebGL 绘图技术标准可以把 JavaScript 和 OpenGL ES 2.0 结合在一起。通过增加 OpenGL ES 2.0 和 JavaScript 的绑定[23]，WebGL 可以为 HTML5 Canvas 提供硬件 3D 加速渲染，这样 Web 开发人员就可以借助显卡的硬件加速处理的性能在浏览器中流畅地展示 3D 场景和模型，还能创建复杂的导航和数据可视化应用。WebGL 可被用于创建具有复杂 3D 结构的网站页面，甚至可以用来设计 3D 网页游戏等。

着色器可以理解为运行在显卡中的指令和数据。完整的着色器包括顶点着色器和片元着色器。着色器是用一种类似于 C 的语言 x-shader 编写的。着色器的实现过程如图 10.2 所示，在图 10.2 中：

顶点着色器：最基本的任务是接收三维空间中点的坐标，将其处理为二维空间中的坐标并输出。

图元装配光栅化：将顶点着色器输出的二维空间中的点坐标转化为需要处理的像素并传递给片元着色器的过程。

片元着色器：最基本的任务是对需要处理的屏幕上的每个像素输出一个颜色值。

下面我们来具体渲染管线[24]。渲染的具体流程：

第一步，建立顶点数组。渲染管线的处理首先是要建立顶点数组（vertex array）。顶点数组包括各种属性，如顶点纹理信息、颜色信息、光照向量及顶点在 3D 空间中的位置。此外，我们还需要提供一个额外的数组用于描述顶点数组中元素的 Element Array 作为索引。这个顶点索引数组的作用是在后面的步骤中用来控制顶点如何被装配到三角形中。顶点数组所包含的数据被 JavaScript 调用，顶点数组可以通过以下方法建立。

1）JavaScript 代码自己编写数组。

2）直接用数组结构的 3D 模型的文件（如.obj 文件）解析并加载。

3）直接用内置封装好的第三方图形库几何体形状（函数方法）。

顶点数组里的数据会被填充到显卡的图形处理器中的一个或多个 Vertex Buffer（顶点缓冲）中。

第二步，顶点着色器把数组连接成三角形。顶点着色器最主要的功能是计算顶点在屏幕上空间里的位置；读取顶点属性，并输出一个新的属性集合；为每个顶点生成其他属性，如颜色或纹理坐标。

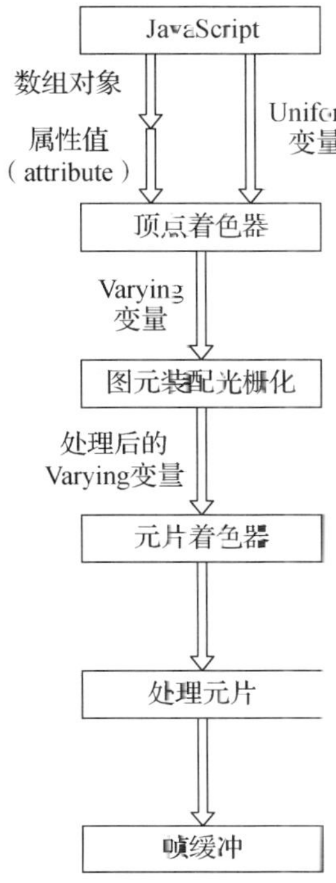

图 10.2　着色器的实现流程

显卡的图形处理器从顶点缓冲中读取顶点信息，并在顶点着色器中处理这些信息。连接这些顶点来形成三角形。显卡的图形处理器会根据顶点索引数组中的描述，把这些顶点按照指定的顺序每 3 个分成一组，3 个点形成一个三角形。

顶点着色器接收 Attribute 变量和 Uniform 变量。Attribute 变量存储着关于点本身的数据，其中最重要的是点的位置信息。Attribute 变量值通过 WebGL 顶点 API 或者当作顶点数组的一部分被传进顶点着色器，并且在每一个运行的顶点着色器中都会改变。Uniform 变量用来修饰在整个图元处理的过程中一直不变的全局变量。所有的 Uniform 变量都是只读的，可以通过用户开发的程序调用 API 命令来进行初始化，或者通过 WebGL 间接初始化。Uniform 变量存储的数据仅仅帮助着色器完成任务，也就是说，着色器仅仅是需要 Uniform 变量而并不处理它们。

Varying 变量提供了顶点着色器和片元着色器之间通信控制模块的接口。顶点着色器计算出每个顶点的值（如纹理坐标、颜色等），然后把它们写到 Varying 变量中。顶点着色器会从 Varying 变量中读取数值，得到与其写入相同的值。如果从顶点着色器中读取一个尚未被写入的 Varying 变量，就会返回未定义的值。

第三步，光栅器融合。光栅器（rasterizer）计算这些三角形，把所有的形状之外的部分全部排除，只留下需要的可见部分，然后打碎剩余的可见部分，再填充到像素大小的片元（fragment）中。

对于颜色和纹理其他的顶点属性，顶点着色器会在光栅化之后的三角形表面上，为一个顶点和另一个顶点之间的部分做线性插值，为每一个片元（也就是像素）产生一个平滑的渐变值。例如，如果顶点着色器为每个顶点分配了一个颜色值，那么光栅器将会混合这些颜色，并在像素化的表面生成一个新的合适的渐变色。

第四步，片元着色器处理。片元着色器的操作包括纹理映射和光照。像素大小的片元被输送到片元着色器中。片元着色器会为每个像素进行独立绘制，以完成很多复杂的特效；正是因为这样，片元着色器也成为图形管线中和性能最为相关的部分，这也反映了处理的效率。片元着色器将会生成每个像素的颜色和深度值，为下一步在帧缓冲（frame buffer）中进行绘制提供了数据支持。

第五步，放到帧缓冲。帧缓冲是渲染输出的最后一步。除了一个或多个颜色缓冲区之外，帧缓冲还包含模板缓冲区（stencil buffer）或深度缓冲区（depth buffer）。帧缓冲中的可绘制区域会被模板缓冲区中规定的形状约束，深度检测会把已经绘制的前面物体挡住的后面物体的部分忽略掉。经过这两层过滤之后依然存在的片元，它们的颜色值会与在它们覆盖之下的颜色值进行混合运算。最终的颜色值、模板值、深度值会写入相应的缓冲区，然后被硬件设备输出到显示器上。总体来说，整个过程比较烦琐，还好已经有很多的专业人士把它们封装成了较实用的 WebGL 框架库，使用起来就很方便了。下面会详细地介绍在框架库里实现 Web3D。

进行 Web3D 应用开发不需要深度理解 WebGL 的工作原理，因为目前 WebGL 有许多第三方 WebGL 图形库可以帮助我们完成一些复杂的操作。但是如果想成为一个高级开发人员，理解 WebGL 的原理并充分利用各种先进的特性还是很有必要的。

10.2.2　使用框架库绘制 Web3D

作为一套基于 JavaScript 的 API 接口的 WebGL，其原生接口是非常低级的，如果直接在上面进行开发和调试，难度是非常大的，抛弃那些复杂的原生接口从一款框架入手是一个很不错的选择。正因为如此，OAK3D、Three.js、C3DL 等很多 WebGL 框架被开发出来。大部分 WebGL 框架库用一些实现方法来屏蔽那些底层的接口，不同的框架都封装了创建 3D 场景必需的各种元素，如场景、照相机、模型、灯光、材料等，使用这些封装对象可以非常简单地创建 3D 场景。这些框架库的出现为高级应用程序开发人员创造了很好的便利条件。可以不用考虑难以理解的底层实现，而只需要把精力投入在逻辑上就可以快速创建需要的 3D 场景。

Three.js 是一个比较全面的开源框架，是一款运行在浏览器中的 3D 引擎，它良好地封装了 3D 场景的各种要素。可以用它来很容易地创建摄像机、模型、光照、材质等。Three.js 框架[25]内置了一些基础的模型，如 Spheres（球体）、Planes（平面）、Cubes（立方体）、Cylinders（圆柱体）。Three.js 框架创建这些物体非常容易。此外可以选择不同的渲染器，Three.js 提供了多种渲染方式，可以选择使用 Canvas 来渲染，也可以使用 WebGL 或者 SVG 来进行渲染。我们选用 WebGL 来渲染并详细介绍实现步骤，最终做出一个完整的例子。

Three.js 绘制 3D 模型需要的基本元素如下。

1）设置一个照相机。照相机存在透视投影和正视投影两种，透视投影比较符合我们的日常习惯，也是常见的选择。创建完照相机之后，一般需要设置照相机的三维位置。

2）建立一个场景，场景是用来加载 3D 模型的三维空间。

3）设置 3D 的 Object，设置物理性状，包括设置材质和创建模型。

4）渲染，即执行绘制，用 Canvas 来绘制 3D 模型首先要设置绘制的区域大小，然后把绘制了 3D 模型的 Canvas 添加为 DOM 元素。

5）生成动画。为了更好地展示 3D 模型，用户自定义每一帧时 3D 模型的不同状态，然后渲染，使用 Animation 方法即可自动播放。下面分步详细介绍。

1. 画布（canvas）的准备

HTML5 里面定义了一个新标签<canvas>元素，Canvas 元素可以让我们在此标签里绘画、嵌入图片或者使用 JavaScript 脚本产生一段动画。所以首先就是用 Canvas 准备和画布框大小一致的一片区域用于 WebGL 绘制，也就是展示 Web3D 或显示的地方。

首先在 HTML 页面的 Body 标签中添加 ID 为 canvas-frame 的 DIV 元素：<div id="canvas-frame"></div>。然后在 Style 标签中指定 canvas-frame 的 CSS 样式。在 Style 元素中追加 CSS 样式通过“元素#ID 名”的 CSS 选择器方式，并为 canvas-frame 元素指定属性。

```
<style type="text/css">
 div#canvas-frame{
 //隐藏框线
 border: none;
 //鼠标指针设置为pointer
 cursor: pointer;
 //宽度设置为800px
 width: 800px;
 //高度设置为800px
 height: 800px;
 //背景设置为#EEEEEE
 background-color: #EEEEEE;
  }</style>
```

以上代码实现了一块用于绘制 Web3D 的区域。

2. 设置渲染器

三维空间里的物体映射到二维平面的过程称为三维渲染。一般来说，我们把进行渲染操作的软件称为渲染器。Three.js 框架提供了很多的渲染方式，我们选择的是 WebGLRenderer，WebGL 的渲染能够最大程度地表现制作的精美场景，在 Three.js 框架里具体做法就是在初始化时设置渲染器的参数。

```
//声明全局变量
var width, height;
var renderer;
function initThree( ){
// 获取画布 canvas-frame 的高宽
width = document.getElementById('canvas-frame').clientWidth;
// 获取画布 canvas-frame 的高宽
height = document.getElementById('canvas-frame').clientHeight;
// 生成渲染器对象(属性：抗锯齿效果为设置有效)
renderer = new THREE.WebGLRenderer({antialias: true});
//指定渲染器的高宽(和画布框大小一致)
```

```
renderer.setSize(width, height);
// 追加 canvas 元素到 canvas-frame 元素中
document.getElementById('canvas-frame').appendChild(renderer.domElement);
// 设置渲染器的清除色(clearColor)
renderer.setClearColorHex(0xFFFFFF, 1.0);
}
```

下面是渲染器参数的详细介绍。

```
renderer=new THREE.WebGLRenderer({
     antialias:true,
//antialias:true/false 是否开启反锯齿
     precision:"highp",
//precision:highp/mediump/lowp 着色精度选择
     alpha:true,
//alpha:true/false 是否可以设置背景色透明
     premultipliedAlpha:false,
     stencil:false,
     preserveDrawingBuffer:true,
//preserveDrawingBuffer:true/false 是否保存绘图缓冲
     maxLights:1
//maxLights:最大灯光数
});
```

3. 设置照相机

三维空间中的物体投影到二维空间的方式中，存在透视投影和正投影两种照相机。透视投影就是从视点开始越近的物体绘制得越大，越远处的物体绘制得越小的一种方式，和平时生活中我们看物体的方式是一致的。正投影就是不管物体和视点距离，都按照统一的大小进行绘制，常在设计和建筑等领域需要从各个角度来绘制物体时使用，因此这种投影也被广泛应用。在 Three.js 中也能够指定透视投影和正投影两种方式的照相机。下面的步骤是设置透视投影方式。

```
// 声明全局的变量
var camera;
function initCamera( ){
  // 设置透视投影的照相机
var camera = new THREE.PerspectiveCamera(45,width/height,1,10000);
  //  设置照相机的位置坐标
  camera.position.x = 100;
  camera.position.y = 20;
  camera.position.z = 50;
  // 设置照相机的上为 z 轴方向
  camera.up.x = 0;
  camera.up.y = 0;
  camera.up.z = 1;
```

```
  //设置视野的中心坐标
camera.lookAt({x:0, y:0, z:0 });
}
```

透视投影模式中照相机设置会把称为可视体积区域中的物体做成投影图。可视体积是通过 4 个参数来指定的：

视野角：fov。

纵横比：aspect=w/h。

照相机离视体积最近的距离：near。

照相机离视体积最远的距离：far。

通过上面 4 个参数确定的透视投影设置照相机。默认的情况下，照相机的上方向为 Y 轴，右方向为 X 轴，沿着 Z 轴朝里。其实照相机就相当于人的眼睛，人的眼睛看到的世界相当于一个视景体，如图 10.3 所示。

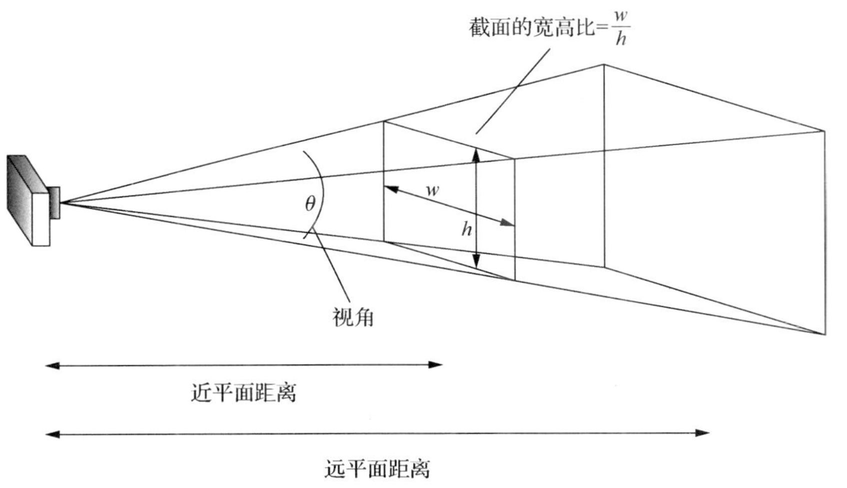

图 10.3　可视体积

在显示器上人能看到的东西其实就只有图 10.3 的近平面和远平面之间的东西。通过 Three.js 框架的 PerspectiveCamera 类声明对象 Camera，同时可以修改对象 Camera 的各种属性值来设置照相机的详细属性。

```
var camera = new THREE.PerspectiveCamera(fov, w/h, near, far);
```

PerspectiveCamera 的第一个参数就是图 10.3 的视角，第二个和第三个参数就是图 10.3 的 w 和 h，第四、五个参数分别是近平面距离和远平面距离。

然后设置照相机的位置坐标，Camera.position 就是照相机在 3D 世界中的摆放位置。照相机的位置坐标和视野的中心坐标按照 Camera.position.x 的方式进行设置。

```
  //设置照相机的位置坐标
camera.position.x = 100;
camera.position.y = 20;
camera.position.z = 50;
```

下面这样的方法也可以：

```
camera.position.set(50,50,100);
```

照相机的上方向按照 Camera.up 这样的方式设置对象的属性：

```
  camera.up.x = 0;
  camera.up.y = 0;
  camera.up.z = 1;
Camera.lookAt({x:lookAtX,y:lookAtY,z:lookAtZ});
```

利用 lookAt( )方法来设置照相机的视野中心。lookAt( )的参数是一个属性包含中心坐标 x、y、z 的对象。lookAt( )方法不仅是用来设置视点的中心坐标，在此之前设置的照相机属性想要发生实际作用，也需要调用 lookAt( )方法。

如图 10.4 所示，我们假设自己所处的点是(0,0,0)，观察点半径是ρ的球面上的一个点 $P(\rho,\varphi,\theta)$，那么 P 点转换成 x、y、z 直角坐标系的转换公式就是

$$z=\rho\cos\varphi$$
$$x=\rho\sin\varphi\cos\theta$$
$$y=\rho\sin\varphi\sin\theta$$

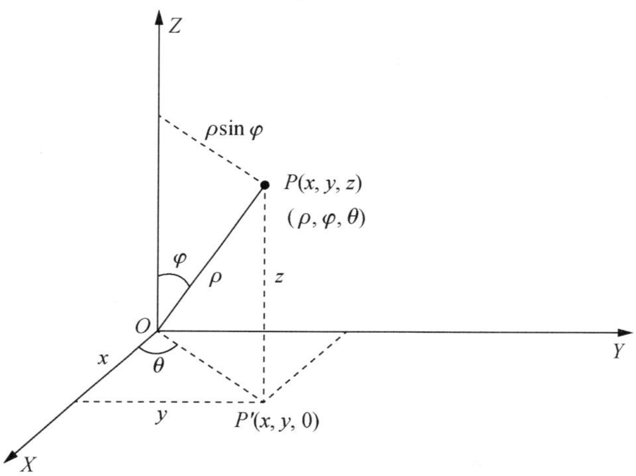

图 10.4　坐标系转换

假设ρ很大（如 1000），只要知道φ和θ，就使用上面的球面坐标转换公式算出 x、y、z，从而可以确定观看点。

```
    lookAtZ=R*Math.cos(lookAtAngle1)+camera.position.z;
    lookAtX=R*Math.sin(lookAtAngle1)*Math.cos(lookAtAngle2)+camera.
position.x;
    lookAtY=R*Math.sin(lookAtAngle1)*Math.sin(lookAtAngle2)+camera.
position.y;
```

在 Three.js 框架中还有其他投影方式的类，用来实现透视投影、正投影或者组合投影：

```
    //正投影
    var camera = THREE.OrthographicCamera = function(left, right, top, bottom,
near, far)
```

```
    //组合投影
    var camera = THREE.CombinedCamera = function(width, height, fov, near,
far, orthonear, orthofar)
```

4. 场景准备

场景就是一个三维空间。用 Scene 类声明一个称为 scene 的对象。所有的元素只有在添加到场景中后才能够生效。

```
var scene;
function initScene( ){
  scene = new THREE.Scene( );
 }
```

然后设置光源并追加到场景，WebGL 的三维空间中，存在点光源和聚光灯两种类型。而且，作为点光源的一种特例还存在平行光源（无线远光源）。另外，作为光源的参数还可以进行环境光等设置。对应的在 Three.js 框架里面可以设置点光源（point light）、聚光灯（spot light）、平行光源（direction light）和环境光（ambient light）。在一个场景中可以设置多个光源。基本上，都是环境光和其他几种光源进行组合。如果不设置环境光，那么光线照射不到的面会变得黑暗。首先按照下面的步骤设置平行光源，在这之后还会追加环境光。

```
//声明全局变量(对象)
var light;
function initLight( ){
//设置平行光源
light = new THREE.DirectionalLight(0xFF00FF, 1.0, 0);
//设置光源向量
light.position.set(100, 100, 200);
//追加光源到场景
scene.add(light);   }
```

用 DirectionalLight 类声明一个 Light 对象来代表平行光源，之后在构造函数中进行属性设置。

```
var light = new THREE.DirectionalLight(hex, intensity);
```

hex 是用来以十六进制指定光源的颜色。默认是白色 0xFFFFFF。intensity 是光源的强度。默认为 1。另外，还需要通过对象的属性来设置平行光源的方向。

```
light.position.set(x,y,z);
```

光源方向向量是从通过 Set( )方法指定的点(x, y, z)开始到点（0, 0, 0）的方向，和向量的大小没有关系。和照相机的位置坐标设置一样，直接修改 position.x, position.y, position.z 属性也可以。最后通过 Add 方法追加光源到场景中去。

```
 其他的光源
// 环境光源
 var light = new THREE.AmbientLight(hex);
```

```
// 点光源
var light = new THREE.PointLight(hex,intensity,distance);
// 聚光光源
var light = new THREE.SpotLight(hex,intensity,distance,castShadow);
```

5. 追加物体

首先声明 Mesh 类的对象 Cube。设置构造函数的第一个参数 Geometory（形状对象）、第二个参数 Material（材质对象）。第一参数中设置的代表立方体的形状对象可通过 CubeGeometry 类创建。声明的立方体追加到场景。

```
//设置物体
var cube=Array( );
function initObject( ){
  for(var i=0;i<4;i++){
  //mesh是three.js的一个类
  cube[i]=new THREE.Mesh(
  //形状(宽 高 深度)
  new THREE.CubeGeometry(50,50,50));
  new THREE.MeshLambertMaterial({color:0x0000FF});//材质
  scene.add(cube[i]);
  cube[i].position.set(0,-120+80*i,0);
}
}
```

方法 THREE.CubeGeometry（width, height, depth）中的 width、height、depth 代表立方体的宽度、高度及深度，其他的参数可以省略。第二个参数中设置的材质对象，使用的是来自光源的反射光线的材质 MeshLambertMaterial 类创建的对象。

```
THREE.MeshLambertMaterial(parameters);
```

构造方法中 Parameters 参数将物体的颜色指定为“color: 0x0000FF”。“scene.add(cube);”和“cube.position.set(0,0,0);”是追加立方体到场景，并指定位置坐标。此外，我们还可以再追加平面和球体。

```
var cube, sphere, plane;
function initObject( ){
  cube = new THREE.Mesh(
         new THREE.CubeGeometry(50,50,50),
         new THREE.MeshLambertMaterial({color: 0xff0000})
 );
 //增加立方体
 scene.add(cube);
  cube.position.set(0,-50,0);
  sphere = new THREE.Mesh(
           new THREE.SphereGeometry(20,20,20),
           new THREE.MeshLambertMaterial({color: 0x00ff00})
```

```
    );
    //增加球体
    scene.add(sphere);
      sphere.position.set(0,0,0);
       plane = new THREE.Mesh(
            new THREE.PlaneGeometry(50, 50),
            new THREE.MeshLambertMaterial({color: 0x0000ff})
    );
    //增加平面
      scene.add(plane);
      plane.position.set(0,50,0);
    }
```

常用的几种形状类如下：

```
    //立方体
    THREE.CubeGeometry(width, height, depth, segmentsWidth, segmentsHeight,
segmentsDepth, materials, sides);
    //圆柱体
    THREE.CylinderGeometry(radiusTop, radiusBottom, height, segmentsRadius,
segmentsHeight, openEnded);
    //八面体
    THREE.OctahedronGeometry(radius, detail)
    //平面型
    THREE.PlaneGeometry(width, height, segmentsWidth, segmentsHeight);
    //球型
    THREE.SphereGeometry(radius, segmentsWidth, segmentsHeight, phiStart,
phiLength, thetaStart, thetaLength);
    //圆环
    THREE.TorusGeometry(radius, tube, segmentsR, segmentsT, arc);
```

6. 执行渲染

所有的以上完成后就可以按照已设定的场景中的物体和照相机的观察方式来进行实际渲染。

```
    renderer.render(scene, camera);
```

渲染里的参数有两个参数分别是场景和照相机。分别把前面设置的 scene 和 camera 引入到 Render 方法中。

```
    document.getElementById('canvas-frame').appendChild(renderer.domElement);
```

将绘制的 3D 模型的 canvas 添加为 DOM 元素，追加 canvas 元素到 canvas-frame 元素中，这样就能在网页的 canvas 标签里显示出渲染后的图形了。

7. 实现动画

通过 WebGL 能够连续绘制静态图像帧（frame）来实现动画效果。Web 浏览器中能够按照一定时间间隔调用 JavaScript 函数，最大可以支持 60fps（fps 就是一秒中的帧数），根据所调用函数的执行时间，帧数可能会下降。使用 JavaScript 的 window.requestAnimationFrame 函数可实现动画，此函数能够在一定时间间隔后调用指定函数。这个函数只有在浏览器页正在被浏览时才会被执行，因此更加节省资源。

```
function loop( ){
  window.requestAnimationFrame(loop);
}
```

上面的方法是 window.requestAnimationFrame 和 loop 函数配合形成一个无限循环的调用。按照这种方法连续绘制就可实现动画效果。

```
var t=0;
 function loop( ){
  t++;
  cube.rotation.set(t/100,0,0);
  renderer.clear( );
  renderer.render(scene,camera);
  window.requestAnimationFrame(loop);
 }
```

如果想让立体图形循环运动，需要使用 loop 首先创建渲染器、照相机、场景、光源、物体，最后的执行只需要添加 loop 函数。最终的执行效果如图 10.5 所示。

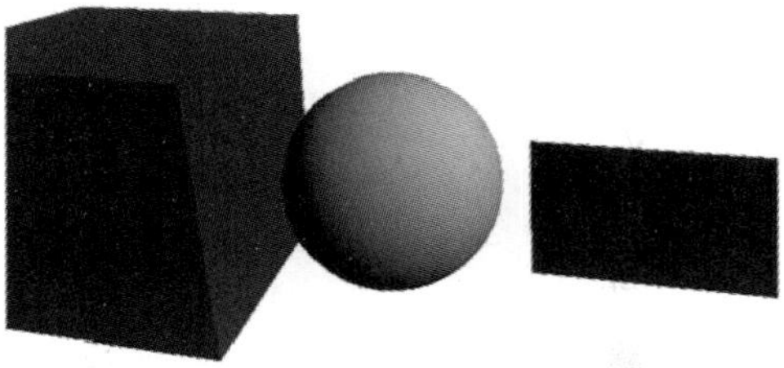

图 10.5　执行效果

10.2.3　展示复杂模型

我们一般不用 Three.js 框架自带的三维模型创建方法来生成所需要的三维模型，自带方法大多数是用来展示简单的模型的。我们可以在场景里创建一些常见的几何体，如长方体、球体，但是在真实的世界中需要展示的东西要比这复杂得多。创建复杂的 WebGL 的模型比较好的方法是使用一个专用三维建模工具设计制作的 3D 模型，模型文件可以来自 Blender、Maya、Chinema4D、3DMax 等，然后将它们移植到 WebGL，一般采用转换工具把导出的 Obj 文件经过转换后生成 js 数据，最后用 Three.js 框架加载 jason 格式[26]的 3D 文件并显示出来。

下面用 Blender 来制作 3D 模型，选择 Blender 也是因为它是一个开源免费的软件。

Blender 制作的模型需要导出成浏览器支持的 JavaScript，并需要安装一个插件，之后从 Blender 中导出模型的各个部分作为.js 文件。然后导出为 Three.js 框架可以识别的 jason 格式，即可加载显示，如图 10.6 所示。

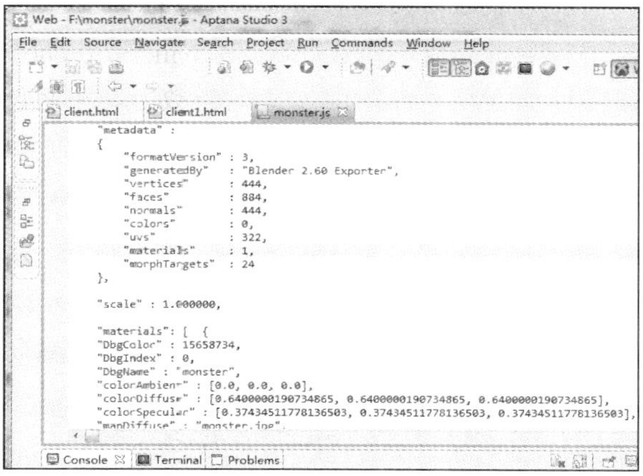

图 10.6　Blender 里导出的 jason 格式文件

通过这种方式，我们可以在浏览器端构建显示较为原始的三维模型，但是现实世界中的物体往往是非常复杂的，如果只是依靠三维建模去接近现实世界中的形体和外观是很难的，细节的绘制将给 3D 建模带来巨大的工作量，同时也会导致模型的加载器计算量巨大，不管对人还是机器都是难以承受的。

我们可以另辟蹊径，不去追求模型的高精细度，而在模型的外观纹理上想办法，尤其是用真实物体的照片作为模型纹理，3D 模型的效果马上就得到了特别大的提高，UV 贴图就能很好地解决这个问题。

在实际的 3D 建模环境中，一方面我们的模型更为复杂，另一方面我们的贴图也不是普通的照片，而是经过处理的 UV 图。

图 10.7 是生成的 UV 图，UV 图就是 x、y、z 三维图通过变换形成的二维图，类似数学里面学的极坐标变换。UV 图的制作可以借用一些软件工具完成，在 Blender 里面也有 UV 图编辑器。图 10.8 是 Three.js 加载 Blender 转换后的 jason 数据进行 UV 贴图后的效果。

图 10.7　Blender 经过处理的 UV 图

图 10.8　Three.js 加载 Blender 转换后的 jason 数据进行 UV 贴图后的效果

本节主要叙述了 WebGL 原理的实现流程及使用 Three.js 框架实现的步骤，最后通过工具进行了复杂模型的实现。

10.3 网络通信方式

10.3.1 网络通信方式对比

基于 B/S 架构的通信交互过程通常采用轮询（polling）。轮询是在一个特定的时间间隔（如 1s）由浏览器发送 Http Request 到服务器，然后把最新的数据从服务器反馈到浏览器的客户端。这种传统的 Http 模式下请求带有明显的缺点，浏览器需要不断发送请求（request）到服务器，Http 请求头（header）很长，但是包含的有用数据可能只是一个较小的值，它将占用大量带宽。信息量变化不是特别频繁的应用程序还是可以接受的，但是对那些需要实时的应用程序就无法满足了。我们需要一个高效节能的双向通信机制来保证数据的实时传输。接下来，我们对比较常用的几种通信方式进行介绍。

1. 轮询

这是最早的一种 Web 网络通信方式，原理是客户端在一定的时间间隔向服务器发送请求，形式是频繁请求保持客户机和服务器数据同步。但有一个明显的问题，当客户端发送一个请求到服务器端时，是在用一个固定频率向服务器端请求数据，可能数据并没有更新，这样会带来很多不必要的请求，浪费带宽和降低效率。

2. 长轮询

长轮询是定期轮询的提高和改善，目的是减少无效的网络传输。当没有数据在服务器上更新时，连接将保持一段时间，直到数据或状态改变或到达过期时间。这种机制可减少无效的客户端和服务器之间的交互。当然，如果数据变化频繁，那么性能基本没有提高。

3. 数据流

流技术解决方案通常是在客户的页面使用一个隐藏的窗口服务程序发送一个连接请求。当收到服务器响应请求时不断更新连接状态，以确保客户端和服务器连接不过期。通过这种机制可以持续收到客户端和服务器端信息。这样的方式面对用户体验时有一个问题，即需要设计不同的方案来适应不同的浏览器，这种机制对于并发较大的数据来说会使服务器端资源占用较高。

4. 基于 Flash 的实时通信方式

Flash 定义了自己的 Socket 实现方法[27]，它提供了实时通信可能。我们可以利用 Flash 完成数据交换，Flash 相应的 API 接口可以方便 JavaScript 脚本语言的调用，实现实时数据传输的目的。这种方式比轮询、长轮询及数据流都要高效，而且因为 Flash 装机率很高，所以应用场景比较广泛。但是在目前的互联网环境中，移动终端支持 Flash 并不好，比较流行的苹果公司的 iOS 系统包括全线产品 iPhone 手机、iPad 多媒体播放器中根本不支持 Flash，而在 Android（安卓）设备中，虽然有 Flash 的支持，但实际的使用效果，甚至在高配置的 Android 移动设备中，也很难令人满意。2012 年 6 月底，Adobe 公司官方宣布，不再提供更新支持 Android 4.1 以后的系统，这基本上说明了 Flash 在移动终端上不会有新的发展了。

比较这 4 种不同方式的实时通信，不难发现，除了基于 Flash 的实时通信方式是建立 Socket 连接解决通信，其他 3 种方法都是使用 Ajax 方式[28]的实时模拟效果，每次当客户机和服务器交互时，都是一个完整的 Http 请求和响应的过程，每一次都带有 Http 请求和回复完整的 Http 头信息，这就增加了每次传输的数据量，客户端和服务器端通过编程实现就比较复杂。

WebSocket 解决方案比传统的 Ajax 轮询具有显著的性能优势，在流量和负载增加的情况下更加明显，如图 10.9 所示。WebSocket 具有效率高、节能、易于使用的特点。

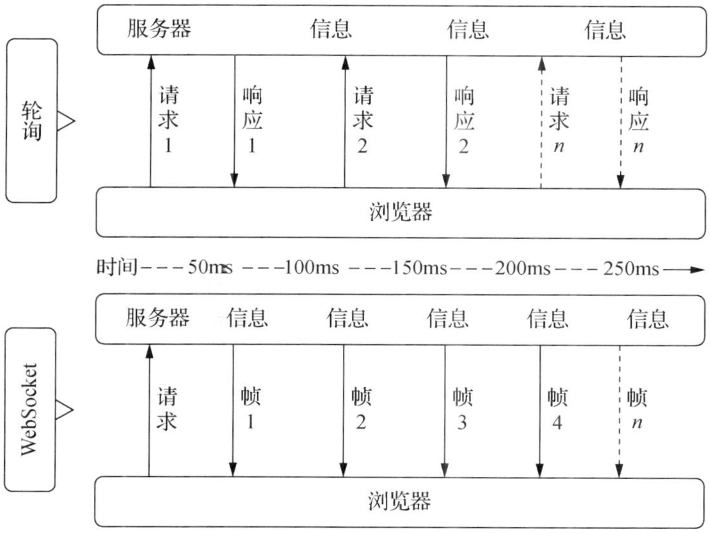

图 10.9　轮询与 WebSocket 延迟比较

表 10.1 和表 10.2 是对 3 组数据进行的测试。

表 10.1　轮询方式

测试	方式
测试 1	1000 客户端每秒收到 1 消息：网络吞吐量（871×1000）=871000bytes=6968000b/s（6.6Mb/s）
测试 2	10000 客户端每秒收到 1 消息：网络吞吐量（871×10000）=8710000bytes=69680000b/s（66Mb/s）
测试 3	100000 客户端每秒收到 1 消息：网络吞吐量（871×100000）=87100000bytes=696800000b/s（665Mb/s）

表 10.2　WebSocket 方式

测试	方式
测试 1	1000 客户端每秒收到 1 消息：网络吞吐量（2×1000）=2000bytes=16000b/s（0.015Mb/s）
测试 2	10000 客户端每秒收到 1 消息：网络吞吐量（2×10000）=20000bytes=160000b/s（0.153Mb/s）
测试 3	100000 客户端每秒收到 1 消息：网络吞吐量（2×100000）=200000bytes=1600000b/s（1.526Mb/s）

图 10.10 是测试结果，WebSocket 明显优于轮询。

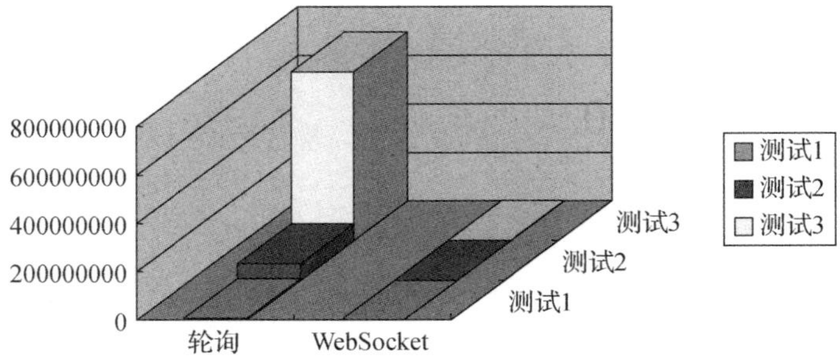

图 10.10　数据量测试结果

在 WebSocket 协议中，为我们实现即时服务带来了以下两大好处。

1）Header 协议中规定了很小的 Header，只有 2B 左右。

2）服务器可以主动把数据发给客户端。

10.3.2　WebSocket 实现原理

WebSocket 称为网络 TCP，因为它包括 WebSocket 通信协议和编程 API。要实现 WebSocket 的连接过程，首先需要通过客户端浏览器发出 WebSocket 连接请求，服务器收到请求后发出回应，这个过程通常称为“HandShaking”（握手）。在 WebSocket API 中浏览器端和服务器端只需要通过一次握手，就可以建立 Socket 连接。建立了客户端和服务器端的通信链路后，服务器就能主动推送信息给客户端而不再需要客户端的反复轮询请求。

Chrome 浏览器里嗅探功能的握手通信过程如下：

浏览器请求：

```
GET / HTTP/1.1
Upgrade: WebSocket
Connection: Upgrade
Host: example.com
Origin: null
Sec-WebSocket-Key: sNbnER4T6hjMgdcy2VJFQ==
Sec-WebSocket-Version: 13
```

服务器回应：

```
HTTP/1.1 101 Switching Protocols
Upgrade: WebSocket
Connection: Upgrade
Sec-WebSocket-Accept: fFBnnBAkLlG5G5GbgdXgRShq5s=
Sec-WebSocket-Origin: null
Sec-WebSocket-Location: ws://example.com/
```

请求连接中的“Sec-WebSocket-Key”值是随机的，服务器端会用这些数据来构造出一个 SHA-1 的信息摘要进行通信的识别。构造过程是“Sec-WebSocket-Key”使用 SHA-1 加密算法加上一个加密字符串得到的结果再进行 BASE-64 编码，将结果作为“Sec- WebSocket-Accept”Header 头的值，返回给客户端。第 10.4 节将结合 Node.js 服务器和 Socket.io 模块进行具体的实现。

10.4　原型系统实现

10.4.1　系统结构

根据 10.3 节已经介绍的技术与工具，本节在 Node.js 网络服务及应用的平台下实现一个交互的 Web3D 展示原型系统。

图 10.11 为系统结构，该结构实现了交互的 Web3D 展示系统。服务器采用现在用得较多的 Node.js 网络服务及应用平台。

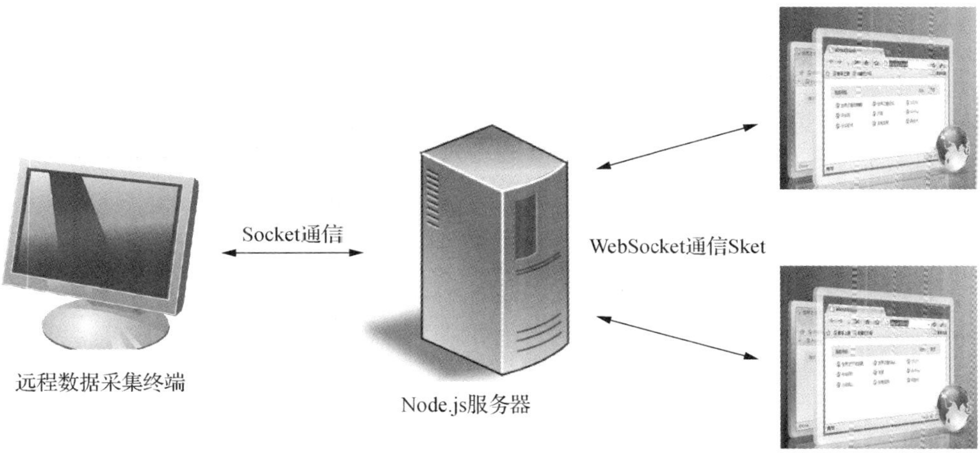

图 10.11　系统结构

Node.js 服务器在远程数据采集终端和浏览器客户端扮演了数据转发器的角色。远程数据采集终端得到数据后首先发送到服务器，服务器得到数据后转发到客户浏览器端。

远程数据采集终端，采集的数据上报时需建立 Socket 然后采用 TCP 通信。在 Node.js 内置的 NET 模块中有 TCP 相关的实现。

Node.js 服务器与客户端浏览器之间是 B/S 架构的，所以我们选取 WebSocket 通信方式，采用 Node.js 支持的 Socket.io 模块来实现。

10.4.2　服务器的建立

浏览器环境限制了我们选择编程语言的自由。但是 Node.js 可以实现使用 JavaScript 脚本语言编写服务器端程序，让 JavaScript 脚本语言脱离 Web 浏览器的限制，像 Java、C#等语言一样运行在服务器端，这样的特性为熟悉 JavaScript 语言的前端程序开发人员进行服务器端开发提供了一个很好的途径，再加上 Node.js 的众多优秀特性更使其迅猛发展，目前已经成为事实上的平台[29]。

Node.js 采用了一系列“非阻塞”库来组成一个称为“事件循环（event loop）”的架构，使得编写可扩展性高的服务器变得既容易又安全。尤其是对于 JavaScript 开发者熟悉 OnMouseOver、OnClick 等 DOM 事件的用户。Node.js 事实上既是一个运行时环境，同时又是一个库。Node.js 的目的是提供一种简单的方法来编写高性能的网络程序。使用 Node.js 的好处是不但效率高，而且还可以使系统都统一到 JavaScript 开发语言。

图 10.12 是几种服务器的性能测试[30]，Node.js 总的来说还是比较优秀的。

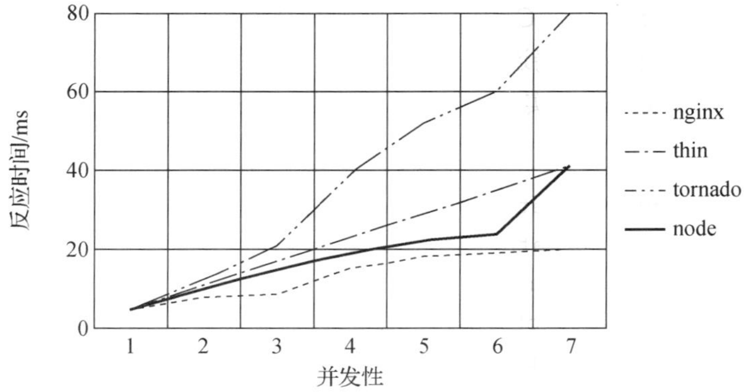

图 10.12　性能测试

图 10.13 是 300 个用户并发请求，返回不同大小的内容。

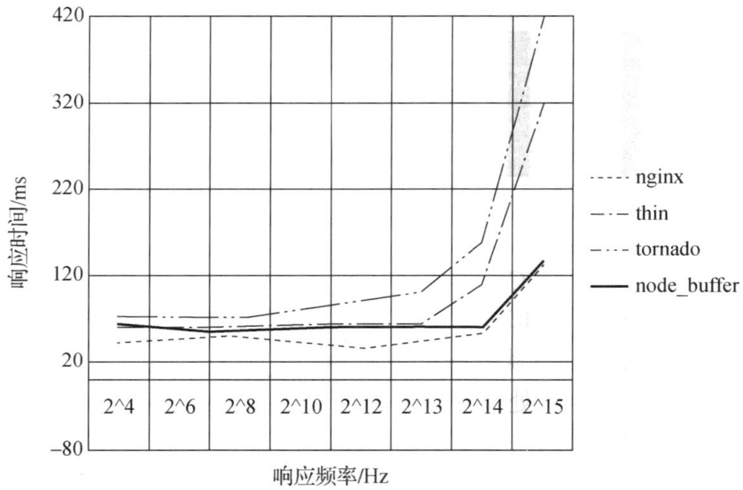

图 10.13　并发请求

Node.js 默认提供了很多与网络与文件系统操作相关的模块。这些模块是构建服务器端应用的基础。可以简化很多重复的工作。网络操作相关的模块，包括 TCP、UDP 和 HTTP 等，可以实现网络服务器和客户端。图 10.14 是 Node.js 服务器启动后的截图。

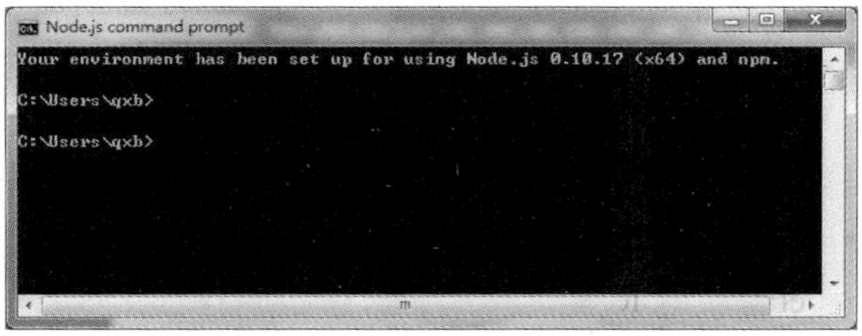

图 10.14　Node.js 服务器启动

10.4.3　远程数据采集终端与服务器通信

远程数据采集终端采用有线或者无线方式与服务器之间建立连接，如图 10.15 所示。采集的数据上报需要通过 TCP。在 Node.js 内置的 NET 模块中有 TCP 相关的实现。可以通过 NET 模块的 createServer（ConnectionListener）方法创建一个 TCP 服务器。参数 ConnectionListener 是当有客户端连接到该服务器上时的处理方法，就是对 Connect 连接事件的处理。一个 TCP 服务器其实就是 server 类的实例。服务器监听指定的端口通过 listen 方法实现。

```
var net = require('net');
var server = net.createServer(function(socket){
  socket.on('data',function(str){
    console.log(str.toString( ))
    senddata=str.toString( );
  })
});
server.listen(8000, "127.0.0.1");
```

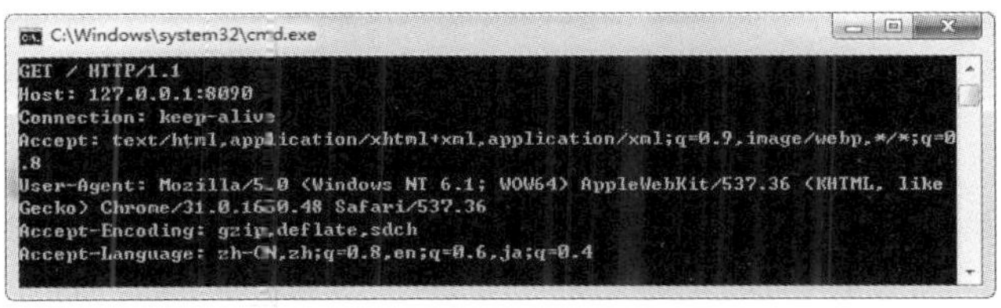

图 10.15　数据采集终端和服务器之间建立连接

如果想连接到一个已有的 TCP 服务器可以使用 createConnection（port，host）方法来连接，参数包括主机地址 Host 和端口号 Port。该方法的返回值是 socket 类的实例，表示一个套接字连接。得到一个 socket 类的实例之后，就可以通过 write( )方法来向该连接中写入数据了。可以添加 Data 事件的处理方法从该连接上获取数据。图 10.15 就是数据采集端和服务端之间建立连接后的状态。

```
var  client = require('net').createConnection(8090, '127.0.0.1');
    client.on('data', function(str){
    console.log(str.toString( ))
    });
    client.on('connect', function(str){
    client.write('xxxx')
    });
```

10.4.4　服务端与客户端 WebSocket 通信

socket.io 是一个以实现跨浏览器、跨平台的实时通信应用为目的的项目。特点是针对不同的浏览器版本或针对不同客户端采取自动识别，对低版本的浏览器采取降级处理，选择合适的实现方式（WebSocket, long pull），虽然通信的实现方式可能不同。但是留给开发人员的对外接口是统一的接口。可以让开发者人员只关注于业务层面上的问题，其他问题都交由 socket.io 来解决。

在 Node.js 环境里是没有 socket.io 模块的，需手工安装。联网的情况下通过一行简单的 NPM 插件命令就可以安装 Socket 模块。

```
npm install socket.io
```

安装好后通过 Require('socket.io')引入 socket.io 模块。再通过 Node.js 的 HTTP 模块就可以很容易地搭建 WebSocket 服务器环境，图 10.16 就是运行后的截图。下面是服务端的代码：

```
// 引入 http 和 socket.io 模块
var http = require('http'), io = require('socket.io');
//创建服务器
var server = http.createServer(function(req, res){
  // 发送 HTML 信息
  res.writeHead(200,{ 'Content-Type': 'text/html' });
  res.end('<h1>你好!</h1>');
});
//端口 8000
server.listen(8000);
//创建 socket
var socket = io.listen(server);
//添加连接监听
socket.on('connection', function(client){
    //连接成功则执行下面的监听
    client.on('message',function(event){
    console.log('从客户端收到信息!',event);
    });
    //断开连接 callback
    client.on('disconnect',function( ){
    console.log('断开连接');
    });
});
```

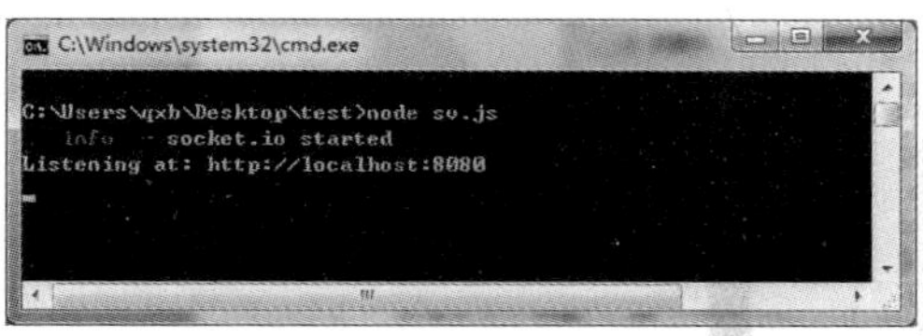

图 10.16　socket.io 开始运行

浏览器端使用 socket.io 把 socket.io 的库文件放到目录下，或者直接引用 socket.io 的 CDN 服务 http://cdn.socket.io/stable/socket.io.js 每次通过访问网站调用方法。

使用 socket.io 库来创建客户端 js 代码：

```
<script src="http://cdn.socket.io/stable/socket.io.js"></script>
```

```
var socket = io.connect('http://127.0.0.1);
socket.on('message', function(data){
console.log(data);
    socket.emit(' event', { my: 'data' });
});
```

代码中 socket.on 起监听作用，当收到服务器端发来的 Message 的内容时，运行 function 方法，其中 Data 就是请求回来的数据，socket.emit 是发送消息给服务器端的方法。图 10.17 是建立 WebSocket 连接后的截图。

浏览器客户端通信部分代码如下：

```
//////////////////////////////////////
 var socket = io.connect('http://localhost:8080');
           socket.on("connect", function( ){
           console.log("connected");
           });
   socket.on("message", function(data){
   console.log("received message: " + data);
   document.getElementById("message").innerHTML = data;
   var spritey = makeTextSprite(data, { fontsize: 32, fontface: "Georgia",
                 borderColor: {r:0, g:0, b:255, a:1.0} });
   spritey.position.set(55,105,55);
   scene.add(spritey);
   update ( );
       });
  socket.on("disconnect", function( ){
  console.log("disconnected");
           })
  function send( ){
        var name = document.querySelector("input[name=name]").value;
        console.log("send message: " + name);
        socket.send(name);
        }
      //////////////////////////////////////
```

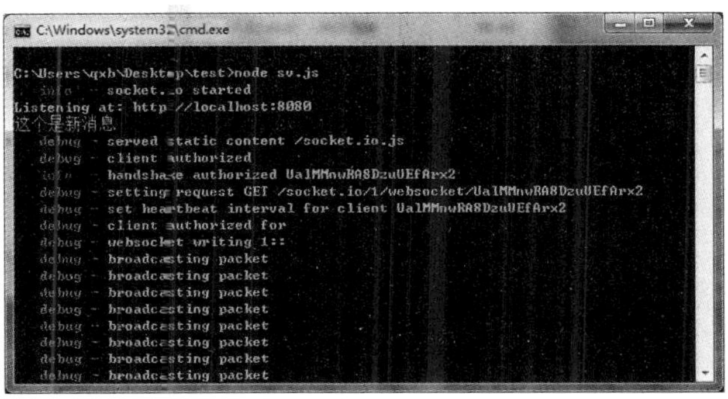

图 10.17　服务端与客户端之间建立 WebSocket 连接

10.4.5　Web3D 交互实现

Web3D 的具体实现在 10.2 节已经介绍过，最终得到的效果如图 10.18 所示。图 10.19 实现了模拟数据采集端通过 socket 与服务端通信，接收到消息后通过 WebSocket 把信息推送给浏览器客户端。

图 10.18　Web3D 的展示效果

下面是比较重要的代码。

```
//客户端 wegl 初始化
function init( )
{   // 场景
    scene = new THREE.Scene( );
    // 摄像机
    var SCREEN_WIDTH=window.innerWidth,
        SCREEN_HEIGHT = window.innerHeight;
    var VIEW_ANGLE=45,
        ASPECT= SCREEN_WIDTH / SCREEN_HEIGHT,
        NEAR = 0.1,
        FAR = 20000;
  camera = new THREE.PerspectiveCamera(VIEW_ANGLE, ASPECT, NEAR, FAR);
    scene.add(camera);
    camera.position.set(0,150,400);
    camera.lookAt(scene.position);
    // 渲染
    if(Detector.webgl)
        renderer = new THREE.WebGLRenderer({antialias:true});
    else
    renderer = new THREE.CanvasRenderer( );
    renderer.setSize(SCREEN_WIDTH, SCREEN_HEIGHT);
    container = document.getElementById('ThreeJS');
    container.appendChild(renderer.domElement);
    // 事件
    THREEx.WindowResize(renderer, camera);
    THREEx.FullScreen.bindKey({ charCode : 'm'.charCodeAt(0)});
```

```
        // 运动的控制
        controls = new THREE.OrbitControls(camera, renderer.domElement);
        // STATS
        stats = new Stats( );
        stats.domElement.style.position = 'absolute';
        stats.domElement.style.bottom = '0px';
        stats.domElement.style.zIndex = 100;
        container.appendChild(stats.domElement);
        // 光照
        var light = new THREE.PointLight(0xffffff);
        light.position.set(0,250,0);
        scene.add(light);
        // 地板
        var floorTexture = new THREE.ImageUtils.load
      Texture('images/checkerboard.jpg');
        floorTexture.wrapS = floorTexture.wrapT = THREE.RepeatWrapping;
        floorTexture.repeat.set(10, 10);
      var floorMaterial = new THREE.MeshBasicMaterial({ map: floorTexture,
side: THREE.DoubleSide });
        var floorGeometry = new THREE.PlaneGeometry(1000, 1000, 10, 10);
        var floor = new THREE.Mesh(floorGeometry, floorMaterial);
        floor.position.y = -0.5;
        floor.rotation.x = Math.PI / 2;
        floor.name = "Checkerboard Floor";
        scene.add(floor);
        // 雾遮罩
      var skyBoxGeometry = new THREE.CubeGeometry(10000, 10000, 10000);
      var skyBoxMaterial = new THREE.MeshBasicMaterial({ color: 0x9999ff,
side: THREE.BackSide });
        var skyBox = new THREE.Mesh(skyBoxGeometry, skyBoxMaterial);
        scene.add(skyBox);
        // 物体显示
        var cubeGeometry = new THREE.CubeGeometry(100, 100, 100);
        var cubeMaterial = new THREE.MeshNormalMaterial( );
        cube = new THREE.Mesh(cubeGeometry, cubeMaterial);
        cube.position.set(0,50.1,0);
        cube.name = "Cube";
        scene.add(cube);
        var spritey = makeTextSprite(" xxx",
        { fontsize: 24, borderColor: {r:255, g:0, b:0, a:1.0}, backgroundColor:
{r:255, g:100, b:100, a:0.3} });
        spritey.position.set(-85,105,55);
        scene.add(spritey);
    }
```

提示窗口是在场景指定的位置把远程接收到的数据展示出来。移动鼠标指针，物体和提示框都会随着场景转动。

```
    //提示窗口实现方法
    function makeTextSprite(message, parameters)
    {
        if(parameters === undefined)parameters = {};
        var fontface = parameters.hasOwnProperty("fontface")?
            parameters["fontface"] : "Arial";
        var fontsize = parameters.hasOwnProperty("fontsize")?
            parameters["fontsize"] : 18;
        var borderThickness = parameters.hasOwnProperty("borderThickness")?
            parameters["borderThickness"] : 4;
        var borderColor = parameters.hasOwnProperty("borderColor")?
            parameters["borderColor"] : { r:0, g:0, b:0, a:1.0 };
        var backgroundColor = parameters.hasOwnProperty("backgroundColor")?
            parameters["backgroundColor"] : { r:255, g:255, b:255, a:1.0 };
        var spriteAlignment = THREE.SpriteAlignment.topLeft;
        var canvas = document.createElement('canvas');
        var context = canvas.getContext('2d');
        context.font = "Bold " + fontsize + "px " + fontface;
        // get size data(height depends only on font size)
        var metrics = context.measureText(message);
        var textWidth = metrics.width;
        // 背景颜色
        context.fillStyle="rgba("+backgroundColor.r+","+ backgroundColor.g +
"," + backgroundColor.b + "," + backgroundColor.a + ")";
        // 边框颜色
        context.strokeStyle = "rgba(" + borderColor.r + "," + borderColor.g +
"," + borderColor.b + "," + borderColor.a + ")";
         context.lineWidth = borderThickness;
        roundRect(context, borderThickness/2, borderThickness/2, textWidth +
borderThickness, fontsize * 1.4 + borderThickness, 6);
        // 1.4 is extra height factor for text below baseline: g,j,p,q.
        // 文本颜色
        context.fillStyle = "rgba(0, 0, 0, 1.0)";
        context.fillText(message, borderThickness, fontsize + borderThickness);
        // canvas contents will be used for a texture
        var texture = new THREE.Texture(canvas)
        texture.needsUpdate = true;
        var spriteMaterial = new THREE.SpriteMaterial(
        {map:texture, useScreenCoordinates: false, alignment: spriteAlignment});
        var sprite = new THREE.Sprite(spriteMaterial);
        sprite.scale.set(100,50,1.0);
        return sprite;
```

```
}
// 绘制圆角矩形函数
function roundRect(ctx, x, y, w, h, r)
    {   ctx.beginPath( );
        ctx.moveTo(x+r, y);
    ctx.lineTo(x+w-r, y);
    ctx.quadraticCurveTo(x+w, y, x+w, y+r);
    ctx.lineTo(x+w, y+h-r);
    ctx.quadraticCurveTo(x+w, y+h, x+w-r, y+h);
    ctx.lineTo(x+r, y+h);
    ctx.quadraticCurveTo(x, y+h, x, y+h-r);
    ctx.lineTo(x, y+r);
    ctx.quadraticCurveTo(x, y, x+r, y);
    ctx.closePath( );
    ctx.fill( );
    ctx.stroke( );   }
```

图 10.19 为最终实现的数据的通信。采集端发送“这个是新消息”到服务器，服务器把消息转发推送到客户端浏览器上相应的位置。

图 10.19　采集端通过服务器把消息转发推送到客户端

在 Node.js 的服务器运行环境下通过上述步骤，主要实现了数据采集端的数据通过 socket 和服务器通信传输数据。服务器接收到的数据又通过 HTML5 的 WebSocket 通信能力和浏览器建立的连接把数据展示到客户端的浏览器中。

10.5　研 究 总 结

HTML5 和 WebGL 技术现在还不太成熟，虽然一些技术制定了草案，但还没有形成标准，对未来的发展方向还不是很明确。但是进行预研性的研究还是很有必要的，将来大量基于 HTML5 和 WebGL 的库出现，会把桌面应用中的开发经验很好地迁移到 Web 应用的开发中去，那时候会产生出很多较好的应用。

下面简单总结一下原型系统。WebGL 使用的是 Three.js 开源库，模型的解析使用的是在 Blender 里面运行的 Three.js 提供的转换脚本。服务器端用的 Node.js，通信部分的 WebSocket 是用的可运行在 Node.js 里的 Socket.io 模块。这个原型系统虽然实现了基本功能，但是还存在很多的不足之处：

1）代码结构不好。因为整个原型系统注重实现，所以整个系统的结构、代码的结构、操作流程等都没有仔细推敲细节，所以还有很多地方不合理。主要的逻辑都放在 HTML 文件中了，还有不少的全局变量，存在一些已知或未知的 Bug。

2）浏览器不能全兼容。只在 Chrome 20+版本和 FireFox 上做了实验。IE（Internet Explorer）以前不支持 WebGL。2013 年 6 月份微软发布的 IE11 包含了 WebGL 支持，但是体验 IE11 需要安装 Windows 8，条件不具备，未能验证。

这个课题是预研项目，目前只完成了一个原型系统，今后还需要进一步学习，深化细节，最终形成一个真正的面向客户的系统。

参考文献

[1] 李慧云，何震苇，李丽．HTML5 技术与应用模式研究[J]．电信科学，2012，28（5）：24-29.

[2] 树子．HTML5：看到 10 年后的互联网[J]．互联网天地，2010（2）：74-75.

[3] 袁般．HTML5 将带来什么[J]．中国教育网络，2010（10）：34-36.

[4] 谭文文，丁世勇，李桂英．基于 WebGL 和 HTML5 的网页 3D 动画的设计与实现[J]．电脑知识与技术，2011，07（28）：6981-6983.

[5] 邬雪艳．HTML5 时代才刚刚开启[J]．通信世界，2011（41）：13.

[6] 刘斌．HTML5：未来网络应用的核心技术研究[J]．自动化与仪器仪表，2010（4）：30-33.

[7] 刘华星，杨庚．HTML5——下一代 Web 开发标准研究[J]．计算机技术与发展，2011，21（8）：54-62.

[8] BALOIAN N, FREZ J, JANSER M, et al. The future role of HTML5 in mobile situated learning scenarios[C]//10th World Conference on Mobile and Contextual Learning, 2011: 240-248.

[9] LENGSTORF J，LEGGETTER P．构建实时 Web 应用：基于 HTML5 WebSocket、PHP 和 jQuery[M]．北京：机械工业出版社，2012：15.

[10] PARISI T. WebGL up and running[M]. USA: 0'Reflly Media, Inc, 2012.

[11] 苏雪．基于 WebGL 标准的家庭娱乐终端上 Web3D 渲染的实现[J]．长江大学学报（自然版），2011，08（12）：102-104.

[12] PILGRIM M. HTML5 up and running[M].USA: O'Reilly Media.Inc, 2010.

[13] FLANAGAN D．JavaScript 权威指南[M]．北京：机械工业出版社，2012：316.

[14] 刘天寅．HTML5 与未来的 WEB 应用平台[J]．阴山学刊（自然科学版），2010，24（2）：86-88.

[15] HU W L, YUAN H, WANG J G, et al. The research and application of power system visualization based on hTML5[C]//International Conference on Electric Utility Deregulation and Restructuring and Power Technologies, 2011: 1562-1565.

[16] 熊文，熊淑华，孙旭，等．Ajax 技术在 Web2.0 网站设计中的应用研究[J]．计算机技术与发展，2012，22（3）：145-148.

[17] 刘运增．互联网上的三维技术：Web3D[J]．计算机与网络，2003，（10）：32-35.

[18] 吴庆涛，刘超慧，聂荣．HTML5：下一代 Web 开发标准的核心技术探讨[J]．许昌学院学报，2011，30（5）：61-64.

[19] 李远鑫，蒋海鸥，徐亦飞．基于 Web3D 的交互式虚拟社区[J]．计算机工程，2011，37（11）：288-290.

[20] DANCHILLA B. beginning WebGL for HTML5[M]. CA: Apress Berkely, 2012: 31.

[21] 韩义．Web3D 及 Web 三维可视化新发展——以 WebGL 和 O3D 为例[J]．科技广场，2010（5）：81-86.

[22] 罗聪翼．Blender 权威指南[M]．北京：机械工业出版社，2012：31.

[23] WebGL-OpenGL ES 2.0 for the Web[EB/OL]. http://www.khronos.org/webgl/.

[24] 阿尤鲁．WebGL 高级编程：开发 Web3D 图形[M]．北京：人民邮电出版社，2013：54.

[25] 陈煜，殷凤华．基于开源 Web 3D 引擎的三维系统的开发[J]．软件导刊，2011，10（2）：150-152.

[26] 使用 three.js 加载以图片为纹理的模型（下）[EB/OL]．（2012-10-16）．http://www.cnblogs.com/rsail/archive/2012/10/16/2726251.html.

[27] 徐佩锋．基于 Flash 的 Web3D 开发方法研究[J]．价值工程，2010，29（32）：179-180.

[28] SMITH K. Simplifying ajax-style web development[J]. Computer, 2006, 39(5): 98-101.

[29] GEORGE O．Node.js 入门经典[M]．北京：人民邮电出版社，2013：42.

[30] BYVOID．Node.js 开发指南[M]．北京：人民邮电出版社，2012：17.